Franke
Polizeiethik

Polizeiethik

Handbuch für Diskurs und Praxis

von

Dr. Siegfried Franke

Dozent für Berufsethik an der Polizei-Führungsakademie Münster-Hiltrup

RICHARD BOORBERG VERLAG
Stuttgart · München · Hannover · Berlin · Weimar · Dresden

Bibliografische Informationen der Deutschen Bibliothek

Die Deutsche Bibliothek verzeichnet diese Publikation
in der Deutschen Nationalbibliografie; detaillierte
bibliografische Daten sind im Internet über
http://dnb.ddb.de abrufbar.

1. Auflage, 2004
ISBN 3-415-03212-4

Satz und Druck: Laupp & Göbel GmbH, Nehren
Verarbeitung: Buchbinderei Schallenmüller, Stuttgart
Papier: säurefrei, aus chlorfrei gebleichtem Zellstoff hergestellt;
alterungsbeständig im Sinne von DIN-ISO 9706

Vorwort des Präsidenten der Polizei-Führungsakademie

Zu jedem Beruf, zu jedem Berufsfeld gehört neben Aspekten des Wissens und des Könnens auch eine berufsethische Dimension als bedeutsamer Teil des professionellen Selbstverständnisses. Die Berufsethik gibt Orientierung über Fragen der Berufsehre, des angemessenen Umgangs unter Berufskollegen und mit Kunden oder anderen Adressaten sowie des Verhaltens in schwierigen Situationen und ergänzt so rechtliche Regelungen.

Von besonderer Bedeutung ist eine berufsethische Orientierung jedoch für Polizeibeamtinnen und -beamte, obliegt ihnen doch die in jedem Gemeinwesen sehr sensible Ausübung des staatlichen Gewaltmonopols. Die Polizei ist darüber hinaus durch ihre Aufgabenstellung stärker als Angehörige anderer Professionen mit Gefahren, Risiken, gravierenden Ereignissen, Konflikten und den Schattenseiten der Gesellschaft konfrontiert. Gleichzeitig werden hohe Erwartungen hinsichtlich Einstellung und korrektem Verhalten an die Beamten gerichtet. Der Berufsalltag bringt also nicht nur besondere Belastungen mit sich, die bewältigt und verarbeitet werden müssen, er erfordert von den Beamten auch einen differenzierten, einfühlsamen Umgang mit den Menschen, mit Opfern, Angehörigen, Zeugen, in Konflikten verstrickten Tätern und anderen Betroffenen.

Die Polizei-Führungsakademie, an der Siegfried Franke nun mehr seit 22 Jahren zu berufsethischen Fragestellungen lehrt, legt deshalb großen Wert darauf, nicht nur die Fachkompetenz der zukünftigen Führungskräfte und ihre sozialen und Führungskompetenzen zu entwickeln, sondern – quasi als dritte Säule des Qualifikationsprofils – auch zu einem differenzierten Selbstverständnis, zu einer berufsethisch fundierten Haltung beizutragen.

Dieses verdienstvolle Werk von Siegfried Franke beleuchtet berufsethische Fragestellungen aller polizeilichen Arbeitsfelder, geht ein auf spezielle Adressatengruppen der Polizei, behandelt Aspekte spezieller Probleme und spezieller Situationen und behandelt darüber hinaus systematische, grundsätzliche Fragen einer Polizeiethik. Selbst wenn man nicht immer und in jedem Fall die Ansicht des Autors teilen kann, so bietet dieses fundierte Werk doch allemal eine gute Basis für eine fruchtbare persönliche Auseinandersetzung mit den ethischen Aspekten einer Situation und trägt so zu einem differenzierten Selbstverständnis und besserer Orientierung bei. Auch die zahlreichen Literaturhinweise sind dafür eine wertvolle Hilfestellung. Deshalb wünsche ich diesem Werk eine weite Verbreitung in Praxis und Lehre.

Münster, im Mai 2004

Klaus Neidhardt
Präsident der Polizei-Führungsakademie

Vorwort des Autors

Dieses Buch lädt zum ethischen Diskurs über grundgesetzkonforme Werteinstellungen im Polizeidienst ein. Die Notwendigkeit und der Bedarf an der Behandlung polizeiethischer Fragestellungen ergeben sich aus der Einsicht, dass der Polizeibeamte als Normenanwender angesichts der komplexen, diffizilen Einsatzlagen ein differenziertes Wertebewusstsein, dessen verbindlicher Maßstab in unserer pluralen Demokratie nur das Grundgesetz mit seinen Wertvorgaben sein kann, und nicht minder Handlungssicherheit braucht, um menschlich-existentiell den beruflichen Anforderungen gewachsen zu sein und die humane Substanz unserer Rechtsstaates zu wahren.

Diese Publikation versteht sich nicht als eine Sammlung detaillierter Handlungsanweisungen für Polizeibeamte, nicht als ein didaktisch-methodisches Kompendium für Polizeiethikdozenten, nicht als ein Konzept für Moralpredigten oder moralinsaure Appelle. Vielmehr bietet sie eine diskursive Abhandlung über polizeirelevante Wertprobleme. So reflektiert sie über das Phänomen, dass in unserer pluralen, permanent sich verändernden Gesellschaft der Geltungsanspruch normativer Verbindlichkeiten auf unterschiedlichste Weise angezweifelt wird, und versucht, durch stringente Argumentationslinien die normative Richtigkeit zu klären und einen Konsens zu erzielen.

Polizeiethik gehört – ähnlich wie Medizinethik, Wirtschaftsethik oder Umweltethik – zu der angewandten Ethik, auch bereichsspezifische bzw. kasuistische Ethik genannt. Im Unterschied zur normativen Ethik, die sich vor allem auf die Begründung universal gültiger Prinzipien und Normen konzentriert, und zur Metaethik, die sich mit der formal korrekten Sprache und Logik ethischer Sätze beschäftigt und keine inhaltlich bewertenden Aussagen macht, liegt der angewandten Ethik daran, die abstrakt-theoretischen Kriterien auf konkrete Problemfälle zu übertragen und auf ihre praktische Brauchbarkeit im Sinne von person- und situationsangemessenen Lösungsansätzen, von Orientierungs- und Entscheidungshilfe zu überprüfen. Die Art der Problemdarstellung, Kontexteinordnung und des Lösungsansatzes lässt ihre interdisziplinäre Verfahrensweise deutlich erkennen.

Der Ausdruck Polizeibeamter beinhaltet eine Rollen-, keine Genusbezeichnung und wird aufgrund seiner leichten Lesbarkeit verwendet.

Herzlich danken möchte ich allen, die mich mit ihren kritischen Anregungen und ihrem wertvollem Erfahrungswissen unterstützt haben.

Bei dem Richard Boorberg Verlag bedanke ich mich für die freundliche Bereitschaft, dieses Werk zu veröffentlichen.

Münster, im Mai 2004 — Siegfried Franke

Inhaltsverzeichnis

1. Einstellung und Ausbildung

Die Erwartung an die Polizei, ihre Aufgaben ordnungsgemäß zu erfüllen, setzt eine entsprechend qualifizierte Berufsausbildung – und Fortbildung – voraus. In ethischer Hinsicht stellt sich die Frage, welche Anforderungs- und Einstellungsbedingungen für den mittleren, gehobenen und höheren Polizeidienst gelten, welche Konzeption den polizeilichen Aus- und Fortbildungsprozessen zu Grunde liegt, welchen Stellenwert die Polizeiethik darin einnimmt, wie es um das didaktisch-methodische Anforderungsprofil der Ethik-Lehrer bzw. -Dozenten und um die qualifizierte Vermittlung berufsethischer Handlungskompetenz durch polizeiliche Ausbilder steht.

Die Initiative zur Gründung von Polizeischulen ging von Bayern aus (Tetzlaff 1973), wo 1878 die erste Gendarmerieschule eröffnet wurde. Dem bayerischen Vorbild folgte Preußen mit der Errichtung seiner Polizeischulen für die Gendarmerie 1899 in Wohlau und Einbeck. Für die Ausbildung der kommunalen Polizei hatten die Städte aufzukommen, in denen sich keine staatliche Polizeiverwaltung befand. Der Ausbruch des 1. Weltkrieges unterbrach die Anfänge des Polizeischulwesens. Die Reorganisation der preußischen Schutzpolizei sah von 1918 bis 1924 Kurzlehrgänge als Übergangsmaßnahmen im Ausbildungsbereich vor. Von 1924 bis 1933 vermittelte die Ausbildung in den allgemeinbildenden Fächern Persönlichkeitswerte und preußische Beamtentugenden wie Pflichttreue, Gehorsam, Zuverlässigkeit, Dienstfreudigkeit, Pünktlichkeit, Wahrheitsliebe, Gerechtigkeitssinn, Willensstärke, Zurückstellen der eigenen Person, Unbestechlichkeit, Kameradschaft, Anspruchslosigkeit und Sparsamkeit (Degenhardt 1928). Das Konzept der Erziehung zum Staatsbürger und zur Beamtenpersönlichkeit, die nicht mehr militärisch geprägt sein sollte, scheiterte jedoch an Ausbildern, die überwiegend aus dem Heer kamen und an den militärischen Grundsätzen des Gehorsams, der Unterordnung, Manneszucht und Drillübungen festhielten. Aus ethischer Sicht postulierte in Bayern J. Schneider (1926) eine Polizeierziehung im Geiste der Ehrfurcht und Verantwortung, deren Hauptziel in einer persönlichen selbstständigen Entscheidungsfähigkeit bestand. Im Dritten Reich trug die weltanschauliche Schulung der Ordnungspolizei von 1936 bis 1945 Indoktrinationscharakter. Die Synonyma Schulung, Ideologie und Führung standen inhaltlich für nationalsozialistische Indoktrination. Nach nationalsozialistischer Doktrin setzt sich das Recht nicht aus der Summe der vom Gesetzgeber festgelegten Einzelnormen zusammen, sondern aus der Ordnung, mit der das Volk sein Gemeinschaftsleben führt. Entsprechend leitet die Polizei ihre Befugnisse nicht aus den Gesetzen, sondern aus der Wirklichkeit des nationalsozialistischen Führerstaates und aus den ihr von der Führung gestellten Aufgaben ab (Bach 1997). Mit dieser Rechtsauffassung erklärte die nationalsozialistische Ausbildung die Polizeiinstitution zum Vollstreckungsorgan des Führers und Reichskanzlers. Das Erziehungsziel bestand darin, jedes Mitglied der Ordnungspolizei zum Nationalsozialisten der Tat, zum kompromisslosen Kämpfer für die Weltanschauung des Nationalsozialismus zu machen. Die weltanschauliche und politische Erziehung sowie jegliche Menschenformung war alleiniges Hoheitsrecht der Partei des Führers (Benze/Gräfer 1940). Nach dem Zusammenbruch des Dritten Reiches bemühten sich die Besatzungsmächte, ein Sicherheitsvakuum mit einem provisorisch instruierten, entnazifizierten Personalkörper zu verhindern. Mit In-Kraft-Treten des Grundgesetzes der Bundesrepublik Deutschland begann in der polizeilichen Bildungsarbeit ein behutsames Anknüpfen an der preußischen Polizeitradition der Weimarer Zeit, ein allmähliches Abrücken von den Direktiven der Westalliierten und eine am praktischen Bedarf orientierte Schulung der Nachwuchskräfte. Die Phase der konservativ-restaurativ anmutenden Bildungsprozesse der Polizei, in der man nach dem Grundsatz „Polizei wird durch Polizei ausgebildet“ (Schult 1995) verfuhr und der Hauptschulabschluss der Bewerber bei weitem überwog, dauerte bis zu den Studentenunruhen Ende der 60er Jahre. Unter dem Einfluss einer kritisch-emanzipatorischen Pädagogik folgten strukturelle und inhaltliche Anpassungsprozesse der polizeilichen Bildungsarbeit an die veränderten gesellschaftlichen Entwicklungen. „Die Bildungsarbeit der Polizei verfolgt aber auch heute kein weitergehendes Ziel als das der Qualifikation für den täglichen Dienst“ und geschieht „überwiegend reaktiv, nachbessernd“ (Schult 1995). Das Programm Innere Sicherheit 1994 fordert einen möglichst einheitlichen Leistungsstandard der förderativ strukturierten Polizei in der Bundesrepublik. Daraus ergibt sich die Frage, welche Beachtung human-ethischen Wertaspekten bei der permanenten Reform der Polizeiausbildung und bei der Sicherung des Nachwuchsbedarfs in quantitativer und qualitativer Hinsicht zuteil wird.

In unserer säkularisierten, aufgeklärten Gesellschaft hat sich ein nachhaltiger Wertewandel von der traditionellen Arbeitsmoral zur neuen Spaß- und Spielethik vollzogen (Rifkin 2000). Nach dieser sozialkritischen Analyse wird das gesamte menschliche Leben zum bezahlten Erlebniswert (lifetime value), zum ultimativen Shopping, zur kommerzialisierten Ware umfunktioniert. Ein solcher Veränderungsprozess verlangt freilich einen Preis: Verlust der Privatsphäre zu Gunsten einer marktstrategisch anvisierten Kundenintimität und Kurzlebigkeit sozialer wie beruflicher Beziehungen, die den Wunsch nach Beständigkeit laut werden lässt. Wie wirkt sich ein derartiger Umbruch auf die Einstellungen der neuen Generation zur Berufswelt aus? Der Berufsnachwuchs der 90er Jahre, der im Gegensatz zur skeptischen Generation der 68er, der politisierten Bewegung der 70er und der alternativen Jugend der 80er Jahre eher als verwöhnt, liberal erzogen, genussorientiert, leistungsbereit und karrierebetont eingeschätzt wird, scheint sich allgemein bei der Berufswahl von folgenden Motiven leiten zu lassen (Melzer-Lena 1989):
- Selbstbestimmung, man möchte an der Arbeitsstelle mitentscheiden und mitbestimmen.
- Geld und Karriere, um sich in der Freizeit das leisten zu können, woran man Spaß hat.
- Selbstverwirklichung, indem man tut, was einem liegt und die persönliche Entfaltung und Weiterentwicklung fördert.

Bei der Entscheidung zum Polizeiberuf spielen offenkundig drei Motivationsgruppen eine Rolle (Eckert/Willems 1986):
- Eine funktionale Berufsmotivation: „Hier stehen finanzielles und berufliches Sicherheitsdenken im Vordergrund angesichts einer unsicheren Arbeitsmarktlage und Perspektivlosigkeit in vielen Berufen“.
- Eine inhaltliche Berufsmotivation: „Die Vielfalt beruflicher Möglichkeiten, der abwechslungsreiche berufliche Alltag, die vielen Kontakte mit unterschiedlichen

Menschen, Abenteuerlust und sportliche Interessen werden gegenüber der 'Stumpfsinnigkeit' anderer Berufe hervorgehoben." Erwartet wird eine „vielseitige Arbeit, in der die Abwechselung, das Unregelmäßige, das 'Ungewisse' und die ständige Herausforderung durch neue Situationen und Probleme dominieren".
- Eine idealistische Berufsmotivation: Jüngere Menschen sehen in „ihrer zukünftigen Arbeit einen Dienst für die Gerechtigkeit" und „eine Art soziales Helfen". Sie wollen „Ansprechpartner für den Bürger sein."

Nach einer Bremer Untersuchung (Wagner-Haase 1995) geben zwei Gründe den Ausschlag, den Polizeiberuf zu ergreifen:
- Materielle Absicherung (krisenunabhängiger Lohn, gesicherte Rente).
- Interessanter, vielfältiger, abwechslungsreicher Tätigkeitsbereich.

Zu einem ähnlichen Ergebnis gelangt eine Befragung von Studierenden der Fachhochschule für Verwaltung in Berlin über deren Motive, das Studienfach Polizeivollzugsdienst aufzunehmen (Weidmann 2001): Interesse an der Tätigkeit, Sicherheit des Arbeitsplatzes, Vielseitigkeit der Tätigkeit, gute Aussicht auf Übernahme nach Studienabschluss, Bezüge während des Studiums, praxisbezogene Ausbildung. Die Studie ergibt auch, dass 53 % der Befragten das Fachhochschulstudium ohne faktische Übernahmegarantie und ohne Anwärterbezüge nicht aufgenommen hätten.

Mehrere Befragungen im Bundesland Sachsen nennen drei Hauptfaktoren, sich für den Polizeiberuf zu entscheiden (Liebl 2003):
- Interessante Nicht-Bürotätigkeit.
- Materielle Gesichtspunkte.
- Einsatz für die Durchsetzung von Recht in der Gesellschaft.

Die ethische Relevanz der Entscheidungsgründe besteht in der Sinndeutung des gewählten Berufes, in den Auswirkungen auf die Arbeitsmoral und Berufszufriedenheit, in der Kompatibilität persönlicher Interessensansprüche (Karriere machen in einem krisensicheren Job, Spaß haben an der beruflichen Tätigkeit, ...) mit den offiziellen Dienstnormen (die dienstlichen Pflichten gewissenhaft erfüllen, Gerechtigkeit gegen jedermann zu üben, ...).

Als sinnvoll und notwendig erweist es sich auch, dass die Polizei neben den Einstellungsvoraussetzungen – wie z. B. Deutscher i. S. d. Art. 116 GG bzw. Staatsangehörigkeit eines EU-Landes, bestimmter Bildungsabschluss, Gesundheit und sportliche Fähigkeiten – auch ethisch-moralische Mindestanforderungen an den Bewerber stellt. Denn der Polizeiberuf lässt sich nicht rein formal, innerlich distanziert, äußerlich korrekt ausüben, sondern verlangt bestimmte Werteinstellungen. Von der Integrität und Loyalität der Polizeibeamten hängt weitgehend die Rechtssubstanz unserer sozialen Realität ab. Daher besteht der Nachwuchsbedarf nicht nur in quantitativer, sondern auch in qualitativer Hinsicht. Erfahrungswerte sprechen dagegen, bei zu geringen Bewerberzahlen das Anforderungsniveau zu sehr zu senken und jeden Kandidaten zu nehmen.

Die Grundausbildung zum Polizeibeamten verläuft nach dem Dreistufenmodell (Kleinknecht 1997):
- Fachunterricht (v. a. Rechtsfächer)
- Formalunterricht (Schießausbildung, Sport)
- Allgemeinbildender Unterricht (Staatsbürgerkunde, Sprachen).

An diesen Ausbildungsstrukturen beanstandet die Kritik – neben der internatsmäßigen Unterbringung – den zu hohen Anteil systematischer Rechtskenntnisse, den zu geringen Praxisbezug der einzelnen Unterrichtsfächer, ungeeignete Unterrichtsmethoden und fordert v. a. eine Verringerung der theoretischen Lerninhalte zu Gunsten praxisorientierter Berufsnotwendigkeiten (Schöneberger 1990). Moniert wird auch das sprachliche Unvermögen vieler junger Leute, sich in Konfliktsituationen präzis auszudrücken und zu verständigen (Mohler 1994). Im Bereich der Fachhochschulen der Polizei lauten die Ausbildungsdefizite (Liebl 2000):

- Zu wenig Zeit für ein Selbststudium und für eigenständige fachwissenschaftliche Leistungen angesichts der Fülle von Lehrveranstaltungen
- Mängel im Vorhandensein von sozialer und kommunikativer Kompetenz
- Verfehlung des Ausbildungszieles zum handlungssicheren Polizeivollzugsbeamten.

Postuliert wird die Vermittlung folgender Schlüsselqualifikationen (zit. n. Schulte/Kokoska 1997): „Selbstständigkeit und Verantwortungsbewusstsein, Kommunikationsfähigkeit, Fähigkeit zur Stress- und Konfliktbewältigung, Kooperationsbereitschaft, Entscheidungs- und Durchsetzungsfähigkeit, Organisationsfähigkeit, Beherrschung moderner Arbeitstechniken, Innovationsfähigkeit, Belastbarkeit".

Im Blick auf die Ausbildung zum höheren Dienst der Polizei knüpft die Neukonzeptionierung an dem gesellschaftlichen Wandel (Schulte/Kokoska 1997) an: Aufgaben, Rahmenbedingungen und Erfolgskriterien polizeilichen Handelns sind anspruchsvoller, komplexer und konfliktreicher geworden. An Konsequenzen für eine Neuorientierung der Aus- und Fortbildung werden in inhaltlicher, didaktisch-methodischer und lernorganisatorischer Hinsicht gezogen: „weniger formale Rechtsausbildung, mehr handlungsbezogenes Lernen (integratives Lernen), Verstärkung der Eigenaktivität, lebenslanger Lernprozess".

Die Crux der polizeilichen Bildungsarbeit liegt zu einem beträchtlichen Teil in dem Fehlen eines beruflichen Selbstverständnisses bzw. einer allgemein gültigen Polizeitheorie (vgl. 6.). Aus diesem Defizit erklärt sich der Eindruck, dass manche Ausbildungsziele diffus und Lerninhalte additiv sind. Angesichts der Bedeutung einer qualifizierten Berufsausbildung der Polizei für die Rechtssicherheit und Lebensqualität der Bevölkerung besteht Reformbedarf. Bei der anstehenden Begriffsklärung der Polizei bzw. des polizeilichen Handelns konzentriert sich das ethische Interesse auf den Aspekt der Wertqualität und Operationalität. So gilt es, die Zielvorstellung vom Polizisten als Generalisten kritisch zu hinterfragen, die mit dem Hinweis auf die Verfügbarkeit und Verwendungsbreite des Beamten üblicherweise erläutert wird, und das Problem der Verantwortung anzuschneiden. Läuft nicht eine derartig umfassende Zuschreibung polizeilicher Diensttätigkeiten auf eine strukturelle Überforderung hinaus, da es weder eine theoretisch-reflexive Einholbarkeit der komplexen Wirklichkeit noch eine universale Handlungskompetenz gibt? Damit soll nicht dem anderen Extrem der Spezialisierung das Wort geredet werden. Vielmehr erscheint als Konsequenz sinnvoll und angebracht, die Grundausbildung zum Generalisten, der für die ersten Maßnahmen zuständig ist, durch weitere Qualifikationsangebote zum Spezialisten und durch funktionsbezogene Fortbildungsmaßnahmen zu ergänzen, da sich auf diese Weise die Effizienz polizeilicher Arbeit zum Wohle der Allgemeinheit steigern und die Berufszufriedenheit der Vollzugsbeamten verbessern lässt.

In Ermangelung eines klaren Berufsbildes überrascht es nicht, dass die unterschiedlichsten Meinungen über optimale Strukturen der Polizeiausbildung aufeinander prallen (Groß 2003, Weidmann 2001, Liebl 2000, Quambusch 2000, Schulte/Kokoska 1997).

- So findet sich die Ansicht, der Polizeidienst sei überwiegend praktischer Natur, stütze sich hauptsächlich auf berufliche Erfahrungen, der Polizeibeamte müsse fähig sein, sich auf neue Einsatzsituationen immer wieder einzustellen. Vertreter dieser Auffassung favorisieren Ausbildungsstrukturen, die sich am konkreten Bedarf der polizeilichen Praxis orientieren und es bei der Vermittlung der dafür erforderlichen Zweckrationalität und des instrumentellen Wissens samt den notwendigen praktischen Kompetenzen bewenden lassen.
- Eine andere Richtung fordert – v. a. für den gehobenen Dienst – ein Fachhochschulstudium, das die Nachwuchskräfte der Polizei in die Lage versetzt, selbstständig wissenschaftlich zu arbeiten und sich das zur Praxisbewältigung unverzichtbare theoretische Grundlagenwissen anzueignen.
- Ein weiterer Meinungsunterschied besteht in der Frage einer internen oder externen Polizeiausbildung. Die einen plädieren für einen ausschließlich polizeiinternen Ausbildungsweg, um ein besseres Verständnis und eine persönliche Identifikation mit dem Polizeiberuf anzuregen, eine eindeutige Linie bei der Wissensvermittlung vorzugeben, die verunsichernde Vielfalt wissenschaftlicher Hypothesen auszuklammern und stattdessen zielstrebig auf Prüfung und Praxis vorzubereiten. An dieser Ausbildungsstruktur kritisieren die Kontrahenten mangelnde Transparenz, den Verlust an Bürgerorientierung, die Verkürzung auf eine von Recht und Ordnung geprägte, bloße Vollzugsmentalität, die Gefahr der zu massiven Verhaltensbeeinflussung und den Rückzug in eine polizeiliche Selbstisolation. Deswegen fordern sie ein externes Studium an der öffentlichen Fachhochschule, das eine wissenschaftlich fundierte Berufsqualifikation bietet und die Absolventen zu einer eigenverantwortlichen statt dirigistischen, kreativen statt systemkonformen Wahrnehmung und Erfüllung polizeilicher Aufgaben befähigt.

Mit der Einführung einer externen Fachausbildung wird – neben der Professionalisierung polizeilichen Handelns – die „Neutralisierung" der Berufsqualifikation angestrebt. Dieser liegt der Vorwurf des Indoktrinären und Paramilitärischen früherer polizeiinterner Ausbildungspraktiken zu Grunde (Menker 1996). Doch wie verhält es sich mit der verfassungskonformen Wertevermittlung in einer Externalisierung der Polizeiausbildung? Wo bleibt das Äquivalent für den Sozialisations- bzw. Erziehungsprozess im Blick auf grundgesetzkonforme Werthaltungen, die im Polizeidienst unabdingbar sind (Schlüsselqualifikationen)? Wie soll die Schere zwischen theoretischer Ausbildung und beruflicher Praxis, insbesondere zwischen ethischer Urteilsfähigkeit und Handlungssicherheit im Polizeialltag geschlossen werden? Die ethischen Standards polizeirelevanter Berufsqualifikation haben dem Verfassungsauftrag der Bundesländer zu entsprechen, der u. a. lautet: „Ehrfurcht vor Gott, Achtung vor religiöser Überzeugung und vor der Würde des Menschen" (Verf. Bayern Art. 131), „in der Ehrfurcht vor Gott, im Geiste der christlichen Nächstenliebe, zur Brüderlichkeit aller Menschen und zur Friedensliebe, in der Liebe zu Volk und Heimat, zu sittlicher und politischer Verantwortlichkeit, zu beruflicher und sozialer Bewährung und zu freiheitlicher demokratischer Gesinnung" (Verf. Baden-Württemberg Art. 12), „Achtung vor der Wahrheit" (Verf. Bremen Art. 263), „Ehrfurcht vor Gott, Achtung vor der Würde des Menschen und Bereitschaft zum sozialen Handeln" (Verf. Nordrhein-Westfalen Art. 7), „in freier, demokratischer Gesinnung" (Verf. Rheinland-Pfalz Art. 33), „zu freiheitlicher demokratischer Haltung" (Verf. Sachsen Art. 101), „in der Ehrfurcht vor Gott, im Geist der christlichen Nächstenliebe" (Verf. Saarland Art. 30). Wie ein Blick auf die übernommenen Beamtenpflichten und langjährigen Berufserfahrungen zeigt, erweisen sich näherhin Loyalität, Gerechtigkeit, Unbestechlichkeit, Verlässlichkeit, Wahrhaftigkeit, Diskretion, Verantwortung, Pflichterfüllung, Mut, Kooperation, Hilfsbereitschaft und Höflichkeit als unverzichtbare Charaktereigenschaften eines Exekutivbeamten. Werte als etwas Subjektives und Privates, Wertevermittlung als intersubjektiven Verständigungsversuch zu interpretieren, das hat in unserer pluralistischen Gesellschaft den Anschein des Modernen. Gleichwohl lebt der heutige Rechtsstaat vom Minimalkonsens, von der freien Zustimmung der überwiegenden Bevölkerung zu den Werten des Grundgesetzes und der Länderverfassungen. Erscheint der Staat nicht inkonsequent und unglaubwürdig, wenn er zwar von allen gesellschaftsrelevanten Gruppen einen ernsthaften Beitrag zur grundgesetzkonformen Konsenspflege fordert, sich selber aber als Dienstherr davon dispensiert und die dienstrelevanten Werteinstellungen dem Belieben seiner engsten Mitarbeiter überlässt?

Die Situation des jungen Dienstanfängers beim Bundesgrenzschutz bestimmen folgende Faktoren (Jentsch, W., zit. n. Sauerzapf 1987):

- Suche nach Identität und Behauptung der Identität
- Nähe: das subjektive Erleben des Dienstes im BGS
- Ferne: das Erleben der Entwurzelung durch die Entfernung von Familie, Freunden, Freundin
- Die neuralgischen Punkte: Freizeit, Geldprobleme, Alkoholkonsum, Sexualprobleme, Verdruss, Resignation, Aggression
- Ethisch-religiöse Fragen: Sinn des Lebens, Gewissen, Tod und Töten etc.
- Die Frage nach dem Wofür des Dienstes im BGS.

In dem Verantwortungsbereich des Dienstherrn liegt es, nicht nur ein zutreffendes Bild des Polizeiberufes in den Werbebroschüren und Einstellungsgesprächen zu zeichnen, sondern auch fachlich wie menschlich angemessene Ausbildungsbedingungen zu schaffen. Nach einer Befragungsaktion in Baden-Württemberg fällt es jugendlichen Beamtinnen und Beamten nicht ganz leicht, die Lebenswelt der Bereitschaftspolizei adäquat zu verarbeiten. So neigen 16 und 17-Jährige „eher zur Passivität, fühlen sich öfter gestresst und steigern ihren Alkoholkonsum eher als Ältere" (Fiedler 1993). Einer Untersuchung zufolge, die als Stressorenanalyse der Polizeiausbildung zum mittleren Dienst in Nordrhein-Westfalen konzipiert ist, beanstandet die Mehrheit der Befragten, dass die Berufsvorbereitung persönlichkeitsfördernde Elemente vernachlässigt, keine Selbstständigkeit lehrt, kaum noch nach menschlichen Qualitäten fragt, die Verhaltensbereiche (Kommunikation, Kooperation, Selbstbewusstsein, Reflexionsfähigkeit etc.) benachteiligt und die Ausbildungsziele nicht deutlich benennt (Wensing 1993).

Im Vordergrund einer Untersuchung im Land Sachsen steht die Frage, welche Ausprägung von Werten und Einstellungen junge Menschen haben, die sich für die

Ausbildung zum mittleren Polizeivollzugsdienst beworben und die Einstellungsvoraussetzungen erfüllt haben (Remke 2002). Die zu Beginn der Ausbildung gestellten Fragen erbrachten die abgestufte Skala folgender Werteinstellungen:
- Soziale Orientierung (Vertrauen und Ehrlichkeit unter Kollegen, zu anderen Menschen, Menschen helfen können, soziale Fähigkeiten entwickeln)
- Berufliche Orientierung (Freude am Beruf, berufliche Arbeit sinnvoll finden, Umgang mit Menschen, Selbstachtung)
- Familiäre Orientierung (Beruf mit viel Freizeit, einen Lebenspartner haben, Zeit für die Familie haben, Zärtlichkeit erleben)
- Materielle Orientierung (gut verdienen, sich Luxus gönnen, vermögend sein, wirtschaftlich-finanzielle Sicherheit, guter Lebensstandard)
- Gesellschaftliche Orientierung (Nationalbewusstsein, stabile politische Situation, Schutz vor Extremismus, weltpolitischer Einfluss des Staates)
- Alternative Orientierung (Ausstieg aus der Atomenergie, Mitarbeit im Verein, Bürgerinitiative o. ä., Möglichkeit alternativer Lebensgestaltung, Schutz der Umwelt).

Die kurz vor Ausbildungsabschluss durchgeführte Veränderungsmessung ergab, dass der polizeiliche Ausbildungsprozess nur geringen Einfluss auf generelle Wertorientierungen junger Menschen nimmt, dagegen auf berufsrelevante Werteinstellungen eine sehr starke Wirkung ausüben kann.

Die ethische Bedeutung der Meinungsumfragen und Anwärteroptionen liegt in der Schwachstellenanalyse polizeilicher Bildungsarbeit und in dem Innovationsschub zu Gunsten moderner Denk- und Einstellungsweisen sowie zeitgemäßer Organisationsstrukturen. Auch wenn junge Menschen das Recht haben, als mündige Personen ernstgenommen zu werden, müssen sie es akzeptieren, dass ihre Anregungen und Ansprüche an die polizeiliche Bildungssituation nur dann eine Aussicht haben, realisiert zu werden, wenn sie sich mit den normativen Verbindlichkeiten, gesellschaftlichen Interessen und dem praktischen Bedarf des Polizeidienstes vereinbaren lassen.

Die moralische Eingangssozialisation im Beruf wird durch folgende soziobiographische Bedingungen und Barrieren beeinflusst, die in einer wechselseitigen Beziehung stehen und sich positiv auswirken (Lempert 1993):
- Offene Auseinandersetzung mit manifesten, gravierenden sowie nur schwach ausgeprägten Konflikten (Interessensgegensätzen, Normenkollisionen, Wertdiskrepanzen) statt Verdrängung und Unterdrückung
- Zuverlässige Wertschätzung (konstante emotionale Zuwendung und soziale Anerkennung der sozialisierenden Person durch die sozialisierte Person und umgekehrt) anstelle von Geringschätzung, Gleichgültigkeit oder Unberechenbarkeit
- Zwanglose Kommunikation (freier Austausch von Informationen und Meinungen, unvoreingenommene Prüfung anerkannter Normen, Diskurs über die Legitimität problematisierter Geltungsansprüche von Normen und Werten) anstatt monologische Verschlossenheit, Dominanz Einzelner oder Manipulationsversuche
- Kooperation bzw. Partizipation (Mitentscheiden im Rahmen bestehender Normen, Mitwirkung an der Schaffung neuer Normen) versus Subordination (Unterdrückung, Konkurrenz)

- Angemessene Verantwortungsattribution (im Blick auf Akteure, Handlungen, Folgen, Kriterien, Instanzen) statt Misstrauen, Unklarheit, Über- oder Unterforderung, fehlende Zuweisung oder falsche Zurechnung von Verantwortung
- Berechenbare, kontinuierlich und konsistent gegebene Handlungsspielräume (korrespondierend mit Selbstkontrolle und Eigenverantwortung) versus Restriktionen mannigfacher Art.

Im Blick auf den Polizeiberuf betont das moralische Konzept der Eingangssozialisation folgende Schwerpunkte:
- Im Unterschied zu „privaten" Berufen geht der Polizeibeamte ein öffentlich-rechtliches Dienst- und Treueverhältnis mit dem Staat als seinem Dienstherrn ein, in dem die Pflichten gegenüber den Rechten dominieren. Diesbezüglich sollte sich der Berufsanfänger Klarheit darüber verschaffen, wieweit er den heutigen Zeitgeist der Aufklärung sowie das Programm der Mündigkeit mit seinen eigenen Vorstellungen von Selbstverwirklichung im Beruf und mit den Zielen seiner persönlichen Lebensgestaltung vereinbaren, inwiefern er die dienstliche Verpflichtung zum Gehorsam (vgl. 13.) mit seinem Streben nach Freiheit und Unabhängigkeit in Einklang bringen kann.
- In Form des promissorischen Eides (vgl. 5.) bekräftigt der zukünftige Polizeibeamte, die übernommenen Verpflichtungen gewissenhaft zu erfüllen, insbesondere für den Bestand der Verfassung als Grundlage unseres demokratischen Rechtsstaates einzutreten und die Gesetze zu befolgen. Konkret bedeutet das, in bestimmten Situationen die gesetzlich vorgeschriebene Gewalt (vgl. 7.) zur Sicherung der Rechtsordnung und des sozialen Friedens anzuwenden. Da es nicht dem Gutdünken des Vollzugsbeamten überlassen bleiben kann, ob er Gewalt ausübt oder nicht, sondern da er amtlich-institutionell handelt und aufgrund des Legalitätsprinzips Gewalt androhen und anwenden muss, steht am Anfang des Polizeiberufes zur Klärung an, inwieweit der Auszubildende das dienstliche Vorgehen mit Gewalt und Zwang, notfalls sogar den Schusswaffengebrauch (vgl. 18.) vor seinem Gewissen verantworten kann.
- In unserer aufgeklärten, mündigen Gesellschaft verlangt der Polizeiberuf eine gewisse Fähigkeit und Bereitschaft, mit der Bevölkerung in Kommunikation einzutreten und nicht minder Konflikte zu lösen. Techniken und rationale Entscheidungskriterien für Konfliktlösungen können zwar in begrenztem Maße erworben werden, aber zu fragen bleibt, inwieweit der angehende Polizeibeamte existentiell die permanente Konfrontation mit Konflikten (vgl. 10.) durchzustehen vermag, ohne auf Dauer gesundheitlichen Schaden zu nehmen, beruflich unzufrieden und demotiviert zu werden. Kontraproduktiv und unverantwortlich wäre es, Kompetenzillusion durch „Verbalmacht" zu nähren und „Handlungseunuchen" heranzubilden, „die zwar flott reden können, aber nicht besser handeln können" (Füllgrabe 2003). Denn das gewaltbereite Gegenüber kann die freundliche Rhetorik des Streifenbeamten als Schwäche bewerten, und die Konzentration auf den Verständigungsdialog hat schnell den Kontrollverlust über die Einsatzlage zur Folge.

Inwieweit sind die Ausbildungskräfte und Lehrpersonen zu einer berufsrelevanten Wertevermittlung qualifiziert? Diese Frage erhält ihr Gewicht angesichts des Befundes, dass ein großer Teil der jungen Menschen in der Polizeiausbildung seine Bereitschaft bekundet, gemeinsam mit dem Stammpersonal an einer Verbesserung der Ausbildungsbedingungen mitzuwirken (Wensing 1993), und der Motivationstrend zu individuellem Anspruchsdenken und persönlicher Selbstverwirklichung die dienstlich erforderlichen Werthaltungen der Pflichterfüllung, Loyalität und Hingabe auf statistisch signifikante Weise verdrängt. Um auch in Zukunft – neben der fachlichen Professionalität – die moralische Kompetenz des polizeilichen Vollzugsdienstes zu sichern, bedarf es entsprechend gezielter Gegenmaßnahmen.

Um der Erwartung und Forderung nach einer qualifizierten Fachausbildung und dienstbezogenen Persönlichkeitsstärkung gerecht zu werden, erscheint es notwendig, die Personalauswahl für die polizeiliche Bildungsarbeit anhand differenzierter Anforderungsprofile sorgfältig vorzunehmen. Polizeibeamte für die Bildungsarbeit fachlich wie methodisch zu qualifizieren hebt das Bildungsniveau und wehrt den Vorwurf der Semi-Professionalität ab. Kompetente Zivilpersonen in die Ausbildung zu integrieren eignet sich dazu, die Gefahr einer Indoktrination abzuwenden, die durch eine rein polizeiinterne Eingangssozialisation hervorgerufen werden kann. Neuere Ansätze polizeilicher Bildungsarbeit orientieren sich an der Frage nach den Schlüsselqualifikationen für den mittleren sowie gehobenen (Entscheidungskompetenz, Urteils- und Kritikfähigkeit, Handlungskompetenz, soziale Verantwortung, Kommunikations- und Kooperationsfähigkeit, Einsatzbereitschaft) und für den höheren (Führungs- und Sozialkompetenzen, Fähigkeit zum Selbstmanagement, Innovationsfähigkeit, Methodenkompetenz) Polizeidienst, die sich rein kognitiv-theoretisch nicht vermitteln lassen, sondern durch eigene Aktivitäten erworben werden müssen. Daraus folgt als Strukturierungshilfe für die Bildungsprozesse eine integrative und handlungsorientierte Didaktikkonzeption. Nach dem integrativen Gestaltungsprinzip werden die Aus- und Fortbildungsinhalte in fächerübergreifenden Leitthemen zusammengefasst, die polizeitypische Einsatzsituationen wiederspiegeln, und moduldidaktisch behandelt. Der handlungsorientierte Ansatz weist ganzheitliche Züge auf, insofern er die kognitiven, emotionalen und praktischen Fähigkeiten der Anwärter anspricht und zum Einüben effizienter, eigenständiger, selbstverantwortlicher Aufgabenerfüllung konditioniert. Dabei beschränken sich die Ausbildungskräfte auf themenzentrierte Steuerungs- und ergebnisorientierte Kontrollmaßnahmen und bieten bedarfsorientierte Lernunterstützung an. Trotz der Prämisse, dass die Lernenden das Unterrichtsgeschehen maßgeblich gestalten und die Lehrenden sich auf eine kluge Moderation zurückziehen, können handlungsorientierte Ausbildungsprozesse das Ziel einer berufsbezogenen Persönlichkeitsbildung ohne gelungene Interaktionen mit authentischen Lehrer- und Ausbilderpersönlichkeiten nicht erreichen. Nicht in den formal perfekten Vermittlungsstrategien von überprüfbarem Wissen und praktischen Fähigkeiten, sondern in der menschlich überzeugenden Persönlichkeit der Ausbilder und Dozenten mit ihrer reichhaltigen Berufserfahrung, ihrem fachlichen Können, sicheren Urteil, positiven Welt- und Menschenbild liegt der Schlüssel zum Erfolg der Polizeiausbildung. Daher bekundet Ethik ein lebhaftes Interesse daran, dass Vorgesetzte und Ausbilder bei der Bereitschaftspolizei nicht als anonyme Funktionäre eines zweckrationalen Ausbildungsapparates, sondern als menschlich überzeugende, fachlich kompetente Führungspersönlichkeiten erlebt und geschätzt werden. Es spricht für die persönliche Autorität der Ausbilder, wenn sie durch die Wertschätzung offener Dialogsituationen und durch die Pflege eines vertrauensvollen, offenen Klimas die Gefahren monotoner und formalistischer Ausbildungsabläufe und die Reaktionsweisen des Desinteresses, der Frustration und Gereiztheit bei den Auszubildenden in der Bereitschaftspolizei beseitigen. Nur gut motivierte Polizeibeamte werden auf Dauer institutionelle Pflichtzuweisungen akzeptieren.

Von Persönlichkeiten in der Ausbildung werden u. a. folgende Werthaltungen erwartet:
- Verantwortung für ein Leben in Freiheit und Selbstverantwortung, was persönliche Anstrengungen und Kräfte kostet
- Offene Auseinandersetzungen mit Andersdenkenden und Andershandelnden und Toleranz, ohne in Gleichgültigkeit oder Zynismus zu verfallen
- Kritikfähigkeit, die Wahrhaftigkeit und Lernbereitschaft voraussetzt, Sensibilität und Kreativität, die Eigenständigkeit im Umgang mit Menschen und bei der Erfüllung dienstlicher Aufgaben unterstreicht.

Derartige Werteinstellungen werden weniger durch ein abstrakt-unverbindliches Theoretisieren, sondern eher durch das Erleben überzeugender Beispiele, durch die Begegnung mit vorbildlichen Ausbilder- und Lehrerpersönlichkeiten internalisiert.

Nicht nur sozio-ökonomische Voraussetzungen, die mit Wirtschafts- und Finanzfragen zusammenhängen, sondern auch normative Rahmenbedingungen wirken sich auf die polizeiliche Bildungsarbeit aus. Zu klären bleibt, inwieweit sich die Dozenten und Ausbilder der wertprägenden, normbildenden Einflussfaktoren bewusst sind und deren didaktische Relevanz zu Gunsten einer qualifizierten Nachwuchsförderung auf zulässige, menschlich ansprechende Weise nutzen. Psychologische Eignungstests für Personalauswahl und Personalentwicklung liegen nicht vor, die über zukünftiges Dienstverhalten zuverlässig Auskunft erteilen. Doch sollten sich die Ausbilder die Chance nicht entgehen lassen, die mehrjährige Ausbildungszeit als Erprobungsstufe zu nutzen. Zu diesem Zweck empfiehlt es sich, auf Verhaltensweisen der Anwärter zu achten, die mit dem gesetzlichen Dienstauftrag und den Beamtenpflichten kollidieren, und unzureichend entwickelte, jedoch erforderliche Berufseinstellungen positiv zu verändern.

Der berufliche Bildungsprozess als planmäßige Formung junger Menschen zu fachlich kompetenten und motivierten, kommunikativen und disziplinierten, mündigen und verantwortungsbewussten, grundgesetzloyalen Persönlichkeiten ist ein Indikator für Polizeikultur, die sich intern in Form eines offenen, vertraulichen Klimas und extern in einem freundlichen, hilfsbereiten Umgang mit dem Bürger artikuliert.

Die polizeilichen Ausbildungspläne bzw. Curricula sehen für die Auszubildenden bzw. Studenten Berufspraktika sowie praktische Einsätze von unterschiedlicher Zeitdauer und Anzahl vor. Dem jungen Polizeibeamten können die Praktika zum Vorteil gereichen, wenn deren Gestaltung didaktisch strukturiert, deren Vorbereitung, Durchführung und Nachbereitung stimmig organisiert ist. Als Lernziele eignen sich: verschiedenartige Polizeidienststellen kennenlernen, einen Einblick in die komplexen Organisationsstrukturen und Organisationsabläufe der Polizeibehörden bekommen, sich mit den vielfältigsten Aufgaben des Polizeidienstes und mit der Vielseitigkeit des Polizeiberufes vertraut machen, erlerntes Fachwissen in die Praxis umsetzen, konkrete Erlebnisse und Eindrücke vom polizeilichen Alltag nutzen, um die eigene Lernmotivation zu steigern und ein für die spätere Dienstverwendung erforderliches Problembewusstsein zu entwickeln, unter fachlicher Anleitung polizeiliche Tätigkeiten durchführen und ein zutreffendes Bild von der Polizei gewinnen. Vorsicht ist geboten, wenn in den Praktika der handlungsorientierte Ausbildungsansatz die Tendenz verfolgt, das gewünschte Verhaltensmuster des Polizeibeamten auf eine Zweckrationalität im Sinne einer Nutzen-Kosten-Kalkulation oder einer technisch-taktischen Ausführungsperfektion zu verkürzen. Der Gefahr, den Polizeivollzugsdienst auf einen strategisch-instrumentellen Handlungsbegriff einzuengen, beugen normative Handlungstheorien vor. So fragt die Ethik nach den Kriterien für richtiges, menschlich gutes Handeln im Polizeiberuf, nach den Rahmenbedingungen und Folgewirkungen. Verbindlicher Wertmaßstab für polizeiliches Einschreiten in unserer pluralen, rechtsstaatlichen Demokratie kann nur das Grundgesetz mit seinen Wertvorgaben sein. Allerdings darf die Reflexion über die Bedeutung persönlicher Werteinstellungen für dienstlich erforderliche Verhaltensweisen nicht dem Trend zu einer Überidealisierung des Polizeiberufes verfallen, da der mit dem säkularisierten Zeitgeist der Moderne kollidieren würde. Ethische Beurteilungskriterien für Praktika bzw. praktische Einsätze beziehen sich u. a. auf folgende Überlegungen: Inwieweit finden die Berufsanfänger ein Klima der Offenheit und Kollegialität vor? Werden sie lediglich als lästige Auszubildende betrachtet bzw. müssen sie als Ersatzkräfte für alles Mögliche herhalten? Welcher Art ist das Verhältnis der Praktikanten zum Dienstvorgesetzten? Inwiefern dürfen die Berufsanfänger unter fachkundiger Anleitung eigenständige Tätigkeiten verrichten? In welchem Maß können sie ihre Eindrücke bzw. Erlebnisse mit erfahrenen Dienstkollegen kritisch reflektieren und geistig verarbeiten – oder dürfen sie nur mitlaufen und zuschauen? Inwieweit können sie eigene Ideen und Vorstellungen einbringen – oder werden sie bloß in vorhandene Schemata hineingepresst? Erfahren die im Praktikum befindlichen jungen Menschen einen Motivationsschub – oder werden sie eher vom Polizeialltag abgeschreckt? Unabhängig von der Leistungsbeurteilung durch den Praxisanleiter bzw. Praktikumsbegleiter sollten sich die Praktikanten ihrerseits kritisch hinterfragen, mit welcher Bereitschaft und Ernsthaftigkeit sie den Einstieg in die berufliche Praxis wahrnehmen, inwieweit sie den Rollenwechsel von Kontrollierten zu Kontrolleuren und die Umstellung von der Privatperson zum Repräsentanten des Staates innerlich wie äußerlich gradlinig vollziehen, inwiefern sie im polizeilichen Gegenüber den Menschen sehen und respektieren und ob ihnen an einem guten Verhältnis zu Dienstkollegen und Vorgesetzten liegt. Das polizeiliche Gegenüber kann sicherlich erwarten, korrekt nach den geltenden Gesetzen und höflich behandelt zu werden. Andererseits unterlaufen Praktikanten auch Fehler und Pannen. Ethisch verlangt nach einer Klarstellung, inwieweit das Begehen von Fehlern und Auftreten von Verhaltensmängeln (Motivationsdefizite, Leistungsverweigerung) im Rahmen eines Berufspraktikums toleriert werden können.

Aufgrund der Notwendigkeit, dass die Polizeien in Europa künftig enger zusammenarbeiten müssen, erlangen Auslandspraktika zunehmend an Bedeutung. Auslandserfahrungen verhelfen dem Studenten zu einem genaueren Einblick in die Organisationsstrukturen und Organisationsabläufe der Polizeibehörden des Gastlandes, zu vertieften Sprachkenntnissen, zu neuen Kontaktmöglichkeiten, zu einem besseren

Verständnis fremder Kulturen und Lebensweisen, zu einer verstärkten Motivation für eine internationale Kooperation und zu einem bleibenden Eindruck von dem Bedeutungszusammenhang zwischen gemeinsamen Wertüberzeugungen und vertrauensvoller Zusammenarbeit.

Polizeiliche Bildung als Arkandisziplin (lat. arcanum = Geheimnis, disciplina = Lehre, Ordnung) zu betreiben, ist im Ansatz verfehlt, da es den Anforderungen einer Polizeikooperation auf europäischer Ebene, dem Leitbild einer bürgernahen Polizei und der Vergleichbarkeit polizeiinterner Bildungsgänge und -abschlüsse mit dem allgemeinen Bildungssystem in der Bundesrepublik nicht gerecht wird. Mit dem Ausbildungspostulat der Transparenz lässt sich durchaus das Faktum der Geheimhaltung polizeilicher Strategie sowie Taktik und schutzbedürftiger Informationen vereinbaren, soweit es die öffentliche Sicherheit erfordert.

Die Einsicht in den unverzichtbaren Stellenwert rechtsstaatlicher Rahmenbedingungen für die freie Entfaltung der menschlichen Persönlichkeit und den Schutz der unantastbaren Menschenwürde kann junge Menschen veranlassen, trotz nicht zu leugnender Schwierigkeiten mit der Eingangssozialisation sich bewusst für den Polizeiberuf zu entscheiden und den Polizeidienst gern zu verrichten. Kontrasterfahrungen allerdings wirken eher demotivierend, so z. B. wenn bei gemeinsamen Unterkünften von Frauen und Männern die persönliche Privat- und Intimsphäre nicht respektiert, das Abhängigkeitsverhältnis der Auszubildenden zu ihren Ausbildern missbraucht wird oder Mobbingprozesse sich entfalten können.

Die hohe Wertschätzung der Polizei in unserer Gesellschaft hängt zu einem großen Teil mit dem ausgeprägten Bewusstsein der Beamten für das zusammen, was zum Wesen des Rechtsstaates gehört. Auf die Internalisierung des Rechtsstaatsprinzips im Rahmen der polizeilichen Aus- und Fortbildung auch in Zukunft größten Wert zu legen, weiß sich die Berufsethik in die Pflicht genommen.

Literaturhinweise:

Haselow, R./Kissmann, G. P.: Ausbildungs- und Sozialisationsprozesse der Polizei seit 1949, in: Lange, H.-J. (Hg.): Die Polizei der Gesellschaft. Opladen 2003; S. 123 ff. – Groß, H.: Fachhochschulausbildung in der Polizei: Lehrgang oder Studium?, in: Lange, H.-J. (Hg.): a. a. O.; S. 141 ff. – Füllgrabe, U.: Ausbildungsprobleme, die meist übersehen werden – oder wie man Handlungsersuchen produziert, in: Kriminalistik 6/2003; S. 391 ff. – Liebl, K.: „Crime Fighter“ oder „Pensionsberechtigter“? – Warum wird man Polizist?, in: P & W 2/2003; S. 4 ff. – Alberts, H. W. u. a.: Methoden polizeilicher Berufsethik. Frankfurt a. M. 2003. – Remke, S.: Werte- und Einstellungsentwicklung im mittleren Polizeivollzugsdienst, in: Bornewasser, M. (Hg.): Empirische Polizeiforschung III. Herbolzheim 2002; S. 136 ff. – Widmer, A.: Die polizeiliche Aus- und Weiterbildung in der Schweiz, in: Kriminalistik 6/2002; S. 399 ff. – Sterbling, A.: Überlegungen zu einer Polizei-Universität, in: Kriminalistik 5/2002; S. 282 ff. – Schmitz, W.: Im Brennpunkt – Bildung als Standortfaktor, in: ZBR 3/2002; S. 89 ff. – Flöß, U. u. a.: Modulausbildung in der Polizei. 2 Bde. Stuttgart u. a. 2001. – Alberts, H.: Reform der Polizeiausbildung, in: DP 10/2001; S. 293 ff. – Wesemann, M.: Strukturwandel in Staat und Gesellschaft – Konsequenzen für die Fortbildung der Polizei, in: DP 10/2001; S. 295 ff. – Weidmann, T.: Strukturen der Polizeiausbildung, in: Kriminalistik 2/2001; S. 121 ff. – Thewes, W. u. a. (Hg.): Soziale Kompetenz als Schlüsselqualifikation des modernen Polizeiberufes (RB SRFHS Bd. 9). Rothenburg/OL 2001. – Löbbecke, P.: Zur Bedeutung des Schlüsselqualifikations- und Kompetenzansatzes für die Ausbildung an den Fachhochschulen der Polizei, in: DP 5/2000; S. 139 ff. – Liebl, K.: Notwendigkeit einer Polizeiwissenschaft vor dem Hintergrund von Defiziten in der polizeilichen Aus- und Fortbildung, in: PFA-SR 1–2/2000; S. 83 ff. (vgl. Kriminalistik 6/2000; S. 377 ff.). – Quambusch, E.: Das Villingen-Schwenningen-Syndrom, in: Kriminalistik 5/2000; S. 304 ff. – Rifkin, J.: Access. Frankfurt a. M. 2000. – Veit, B.: Ein Beruf, der nach den Sternen greift, in: KOMPASS 3/2000; S. 60. – Beese, D.: Studienbuch Ethik. Hilden 2000. – Eiffler, S.-R.: Die Bedeutung der europäischen Menschenrechtskonvention für die polizeiliche Praxis und Ausbildung, in: DP 11/1999; S. 324 ff. – Groß, A.: Das Berufsbild der Polizei, in: Kriminalistik 5/1999; S. 303 ff. – Liebl, K.: Anforderungsprofil der Polizei. Rothenburg/OL 1998. – PFA-SB „Berufsethik in der Polizei" (26.–28. 10. 1998). – Gundlach, T.: Soziale Kontrolle und das Berufsbild der Polizei, in: Kriminalistik 12/1997; S. 819 ff. – Bach, T. B.: Die Ordnungspolizei 1936–1945 und ihre weltanschauliche „Schulung", dargestellt an regionalen Beispielen (Magisterarbeit d. Phil. Fak. WWU). Münster 1997 – Schulte, R./Kokoska, W.: Aus- und Fortbildung der Polizei in einer sich wandelnden Gesellschaft, in: DP 4/1997; S. 111 ff. – Feltes, T.: Eine Reform der Polizei beginnt mit einer Reform der Ausbildung, in: DP 4/1997; S. 115 ff. – Kleinknecht, T.: Polizeiliche Bildungsarbeit vom Fachunterricht zur sozialen Kompetenz (Studie i. A. der HLPS „Carl Severing"). Münster 1997. – Merten, K.: Die Externalisierung des Studiums am Fachbereich Polizei – Chancen und Risiken, in: DP 9/1996; S. 217 ff. – Krüger, U.: Überlegungen zur Reform der Polizeiausbildung an Fachhochschulen aus sozialwissenschaftlicher Sicht, in: dkri 5/1996; S. 223 ff. – Menker, F.-J.: Berufsausbildung der Polizeianfänger im Land Nordrhein-Westfalen in den Jahren 1947–1968, in: Nitschke, P. (Hg.): Die Deutsche Polizei und ihre Geschichte. Hilden 1996; S. 190 ff. – Kretschmer, M./Dulisch, F.: Werteorientierung von Studierenden an der Fachhochschule des Bundes, in: Dies. (Hg.): Wertewandel und Wertevermittlung (SR FH BV). Brühl 1996; S. 131 ff. – Dersch, D./Schümchen, W.: Wertorientierung von Polizeibeamten, in: DP 10/1995; S. 288 ff. – Weiß, H.: Das Wertebild von Polizeibeamten, in: DP 2/1992; S. 29 ff. – Kokoska, W./Murck, M.: Das Ausbildungssystem der Polizei im Umbruch, in: Kniesel, M. u. a. (Hg.): Handbuch der Führungskräfte der Polizei. Lübeck 1996; S. 545 ff. – Schult, H.: Aspekte des täglichen Dienstes und der Bildungsarbeit der deutschen Polizei im gesellschaftlichen Wandel von 1945–1995, in: 50 Jahre Polizeiliche Bildungsarbeit in Münster-Hiltrup. PFA-SR (FS) 1995; S. 15 ff. – Raisch, P.: „Wir wollen Polizisten aus Berufung", in: Deu Pol 2/1995; S. 20 ff. – Wagner-Haase, M.: Zur Polizei? Bremen 1995. – Feltes, T.: Die Fachhochschulausbildung der Polizei auf dem Prüfstand – Reformansätze und neue Modelle, in: Kriminalistik 11/1994; S. 756 ff. – Quambusch, E.: Hochschulausbildung von Polizei und Verwaltung, in: Kriminalistik 5/1994; S. 311 ff. – Richthofen, D. v.: Notwendigkeit und Möglichkeiten der Vermittlung eines Berufsverständnisses der Polizei, in: DP 3/1994; S. 90 ff. – Mohler, M. H. F.: Ethik in der Polizei. Ausbildung und Umfeld, in: DP 5/1994; S. 144 ff. – Fiedler, H.: Lebenswelt Bereitschaftspolizei, in: DP 7/1993; S. 165 ff. – Lampert, W.: Moralische Sozialisation im Beruf, in: ZfSE 13/1993; S. 2 ff. – Nunner-Winkler, G.: Zur moralischen Sozialisation, in: Huber, H. (Hg.): Sittliche Bildung. Asendorf 1993; S. 105 ff. – PFA-SB „Ausbildung in der Polizei – Der Umbruch im Bildungssystem" (4.–7. 5. 1993). – BRP/C 3/1993: Rekrutierung und Ausbildung bei der Polizei. – Murck, M./Schult, H.: Überlegungen zu einem gemeinsamen Bildungssystem der europäischen Polizeien, in: Morié, R. u. a. (Hg.): Auf dem Weg zu einer europäischen Polizei. Stuttgart 1992; S. 148 ff. – Walter, B.: Wertewandel als Herausforderung für die Polizei, in: dnp 9/1991; S. 447 ff. – Möllers, H.: Ethik im Polizeiberuf, Stuttgart u. a. 1991. – Schöneberger, M.: Das Lernen polizeilichen Handelns. Frankfurt a. M. 1990. – Schult, H.: Berufsethos und Bildungsarbeit der Polizei – Analyse und Perspektive, in: PFA-SR 4/1989; S. 23 ff. – Melzer-Lena, B.: Der Berufsnachwuchs der 90er Jahre, in: PFA-SR 1–2/1989; S. 18 ff. – Weller, G.: Menschenwürde in der polizeilichen Ausbildung, in: PFA-SB (20.–24. 10. 1988); S. 65 ff. – Sauerzapf, R. (Hg.): Berufsethik heute. Moers 1987. – Eckert, R./Willems, H.: Der Wandel der Jugend und Probleme junger Polizeibeamter in Ausbildung und Einsatz, in: PFA-SB „Aus- und Fortbildung …" (5.–7. 5. 1986); S. 115 f. (vgl. ebd. S. 169 ff. d. Art. v Stein, F.: Pädagogisch-psychologische Überlegungen zu einer praxisnahen Aus- und Fortbildung). – Röhrig, L.: Frustrations- und Aggressionsursachen bei Auszubildenden in der Polizei, in: DP 10/1986; S. 369 ff. – Volmberg, U.: Zwischen den Fronten. Bereitschaftspolizei in der Krise: ... (HFSK-Report 2). Frankfurt 1986. – Busch, H. u. a.: Die Polizei in der Bundesrepublik. Frankfurt a. M., New York 1985; S. 153 ff. – Scheler, U.: Streß-Skala polizeilicher Tätigkeiten, in: DP 9/1982; S. 270 ff. – Möllers, H.: Studienfach Ethik. Münster 1982. – Schuster, W.: Welchen Beitrag kann die heutige Pädagogik zu einer berufsbezogenen Persönlichkeitsbildung leisten?, in: DP 7/1981; S. 204 ff. – Pieschl, G.: Persönlichkeitsbildung in der Polizei durch Berufsethik, in: DP 11/1980; S. 329 ff. – Hornthal, S.: Das Lebensgefühl der jungen Generation, in: DP 8/1978; S. 257 ff. – Langer, G.: Problem eines Vaters, in: DP 10/1975. – Tetzlaff, P.: Das Ausbildungswesen der preußischen Polizei zur Zeit der Weimarer Republik (schriftl. Hausarbeit z. 1. Staatsprüfung). PH Münster 1973. – Kaiser, G.: Schwierigkeiten bei der Erziehung von jungen Polizeibeamten, in: DP 10/1967; S. 313 f. – Martin, H.: Erzieherische Maßnahmen bei Verhaltensfehlern von Polizeianwärtern, in: DP 7/1966; S. 74 f. – Czirr, F.: Der jugendliche Polizeianwärter, in: DP 1/1966; S. 18 ff. – Thordsen, G.: Erzieherische Maßnahmen bei Verhaltensfehlern von Polizeianwärtern, in: DP 10/1965; S. 314 f. – Burgdorf, A.: Der Beitrag der berufsethischen Erziehung zur Persönlichkeitsbildung als Ziel im Polizeischulwesen, in: DP 11/1964; S. 330. – Stiebitz, F.: Skizze einer Bildungs- und Erziehungstheorie der Polizei, in: DP 4/1962; S. 102 ff. – Winer, K.-H.: Kontakt gleich Erziehung, in: DP 5–6/1953; S. 1 f. – Benze, R./Gräfer, G.: Erziehungsmächte und Erziehungshoheit im Großdeutschen Reich. Leipzig 1940. – Palm, E.: Die Polizeischule. Berlin 1933. – Degenhardt: Das preußische Polizeischulwesen, in: DP 7/1928; S. 220 ff. – Schneider, J.: Lebensweisheit für Deutsche besonders Reichswehr und Polizei. Berlin 1926.

2. Äußeres Erscheinungsbild und öffentliches Auftreten

Nach dem Bundesbeamtengesetz, den Landesbeamtengesetzen und Polizeidienstkleidungsvorschriften hat der Polizeivollzugsbeamte eine Uniform zu tragen. Die Regelung bezieht sich auf die Dienstzeit und dienstlichen Anlässe. Während in der Nachkriegszeit, bedingt durch die dezentrale Aufbaustruktur der Polizei, eine Vielfalt der Polizeikleidung herrschte, entschied sich im Jahre 1974 die Innenministerkonferenz dazu, die moosgrün-beige Farbgebung für die Polizei in allen Bundesländern einheitlich einzuführen. Seit dem 1. Oktober 2003 trägt die Hamburger Polizei eine blaue Uniform, die sich dem europäischen Erscheinungsbild der Polizei anpasst. § 132 a StGB untersagt Unbefugten das Tragen staatlicher Uniformen. Während die Kleiderordnung im Mittelalter die Zugehörigkeit zu einem bestimmten Stand ausdrückte und den gesellschaftlichen Status äußerlich zu erkennen gab, verfolgt die heutige Mode den Individualisierungs- und Selbstdarstellungszweck. Der zeitgenössische Trend, sich nach persönlichem Geschmack und subjektiver Eigenart zu kleiden und auf diese Weise sich selbst zu verwirklichen, kollidiert mit der Dienstkleidung, die für viele den Nachgeschmack der Reglementierung und Uniformierung hat. Entsprechend gerät die Verpflichtung, eine Uniform (lat. uniformis = einförmig, einheitlich) zu tragen, in Begründungsschwierigkeiten. Die gängigen Rechtfertigungs- bzw. Erläuterungsversuche wählen überwiegend einen funktional-zweckmäßigen oder symbolisch-ideellen Ansatz. Aus funktionaler Sicht dient die Uniform dazu, den einschreitenden Polizeibeamten für jedermann erkennbar zu machen und von Zivilpersonen zu unterscheiden, ihm bei seiner Aufgabenwahrnehmung Schutz und Sicherheit zu bieten und trageleicht bzw. leistungsfähig (ergonomisch) zu sein. Nach dem symbolischen Erklärungsansatz hat die Polizeiuniform Zeichencharakter, insofern sich ihr Träger mit dem Ziel identifiziert, als Repräsentant des Staates für den Bestand der Rechtsordnung einzutreten, jedem Bürger zu seinem Recht zu verhelfen und auf diese Weise den sozialen Frieden zu wahren. Gegen das modische Erklärungsmuster, persönliche Ansichten unkritisch über dienstliche Vorschriften zu stellen und Selbstentfaltungswerte grundsätzlich Pflichtwerten vorzuziehen, lässt sich aus ethischer Sicht einwenden, dass auf diese Weise sämtliche Dienstverpflichtungen dem libertären Relativierungstrend anheimfallen würden.

Nach den Ergebnissen der Umfragen unter Polizeibeamten (DP 3/2000; DP 1/1999; Deu Pol 12/1998) bemängelt die Mehrheit der befragten Uniformträger die Funktionalität und Ergonomie der bisherigen Dienstkleidung, befürwortet ein neues bundeseinheitliches Polizei-Outfit und votiert für eine blaue Polizeiuniform, die auch in zahlreichen Ländern Europas getragen wird.

Medienberichten zufolge assoziiert die Bevölkerung Unterschiedliches beim Anblick einer Polizeiuniform, bedingt durch eine grundsätzliche Einstellung zum Staat und durch eigene Erfahrungen sowie persönliche Eindrücke von Polizeibeamten. Polizisten mit voller Einsatzausrüstung bei geschlossenen Einsätzen verursachen offensichtlich eher Gefühle der Angst, des Misstrauens und der Empörung, während der Streifenbeamte, der freundlich den Straßenverkehr regelt oder das offene Gespräch mit den Passanten sucht, überwiegend Zustimmung, Zutrauen und Wohlwollen erntet. Um Aussagen der Psychologen zu folgen (Hermanutz 1995, Meggender 1988, Rehm 1987), scheint beim ersten Kontakt das äußere Erscheinungsbild, wozu auch die Uniform gehört, Aufschluss über die andere Person zu geben. Demnach bringt der Ersteindruck die hellen Farben einer Bekleidung mit positiven Eigenschaften eines Menschen, die dunklen dagegen mit negativen in Verbindung. Im Rahmen des Ersteindrucks zieht das Gegenüber aus dem äußerem Erscheinungsbild des Polizeibeamten Schlussfolgerungen, die etwas über das Ausmaß der Professionalität des dienstlich Einschreitenden aussagen. Wenn auf diese Weise das äußere Erscheinungsbild die Interaktion zwischen dem Vollzugsbeamten und seinem Gegenüber beeinflusst, kann es nicht in das Belieben und Gutdünken jedes einzelnen Polizisten gestellt sein, wie er sich kleidet und dienstlich verhält. Der Polizei muss daran gelegen sein, durch ein korrektes äußeres Erscheinungsbild bei der Bevölkerung keinen Anlass zu Argwohn, Beanstandungen oder Aggressionen zu geben. So hat das Oberverwaltungsgericht Koblenz im September 2003 einem uniformierten Polizeibeamten untersagt, einen Pferdeschwanz zu tragen. Es begründete seine Entscheidung damit, dass die Sachnotwendigkeit des Polizeidienstes dem Anspruch auf freie Entfaltung der Persönlichkeit eine Grenze setze. Wie Umfragen belegen würden, lehne die Mehrheit der Bevölkerung lange Haare bei Polizisten ab, ebenso extravagante Accessoires (Piercing, lange Ohrringe) und eine schmutzige, unordentliche Dienstkleidung. Eine Begründung, auf das Tragen der Uniform zu verzichten, erscheint nur in den Fällen plausibel, in denen sie für bestimmte Diensthandlungen, etwa kriminalpolizeiliche Erkundigungen, unzweckmäßig ist.

Aus ethischer Perspektive umfasst das äußere Erscheinungsbild der Polizei weit mehr als nur die gepflegte, tadellose Uniform des einzelnen Beamten. Diese Aussage resultiert aus der Einsicht, dass die formal korrekte Dienstkleidung weder Fehlverhalten und Straftaten (vgl. 14.) des Uniformträgers aufwiegen noch fehlende bzw. schlechte Umgangsformen ersetzen kann. Doch die Frage, worin die guten Umgangsformen eines Polizeibeamten bestehen, lässt sich nicht so einfach beantworten, denn zum einen kennzeichnet unsere Gesellschaft ein Wertepluralismus, zum andern bringt im Rahmen der zweigeteilten Laufbahn einiger Bundesländer das Studium an der Fachhochschule eine berufliche Eingangssozialisation (vgl. 1.) mit sich, in der eine gemeinsame polizeispezifische Wertevermittlung fehlt. Inwieweit sich die daraus resultierende Einstellungspluralität und inkonsistente Verhaltenstendenzen polizeilicher Nachwuchskräfte mit Hilfe des Disziplinarrechts bzw. dienstlicher Anweisungen koordinieren lassen, steht auf einem anderen Blatt. Wie Umfrageergebnisse übereinstimmend bestätigen, erwarten die Bürger vom Polizeibeamten Höflichkeit, ebenso Hilfsbereitschaft, Freundlichkeit, Gerechtigkeit und Sachlichkeit. Höflichkeit als ein Standard zwischenmenschlicher Umgangsformen vermeidet, was den anderen peinlich berührt, beleidigt, anwidert, brüskiert und verletzt, und bekundet Respekt und Achtung vor dem Gesprächspartner. Signale der Unhöflichkeit, z. B. jemandem ins Wort fallen, den Angesprochenen nicht anschauen, einen Gruß nicht erwidern, sich im Ton vergreifen, den anderen verbal oder mimisch und gestisch abqualifizieren, stören den Kommunikationsprozess und verärgern bzw. verunsichern den Kommunikationswilligen. Zugleich schafft Höflichkeit Distanz vor zu plumpen Annäherungs-, Täuschungs- und Vereinnahmungsversuchen, indem sie Formen des angstfreien, kritischen Umganges miteinander ritualisiert. Prägen Höflichkeitsformen und gute Manieren innerdienstliche Interaktionen, wendet sie der einschreitende Polizeibeamte mit einer gewissen Selbstverständlichkeit auch bei Außenkontakten an. Wenn ein Bürger aus Verärgerung über den schnöden Ton und das rüde, ungehobelte Benehmen eines Streifenbeamten die Interaktion verweigert, darf ihm das nicht so ohne weiteres als Widerstand gegen die Staatsgewalt angelastet werden.

Wenn ein Streifenbeamter bei Begegnungen mit dem Bürger Kompetenz ausstrahlt, trägt sein Verhalten sowohl ihm persönlich als auch der Organisation Polizei Sympathien ein. Nicht nur der einzelne Polizeibeamte, sondern auch die gesamte Institution Polizei trägt zum äußeren Erscheinungsbild bei. Ob sich die Dienststellen – in räumlicher und personeller Hinsicht – bürgernah bzw. kundenfreundlich präsentieren, kooperativ gegenüber anderen Behörden und auskunftsfreudig gegenüber den öffentlichen Medien zeigen, entscheidet über das Ansehen in der Öffentlichkeit. Nach Analyse der Werbepsychologen orientieren sich bestimmte Käuferschichten an dem Renommee einer Firma, nach Untersuchungen der Wahlsoziologen entscheidet das medial vermittelte attraktive Image eines Kandidaten im großem Maße über das Wählerverhalten. Insoweit diese Erkenntnisse zu Manipulationen aus wirtschaftlichen und politischen Zwecken genutzt werden, stellt sich die ethische Frage der Wahrhaftigkeit und Fairness. Eine Imagepflege der Polizei, die der Öffentlichkeit mehr verspricht als sie halten kann, verwirkt den Anspruch auf Vertrauenswürdigkeit und Seriosität. Wenn, wie aus der Werbepsychologie hinlänglich bekannt, auch in der polizeilichen Öffentlichkeits- bzw. Pressearbeit (vgl. 16.) die suggestiv-appellativen Aussagemodi die informativ-sachlichen verdrängen, ist Skepsis angebracht. Ebenso wenig dispensieren die Bemühungen um eine Verbesserung des äußeren Erscheinungsbildes und des Ansehens bei der Bevölkerung die Polizei von der Sorgfaltspflicht, vorhandene interne Mängel zu beheben, denn andernfalls wird die existentialistische Maxime der Authentizität – Heidegger spricht von Eigentlichkeit – verletzt, ehrlich vor sich und anderen zu leben. In der visualisierten Wahrnehmung geübt, empfinden die Bürger Widersprüche zwischen Schein und Sein als unglaubwürdig und unaufrichtig und distanzieren sich zu Recht davon.

Zweifellos heben positive Rückmeldungen der Bevölkerung über Formen des Umgangs und dienstlichen Einschreitens der Vollzugsbeamten nicht nur das Ansehen der Institution Polizei in der Gesellschaft, sondern auch die individuelle Zufriedenheit und das eigene Selbstwertgefühl der einzelnen Polizisten. Von daher erweist sich das äußere einwandfreie Erscheinungsbild als Einsatz- und Führungsmittel, für das der Vorgesetzte Verantwortung trägt. In den Aufgabenbereich der Polizeiführung fällt es, bereits in dem Ausbildungsprozess die Bedeutung des sozial erwünschten, korrekten Erscheinungsbildes für den Polizeidienst zu thematisieren und pädagogisch auf Verhaltensweisen eines Exekutivbeamten hinzuwirken, die beim polizeilichen Gegenüber akzeptiert werden. Allerdings darf man nicht erwarten, dass das Tragen einer ordentlichen Dienstkleidung eo ipso mangelnde Autorität ersetzt und hoheitliche Durchsetzungsprobleme bereinigt.

Literaturhinweise:

Döring, H. G.: Replik zum Aufsatz „Kleider machen Leute" – auch Polizeibeamte, in: DP 2/2004; S. 50 ff. – Jansen, M./Lehrke, P.: „Kleider machen Leute" – auch Polizeibeamte!, in: DP 7–8/2003; S. 224 ff. – DPolG 7–8/2003: Sie ist da: Blaue Polizei-Uniform. – Henrichs, A.: Zur beamtenrechtlichen Pflicht insbesondere von Uniformträgern der Polizei zu einem angemessenen äußeren Erscheinungsbild, in: ZBR 3/2002; S. 84 ff. – Henrichs, A.: Zum äußeren Erscheinungsbild einer professionellen deutschen Polizei, in: Deu Pol 2/2002; S. 14 ff. – Zum psychologischen Einfluss von Polizeiuniformen, in: Kriminalistik 10/2001; S. 649. – Kubera, T.: Die Messbarkeit der Wirkung uniformierter Präsenz und flankierender Maßnahmen am Beispiel der Stadtwache Bielefeld, in: DP 4/2000; S. 103 ff. – DPolBl 3/1999: Das Image der Polizei. – „Rhapsodie in Blau": Zur Diskussion um eine neue Polizeiuniform, in: DP 1/1999; S. 5 ff. – „Neue Uniformen braucht das Land", in: Deu Pol 12/1998; S. 21 ff. – Hermanutz, M.: Prügelknaben der Nation oder Freund und Helfer?, in: DP 10/1995; S. 281 ff. – Schüller, A.: Das Bild der Polizei in der Öffentlichkeit, in: DP 11/1990; S. 293 ff. – Meggeneder, O.: Arbeitsbedingungen im Polizeidienst, in: DP 5/1988; S. 130 ff. – Rehm, J./Steinleitner, M./Lilli, W.: Wearing uniforms and aggression – A field experiment, in: European Journal of Social Psychology 17/1987; S. 357 ff. – Auszug aus dem Züricher Polizei-Knigge, in: DP 7/1981; S. 210. – Wirkt die Polizeiuniform diskriminierend?, in: Kriminalistik 5/1980; S. 203. – Erscheinungsbild der Polizei, in: DP 8/1980; S. 262. – Das Erscheinungsbild der Polizei, in: DP 1/1976; S. 15. – Hunold, T.: Wechselbeziehungen: Zwischen dem äußeren Erscheinungsbild der Polizeibeamten und dem Verhältnis des Bürgers zur Polizei, in: DP 1/1974; S. 1 ff. – Der Bart des Polizisten, in: DP 10/1969; S. 316.

3. Wertaspekte polizeilicher Kommunikationskultur

Für die vielfältigen Möglichkeiten des zwischenmenschlichen Verständigens und miteinander Umgehens sind unterschiedliche Begriffe und Konzepte entwickelt worden. In unserem heutigen Sprachgebrauch dominiert zwar der Terminus Kommunikation (lat. commnicare = gemeinschaftlich machen, mitteilen), bedarf aber einer inhaltlichen Präzisierung. Der Kommunikationsbegriff erhält in der Existentialphilosophie (K. Jaspers, J. P. Sartre) und in der Dialogphilosophie (M. Buber, F. Ebner, F. Rosenzweig, H. Cohen) einen zentralen Stellenwert. Nach Jaspers ist Kommunikation eine universale Bedingung zum Gelingen menschlichen Lebens. Im Wissen um das eigene Ungenügen und Einsamsein öffnet sich der Mensch einem anderen in der Erwartung, durch die Kommunikation mit ihm zu sich selber zu kommen, in der Spannung von Selbstsein und Hingabe sich zu finden. Kommunikation, so Jaspers, kann es nur zwischen Menschen geben. In der Dialogphilosophie von Buber konstituiert die unmittelbare Ich-Du-Beziehung die menschliche Personwerdung, insofern sie den Gegensatz zwischen Individuum und Kollektiv überbrückt. Erst in dem Vorgang der Begegnung entstehen die Dialogpartner, die sich gegenseitig als Personen anerkennen und die intersubjektive Verantwortung wahrnehmen. Im Unterschied dazu sieht die mathematisch-nachrichtentechnische Kommunikationstheorie (Shannon/Weaver), die sich vorrangig an dem möglichst ungestörten Informationstransfer interessiert zeigt, den Kommunikationsakt zusammengesetzt aus den Elementen Sender, Kanal und Empfänger. Der Nachrichtentransport – quasi ein kybernetischer Regelkreislauf – erfolgt in digitaler (Zahlen, Dokumente, Mitteilungen) und in analoger (Körpersprache, Tonlage, Sozialverhalten) Form (Scherer/Wallbott 1984). Nimmt man dieses naturwissenschaftliche Kommunikationsmodell als Erklärungsansatz für jedwede – auch die zwischenmenschliche – Kommunikationsform, so gilt zu beachten, dass jeder Kommunikationsakt aus einem Inhaltsaspekt und einem Beziehungsaspekt besteht. Beide Aspekte hängen untrennbar miteinander zusammen. Eine gute Beziehungsqualität zwischen den Kommunikationspartnern erleichtert den Nachrichtentransfer, denn sie beeinflusst positiv den Empfänger bei der Interpretation der Inhalte.

Nach der PDV 100 sind Information und Kommunikation lageangepasst und aufgabenabhängig auszurichten, um den Belangen der Polizeiorganisation gerecht zu werden. Kommunikation im Rahmen polizeilicher Aufgabenerfüllung lässt sich umschreiben als ein Prozess der Übermittlung von Befehlen, Anordnungen, Anweisungen, Mitteilungen, Informationen, Daten, Bekanntmachungen, Berichten, Meldungen, Erläuterungen und Anfragen, um Organisationsabläufe zu koordinieren (Altmann/Berndt 1994). An dem Planungs- und Entscheidungsbedarf orientieren sich die Grundsätze der Selektion der Informationsfülle, der aufgabenspezifischen Informationsweitergabe, der Klarheit des formal geregelten Informationsflusses und der Effektivität der Informationsverarbeitung. Trotz des kooperativen Führungssystems in der Polizei überwiegen die vertikalen Kommunikationsbeziehungen zwischen den weisungs- und kontrollberechtigten Vorgesetzten und den weisungsgebundenen Mitarbeiten.

Ein Indikator für die Qualität der Kommunikationsbeziehungen, des Binnenklimas und der Polizeikultur ist die Sprache. Den Polizeidienst prägt ein Sprachtyp mit eigenen Abkürzungen und Sondersprachregelungen. Der polizeiliche Sprachmodus stammt aus der Rechts- und Verwaltungssprache, dessen Maximen Sachlichkeit, Zweckbestimmtheit, Verbindlichkeit, Präzision und Höflichkeit lauten (Bergsdorf 1989). Dem polizeilichen Sprachgebrauch steht es gut an, die Normierungs- bzw. Steuerungsfunktion der schematisierenden Rechtssprache und die relativ konkreten Handlungsanweisungen der trockenen Verwaltungssprache weder restriktiv noch stur zu handhaben, sondern sich zu bemühen, auf veränderte Situationen und neue Interaktionspartner mit kommunikativer Kompetenz (Bereitschaft zur intersubjektiven Verständigung, Einfühlungsvermögen, Flexibilität, Frustrationstoleranz, Entschiedenheit) zu reagieren. In innerpolizeilichen Kommunikationsprozessen kann Sprache zu einem Machtinstrument umfunktioniert werden, wenn Wörtern und Sätzen eine bestimmte normative Bedeutung beigemessen oder ein Bediensteter der Polizei von dem Informationsfluss gezielt ausgeschlossen wird. In dem Bemühen, Diskrepanzen zwischen Sprachinhalt, Ausdrucksweise, Aussageabsicht und Interpretation des Mitgeteilten möglichst zu vermeiden und so zu einer unmissverständlichen, problemlosen Verständigung im Dienst beizutragen, spiegelt sich das Polizeiethos der Wahrhaftigkeit wieder. Das Apriori innerpolizeilicher Kommunikationsgemeinschaft ist die Anerkennung des Geltungsanspruches der Werte unseres Grundgesetzes.

Kommunikationsbeziehungen zwischen dem Vorgesetzten und seinen Mitarbeitern können nicht auf Vertrauen verzichten. Denn Vertrauen befähigt zur Kooperation; Vertrauen entsteht, wenn sich die Interaktionspartner Ehrlichkeit, Rücksichtnahme und Fairness zum Wertmaßstab nehmen. Ein zuverlässiger Indikator für das Vertrauensniveau in einer Organisation ist das Engagement der Mitglieder (Fukuyama 2002). In einer Kultur des Vertrauens überwiegen die Vorteile. „Vertrauen ist sicherer als jede Sicherungsmaßnahme. Vertrauen kontrolliert effektiver als jedes Kontrollsystem. Vertrauen schafft mehr Werte als jedes wertsteigernde Managementkonzept“ (Sprenger 2002). Unter dem Aspekt der Nutzen-Kosten-Kalkulation nimmt Vertrauen, das als moralischer Wert eine positive innige Beziehungsqualität darstellt, die Bedeutung der Zweckrationalität und Funktionalität an, insofern es die Kontakte der Organisationsmitglieder kalkulierbar und ökonomisch macht. Allerdings darf der instrumentelle Wert des Vertrauens nicht überschätzt werden. Denn das Vertrauensverhältnis zwischen dem Vorgesetzten und seinen Mitarbeitern funktioniert nur unter der Voraussetzung, dass das in die Integrität und Kompetenz des Interaktionspartners gesetzte Vertrauen emotional bindet und die intrinsische Motivation stärkt. Erfüllt sich diese Voraussetzung nicht, läuft der Vertrauensvorschuss ins Leere und kann persönliche Enttäuschungen nebst dienstlichen Schwierigkeiten mit sich bringen. Von daher wird ersichtlich, dass auf Kontrolle als Führungsmittel zur Zielerreichung nicht verzichtet werden kann, um interne Störfaktoren zu erkennen und Informationsverluste zu beheben.

In der polizeilichen Führungslehre nehmen die Begriffe Autorität und Vorbild eine wichtige Rolle ein (Uhlendorf 2003, Altmann/Berndt 1994). Mit Autorität (lat. auctoritas = Ermächtigung, Ansehen) verbindet sich allgemein die Vorstellung von einer Person, die auf andere Einfluss ausübt und bei Entscheidungsprozessen eine führende Rolle einnimmt. Im polizeilichen Führungsverhalten überwiegt das Verständnis von Amtsautorität bzw. funktionaler Autorität. Der Amtsträger mit seinen genau abgesteckten Kompetenzen und Pflichten steht vor der Aufgabe, das Personal zu einer optimalen Aufgabenerfüllung zu motivieren, zu diesem Zweck für ein reibungsloses, angenehmes Arbeitsklima zu sorgen und die Interessen der einzelnen Mitarbeiter angemessen zu berücksichtigen. Die Legitimation der funktionalen Autorität gründet sachlich in der Übertragung des Amtes und in dem erforderlichem Sachwissen. Die Anerkennung durch die Mitarbeiter erfolgt freiwillig und wertorientiert. In dem Maße, wie die Polizeibeamten ihren Vorgesetzten als menschliche Persönlichkeit schätzen lernen, gilt er ihnen als Autorität. Das moralische Problem für den Amtsträger besteht darin, dem Erwartungsdruck der Mitarbeiter als Hoffnungsträger widerstehen zu müssen, wenn es die Verantwortung für das Ganze verlangt. Davon unterscheiden sich Amtsmissbrauch und Ansehensverlust, insofern der Vorgesetzte mit seinem autoritären Gehabe aneckt, das Amt menschlich nicht ausfüllt und sich in der Führungsrolle nicht bewährt.

In dem kooperativen Führungssystem der Polizei erfreut sich die Vorbildfunktion einer Wertschätzung. Im Unterschied zum Leitbild, Modell und Beispiel steht eine Person zur Wahl als Vorbild an, das Werte verkörpert, mit denen sich andere Menschen identifizieren und denen sie in ihrem eigenen Leben nacheifern. Um ein Vorbild werden zu können, sind Voraussetzungen wie Authentizität, Originalität, Glaub- und Vertrauenswürdigkeit zu erfüllen (Greiwe 1998). Langeweile wäre tödlich. Der Anerkennung als ein richtungsweisendes, anspornendes Vorbild geht ein persönlicher Such- und kritischer Klärungsprozess voraus, bei dem es auf die Wertmaßstäbe ankommt. Den telegenen Idolen, Mega-Stars, Supermännern und Helden ist der Nimbus der modischen Kurzlebigkeit, der gestylten Oberflächlichkeit und des Kommerziellen eigen (Fritzen 2002). Die Vorbildsuche gerät in eine Krise, wenn uns die Medien virtuelle Glamourhelden permanent aufdrängen und damit den Blick für echte Vorbilder in unserer näheren Umgebung verstellen. Ein Polizeiführer kann seine Vorbildfunktion v. a. dadurch ausüben, dass er sich konsequent bemüht, das Achtungs- und Schutzgebot der Menschenwürde gem. Art. 1 GG in konkretes Führungsverhalten umzusetzen, und somit seine menschlich-moralische Kompetenz unter Beweis stellt (Franke 1997). Als vorbildlich kann gelten, wenn einem Polizeibeamten der Rollentausch von einem versierten Sacharbeiter zu einem geschätzten Vorgesetzten gelingt, der das ihm anvertraute Führungsamt mit der Ausstrahlungskraft seiner Persönlichkeit zu füllen versteht und unter den Anforderungen der Führungsaufgaben heranreift. Ein Polizist handelt vorbildlich, wenn er sich unermüdlich und uneigennützig dafür einsetzt, dass in unserem Land Recht Recht bleibt. Dass Frauen im Polizeidienst von ihren männlichen Kollegen als Vorbild anerkannt werden, ist kein ethisches Problem, sondern eher eine Frage des Gender Meanstreaming (vgl. 4.) in Polizeibehörden.

Die innerpolizeiliche Kommunikationsdichte hängt von verschiedenen Faktoren ab und weist unterschiedliche Wertqualitäten auf. So prägt das Kommunikationsklima zu einem Großteil der Zeitgeist, der auch in die Polizeieinrichtungen Einzug gehalten hat, wie folgende Symptome verdeutlichen:

- Mit dem Selbstverwirklichungs- und Individualisierungstrend geht eine stärkere Betonung persönlicher Interessen und eine innere Distanzierung zum Beruf – verbunden mit einer Aufwertung der Freizeit – einher.

- Die Anonymität besonders im Kollegenkreis großstädtischer Polizeiinstitutionen nimmt zu, u. a. bedingt durch die räumliche Trennung der Dienststelle vom Wohnort und die hohe Personalfluktuation. Auch die Auflösung kleinerer Polizeidienststellen aus ökonomischen Gründen zu Gunsten größerer Organisationseinheiten verstärkt den Entfremdungseffekt.
- Das tradierte Zusammengehörigkeits- und Kollegialitätsgefühl der Vollzugsbeamten weicht zunehmend einem Konkurrenzdenken, Kompetenzgerangel und Misstrauen, nicht zuletzt gefördert durch das betriebswirtschaftlich konzipierte „Neue Steuerungsmodell" (Controlling) und durch die ungünstigen Karriereaussichten.
- Trotz der Fülle polizeilicher Reformen und Innovationen mit ihren z. T. nicht zu leugnenden Vorteilen verschlechtert sich die Stimmungslage und Berufszufriedenheit vieler Polizisten. Das äußert sich z. B. darin, dass eine Reihe von Exekutivbeamten die Polizeiorganisation nicht mehr als die ihrige betrachtet, für die sie sich jahrelang eingesetzt haben, oder vor lauter technischem Know-how kaum noch einen Sinn oder Wert im Polizeidienst erkennen (vgl. 15.).

Entgegen der Mündigkeitsmentalität der Moderne leiten sich aus den Beamtenpflichten die Verhaltensgrundsätze der konstruktiven Zusammenarbeit, der gegenseitigen Information und der Beratung des Vorgesetzten ab. Nach der PDV 350 soll die Einstellungsweise des beiderseitigen Respekts, der Aufrichtigkeit, des Vertrauens und der Kollegialität die innerpolizeilichen Kommunikationsprozesse prägen. Dem Vorgesetzen hat der Mitarbeiter mit Achtung und Loyalität zu begegnen und mit Rat und Tat beizustehen, soweit es dienstliche Belange betrifft. Damit derartige Verhaltensrichtlinien nicht das Los ungehörter Appelle ereilt, sind entsprechende Voraussetzungen zu schaffen. So bedarf es eines Klimas, in dem nicht Distanz, Misstrauen und Konkurrenzneid, sondern Transparenz, Zuversicht und Solidarität den Ton angeben. Ein solches Kommunikationsklima entsteht nur, wenn beide Seiten, Führungskräfte und Mitarbeiter, ihren Beitrag leisten.

Gruppendynamische Prozesse in Dienstschichten und anderen Organisationseinheiten der Polizei können sich positiv wie negativ auf den einzelnen Beamten auswirken. So kann die Gruppe ein Mitglied in seiner Stellung stärken, dessen Leistungsbereitschaft fördern, Arbeitsmoral steigern oder auch Gegenteiliges tun. Wenn die Gruppe einen aus ihrer Mitte unter Zwang dazu bringt, sich den inoffiziellen Gruppennormen anzupassen, und ihn damit in einen Konflikt mit den amtlichen Rechtsnormen stürzt, sind Zivilcourage und Mut seitens des Betroffenen, ebenso Kontroll- und Gegenmaßnahmen der Führung vonnöten (vgl. 14.). Ähnlich verhält es sich aus ethischer Sicht, wenn Polizeibeamte die Gefühle der Dankbarkeit und Verbundenheit eines Kollegen dazu missbrauchen, dem Vorgesetzten eine Straftat zu verschweigen oder vor Gericht falsch auszusagen. Eine Frage der Menschlichkeit und Moral ist es, wie Vollzugsbeamte mit einem straffällig gewordenen Dienstkollegen umgehen, inwiefern sie ihm nach Verbüßen des Strafmaßes eine Chance zur Wiedereingliederung geben.

Die ethische Bedeutung der Kameradschaft und Kollegialität für die Polizei ergibt sich aus der Tatsache, dass sich dienstliches Einschreiten keineswegs in einer gesetzlich geregelten Einzelleistung erschöpft, sondern vielfach die Form der Teamarbeit annimmt und aus Effizienzgründen koordiniert. Nach § 13 StGB nimmt der Polizeibeamte eine Garantenstellung ein, insofern er rechtlich dafür einzustehen hat, eine Straftat zu verhindern. Da Maßnahmen zum Schutz der Allgemeinheit und zur Sicherheit des einzelnen Bürgers den Einsatz mehrerer Vollzugsbeamter zur gleichen Zeit erfordern, verbindet sich mit der Gefahrengemeinschaft die Erwartung, für den gefährdeten Dienstkollegen einzustehen und für seine Sicherheit zu sorgen. Dabei kommen die Werteinstellungen der Verlässlichkeit und Tapferkeit zum Tragen. Darüber hinaus vermag der Geist der Kameradschaft Gegensätze auszugleichen (Quittnat 1964). So kann er innerhalb einer Dienstgruppe konträre Standpunkte in politischen und religiösen Ansichten überbrücken, persönliche Antipathien und menschliche Unstimmigkeiten zu Gunsten der gemeinsamen Aufgabenerfüllung unter Kontrolle halten. Freilich setzt das einen Begriff von Kameradschaft voraus, der den ideologischen Ballast der nationalsozialistischen Zeit über Bord wirft und die beiden Elemente, die aufgabenorientierte sachliche Zweckrationalität mit persönlichem Wohlwollen und innerem Verbundenheitsgefühl, vereint. Erfreute sich traditionell der Kameradschaftsgeist der Wertschätzung und Pflege in der Polizei, leidet er heute zunehmend unter Leistungsdruck.

Soziologen pflegen zwischen formellen und informellen Kommunikationswegen zu unterscheiden. Im Blick darauf gilt ethisch zu bedenken, inwieweit es gestattet ist, die Grenzen formeller Kommunikationsprozesse durch informelle Kontakte zu überschreiten. Ebenso stellt sich ethisch das Problem, dienstliche Informationen intern wie extern unerlaubt weiterzugeben. Anhand einer Güterabwägung wäre jeweils zu prüfen, inwiefern höherwertige Rechts- bzw. Wertgüter und welche persönlichen Motive eine heimliche pflichtwidrige Preisgabe von Dienstinformationen rechtfertigen, zumal wenn damit der Ermittlungserfolg gefährdet und das Vertrauen im Kollegenkreis gestört werden kann.

In bestimmten Einsatzlagen müssen Polizeibeamte unter Stress interagieren. Stress, allgemein als Belastungsstörungen vielfältigster Art verstanden, äußert sich im Polizeidienst durch Zeitmangel, Situationseindruck der Überkomplexität, Informationsdefizit, Unsicherheit, Verantwortungslast, Erfolgsdruck, Versagensangst und Sanktionsfurcht. Stressfolgen nehmen die Form von Ineffizienz der Lagebewältigung, Fehlauslastung der Ressourcen, Kontrollverlust, Aggressivität und Frustration an (Altmann/Berndt 1994). Da die anwendungsorientierte Stressforschung die Möglichkeit zum Erlernen der Stressresistenz nachgewiesen hat, ergibt sich aus der Fürsorgepflicht des Vorgesetzten die Konsequenz, auf stressbedingte Fehlleistungen und Erkrankungen der Mitarbeiter zu achten und geeignete Hilfen für Therapie und Prävention anzubieten. Insoweit dienstliches Stressgeschehen die individuelle Wahrnehmung stört und Verständigungsprobleme unter den eingesetzten Beamten verursacht, wodurch z. T. schwere Schäden entstehen können, lässt sich aus verantwortungsethischer Sicht die Verpflichtung begründen, sich – soweit möglich – mit Hilfe qualifizierter Trainingskurse die Fähigkeit anzueigen, um die positiven Möglichkeiten der Stresserfahrung im Dienst zu nutzen. Auf diese Weise können die durch Stress hervorgerufenen Nachteile für den Diensteinsatz (Misserfolg, Pannen, ...), für sich selber sowie für den Kollegen (Verlust der Selbstkontrolle, falsche Entscheidungen, Überreaktion, Übergriffe, ...) und für Dritte (gesundheitliche Schäden, finanzielle Einbußen, ...) vermieden werden. Eine Frage der Wahrhaftigkeit ist es, Fehler im dienstlichen Verhalten, die auf Stress zurückzuführen sind, einzugestehen, damit andere darunter nicht zu leiden haben.

Die innerpolizeiliche Kommunikationsqualität spiegelt sich im dienstlichen Umgang mit dem Bürger wieder. Wenn Offenheit, Wahrhaftigkeit, Sachlichkeit, Hilfsbereitschaft, Rücksichtnahme, Höflichkeit und Respekt zu den selbstverständlichen Kommunikationsstandards zählen, sprechen Erfahrungsgründe dafür, dass sich der Vollzugsbeamte auch bei dienstlichen Kontakten mit dem Bürger daran hält. Der Polizeibeamte und sein Gegenüber interagieren nicht im Sinne einer idealen Sprechsituationen (Habermas 1986), denn in der Regel steht keine Zeit für einen unbegrenzten Diskurs zur Verfügung. Zudem handelt es sich um eine asymmetrische bzw. vertikale Kommunikationsstruktur, insofern der Exekutivbeamte als Vertreter des staatlichen Gewaltmonopols die Definitions- und Sanktionsmacht hat. Von ethischer Relevanz ist, mit welcher Werteinstellung sich die Interaktionspartner begegnen. „Aufmerksame, menschliche, freundliche und korrekte Beamte machen den Bürger zufrieden, ironische, kalte und belehrende Beamte bewirken beim Bürger Unzufriedenheit“ (Hermanutz 1995). Arrogante Machomentalität, cool distanzierte Pingeligkeit, rechthaberische Behauptungen und schroffes Abweisen verärgern bzw. provozieren verständlicher Weise den Bürger; und umgekehrt verderben beratungsresistenter Perseveranzeffekt (Festhalten an einer Deutung, obwohl die Informationen dagegen sprechen), unflätige aggressive Schimpfkanonaden und hinterlistige Gewaltanwendung die Aussichten auf eine einvernehmliche Lösung, ebenso Vorurteile auf beiden Seiten. Eine auf sachlich korrekte Situationsbewältigung bedachte, von gegenseitigem Respekt und Höflichkeit geprägte Einstellungsweise hebt das moralische Kommunikationsniveau.

Dem Ziel, polizeilichem Handeln als Normanwendung das Odium des Repressiven zu nehmen, dient das Leitbild der bürgernahen Polizei. Den Leitgedanken der bürgerfreundlichen Polizei, der von dem amerikanischen Konzept der gemeinwohlorientierten Polizeiarbeit (community oriented policing) stammt (Schwind 2003), kennzeichnet das Bemühen, auf die Belange des Bürgers stärker Rücksicht zu nehmen. Demzufolge strebt polizeiliches Einschreiten als Ergebnis nicht nur eine formal korrekte Gesetzesanwendung, sondern auch eine zufrieden gestellte Kundschaft an. Die Realisierung des Modells einer bürgernahen Polizei setzt entsprechende Organisationsstrukturen und beim einzelnen Vollzugsbeamten Sozialkompetenz voraus. Doch was ist unter sozialer Kompetenz zu verstehen? Eine reduktionistische Auffassung (Argyles 1972) verkürzt die Palette von Fähigkeiten auf sozial-psychologische Techniken zur Steuerung verbaler und nonverbaler Interaktionen. Dass die technisch-instrumentelle Lenkung zwischenmenschlicher Kontakte auf Manipulation und Entmündigung hinausläuft, solange ein normativer Kontext fehlt, diese Gefahr lässt sich nicht bestreiten. Auf Wertbezüge als Bedingung für empirische Kommunikationsprozesse verweist der sprachphilosophische Ansatz der kommunikativen Kompetenz (Habermas 1984, Apel 1976). Ohne Werte wie Verständigungsbereitschaft, gegenseitiger Respekt, faire Interessensabwägung und Wahrhaftigkeit können humane Interaktionen nicht gelingen. Eine technikintegrative Werteinstellung motiviert den Polizeibeamten, Ängste, Aggressionen und Stress abzubauen, sich selber und den Interaktionspartner richtig wahrzunehmen, sprachliche Missverständnisse zu beseitigen, keinen Anlass zur Verschärfung der Lage zu geben und die konstruktiven Verhaltensweisen zu einer sachgerechten, einvernehmlichen Lösung zu aktivieren. Solange der Ausdruck soziale Kompetenz eine abstrakt positive Sammelbezeichnung, gleichsam einen Containerbegriff darstellt, der jeweils mit unterschiedlichen konkreten Inhalten gefüllt wird, resultieren daraus Missverständnisse, Irritationen und kontroverse Beurteilungen. Deshalb besteht terminologischer Präzisierungsbedarf, um in der verbalen Kommunikation dem Wahrheitspostulat zu entsprechen.

Den sogenannten Beschwerdebeamten kritisiert die Mehrzahl der Bürger nicht wegen dessen sachlicher Entscheidungen, sondern aufgrund der ärgerniserregenden Art und Weise seines Auftretens. Hier ist die Aufsichtspflicht des Vorgesetzten gefragt zu dem Zweck, dem betreffenden Mitarbeiter das Leitbild der bürgerfreundlichen Polizei bewusst zu machen und ihn zu veranlassen, seine Kommunikationsdefizite in Stressbewältigungskursen und Konflikttrainingsseminaren zu beheben.

Literaturhinweise:

Uhlendorff, W. u. a.: Führungslehre. Stuttgart [4]2003. – Fukuyama, F.: Der große Aufbruch. München 2002. – Sprenger, R. K.: Vertrauen führt. Frankfurt a. M., New York 2002. – Gloyna, T.: Art. „Vertrauen“, in: HWPh Bd. 11; Sp. 986 ff. – Helmer, K.: Art. „Vorbild“, in: HWPh Bd. 11; Sp. 1184 ff. – Heyl, C. A. v.: Art. „Autorität“, in: ESL; Sp. 142 ff. – Watzlawick, P. u. a.: Menschliche Kommunikation. Bern [10]2000. – Heyl, C. A. v.: Art. „Autorität“, in: ESL; Sp. 142 ff. – Fritzen, M.: Helden unserer Zeit, in: FAZ v. 23. 9. 2000. – Kohlmann-Scheerer, D.: Gestern Kollege – heute Vorgesetzter. Niedernhausen/Ts 1999. – Greiwe, U.: Die Kraft der Vorbilder. München 1998. – Prechtl, P.: Sprachphilosophie. Stuttgart, Weimar 1998. – Siegrist, J.: Art. „Stress/Stressforschung“, in: LBE Bd. 3; S. 481 ff. – PFA-SB „Belastungssituationen im polizeilichen Dienstalltag und ihre Bewältigung“ (15.–17. 4. 1997). – Franke, S.: Polizeiführung und Ethik. Münster 1997; S. 88 ff. – Schmidinger, H. (Hg.): Vor-Bilder. Realität und Illusion (Salzburger Hochschulwochen 1996). Graz u. a. 1996. – PFA-SB „Polizeiliche Kommunikation in extremen Einsatzlagen“ (10.–12. 9. 1996). – Schäfer, H.: Identifikation mit dem gesetzlichen Auftrag und auftragswidrige Kameraderie, in: dkri 5/1996; S. 210 ff. – Friedrich, E.: Vorbild für Frauen – Frauen als Vorbilder, in: Deu Pol 3/1996; S. 13 ff. – Hermanutz, M.: Prügelknaben der Nation oder Freund und Helfer? Die Zufriedenheit von Bürgern mit den Umgangsformen der Polizei nach einem persönlichen Polizeikontakt – eine empirische Untersuchung, in: DP 10/1995; S. 281 ff. – Bleicher, K.: Leitbilder: Orientierungsrahmen für eine integrative Managementphilosophie. Stuttgart [2]1994. – Altmann, R./Berndt, G.: Grundriß der Führungslehre. 2 Bde. Lübeck [3]1992–1994. – Hufnagel, E.: Pädagogische Vorbildtheorien. Würzburg 1993. – Franke, S.: Motivation und Kommunikation als ethische Führungsaufgaben, in: PFA-SB „Führung und Zusammenarbeit“ (13.–17. 1. 1992); S. 35 ff. – Platzköster, M.: Vertrauen – Theorie und Analyse interpersonaler, politischer und betrieblicher Implikationen. Essen, Lübeck 1990. – Runggaldier, E.: Analytische Sprachphilosophie. Stuttgart u. a. 1990. – Vossenkuhl, W. u. a.: Art. „Sprache“, in: StL Bd. 5; Sp. 122 ff. – Roegele, O. B. u. a.: Art. „Kommunikation“, in: StL Bd. 3; Sp. 582 ff. – Bendix, R./Heitger, M.: Art. „Autorität“, in: StL Bd. 1; S. 494 ff. – Barfuß, W.: Sprache und Recht, in: DRiZ 2/1987; S. 49 ff. – Weigelt, K.: Werte, Leitbilder, Tugenden. Mainz 1985. – Habermas, J.: Vorstudien und Ergänzungen zur Theorie des kommunikativen Handelns. Frankfurt a. M. 1984. – Scherer, K. R./Wallbott, H. G. (Hg.): Nonverbale Kommunikation. Weinheim, Basel [2]1984. – Dietsch, W.: Autorität, Befehl und moderne Personalführung, in: BP-h 6/1984; S. 29 ff. – Bergsdorf, W.: Herrschaft und Sprache. Pfullingen 1983. – Habermas, J.: Theorie des kommunikativen Handelns. 2 Bde. Frankfurt a. M. 1981. – Mitscherlich, M.: Das Ende der Vorbilder. München 1978. – Saner, H./Sternschulte, K. P.: Art. „Kommunikation“, in: HWPh Bd. 4; Sp. 893 ff. – Apel, K.-O. (Hg.): Sprachpragmatik und Philosophie. Frankfurt a. M. 1976. – Bochenski, J. M.: Was ist Autorität? Freiburg i. Br. 1974. – Argyle, M.: Soziale Interaktion. Köln 1972. – Pfennig, G.: Autorität – Loyalität – Solidarität, in: DP 2/1971; S. 41 ff. – Veit, W. u. a.: Art. „Autorität“, in: HWPh Bd. 1; Sp. 724 ff. – Thomae, H.: Vorbilder und Leitbilder der Jugend. München 1965. – Eschenburg, T.: Über Autorität. Frankfurt a. M. 1965. – Quittnat, H.: Menschliche Gegensätze und dienstliche Gemeinschaft, in: DP 4/1964; S. 111 ff.

4. Frauen und Männer in der Polizei

Um die Situation der Frauen und Mädchen weltweit zu verbessern, wurde im Jahr 1979 die „Konvention zur Eliminierung aller Formen der Diskriminierung von Frauen“ in Kraft gesetzt, die über 160 Mitgliedstaaten der Vereinten Nationen ratifiziert haben. 1995 veröffentlichten im Rahmen der Weltfrauenkonferenz in Peking UN-Mitgliedländer und zahlreiche Nichtregierungsorganisationen (NGO) ein Dokument, das den Frauenbelangen im Bereich der Schul- und Ausbildung, Gesundheitsversorgung, Partizipation am öffentlichen Leben und Menschenrechte Geltung verschaffen sollte. Bei der UN-Sondervollversammlung „Frauen 2000“ in New York, die kontrollieren sollte, inwieweit die Forderungen von Peking erfüllt worden sind, erhielten Praktiken wie weibliche Genitalverstümmelung, Kindesheirat, Gewalt gegen Frauen und Vergewaltigung in der Ehe eine deutliche Abfuhr. Außerdem optierten die Mitglieder der Sondervollversammlung für die Vereinbarkeit von Familie und Beruf, die Frauenquote und die Aufhebung von frauendiskriminierenden Gesetzen. Die Überprüfung der Gleichstellung der Frauen in aller Welt fortzusetzen wurde beschlossen, auch wenn man sich über die Kontrollmodalitäten nicht einigen konnte.

Der Amsterdamer Vertrag von 1997 verpflichtet die EU-Staaten dazu, die Gleichstellungsbeschlüsse von Peking zu verwirklichen. Art. 3 Abs. 2 GG sagt: „Männer und Frauen sind gleichberechtigt. Der Staat fördert die tatsächliche Durchsetzung der Gleichberechtigung von Frauen und Männern und wirkt auf die Beseitigung bestehender Nachteile hin.“ Juristen subsumieren die Gleichberechtigung von Mann und Frau unter dem allgemeinen Gleichheitsgrundsatz gem. Art. 3 GG. Im politischen Alltag sollen Frauenbeauftragte bzw. Gleichstellungsbeauftragte die Zielvorstellungen des Gleichstellungsgesetzes vom 24. 6. 1994 verwirklichen. Konkret geht es darum, mit Hilfe von Frauenförderungsprogrammen bzw. Frauenförderplänen die Frauenanteile in der Schutzpolizei und in den Führungsfunktionen zu erhöhen, Benachteiligungen und Ungerechtigkeiten für Frauen aufzuzeigen und abzuschaffen. Der europäische Gerichtshof hat allerdings in seinem Urteil vom 17. 10. 1995 die Quotenregelung mit dem Europarecht für unvereinbar erklärt, da eine starre Frauenquote die Männer diskriminiert. Um mit diesem höchstinstanzlichen Gerichtsurteil konform zu gehen, argumentieren einige Bundesländer damit, dass sie das Gleichstellungsgesetz von 1994 als eine Minderheitenförderung betrachten, um die durch tradierte Gesellschaftsverhältnisse bedingten Benachteiligungen der Frauen zu beseitigen.

Die Geschichte des Feminismus in der Bundesrepublik Deutschland lässt drei Phasen (Papart 2000) erkennen:

- In der ersten Phase, die vom Kriegsende bis zum Jahr 1968 reicht und die Vorstufe zum Feminismus darstellt, dominierte die Vorstellung, die Berufstätigkeit der Frau gehe zu Lasten der häuslichen Atmosphäre und der Kindererziehung. Damals löste das Urteil des Bundesverfassungsgerichts vom 29. Juli 1959 lebhafte Kontroversen in der Öffentlichkeit aus, da es das autoritäre, patriarchale Leitbild der Familie zu korrigieren wagte, das sich in dem Gleichberechtigungsgesetz von 1957 fand.

- Die zweite Phase, die mit der Studentenrevolte der 60er Jahre einsetzt, verhalf dem weiblichen Geschlechterkampf gegen das vorherrschende Patriarchat zum Durchbruch. Die berufliche Tätigkeit der Frau galt als Indikator für Emanzipation, Mündigkeit und Selbstverwirklichung.
- Die dritte Phase, das sog. postfeministische Zeitalter, kulminierte in der Gleichstellungspolitik. Mit dem neuen individualisierten Postfeminismus scheint das Ende des politischen Kampfes der Frauenbewegung gekommen zu sein.

Wie immer man zu den an den Strukturalismus erinnernden Thesen zum Feminismus stehen mag, im Unterschied dazu liegen auch anders lautende Befunde vor. So seien es ökonomische Gründe für Frauenarbeit, denn ein Großteil der Familienhaushalte benötige das Einkommen beider Elternteile, um den sozial erwünschten Status erreichen und halten zu können. Kulturkritikern zufolge steckt der Feminismus in einer Krise. Nicht der Kampf um eine bisher Männern vorbehaltende Führungsposition sei das Kernproblem, sondern die Qual der Wahl: sich als Frau zwischen beruflicher Kariere und familiärem Glück – beides zusammen dürfte die Ausnahme bleiben – entscheiden und festlegen zu müssen, bevor es zu spät ist. Denn die Fertilität der Frau unterliegt einem Zeitlimit, während der Mann seine Generativität auch im fortgeschrittenen Alter behält und daher ohne Zeitdruck planen kann.

Feministinnen vermissen die Berücksichtigung und Gleichwertigkeit weiblicher Erfahrungen, Gefühle, Interessen, Denk- und Handlungsformen in der philosophischen und theologischen Wissenschaftsdisziplin der Ethik, deren Arbeitsweise als einseitig männlich, abstrakt-prinzipiell kritisiert wird. Unter der Perspektive Freiheit und Gleichheit, care (engl. = Fürsorge, Anteilnahme) und Gerechtigkeit versuchen feministische Ethik-Ansätze, Aussagen über die Gleichheit bzw. Gleichwertigkeit von Mann und Frau auf ihren mythisch-ideologischen sowie wissenschaftlichen Gehalt zu überprüfen. Kritisch hinterfragen sie den liberalen Subjektbegriff, der die menschliche Individualität von ihrem sozialen Kontext zu stark isoliert, und den biologisch verengten, vorwiegend maskulin konnotierten Geschlechtsbegriff (sex), den sie durch den soziokulturellen Geschlechtsbegriff (gender) ersetzen. Eine solche Care-Ethik, deren fürsorgliche Anteilnahme sich nicht nur auf den persönlichen Nahbereich, sondern auch auf die Belange unbekannter Dritter richtet (Pauer-Studer 2002), thematisiert schwerpunktmäßig die freien Handlungsmöglichkeiten der Frau im öffentlichen Leben, die Auswirkungen und Eingriffe der neueren Humangenetik.

Die Internationale Organisation Leitender Polizeibeamter (FIFSP) führte im September 1974 eine internationale Studientagung durch, deren Leitthema „Frauen im Polizeidienst" hieß. Dabei interessierten sich die Tagungsteilnehmer für eine internationale Bestandsaufnahme der gegenwärtigen Verwendung von Frauen im Polizeidienst, für geschlechtsspezifische Begabungs- und Leistungsunterschiede und für Einsatz- und Organisationsmodelle, die sowohl den Einsatzmöglichkeiten von Polizeibeamtinnen als auch den Anforderungen der polizeilichen Praxis entsprechen. Im Mittelpunkt der Diskussionen stand die Frage, ob das begrenzte oder das uneingeschränkte Integrationsmodell zu favorisieren sei. Das Hauptargument gegen das uneingeschränkte Integrationsmodell lief auf den Einwand hinaus, dass aggressives, gewalttätiges Verhalten des polizeilichen Gegenübers dem polizeidienstlichen Einsatz von Frauen Grenzen setze.

Inzwischen hat bei der Polizei ein Entwicklungs- und Lernprozess zu Gunsten der Frauen eingesetzt. Als erstes Bundesland hat Berlin im Jahre 1978 Frauen in die Schutzpolizei eingestellt (Tielemann 1998), gefolgt von Hamburg (1979), Niedersachsen (1981), Hessen (1981) und Nordrhein-Westfalen (1982). Nach der positiven Bewertung durch den Arbeitskreis II (Öffentliche Sicherheit und Ordnung) der Innenministerkonferenz im Jahr 1986 folgten die Länder Saarland (1986), Schleswig-Holstein (1986), Baden-Württemberg (1987), Bremen (1987), Rheinland-Pfalz (1987) und Bayern (1990). Die neu organisierten Polizeien in den neuen Bundesländern bildeten von Anfang an Frauen zu Schutzpolizeibeamtinnen aus. Als Einstellungsgründe sind die Berufung auf den Gleichheitsgrundsatz gem. Art. 3 GG, verstärktes Interesse der Frauen an Männerberufen, Aufwertung des Polizeiimage durch Polizistinnen in der Bevölkerung und nicht zuletzt Rekrutierungsschwierigkeiten zu nennen. Bei dem Eingliederungsprozess stellten sich Schwierigkeiten – wie beispielsweise anfängliche Widerstände im Kollegenkreis, Vorbehalte gegen das „schwache Geschlecht", Fehlen von Tutorinnen, Unmut über Ausfallzeiten aufgrund von Mutterschutz und Schwangerschaftsurlaub und Quotenregelung – ein, die zum Teil nicht frühzeitig erkannt bzw. nur allmählich behoben wurden. Wie Untersuchungsergebnisse zeigen, lassen sich keine auffallenden Unterschiede zwischen Frauen und Männern in der Frage der Berufswahlmotivation feststellen (Würz 1993; BayPol 1/1990; HPR 10/1984).

Unter Berufung auf Art. 3 GG votiert die ethische Stellungnahme für eine konsequente Anwendung des Gleichheitsgrundsatzes, dessen Wert außer Zweifel steht, auf die polizeiliche – und die gesamte gesellschaftliche – Realität. Entsprechend sind die Rahmenbedingungen dafür zu schaffen, dass Ausbildung, Verwendung, Besoldung und Aufstiegschancen in der Polizei nicht von der Genuszugehörigkeit, sondern von der berufsrelevanten Eignung und Fähigkeit abhängen. Erst unter diesen Voraussetzungen erhalten Frauen eine Chance im Berufsleben, die sie nutzen können. Aus dieser Sicht bleibt zu klären, inwieweit der Integrationsprozess der Frauen in die uniformierte Schutzpolizei vorangekommen ist bzw. schon als erfolgreich beendet bezeichnet werden kann. Offensichtlich hängt die kritische Bestandsaufnahme mit divergierenden Interessen zusammen. Während sich Politiker in der Öffentlichkeit gern als Förderer des Integrationsprozesses verlauten lassen, wissen die betroffenen Frauen über unterschiedliche Erfahrungen zu berichten, die sich auf die Reaktionsweisen der männlichen Berufskollegen (Beschützermentalität, Balz- und Imponiergehabe, Vorbehalte, Vorurteile), deren Bereitschaft zu einer sachlich reibungslosen, menschlich unkomplizierten Zusammenarbeit und das Betriebsklima der Offenheit, des gegenseitigen Verständnisses, Vertrauens und Unterstützens beziehen. Das European Network of Policewomen ermutigt Frauen und gibt ihnen Anregungen, die eigene Karriere in der Polizei offensiv zu planen und aktiv zu gestalten. Dass Frauen im Spezialeinsatzkommando (SEK) bisher so gut wie nicht Fuß fassen konnten, obwohl ihnen Tür und Tor offen stehen, lässt mehrere Erklärungsansätze zu: teils fehlen ihnen die unerlässlichen Voraussetzungen für diese Spezialtätigkeit in besonders schwierigen Einsatzlagen, teils können sie ihre Mitarbeit beim SEK mit dem eigenen Familienleben nicht in der gewünschten Weise synchronisieren.

Bei gewalttätigen Auseinandersetzungen mit dem Gegenüber reagieren Polizistinnen nicht anders als Polizisten, meinen Füllgrabe (2002), Pinizzotto/Davis (1995) und Grennan (1987) herausgefunden zu haben. Signifikante Fehler, die im Zusammenhang mit Gewaltkonflikten unterlaufen, hätten weniger mit einer bestimmten Genuszugehörigkeit, sondern eher mit Einstellungsdefiziten zu tun. So würden sich ungünstig auswirken eine Vernachlässigung der Eigensicherung, ein unzureichendes Gefahrenbewusstsein, eine Unterschätzung der zu bewältigenden Gefahrensituation, eine defizitäre Information bzw. Vorbereitung auf Einsätze, bei denen mit einem Gewaltausbruch zu rechnen ist, semiprofessionelle (hilflose, passive) Reaktionsmuster auf Angriffe des Gegenüber, Mängel in der Kommunikation mit dem aggressiven Angreifer und unentschlossenes Handeln. Statt einer Fixierung auf herkömmliche Rollenklischees ist das Sich-Aneignen einer inneren Einstellungsweise angebracht, die zu einem selbstsicheren, selbstkontrollierten, verantwortlichen Einschreiten ermutigt. Förderlich erscheint ferner ein Binnenklima, in dem Polizistinnen und Polizisten über ihre Unsicherheitsgefühle offen sprechen können, ohne Angst haben zu müssen, von Macho-Typen im Kollegenkreis an die Wand gedrückt zu werden.

Die Rede von einer gelungenen Integration scheint fehl am Platz zu sein, wenn, wie Medien berichten, Frauen in der Polizei von ihren Kollegen gemobbt, sexuell belästigt oder diskriminiert werden. Mobbing (engl. to mob = anpöbeln) beschreibt „negative kommunikative Handlungen, die gegen eine Person gerichtet sind (von einer oder mehreren anderen) und die sehr oft und über einen längeren Zeitraum hinaus vorkommen und damit die Beziehung zwischen Täter und Opfer kennzeichnen“ (Leymann 1999; S. 21). Die wesentlichen Definitionsmerkmale von Mobbing sind Kommunikationsformen der „Konfrontation, Belästigung, Nichtachtung der Persönlichkeit und Häufigkeit der Angriffe über einen längeren Zeitraum hinweg“ (ebd.; S. 22). In formaler Hinsicht tritt Mobbing auch als Bossing (engl. boss = Chef) auf, insofern der Leiter einen bzw. einige seines Personalkörpers psychisch tyrannisiert, oder als Staffing (engl. staff = Stab, Personal), insoweit Belegschaftsmitglieder ihren Vorgesetzten schikanieren. In England und Nordamerika findet sich das Phänomen Stalking (engl. to stalk = pirschen) im Sinne einer aufgezwungenen, einschüchternden Kommunikationsform zwischen Täter und viktimisierten Personen, zu denen überwiegend Frauen zählen. In der Regel handelt es sich bei dem stalker um einen verschmähten Liebhaber, der mit Hilfe von „Liebesbeweisen“ in Form von Belästigung, Bedrohung, Nötigung, Körperverletzung, Hausfriedensbruch und anderen Straftaten Macht und Kontrolle über seine Opfer gewinnen will. Davon zu unterscheiden ist Bizutage, ein mehrwöchiger Aufnahmeritus an französischen Eliteeinrichtungen, bei dem der Neuling (Bizut) Klamauk, Gewalt und Sadismus ausgeliefert ist. Der Mobbingprozess verläuft in vier Phasen (ebd.; S. 59 ff.):

1. Phase: Den Anfang bildet ein Konflikt oder Streit, der nicht gelöst, zumindest nicht konstruktiv aufgearbeitet wird.
2. Phase: Der schwelende Konflikt weitet sich zu Mobbing und Psychoterror aus. Das Opfer, dessen psychische Verfassung immer schlechter wird, gerät in eine Verteidigungshaltung bzw. Außenseitersituation.
3. Phase: Infolge der anhaltenden Mobbingattacken zeigt der Gemobbte Verhaltensauffälligkeiten, weshalb sich die Personalverwaltung mit dem Fall beschäftigt. Falsche Einschätzungen und schlechte Personalbehandlung bewirken Rechtsbrüche (Fehl- und Übergriffe), die das Opfer zusätzlich belasten.

4. Phase: Der Mobbingverlauf schließt mit dem Ausschluss aus der Arbeitswelt, der folgende Formen annehmen kann: Abschieben und Kaltstellen, fortlaufende Versetzungen, Krankschreibungen, Zwangseinweisung in eine Nervenanstalt, Abfindung oder Frührente.

Die vielfältigen Arten der Mobbinghandlungen (ebd.; S. 21 ff.) bestehen in Angriffen, die sich auf
- die Möglichkeiten, sich mitzuteilen, (ständiges Unterbrechen, Drohen, Telefonterror, ...)
- die sozialen Beziehungen (Gespräche und Kontakte vermeiden, wie Luft behandeln, ...)
- das soziale Ansehen (Gerüchte verbreiten, lächerlich machen, schlecht über das Opfer sprechen, ...)
- die Qualität der Berufs- und Lebenssituation (sinnlose oder kränkende Arbeitsaufträge geben, ...)
- die Gesundheit (Denkzettel verpassen, körperlich misshandeln, sexuelle Handgreiflichkeiten, ...)

beziehen.

Abgesehen von schlechtem Betriebsklima, niedriger Arbeitsmoral und Inkompetenz der Leitung dürfte die Hauptursache für Mobbing darin liegen, dass „es geschehen darf" (ebd.; S. 146).

Da Mobbing und Psychoterror am Arbeitsplatz den betroffenen Menschen Unrecht und gesundheitlichen Schaden zufügen, kann Mobbingverhalten aus ethischer Sicht nur als verwerflich eingestuft werden. Daraus resultiert die Verpflichtung zu geeigneten, wirksamen Gegenmaßnahmen, die aber nicht dazu berechtigen, mit gleichen Waffen zurückzuschlagen. Vielmehr sind seitens des polizeilichen Dienstvorgesetzten folgende Werthaltungen vonnöten:
- Zu seiner Fürsorgepflicht gehört es, Präventionsmaßnahmen (Information und Aufklärung über Mobbing) zu ergreifen und für ein offenes, vertrauensvolles Betriebsklima zu sorgen.
- Bekommt der Polizeiführer Andeutungen oder Hinweise auf Mobbing, hat er sie auf ihren sachlichen Gehalt zu prüfen. Bewahrheiten sich die Verdachtsmomente, hat er seine Konfliktlösungskompetenz einzubringen: kommunikativ mit Hilfe von Vermittlungs- und Versöhnungsgesprächen, organisatorisch mittels – unumgänglicher – Versetzungen, normativ in Form von disziplinar- und strafrechtlichen Schritten.
- Sofern es der Gemobbte wünscht oder die Umstände erfordern, hat der Vorgesetzte professionelle Hilfe (Arzt, Psychologe) anzubieten.

Von den Dienstkollegen ist die moralische Einstellungsweise der Solidarität mit dem Mobbingopfer zu fordern, die dem feigen Wegsehen und der bequemen Zuschauermentalität widerspricht. Praktische Klugheit und Zivilcourage legen es nahe, die Leitung und den Personalrat einzubeziehen. Soweit es die Situation zulässt, sollte der Gemobbte Mobbingattacken nicht wie ein Schicksal resignierend hinnehmen, sondern sich möglichst selbstbewusst wehren und Verbündete zu Hilfe rufen. Nicht gerade einen glaubwürdigen Eindruck erwecken Polizeivollzugsbeamte, die dienstlich Gewalt gegen Frauen in Ehe und Familie verhindern sollen, selber aber ihre Kolleginnen mobben, sexuell belästigen oder diskriminieren.

In Polizeibehörden kann es zu Irritationen und Missstimmungen kommen, wenn Frauen – nicht nur aufgrund von Schwangerschaft – die begehrten Stellen des Innendienstes bevorzugt erhalten, während ihre männlichen Kollegen den wenig geschätzten Streifendienst verrichten müssen. Wenn eine Polizistin mit einem Polizeibeamten verheiratet ist und beide in der gleichen Dienstschicht tätig sind, können Fälle von Interessenskollisionen eintreten. An die Entwicklung, dass sich der polizeiliche Führungsdienst aus Frauen stärker zusammensetzt, dürften sich noch einige Vollzugsbeamte gewöhnen. Mit dem Gleichheitsgrundsatz verbindet sich keineswegs zwangsläufig die Tendenz zur Nivellierung des uniformierten Schutzpolizeidienstes, denn mit ihm lassen sich Aufgabenübertragung und Dienstanweisung nach individuellen Fähigkeiten und Begabungen durchaus vereinbaren. Zumindest in der Öffentlichkeit entsteht ein zwiespältiger Eindruck, wenn offizielle Stellen nur Erfolgsmeldungen über Frauen in der Polizei abgeben, während sich junge weibliche Auszubildende in aller Öffentlichkeit und Freizügigkeit darüber auslassen, wie erfolgreich sie ihre „spezifische Waffe“ zu Gunsten der eigenen Berufskarriere bei ihren Ausbildern und Lehrern einsetzen. Hier kann die ethische Konsequenz nur lauten, den Anfängen falscher Abhängigkeiten wehren und den Einstieg in die do-ut-des-Denkweise oder Korruption von vornherein verhindern. Polizeiausbildern steht – neben der fachlichen Kompetenz – Takt und Feingefühl für zwischenmenschliche Beziehungen im Dienst gut an. Kralliges, exzentrisches Emanzengehabe provoziert unvermeidlich Aversionen auf seiten der Kollegen. All diese Phänomene verdeutlichen, dass es aus ethisches Sicht noch einiges zu tun gibt, um den Gleichheitsgrundsatz im polizeilichen Alltag vollständig zu realisieren. Dagegen dürften korrekt und höflich einschreitende Schutzpolizeibeamtinnen keine nennenswerten Akzeptanzprobleme mit der Mehrheit der Bürger bekommen, wie die bisherigen Erfahrungen zeigen.

Literaturhinweise:

PFA-SB „Das Konzept „Gender Mainstreaming“ in Polizeibehörden“ (2.–4. 2. 2004). – Dubbert, G.: Mythos Mobbing, in: DP 2/2004; S. 44 ff. – Miesch, A. u. a.: Von der Sozialfürsorgerin zur Führungskraft. Frauen in der Polizei – . . ., in: DP 11/2003; S. 325 ff. – Werdes, B.: Frauen in der Polizei – Einbruch in die Männerdomäne, in: Lange, H.-J. (Hg): Die Polizei der Gesellschaft. Opladen 2003; S. 195 ff. – Schiek, D. u. a.: Frauengleichstellungsgesetze des Bundes und der Länder. Frankfurt a. M. [2]2002. – Kroll, R. (Hg.): Geschlechterforschung. Stuttgart, Weimar 2002. – Pauer-Studer, H.: Art. „Feministische Ethik“, in: HbE; S. 346 ff. – Füllgrabe, U.: In gewaltsamen Konflikten spielt das Geschlecht keine Rolle, in: Deu Pol 4/2002; S. 15 ff. – Nienhaus, U.: Einsatz für die „Sittlichkeit“: Die Anfänge der weiblichen Polizei im Wilhelminischen Kaiserreich und in der Weimarer Republik, in: Lüdtke, A. (Hg.): „Sicherheit“ und „Wohlfahrt“. Frankfurt a. M. 2002; S. 243 ff. – PFA-SB „Mobbing in der Polizei“ (11.–13. 3. 2002). – PFA-SR 2/2002: Frauen in der Polizei. – Greiner, A.: Frauen in der Schutzpolizei, in: DP 6/2001; S. 186. – Rustemeyer, R./Tank, C.: Akzeptanz von Frauen im Polizeiberuf, in: P & W 3/2001; S. 3 ff. – Nagl-Docekal, H.: Feministische Philosophie. Frankfurt a. M. 2000. – Braun, C. v./Stephan, I. (Hg.): Gender-Studien. Stuttgart, Weimar 2000. – Parpart, N.: Geschlecht und Kontingenz. Frankfurt a. M. 2000. – Schenk, D.: Tod einer Polizistin. Hamburg 2000. – Leymann, H.: Mobbing. Reinbek 1999. – Walter, B.: Frauen in Uniform – Oder: Die Schwierigkeit, eine Männerdomäne zu stürmen, in: DP 12/1999; S. 356 ff. – Nienhaus, U.: Nicht für eine Führungsposition geeignet. Josefine Erkens und die Anfänge der weiblichen Polizei in Deutschland 1923–1933. Münster 1999. – Pieper, A.: Gibt es eine feministische Ethik? München 1998. – Ostner, I.: Frauen, in: HzGD; S. 210 ff. – Pieper, A.: Feministische Ethik, in: Pieper, A./Thurnherr, U. (Hg.): Angewandte Ethik. München 1998; S. 338 ff. – Richter, A.: Mobbing – Kleinkrieg am Arbeitsplatz, in: PSa 1/1998; S. 4 ff. – Nave-Herz, R.: Die Geschichte der Frauenbewegung in Deutschland. Hannover [5]1997. – Dokumentation zum Fachkongress „Gewalt gegen Frauen in Ehe und Partnerschaft – Probleme und Handlungsmöglichkeiten für Polizei und Justiz", hg. v. BMFSFJ. Bonn 1997. – Franzke, B.: Was Polizisten über Polizistinnen denken. Bielefeld 1997. – Franziska, B./Wiese, B.: Emotionale Frauen – coole Männer, in: Kriminalistik 7/1997; S. 507 ff. – Albrecht, C.: Entwicklung des Frauenberufsbildes Polizistin, in: DPolBl 3/1996; S. 2 ff. – Müller-Franke, W./Steiner, W. (Hg.): Frauen in der Polizei (Texte 12 FH V-S). Villingen-Schwenningen 1996. – Pauer-Studer, H.: Das Andere der Gerechtigkeit. Moraltheorie im Kontext der Geschlechterdifferenz. Berlin 1996. – Fendt, J.: Psychoterror am Arbeitsplatz, in: Deu Pol 10/1996; S. 33 ff. – DPolBl 3/1996: Frauen in der Polizei. – Nagl-Docekal, H./Pauer-Studer, H. (Hg.): Jenseits der Geschlechtermoral. Beiträge zur feministischen Ethik. Frankfurt a. M. 1993. – Pieper, A.: Aufstand des stillgelegten Geschlechts. Einführung in die feministische Ethik. Freiburg i. Br. 1993. – Rössler, B. (Hg.): Quotierung und Gerechtigkeit. Frankfurt, New York 1993. – Würz, J.: Frauen im Vollzugsdienst der Schutzpolizei. Frankfurt a. M. 1993. – Sparka, B.: Frauen in der Kriminalpolizei, in: dkri 1/1993; S. 31 ff. – Tielemann, K.: Frauen in der Schutzpolizei, in: BRP/C 3/1993; S. 18 ff. – Gräfrath, B.: Wie gerecht ist die Frauenquote? Würzburg 1992. – Hempel, D.: Frauen in der Schutzpolizei, in: BP-h 1/1989; S. 4 ff. – Herrmann, K.: Von den Bürgern schnell akzeptiert, in: Deu Pol 11/1986; S. 14 f. – Eckert, F. J.: Berufswahlmotive – wenn der Polizist eine Frau ist, in: HPR 10/1984; S. 18 f. – Tecl, M.: Frauen in der Schutzpolizei. Privilegiert? Ungeeignet? Konkurrentinnen?, in: BP-h 1/1983; S. 2 ff. – Southgate, P.: Women in the Police, in: The Police Journal 2/1981; S. 157–167. – Mishkin, B. D.: Female Police in the United States, in: The Police Joumal 1/1981; S. 22–33. – Matthes, I./Kleinlein, W.: Frauen in der Polizei – Reservat oder Integration?, in: Kriminalistik 7/1975; S. 303 ff. – Wieking, F.: Die Entwicklung der weiblichen Kriminalpolizei in Deutschland von den Anfängen bis zur Gegenwart. Lübeck 1958.

5. Verbindlichkeit des Eides

Seiner Entstehungsgeschichte nach hat der Eid religiöse Wurzeln. Der Eidesleistende pflegte die Götter bzw. Gott als Zeugen für die Richtigkeit einer Aussage (assertorischer Eid) oder für die Bekräftigung eines zukünftigen Verhaltens (promissorischer Eid) anzurufen. Die feierliche Eideshandlung begleiteten kulturell unterschiedliche Gesten sowie Riten (Erheben der rechten Hand oder des Schwurfingers, Berühren sakraler Gegenstände, Bestreichen mit Tierblut, ...). Den Abschluss bildete traditionell die sog. Selbstverfluchungs- bzw. Selbstverwünschungsformel, die für den Fall des Eidbruchs eine harte Bestrafung durch die Gottheit verlangte. Historisch reicht der Wandlungsprozess vom sakral-mythologischen Eidesinstitut, das sich in fast allen Kulturen nachweisen lässt, zum säkularisierten Eidesinstrument in unserer pluralen Gesellschaft.

Den aus dem 4. Jh. v. Chr. stammenden Hippokratischen Eid leisteten die Ärzte beim Beginn ihrer beruflichen Tätigkeit. Seine das ärztliche Standesethos über zwei Jahrtausende lang prägende Wirkungsgeschichte fand eine Ergänzung in dem heutigen Arztrecht, das v. a. haftungsrechtliche Fragen behandelt. An den Eidesvorstellungen von Cicero (de officiis III, 29), der den Eid als eine religiöse Beteuerung (iusiurandum affirmatio religiosa) bezeichnet, knüpften die lateinischen Kirchenväter Ambrosius, Hieronymus und Augustinus an. Die augustinische Eideslehre, die – trotz der kritisch ablehnenden Haltung des Urchristentums gegenüber der Eidespraxis im Römischen Reich – die Eidesleistung für sittlich erlaubt hält und vor dem falschen Schwören als einer schweren Sünde warnt, beeinflusste in starkem Maße die Stellung des Eides im Mittelalter. Im frühen Mittelalter nahm der Eid sakramentalen Charakter (sacramentum iuris) an. Während sich die weltlichen Herrscher mit Hilfe des Treue- und Gehorsamseides der Loyalität der Untertanen versicherten, diente der Amtseid der Bischöfe der Zentralisierung der Kirchenstruktur und der Stärkung der kirchlichen Autonomie nach außen. Das päpstliche Dekretalienrecht des 12. und 13. Jhds. machte die sittliche Dignität der Eidesleistung von drei Kriterien abhängig: Wahrhaftigkeit (veritas), Zurechnungsfähigkeit (iudicium) und der Unterscheidung zwischen moralisch erlaubtem und unerlaubtem Schwören (iustitia). Die Reformatoren (M. Luther, Ph. Melanchthon) folgten weitgehend der augustinischen mittelalterlichen Eideslehre, lehnten jedoch bestimmte Eidesformen (Gehorsamseid der Bischöfe, Ordensgelübde) und das Faktum der Eidesinflation ab. Prinzipiell negierten die Katharer, Waldenser, Böhmischen Brüder und Mennoniten den Eid, ebenso auch neuere christliche Gruppierungen wie z. B. Zeugen Jehovas, Quäker und Herrnhuter, die sich auf die Bibel, bes. Mt 5,34 ff.; 23,16 ff. und Jak 5,12 berufen. Unter dem Einfluss der Aufklärung verwahrte sich I. Kant (Die Metaphysik der Sitten; Über das Mißlingen aller philosophischen Versuche in der Theodizee) gegen den Eid als ein Erpressungsmittel der Wahrhaftigkeit, denn die staatliche Obrigkeit zwinge unerlaubterweise den Untertan bei der Eidesabgabe zu einem Glauben an Gott. Gleichwohl empfand er – im Unterschied zu J. G. Fichte – den Eid als praktisch unverzichtbar. M. Weber (Gesammelte Aufsätze zur Religionssoziologie) versuchte den Eid mit dem Hinweis auf die israelitische Eidgenossenschaft zu rechtfertigen, dass deren Eidverträge dem Zusammenleben eine Sicherheit und Identität stiftende Beziehungsqualität verleihen würde. Unter Verzicht auf jeglichen metaphysisch-transzendentalen Begründungsansatz verteidigte J.-P. Sartre (Kritik der dialektischen Vernunft) den Sinn und den Nutzen des Eides. Nach ihm besteht die soziale Funktion des Eides (coniuratio) in dem Zweck, die wechselseitigen Beziehungen der Gruppenmitglieder verbindlich zu regeln. Auf diese Weise markiere der Eid den Beginn der Menschlichkeit, da er an die Stelle von Angst vor sich und anderen sowie terrorähnlicher Verhältnisse untereinander ein sozialverträgliches Miteinander setzen würde.

Der Perversion der Eidesleistung im Dritten Reich folgte in den Anfangsjahren der Bundesrepublik Deutschland eine Grundsatzdebatte über die Bedeutung des Eides. Nach R. Guardini (Das Ende der Neuzeit) bedarf der moderne Staat des Eides als einer verbindlichen Form, „in welcher der Mensch eine Aussage macht oder sich zu einem Tun verpflichtet". Das geschieht, indem der Schwörende seine Erklärung ausdrücklich auf Gott bezieht und eine Beziehung zwischen seinem Gewissen und der Politik herstellt. O. Bauernfeind (Eid und Frieden) argumentierte mit dem humanitären Kern des Eides „homo homini non lupus" (Der Mensch ist dem Menschen kein Wolf), der sich als Grundlage für internationale Friedensbemühungen eignet.

In der Bundesrepublik Deutschland müssen Staatsoberhaupt, Regierungsmitglieder, Beamte, Richter und Soldaten einen promissorischen Eid leisten. Der Grund dafür liegt in der Annahme, sich damit der gewissenhaften Pflichterfüllung des Vereidigten zu versichern. Inhaltlich bezieht sich der Eid des Bundesbeamten auf die Wahrung des Grundgesetzes, aller geltenden Gesetze und die getreue Wahrnehmung der übernommenen Dienstpflichten. Nach dem Landesbeamtengesetz – in der Fassung NRW – hat der Beamte folgenden Diensteid zu leisten: „Ich schwöre, dass ich das mir übertragene Amt nach bestem Wissen und Können verwalten, Verfassung und Gesetze befolgen und verteidigen, meine Pflichten gewissenhaft erfüllen und Gerechtigkeit gegen jedermann üben werde. So wahr mit Gott helfe." Seit dem Gesetz vom 20. 12. 1974 gibt es drei Möglichkeiten der Eidesleistung:
- den sakralen Eid unter Anrufung des Namens Gottes
- den säkularen Eid ohne Anrufung des Namens Gottes
- eine dem Eid gleichgestellte Bekräftigung einer wahrheitsgemäßen Aussage vor Gericht (§ 66 Abs. 2 StPO).

Gleichwohl findet der Eid in unserer pluralen Gesellschaft keine ungeteilte Zustimmung, sondern gibt Anlass zu Skepsis und Vorbehalten, die versteckt oder offen angemeldet werden. So erscheint es vielen problematisch, moralische Verpflichtungen, die einer religiös geprägten Werteordnung und Rechtsauffassung entstammen, in einer säkularisierten Gesellschaft allgemeinverbindlich zu vermitteln und aufzuerlegen. Wo Religion zur Privatangelegenheit erklärt wird, gerät der Eid mit seiner transzendental-sakralen Herkunft unter Rechtfertigungsdruck. Zwar entspricht es dem Gedanken der Toleranz, dem einzelnen Bürger zu überlassen, ob er einen religiösen oder weltlichen Eidestext bzw. eine dem Eid gleichgestellte Bekräftigungsformel wählt, aber der heutige Staat kann die Augen vor dem Säkularisierungsprozess des Eides nicht verschließen, geschweige denn rückgängig machen. Dadurch, dass er an dem promissorischen Eid festhält, stellen sich ihm eine Reihe von Legitimationsfragen. Auf zwei Problempunkte zielt vorwiegend die Stoßrichtung der Kritik:

- In vielen Kulturkreisen haben die Regenten den Eid als Instrument der Herrschaftssicherung und als Kontroll- bzw. Repressionsmittel der Untertanen missbraucht und sich dabei vor einer Sakralisierung ihrer politischen Machenschaften (Prodi 1997) nicht gescheut. Der Treueeid auf den Führer im Dritten Reich, der zum bedingungslosen Gehorsam verpflichtete, hat eine große Zahl der Vereidigten in schwere Gewissenskonflikte gebracht. Dagegen bäumen sich Kritiker im Namen der aufgeklärten Vernunft, Mündigkeit und Humanität zu Recht auf.
- Bei der Aufnahme in das Beamtentum wird der promissorische Eid verlangt in der Erwartung, „die Effizienz, die Integrität und die Vertrauenswürdigkeit der Amtsführung" (Isensee 1985) zu sichern. Doch eine solche Hoffnung schwindet angesichts der Erfahrungen, dass der Eid zunehmend die Kraft verliert, die gesetzlich vorgeschriebenen Dienstpflichten zu persönlichen Gewissenspflichten aufzuwerten. Der Grund dafür liegt nicht nur in dem Schwund religiös motivierter Werteinstellungen, sondern auch in den begrenzten Wirkmöglichkeiten immanenter Ethikansätze, insoweit die relativ geringe Bereitschaft auffällt, deren rational schlüssig begründete Normen zu internalisieren und zu befolgen. Ein Eid aber, der das Gewissen des Beamten nicht mehr erreicht, macht sich überflüssig, wie Kritiker betonen.

Auf der Suche nach einer allgemein akzeptierten Alternative zum promissorischen Eid erweisen sich das persönliche Ehrenwort und das positivierte Recht als nur begrenzt tauglich. Denn beim Ehrenwort stellt sich das Problem der Verlässlichkeit, zumal der Einfluss des Relativismus und Individualismus nicht gerade dazu motiviert, verbindliche überprüfbare Zusagen zu machen und einzuhalten. Das Gesetz wäre mit der Funktion, die schwindende Moral in unserer liberalen Gesellschaft zu kompensieren, überfordert.

Die Notwendigkeit des Eides unterstreichen überwiegend praktische Gründe. Der Rechtsstaat muss sich auf die Integrität und Loyalität seiner engsten Mitarbeiter, auf die Kontinuität pflichtbewusster Aufgabenwahrnehmung verlassen können. Um in Krisenzeiten funktionieren zu können, wirkt die Forderung nach Garantie auf ein zuverlässiges Beamtentum plausibel. Wenn der Staat seinerseits Wert darauf legt, den Missbrauch des Schwörens – etwa in Form von Unwahrhaftigkeit, Eidbruch, Eidesinflation, extensive Eidesbindung – zu unterbinden, lässt sich aus ethischer Sicht die Forderung nach Abschaffung des Eides nicht aufrechterhalten.

Die Gültigkeit eines Eides hängt von folgenden Bedingungen ab:
- Die Eidesleistung darf nur aus freier Entscheidung, nicht aber unter Zwang, Erpressung oder sonstigem Druck erfolgen.
- Das äußerlich wahrnehmbare Sprechen des Eidestextes hat mit der inneren Bereitschaft und eindeutigen Absicht, die Verpflichtungen zu übernehmen, übereinzustimmen.
- Der Schwörende muss ein hinreichendes Wissen von dem haben, was er inhaltlich verspricht.
- Der Gegenstand des Versprechenseides muss moralisch gut und unbedenklich sein. Unrecht, Verbrechen oder etwas Böses kann niemals Inhalt eines Eides sein.
- Nur ein gültiger Eid verpflichtet, das Versprochene zu erfüllen. Eidlich übernommene Verpflichtungen dürfen nicht ohne triftige Gründe ausgeweitet werden.

- Einen Eid dürfen nur rechtmäßig gewählte Repräsentanten oder zuständige Leiter von Einrichtungen, die für das Allgemeinwohl Sorge tragen, verlangen.

Vielfach wird bereits zu Beginn der polizeilichen Ausbildung der Versprechenseid geleistet, eine Praxis, gegen die ethisch Einwände anzumelden sind. Sinnvoller erscheint eine Terminierung der Vereidigung auf das Ende der ca. dreijährigen Vorbereitungszeit, damit sich die Nachwuchskräfte der Polizei ein genaues Bild von dem machen können, was sie alles im Beruf erwartet und welche Konsequenzen das Schwören für sie hat. Eine Umfrage unter Polizeivollzugsbeamten über deren Wissen und Einstellung zum Diensteid (Hachmeister/Chemnitz 1984) brachte ein Ergebnis, das auf eine Veränderung in negativer Richtung hinweist. Die überwiegende Mehrheit der Beamten gab an, den Eid mit relativ hoher emotionaler Anteilnahme geleistet zu haben. Während die Polizisten im Alter von 30 bis 40 Jahren sich relativ distanziert zum Versprechenseid äußerten, sahen die jüngeren und älteren Kollegen das Schwören eher positiv. Immerhin sprachen sich 25 % aller befragten Beamten dafür aus, in Zukunft auf den Eid zu verzichten. Unklarheit bestand darüber, ob die Exekutivbeamten „den Eid auf die Gesellschaft, die freiheitlich-demokratische Grundordnung oder auf die Grundgesetze geleistet hatten" (ebd.; S. 198). Über ein Drittel der Befragten hielt es für statthaft, „auch gedanklich gegen den Eid verstoßen zu können" (ebd.; S. 198). Nur ein kleiner Teil vertrat die Auffassung, es habe nichts zu geschehen für den Fall, sich nicht mehr an den Eid gebunden zu fühlen. Offensichtlich nimmt der Bedarf zu, den Sinnbezug und Verbindlichkeitsanspruch des promissorischen Eides zu klären.

Der Polizeibeamte steht zu seinem Dienstherrn, dem Staat, in einem öffentlich-rechtlichen Dienst- und Treueverhältnis. In dem Maße, wie politische Entscheidungsträger zu erkennen geben, was sie von ihrem Amtseid halten, üben sie eine Signalfunktion aus. Im Rahmen des spezifischen Rechtsverhältnisses werden dem Beamten gem. Art. 33 Abs. 5 GG eine Reihe von Dienstpflichten aufgebürdet. Als wichtigste Beamtenpflicht gilt die Treuepflicht, aus der sich alle weiteren Formen von Dienstverpflichtungen ableiten lassen. Dazu gehören u. a.

- die Pflicht zur Leistung des Diensteides
- die Pflicht zum Eintreten für die demokratische Grundordnung
- die Pflicht zur Mäßigung und Zurückhaltung in parteipolitischen Angelegenheiten
- die Pflicht zur vollen Hingabe an den Polizeiberuf
- die Pflicht zur Unparteilichkeit
- die Pflicht zur Uneigennützigkeit
- die Genehmigungspflicht zur Ausübung von Nebentätigkeiten
- die Gehorsamspflicht
- die Pflicht zur Vergewisserung der Rechtmäßigkeit dienstlichen Handelns (Remonstrationspflicht).

Aus der besonderen Bedeutung der Dienstpflichten für die Wahrnehmung polizeilicher Aufgaben zu Gunsten des bonum commune (Gemeinwohl) leiten die Juristen die Berechtigung ab, die Grundrechte des Exekutivbeamten zu beschränken. Im Konflikt zwischen dem Grundrechtsanspruch des Polizisten und den schutzwürdigen Belangen des öffentlichen Interesses ist eine Einzelfallentscheidung in Form einer Güterabwägung nach Maßgabe des Verhältnismäßigkeitsprinzips herbeizuführen. Nach dem

Programm für die Innere Sicherheit in der Bundesrepublik Deutschland (Februar 1974) muss der Polizist „bereit sein, seine ganze Person einzusetzen, notfalls auch das Leben". In der Fortschreibung des Programms Innere Sicherheit von 1993 fehlt ein solcher Passus. Ethisch stellt sich die Frage, welche Gefahren der Polizeibeamte für sein eigenes Leben und seine eigene Gesundheit auf sich nehmen muss, um der eidlich übernommenen Amtspflicht zur vollen Hingabe an den Beruf zu genügen. Auch wenn Cicero und Kant der Pflichtenlehre einen Stammplatz in der Geschichte der Ethik verschafft haben, rangieren in unserer heutigen Bewusstseinslandschaft Selbstverwirklichungswerte vor Werteinstellungen wie Pflichtgefühl und Pflichterfüllung. Nach Kant ist es der kategorische Imperativ, der äußere heteronome Verpflichtungen in innere autonome Pflichten umwandelt. Auf welche Kriterien kommt es bei der moralischen Gewissensverpflichtung zur Selbstgefährdung bzw. Selbsthingabe an?

- Die Abwehr ernster Gefahren für Leben, Leib und Freiheit eines einzelnen Menschen oder der Bevölkerung kann durchaus von einem Polizeibeamten aufgrund seiner Garantenstellung die Bereitschaft verlangen, Gesundheit und Leben zu riskieren. Dagegen rechtfertigen Einsätze zum Schutz von Sachgütern oder zur Verfolgung von Straftätern in der Regel keinen Verpflichtungsanspruch auf Lebenshingabe des betreffenden Polizisten.
- Bei lebensgefährlichen Diensteinsätzen im Rahmen der Gefahrenabwehr gilt das Verhältnismäßigkeitsprinzip. Demnach kommt die moralische Verpflichtung, das eigene Leben zum Schutz anderer Personen zu wagen, nur als ultima-ratio-Lösung in Betracht. Ebenso hat der Beamte einen moralischen Anspruch auf die erforderlichen Mittel und Befugnisse, um beim Einsatz die Risiken für sich und Dritte möglichst gering halten zu können.
- Die persönliche Willensabsicht des Vollzugsbeamten darf nur Rettung und Schutz eines Menschen in Lebensgefahr sein. Mit der Risikobereitschaft korrespondiert der Vorsatz zur Eigensicherung. Leichtsinnigkeit, Draufgängertum oder Renommeegehabe scheiden als sittlich ernstzunehmende Motivationsfaktoren aus.
- Haben die Rettungs- und Schutzmaßnahmen keine Aussicht auf Erfolg, besteht für den Beamten keine moralische Verpflichtung, sein Leben aufs Spiel zu setzen. Übersteigt der Gefahrenabwehreinsatz die physischen und psychischen Kräfte und die taktischen Möglichkeiten des Einsatzbeamten, lässt sich keine sittliche Pflicht zum Lebensrisiko aufrechterhalten.

Die sittliche Autonomie als Kern der Menschenwürde verbietet es dem Staat in seiner Rolle als Dienstherrn, den gesetzlichen Pflichtenkatalog derart auszudehnen, dass der Polizeibeamte bedingungslos in den Tod zu gehen oder blindlings zu gehorchen (vgl. 13.) hat. Letztverbindlich bleibt die Gewissensentscheidung des einzelnen Polizisten, die auf einer sorgfältigen Abwägung der tangierten Wertgüter im Einzelfall beruht. Andernfalls würde der Versprechenseid zur Verpflichtungsfalle für den Vollzugsbeamten. Für den Fall einer Pflichtenkollision, in der sich ein Polizeibeamter mit mehreren Forderungen konfrontiert sieht, ohne diese gleichzeitig erfüllen zu können, bietet sich als sittlich vertretbare Lösung eine gewissenhafte Güterabwägung, die sich der Kriterien Wertpriorität, Dringlichkeit und Praktikabilität bedient, an.

Die Bereitschaft zur eidlich zugesicherten Erfüllung der Amtspflichten dürfte vielen Polizeibeamten leichter fallen, wenn der Staat als Dienstherr seinerseits die

Fürsorgepflicht ernst nimmt und jeden begründeten Zweifel an seinem Willen ausräumt, den Rechtsansprüchen der Beamten – v. a. auf angemessenen Unterhalt durch Besoldung und Versorgung – gerecht zu werden.

Literaturhinweise:

Soiné, M.: Eingeschränkte Grundrechtsausübung aufgrund besonderer Berufspflichten?, in: PFA-SB „Aktuelle Entwicklungen des Beamten- und Disziplinarrechts“ (8.–10. 1. 2003); S. 43 ff. – Wetzel, A.: Eid und Gelöbnis im demokratischen, weltanschaulich neutralen Staat. Berlin 2001. – Honecker, M.: Art. „Eid“, in: ESL; Sp. 308 ff. – Liedtke, R. u. a.: Der Ingenieur-Eid. Bretten 2000. – Schockenhoff, E.: Zur Lüge verdammt? Politik, Medien, Medizin, Justiz, Wissenschaft und die Ethik der Wahrheit. Freiburg u. a. 2000; S. 403 ff. – Josweg, R.: Verhaltensregeln für Polizeibeamte, in: KOMPASS 1/2000; S. 14 ff. – Esders, S. (Hg.): Eid und Wahrheitssuche. Frankfurt a. M. 1999. – Lencker, T. in: Schönke, A./Schröder, H.: Kommentar zum StGB § 153 ff. München [25]1997. – Prodi, P.: Das Sakrament der Herrschaft. Der politische Eid in der Verfassungsgeschichte des Okzidents. Berlin 1997. – Soiné, M.: Umfang und Grenzen der Selbstgefährdungspflicht im Polizeibeamtenverhältnis, in: PolSp 10/1996; S. 246 ff. – Schröder, H.: Unwahrer und unwahrhaftiger Eid: eine rechtsdogmatisch-rechtspolitische Untersuchung. Goldbach 1996. – Görlich, V.: Hingabe zu Staat, Verfassung und Beruf, in: P-h 1/1995; S. 12 f. – Blickle, P. (Hg.): Der Fluch und der Eid. Die metaphysische Begründung gesellschaftlichen Zusammenlebens und politischer Ordnung in der ständischen Gesellschaft. Berlin 1993. – Prodi, P. (Hg.): Glaube und Eid. Treueformeln, Glaubensbekenntnisse und Sozialdisziplinierung zwischen Mittelalter und Neuzeit. München 1993. – Kolmer, L.: Promissorische Eide im Mittelalter. Kallmünz Opf. 1989. – Peters, K. u. a.: Art. „Eid“, in: StL Bd. 2; Sp. 155 ff. – Isensee, J.: Art. „Beamte“, in: StL Bd. 1; Sp. 584 ff. – Schreiner, K.: Iuramentum religionis, in: Staat 2/1985; S. 211 ff. – Hachmeister, G./Chemnitz, G.: Welche Einstellung und welches Wissen haben Hamburger Polizeibeamte zum Diensteid?, in: DP 7/1984; S. 197 f. – Gensichen, H.-W. u. a.: Art. „Eid“, in: TRE 9; S. 373 ff. – Hirzel, R.: Der Eid. Ein Beitrag zu seiner Geschichte. (Leipzig 1902) New York 1979. – Friesenhahn, E.: Der politische Eid. (Bonn 1928) Darmstadt 1979. – Freese, J./Peters, K.: Art. „Eid“, in: HWPh Bd. 2; Sp. 326 ff. – Birkenmaier, W. (Hg.): Zum Thema Eid. Stuttgart 1970. – Thudichum, F. V.: Geschichte des Eides. (Tübingen 1911) Aalen 1968. – Niemeier, G. (Hg.): Ich schwöre. Theologische und juristische Studien zur Eidesfrage. München [2]1968. – Bethke, H.: Eid, Gewissen, Treuepflicht. Frankfurt a. M. 1965. – Schweisthal, P. J.: Die Eidesdelikte. Münster 1949.

6. Polizeiliches Selbstverständnis im Wandel der Geschichte

Das Fehlen eines eindeutigen Polizeibegriffes hängt offensichtlich damit zusammen, „dass die Polizei Produkt einer geschichtlichen Entwicklung und nicht einer rationalen Konstruktion von Staatsverwaltung ist und dass alle Versuche, ihre Zuständigkeit theoretisch befriedigend abzugrenzen, vorhandene Lebenszusammenhänge und praktisch sinnvolle Tätigkeitsakkumulationen zu zerreißen drohen" (Boldt 2001). Entsprechend präsentiert sich die historische Ausdifferenzierung der Polizei bzw. des polizeilichen Berufsbildes und Selbstverständnisses in ihrer verwirrenden Vielfalt, was ihre Beziehung zu Staat und Gesellschaft, ihre Organisationsstruktur und Aufgabenfelder, Vorgehensweise und gesetzliche Grundlage für dienstliches Handeln, ihr Verhältnis zur Verwaltung, Justiz und Militär betrifft. Die Bezeichnung „Polizei" bzw. „Policey" (griech. πολιζ bzw. πολιτεια) findet über den burgundischen Kanzleistil Zugang zur deutschen Sprache. Im 15. und 16. Jh. verbinden sich mit dem Wort Policey vorwiegend Vorstellungen von einer guten Ordnung des Gemeinwesens bzw. von Maßnahmen zur Erhaltung geordneter Zustände, wobei der traditionell geprägte Ordnungsgedanke überwiegend einem gottgefälligen Lebenswandel in einem Ständestaat entsprach. Der Polizeibegriff klammert noch Personen aus, die sich damit abmühen, die öffentliche Ordnung aufrecht zu erhalten. Im 17. und 18. Jh. wird das Polizeiverständnis ausgeweitet auf die gemeine Wohlfahrt. Allerdings rangiert im absolutistischen, aufgeklärten Staat das Staatsinteresse vor dem Wohlergehen der Bevölkerung. Die Polizei wird institutionalisiert und ausgestattet mit Vollmachten, die vorher die Justiz hatte. Im 19. Jh. konzentrieren sich die Polizeiaufgaben zunehmend auf die öffentliche Sicherheit und Ordnung. Phänomene wie aufkommende Industrialisierung, Landflucht, soziale Frage und steigende Kriminalität führen zu einer zahlenmäßigen Verstärkung der Polizei und zu einer Aufgliederung in verschiedene Verwaltungszweige. Bei Unruhen haben Polizeitruppen für Ruhe und Ordnung in den Großstädten zu sorgen, wodurch sie in Konkurrenz zum Militär geraten. Die Nationalsozialisten im Dritten Reich lösen die Polizei aus der allgemeinen inneren Verwaltung heraus und machen sie zu einem willfährigen Instrument ihrer totalitären Ideologie. Während der Besatzungszeit von 1945 bis 1949 entwickeln die Alliierten Leitlinien für eine Entnazifizierung, Entmilitarisierung, Demokratisierung und Dezentralisierung der deutschen Polizei, ohne sich jedoch in konkreten Reorganisationsfragen verständigen zu können. Seit der Gründung der Bundesrepublik Deutschland im Jahre 1949 gilt das Grundgesetz, das infolge der föderativen Polizeistruktur dem Bund nur vereinzelte Gesetzgebungsbefugnisse im Polizeibereich einräumt (z. B. Art. 73 Abs. 10; Art. 78 Abs. 1; Art. 91). Die Polizeigesetze der jeweiligen Bundesländer in den 50er und 60er Jahren knüpfen weitgehend an der Generalklausel an, für die öffentliche Sicherheit und Ordnung zu sorgen, gestalten allerdings das Verhältnis zwischen Polizei und der Verwaltung unterschiedlich. In den 70er und 80er Jahren veranlassen Studentenunruhen, Großdemonstrationen gegen Rüstungspolitik und für Umweltschutz und ferner Gewaltanschläge der Terroristen Politiker zu Polizeireformen. So regelt der Musterentwurf von 1976/77 länderübergreifende Polizeieinsätze, hält die Technik der elektronischen Datenverarbeitung Einzug in die Polizeibehörden, wird die Polizeiarbeit zunehmend vereinheitlicht und zentralisiert. Die europäische Integration mit dem Wegfall ihrer Grenzkontrollen erfordert gesetzliche Regelungen (Schengener Abkommen 1985 und Durchführungsübereinkommen 1990, Maastrichter EU-Vertrag 1992 – EUROPOL) und organisatorische wie technische Maßnahmen für eine polizeiliche Kooperation, um die Organisierte Kriminalität effizienter zu bekämpfen.

Mit einem aufmerksamen Blick in die Polizeigeschichte lassen sich durchaus Ansätze zu einem polizeilichen Selbstverständnis entdecken. So hat der preußische Ministerialrat E. v. d. Bergh (1949; S. 61 ff.) nach dem 1. Weltkrieg folgende sechs Thesen als Grundlage für ein neues Polizeikonzept aufgestellt:

1. Der Staat darf die Polizei nicht als „ein bequemes Werkzeug zur Ausübung staatlicher Macht und zur Erhaltung der äußeren Ordnung" aufbauen, sondern als einen vorbildlichen Organismus zur „Belebung des demokratischen Staatsgedankens, des sozialen Verantwortungsgefühls und der öffentlichen Moral". „Klare Rechtsstellung, gute Besoldung, individuelle Fürsorge" sind für eine intakte Beamtenschaft und gute Einsatzarbeit nötig.
2. „Die Polizei muss sich dem Staat gegenüber als Träger seiner Autorität" fühlen und „ihre ganze Kraft zur Durchsetzung der vom Staat gestellten Aufgaben einsetzen".
3. „Die Polizei muss dem Volk zum Vorbild werden in der Erfassung und Betätigung des demokratischen Staatsgedankens, im sozialen Denken und im lauteren persönlichen Verhalten". Sie muss Verständnis für die Nöte der Zeit aufbringen, unparteiisch eingreifen und als „warmherziger Freund" schützen, helfen und ordnen.
4. „Das Volk muss der Polizei gegenüber Verständnis gewinnen für ihre verantwortliche Aufgabe" und den Beamten als „Freund und Berater ansehen".
5. Die Polizeiführung kann „durch bewusste Pflege des neuen Polizeigedankens an einem gesunden Neuaufbau Deutschlands mitwirken". „Zwischen Polizeiführern und Beamten muss maßgebend sein: Disziplin, aber ohne starres Abstandsgefühl, Achtung vor überlegenem Wissen und Können, kameradschaftliches Zusammenwirken im Interesse des Sache".
6. Jeder Polizeibeamte muss durch Selbsterziehung „zu einer starken Persönlichkeit werden mit festen Vorstellungen, die ihn in den schwierigsten Lagen zum richtigen Handeln befähigen".

Wie v. d. Bergh verdeutlicht, geht das polizeiliche Berufsverständnis in der Regel nicht aus der Polizei selbst hervor, sondern stammt entweder aus dem Bedürfnis des Volkes (Selbstfunktion) oder dem Willen des Staates (Zwangsfunktion). Maßgeblich für den Neuaufbau der Polizei nach dem verlorenen 1. Weltkrieg ist der Leitgedanke von der naturgegebenen Verbindung zwischen Volk und Staat, woraus der Polizei eine organische Funktion erwächst. Diesem polizeilichen Idealbild war jedoch kein erfolgreicher Rezeptionsprozess gegönnt, denn die Mehrzahl der auf Manneszucht und Gehorsam gedrillten, militärisch fixierten Polizeioffiziere sperrte sich gegen Neuerungen.

Signifikant ist, wie in den verschiedenen Epochen der Geschichte das überwiegend pragmatisch-instrumentelle Begründungsmuster eine grundsätzliche Beschäftigung mit dem Polizeiverständnis immer wieder vertagt hat: Ohne Polizei geht es nicht in einem Gemeinwesen. Also hat sie zu funktionieren, indem sie die ihr zugewiesenen

Aufgaben erfüllt und sich an die Gesetze bzw. Dienstanweisungen hält. Eine derartige Legitimationsform wirkt ethisch bedenklich und defizitär. Denn eine funktionalistisch-instrumentelle Polizeisicht, die den Polizeibeamten zu einem bloßen Vollzugsorgan, zu einem Objekt degradiert, verstößt gegen die Menschenwürde gem. Art. 1 GG. Und das formale Kriterium der Gesetzesbefolgung verwischt den Unterschied zwischen dem Polizeiapparat in einem totalitären Regime und der Polizeiorganisation in einem freiheitlich demokratischen Rechtsstaat. Dienstliches Handeln nach dem Gesetz (nicht im strikt rechtspositivistischen Sinne verstanden) kann in ethischer Hinsicht nur eine notwendige, nicht aber eine hinreichende Bedingung für eine schlüssige Polizeitheorie sein.

Auch wenn der permanente Wandlungsprozess der Geschichte eine überzeitliche allgemeingültige Polizeitheorie nicht gestattet, erscheint eine ethische Auseinandersetzung mit dem polizeilichen Selbstverständnis aus mehreren Gründen angebracht und erforderlich: Die interdisziplinäre, empirische und normative Polizeiwissenschaft unterstützt nicht nur die Polizeiarbeit mit den neuesten Forschungsergebnissen, sondern macht auch die Polizei als solche mit ihren Strukturen, Aufgaben, Vorgehensweisen, normativen und gesellschaftlichen Rahmenbedingungen zum Gegenstand ihrer Untersuchungen. Vorausgesetzt wird freilich, dass sich die multidisziplinäre Polizeiwissenschaft freihält von ideologischer Einseitigkeit, fruchtloser Polemik und methodischen Fehlern (Schneider 2000). Weder das Pochen auf langjährige Diensterfahrungen respektive Betreiben eines blinden Aktionismus noch eine zu naive Wissenschaftsgläubigkeit versetzen die Polizei in den Stand, die neuen Herausforderungen im Zeitalter der Globalisierung zu meistern. Indem Polizeiwissenschaft polizeiliches Verhalten zutreffend analysiert, Alternativen und Grenzen ihres dienstlichen Einschreitens aufzeigt, liefert sie Impulse, das polizeiliche Selbstverständnis zu klären. Der originäre Beitrag der Ethik besteht darin, die Unverzichtbarkeit polizeilichen Handelns für die Rechtssicherheit, den sozialen Frieden und die Wahrung des Humanum in unserer Gesellschaft herauszuarbeiten und damit die Wertelemente des polizeilichen Selbstkonzeptes bewusst zu machen. Aktuelle Gründe unterstreichen die Notwendigkeit eines polizeilichen Berufsverständnisses. So hinterfragen Auslandseinsätze der deutschen Polizei in Krisenregionen im Rahmen internationaler Friedensmissionen die eigene Berufsrolle. Neben der Legitimationsfrage polizeilicher Auslandsmissionen (Problem der selektiven und instrumentellen Berufung auf die Menschenrechte) steht zur Klärung an: Welches Recht wenden die Polizeikontingente aus den verschiedenen Entsenderländern an (jeder sein eigenes?), welche Exekutivaufgaben übernehmen sie? Wie wirken sich die menschlich belastenden, teils schockierenden Einsatzerfahrungen auf das bisherige Rollenverständnis aus? Auch die europäische Zusammenarbeit mit Polizeien aus Ländern, die eine andere Entstehungsgeschichte und divergierende Wertauffassungen haben, richten Anfragen an das berufliche Selbstkonzept. Schlagwörter wie „Büttel des Staates", „Freund und Helfer", „Sozialingenieur" bzw. „Sozialarbeiter", „Manager der inneren Sicherheit" wirken zu plakativ, kennzeichnen nicht prägnant den Polizeiberuf und vermögen auch nicht, auf Symptome der Demotivation, Irritation und Desorientierung adäquat zu reagieren. Hier hat Ethik Grundsatzfragen zu behandeln, die dem Polizeibeamten die Sinnhaftigkeit seines Berufes in einer von Pluralität und Wertewandel gekennzeichneten Gesellschaft vermitteln.

Die Inhalte eines Polizeiverständnisses setzen sich aus drei Elementen zusammen: dem Selbstbewusstsein, der Fremdbewertung und den normativen Rahmenbedingungen.

- Der im 17./18. Jh. entstandene Terminus Selbstbewusstsein, der einen Schlüsselbegriff in der neuzeitlichen Subjektphilosphie darstellt, bezeichnet das Verhältnis des reflektierenden Ich zu sich selbst und konstitutiert die Identität einer Person. Alltagssprachlich bedeutet Selbstbewusstsein so viel wie Selbsteinschätzung, Bejahung der eigenen Person und ihrer Fähigkeiten. Das Interesse der Psychologen und Soziologen konzentriert sich u. a. darauf, wie sich individuelles Selbstwertgefühl in sozialen Relationen entwickelt, welche Folgen ein selbstkritisches, falsches oder unzureichendes Selbstbewusstsein für die eigene Befindlichkeit, das erfolgreiche Handeln, den sozialen Status und die Sozialkontakte hat. In das berufliche Selbstkonzept bringt jeder einzelne Polizeibeamte seine eigene Sicht und Deutung ein, die sich z. B. auf Berufsqualifikation, Wertaspekte des Dienstes und der Freizeit, persönliche Erwartungen (in Form von Vergütung, Karriere, „Selbstverwirklichung" im Berufsleben), Arbeitsbedingungen, Leistungsbereitschaft, Berufszufriedenheit und Betriebsklima bezieht. Eine solch subjektive Verstehensweise des Polizeiberufes ergibt sich aus der sittlichen Autonomie des Menschenbildes gem. Art. 1 GG. Regelmäßige Befragungen bzw. Messungen der Mitarbeiterzufriedenheit bezüglich des eigenen Arbeitsplatzes, behördenspezifischer Problemkonstellationen und des Organisationsklimas bieten Daten, um die Befindlichkeit der Befragten gezielt zu verändern und zugleich Maßnahmen zur Qualitätssteigerung polizeilicher Arbeit (Bornewasser 2000; Ohlemacher u. a. 2000; PFA-SR 1–2/1999; Schmalzl 1999; Hermanutz/Buchmann 1991) zu ergreifen. Nicht allgemeine unverbindliche Appelle, sondern konkrete Verbesserungsmaßnahmen verschaffen der Polizei den Vorteil, eine lernfähige Organisation zu sein.
- Ein anderes Element des polizeilichen Selbstverständnisses findet sich in der Fremdbeurteilung, die sich z. B. in Form der öffentlichen bzw. sozialen Kontrolle artikuliert und auf die Übereinstimmung der Polizei mit den Erwartungen der Bevölkerungsmehrheit achtet. Ethisch erscheint die öffentliche Kontrolle legitim wegen des Grundsatzes „Der Rechtsstaat ist für den Menschen da, nicht umgekehrt" und im Blick auf eine bedarfsgerechte Realisierung des Leitgedankens von der bürgerfreundlichen Polizei. Zu diesem Zweck erweisen sich die in Mode gekommenen Bürgerbefragungen als anregend und hilfreich. Laut Umfragen wünscht die Bevölkerung von ihrer Polizei v. a. einen höflichen Umgangston, Hilfsbereitschaft, korrektes, loyales Verhalten, professionelles Handeln bei der Gefahrenabwehr und Strafverfolgung. Angesichts der allgemein geschätzten Praxis, die sicherheitsrelevante Meinungsvielfalt der Bevölkerung näher kennenzulernen, stellt sich die Frage, wie die Polizei auf des Volkes Stimme angemessen reagieren soll. Kein Zweifel darf darüber aufkommen, dass im Bereich der öffentlichen Sicherheit polizeiliche Professionalität mehr wiegt als die Ansichten und Optionen der einzelnen Bürger. Deren Änderungswünsche und Verbesserungsvorschläge verlieren den moralischen Anspruch, von der Polizei erfüllt zu werden, wenn sie nicht zuständig ist, ihr die erforderlichen Mittel fehlen, kein öffentliches Interesse vorliegt oder gegen geltendes Recht und Gesetz verstoßen würde. Übereinstimmungen in Wertfragen bewirken ein Vertrauensverhältnis, auf das die Polizei nicht

verzichten kann. Der Gleichheitsgrundsatz aller vor dem Gesetz kann in Spannung treten zu der Rücksichtnahme auf berechtigte Individualinteressen. Derartige Diskrepanzen zu beheben verlangt dem Polizeibeamten Gerechtigkeitssinn und Verantwortungsbewusstsein für das Gemeinwohl ab.

- In Glosse, Karikatur, Satire und Witz spiegelt sich das ambivalente Verhältnis des Bürgers zum Polizisten wider: Freude über Hilfe in der Not, Ärger über Erwischt- und Bestraftwerden. Auch wenn zahlreiche Polizeiwitze vor Klischees und Vorurteilen strotzen und manche Karikaturen sowie Glossen die Schwächen und Unarten des Polizeibeamten mit beißendem Spott und spitzer Feder aufspießen oder propagandistisch-agitatorische Zwecke verfolgen, legen sie den Finger in die Wunde. Eine aufgeschlossene, kritikfähige Polizei findet in dieser Literaturgattung Anregungen für fällige Korrekturen und Innovationen. Aus gekränkter Eitelkeit oder falschem Ehrgefühl humoristisch-satirische Äußerungen über Defizite im Polizeibereich zu ignorieren, dürfte ein Indikator für ein schwaches Selbstwertgefühl und mangelndes ethisches Urteilsvermögen, ebenso eine Anfrage an die polizeiliche Öffentlichkeitsarbeit sein.
- Normative Verbindlichkeiten für das polizeiliche Selbstverständnis enthält Art. 20 Abs. 3 GG, der die Polizei als Teil der vollziehenden Gewalt an Gesetz und Recht, an Grundrechte und Wertentscheidungen des Grundgesetzes bindet. Darauf stützt sich die Deutung des Polizeibeamten als eines Normanwenders. Diese Sichtweise bedarf weiterer ethischer Reflexionen. So hat die einseitige Verkürzung der grundrechtlichen Güter auf bloße subjektive Abwehrrechte des Bürgers gegenüber der Staatsmacht ein negatives Polizeibild zur Folge, denn sie weist der Polizei die Rolle eines Kontrahenten der individuellen Grundrechte, eines grundrechtsgefährdenden Staatsorgans zu. Werden dagegen die Grundrechte auch als objektive Wertgüter verstanden, erhält der Staat die Schutzpflicht und Garantenstellung, die grundrechtlichen Güter zu gewährleisten, was der staatlichen Institution Polizei zu einer geachteten Stellung in der Gesellschaft verhilft. Auf welche Weise die Polizei ihren gesetzlichen Auftrag wahrzunehmen hat, ist dem Text des Grundgesetzes zu entnehmen. Die Menschenwürde gem. Art. 1 GG als höchster Wertmaßstab der Verfassung und oberstes Konstitutionsprinzip allen objektiven Rechts gibt die verbindliche Antwort und zieht folgende Konsequenz nach sich: Nicht eine sich kleinlich an den Gesetzestext klammernde, blindlings mechanische Anwendung einzelgesetzlicher Bestimmungen reicht aus, sondern vielmehr vonnöten ist, das Achtungs- und Schutzgebot der unantastbaren Menschenwürde gem. Art. 1 GG zu internalisieren, sodass der Polizeibeamte im Stande ist, in allen Einsatzlagen die jedem Einzelgesetz zu Grunde liegende Hauptnorm der Menschenwürde zu erkennen und sinnvoll zur Geltung zu bringen (vgl. 8.). Natürlich ist der Spielraum für eigenverantwortliche Entscheidungen des Polizeibeamten im präventiven Bereich größer als im repressiven. Während dem Beamtenethos samt seinen hergebrachten Grundsätzen (Art. 33 Abs. 5 GG) der Zeitgeist der Emanzipation, Liberalisierung und Individualisierung ins Gesicht bläst, scheint die Tugendethik an Bedeutung zuzunehmen. Denn ein von den vier Kardinaltugenden (Klugheit, Gerechtigkeit, Tapferkeit, Maß) geprägtes Berufsverständnis der Polizei hat die Eigenart, den Blick von verbindlichen Verhaltensregeln in strittigen Konfliktsituationen auf die handelnde Person im Kontext ihres Lebensentwurfes

und auf ihre sittliche Identität bei all den dienstlich bedingten Auseinandersetzungen mit den verschiedenartigsten Problemfällen zu lenken. Das wird deutlich an der Fokussierung der Tugendethik auf die Bedeutung der Selbstmotivation dienstlicher Verhaltensweisen, das Erbringen von einem Mehr an freiwilligen Leistungen und die Vereinbarkeit von offiziellen Dienstpflichten und persönlichem Glücksstreben bzw. Wohlbefinden im Berufsleben. Unbestreitbar gehört inhaltlich zum polizeilichen Selbstkonzept ein geschärftes Verantwortungsbewusstsein, die Unrechtserfahrungen mit dem Dritten Reich dem kollektiven Vergessen zu entreißen und eine Polizeikultur zu entwickeln, die dem Qualitätsmerkmal human und rechtsstaatlich entspricht.

Wie lässt sich das berufliche Selbstkonzept der Polizei konkret ausarbeiten? Wer ist die zuständige Instanz, die anhand der drei Elemente ein zufriedenstellendes, zeitgemäßes Polizeiverständnis entwickelt? Der Gedanke der sittlichen Autonomie des Menschen nimmt die Polizeibeamtenschaft in die Pflicht. Dabei sehen sich die Polizeibeamten mit einer grundsätzlichen Schwierigkeit konfrontiert: Der abstrakt-idealistische Grundgesetzauftrag an die Polizei, die unantastbare Menschenwürde gem. Art. 1 GG zu achten und zu schützen, unterliegt einem ständigen Wandlungsprozess (vgl. 8.). Denn in unserer pluralen Demokratie wird nicht nur gestritten, was alles zur Menschenwürde gehört, sondern auch kontrovers beurteilt, wieweit legitimerweise die staatlichen Maßnahmen zum Schutz der Menschenwürde reichen. Grundwerte verkörpern Zielvorstellungen gelungenen Menschseins, um deren optimale Realisierung in unserer pluralen Gesellschaft ständig gerungen wird. Aufgrund des permanenten Veränderungsprozesses von Geschichte und Gesellschaft kann es kein statisches, für alle Zeiten detailliert festgelegtes Konzept polizeilichen Selbstverständnisses geben. Vielmehr muss die Polizei innerhalb der sich ständig verändernden Rahmenbedingungen – eine institutionelle und rechtliche Verselbstständigung wäre mit dem Rechtsstaatsprinzip unvereinbar – ihren eigenen Standpunkt und ihre Rolle in der Gesellschaft immer wieder neu suchen. Dieses kontinuierliche Bemühen der Polizei begleitet die Ethik kritisch-stimulierend, um die humane Substanz in unserer sozialen Realität zu wahren.

Literaturhinweise:

Groh, C.: Kommunale Polizei im Wiederaufbau, Sozialgeschichte der Pforzheimer und Heilbronner Polizei von 1945 bis 1959. Heidelberg u. a. 2003. – Noethen, S.: Alte Kameraden und neue Kollegen. Polizei in Nordrhein-Westfalen 1945–1953. Essen 2003. – Weinhauer, K.: Schutzpolizei in der Bundesrepublik: Zwischen Bürgerkrieg und innerer Sicherheit. Paderborn 2003. – Noethen, S.: Polizeigeschichte in der Polizeiausbildung, in: DP 5/2003; S. 139 ff. – Wagner, P.: Hitlers Kriminalisten: Die deutsche Kriminalpolizei und der Nationalsozialismus zwischen 1920 und 1960. München 2002. – Schütte, M.: Der Bundesgrenzschutz – die Polizei des Bundes – ein geschichtlicher Überblick, in: DP 11/2002; S. 309 ff. – Boldt, H.: Geschichte der Polizei in Deutschland, in: HPR; S. 1 ff. – Fürmetz, G. u. a. (Hg.): Nachkriegspolizei: Sicherheit und Ordnung in Ost- und Westdeutschland 1945–1969. Hamburg 2001. – Täter und Opfer unter dem Hakenkreuz. Eine Landespolizei stellt sich der Geschichte. Hg. v. Förderverein „Freundeskreis z. Unterstützung d. Polizei Schleswig-Holstein e.V.“ Kiel 2001. – Jaeger, R. R.: Entwicklung eines Berufsbildes der Schutzpolizei, in: dkri 2/2001; S. 50 ff. – Linck, S.: Der Ordnung verpflichtet: Deutsche Polizei 1933–1949: Der Fall Flensburg. Paderborn 2000. – Stodiek, T.: Internationale und die Polizeimissionen – Herausforderungen auf internationaler und nationaler Ebene, in: VSF 1/2000; S. 66 ff. – Schneider, H. J.: Police Science, Police Theory, Police Research, in: PFA-SR 1 + 2/2000; S. 133 ff. – Bornewasser, M.: Mitarbeiterzufriedenheit in der Polizei: Weg von der abstrakten Beschreibung, hin zur konkreten Veränderung, in: Liebl, K./ Ohlenmacher T. (Hg.): Empirische Polizeiforschung. Herbolzheim 2000; S. 35 ff. – Ohlemacher, T. u. a.: Polizei im Wandel: Eine geplante Analyse zur Arbeitssituation von Polizeibeamten und -beamtinnen in Niedersachsen, in: ebd.; S. 220 ff. – PFA-SR 1–2/1999: Bürger- und Mitarbeiterbefragungen in der polizeilichen Praxis. – Schmalzl, H. P.: Das mehrdimensionale Bild vom idealen Polizisten, in: IPA aktuell 2/1999; S. 12 f. – Oeß, H.: Dazwischen steht die Polizei. Karlsruhe [2]1998. – Roth, A.: Kriminalitätsbekämpfung in deutschen Großstädten 1850–1914: Ein Beitrag zur Geschichte des strafrechtlichen Ermittlungsverfahrens. Berlin 1997. – Wilhelm, F.: Die Polizei im NS-Staat. Paderborn [2]1997. – Stahl, E.: Die Zivilcourage eines Berliner Revierleiters, in: DP 2/1997; S. 57. – Nitschke, P. (Hg.): Die Deutsche Polizei und ihre Geschichte (SRDGPG Bd. 2). Hilden 1996. – Goldhagen, D. J.: Hitlers willige Vollstrecker. Berlin 1996. – Wagner, P.: Volksgemeinschaft ohne Verbrecher: Konzeptionen und Praxis der Kriminalpolizei in der Zeit der Weimarer Republik und des Nationalsozialismus. Hamburg 1996. – Teufel, M.: Polizeiliche Leitbilder in der Vergangenheit – ethische Dimensionen in der Geschichte der Polizei, in: DKriPol 6/1995; S. 79 ff. – Browning, C. R.: Ganz normale Männer. Reinbek 1993. – Reinke, H. (Hg.): „... nur für die Sicherheit da ...?“ Zur Geschichte der Polizei im 19. und 20. Jahrhundert. Frankfurt a. M., New York 1993. – Spencer, E. G.: Police and the social order in German cities: the Düsseldorf district 1848–1914. De Kalb 1992. – Liang, H.-H.: The Rise of Modern Police and the European State System from Metternich to the Second World War. Cambridge 1992. – Lüdtke, A. (Hg.): „Sicherheit“ und „Wohlfahrt“. Frankfurt a. M. 1992. – Nitschke, P.: Von der Politeia zur Polizei, in: ZhF 1/1992; S. 1 ff. – Morie, R. u. a.: Auf dem Weg zu einer europäischen Polizei. Stuttgart 1992. – Jessen, R.: Polizei im Industrierevier. Göttingen 1991. – Hermanutz, M./Buchmann, K. E.: Die motivationale Situation in der Polizei. Umfrageergebnisse, in: PFA-SR 2/1991; S. 73 ff. – Zobel, K.: Art. „Polizei“, in: HWPh Bd. 7; Sp. 1080 ff. – Laßmann, P.: Die preußische Schutzpolizei in der Weimarer Republik: Streifendienst und Straßenkampf. Düsseldorf 1989. – PFA-SB „Das berufliche Selbstverständnis der Polizei – Zur historischen Entwicklung der Rolle der Polizei in Staat und Gesellschaft“ (7.–11. 3. 1988). – Merten, D.: Art. „Polizei“, in: StL Bd. 4: S. 500 ff. – Lüddecke, W. D.: Wie sich die Zeiten ändern! Polizei-Geschichte im Spiegel von Karikatur und Satire. Hilden 1988. – Geschichte der Deutschen Volkspolizei. Bd. 1: 1945–1961, Bd. 2: 1961–1985. Berlin (Ost) [2]1987. – Gintzel, K./Möllers, H.: Das Berufsbild der Polizei zwischen Sein und Sollen, in: DP 1/1987; S. 3 ff. – Funk, A.: Polizei und Rechtsstaat: die Entwicklung des staatlichen Gewaltmonopols in Preußen 1848–1918. Frankfurt a. M., New York 1986. – Harnischmacher, R./Semerak, A.: Deutsche Polizeigeschichte. Stuttgart u. a. 1986. – Buder, J.: Die Reorganisation der preußischen Polizei 1918–1923. Frankfurt a. M. 1986. – Busch, H. u. a.: Die Polizei in der Bundesrepublik. Frankfurt a. M., New York 1985. – Preu, P.: Polizeibegriff und Staatszwecklehre. Göttingen 1983. – Wehner, B.: Dem Täter auf der Spur: die Geschichte der deutschen Kriminalpolizei. Bergisch Gladbach 1983. – Tophoven, R.: GSG 9. Kommando gegen den Terrorismus. Koblenz, Bonn [2]1983. – Lüdtke, A.: Gemeinwohl, Polizei und Festungspraxis. Göttingen 1982. – Kosyra, H.: Die deutsche Kriminalpolizei in den Jahren 1945 bis 1955: ein Beitrag zur Problematik ihres Wiederaufbaus in der Bundesrepublik im ersten Jahrzehnt nach dem Zweiten Weltkrieg. St. Michael 1980. – Gintzel, K.: Die Aufgaben der Polizei nach dem Musterentwurf eines einheitlichen Polizeigesetzes – eine kritische Analyse und zugleich ein Beitrag zum Berufsbild der Polizei, in: DP 2/1978; S. 33 ff. – Knemeyer, F.-L.: Art. „Polizei“, in: GeGr Bd. 4; S. 875 ff. – Berner, G.: Wandlungen des Polizeibegriffs seit 1945, in: DVW 1957; S. 810 ff. – Bergh, E. v. d.: Der Polizeigedanke einst und jetzt. Hg. v. Kalicinski, H./Finke, W. Frankfurt a. M. 1949. – Tausend Bilder. Große Polizei-Ausstellung Berlin 1926. Hg.v. Hirschfeld, H./Vetter, K. Berlin 1927. – Hellwag, F.: Die Polizei in der Karikatur (Die Polizei in Einzeldarstellungen Bd. 12.) Berlin 1926. – Schmidt-Hern: Die Tätigkeit des Leiters einer Provinz-Polizeischule in Bezug auf die Erziehung und Heranbildung des jungen Nachwuchses der

Schutzpolizei, in: DP 23/1926; S. 677 ff. – Abegg, W.: Ausbildung und Verwendung der Schutzpolizei, in: DP 8/1925; S. 223 ff. – Eiben: Die Polizei-Exekutivbeamten der neuen Zeit, in: DP 19/1918; S. 329 f. – Retzlaff, F.: Dienst- und Lebensregeln für Polizeibeamte in der Form einer Dienstvorschrift. Lübeck, Recklinghausen (1917).

7. Legalität und Legitimität staatlicher Gewalt

Legalität (lat. legalis = gesetzlich, gesetzesgemäß) bedeutet in der Neuzeit Verhaltenskonformität mit dem bestehenden Gesetz, äußere Übereinstimmung mit der Rechtsordnung, wobei die Fragen nach der inneren Überzeugung des Handelnden und nach dem Gültigkeitsanspruch normativer Verbindlichkeiten im Blick auf vorpositive Rechts- und Wertansätze keine Rolle spielen. Für den heutigen Staat hat das Legalitätsprinzip entscheidende Bedeutung: Es bindet die Legislative an die Ordnung des Grundgesetzes, die Exekutive und Jurisdiktion an Gesetz und Recht. Es begrenzt und regelt nicht nur das Handeln staatlicher Institutionen, sondern bietet auch dem einzelnen Bürger Rechtssicherheit und anerkennt seine gesetzlichen Ansprüche (z. B. auf Gleichbehandlung). Das Einhalten der Gesetze bloß durch staatliche Sanktionen sicherzustellen, widerspricht dem Zeitgeist eines aufgeklärten mündigen Bürgers. Denn er gehorcht einer staatlichen Anweisung erst von sich aus, wenn er von deren inhaltlicher Sinnhaftigkeit und Richtigkeit überzeugt ist. Somit gerät der Staat unter Rechtfertigungsdruck. Der Terminus Legitimität (lat. legitimus = rechtmäßig, berechtigt) bezeichnet die Ansicht von der Rechtmäßigkeit einer Norm oder eines Handelns unter Bezugnahme auf Werte, Naturrecht, Religion und Moral. Legitimation (lat. dito) meint das Begründungsverfahren für die Rechtmäßigkeitsüberzeugung.

Die Begriffsgeschichte der Gewalt ist gekennzeichnet durch eine terminologische Unschärfe, ein breites Bedeutungsspektrum und den Gebrauch von Synonyma wie Macht, Herrschaft, Autorität, Aggression, Zwang und Druck. Das deutsche Wort Gewalt (idg. val = walten; lat. valere = stark sein) heißt ursprünglich „Verfügungsfähigkeit haben". Juristen unterscheiden zwischen öffentlicher Gewalt bzw. Staatsgewalt (potestas) und privater Gewalt (vis, violentia), einer strafbaren menschlichen Verhaltensweise in Form von Nötigung (§ 240 StGB) oder Erpressung (§ 253 StGB). Der offene konturlose Gewaltbegriff lädt zu den unterschiedlichsten Interpretationen ein. Galtung deutet das Zusammenleben in Gesellschaft und Staat per se als 'strukturelle Gewalt', insofern die Bedürfnisse und Entfaltungsmöglichkeiten der menschlichen Existenz unterdrückt werden durch mannigfaltige Abhängigkeiten, Beeinträchtigungen und Sachzwänge. Ein solch extensiver Gewaltbegriff klammert die Fragen nach dem Subjekt der Gewaltanwendung und nach der sittlichen Dignität persönlicher Bedürfnisse aus und unterliegt der Gefahr des Reduktionismus, insofern er mit dem Manipulationsvorwurf aufgrund der herrschenden Verhältnisse alles und nichts erklärt. Eine andere Konnotation nimmt der Gewaltbegriff an, wenn politische Interessenskämpfe oder Kritik an staatlichen Institutionen als gefährlicher Angriff auf den Staat oder gar als Staatskrise eingestuft werden und deshalb die Forderung nach systemverstärkenden, die Staatsmacht steigernden Gegenmaßnahmen ertönt. Ferner kann die politische Ethik nicht gut heißen, wenn die Übermacht des globalen Marktes das Ende des einzelnen Staates als Monopolisten von Recht und Gewalt einläuten und an seine Stelle künftig ein derart komplexes, diffuses Ordnungssystem treten würde, dass die Bürger überhaupt nicht mehr in der Lage wären zu erkennen, wie sehr sie von wem manipuliert werden.

In der stoischen Ethik zählt der Gewaltbegriff zu den Adiaphora (griech. = das sittlich nicht Unterschiedene). Demnach ist Gewalt an sich weder gut noch böse, sondern stellt ein Mitteldıng dar, dessen moralische Qualität von seiner Zweckbestimmung abhängt. So lassen sich mit dem Instrumentarium der Gewalt sowohl Rechts- als auch Unrechtssysteme errichten und verteidigen, Gesetzesnormen zu Gunsten der Rechtssicherheit und des sozialen Friedens anwenden, aber auch der Bevölkerung gegen deren ausdrücklichen Willen aufoktroyieren, Herrschaftsstreben idealisieren und heroisieren, ebenso gut auch kritisieren und dämonisieren, einerseits Menschen einschüchtern, foltern und töten, andererseits Aggressoren in die Flucht schlagen und Schwerkriminelle bekämpfen. Erfahrungen mit dem Machtmissbrauch legen es dringend nahe, die Legitimationsfrage zu stellen, staatliche Gewalt zu teilen und wirksame Kontrollen einzurichten. Bei dem Versuch, im politischen Ethikdiskurs der Moderne institutionelle Gewalt zu rechtfertigen, erweist sich ein metaphysischer Letztbegründungsansatz im Sinne eines absoluten Wissens aufgrund von Pluralismus, Werterelativismus, radikalem Skeptizismus, kritischem Rationalismus und logischem Empirismus als äußerst problematisch und wenig geeignet. Stattdessen empfiehlt sich ein demokratisches, rationales Legitimationsverfahren, um den Nachweis zu führen, inwieweit der Staat das Handeln seiner Bürger kontrollieren und verbindlich reglementieren darf. Zwei Verfahrenstypen haben sich herausgebildet:

- Legitimation durch Konsens (freie Wahlen, parlamentarische Mehrheitsentscheidungen, Meinungs- und Informationsfreiheit)
- Legitimation durch zuverlässige Aufgabenerfüllung des Staates (Gewährleistung der Grundrechte, Erfüllung der Grundbedürfnisse nach Sicherheit und Solidarität, Förderung des Gemeinwohls).

In beiden Modellen fungieren Gewaltenteilung und Gewaltlimitierung als Legitimitätsgrundlagen, wird die staatliche Machtausübung in Verbindung mit Vernunft, Freiheit und Recht gebracht. Demnach findet hoheitliches Handeln in dem Maße Akzeptanz bei der Bevölkerung, wie es im Namen des Rechts die Freiheit des Bürgers schützt, ohne sie unnötigerweise dabei einzuschränken, und das in den Augen der Vernunft Erforderliche und Angemessene tut. Herrschaftsgewalt behauptet sich mit Hilfe von Gesetzen, die durch ihre Konformität mit dem Grundgesetz die Qualifikation der Legitimität erwerben. Der verfassungsrechtliche Legitimitätsbegriff beinhaltet den Schutz der Menschenwürde, die Gewährleistung der Menschenrechte und die Einhaltung der demokratischen Spielregeln.

Die Legitimationsdiskussion über die Staatsgewalt darf nicht zu Irritationen und Verhaltensunsicherheiten bei Polizeibeamten führen. Es kann kein Zweifel bestehen, dass die Institution Polizei als ein Teil der Exekutive der entscheidende Repräsentant des staatlichen Gewaltmonopols ist. Das Faktum, dass das Gewaltmonopol die früheren Zeiten des Faustrechts beendet hat oder das bedenkliche Phänomen der Selbstjustiz wirksam bekämpft und damit der Rechtssicherheit und dem Rechtsfrieden dient, gilt mit Fug und Recht als Indikator für human-ethischen Fortschritt. Der Verhältnismäßigkeitsgrundsatz bzw. das Übermaßverbot hat in diesem Kontext eine ethische wie rechtliche Qualität, insofern damit staatliche Gewalt limitiert und die Möglichkeit zu einem Polizeistaat ausgeschlossen wird. Vor dem Hintergrund geschichtlicher Erfahrungen bleibt ethisch in aller Deutlichkeit zu warnen vor einer Instrumentalisierung der Polizei im Sinne eines optimal funktionierenden, technisch perfekten Ausführungsorgans des staatlichen Gewaltmonopols. Denn das bedeutet eine Degradierung eines Polizeibeamten zu einem Objekt staatlicher Interessensmanipulation, ein Vorgang, der gegen die Menschenwürde (nach Kant die sittliche Autonomie) gem. Art. 1 GG verstößt. Denn instrumentelle Machtausübung ohne klare Zuständigkeit menschlich-subjektiver Verantwortungsträger öffnet dem Missbrauch und Unrecht Tür und Tor und erinnert an die zu Recht diskreditierten Polizeiapparate totalitärer Systeme.

Wenn bei politischen Interessenskollisionen Kontrahenten den verfassungsrechtlichen Legitimitätsbegriff bewusst zur Disposition stellen und ihre eigene Position mit höheren Werten rechtfertigen, gerät das demokratische System in eine Krise. Den Konflikt zwischen dem verfassungsstaatlichen Legitimitätsbegriff und der alternativen Legitimitätsvorstellung, die auf neuen Werten für bessere Gesellschaftsverhältnisse basiert, kann die Polizei von sich aus nicht lösen wegen des Primates der Politik, muss aber infolge des Legalitätsprinzips bei Gesetzesverstößen und Gewaltaktionen einschreiten zum Schutz der Rechtsordnung. In der politischen Ethik steht die Frage des Widerstandsrechts auf der Tagesordnung, wenn Staatsgewalt zu einer Willkürherrschaft verkommt, die Menschenwürde und Menschenrechte mit Füßen tritt. Gem. Art. 20 Abs. 4 GG haben alle Deutschen das Recht zum Widerstand, wenn andere Abhilfe nicht möglich ist. (vgl. 38.). Zuständige Entscheidungsinstanz kann in solch einem Fall nur das persönliche Gewissen des Einzelnen sein, weil rechtstaatliche unabhängige Kontrollinstanzen ausgeschaltet sind. Dagegen greifen bei Meinungskämpfen in einem demokratischen Rechtsstaat verfassungsrechtliche Regeln (Werben der Minderheit um Konsens, Toleranzprinzip). Rechtsbruch und Gewalttat gelten als illegal und illegitim. Der Ausbruch staatspolitischer Krisen versetzt den Polizeibeamten in eine existentielle Spannung zwischen eigener Gewissensüberzeugung, eidlich versprochenem Gesetzesgehorsam und politischer Systemstörung bzw. Systemveränderung. In derartigen Konstellationen hat der berufsethische Diskurs Orientierungshilfe im Blick auf die Bedingungen des Gesetzesgehorsams und auf die Voraussetzungen des Widerstandsrechts gegenüber der Staatsgewalt zu bieten und das Wertbewusstsein für den verantworteten Umgang mit hoheitlicher Gewalt bei einer erheblichen Störung oder Gefährdung der öffentlichen Sicherheit zu schärfen.

Dass sozialpolitisch und ethisch motivierte Gegengewalt gegen die Staatsmacht von der jeweiligen herrschenden Mehrheit nicht einfach kriminalisiert werden darf, bleibt bei rechtsstaatlichen Reaktionen durch Politik und Polizei zu bedenken. So wäre es in Zeiten schwerer wirtschaftlicher und innenpolitischer Krisen, die von Massenarbeitslosigkeit, Hungersnot und Unruhen gekennzeichnet sind, die moralisch falsche Antwort, wenn politische Entscheidungsträger einseitig aus Gründen der Staatsräson ihre Herrschaftsgewalt zur Aufrechterhaltung der öffentlichen Sicherheit und Funktionstüchtigkeit staatlicher Behörden massiv anwenden würden. Recht geht vor Macht, nicht umgekehrt. Deshalb hat der Rechtsstaat in Krisenzeiten die Pflicht, einen gerechten Ausgleich zwischen den grundgesetzlich garantierten Rechtsansprüchen der betroffenen Bürger (Sicherung des Existenzminimums) und dem Funktionieren der Grundrechtsordnung herzustellen. Erst auf der Grundlage eines fairen, gerechten Interessensausgleiches lässt sich ethisch rechtfertigen, dass die Polizei mit Gewalt gegen den randalierenden, plündernden Mob vorgeht, um eine organisierte Eskalation der Gewalt zu beenden.

Nach dem Rechtsstaatsprinzip ist die Polizei als Teil der vollziehenden Gewalt gem. Art. 20 Abs. 3 GG an Gesetz und Recht gebunden. Sämtliche Polizeieinsätze, nicht zuletzt Eingriffe in die Grundrechte der Bürger (Unverletzlichkeit der Wohnung, Freiheit der Person, Anspruch auf körperliche Unversehrtheit und Leben), bedürfen einer Ermächtigungsgrundlage. Bei der Ausübung der gesetzlich fixierten Amtsgewalt gilt der Grundsatz der Verhältnismäßigkeit. Demnach darf die Polizei von mehreren geeigneten Maßnahmen nur diejenigen treffen, die den einzelnen Bürger und die Allgemeinheit am wenigsten beeinträchtigen. Das Verhältnismäßigkeitsprinzip entspricht dem ethischen Postulat, dem zufolge nicht nur die angestrebten Ziele menschlichen wie institutionellen Handelns, sondern auch die eingesetzten Mittel eine Wertqualität aufweisen müssen. Es genügt also ethisch nicht, polizeiliche Gewaltakte mit der Zielvorgabe der Gefahrenabwehr rechtfertigen zu wollen, vielmehr muss als weiteres Legitimationskriterium die Wahl erforderlicher, geeigneter und zumutbarer Mittel hinzukommen.

Gegen den erkennbaren Trend, amtliche Aufgaben und Befugnisse an private Sicherheitsunternehmen (vgl. 33.) zu delegieren und Staatsgewalt zu privatisieren, werden rechtliche Vorbehalte angemeldet. Keinesfalls darf ein Verzicht auf hoheitliche Machtausübung dazu führen, dass in den Augen der Bevölkerung der Rechtsstaat handlungsunfähig wird oder sein Gewaltmonopol verliert. Das Spezifikum des staatlichen Gewaltmonopols liegt darin, Rechtsnormen aufzustellen und Rechtsnormen durchzusetzen.

Weiterhin erlangen bei der Ausübung hoheitlicher Gewalt folgende Aspekte ethische Relevanz:

- Der Polizeibeamte hat eine Definitionsmacht. Er entscheidet, ob im Vorfeld des Verfahrens ein Straftatbestand oder eine Ordnungswidrigkeit vorliegt oder nicht. Aus seiner Lageeinschätzung einer Normwidrigkeit folgt die weitere Vorgehensweise in Form von Gefahrenabwehr und Strafverfolgung anhand von Maßnahmen, die er nach pflichtgemäßem Ermessen zu treffen hat. Weil der Vollzugsbeamte die Definitionsmacht meistens unkontrolliert ausübt, kommt es entscheidend auf die Einstellung der Wahrheit und Gerechtigkeit an. Auf diese Weise lässt sich am besten verhindern, dass der Polizist Gesetzesverstöße zu selektiv wahrnimmt und in den Fällen, in denen das Gegenüber eine soziale Beschwerdemacht hat, von einer Strafanzeige absieht, um sich Unannehmlichkeiten zu ersparen.
- Polizeivollzugsbeamte in der Rolle eines Normanwenders können sich von der Versuchung nicht ganz frei sprechen, ihre Eingriffsbefugnisse und hoheitliche Amtsgewalt zu missbrauchen. Vor Gericht wirkt das Rechtsverständnis, mit dem Polizisten ihre gewalttätigen Übergriffe zu rechtfertigen versuchen, z. T. befremdlich und besorgniserregend. Offenkundig zahlt es sich nicht aus, bei Konfliktbewältigungstrainings und Antistressseminaren ethische Aspekte auszuklammern und es bei der Aneignung aggressionsmindernder Psychotechniken zu belassen. Das Ärgerliche und Anstößige an Fehlverhaltensweisen und Straftaten von Polizisten (vgl. 14.) lässt sich nicht auf die moralischen Verhaltensdefizite der betreffenden Beamten eingrenzen. Vielmehr muss auch der Vertrauensverlust und Akzeptanzmangel der Institution Polizei in weiten Kreisen der Bevölkerung bedacht

werden. Geeignete Maßnahmen zu ergreifen, um hoheitlichen Machtmissbrauch zu verhindern, sind Vorgesetzte wie alle Mitarbeiter in der Polizei aufgerufen.

- Der Frage, inwieweit Arbeitsbelastungen und Stress im Dienst den Streifenbeamten zu häufigerer, teils unkontrollierter und illegitimer Gewaltanwendung verleiten (Manzoni 2003), nachzugehen, gebietet die Fürsorge- und Aufsichtspflicht des Vorgesetzten. In den Bereich seiner Führungsverantwortung fällt, Mitarbeitern, die durch dienstlich bedingte Gewaltausübung Gefahr laufen, abgestumpft zu werden, oder schwer daran zu tragen haben, geeignete Hilfen anzubieten (vgl. 10.). Ebenso hat der Vorgesetzte darauf zu achten, dass die Beamten auf die dienstlich erforderliche Gewaltanwendung nicht nur operativ-taktisch, sondern auch human-ethisch und psychologisch vorbereitet werden und vom Grundsatz der Eigensicherung nicht abweichen.
- Die Polizei stellt eine hierarchisch strukturierte Organisation dar, in der die Vorgesetzten befugt sind, ihren Mitarbeitern Anordnungen zu erteilen. Auch wenn das Kooperative Führungssystem (KFS) mit seinem Grundsatz der Delegation von Entscheidung und Verantwortung an die untere Ausführungsebene seit 1977 in der Polizei des Landes Baden-Württemberg, danach sukzessive in den übrigen Bundesländern verbindlich eingeführt worden ist, besteht weiterhin ein „besonderes Gewaltverhältnis" in der Polizeiorganisation. Klärungsbedürftig erscheint, inwieweit sich im polizeilichen Alltag die nach wie vor gültige Gehorsamspflicht mit dem kooperativen Führungselement der verstärkten Eigeninitiative des Mitarbeiters vereinbaren lässt, inwiefern sich die hierarchischen Führungsstrukturen schlanker und flexibler gestalten lassen, um mehr Freiräume für eigenständige Mitarbeiterleistungen zu schaffen. Zu überlegen und zu beobachten bleibt, wie sich eine moderne Führung in der Polizei mit den Grundsätzen humaner Ethik verträgt, wieweit eine leistungseffiziente Zusammenarbeit auf der Grundlage des Vertrauens und der Transparenz gedeiht. Zweifellos verbessert eine vertrauensvolle, kooperative Führung das Binnenklima in der Polizei, was sich wiederum positiv auswirkt auf den dienstlichen Umgang des Polizeibeamten mit dem Gegenüber.
- Ausreichendes, gesichertes Datenmaterial – z. B. die von der IMK in Auftrag gegebene Studie über Gewalt gegen Polizisten, die von der PFA geführte Statistik tödlicher Dienstunfälle – belegt die Tatsache, dass Polizeivollzugsbeamte beim dienstlichen Einschreiten Opfer von Gewalt, teils sogar von Tötungsabsichten werden. Außer Zweifel steht der moralisch berechtigte Anspruch des diensttuenden Polizeibeamten an seinen Dienstherrn auf wirksame Schutz- und Abwehrmaßnahmen. Diese dürfen jedoch nicht der offenen, bürgernahen Polizeiarbeit zuwiderlaufen, sondern sollten mit Hilfe von Öffentlichkeitsarbeit und Politikerunterstützung der Bevölkerung als notwendige und gerechtfertigte Vorkehrungen vermittelt werden. Aufgrund seiner Fürsorgepflicht hat der Vorgesetzte darauf zu achten, dass sich seine Mitarbeiter ständig der Gefahren im Streifendienst, besonders nach Anbruch der Dunkelheit, bewusst sind, anstatt leichtsinnig zu werden oder sich fahrlässig zu verhalten, und in gefährlichen Einsatzlagen Schutzwesten tragen sowie auf geeignete technische Hilfsmittel zurückgreifen können. An die polizeiliche Aus- und Fortbildung ist die kritische Anfrage zu richten, inwieweit sie den Polizeibeamten soziale Kompetenz vermittelt, um mit alkoholisierten, aggressiven Ver-

kehrsteilnehmern besser umgehen zu können, inwiefern sich das Konzept der defensiven, restriktiven Handhabung der Schusswaffe mit dem Recht auf Selbstverteidigung und Notwehr de facto vereinbaren lässt. Dem Vollzugsbeamten selber obliegt die moralische Pflicht, auf Eigensicherung bedacht zu sein, die Schutzweste zu tragen (statt nur die Anschaffung zu fordern) und sich mit einem bestimmten Maß an Sensibilität in die Situation des kontrollierten Gegenüber zu versetzen und entsprechend zu reagieren. Die Ehrlichkeit gebietet, jenes hohe Restrisiko nicht zu verschweigen, das für den Polizeibeamten darin besteht, dass ein geringer Prozentsatz der Gewalttätigen ohne erkennbare Vorwarnung angreift und damit so gut wie jede Chance zum Selbstschutz und zur Selbstverteidigung zunichte macht. Mit der Fürsorgepflicht des Vorgesetzten verbinden die Hinterbliebenen zu Recht die Erwartung auf finanzielle Unterstützung und psychologische Beratung.

Literaturhinweise:

Luhmann, N.: Macht. Stuttgart ³2003. – Ohlemacher, T.: Gewalt gegen Polizeibeamtinnen und -beamte 1985–2000. Baden-Baden 2003. – Manzoni, P.: Gewalt zwischen Polizei und Bevölkerung. Zürich, Chur 2003. – Gehrmann, K./Kreim, G.: Verarbeitung dienstlicher Gewaltanwendung, in: P & W 4/2003; S. 43 ff. – Herrnkind, M./Scheerer, S. (Hg.): Die Polizei als Organisation mit Gewaltlizenz. Münster 2003. – Behr, R.: Polizeikultur als institutioneller Konflikt des Gewaltmonopols, in: Lange, H.-J. (Hg.): Die Polizei der Gesellschaft. Opladen 2003; S. 177 ff. – Reinhard, W.: Geschichte der Staatsgewalt. München ³2002. – Heitmeyer, W./Hagan, J. (Hg.): Internationales Handbuch der Gewaltforschung. Wiesbaden 2002. – Klein, M. (Hg.): Gewalt – interdisziplinär. Münster 2002. – Bertolf, A.: Umgang mit häuslicher Gewalt, in: Kriminalistik 5/2002; S. 334 ff. – DPolBl 1/2001: Gewalt gegen Polizeibeamte. – Lehne, W./Nogala, D.: „Die Polizei als Organisation mit Gewaltlizenz. Möglichkeiten und Grenzen der Kontrolle“, in: KrimJ 1/2001; S. 54 ff. – Weber-Fas, R.: Über die Staatsgewalt von Platons Idealstaat bis hin zur Europäischen Union. München 2000. – Hirzel, O. W.: Staatliches Gewaltmonopol und Selbsthilfe im Rechtsstaat. Stuttgart 2000. – Behr, B.: Cop Culture. Der Alltag des Gewaltmonopols: Männlichkeit, Handlungsmuster und Kultur. Opladen 2000. – FH V-S (Hg.): Widerstand gegen Vollstreckungsbeamte (Texte FH V-S Bd. 25). Villingen-Schwenningen 2000. – Reinhard, W.: Geschichte der Staatsgewalt. München 1999. – Blockmanns, W.: Geschichte der Macht in Europa. Frankfurt a. M. 1998. – Knöbl, W.: Polizei und Herrschaft im Modernisierungsprozeß. Frankfurt a. M. 1998. – Winter, M.: Politikum Polizei: Macht und Funktion der Polizei in der BRD. Münster 1998. – Pokojewski, B.: Die 10 tödlichen Fehler, in: PtM 3/1998; S. 16 f. – Dubag, M. (Hg.): Strukturen kollektiver Gewalt im 20. Jahrhundert. Opladen 1998. – Hösle, V.: Moral und Politik. München 1997. – Trotha, T. v. (Hg.): Soziologie der Gewalt (Sonderheft d. KZSS). Opladen 1997. – Gewaltsame Konflikte zwischen Bevölkerung und Polizei. Bearb. v. Manzoni, P. (Eidgen. TH Zürich), in: SIDASW 1997. – Feltes, T. (Hg.): Gewalt in der Familie (SR FH VS Bd. 10). Villingen-Schwenningen 1997. – Pütter, N.: Polizeiübergriffe, in: BRP/C 3/2000; S. 6 ff. – Mountford, R.: Weltweite Bedrohungslage für Polizeibeamte, in: P-h 4/1997; S. 121 ff. – Maibach, G.: Polizisten und Gewalt – Innenansichten aus dem Polizeialltag. Reinbek 1996. – Kuhl, N.: Das „besondere Gewaltverhältnis“ im Spannungsfeld zu den Grundsätzen moderner Führung und Ethik in der Polizei, in: DP 6/1994; S. 153 ff. – BKA (Hg.): Aktuelle Phänomene der Gewalt (BKA-FR). Wiesbaden 1994. – Lüdtke, A.: Sicherheit und Wohlfahrt. Polizei, Gesellschaft und Herrschaft im 19. und 20. Jahrhundert. Frankfurt a. M. 1992. – Jäger, J.: Gewalt und Polizei, in: Egg, R. (Hg.): Brennpunkte der Rechtspsychologie. Bonn 1991. – Mann, M.: Geschichte der Macht. 2 Tle. Frankfurt a. M. 1990/91. – Korbmacher, R.: Möglichkeiten und Grenzen gewaltfreien Einschreitens der Polizei (Forschungsbericht). Dortmund 1989. – Jäger, J.:

Gewalt und Polizei. Pfaffenweiler 1988. – Würtenberger, Th.: Art. „Legalität, Legitimität", in: StL Bd. 3; Sp. 873 ff. – PFA-SB „Der ethische Aspekt des Gewaltproblems" (26.–30. 10. 1987). – BKA (Hg.): Was ist Gewalt? 3 Bde. Wiesbaden 1986–1989. – Schwegmann, L.: Idee und Geschichte des staatlichen Gewaltmonopols, in: PFA-SB „Polizei im demokratischen Verfassungsstaat – ..." (24.–26. 9. 1986); S. 29 ff. (vgl. ebd.; S. 47 ff. Würtenberger: Legalität u. Legitimität staatl. Gewaltausübung). – Busch, H. u. a.: Die Polizei in der Bundesrepublik. Frankfurt, New York 1985. – Möllers, H.: Kann Gewalt ein Mittel zum Frieden sein?, in: PFA-SB 24.–28. 10. 1983; S. 35 ff. – Gewalt und Brutalität vermehrt gegen einschreitende Polizeibeamte (o. V.), in: DP 4/1983; S. 124 f. – Furger, F.: Evangelium und Polizei im Rechtsstaat – Kein Widerspruch, in: Nachrichtenblatt. Kant. Polizei Zürich 28 (1981); S. 213 ff. – Sessar, K. u. a.: Polizeibeamte als Opfer vorsätzlicher Tötung (BKA-FR Bd. 12). Wiesbaden 1980. – Threde, W.: Vom legalen Umgang mit der Gewalt, in: ZEE 20/1976; S. 287 ff. (Replik dazu v. M. Honecker in: ZEE 21/1977; S. 217 ff.). – Galtung, J.: Strukturelle Gewalt. Reinbek 1975. – Rawls, J.: Eine Theorie der Gerechtigkeit. Frankfurt a. M. 1975. – Röttgers, K.: Art. „Gewalt", in: HWPh Bd. 3; Sp. 562 ff. – Brusten, M. u. a. (Hg.): Die Polizei – eine Institution öffentlicher Gewalt. Neuwied 1975. – Arens, E.: Recht, Macht und Verantwortung, in: DP 7/1968; S. 199 ff.

8. Menschenwürde und Menschenrechte als Grundnorm polizeilichen Handelns

In unserer heutigen pluralistischen Bewusstseinslandschaft nimmt der Begriff der Menschenwürde einen zentralen Stellenwert im Blick auf Normbegründung und Normanwendung ein. Die ideengeschichtlichen Wurzeln des menschlichen Würdebegriffes finden sich bereits in den Vorstellungen der Stoa (Cicero), der Hochscholastik (Thomas v. A.), des Humanismus (Pico della Mirandola) und der Aufklärung (I. Kant). Vor dem Erfahrungshintergrund der Religionskriege, absolutistischer Willkürherrschaft, kapitalistischer Ausbeutung und Entfremdung erscheint der dringende Ruf nach Menschenrechten verständlich. Als Antwort auf die Verbrechen des Dritten Reiches halten die Menschenrechte Einzug in die Allgemeine Menschenrechtserklärung der Vereinten Nationen (10. 12. 1948) und werden ein konstitutives Element des Völkerrechts. Die christlichen Kirchen geben ihre anfänglichen Vorbehalte auf und setzen sich in ihrer Verkündigung für die Einhaltung der Menschenrechte ein, Parteien und Gewerkschaften nehmen die Menschenrechtsforderungen in ihre Programme auf. Neuere politische Entwicklungstendenzen zu einer Weltgesellschaft, die sich in Phänomenen wie Globalisierung, internationale Kooperation, ubiquitäre Informations- und Kommunikationsvernetzung, Mobilität und Migration äußern, erkennen den Menschenrechten den Rang eines universalen Freiheitsethos zu und erblicken in den Menschenrechten gleichsam das Zukunftsprogramm eines pluralistischen Weltethos. Lassen sich solch hehre Zielvorstellungen überhaupt realisieren?

Bei aller neuzeitlichen Wertschätzung der Menschenrechte darf nicht übersehen werden, dass im Horizont der Moderne keine Einigkeit über Inhalt und Begründung des Menschenwürdebegriffs herrscht, da er sich rein rational nicht bestimmen lässt und sich nicht in ein wissenschaftlich exaktes Weltbild einfügt. Die jüdisch-christliche Erklärung besteht in der Imago-Dei-Konzeption (Gottebenbildlichkeit), die naturrechtliche Deutung bezieht sich auf das vernunftbegabte Wesen der menschlichen Person, die Sicht der Aufklärung betont die sittliche Autonomie als Selbstzweck und neuzeitliche Begründungsansätze zielen auf Selbstachtung, Selbstentwurf und Selbstdarstellung. Mit dem Sprung von der philosophisch-theologischen Reflexionsebene in den juristisch-politischen Bereich erhält die Idee der Menschenwürde eine neue Qualität. Die Einführung des Begriffs Menschenwürde in die Verfassungen demokratischer Staaten zeitigt eine praktische Konsequenz: Menschenwürde als Gleichheitsgrundsatz vor dem Gesetz kann der Bürger nunmehr einklagen. Trotz terminologischer Unschärfe und defizitärer Begründung übt die Menschenwürde eine normative Funktion aus, insofern sie sich auf die Menschenrechte beruft. Auch wenn über den Umfang der Menschenrechtskataloge gestritten wird, lassen sich entstehungsgeschichtlich drei verschiedene Generationen anführen:

1. Die individuellen Freiheitsrechte (Schutz des einzelnen Bürgers vor staatlichen Übergriffen, Minderheitenschutz, politische Mitwirkungsrechte)
2. Die sozialen Anspruchsrechte (Gewährleistung eines menschenwürdigen Daseins, Sicherung des Existenzminimums)

3. Drittgenerationsrechte (Rechte der Dritten Welt auf Entwicklung, Frieden, Umweltschutz).

Eine Konzentration auf den Kerngehalt der Menschenrechte erhöht zweifellos die Aussichten auf eine allgemeine, weltweite Akzeptanz.

Dem universalen Geltungsanspruch der Menschenrechte steht folgender Einwand des Eurozentrismus bzw. Kulturimperalismus entgegen: Die Prinzipien der Menschenrechte würden das abendländisch-christliche, individualistische Menschenbild voraussetzen, das allen Völkern der Welt verbindlich vorgeschrieben werden solle, ohne Rücksicht auf deren kulturgeschichtliche Identität zu nehmen. Demgegenüber betonen Vertreter asiatischer und afrikanischer Länder eine partikularistische bzw. relativistische Sicht der Menschenrechte und begründen sie mit dem Hinweis, dass verschiedene Kulturkreise jeweils ihre eigenen Menschenrechtsstandards entwickelt haben. Die Chancen für einen interkulturellen Legitimationsdiskurs der Menschenrechte, konsensfähige Ergebnisse zu erzielen, dürften steigen, wenn die Diskursteilnehmer angemessene Verfahrensregeln aufstellen und sich daran halten. Dazu zählen beispielsweise

- eine Verständigung anstreben über die verschiedenartigen Modalitäten des Denkens und Sprechens, die von logisch-exakten, abstrakt-theoretischen über pragmatisch-operationale bis hin zu mythisch-mystischen Argumentationsformen reichen
- nach dem Kohärenz- bzw. Komplementärprinzip die tradierten Begründungsangebote der unterschiedlichsten Weltreligionen und Kulturkreise ebenso vorurteilsfrei und kritisch auswerten in Hinsicht auf die humane Substanz wie neuzeitliche, weltanschaulich neutrale Begründungsansätze
- die internationale Öffentlichkeit, die eklatante Verletzungen der Menschenrechte aufmerksam registriert und auf Schutzmaßnahmen dringt, nutzen für Achtungserfolge der Menschenrechte.

Dem Ziel eines universalistischen Menschenrechtsverständnisses nähert sich der interkulturelle Diskurs in dem Maße, wie menschliche Identitätsfindung im Kontext kultureller Vielfalt gelingt und jedem Menschen als individueller Person elementare Rechte normativ wie faktisch zugestanden werden. Dem Kampf um den Erhalt der Menschenrechte bzw. Grundrechte in Deutschland haben sich zahlreiche Bürger- und Menschenrechtsorganisationen verschrieben, wie deren Grundrechte-Report (Müller-Heidelberg 2003) zeigt.

Das Grundgesetz der Bundesrepublik Deutschland hat in Art. 1 Abs. 1 die Menschenwürde zu seiner Fundamentalnorm gemacht und die Verfassungsgarantie der Menschenwürde mit bestimmten Rechtsfolgen (Unantastbarkeit, Achtungs- und Schutzgebot) verbunden. Hinzu kommt, dass Art. 79 Abs. 3 GG die Spitzenstellung der Verfassungsgarantie durch die Unzulässigkeit einer Änderung der Art. 1 und 20 GG sichert. Der Grundwert bzw. die Grundnorm der Menschenwürde, deren Begründungsfrage das Grundgesetz aufgrund des Pluralismusprinzips offen lässt, stellt den Ausgangspunkt zu den unverletzlichen und unveräußerlichen Menschenrechten in Art. 1 Abs. 2 GG dar. Werden überpositive Menschenrechte in die Verfassung transformiert und grundgesetzlich positiviert, spricht man von Grundrechten, die den Vorteil der Bestimmtheit und Durchsetzbarkeit haben. In der Judikatur dominiert die Interpretation der 'inhärenten Würde des Menschen'. Menschenwürde ist

„nicht nur die individuelle Würde der jeweiligen Person, sondern die Würde des Menschen als Gattungswesen. Jeder besitzt sie, ohne Rücksicht auf seine Eigenschaften, seine Leistungen und seinen sozialen Status. Sie ist auch dem eigen, der aufgrund seines körperlichen oder geistigen Zustands nicht sinnhaft handeln kann. Selbst durch 'unwürdiges Verhalten' geht sie nicht verloren. Sie kann keinem Menschen genommen werden. Verletzbar ist aber der Achtungsanspruch, der sich aus ihr ergibt" (BVerfGE 87, 228). Mit der Menschenwürde vereinbar hält die höchstinstanzliche Rechtsprechung gesetzliche Begrenzungen der individuellen Freiheit in zumutbarem Ausmaß, wenn andernfalls ein geordnetes Zusammenleben beträchtlich gestört bzw. belästigt wird (BVerfGE 4, 7; 41, 29).

Art. 20 Abs. 3 GG bindet die Polizei als vollziehende Gewalt an Gesetz und Recht. Achtung und Schutz der Menschenwürde gem. Art. 1 Abs. 1 GG stellt unmittelbar geltendes Recht dar. Sie prägt als Hauptnorm alle Polizeieinsätze. Sie bei jedem dienstlichen Einschreiten zur Geltung zu bringen, macht das Spezifische des Polizeiethos aus. Zu wenig wäre es, wenn der Polizeibeamte, der in einem öffentlich-rechtlichen Dienst- und Treueverhältnis zum Staat steht, die einzelnen Gesetze lediglich mechanisch-funktional anwenden, die Verwaltungsvorschriften bzw. Dienstanweisungen bloß formal korrekt ausführen würde. Vielmehr hat er den sämtlichen Einzelgesetzen zu Grunde liegenden Normenzweck, Schutz der Menschenwürde gem. Art. 1 Abs. 1 GG, zu bedenken und in allen Einsatzsituationen zu erfüllen. Bei der Erfüllung des Verfassungsauftrages, die Menschenwürde zu schützen, stößt der Polizeibeamte auf eine Reihe von ethischen Problemen, die mit der normativen Unschärfe des Menschenwürdebegriffes und mit den fließenden Konturen des Verletzungsurteiles zusammenhängen (Herdegen 2003). Die Menschenwürdegarantie führt in ein „Konkretisierungsdilemma", denn absoluter Unbedingtheitsanspruch und praktische Relevanz kollidieren miteinander (Höfling 2003). Die abstrakte Menschenwürdeformel läuft Gefahr, für jeden beliebigen Rechtsanspruch instrumentalisiert zu werden. In unserer pluralen Gesellschaft erweist sich die Anthropologie als Achillesferse der Menschenwürdebegründung. Aufgrund des Neutralitäts- und Toleranzgebotes darf der Rechtsstaat kein bestimmtes Menschenbild und keinen bestimmten Begründungsansatz seiner Bevölkerung verbindlich vorschreiben. Mit welchem Verstehensschlüssel soll sich der Polizeibeamte einen Zugang zu dem unfassbaren Phänomen der Menschenwürde verschaffen, um deren Achtungs- und Schutzanspruch zu erfüllen? Wie die Entstehungs- und Wirkungsgeschichte der Menschenwürdeformel zu erkennen gibt, erklärt sich Art. 1 GG aus der Unrechtsgeschichte des Dritten Reiches und fasst alle religiös-transzendentalen und weltanschaulich-immanenten Richtungen zusammen in dem gemeinsamen Bekenntnis zu dem, was die Einmaligkeit und Einzigartigkeit der menschlichen Person ausmacht und worin sie des Schutzes bedarf, um sich in der Gemeinschaft mit anderen frei entfalten zu können. Diesen Erfahrungsschatz tragen wir als Konsens mit uns, nicht in Form eines statischen Formelschreins, sondern eines Wertebewusstseins, das für gesellschaftliche und kulturelle Veränderungsprozesse offen ist und darin seine Entwicklungsfähigkeit unter Beweis stellt. Würde dagegen die Menschenwürdeklausel ihres Bekenntnischarakters zum Besonderen und Unvergleichbaren entkleidet und der Beliebigkeit subjektiver Interpretationsvielfalt anheimgestellt, würde der Konsens, die Grundlage unserer freiheitlichen pluralen Demokratie, auf der Strecke bleiben. Mit der Menschenwürde verbindet sich eine Norm und ein Auftrag für jedes Mitglied unserer Gesellschaft, besonders für den Polizeibeamten. Dem Anspruch des Menschenwürdeschutzes mit voller Überzeugung und Hingabe Geltung zu verschaffen macht die sittliche Dignität und Valenz des Vollzugsbeamten aus.

Ein internalisiertes, grundgesetzkonformes Würdeverständnis des Menschen versetzt den Exekutivbeamten in die Lage, bei Festnahmen die Menschenwürde des einer Straftat Verdächtigten zu respektieren, das Schutz- und Achtungsgebot auch bei demjenigen anzuwenden, der über keine oder nur eine geringe Beschwerdemacht verfügt, und sich ein feines Gespür dafür zu bewahren, wieweit er zum Schutz bedrohter Sicherheit in die Grundrechtssphäre einzelner Bürger eindringen darf. Aber nicht nur der einzelne Beamte, sondern auch die gesamte Institution Polizei muss in ihren internen wie externen Organisationsabläufen auf den Schutz der Menschenwürde und die Einhaltung der Menschenrechte bedacht sein, soll der Unterschied zu Polizeiapparaten totalitärer Staatsformen gewahrt bleiben.

Bei der Anwendung des Achtungs- und Schutzgebotes der Menschenwürde darf es der Polizeibeamte nicht an der nötigen Sorgfalt und an einem kritischen Unterscheidungsvermögen fehlen lassen. Denn zum einen wird vielfach ein logischer Fehler in der Argumentationsfigur (circulus vitiosus) begangen, insofern in den offenen, klärungsbedürftigen Ausdruck Menschenwürde (bzw. des menschlichen „Wesens", der menschlichen „Natur", der „Person" oder des „Selbst") all das stillschweigend hinein interpretiert wird, was dann als Aussage wieder daraus abgeleitet wird. Derartige Denkfehler verursachen dem Polizeibeamten im Umgang mit uneinsichtigen, beratungsresistenten Konfliktparteien unnötig Schwierigkeiten bei dem Bemühen, sich zu verständigen und eine einvernehmliche Lösung zu finden. Zum andern verführt die positive, diffuse Bedeutung der Begriffe Menschenwürde und Menschenrechte zu maßlosem Anspruchsdenken. Nicht nur gegen Diktaturen und Unrechtssysteme sind Menschenwürde und Menschenrechte zu verteidigen, sondern auch in Demokratien vor überzogenen Forderungen, zu extensiver Auslegung und einem inflationären Gebrauch einzelner Bürger zu schützen. Um die Instrumentalisierungsgefahr der Menschenwürde und Menschenrechte durch libertinistischen Erwartungsdruck abzuwenden, erweist sich – nicht nur für den einschreitenden Polizeibeamten – als hilfreich, das Bewusstsein für die Beziehungsqualität zwischen Recht und Pflicht zu schärfen. Wer nach Kant ein Recht für sich beansprucht, der verpflichtet sich zugleich, auch die Rechte anderer anzuerkennen. Aus juristischer Sicht kann es nur ein wechselseitiges Verhältnis formaler Art (die Pflicht, die Rechte des anderen zu achten), nicht materialer Art (denn sonst würde z. B. aus dem Recht zur Glaubensfreiheit oder Kriegsdienstverweigerung die Pflicht zum Glauben oder Kriegsdienst folgen) geben. Wer die Gewährleistung von Grundrechten abhängig machen wollte von der Erfüllung staatsbürgerlicher Pflichten, würde einer autoritären Bevormundung durch den Staat das Wort reden.

Mit der Begründung, die Art der Inhaftierung verletze die Menschenwürde, entlässt der EPHK Schlosser einen angolanischen Asylbewerber aus der Haftzelle und übergibt ihn einer Vertrauensperson. Daraufhin verurteilen den Beamten zwei Gerichtsinstanzen wegen Gefangenenbefreiung, während ihm weite Kreise der Bevölkerung lebhafte Anerkennung für sein humanitäres, couragiertes Engagement zollen

(DP 11/1999). Für wen spricht eigentlich, dass man in der Öffentlichkeit relativ wenig von Polizeibeamten hört, die bei ihrem Einsatz für die Menschenwürde einiges riskiert haben?

Die Instrumentalisierung der Menschenwürde nimmt kommerzielle Züge an, wenn beispielsweise öffentliche Medien in die Privatsphäre bekannter Persönlichkeiten eindringen und deren Intimleben der Sensationsgier eines zahlungswilligen Publikums ausliefern. Sich dem gängigen Instrumentalisierungstrend aus Opportunitäts- oder Bequemlichkeitsgründen nicht anzupassen, verlangt dem Polizeibeamten ein gehöriges Maß an Gerechtigkeit, Mut und Verantwortung ab.

Weiterhin erleidet die Gewährleistung der Menschenrechte Einbußen, wenn der Staat das Sicherheitsniveau aufgrund leerer Kassen senkt oder Sicherheitsaufgaben privaten Unternehmen (vgl. 33.) überträgt, ohne Maßnahmen dagegen zu ergreifen, dass Sicherheit zu einer käuflichen Ware umfunktioniert wird. Nach Art. 23 Abs. 1 GG kann die Bundesrepublik Deutschland der Europäischen Union Hoheitsrechte übertragen, laut EU-Vertrag nimmt das europäische Recht einen höheren Stellenwert ein als das nationale Recht. Folglich ist bei dem europäischen Einigungsprozess darauf zu achten, dass die Kernsubstanz an Menschenrechten gem. Art. 1–20 GG nicht verlorengeht.

Auch wenn der konkrete Inhalt und der universale Geltungsanspruch der Menschenrechte strittig bleibt, herrscht dennoch Einigkeit in der strikten Ächtung der Menschenrechtsverletzungen. Praktisch ist es der einzelne Staat, der auf seinem Territorium die Einhaltung der Menschenrechtsforderungen gewährleistet. Deshalb würde die Beschuldigung der hiesigen Polizei, sie sehe tatenlos den Menschenrechtsverletzungen in anderen Ländern zu, den falschen Adressaten treffen aufgrund des einzelstaatlichen Souveränitätsprinzips. Des Weiteren wandelt solch ein Vorwurf den Rechtscharakter des universalen Geltungsanspruchs in eine moralische Verpflichtung um, was eine menschliche Überforderung zur Folge hat, insofern ein jeder für alles, was an Menschenrechtsverletzungen in der weiten Welt geschieht, verantwortlich gemacht wird. Ethisch bleibt zu betonen, dass sich ein Polizeibeamter nur mit humanen, rechtsstaatlichen Mitteln für Menschenwürde und Menschenrechte einsetzen kann. Dabei verdient er die vertrauensvolle Unterstützung der Bevölkerung. Will der Staat den Eindruck einer Doppelmoral vermeiden, darf er nicht nur von seinen Polizeibeamten die Gewährleistung der Menschenwürde und Menschenrechte verlangen, sondern hat er sich auch selber mit politischen Mitteln für die internationale Einhaltung der Menschenrechte zu engagieren.

Die europäischen Polizeiorganisationen auf ihre Menschenrechtskonformität zu überprüfen hat sich eine „gemeinsame informelle Arbeitsgruppe über Polizei und Menschenrechte“ unter der Schirmherrschaft des Europarat-Programms „Polizei und Menschenrechte 1997–2000“ (Wien 2000) zum Ziel gesteckt. Dieses an sich ehrenwerte Zielvorhaben lässt sich angesichts divergierender Rechtssysteme und Wertvorstellungen in Europa jedoch nur mit Hilfe von klar benannten, einheitlichen Überprüfungs- und Bewertungskriterien realisieren. Der Eindruck, dass das internationale Gremium die Mühen einer Kriterienfestlegung gescheut hat und sich dadurch der Gefahr der Selektivität aussetzt, schmälert leider den Wert seiner Arbeit.

Literaturhinweise:

Rupprecht, J.: Frieden durch Menschenrechtsschutz. Baden-Baden 2003. – Hutter, F.-J.: No rights. Menschenrechte als Fundament einer funktionierenden Weltordnung. Berlin 2003. – Meyer-Ladewig, J.: EMRK. Konvention zum Schutz der Menschenrechte und Grundfreiheiten. Handkommentar. Baden-Baden 2003. – Kriele, M.: Grundprobleme der Rechtsphilosophie. Münster 2003. – Böckenförde, E.-W.: Die Würde des Menschen war unantastbar, in: FAZ v. 3. 9. 2003. – Höfling, W.: Art. 1, in: Sachs, M. (Hg.): Grundgesetz Kommentar. München 2003. – Herdegen, M.: Art. 1, in: Maunz, T./Dürig, G.: Grundgesetz. München [7]2003. – Müller-Heidelberg, T. (Hg.): Grundrechte-Report 2003. Reinbek 2003. – Picker, E.: Menschenwürde und Menschenleben. Stuttgart 2002. – Wils, J.-P.: Art. „Würde“, in: HbE; S. 537 ff. – Böckenförde, E.-W.: Vom Wandel des Menschenbildes im Recht. Münster 2001. – Künzli, J.: Zwischen Rigidität und Flexibilität: Der Verpflichtungsgrad internationaler Menschenrechte. Berlin 2001. – Honecker, M.: Art. „Menschenrechte, Menschenwürde, ethisch“, in: ESL; S. 1050 ff. – PFA-SB „Menschenrechte und Polizei“ (6.–8. 11. 2000). – Hücker, F.: Polizeibeamte und die Achtung der Menschenrechte – Human Rights on Duty – Ethische und interkulturelle Dimensionen polizeilichen Handelns (Texte FH V-S Nr. 26). Villingen-Schwenningen 2000. – Bundesministerium für Inneres (Hg.): Polizeiarbeit in einer demokratischen Gesellschaft – Ist Ihre Dienststelle ein Verteidiger der Menschenrechte? Wien 2000. – Vögele, W.: Menschenwürde zwischen Recht und Theologie. Gütersloh 2000. – Gosepath, S./Lohmann, G.: Philosophie der Menschenrechte. Frankfurt a. M. [2]1999. – Reuter, H. (Hg.): Ethik der Menschenrechte. Tübingen 1999. – Behr, B. v. u. a. (Hg.): Perspektiven der Menschenrechte. Frankfurt a. M. 1999. – Balzer, P. u. a.: Menschenwürde vs. Würde der Kreatur. Freiburg, München [2]1999. – Bielefeldt, H.: Philosophie der Menschenrechte. Darmstadt 1998. – Lohmann, G./Gosepath, S. (Hg.): Philosophie der Menschenrechte. Frankfurt a. M. 1998. – Bobbio, N.: Das Zeitalter der Menschenrechte. Berlin 1998. – Hilpert, K./Luf, G.: Art. „Menschenrechte“, in: LBE Bd. 2; S. 670 ff. – Schwartländer, J.: Art. „Menschenwürde/Personenwürde“, in: LBE Bd. 2; S. 683 ff. – Wetz, F. J.: Die Würde des Menschen ist antastbar. Stuttgart 1998. – Enders, C.: Die Menschenwürde in der Verfassungsordnung. Tübingen 1997. – Heidelmeyer, W. (Hg.): Die Menschenrechte. Paderborn [4]1997. – Enders, C.: Die Menschenwürde in der Verfassungsordnung. Tübingen 1997. – Brieskorn, N.: Menschenrechte. Stuttgart 1997. – Weiss, U.: Menschenwürde – Menschenrechte, in: Lütterfels, W./Mohrs, T. (Hg.): Eine Welt – eine Moral? Darmstadt 1997; S. 217 ff. – Stern, K.: Idee der Menschenrechte und Positivität der Grundrechte, in: HdStR Bd. 5; S. 3 ff. – Häberle, P.: Die Menschenwürde als Grundlage der staatlichen Gemeinschaft, in: HdStR Bd. 1; S. 815 ff. – Kraetzer, J. (Hg.): Das Menschenbild des Grundgesetzes. Berlin 1996. – Shute, S./Hurley, S. (Hg.): Die Idee der Menschenrechte. Frankfurt a. M. 1996. – Hinkmann, J.: Philosophische Argumente für und wider die Universalität der Menschenrechte. Marburg 1996. – Junghans, A.: „Wo kommen wir denn hin, wenn jeder Beamte sich auf die Menschenwürde beriefe“, in: P-h 1/1996; S. 9 ff. – Brugger, W.: Das Menschenbild der Menschenrechte, in: JRE 3/1995; S. 121 ff. – Walter, P.: Das Menschenbild der Polizei, in: 25 Jahre Kriminalistische Studien (Kriminalist. Studiengemeinschaft e.V.). 1995; S. 189 ff. – Kniesel, M.: Thesen zur Menschenwürde, in: HPR 8/1994; S. 21 f. – Galtung, J.: Menschenrechte – anders gesehen. Frankfurt a. M. 1994. – Hoffmann, J. (Hg.): Universale Menschenrechte im Widerspruch der Kulturen. Frankfurt a. M. 1994. – Batzli, S. u. a. (Hg.): Menschenbilder und Menschenrechte. Islam und Okzident. Zürich 1994. – Brose, T./Lutz-Bachmann, M. (Hg.): Umstrittene Menschenwürde. Berlin 1994. – König, S.: Zur Begründung der Menschenrechte. Freiburg, München 1994. – Steigleder, K.: Menschenwürde – Zu den Orientierungsleistungen eines Fundamentalbegriffs normativer Ethik, in: Wils, J.-P. (Hg.): Orientierung durch Ethik? Paderborn u. a. 1993; S. 95 ff. – Huber, W.: Art. „Menschenrechte/Menschenwürde“, in: TRE Bd. 22; S. 577 ff. – Nino, C. S.: The Ethics of Human Rights. Oxford 1991. – Bielefeldt, H.: Zum Ethos der menschenrechtlichen Demokratie. Würzburg 1991. – Hilpert, C.: Die Menschenrechte. Düsseldorf 1991. – Geddert-Steinacher, T.: Menschenwürde als Verfassungsbegriff. Berlin 1990. – Campenhausen, A. F. v.: Menschenrechte im

Verständnis der Kirchen, in: ZEE 1988; S. 282 ff. – Böckenförde, E. W./Spaemann, R. (Hg.): Menschenrechte und Menschenwürde. Stuttgart 1987. – Häberle, P.: Die Menschenwürde als Grundlage der staatlichen Gemeinschaft, in: HbStR Bd. 1; S. 815 ff. – Starck, Chr.: Art. „Menschenwürde“, in: StL 3; S. 118 ff. – Kniesel, M.: Das Achtungs- und Schutzgebot der Menschenwürde als Leitlinie polizeilichen Handelns – Die Ethik des Grundgesetzes, in: PFA-SB „Die Demokratie und die Würde des Menschen“ (20.–24. 10. 1987); S. 19 ff. (vgl. auch PFA-SR 1–2/1987; S. 28 ff.). – Knubben, W./Schäfer, W. (Hg.): Mensch sein im Dienst. Berufsethische Impulse. Freiburg i. Br. 1987. – Alderson, J. (Ed.): Human Rights and the Police. Straßburg 1984. – Kühnhardt, L.: Die Universalität der Menschenrechte. München 1987. – Horstmann, R. P.: Art. „Menschenwürde“, in: HWPh Bd. 5.; Sp. 1124 ff. – Schwartländer, J.: Menchenrechte. Tübingen 1978. – Kleinheyer, G.: Art. „Grundrechte“, in: GeGr Bd. 2; S. 1047 ff. – Menschenwürde vor der Verkehrsampel (o. V.), in: DP 1/1964; S. 23.

9. Recht – Gesetz – Ethik

Da der Polizeibeamte in einem öffentlich-rechtlichen Dienst- und Treueverhältnis zum Staat steht, erlangen Überlegungen zum Verhältnis von Recht und Ethik nicht nur prinzipielle, sondern auch praktische Bedeutung. Im Mittelpunkt derartiger Erörterungen stehen folgende Fragen: Welche Rechtsauffassungen herrschen in der Gesellschaft und in dem Staat, in dem der Polizist seinen Dienst verrichtet? Wie läßt sich eine europäische Rechtsordnung mit den normativen Grundlagen einzelstaatlicher Verfassungen vereinbaren? In welchem Verhältnis stehen Recht und Ethik zueinander? Inwiefern eignet sich die Gerechtigkeit als Legitimationsnachweis für die Rechtsgeltung? Da die Rechtssoziologie die Wechselwirkungen von Rechtsordnung und sozialer Wirklichkeit, die gesellschaftlichen Entstehungsbedingungen und Folgewirkungen der Rechtsnormen untersucht, fällt die Frage nach dem richtigen Recht nicht in ihr originäres Aufgabengebiet.

Das Wort Recht, dessen indogermanische Sprachwurzel „reg“ so viel bedeutet wie aufrichten, gerade richten, lenken, führen, stellt einen Relationsbegriff dar, der menschliche bzw. staatliche Handlungen oder Zustände auf einen Maßstab bezieht. Gemessen an dem Maßstab erweisen sich die Bezugsgegenstände als entsprechend bzw. richtig oder als nicht entsprechend bzw. unrichtig (Herberger 1992). Da offen und strittig bleibt, welcher Maßstab als normativer Bezugspunkt angelegt wird, nimmt der Rechtsbegriff keine klaren Konturen an, bleibt die Abgrenzung des Rechts zur Ethik fließend. In diesem Sinne schreibt Cicero (de officiis 3, 69): „Vom wahren Recht und von der echten Gerechtigkeit haben wir kein festes und deutliches Bild, Schatten und Abbilder verwenden wir.“ Der Begriff Recht setzt sich aus verschiedenartigen Bedeutungselementen zusammen:

- Recht als geltende Rechtsordnung mit all ihren Rechtsnormen, Vorschriften und Gerichtsurteilen
- Recht als Legitimationsgrundlage für eine Rechtsordnung
- Recht als einzelnes Gesetz (im objektiven Sinne) und als Anspruch bzw. Befugnis (im subjektiven Sinne).

Auf der Suche nach dem Wesen des Rechts haben sich zwei gegensätzliche Richtungen herauskristallisiert: das Naturrecht der Rechtsphilosophen bzw. Rechtsethiker und der Rechtspositivismus der systemimmanent (empirisch-historisch) argumentierenden Rechtswissenschaftler. Die Rechtsphilosophie bzw. Rechtsethik fragt nach dem richtigen Recht und erblickt in der Gerechtigkeit die Grundlage des Rechts, um menschenwürdige Rechtsverhältnisse zu garantieren. Entsprechend besteht das Naturrecht (Wolf u. a. 1984) aus überpositiven Rechtssätzen, die zeitlos gültig sind, der menschlichen Vernunft unmittelbar einleuchten und als Legitimationsbasis oder kritisches Korrektiv allen positiven Rechts fungieren. Die inhaltlichen Unterschiede der abstrakten Naturrechtsgrundsätze hängen mit ihrer Herkunft aus der griechischen Philosophie (Platons Ideenlehre und kosmische Teleologie, Aristoteles Konzeption von der teleologisch strukturierten Natur des Menschen), aus der christlichen Theologie (Augustinus Ansicht von der Schöpfungsordnung als Ausdruck des ewigen göttlichen Gesetzes, Thomas v. A. mit seiner Theorie von den natürlichen

Neigungen des menschlichen Wesens) und aus der Geistesströmung der Aufklärung (Kants Theorie von dem auf lauter Prinzipien a priori beruhenden, von jeder menschlichen Vernunft erkennbaren Naturrecht) zusammen. In politisch bewegten Zeiten des Umbruchs und des Systemwechsels erfreut sich das Naturrecht einer Wertschätzung, weil es die Willkürherrschaft totalitärer Regime scharf infrage stellt und zum Widerstand berechtigt. Entsprechend kritisiert M. Nentwig: „Solange es keine Gerechtigkeit gibt, müssen wir uns mit der Justiz begnügen". Bereits der vorsokratische Thrasymachos aus Chalkedon konstatiert: „Das Gerechte ist nichts anderes als der Vorteil des Stärkeren". Auch wenn an der mythisch-metaphysischen Naturrechtsbegründung der Fehler des Zirkelschlusses moniert wird, hat das Naturrecht in dem Programm der unveräußerlichen Menschenrechte (natural rights) eine Fortsetzung gefunden. Ebenso steht das Vernunftrecht als säkularisiertes Naturrecht in der Erbfolge. Der Volkssouveränitätslehre, nach der gem. Art. 20 Abs. 2 GG alle Gewalt vom Volke ausgeht, liegt der naturrechtliche Satz zu Grunde, dass jeder Mensch das gleiche Recht hat.

Die gegensätzliche Strömung des Rechtspositivismus (Grawert 1992), der auf den Engländer John Austin (1790–1859) zurückgeht, lässt allein das positive (lat. ponere = setzen, stellen, legen) Recht gelten, das sich aus einem Rechtssetzungs- und Verkündigungsakt konstituiert. Der Rechtspositivismus tritt zunächst in Gestalt der Begriffsjurisprudenz, später in Form des Gesetzespositivismus auf. Die rechtswissenschaftlichen Vertreter der Begriffsjurisprudenz arbeiten methodisch mit einem lückenlos geschlossenen, hierarchisch gegliederten Begriffssystem, aus dem eine Lösung für jeden Einzelfall logisch deduziert wird. Nach dem Gesetzespositivismus hängt die Gültigkeit des Rechts ausschließlich an dem formellen, ordnungsgemäß durchgeführten Gesetzgebungsverfahren ab (Hobbes, T.: auctoritas, non veritas facit legem = Macht, nicht Wahrheit schafft das Gesetz). Die Rechtsanwendung erfolgt einzig und allein anhand des Wortlautes und Inhaltes des Gesetzestextes. Das formalisierte Rechtsverständnis des Rechtspositivismus betrachtet die Inhalte der Rechtsnorm als sekundär, da sie jederzeit ausgetauscht werden können, und trennt Recht von Moral, weshalb auch das ungerechte Gesetz zum Gehorsam verpflichtet und ein Widerstandsrecht entfällt. Bemängelt wird an dem strikten Rechtspositivismus, dass er die Frage nach dem richtigen Recht – wie überhaupt sämtliche Wertaspekte – ausklammert und damit blind ist für das Problem des ungerechten Rechts. Treffend bemerkt B. Pascal (Pensées 257): „Die Gerechtigkeit ist ohnmächtig ohne die Macht; die Macht ist tyrannisch ohne die Gerechtigkeit." Mit dem Vorwurf der rechtsethischen Indifferenz verbindet sich die Sorge, dass wegen der ausschlaggebenden Bedeutung des Gesetzgebers das Gesetz zum Zweckrecht verkümmert, statt dem Gemeinwohl zu dienen. Das Rechtschöpfungs- und Rechtsprechungsverbot für den Rechtsanwender (Radbruch 1999) raubt dem Richter die Möglichkeit, von einem Gesetz abzuweichen, wenn dessen Anwendung ein ungerechtes Urteil bewirkt.

Die Reine Rechtslehre von H. Kelsen (1934) ist als eine Variante des positiven Rechts einzustufen, die den Topos einer monistischen Rechtslehre aufweist, insofern sie sämtliche Elemente der Psychologie, Soziologie, Politik und Ethik aus dem Recht aussondert und eine positive Rechtsordnung auf einer hypothetischen Grundnorm errichtet. Im Gegensatz dazu greift die Gerechtigkeitstheorie von J. Rawls (A Theory of Justice 1971) wieder auf ethische Prinzipien zurück und verbindet sie mit dem Gedanken des Gesellschaftsvertrages. Rawls strebt eine Gesellschaftsordnung an, deren Ziel das Gemeinwohl ist, in der sich die Mitglieder auf ihre Rechte und Pflichten einvernehmlich verständigen und Ulpians Formel „suum cuique tribuere" (= jedem das Seine zugestehen) unter heutigen Bedingungen angewendet wird. Die rechtstheoretischen Konzepte von N. Luhmann und J. Habermas bedienen sich weniger inhaltlicher, sondern überwiegend formal-organisatorischer Kriterien zur Legitimation des Rechts. Der Soziologe Luhmann (1993) entwirft ein selbstreferentielles, autopoietisches (griech. = selbsttätiges) System, in dem das Recht menschliche Kommunikation sozialverträglich zu strukturieren hat. Rechtsnormen legitimiert er mit dem Gesetzgebungs- und Gerichtsverfahren. Denn mit dem Verfahren verbindet er die Erwartung, dass sich die streitenden Parteien mit der Entscheidung zufrieden geben. Die Grundrechte deutet Luhmann nicht als subjektive Abwehrrechte gegen staatliche Übergriffe, sondern als Schutzrechte, die den Staat daran hindern sollen, in die ausdifferenzierten Subsysteme einzudringen und diese zu unterlaufen. Habermas (1983) überträgt die ethische Diskursmethode, mit deren Hilfe strittige Forderungen und problematische Verhaltensweisen auf ihre Rechtmäßigkeit überprüft werden und ein Konsens unter den Argumentationspartnern angestrebt wird, auf den Rechtsbereich. Da alle menschliche Erkenntnis interessengelenkt sei, verspricht sich Habermas von dem Diskursverfahren eine unparteiliche Konfliktregelung. Eine solche Verfahrensgerechtigkeit legitimiert das Recht in einer pluralen Gesellschaft. Kritische Stimmen halten die Diskurstheorie von Habermas für eine elitäre Seminardemokratie, die den Akzent von der Stichhaltigkeit der Argumentation auf die Beziehungsqualität der Diskursteilnehmer verlagert. Nicht alle Betroffenen könnten sich am Diskurs beteiligen, nicht alle würden den intellektuellen Anforderungen gewachsen sein.

Da das Grundgesetz der Bundesrepublik Deutschland sowohl vorpositive als auch positive Werte enthält, gewinnt die rechtsphilosophische Frage nach dem Verhältnis von Recht und Ethik an gesellschaftspolitischer Aktualität. Die unantastbare Menschenwürde gem. Art. 1 GG stellt den höchsten Wert und den Mittelpunkt der Verfassung dar und verpflichtet die staatliche Gewalt, den Menschen als sittlich autonome Person zu achten und zu schützen. Die höchstinstanzliche Judikatur hat das Grundgesetz als eine objektive Werteordnung bezeichnet (BGHSt 40, 257 ff.). Damit taucht das Problem auf, welche Kriterien und welche Instanzen sich in unserer pluralen Gesellschaft dazu eignen, verbindlich zu interpretieren, was unter Wert, Werteordnung und Menschenbild des Grundgesetzes zu verstehen ist. Der Wert als philosophischer Fachterminus löst im 19. Jh. ab, was bis dahin unter der Kategorie gut und tugendhaft subsumiert worden ist, und erreicht in der deutschen Wertphilosophie (M. Scheler, N. Hartmann) einen Höhepunkt. Infolge des Postulates der Wertfreiheit (M. Weber) haftet dem Wertbegriff der Makel des Unwissenschaftlichen und Metaphysischen an, der in die Nische individuell-subjektiver Wertungen gedrängt wird. Dagegen signalisiert die Diskussion über den Wertewandel bzw. den Werteverlust in unserer komplexen, mobilen Gesellschaft einen dringenden Bedarf an Werteorientierung und Sinnangeboten für eine eigenverantwortliche Selbstverwirklichung. Vor diesem Hintergrund wird das Dilemma deutlich, in dem die Interpretation unseres Grundgesetzes steckt. Einerseits erscheint vielen in unserer säkularisierten Gesellschaft ein verpflichtendes System von Werten, die sich einer rationalen Begründung entziehen, anachronistisch, andererseits lauert die Gefahr, dass eine von Menschen geschaffene, immanente Werteordnung in den Strudel subjektiver Beliebigkeit und modischer Relativität hineingezogen wird. Wenn die Prämisse stimmt, dass unser Grundgesetz auf verbindliche Werte und Normen nicht verzichten kann (Sprenger 2000, Luhmann 1993, Böckenförde 1991, Isensee 1977, Gorschenek 1977), benötigen die Wertvorgaben des Grundgesetzes eine konsensfähige Exegese. Der Passepartout zum grundgesetzkonformen Wertverständnis liegt nach höchstrichterlicher Entscheidung in der innerhalb der sozialen Gemeinschaft sich frei entfaltenden Persönlichkeit (BVerGE 7,198,205). Für diese Wertsicht des Grundgesetzes eine allgemeinverbindliche Begründung zu geben, bleibt dem Staat aufgrund seines Toleranz- und Neutralitätsprinzips verwehrt.

Das Verhältnis zwischen Recht und Ethik ist in der Rechtsphilosophie als Kap Horn bekannt, das es mit Bedacht zu umschiffen gilt. Ob bzw. inwieweit Recht und Ethik in einem Zusammenhang stehen, hängt maßgeblich davon ab, was jeweils darunter verstanden wird.

Seit Aristoteles, dem Gründungsvater der philosophischen Disziplin der Ethik, versuchen ethische (griech. ηθοζ = Gewohnheit, Sitte, Charakter) Reflexionen zu klären, was zum Gelingen eines menschenwürdigen Lebens unverzichtbar gehört. Zu diesem Zweck stellt die normative Ethik Prinzipien, Kriterien und Maximen auf, die in Wertkonflikten verdeutlichen, worin gutes, gerechtes, richtiges, vernünftiges Handeln besteht, und bemüht sich, deren Geltungsanspruch zu legitimieren. Der angewandten bzw. bereichsspezifischen Ethik liegt an einer Nutzanwendung abstrakter Wertreflexionen und an einer praktischen Orientierungshilfe in konkreten Problemfällen. Die Metaethik verhält sich insofern wertneutral, als sie ethische Argumentationen auf ihre formallogische Schlüssigkeit und ihre sprachlichen Voraussetzungen untersucht. Wer das, was er auf der ethischen Reflexionsebene als richtig und vernünftig erkannt hat, auch in seinem Alltag verwirklichen möchte, begibt sich auf die moralische (lat. mores = Sitten) Handlungsebene. Allerdings begnügt sich die Ethik nicht damit, lediglich bewusst zu machen, worin der Verbindlichkeitsanspruch normativer Handlungsmuster besteht. Vielmehr hinterfragt sie das tradierte Ethos auf seine humane Substanz und bildet somit ein kritisches Korrektiv zu fragwürdigen Ethosformen, unterhält ein distanziertes und stimulierendes Verhältnis zu überholten Werteinstellungen.

Da das Grundgesetz der Bundesrepublik Deutschland naturrechtliche Wertinhalte und positivistische Rechtsnormen miteinander verbindet, schließen sich Recht und Ethik nicht mehr gegenseitig aus. Andererseits sind Recht und Sittlichkeit auch nicht völlig identisch, sondern stehen in einem polaren Spannungsfeld zueinander. Somit stellt sich die Frage, inwieweit ein Bürger in seinem Verhalten durch rechtliche und moralische Normen beeinflusst wird. Das kodifizierte Recht als formeller Akt staatlicher Gewalt regelt das soziale Leben und wird bei Verstößen mit Zwangsmitteln durchgesetzt. Es dient der Freiheitssicherung der Bürger, der Lösung von Streitfällen, dem Frieden und der Ordnung im Rechtsstaat und artikuliert sich im Gewohnheitsrecht, Gesetzestext, Gerichtsurteil, Vertrag als Rechtsgeschäft, in den Menschenrechten und nicht zuletzt im Widerstandsrecht. Zu ihrem dauerhaften Bestand brauchen

Rechtsnormen die Anerkennung durch den Normadressaten. Anerkennung in Form von Einsicht und freier innerer Zustimmung stellt eine ethische Kategorie dar. Persönliche Überzeugungen, Werturteile und Gewissensentscheidungen entziehen sich einer staatlichen Kontrolle, weil nach Kant der unbedingte Anspruch des Sittlichen in dem unmittelbaren Bewusstsein der menschlichen Person gründet, das sich rein rational nicht weiter reduzieren lässt. Auf die Wertüberzeugung des Menschen beruft sich die Ethik, wenn sie sich mit Fragen der Legitimation der Rechtsnormen, der Grenzen des Gesetzesgehorsams und der Berechtigung sowie Verpflichtung zum Widerstand beschäftigt. Da es humanem Denken mehr als fragwürdig erscheint, all die Problemfälle, die sich ethisch nur sehr schwer oder gar nicht mit rationalen Kriterien lösen lassen, auch noch strafrechtlich beurteilen zu müssen, sprechen sozialethische Gründe für eine Begrenzung des Strafrechts. Von einer sittenbildenden Kraft des Rechts kann nur bedingt die Rede sein, da zwar der Schutz fundamentaler Rechtsgüter durch Sanktionen tatsächlich eine Signalwirkung haben und eine gewisse Orientierungshilfe bieten kann angesichts der verwirrenden Fülle konkurrierender Wertsysteme, andererseits aber die Gefahr heraufbeschwört, die freie Entscheidung des sittlichen Subjekts weithin durch strafrechtliche Sanktionen zu ersetzen. Bedenklich wäre der Versuch, mit Hilfe der Berufsethik Polizisten zu Sittenwächtern unserer Gesellschaft umfunktionieren zu wollen. Dort jedoch, wo Polizeibeamte unter dem Eindruck der vielen detaillierten Gesetzesbestimmungen meinen, was der Staat nicht sanktioniert, sei ethisch erlaubt, haben ethische Reflexionen die unverwechselbare Eigenständigkeit der sittlichen Entscheidung zu wahren, die Authentizität des Moralischen zu verdeutlichen und an die kritische Funktion der Sittlichkeit gegenüber den Rechtsnormen zu erinnern. Moralisch kompetent handelt der Polizeibeamte in dem Maße, wie er sich bewusst und unparteiisch dafür einsetzt, dass in unserer Gesellschaft Recht Recht bleibt, und aus freiem Entschluss, nicht bloß aufgrund von Dienstaufsicht und juristischer Kontrolle die verfassungskonformen Werthaltungen in seinen Berufsalltag einbringt.

Die folgende Synopse soll – schematisch vereinfacht – die Gemeinsamkeiten und Unterschiede zwischen Recht und Ethik verdeutlichen (Brieskorn 2002, v.d. Pforten 1996, Patzig 1983), wobei zu bedenken bleibt, dass sich die Grenzen nicht immer haarscharf ziehen lassen. Recht und Ethik normieren beide menschliches Verhalten, jedoch auf verschiedenartige Weise:

Recht	**Ethik**
• *Entstehung der Normen*	
Zu dem förmlichen Verfahren positivierter Rechtssatzungen – in Form von Gesetzgebungs- und Gerichtsverfahren – gehört ein genaues Datum. Von einem bestimmten Termin an treten Rechtsnormen in Kraft oder verlieren ihre Gültigkeit.	Eine präzise Terminierung ist moralischen Normen fremd, denn sie kennen keinen förmlichen Entstehungsprozess. Ethiknormen verdanken ihre Genesis der persönlichen, informellen Wertwahrnehmung und Wertinternalisierung. Aus dem Bewusstwerden und der Einsicht in Werte und Ideale folgt die innere Verpflichtung, sich daran zu halten.

- *Inhalt der Normen*

In die inhaltlichen Aussagen der einzelnen Gesetzestexte, die promulgiert und dokumentiert worden sind, kann jedermann Einblick nehmen und sich genau informieren. Soweit es veränderte Gesellschaftverhältnisse erfordern, lassen sich die Inhalte der positivierten Rechtssatzungen gegen neue austauschen bzw. korrigieren.

Was zu den Inhalten ethischer Normen gehört, lässt sich nur mit Hilfe des persönlichen Gewissens erkennen. Per definitionem kann es in einer pluralen Gesellschaft keine moralische Autorität bzw. Instanz geben, die befugt wäre, Maximen oder Wertpostulate allgemeinverbindlich aufzustellen. Dass Wertvorstellungen wie Menschenwürde, Gerechtigkeit, Wahrheit und Frieden historisch bedingten Veränderungsprozessen und Realisierungsversuchen unterliegen, erklärt sich aus der Natur der Sache.

- *Legitimation der Normen*

Das Faktum, dass eine staatliche Autorität eine Rechtsnorm gesetzt hat, betrachten Rechtspositivisten als das ausschlaggebende Begründungskriterium für die Gültigkeit eines Gesetzes. Nach den Prozeduraltheoretikern liegt die Legitimation einer Rechtssatzung in dem Funktionsnachweis sozialer Konfliktregelung. Naturrechtsanhänger halten ein positiviertes Recht für legitimiert, wenn es sich auf ein überpositives Recht (z. B. Menschenwürde, Gerechtigkeit) bezieht.

Nach den Vorstellungen der Gesinnungsethiker legitimiert der Wertbezug bzw. die Wertqualität eine Ethiknorm. Im Unterschied dazu leiten die Verantwortungsethiker die Legitimation einer ethischen Norm vorrangig von den Folgewirkungen einer Handlung ab.

- *Verbindlichkeit der Norm*

Rechtsnormen erweisen sich als Zwangsnormen, insofern sie äußerliches Verhalten kontrollieren und Gesetzesverstöße sanktionieren. Der Verbindlichkeitsanspruch im Rechtsbereich setzt voraus, dass der Bürger als Normadressat das gesetzliche Recht versteht und die Anzahl der Einzelgesetze überschaubar bleibt, um die Gefahr einer Überregelung zu vermeiden. Die festgelegte verpflichtende Vorzugsregel, nach der höherinstanzliche Entscheidungen vorinstanzliche aufheben, dient dem Zweck, eine Kollision von Rechtsnormen zu verhindern.

Die Ethiknorm gilt als Idealnorm, insoweit sie appellativen Charakter hat und nur das persönliche Gewissen verpflichtet. Zwang zur Übernahme bestimmter Werteinstellungen würde sich mit der sittlichen Autonomie des moralischen Subjekts nicht vereinbaren lassen. Da es keine Begrenzung ethischer Werte und Ideale gibt, erübrigt sich die Frage nach einer Limitierung normativer Verbindlichkeiten im moralischen Bereich. Inwieweit sich Präferenzregeln bzw. Wertvorzugsregeln dazu eignen, Normen- bzw. Pflichtenkollisionen zu lösen, darüber wird in dem ethischen Diskurs gestritten.

• *Zweck der Normen*

In der Gewährleistung der Rechtssicherheit für die Bevölkerung, in der Sicherung des sozialen Friedens und in dem Dienst am Gemeinwohl liegt der Zweck der Rechtsnormen.

Erklärtes Ziel der Ethiknormen ist es, die Grenzen der Zuständigkeit und Verbindlichkeit von Rechtsvorschriften abzustecken und Orientierungshilfe zum Gelingen eines menschenwürdigen Lebens in Freiheit und Verantwortung zu bieten.

Die Synopse mag den Eindruck erwecken, die Bildung ethischer Normen bzw. Urteile würde den Charakter des Unstrukturierten und Subjektiv-Beliebigen haben. Damit wäre zugleich die Kommunikationsfähigkeit der sittlich-humanen Vernunft in Zweifel gezogen. Doch dem ist nicht so. Denn ethische Urteilssätze im Sinne bewertender Stellungnahmen bzw. moralischer Beurteilungen weisen durchaus eine logische Struktur, eine schlüssige Verfahrensweise auf. Exemplarisch veranschaulichen und belegen lässt sich das an der Methodenfrage ethischer Urteilsbildung. Den Ausgangspunkt dazu bildet die Überlegung, wie in einer pluralen Gesellschaft ein ethisch stringentes, für andere rational nachvollziehbares Urteil gefällt werden kann. Welche Schritte und Kriterien dabei zu beachten sind, erläutert das folgende Dreistufenmodell (Franke 2001, Bender 1988, Höffe 1977) aus der Sicht der angewandten Ethik:

1. Stufe: Relative Fähigkeit und Bereitschaft zu einer möglichst umfassenden, zutreffenden Problemwahrnehmung

Gegenstände ethischer Bewertungen sind menschliche Verhaltensweisen in ihrem jeweiligen Kontext. Mit der Subjektivität menschlicher Wahrnehmung verbindet sich zwangsläufig das Phänomen der Selektivität (lat. selectio = Auswahl). Selektive Wahrnehmung bedeutet in quantitativer Hinsicht, aus der Fülle der uns umgebenden Wirklichkeit bestimmte Fakten und Gegenstände auszuwählen, und in qualitativer Hinsicht, die wahrgenommenen Phänomene durch einen persönlichen Deutungsfilter (Sympathie bzw. Antipathie, Interessen, Wünsche, Vorurteile, Werteinstellungen, Gewohnheiten) passieren zu lassen. Neben der Selektivität unterliegt individuelle Wahrnehmung der Gefahr verschiedenartiger Fremdbeeinflussungen (Medienberichte, politische Propaganda, Werbung, Manipulation, chemische Mittel bzw. Drogen). In der ersten Stufe kommt es darauf an, möglichst unverfälscht und unverkürzt den strittigen Sachverhalt zu erfassen. Als methodische Hilfen bieten sich an, die Vorgänge der Beobachtung und Bewertung voneinander zu trennen und nach vorher festgelegten Kriterien durchzuführen, um den Informationsbeschaffungsprozess transparent zu gestalten und ein Mindestmaß an Gewissheit beim Erkenntnisvorgang zu erreichen. In komplexen, für den Einzelnen kaum zu überschaubaren Fällen empfiehlt es sich, auf das Instrumentarium empirischer Situationsanalysen zurückzugreifen bzw. deren Datenmaterial zu verwenden. Wahrnehmungsfehler und Wahrnehmungstäuschungen können nicht nur unterlaufen, wenn es zu klären gilt, ob bzw. inwieweit sich ein Vorgang in der räumlich-zeitlichen Außenwelt oder in der psychischen Innenwelt zugetragen hat. Größte Sorgfalt ist geboten bei der Wahrnehmung von Gefahrensituationen, da sich die Analyse des Risikopotenzials nicht völlig verobjektivieren lässt. Wirklichkeitsverweigerung würde den Prozess der ethischen Urteilsfindung bereits im Ansatz unterbinden, zumindest quantitativ wie qualitativ reduzieren.

2. *Stufe:* Rekurs auf normative Verbindlichkeiten
Unsere gesellschaftliche Realität wird durch eine Vielzahl von juristischen und ethischen Normen geprägt. Derartige Normen als wertgebundene Handlungsregeln haben für den Einzelnen den Vorteil, den individuellen Entscheidungsdruck in schwierigen Konfliktfällen zu mildern, Orientierungshilfe in Form von Wertkriterien anzubieten und eine gewisse Verhaltenssicherheit und Verhaltensbeständigkeit im Sinne wertgerichteter Normenkonformität zu ermöglichen. Andererseits widerspricht es der sittlichen Autonomie der menschlichen Person, lediglich als Anwendungsorgan bestehender Normen zu fungieren. Vor diesem Hintergrund erklärt sich die Aufgabe des Menschen, zwischen den Erfordernissen einer konkreten Handlungssituation und den verbindlichen Normenvorschriften einen Zusammenhang herzustellen, der nicht nur individuelle Interessen befriedigt, sondern auch den Ansprüchen der Gerechtigkeit und des Gemeinwohls genügt. Dabei können grundsätzlich drei Möglichkeiten eintreten:

- Eine Norm greift in dem fraglichen Fall, woraus sich ergibt, dass sich die Problemlösung auf eine eigenverantwortliche Normanwendung verlagert.
- Eine Norm fehlt, um den Streitfall zu lösen, mit der Folge, dass das persönliche Gewissen nach geeigneten Lösungswegen suchen muss.
- Nur partiell stehen Normen zur Verfügung. In einer derartigen Konfliktsituation weiß sich das individuelle Gewissen in die Pflicht genommen, sich um Lösungsansätze für den nicht normierten Teil der Problemstellung zu bemühen.

Im Blick auf problematische Normanwendungen und einem fragwürdigen Gesetzesgehorsam hat Aristoteles in seiner Nikomachischen Ethik (1137 b 26) den Gedanken der Epikie (griech. επιεικεια = Schicklichkeit, Billigkeit) entwickelt. Epikie als Korrektur des strikten Legalismus berechtigt den Bürger in begründeten Einzelfällen dazu, ein Gesetz nicht zu befolgen, um menschliche Härten bzw. Ungerechtigkeiten zu vermeiden.

Ethische Konfliktsituationen können sich prinzipiell in drei Varianten darstellen (Horn 2002):

- Wert-, Norm- oder Pflichtenkollision
  Mehrere ethische Prinzipien, Wertgrundsätze oder Sollensforderungen erheben einen Geltungsanspruch, erweisen sich aber als inkompatibel in einem bestimmten Problemfall.
- Anwendungskonflikt
  Unklar erscheint, wie man eine an sich ethisch gültige Maxime bzw. Norm als Lösungsansatz auf einen komplexen, diffizilen Streitfall sinngemäß übertragen soll.
- Rollen-, Loyalitäts- oder Interessenskonflikt
  Eingegangene Verpflichtungen beruflicher oder vertraglicher Art, persönliche Wertüberzeugungen oder Erwartungshaltungen können in einer Konfliktsituation aufeinander prallen.

Um in derartigen Konfliktkonstellationen moralisch verantwortlich handeln zu können, ist die Methode der Güterabwägung entwickelt worden, die sich auf rational begründete Präferenzregeln (z. B. Werthöhe, Dringlichkeit der Verpflichtungen,

Wahl des geringeren Übels, Handlung mit dem doppelten Effekt) stützt. Mit dem Hinweis auf Dilemmaentscheidungen, Probleme der Werthierarchien und Diskrepanzen zwischen gesellschaftlichen Wertewandel, persönlicher Gewissensentscheidung und Gehorsamspflicht des Polizeibeamten unterstreicht die berufsethische Kritik die begrenzte Praktikabilität der Güterabwägung.

3. Stufe: Akt der persönlichen Gewissensentscheidung
Das persönliche Gewissen – als individuelle Steuerungsinstanz mit der Fähigkeit, das Gute innerlich gewahr zu werden, ohne jedoch immer mit den internalisierten Gesellschaftsnormen konform zu gehen, und den als strikt empfundenen Verbindlichkeitsanspruch des Guten aus innerem Antrieb zu erfüllen – artikuliert sich in der originären Leistung, das Beste aus einer strittigen Situation zu machen, soweit es die Umstände erlauben. Würde die in Art. 4 GG garantierte Gewissensfreiheit eingeschränkt, hätte das zwangsläufig Fremdsteuerung, in welcher Form auch immer, zur Folge. Der Primat der persönlichen Gewissensentscheidung korrespondiert mit der sittlichen Autonomie des kantischen Menschenbildes. Einer empirischen Überprüfung bleibt der individuelle Gewissensspruch entzogen. Gleichwohl lässt sich ein Verstehenszugang schaffen mit Hilfe der folgenden fünf Kriterien, die das subjektive Gewissensurteil untermauern. Zu beachten bleibt, dass diese Kriterien in einem inneren Zusammenhang stehen und von Gesinnungsethikern und Verantwortungsethikern unterschiedlich gewichtet werden.

- *Ziel*
  Nur etwas Wertvolles, Gutes und Gerechtes kommt als Ziel bzw. Zweck moralischen Handelns in Betracht. Die Wertqualität der Handlungszwecke leitet sich aus Sinnkategorien, Lebensentwürfen und Weltbildern ab.
- *Mittel*
  Die Wahl der richtigen Mittel zur Zielerreichung hängt nicht nur von dem Aspekt der praktischen Klugheit, Eignung und Zweckmäßigkeit ab, sondern enthält auch eine Wertdimension. Um grundsätzlich moralisch handlungsfähig zu sein, benötigt der Handlungswillige als notwendige Voraussetzung ein Mindestmaß an Freiheit, sich Ziele zu stecken und erfolgversprechende Mittel einzusetzen, soll teleologisches (zweckrationales) Handeln nicht Wunschdenken bleiben. Fragwürdig und klärungsbedürftig erscheint jedoch, ob beim konkreten aktuellen Handlungsvollzug der Zweck das Mittel heiligt. In der kontrovers geführten Diskussion über die Ziel-Mittel-Relation findet der Grundsatz der Verhältnismäßigkeit der Mittel bei Vertretern der angewandten Ethik weitgehend Zustimmung.
- *Motiv*
  Da handlungsauslösende Beweggründe bzw. Motive unterschiedlichster Art sein können und die moralische Qualität menschlichen Verhaltens beeinflussen, stellt sich die Legitimationsfrage. Nach Kant darf die Triebfeder des Sittlichen, der subjektive Bestimmungsgrund nur die Achtung vor dem Sittengesetz, das Pflichtbewusstsein als Gesetzgebung der sittlich autonomen Vernunft sein, das von keiner sinnlichen Neigung und keinem egoistischen Vorteilsdenken getrübt wird.
- *Folgen*
  Für die vorhersehbaren, tatsächlich eintretenden Folgen ihres Tuns und Lassens hat die betreffende Person Verantwortung zu tragen im Sinne des Verursacherprin-

zips. Die Verantwortungszuschreibung auch auf zufällige oder nicht prognostizierbare Folgen auszudehnen, würde den Menschen moralisch überfordern und zur Handlungsunfähigkeit verurteilen. In Fällen, in denen die Folgen aus Gruppenaktivitäten oder gemeinschaftlichen Handlungsweisen resultieren, gilt der Grundsatz der sozialen Mitverantwortung.

- *Rahmenbedingungen*
  Auf ein Mindestmaß an äußerer und innerer Freiheit als Rahmenbedingung für sittliches Entscheiden und Handeln kann nicht verzichtet werden. Der Umstand, dass jemand nach reiflicher Überlegung oder im Affekt, freiwillig oder gezwungen, im Rauschzustand oder im Irrtum handelt, über günstige oder keine Handlungsalternativen verfügt, wirkt sich entsprechend auf die Handlungsbewertung aus.

Auf dem Menschenbild des Christentums und der Aufklärung basiert der Grundsatz: Gegen sein eigenes Gewissen darf niemand zum Handeln gezwungen werden. Was aber, wenn dringender Handlungsbedarf besteht, das Gewissen jedoch noch nicht das erforderliche Maß an Gewissheit erlangt hat?! In Anlehnung an den Begriff der provisorischen Moral von R. Descartes (Discours de la méthode 1637) handelt eine Person moralisch korrekt, wenn sie zwar nur den Erkenntnisgrad der Wahrscheinlichkeit erreicht hat, aber ein Nichthandeln irreversible, schlimmste Schäden verursachen würde.

Aus der Professionalität methodischer Vorgehensweisen erklärt sich das Qualitätsgefälle ethischer Urteilssätze.

Auch an das Subjekt der urteilenden Person sind Anforderungen zu stellen:

- Nach Aristoteles soll sich bei der Bildung und Begründung eines Urteils die Person in einem besonnenen Zustand der Mitte, die Empathie mit der nötigen inneren Distanz verbindet, befinden. Die Position der Mitte hat nichts mit einem faulen Kompromiss zu tun, sondern grenzt sich einerseits gegen ein fanatisch erhitztes Fixiertsein bzw. Voreingenommensein und andererseits gegen Desinteresse bzw. eine Verweigerungshaltung ab.
- Der ethisch Urteilende muss sich selbst und anderen gegenüber aufrichtig sein. Damit erweist sich als unvereinbar eine Doppelmoral, eine Diskrepanz zwischen Wort und Tat.
- Die betreffende Person muss ihre bei verschiedenen Gelegenheiten abgegebenen Stellungnahmen miteinander in Einklang bringen, zu einem widerspruchsfreien System fügen, das andere rational nachvollziehen können.

Die praktische Bedeutung des Verhältnisses von Recht und Ethik für den Polizeibeamten wie für den Bürger lässt sich exemplarisch an der Verpflichtung zum Gesetzesgehorsam verdeutlichen. Aus der Gewährleistung der Rechtsordnung für ein humanes Zusammenleben in Freiheit und Rechtssicherheit leitet sich die Legitimation der Gehorsamspflicht ab. Nach Art. 20 Abs. 4 GG steht allen Deutschen das Recht zum Widerstand gegen jeden zu, der es unternimmt, die verfassungsmäßige Ordnung zu beseitigen (vgl. 38.). Goethe (Maximen und Reflexionen Nr. 832) betont den Vorrang des Gesetzes mit den Worten: „Es ist besser, es geschehe dir Unrecht, als die Welt sei ohne Gesetz. Deshalb füge sich jeder dem Gesetz." Sein Urteilssatz, der den heutigen Zeitgeist fremd anmutet, findet eine Erklärung in der Prämisse: „Alle

Gesetze sind Versuche, sich den Absichten der moralischen Weltordnung im Welt- und Lebenslaufe zu nähern." (ebd. Nr. 831). Die Rechtsloyalität des Polizisten lässt sich, von dem Legalitätsprinzip einmal abgesehen, unter folgenden Wertaspekten betrachten:

- Der Polizeivollzugsbeamte als Normanwender ist befugt, in die Grundrechtssphäre des einzelnen Bürgers einzugreifen. Sein dienstliches Handeln prägen – bewusst oder unbewusst – die amtlichen Rechtsnormen, die inoffiziellen Normen des Kollegenkreises und seine persönliche Wertsicht. Um seine Amtsbefugnisse nicht zu überschreiten, braucht der Polizeibeamte eine persönlich gefestigte, differenzierte, grundgesetzkonforme Werteinstellung. Denn bei jedem dienstlichen Einschreiten hat er Art. 1 GG, das Achtungs- und Schutzgebot der Menschenwürde, sinnvoll zur Geltung zu bringen (vgl. 8.), anstatt bloß die einschlägigen Einzelgesetze sturmechanisch anzuwenden. Das Recht als Zwangsnorm kann seinen Legitimationsanspruch nur geltend machen aufgrund seines unverzichtbaren Dienstes am Gemeinwohl. Ad-hoc-Entscheidungen mit ihren z. T. irreversiblen Folgen setzen beim Polizisten ein klares Wertebewusstsein und gewissenhaftes Güterabwägungsvermögen voraus. Mit der eidlichen Verpflichtung, Gerechtigkeit gegen jedermann zu üben (vgl. 5.), kollidiert eine selektive Rechtsanwendung. Wenn ein Beamter die Ausübung seiner Definitionsmacht, die über den Tatbestand eines Gesetzesverstoßes entscheidet, von der Beschwerdemacht des Gegenüber abhängig macht, leidet der Gleichheitsgrundsatz aller vor dem Gesetz gem. Art. 3 GG.
- Der Prozess der Gesellschaftsveränderung und des Wertewandels wirkt sich auf das Normenverständnis der Bevölkerung und der Polizei aus. Angesichts der Pluralität der Werteinstellungen wäre die Annahme trügerisch, polizeilich einwandfreies Einschreiten könne mit der ungeteilten Zustimmung aller Bürger rechnen. Andererseits genügt eine lediglich formal korrekte Dienstausübung des Polizeibeamten nicht. Denn um sich v. a. in turbulenten Umbruchsphasen und Krisenzeiten auf seine engsten Mitarbeiter verlassen zu können, braucht der Rechtsstaat als Dienstherr die Gewähr, dass sich seine Beamten aus voller Überzeugung für den Bestand der Grundrechtsordnung engagieren. Die lautlose Dünenwanderung des Rechts und die dienstlich permanente Konfrontation mit Gesetzesverstößen der Bürger hinterfragt kritisch das Normenverständnis des Polizeivollzugsbeamten. Daher ist die Vorstellung von der Polizei als Oase der Wertbeständigkeit und Fels der Rechtssicherheit realitätsfremd. Als illusorisch erweist sich auch die Annahme, die allgemein nachlassenden Moralkräfte durch das Gesetz kompensieren zu können. All das unterstreicht die Bedeutung der verfassungsgemäßen Wertevermittlung in der polizeilichen Aus- und Fortbildung, um Irritation, Orientierungslosigkeit und Handlungsunsicherheit beim einschreitenden Polizeibeamten zu vermeiden. Um den mündigen Staatsbürger nicht seiner Eigenverantwortlichkeit zu entheben, müssen Gesetze auf eine notwendige Anzahl begrenzt bleiben und ihre Texte inhaltlich verständlich abgefasst sein. Ebenso hätte ein exzessiver Trend zur normativen Regelungsdichte zur Folge, die Freiräume für selbstverantwortliche Entscheidungen und Handlungsweisen des einzelnen Vollzugsbeamten ungebührlich einzuschränken. Abträglich und kontraproduktiv für den sozialen Frieden in unserer pluralen Gesellschaft wäre auch eine rein subjektiv-voluntaristische Auffassung und Anwendung des Gesetzes, denn die

würde allenfalls einer fragwürdigen Selbstlegitimation des einzelnen Polizeibeamten dienen.

- Das Polizeiethos verlangt jedem Beamten ab, sich für die Aufrechterhaltung der Sicherheit gewährleistenden Rechtsordnung einzusetzen und zugleich Verständnis aufzubringen für eine Freiheit und Humanität fördernde Weiterentwicklung der Rechtsnormen. Indem die Polizei darauf achtet, dass die verbindlichen Grundregeln unseres demokratischen Gemeinschaftslebens eingehalten werden, ermöglicht sie den ständigen Prozess der historisch bedingten Rechtsausformung in unserer pluralen Gesellschaft. Insofern Polizeibeamte auf beständige, unparteiische Weise dafür sorgen, dass in unserem Land Recht Recht bleibt, schuldet ihnen unsere Bevölkerung Respekt und Vertrauen. Wie geschichtliche Erfahrungen belegen, hängt die Existenz eines freiheitlich-sozialen Rechtsstaates in entscheidendem Maße von loyalen integeren Polizeibeamten ab, wobei deren wirtschaftlich wie sozial unabhängiger Status einen nicht zu vernachlässigenden Faktor darstellt.
- Die ordnungsgemäße Rechtsanwendung weist den Vollzugsbeamten in seine Schranken, wenn das Jagdfieber mit ihm durchzugehen droht. Fühlt sich ein Kriminalbeamter, der viel Zeit, Kraft und Ehrgeiz in die Aufklärung einer strafbaren Handlung investiert hat, von einem in seinen Augen viel zu laschen, ungerechten Gerichtsurteil frustriert und in seiner Rechtsauffassung provoziert, bedürfen seine Maßstäbe des Rechts und der Gerechtigkeit, ebenso sein Berufsverständnis einer kritischen Überprüfung. Der Anforderung an den Polizisten, auf die Besonderheit des konkreten Einzelfalles gebührend Rücksicht zu nehmen, ohne die Gerechtigkeitsmaxime zu verletzen, zeigt sich ethische Kompetenz gewachsen. Wenn jedoch parteipolitische Interessen und sachfremde Erwägungen den Entscheidungsfindungsprozess des Beamten leiten, verliert die Polizei als neutrale Schützerin des Rechts verständlicherweise an Vertrauen und Akzeptanz.
- Im Rahmen des gesellschaftlichen Wertewandels könnte der Fall eintreten, dass die Bevölkerung der Bundesrepublik Deutschland mit überwältigender Mehrheit wesentliche, auch unveränderbare Wertgüter des Grundgesetzes nicht mehr akzeptiert. Eine solche Entwicklung, die das Fundament unseres demokratischen Rechtsstaates erschüttern würde, würde die Polizei in einen Prinzipienkonflikt stürzen. Wären die Polizeibeamten rechtlich verpflichtet und ethisch legitimiert, notfalls mit Gewalt die Grundrechtsordnung – gegen den ausdrücklichen Willen der Majorität – aufrechtzuerhalten? Diese Frage dürfte sich weder in theoretischer noch in praktischer Hinsicht zufriedenstellend beantworten lassen. Denn der Grundkonsens, die freie Übereinstimmung der Bevölkerung in Wertansichten, stellt die conditio sine qua non für eine rechtsstaatliche Demokratie dar.

Literaturhinweise:

Pieper, A.: Einführung in die Ethik. Tübingen, Basel [5]2003. – Pauer-Studer, H.: Einführung in die Ethik. Wien 2003. – Fischer, P.: Einführung in die Ethik. München 2003. – Prodi, P.: Eine Geschichte der Gerechtigkeit. München 2003. – Guss, K.: Willensfreiheit oder: Beruht das deutsche Strafrecht auf einer Illusion? Borgentreich 2003. – Alberts, H.-W.: Ethik für Polizeibeamte, in: P & W 1/2003; S. 2ff. – Bayertz, K. (Hg.): Warum moralisch sein? Paderborn u. a. 2002. – Kühl, K.: Recht und Moral, in: HbE; S. 469ff. – Brieskorn, N.: Rechte, in: HbE; S. 469ff. –

Horn, C.: Art. „Güterabwägung“, in: HbE; S. 385 ff. – Böckenförde, E.-W.: Geschichte der Rechts- und Staatsphilosophie. Tübingen 2002. – Engländer, A.: Diskurs als Rechtsquelle? Zur Kritik der Diskurstheorie des Rechts. Tübingen 2002. – Horster, D.: Rechtsphilosophie. Hamburg 2002. – Horn, N.: Einführung in die Rechtswissenschaft und Rechtsphilosophie. Heidelberg [2]2001. – Dux, G./Welz, F.: Moral und Recht im Diskurs der Moderne. Opladen 2001. – Mayer-Maly, T.: Rechtsphilosophie. Wien 2001. – Seelmann, K.: Rechtsphilosophie. München [2]2001. – Braun, J.: Rechtsphilosophie im 20. Jahrhundert. München 2001. – Horen, T./Stallberg, C.: Grundzüge der Rechtsphilosophie. Münster 2001. – Franke, S.: Ethische Reflexionen über Zugriffe mit erkennbar hohem Risiko durch Spezialeinheiten der Polizei, in: DP 6/2001; S. 173 ff. – Anzenbacher, A.: Einführung in die Ethik. Düsseldorf [2]2001. – Ott, K.: Moralbegründungen zur Einführung. Hamburg 2001. – Zachert, H.-L.: Berufsethische Aspekte polizeilicher Arbeit, in: Kriminalistik 12/2001; S. 780 ff. – Sprenger, G.: Recht und Werte, in: Staat 1/2000; S. 1 ff. – Wolff, H. A.: Ungeschriebenes Verfassungsrecht unter dem Grundgesetz. Tübingen 2000. – Haselow, R.: Die Umsetzung von Normen in der Organisations- bzw. Verwaltungswirklichkeit. Greven 2000. – Sprenger, G.: Recht und Werte, in: Staat 1/2000; S. 1 ff. – Naucke, W.: Rechtsphilosophische Grundbegriffe. Neuwied [4]2000. – Wesel, U.: Geschichte des Rechts. München [2]2000. – Kutschera, F. v.: Grundlagen der Ethik. Berlin, New York [2]1999. – Radbruch, G.: Rechtsphilosophie (Studienausgabe). Hg. v. Dreier, R./Paulson, S. L. Heidelberg 1999 (1914). – Huber, W.: Gerechtigkeit und Recht. Gütersloh [2]1999. – Rohlfs, J.: Geschichte der Ethik. Tübingen [2]1999. – Steigleder, K.: Grundlegung der normativen Ethik. Freiburg, München 1999. – Ellscheid, G.: Rechtsethik, in: Pieper, A./Thurnherr, U. (Hg.): Angewandte Ethik. München 1998; S. 134 ff. – Habermas, J.: Faktizität und Geltung. Frankfurt a. M. [5]1997. – Ricken, F.: Allgemeine Ethik. Stuttgart [3]1998. – Kaufmann, A.: Rechtsphilosophie. München [2]1997. – Heitmann, S.: Verfassung und Moral, in: Fikentscher u. a.: Wertewandel – Rechtswandel. Gräfeling 1997. – Brugger, W.- (Hg.): Legitimation des Grundgesetzes aus Sicht von Rechtsphilosophie und Gesellschaftstheorie. Baden-Baden 1996. – Pforten, D. v. d.: Rechtsethik, in: Nida-Rümelin, J. (Hg.): Angewandte Ethik. Stuttgart 1996; S. 200 ff. – Schockenhoff, E.: Naturrecht und Menschenwürde. Mainz 1996. – Naucke, W.: Rechtsphilosophische Grundbegriffe. Neuwied u. a. [3]1996. – Beck-Mannagetta, M. u. a. (Hg.): Der Gerechtigkeitsanspruch des Rechts. Wien, New York 1996. – Rawls, J.: Eine Theorie der Gerechtigkeit (Übers.). Frankfurt a. M. 1996 (1975). – Conrad, H.: Zwischen Gesetz und Gewissen, in: P-h 1/1996; S. 6 ff. – Höffe, O.: Kategorische Rechtsprinzipien. Frankfurt a. M. [2]1995. – Kaufmann, A,/Hassemer, (Hg.): Einführung in die Rechtsphilosophie und Rechtstheorie der Gegenwart. Heidelberg, Karlsruhe [6]1994. – Zippelius, R.: Rechtsphilosophie. München [3]1994. – Gil, T.: Ethik. Stuttgart u. a. 1993. – Rüthers, B.: Das Ungerechte an der Gerechtigkeit. Osnabrück [2]1993. – Coing, H.: Grundzüge der Rechtsphilosophie. Berlin, New York [5]1993. – Stolle, M.: Sozialstruktureller Wandel, Pluralisierung der Normen und das Handeln der Polizei, in: PFA-SB „Aktuelle gesellschaftlliche Entwicklungen und ihre Einflüsse auf die Polizei“ (25.–28. 1. 1993); S. 21 ff. – Luhmann, N.: Das Recht der Gesellschaft. Frankfurt a. M. 1993. – Herberger, M. u. a.: Art. „Recht“, in: HWPh Bd. 8; Sp 221 ff. – Grawert, R.: Art. „Recht, positives; Rechtspositivismus“, in: HWPh Bd. 8; Sp. 233 ff. – Lisken, H. F.: Recht und Ethik, in: FE & BE 1/1992; S. 9 ff. – Lee, A.: Do we need a Code of Ethics?, in: Policing 8/1992; 172–184. – Steigleder, K.: Die Begründung moralischen Sollens. Tübingen 1992. – Strömholm, S.: Kurze Geschichte der abendländischen Rechtsphilosophie. Göttingen 1991. – Brieskorn, N.: Rechtsphilosophie. Stuttgart 1991. – Müller-Dietz, H.: Recht und Moral. Baden-Baden 1991. – Böckenförde, W.: Recht, Staat, Freiheit. Frankfurt a. M. 1991. – Heimbach-Steins, M. (Hg.): Naturrecht im ethischen Diskurs. Münster 1990. – Tanner, K.: Ethik und Naturrecht – eine Problemanzeige, in: ZEE 1990; S. 51 ff. – Schrey, H.-H.: Einführung in die Ethik. Darmstadt [3]1988. – Bender, W.: Ethische Urteilsbildung. Stuttgart u. a. 1988. – Höffe, O.: Politische Gerechtigkeit. Frankfurt a. M. 1987. – Funk, A.: Polizei und Rechtsstaat. Frankfurt a. M. 1986. – Jüssen, G. u. a.: Art. „Moral, moralisch, Moralphilosophie“, in: HWPh Bd. 6; Sp. 149 ff. – Richthofen, D. v. (Hg.): Berufsethos für Beamte. Gelsenkirchen 1984. – Wolf, E. u. a.: Art. „Naturrecht“, in: HWPh Bd. 6; Sp. 560 ff. – Ilting, K.-H.: Naturrecht und Sittlichkeit. Stuttgart 1983. – Patzig, G.: Ethik ohne Metaphysik. Göttingen ²1983. – Habermas, J.: Moralbewußtsein und kommunikatives Handeln. Frankfurt a. M. 1983. – Gründel, J. (Hg.): Recht und Sittlichkeit. Freiburg (Schweiz) 1982. – Dreier, R.: Recht – Moral – Ideologie. Frankfurt a. M. 1981. – Robbers, G.: Gerechtigkeit als Rechtsprinzip. Baden-Baden 1980. – Larenz, K.: Richtiges Recht. Grundzüge einer Rechtsethik. München 1979. – Höffe, O.: Bemerkungen zu einer Theorie sittlicher Urteilsfindung (H. E. Tödt), in: ZEE 1977; S. 81 ff. – Gorschenek, G. (Hg.): Grundwerte in Staat und Gesellschaft. München 1977. – Isensee, J.: Demokratischer Rechtsstaat und staatsfreie Ethik, in: Essener Gespräche zum Thema Staat und Kirche (11). Hg. v. Krautscheidt, J./Marré, H. Münster 1977; S. 92 ff. – Ritter, J. u. a.: Art. „Ethik", in: HWPh Bd. 2; Sp. 759 ff. – Hart, H. L. A.: Recht und Moral. Göttingen 1971. – Blühdorn, J./Ritter, J. (Hg.): Recht und Ethik. Frankfurt a. M. 1970. – Maihofer, W. (Hg.): Naturrecht oder Rechtspositivismus? Darmstadt 1966. – Werner, H.-U.: Sitte, Moral und Recht als Grenzen des polizeilichen Einsatzes, in: DP 4/1960; S. 102 ff. u. DP 5/1960; S. 133 ff. – Kelsen, H.: Reine Rechtslehre. Wien ²1960 (Leipzig, Wien 1934).

10. Belastung, Stress und Konfliktbewältigung im Polizeidienst

Der Ausdruck Konflikt (lat. confligere = zusammenstoßen, streiten, kämpfen) bezeichnet ein hinlänglich bekanntes Phänomen vielfältiger Auseinandersetzungen, Polarisierungen, Streitereien und Kämpfe mit unterschiedlichster Austragungsintensität in unserer Kulturgeschichte, obwohl der Terminus erst in der Mitte des 19. Jh. stärkere Beachtung findet (Dallmann 2001, Mey/Graumann 1976). Eine Vorreiterfunktion hat die politische Ökonomie übernommen, die den Konfliktbegriff in Relation zu dem Markt setzt. Nach dem Gesetz des Marktes gehen die unterschiedlichste Wirtschaftsinteressen vertretenden Konkurrenten zivilisiert, zweckrational miteinander um und vermehren dadurch den allgemeinen Wohlstand. K. Marx dagegen verwendet Konflikt synonym mit Widerspruch zwischen gesellschaftlichen Produktionskräften und Produktionsverhältnissen. Unter dem Einfluss des sozialdarwinistischen Konkurrenzbegriffes stellen T. N. Carver und M. Weber die soziologische Konflikttheorie auf, der zufolge Streit und Konflikt die Antriebskräfte für gesellschaftliche Wandlungsprozesse und sozialpolitische Innovationen bilden, sofern verbindliche Regeln eingehalten werden. Nach dem 2. Weltkrieg dominieren strukturfunktionalistische Konfliktmodelle, die in der Institutionalisierung der Meinungskämpfe die Voraussetzung für den gesellschaftlichen Fortschritt erblicken und damit das traditionelle Konzept vom Klassenkampf ablösen. In der Psychologie ist es K. Lewin, der mit seiner Feldtheorie die Möglichkeiten zur Umstrukturierung seelischer Energien aufzeigt und eine Konflikttypologie (Appetenz-Appetenz-Konflikt, Aversion-Aversions-Konflikt, Appetenz-Aversions-Konflikt) entwickelt. Andere psychologische Konflikttheorien, die von einem mechanistischen Verständnis seelischer Kräfte ausgehen, zielen darauf ab, Konfliktstärke und Konfliktverhalten zu prognostizieren. In der Psychoanalyse vertritt S. Freud einen konfliktträchtigen Antagonismus zwischen Libido und Realität, Lebens- und Todestrieb. Gelingt es dem Menschen nicht, Es, Ich und Überich in Einklang zu bringen, entstehen Neurosen und Konflikte mit pathogenen Merkmalen. Obwohl Bedenken gegen die wissenschaftliche Brauchbarkeit der Konflikttheorien, etwa der Zweifel an deren Problemlösungsfähigkeit oder der Hinweis auf die Unvereinbarkeit der unterschiedlichsten Konfliktmodelle, nicht verstummen, hat die machtpolitisch und militärstrategisch orientierte Konflikt- und Friedensforschung – besonders auf internationaler Ebene – an Bedeutung gewonnen. Gleichwohl vermag die begriffliche Analyse, die sich auf die verschiedenartigen Formen, Entstehungsbedingungen und Funktionen bezieht, einen vertieften Einblick in komplexe Konfliktvorgänge zu verschaffen.

Abgesehen von dem grundsätzlichen Streit darüber, warum man überhaupt moralisch sein soll oder nicht, artikuliert die Ethik den Konflikt in drei Varianten (Horn 2002):

- Die Form eines Anwendungskonfliktes liegt vor, wenn keine Klarheit darüber herrscht, ob bzw. inwieweit sich ein ethisch anerkanntes Prinzip auf eine reale, komplexe Situation übertragen lässt oder nicht.

- Um einen Prinzipien- oder Wertkonflikt bzw. eine Pflichten- oder Normenkollision handelt es sich, wenn sich mehrere Maximen oder normative Verbindlichkeiten als inkompatibel und als gleichzeitig nicht praktikabel erweisen. Davon zu unterscheiden bleibt die Konfliktmethode im ethischen Diskurs, die sich dazu eignet, den Geltungsanspruch kollidierender Normen kritisch zu prüfen.
- Ein Rollen-, Loyalitäts- oder Interessenkonflikt äußert sich z. B. darin, dass sich ein Mensch zwischen seinen Pflichten und Neigungen nicht entscheiden kann oder ein Polizeibeamter bei einer Demonstration Dienst verrichten muss, obwohl er persönlich am liebsten mit den Demonstranten für deren Ziele mitmarschieren würde.

Aus ethischer Sicht erscheint der Konflikt ambivalent. In unseren heutigen, komplexen Gesellschaftssystemen findet das Modell der prästabilisierten Harmonie von G. W. Leibnitz wenig Beachtung, geschweige denn Zustimmung. Allenfalls bieten anthroposophische, esoterische und fernöstliche Spiritualitätsformen einen individuellen Schutzraum vor disparaten Lebensentwürfen und dissonanten Weltbildern. Die moralische Qualität eines Konfliktes lässt sich anhand einer sachlichen Abwägung und sorgfältigen Beurteilung der Zwecke bzw. Ziele (Interessenansprüche, Wertüberzeugungen), Motive (Verständigungswille, Polarisierungsabsicht), Mittel (Gewaltanwendung, Verhandlungsweg, Beratungsdienste), Umstände (Machtverhältnisse, Abhängigkeiten, Zustandsbefindlichkeiten) und Folgen (gesundheitliche, wirtschaftliche, rechtliche Nachteile bzw. Vorteile) ermitteln. Ethisch kommt es darauf an, die destruktiven Formen der Konfliktaustragung durch konstruktive zu ersetzen. Als konstruktive Lösungsansätze haben sich in unserer Kulturgeschichte Toleranz, fairer Kompromiss, Konsens und Recht bewährt.

Die sozialethische Konfliktanalyse von A. Honneth (1992) präsumiert eine Diskrepanz zwischen gesellschaftlicher Anerkennung und persönlicher Identitätsbildung. Die Disparität der Gesellschaftsmitglieder untereinander zu überwinden vermag die soziale Wertschätzung, die in den Formen der Liebe, des Rechts und der Solidarität erfolgt und somit zu einem erfüllten Menschenleben verhilft. Nach Honneth bewirken die verschiedenen Arten verweigerter Anerkennung ein moralisches Unrechtsempfinden, das sich in politischem Protest und Widerstand Gehör und Geltung verschafft. Inwiefern allerdings in unserer alltäglichen Wirklichkeit eine reziproke Wertschätzung im Stande ist, eine allgemeine Wertschätzung und ein einvernehmliches Zusammenleben zu gewährleisten, ohne die Hilfe institutioneller Vermittlungstätigkeit in Anspruch zu nehmen, dürfte fraglich bleiben.

Polizeibeamte selber empfinden ihren Vollzugsdienst unterschiedlich konfliktträchtig, stressig und belastend. Ungeachtet privater und familiärer Probleme erlebt der Beamte psychische Belastungen überwiegend in folgenden Bereichen (Schilf 2002, Ohlemacher u. a. 2002, Eggers 1999):

- Schwierige Interaktionen zwischen Polizei und Bevölkerung (z. B. irreale Erwartungen und Ansprüche eines Bürgers an den Streifenbeamten)
- Diensteinsätze, die mit einem hohen Gefahrenpotenzial verbunden sind oder für die handlungsstabilisierende Verhaltensmuster fehlen (unvorhergesehene Einsätze ohne ausreichende Informationen, Verfolgungsfahrten)
- Innerorganisatorische Spannungen (schlechtes Betriebsklima, Ärger mit dem Vorgesetzten).

Die subjektiven Belastungseinschätzungen hängen von verschiedenen Einflussfaktoren ab, z. B. von individuellen Belastungsunterschieden, schädlichen Auswirkungen dienstlicher Tätigkeiten, gesellschaftlichen Wertungen und negativen Presseberichten. Diesen Umstand gilt es bei der Auswertung von Umfrageergebnissen zu berücksichtigen. Nach eigenen Angaben zählen Polizisten zu den besonders belastenden Diensttätigkeiten Schusswaffengebrauch, Hausdurchsuchung nach gefährlichen Gewalttätern, Prüfungen, Übermittlung einer Todesnachricht, Verkehrsunfall mit Toten und eigene Unfallverletzung im Dienst (Spiegelhalter 1996, Scheler 1982). In einer Umfrage, deren Belastungsaspekte sich auf eine mittlere Häufigkeit und subjektiv eingeschätzte Intensität beziehen, rangieren auf den vorderen Plätzen (Wagner 1996): Umgang mit aggressiven Personen, Schreibkram, Konflikte mit Kollegen und Vorgesetzen, plötzliche Einsätze und Organisationsmängel. Nach Umfrageergebnissen, deren Bewertungsindizes sich auf die Häufigkeit, die selber eingeschätzte Schwierigkeit und Belastung eines Polizeireviers stützen (Wössner 1997), ergibt sich folgende Randordnung: Umgang mit Angehörigen von Verletzten oder Getöteten, Umgang mit Nervenkranken, Umgang mit suizidalen Personen, Widerstandshandlungen, Umgang mit Gewalttätern, Erste Hilfe nach Verkehrsunfällen und Festnahme auf frischer Tat. Insbesondere junge Polizeibeamte geben im Zusammenhang mit gewalttätigen Demonstrationen folgende Belastungsfaktoren an (Eckert 1987): Einbußen an Freizeit und daraus resultierende Probleme für das Privatleben, ungünstige Einsatzbedingungen, Dauer und Schwierigkeit der Einsätze. Extrem belastend finden Polizisten ihre Tätigkeiten in Grenzsituationen, z. B. Übermittlung von Todesnachrichten, Suizidversuche, Schusswaffengebrauch mit irreversiblen Folgen, Einsatz bei schweren Verkehrsunfällen und Katastrophen.

Konflikte im Polizeialltag sind so sicher wie das Amen in der Kirche. Denn polizeiliches Handeln, das den gesetzlichen Auftrag der Gefahrenabwehr und Strafverfolgung zu erfüllen hat, greift – besonders spürbar in der Form von Realakten bzw. Tathandlungen (Rachor 2001) – in die Grundrechte des Bürgers ein. Rechtsethisch zu fragen gilt, inwieweit der betroffene Bürger eine Duldungspflicht gegenüber polizeilichen Maßnahmen hat. Als verbindlicher Wertmaßstab kommt nicht das praktische Bedürfnis oder der Effizienzgedanke polizeilichen Handelns, sondern eine ausgewogene Relation zwischen der hoheitlichen Gewaltanwendung zwecks Sicherheitsgewährleistung und dem Individualanspruch auf Grundrechtsschutz vor staatlichen Übergriffen in Betracht. Anders dürfte eine plurale rechtsstaatliche Demokratie mit all ihren Spannungen und Auseinandersetzungen nicht funktionieren. In den Verantwortungsbereich jedes einzelnen Polizeibeamten fällt es, nur die Dienstanweisungen auszuführen und Tätigkeiten zu verrichten, deren Rechtmäßigkeit er vorher geprüft hat. Ferner hat der einschreitende Polizist darauf zu achten, von sich aus nicht unnötig Konflikte zu verursachen oder zu verschärfen. Ein weites Spannungsfeld betritt z. B. ein Streifenbeamter, wenn der angehaltene Falschfahrer keine Einsicht in sein normwidriges Verhalten zeigt, die angekündigten Sanktionsmaßnahmen nicht akzeptiert und sich durch das Sprechverhalten und Auftreten des Beamten provoziert fühlt. Ein Wort gibt das andere und schnell kommt es zu Widerstandshandlungen gegen den Vollstreckungsbeamten. Der Anblick einer martialischen Polizeiausrüstung kann Demonstranten aggressiv stimmen und zu erhöhter Gewaltbereitschaft verleiten. Alters- und Bildungsunterschiede können bei Interaktionspartnern leicht zu Irritationen, Missverständnissen und Stressreaktionen führen. Beim Durchsuchen einer Wohnung nach Beweisgegenständen zeigen sich die Betroffenen vielfach verärgert, gereizt und abweisend. Versuchen Polizisten bei einem Familienstreit oder einer Wirtshausschlägerei zu schlichten, solidarisieren sich die Kontrahenten nicht selten gegen die als Störenfried geltende Polizei. Von bürgerfreundlichen professionellen Polizeibeamten, die berufsbedingt mit Konflikten zu tun haben, kann verlangt werden, dass sie sensibel sind für die Reaktionen, die ihr Einschreiten beim Gegenüber auslöst, trotz irrationaler, aggressiver Verhaltensweisen des Interaktionspartners nicht die Kontrolle über sich und die Einsatzlage verlieren und die Einsatzmaßnahmen korrekt durchführen. Unter dem Aspekt der Eigensicherung erscheint Wachsamkeit geboten, besonders in den Einsatzfällen, in denen sich die Gefahrenmomente nicht genau erkennen lassen.

Zu den Schlüsselqualifikationen des Polizeivollzugsbeamten gehört die Konfliktlösungskompetenz. Die Professionalität polizeilicher Konflikthandhabung beinhaltet weniger die restlose Beseitigung eines Konfliktfalles, sondern eher das frühzeitige Erkennen von Konfliktsituationen und deren deeskalierende Regelung. Ein solcher Ansatz gewaltreduzierender Konfliktregelung ist an bestimmte Voraussetzungen gebunden. So müssen die Interaktionspartner, der Vollzugsbeamte und sein Gegenüber, den guten Willen zur Kooperation und zum Konsens mitbringen, ohne dabei gegen geltendes Recht zu verstoßen. Als günstig erweisen sich Konstellationen, in denen das Opportunitätsprinzip gilt; denn sie eröffnen dem Beamten einen Ermessensspielraum, den er zur Wahl verschiedener Verhaltensweisen nutzen kann. Im Unterschied dazu kennt das Legalitätsprinzip den Gedanken des pflichtgemäßen Ermessens nicht. Die lobenswerte Absicht der Konfliktparteien zur einvernehmlichen Lösung in die Tat umzusetzen, dazu bieten psycho-soziale Techniken wertvolle Anregungen und praktische Hilfen. Auch wenn derzeit kein ideales Konzept der Konfliktlösung vorliegt, da sie nach den individuellen Ressourcen und jeweiligen Konfliktsituationen variiert, bieten verschiedene Modelle von Supervisionskursen, Verhaltenstrainingsseminaren und Konfliktbewältigungstrainings Fähigkeiten zur Frustrationstoleranz, zum Stressabbau und zur Selbstkontrolle an. Allerdings erweist sich das deeskalierende, defensive Einsatzmodell als unbrauchbar und kontraproduktiv, wenn das Gegenüber den Polizeibeamten brutal, heimtückisch angreift oder eine Konfliktlage derart eskaliert, dass offensive Gewaltmaßnahmen der Polizei unumgänglich werden, um die Rechtssicherheit und den sozialen Frieden herzustellen. Mit dem Konfliktlösungsmittel der Mediation (lat. mediatio = friedliche Vermittlung) als einer außergerichtlichen Streitbeilegung dürfte der Exekutivbeamte nicht allzuviel anfangen können. Denn das Legalitätsprinzip normiert verbindlich polizeiliches Handeln, und fraglich bleibt, inwieweit die Berufsqualifikation eines Polizisten den fachlichen Anforderungen eines Mediators genügt. Allenfalls eröffnen sich der Mediation Anwendungsmöglichkeiten im innerorganisatorischen Bereich, z. B. bei Spannungen zwischen dem Vorgesetzten und seinem Mitarbeiter oder bei Streitereien unter Dienstkollegen, vorausgesetzt, dass Freiwilligkeit und Vertraulichkeit gewahrt bleiben.

Seiner Fürsorgepflicht kommt der Dienstvorgesetzte nach, wenn er Mitarbeitern nach extrem belastenden Berufsereignissen personengemäße, situationsangemessene Beratungs- und Hilfsangebote macht. Die Institutionalisierung der Betreuungskonzepte und Interventionsprogramme hat in den Bundesländern unterschiedliche Gestalt angenommen. Bei den institutionalisierten Konflikthandhabungsprojekten schwingen Wertfragen mit, die der Präzisierung bedürfen. Da nicht jede Stress- und Belastungsreaktion pathogene Züge annimmt, steht ethisch zur Klärung an, wer nach welchen Kriterien den Bedarf an Krisenintervention definiert (Franke 2000). Nach dem Menschenbild der Autonomie befindet zunächst einmal der betroffene Polizeibeamte selber, in welchem Maße ihn Dienstereignisse belasten und inwiefern er Hilfe braucht. Diese subjektive Deutung ist durch objektive Kriterien in Form von Verhaltensänderungen und Verhaltensauffälligkeiten zu ergänzen. Anhand derartiger Beobachtungen lassen sich Rückschlüsse auf den Intensitätsgrad des Konflikterlebens und den Bedarf sowie die Art geeigneter Hilfsmaßnahmen ziehen. Wie Erfahrungen zeigen, hängt der Stellenwert institutionalisierter Krisenintervention von einem Deutungskontext ab, in dem den betroffenen Beamten kein Makel persönlicher Schwäche bzw. individuellen Versagens anhaftet und das klischeehafte Motto „Ein Polizeibeamter hat keine Probleme, er hat Probleme zu lösen" keine allgemeine Zustimmung findet. Bei einer Krisennachbereitung in Gruppenform kann aus ethischer Sicht nicht auf das Prinzip der Freiwilligkeit verzichtet werden, ebenso wenig auf den Grundsatz der Vertraulichkeit und Verschwiegenheit, der allerdings mit dem Legalitätsprinzip kollidieren kann. Von den Krisenhelfern (Arzt, Psychologe, Geistlicher, Konfliktbewältigungstrainer) bleibt zu fordern, die Interventionsmaßnahmen nicht auf Techniken oder fachspezifische Einzelaspekte einseitig zu verkürzen, sondern die menschlichen, seelischen, emotionalen Faktoren in einem ganzheitlichen Bewältigungsprozess zu integrieren. So gebietet die Menschenwürde dem professionellen Helfer, die persönliche Integrität des Therapierten zu wahren, Hilfe zur Selbsthilfe zu leisten und die Arbeit mit Ressourcen auf die Stärkung des positiven Persönlichkeitspotenzials zu lenken. Die Redlichkeit und Seriosität des Intervenierenden zeichnet aus, die eigenen Leistungsgrenzen und beschränkten Wirkmöglichkeiten anzuerkennen und Situationen des Mitempfindens und Mitleidens mit dem Betroffenen auszuhalten. Dass die Thematik Konfliktfähigkeit und Konfliktlösungskompetenz einen festen Platz in der polizeilichen Aus- und Fortbildung einnimmt, dafür haben verantwortliche Führungskräfte zu sorgen.

Literaturhinweise:

Brenneisen, H. u. a.: Strukturell-professionelles Einsatzmanagement für besondere Belastungssituationen, in: dies. (Hg.): Ernstfälle. Hilden 2003; S. 295 ff. – Hallenberger, F. u. a.: Stress und Stressbewältigung im Polizeiberuf, in: P & W 3/2003; S. 36 ff. – Bock, O.: Das Betreuungskonzept für Polizeibeamte der Landespolizei Schleswig-Holstein. Frankfurt a. M. Jahr 2003. – Zielke, M. u. a. (Hg.): Das Ende der Geborgenheit. Lengerich 2003. – Schilf, C.: Projekt: Polizeiliche Konfliktarbeit, in: Bornewasser, M. (Hg.): Empirische Polizeiforschung III. Herbolzheim 2002; S. 162 ff. – Ohlemacher, T. u. a.: Polizei im Wandel (KFN). Hannover 2002. – Steinbauer, M. u. a.: Stress im Polizeiberuf. Frankfurt a. M. 2002. – PFA-SB „Psychische Belastungen im Polizeidienst" (7.–9. 10. 2002). – Hager, G.: Konflikt und Konsens. Tübingen 2001. – Dallmann, H.-U.: Art. „Konflikt, Konflikttheorie", in: ESL; Sp. 879 ff. – Flatten, G. u. a.: Posttraumatische Belastungsstörung. Stuttgart 2001. – Gasch, U. C.: Traumaspezifische Diagnostik von Extremsituationen im Polizeidienst. Berlin 2000. – Jain, A./Stephan, E.: Stress im Streifendienst: Wie belastet sind Polizeibeamte? Berlin 2000. – Hallenberger, F./Mueller, S.: Was bedeutet für Polizistinnen und Polizisten 'Stress'?, in: P & W 1/2000; S. 58 ff. – Franke, S.: Ethische Überlegungen zur Krisenintervention – Debriefing, in: Krisenvorsorge – Krisenberatung – Krisennachsorge. Anmerkungen zum Debriefing (Ergebnisse. Internat. Expertenhearing b. IM BW). Hg. v. Buchmann, K. E. (o. J.); S. 59 ff. – Eggers, R.: Belastungen im Polizeivollzugsdienst, in: PRPsy 1/1999; S. 31 ff. – Hermanutz, M.: Konflikte zwischen Polizei und psychisch kranken Menschen, in: PRPsy 1/1999; S. 67 ff. – Flückiger, B.: Der Polizeirapport von Polizeiarbeit, Burnout und Depressionen: mit 46 Jahren abgeschoben als menschlicher Firmenmüll. Spiez 1999. – Kempf, W. u. a.: Art. „Konflikt/Konfliktlösung“, in: LBE Bd. 2; S. 419 ff. – Crisand, E.: Methodik der Konfliktlösung. Heidelberg ^{2}1999. – Kellner, H.: Konflikte verstehen, verhindern, lösen – Konfliktmanagement für Führungskräfte. München, Wien 1999. – Zuschlag, B./Thielke, W.: Konfliktsituationen im Alltag. Göttingen ^{3}1998. – Gasch, U.: Polizeidienst und psychische Traumen, in: Kriminalistik 12/1998; S. 819 ff. – Hallenberger, F.: Polizeiliche Beanspruchung: Ein Plädoyer für polizeiliche Supervision, in: DP 5/1998; S. 150 ff. – Wössner, R.: Zum Anforderungsprofil für Streifenbeamte im Polizeidienst, in: DP 1/1997; S. 3 ff. – Walter, M./Wagner, A.: Alltägliches Krisenmanagement von Polizisten: Die Beseitigung des Öffentlichkeitsbezuges, in: MKSR 2/1997; S. 44 ff. – Kraheck-Brägelmann, S./Pahlke, C.: Betreuungskonzepte für die Polizei. Hilden 1997. – Franke, S.: Polizeiführung und Ethik. Münster 1997; S. 97 ff. – Müller-Cyran, A.: Streßbewältigung nach Polizeieinsätzen, in: PolSp 6/1997; S. 141 ff. – Horney, K.: Unsere inneren Konflikte. Frankfurt a. M. 1997. – Spiegelhalter, R.: Statistische Betrachtungen polizeilicher Belastungssituationen, in: PVT 8/1996; S. 241 ff. – Mitchell, J. T./Everly G. S.: Critical Stress Incident Debriefing (CISD). Ellicott City ^{2}1996. – Kaluza, G.: Belastungsbewältigung und Gesundheit, in: ZfMPsy 1/1996; S. 147 ff. – Högerle, H.: Die Vorbeugung und Bewältigung von posttraumatischen Belastungsreaktionen bei Polizeibeamten – . . ., in: DP 11/1995; S. 309 ff. – Hermanutz, M.: Psychische Trauma – kein Modethema!, in: DP 11/1995; S. 318 ff. – Knubben, W.: Ethische Aspekte der Verarbeitung von Extremerlebnissen durch Betroffene und durch die Institution, in: DP 11/1995; S. 332 f. – Wild, E.: Auswirkungen schicksalshafter Ereignisse auf junge Polizeibeamte aus der Sicht der Polizeiseelsorge, in: P-h 2/1995; S. 49 ff. – Gercke, J.: Zur psychischen Belastung von Todesermittlern, in: Kriminalistik 2/1995; S. 117 ff. – Wasmuth, H.: Gutachten zum Thema Konfliktregelungsstrategien in der polizeilichen Aus- und Fortbildung. Hilden 1995. – Olszewski, H.: Streß abbauen und Konflikte bewältigen. Hilden 1993. – Molinski, W.: Umgang mit Konflikten, in: Gründel, J. (Hg.): Leben aus christlicher Verantwortung. Bd. 2. Düsseldorf 1992; S. 134 ff. – Zittlau, J.: Immer unter Dampf, in: Kriminalistik 5/1992; S. 218 ff. – Wensing, R.: Konfliktverhalten von Polizeibeamten. Münster 1990. – Wieben, H.-J.: Polizeibeamte im Konflikt, in: BP-h 2/1990; S. 25 ff. – Hoffmann-Riem, W./Schmidt-Aßmann, E. (Hg.): Konfliktbewältigung durch Verhandlungen. Baden-Baden 1990. – Eckert, R.: Erfahrungen von Gewalt bei jungen Polizeibeamten – Überlegungen zum Problem der Eskalation, in: PFA-SB „Der ethische Aspekt des Gewaltproblems“ (26.–30. 10. 1987; S. 127 ff.). – Gremmler, E.: Konfliktregelung als Aufgabe professioneller Schutzpolizei, in: DP 11/1986; S. 383 ff. – Dugas, U.: Die Polizei als Konfliktbewältigungsinstrument – Anspruch und Wirklichkeit, in: PFA-SB „Polizei im demokratischen Verfassungsstaat – Soziale Konflikte und Arbeitskampf“ (24.–26. 9. 1986); S. 123 ff. – Wagner, H.: Belastungen im Polizeiberuf, in: DP 3/1986; S. 80 ff. – Bieler, E.: Der Polizeibeamte in der Auseinandersetzung mit der Aggression, in: Kriminalistik 4/1984; S. 213 ff. – Weber, H. (Hg.): Der ethische Kompromiß. Freiburg i. Ue./Br. 1984. – Scheler, U.: Streß-Skala polizeilicher Tätigkeiten, in: DP 9/1982; S. 270 ff. – Ringeling, H.: Die Notwendigkeit des ethischen Kompromisses, in: HchrE Bd. 3; S. 93 ff. – Korff, W.: Ethische Entscheidungskonflikte: Zum Problem der Güterabwägung, in: HchrE Bd. 3; S. 78 ff. – Möllers, H.: Die Berufsethik als Orientierung für polizeiliche Konfliktbewältigung, in: PFA-SB (19.–23. 10. 1981), S. 111 ff. – Albert, J.: Polizeiliches Einschreiten in Konfliktsituationen, Deu Pol 5/1980; S. 20 ff. – Alex, M.: Konflikte zwischen Polizei und Bevölkerung im Rollenverständnis von angehenden Polizeibeamten, in: KrimJournal 4/1980; S. 257 ff. – Waldmann, P.: Organisations- und Rollenkonflikte in der Polizei, Ergebnis einer Meinungsbefragung, in: MschrKrim 2/1977; S. 65 ff. – Sohn, W.: Der soziale Konflikt als ethisches Problem. Düsseldorf 1971.

11. Kriminalität

Kriminologie (lat. crimen = Verbrechen und griech. λογος = Ausdruck, Kunde) ist ein empirischer, interdisziplinärer Wissenschaftszweig, der sich mit den Entstehungsbedingungen, Erscheinungsformen, Verhaltensweisen der Täter und Opfer, den Kontrollmöglichkeiten negativ sozialer Auffälligkeit und den Wirkungen der Strafe beschäftigt. Neben Kriminologie zählt Kriminalistik, die primär die Kriminalitätsbekämpfung durch Aufklärung und Prävention mittels geeigneter Strategien anstrebt, zu den nicht juristischen Kriminalwissenschaften. Dagegen werden die Strafrechts- und Strafprozessrechtswissenschaft, die als normative Forschungsrichtungen allgemein die Voraussetzungen, Kriterien und Folgen strafrechtlicher Bestimmungen untersuchen und konkret die einzelnen Straftatbestände systematisch ordnen, den juristischen Kriminalwissenschaften zugeordnet.

Auch wenn sich von den Anfängen der Menschheitsgeschichte (Codex Hammurabi, Ermordung Abels durch Kain im Alten Testament, die griechischen Mythologie und Tragödien) bis zu unserer Gegenwart Belege für verwerfliche, gemeine Handlungen finden lassen, konnte noch kein allgemeingültiger Kriminalitätsbegriff entwickelt werden. Die Gründe dafür dürften v. a. mit dem interdisziplinären Perspektivismus zusammenhängen. Zum semantischen Umfeld des Kriminalitätsbegriffs gehören Verbrechen, Unrechtstat, Straftat, Delikt, Delinquenz, Normverstoß, Vergehen, abweichendes sowie deviantes Verhalten. Der juristischen Wortprägung geht eine Begriffsgeschichte voraus, die jede fachspezifische Bedeutung übersteigt. So galt das Verbrechen in der jüdisch-christlichen Denktradition als Störung der göttlichen Ordnung und in der griechisch-römischen Stoa als eine Verletzung der Weltvernunft. In der säkularisierten Neuzeit nahm der Verbrechensbegriff positivistische Züge an. In der pluralen Moderne hat sich die juristische Legaldefiniton durchgesetzt. Gem. § 12 StGB sind Verbrechen und Vergehen rechtswidrige Taten, die jeweils nach dem Maß der Rechtswidrigkeit und Schuld bestraft werden. Die formalrechtliche Begriffsbestimmung kann sich auf den Grundsatz nullum crimen sine lege (kein Verbrechen ohne Gesetz) bzw. nulla poena sine lege (keine Strafe ohne Gesetz) berufen, der die strafende Staatsgewalt begründet und begrenzt. Dennoch haftet der Legaldefinition eine Reihe von Schwächen an: Aufgrund von Gesetzeslücken entziehen sich manche Übeltäter einer Bestrafung. Die relativistische These von der Kulturabhängigkeit des Verbrechensbegriffes lässt offen, weshalb innerhalb eines Kulturkreises sogar unterschiedliche Auffassungen vertreten sind und warum sie sich ändern bzw. nicht. Das positivierte Recht bedarf zu seiner Rechtfertigung inhaltlicher Kriterien, um nicht in den Geruch zu kommen, dass die jeweiligen Herrschenden mit ihren Ansichten die Minoritäten disziplinieren und damit so etwas wie eine Kriminalität der Mächtigen schaffen. Vertreter des labeling-approach-Ansatzes, die einen gesellschaftlichen Konsens in Normfragen verneinen, beanstanden die staatlichen Reaktionen auf Gesetzesübertretungen als Etikettierung, Stigmatisierung und Kriminalisierung. In einem zusammenwachsenden Europa fällt als merkwürdig auf, dass ein und derselbe Sachverhalt in dem einen Land unter Strafe steht, in dem andern dagegen nicht. Da der mündige, aufgeklärte Bürger in einer pluralen Demokratie nur eine internalisierte Normbefolgung für akzeptabel hält, weshalb die Nähe zum legislativen Dezisionismus kontraproduktiv wäre, kann auf eine inhaltliche Bestimmung dessen, was als schützenswertes Rechtsgut bzw. strafwürdiges Vergehen zu gelten hat, nicht verzichtet werden. Eine solche materielle Verbrechensbestimmung hängt mit einer grundsätzlichen Erörterung der Gerechtigkeit, mit den Wertvorstellungen einer Gesellschaft über das Verhältnis von staatlicher Ordnung und individueller Freiheit, von dem richtigen Recht und der gerechten Strafe zusammen. Deshalb können nicht empirische, sondern normative Begriffe und human-ethische Kriterien den inhaltlichen Klärungsprozess leisten. Infrage kommen Bestimmungsmerkmale, die ihren Legitimationsnachweis erbringen unter Bezug auf die Menschenwürde und Menschenrechte, auf die Grundsätze des Minderheitenschutzes (Toleranz), der Gleichheit vor dem Gesetz und der Verhältnismäßigkeit. Dagegen vermag die deskriptiv-statistische Normaussage, dass jeder Kulturkreis seine Kriminalität hat, die Entstehungsgründe für kriminelles Handeln nicht genau zu benennen und darf nicht dem fragwürdigen Versuch dienen, sich ethisch-moralisch zu exkulpieren. Im Zusammenhang mit dem statistischen Normbegriff bleibt fraglich, ob die Ausdrucksweise von dem normabweichenden Verhalten tatsächlich die Abscheulichkeit, Brutalität und Verwerflichkeit eines Verbrechens wie z. B. Mord, Geiselnahme, Kindesentführung oder Vergewaltigung adäquat wiedergibt und inwieweit sie das Bewusstsein der Bevölkerung dafür schärft, dass normative Verbindlichkeiten – wie ethische und juristische Sollensforderungen – als Orientierungshilfe und Richtschnur konstitutiv sind für ein geordnetes, menschenwürdiges Zusammenleben.

Von den mannigfachen Ansätzen, die vielfältigen Erscheinungsformen der Kriminalität zu klassifizieren, vermag so recht keiner allgemein zufriedenzustellen. Die wohl bekannteste Typologie orientiert sich am Strafgesetzbuch und unterscheidet zwischen Eigentums-, Gewalt-, Drogen-, Sexual-, Umwelt- und Straßenverkehrsdelikten. Um kriminelles Verhalten empirisch erfassen zu können, werden folgende Methoden benutzt: Auswertung der polizeilichen Kriminalstatistik und der Strafverfolgungsstatistik, Dunkelfeldforschung, Analyse der Straftaten und Medienberichte, Opferbefragung und Anzeigeverhalten der Bevölkerung. Eine Vielzahl von ökonomischen, biologischen, psychologischen und soziologischen Kriminalitätstheorien versucht, die Wirkursachen und Entstehungsbedingungen für das Begehen von Straftaten zu analysieren. Kritiker verweisen auf (Schwind 2003) die Einseitigkeit der Erklärungsansätze, den Mangel an logischer Schlüssigkeit, das Fehlen empirischer Absicherung, die Unzulänglichkeit in der Praxisrelevanz und die Defizite in der fächerübergreifenden Betrachtungsweise. In der heutigen Kriminologie dominiert der multifaktorielle Erklärungsversuch. So werden als weitere Faktoren für Kriminalität angeführt und bedacht: Wirkung der Massenmedien, Anonymität der Großstadtverhältnisse, sozialer Wandel im Bereich der Werteinstellungen, der Rechtsauffassungen, der Familienstruktur und das Erleben von Stresssituationen und Sinnkrisen.

Gem. Art. 20 Abs. 3 GG ist die Bindung des Staates an Gesetz und Recht konstitutiv. Damit steht der Staat vor der Frage nach dem richtigen Recht und nach der gerechten Strafe, um moralisch angemessen auf Rechtsverstöße reagieren zu können. Die Geistesgeschichte kennt eine Vielzahl unterschiedlicher Straftheorien, die alle zu legitimieren versuchen, worin die gerechte Strafe besteht. Kann deren Legitimationsanspruch als ethisch schlüssig und stringent bezeichnet werden? Die absolute Straftheorie vertritt den Grundsatz punitur, quia peccatum est (bestraft wird, weil gefehlt worden ist). Für den angerichteten Schaden muss ein Ausgleich geschaffen werden. Sinn der staatlichen Strafe ist es einzig und allein, Gleiches mit Gleichem zu vergelten und so eine ausgleichende Gerechtigkeit (iustitia commutativa) herzustellen. Konsequenzen für den Täter und die Rechtsgemeinschaft bleiben außer Betracht. Der Strafgedanke der Wiedervergeltung findet sich im mosaischen Talionsprinzip und in dem altrömischen Zwölftafelgesetz. Kant argumentiert damit, dass ein Verbrechen die Gerechtigkeit verletzt und die Strafmaßnahme des Staates die Gerechtigkeit wiederherzustellen hat. Seiner Ansicht nach darf die Strafe nichts anderes sein als eine Reaktion des Staates nach dem Motto: auf eine Unrechtstat steht eine prompte Strafe, allerdings muss sie in vernünftiger Relation zum Delikt stehen. Eine andere Zweckbestimmung der Strafe verneint er mit Blick auf den kategorischen Imperativ. Denn würde das Strafrecht mit einer utilitaristischen Zwecksetzung – der Besserung oder Resozialisierung des Rechtsbrechers – verknüpft, würde der Normverletzer zu einem Objekt für staatliche Veredelungszwecke degradiert und seiner personalen Würde als Inbegriff mündiger, freier Subjektivität beraubt. Kant verteidigt sogar die Todesstrafe für den Mörder als Form der Strafgerechtigkeit. Die Einwände Beccarias gegen die Todesstrafe lehnt er als sophistische Gefühlsduselei und affektierte Humanität ab. Strafe als ein physisches Übel muss mit den Prinzipien einer sittlichen Gesetzgebung, der Gerechtigkeit, verbunden sein. Kants ethischer Rigorismus schreckt ab. Die absolute Straftheorie vermag ethisch nicht zu überzeugen, da sie lediglich dem durch Unrechtstaten verursachten Leid das durch Strafmaßnahmen bedingte Leid hinzufügt. Von der absoluten Straftheorie setzt sich die relative Straftheorie ab in Gestalt der Spezialprävention und Generalprävention. Beide Präventionstheorien wissen sich dem Strafzweck verpflichtet, den Seneca (de ira I, 19, 7) unter Berufung auf Platon formuliert hat: nemo prudens punit, quia peccatum est, sed ne peccetur (kein Vernünftiger bestraft, weil gefehlt worden ist, sondern damit künftig nicht mehr gefehlt wird). Den Präventionstheorien kommt es bei der staatlichen Strafe darauf an, den Übeltäter durch Sanktionen vor weiteren Delikten abzuhalten. Naturrechtsvertreter des 17. Jh. haben den Gedanken der Spezialprävention durch drei Strafzwecke konkretisiert: Warnung bzw. Abschreckung des potenziellen Täters, Resozialisierung, Unschädlichmachung. Die Generalprävention strebt als positives Ziel die Aufrechterhaltung der öffentlichen Sicherheit und Ordnung, als negatives Ziel die Abschreckung der Allgemeinheit an. Auch die relative Straftheorie ist auf Kritik gestoßen. So wird gegen die Generalprävention geltend gemacht, dass ihre Wirkung empirisch nicht einwandfrei nachweisbar sei. Außerdem würde in bestimmten Fällen die Generalprävention härtere Strafen zur Verteidigung der Rechtsordnung verhängen, ohne Rücksicht darauf zu nehmen, dass sich das verschärfte Strafmaß negativ auf den einzelnen Täter auswirkt. Ethische Bedenken gegen die Spezialprävention lauten, dass die Resozialisierungsmaßnahmen als Strafzweck den Normverletzer gegen seinen Willen und gegen seine Überzeugung zu einem anderen, angepassten Lebenswandel zwingen könnten, was dem Wesen der Sittlichkeit, Freiheit des Entscheidens und Handelns, zutiefst widerspricht.

Vertreter des Determinismus (lat. determinatio = Abgrenzung, Bestimmung) leugnen die Willensfreiheit und damit die Verantwortlichkeit eines Menschen für sein Tun und Lassen, da es kausal bestimmt ist, und entziehen damit der staatlichen Strafpraxis die Legitimationsbasis. Die Abolitionisten (lat. abolitio = Aufhebung), denen das Verdienst gebührt, das Verbot der Sklaverei in allen britischen Kolonien erstritten zu haben, plädieren für die Abschaffung des staatlichen Strafrechts, besonders der lebenslangen Freiheitsstrafe. Sie begründen ihre ablehnende Haltung damit, dass der Staat mit seiner Gerichtsstrafe den Tätern Leid zufügt und es keinen Zusammenhang zwischen menschlicher Schuld und staatlicher Strafe gibt. Deshalb, so der Abolitionismus, stellt die Kriminalstrafe eine Ideologieproduktion mit Menschenopfern (Steinert 1997) dar. Demgegenüber betont Reemtsma (1998) das Recht des Opfers auf die Bestrafung des Täters.

Ethisch legitimieren lässt sich das Strafrecht nur im Kontext originärer Staatsaufgaben und Staatsbefugnisse, die alle dem Gemeinwohl verpflichtet sind. So hat der Staat ein geordnetes, menschenwürdiges Zusammenleben zu garantieren und das Recht notfalls mit Gewalt anzuwenden. Zustimmung verdient der Versuch, die argumentativen Schwächen der verschiedenartigen Strafrechtstheorien durch einen umfassenderen Strafbegründungsansatz zu überwinden, wobei dem Rechtsgüterschutz Vorrang einzuräumen ist. Nach Aristoteles (Nik. Ethik 1131 a ff.) besteht die distributive Gerechtigkeit in der diskreten Proportionalität der Verhältnisse, die auf dem Prinzip suum cuique tribuere (jedem das Seine zuteilen) basiert. Was das konkret heißt, das Strafrecht als Element der distributiven Gerechtigkeit teilt dem Normverletzer das Seine zu, darüber hat jede Rechtsgemeinschaft anhand ihrer Wertüberzeugungen zu entscheiden. Somit ist die gerechte Strafe eine geschichtliche Größe (Kaufmann 1997). Beachtung verdienen pragmatische Alternativen (Diversion, Mediation, Erziehung, ...) zum staatlichen Strafrechtssystem insofern, als sie den Nachweis erbringen, ein milderes Lösungsmittel in Rechtskonflikten – unter Wahrung eines fairen Opferschutzes – zu sein.

Während sich die wissenschaftliche Kriminalpolitik überwiegend auf Fragen der Zweckrationalität des Strafrechts konzentriert, beschäftigt sich die praktische Kriminalpolitik hauptsächlich mit der Verhütung und Bekämpfung des Verbrechens zum Schutz der Gesellschaft wie des einzelnen Bürgers. In der Bundesrepublik Deutschland finden sich zwischen den beiden Haupttypen der Kriminalpolitik, law-and-order-Richtung und individuell-liberale, rechtsstaatliche Strömung, zahlreiche Sonder- bzw. Mischpositionen. Konsens besteht in der Kriminalpolitik, dass sich der Rechtsstaat bei der Strafzumessung an die Grundsätze der Humanität, Gleichheit, Freiheit (in dubio pro libertate), Verhältnismäßigkeit, Rechtsstaatlichkeit und Effizienz (zügiges Gerichtsverfahren, Wirkungen von Rechtsnormen, Normenklarheit) zu halten hat. Zu den kriminalpolitischen Aufgaben gehört, zwischen dem Schutzbedürfnis der Gesellschaft (Sicherheit) und dem Individualanspruch auf freie Persönlichkeitsentfaltung (Freiheit) einen akzeptablen Ausgleich herzustellen und über geeignete Formen internationaler Kooperation bei der Verbrechensbekämpfung nachzudenken.

Das Grundgesetz als geistiges Einheitsband unseres demokratischen, liberalen Rechtsstaates, das der Menschenwürde und den Menschenrechten eindeutigen Vorrang einräumt, bleibt von dem Prozess des Wertewandels und der lautlosen Dünenwanderung des Rechts nicht verschont. Unübersehbar zeitigt der Relativierungs-, Pluralisierungs- und Individualisierungstrend Veränderungen im Wert- und

Normbereich. Nicht umsonst mahnt H. Salger (1995), gemeinsam Verantwortung für die Geltung des Grundgesetzes als Rechtsgrundlage unseres Staatswesens zu tragen. „Wir dürfen vor allem auch nicht die sittenbildende Kraft einer solchen Verfassung aus den Augen verlieren." So sind es vor allem mentale bzw. normative, weniger operative und technische Schwierigkeiten, die sich der Polizei bei der Erfüllung ihres Gesetzesauftrages, innere Sicherheit zu gewährleisten, stellen. Für diese Einschätzung sprechen folgende ethische Überlegungen:

- Jede Normverletzung stellt die Normtreue der Normadressaten auf die Probe. Wie lange kann angesichts brutaler, massenhafter Kriminalität in unserer permissiven Gesellschaft eine loyale, integere Normeinstellung von den Polizeibeamten, die auch nur Kinder ihrer Zeit sind, erwartet werden?
- Aufgrund von Finanznot, Personalmangel und Ausstattungsdefiziten gerät die Polizei zusehends in die Lage, Kriminalität nicht mehr erfolgreich bekämpfen zu können. Vielfach bleibt ihr nichts anderes übrig, als Kriminalität nur noch zu verwalten. Zwar kann eine politische Tendenz, bestimmte Straftatbestände ersatzlos zu streichen und Vergehenstatbestände zu Ordnungswidrigkeiten herabzustufen, die Misere polizeilicher Kriminalitätsbekämpfung in der Öffentlichkeit teilweise kaschieren, aber ein solch fragwürdiger Entkriminalisierungstrend darf nicht die schädlichen Folgewirkungen verschweigen. So stimmt nachdenklich, dass die Erosion des Unrechtsbewusstseins voranschreitet und der Rechtstreue schnell als Trottel verlacht wird. Wenn sich auch noch das Normbewusstsein des Polizeibeamten aufweicht und Abstriche an seiner Einsatzbereitschaft im Rahmen der Verbrechensaufklärung macht, hat das fatale Auswirkungen auf die Rechtsqualität unserer pluralen Demokratie.
- Umfrageergebnissen zufolge wünscht die Mehrheit der Bevölkerung intensive Anstrengungen der Polizei zur Gewährleistung der inneren Sicherheit. Dagegen propagieren manche Politik- und Medienvertreter divergierende Kriminalitäts- und Strafrechtstheorien. Damit ist der Konflikt für den Polizeibeamten vorprogrammiert. Die hohe Erwartungshaltung eines Großteils der Bevölkerung muss der ermittelnde Kriminalbeamte enttäuschen, weil er vielfach an die Grenzen seiner Leistungsfähigkeit stößt und den gewünschten Aufklärungserfolg nicht erzielt. Andrerseits treffen den Ermittlungsbeamten Vorwürfe und Verdächtigungen des kriminologischen Etikettierungsansatzes (labeling approach), der nicht das Verbrechen, sondern die Verbrechensbekämpfung für problematisch hält (Garland 2001) und den Sicherheitsbehörden mehr oder weniger unterstellt, als Ausführungsorgan einer etablierten Klassenjustiz zu fungieren, gegen die Kriminalität der Mächtigen so gut wie nichts auszurichten und einem staatlichen Strafrechtssystem zuzuarbeiten, das den Tätern Unrecht zufügt. Wie soll der Polizeibeamte dieses Spannungsverhältnis menschlich-existentiell durchstehen, wenn er nicht über eine differenzierte, gefestigte Werteinstellung auf dem Boden des Grundgesetzes verfügt, mit der er die Stärken und Schwächen der Kriminalitätskontrolle (vgl. 12.) analysieren und den Sinn seines dienstlichen Einschreitens für die Rechtssicherheit und den sozialen Frieden erkennen kann?!

Literaturhinweise:

Krasmann, S.: Die Kriminalität der Gesellschaft. Konstanz 2003. – Schwind, H.-D.: Kriminologie. Heidelberg [13]2003. – Enttorf, H./Spengler, H.: Crime in Europe. Causes and Consequences. Berlin u. a. 2002. – Lüdemann, C./Ohlemacher, T.: Soziologie der Kriminalität. Weinheim, München 2002. – Ooyen, R. C. v./Möllers, H. W.: Die öffentliche Sicherheit auf dem Prüfstand: 11. September und NPD-Verbot. Frankfurt a. M. 2002. – Egg, R. (Hg.): Tötungsdelikte – mediale Wahrnehmung, kriminologische Erkenntnisse, juristische Aufarbeitung (KuP Bd. 36). Wiesbaden 2002. – Dittmann, V. u. a.: Zwischen Mediation und Lebenslang. Chur, Zürich 2002. – Hetzer, W.: Kriminalpolitik in Europa, in: Kriminalistik 7/2002; S. 437 ff. – Schneider, M. u. a.: Art. „Verbrechen", in: HWPh Bd. 11; Sp. 588 ff. – Kunz, K.-L.: Kriminologie. Bern u. a. [3]2001. – Schneider, H. J.: Kriminologie für das 21. Jahrhundert. Münster 2001. – Garland, D.: The Culture of Control. Crime and Social Order in Contemporaray Society. Oxford 2001. – Maaser, W.: Art. „Strafe", in: ESL; S. 1558 ff. – Musolff, C./Hoffmann, J. (Hg.): Täterprofile bei Gewaltverbrechen. Berlin 2001. – Föhl, M.: Täterprofilerstellung. Frankfurt a. M. 2001. – Stelly, W./Thomas, J.: Einmal Verbrecher – immer Verbrecher? Wiesbaden 2001. – Flormann, W./Krevert, P.: In den Fängen der Mafia-Kraken. Hamburg 2001. – Kury, H.: Das Dunkelfeld der Kriminalität, in: Kriminalistik 2/2001; S. 74 ff. – Hoffmann-Riem, W.: Kriminalpolitik ist Gesellschaftspolitik. Frankfurt a. M. 2000. – Jasper, M.: Kriminalitätstheorien: Der „Labeling Approach". Von den amerikanischen Ursprüngen bis zur deutschen Rezeption, in: Kriminalistik 3/2000; S. 146 ff. – DPolBl 2/2000: Opfer von Straftaten. – Hess, H.: Zur Wertproblematik in der Kriminologie, in: KrimJ 3/1999; S. 167 ff. – Burkert, W. u. a.: Art. „Strafe", in: HWPh Bd. 10; Sp. 208 ff. – Perron, W. u. a.: Art. „Strafe/Strafrecht", in: LBE Bd. 3; S. 467 ff. – Thamm, B. G.: Mafia Global. Hilden 1998. – Tipke, K.: Innere Sicherheit und Gewaltkriminalität. München 1998. – Kaufmann, A.: Rechtsphilosophie. München [2]1997. – Kaiser, G.: Kriminologie. Heidelberg 1996. – DPolBl 4/1996: Massenkriminalität. – Eibach, J.: Kriminalitätsgeschichte zwischen Sozialgeschichte und Historischer Kulturforschung, in: HZ 1996; S. 681 ff. – Salger, H.: Wertewandel und Entkriminalisierung, in: PVT 4/1995; S. 97 ff. – Beristain, A.: Ethik in der Kriminologie?, in: Albrecht, H.-J./Kürzinger, J. (Hg.): Kriminologie in Europa – Europäische Kriminologie? Freiburg i. Br. 1994; S. 39 ff. – Humanistische Union u. a.: „Innere Sicherheit": Ja – aber wie? München 1994. – Kube, E. u. a. (Hg.): Kriminalistik. 2 Bde. Stuttgart u. a. 1993 f. – Kaiser, G.: Art. „Kriminalität", „Kriminalpolitik" und „Verbrechensbegriff", in: KKW; S. 238 ff., 280 ff. und 566 ff. – Hauf, C.-J.: Kriminalitätserfassung und Kriminalitätsnachweis auf polizeilicher Ebene. Bonn 1992. – Freiberg, K. u. a.: Das Mafia-Syndrom. Hilden 1992. – Wolf, J.-C.: Verhütung oder Vergeltung? Freiburg, München 1992. – Hassemer, W.: Einführung in die Grundlagen des Strafrechts. München [2]1990. – Gähner, U.: Abschaffung der Freiheitsstrafe, in: dkri 7–8/1989; S. 351 f. Kriminalität als Ausdruck sozialer Probleme in vorindustrieller Zeit (o.V.), in: DP 7/1988; S. 205 f. – Neumann, U./Schroth, U.: Neuere Theorien von Kriminalität und Strafe. Darmstadt 1980. – Böckle, F.: Strafrecht und Sittlichkeit, in: HchrE Bd. 2; S. 312 ff. – Compagnoni, F.: Folter und Todesstrafe in der Überlieferung der römisch-katholischen Kirche, in: Concilium 19/1978; S. 657 ff. – Honecker, M.: Die Todesstrafe in der Sicht evangelischer Theologie, in: Concilium 19/1978; S. 666 ff. – Blasius, D.: Bürgerliche Gesellschaft und Kriminalität. Göttingen 1976. – Arbeitskreis Junger Kriminologen (Hg.): Die Polizei. Neuwied 1975. – Arbeitskreis Junger Kriminologen (Hg.): Kritische Kriminologie. München 1974. – Radbruch, G./Gwinner, H.: Geschichte des Verbrechens. Stuttgart 1951.

12. Kriminalitätsbekämpfung

Die Terminologie Verbrechensbekämpfung bzw. Kriminalitätskontrolle, dem angloamerikanischem Ausdruck crime control nachgebildet, sowie Verbrechensvorbeugung bzw. Kriminalprävention beinhaltet alle Maßnahmen staatlicher und privater Einrichtungen, die eine Vermeidung und Aufklärung von Straftaten, eine Begrenzung und Wiedergutmachung des durch Normverstoß verursachten Schadens bezwecken. Wissenschaftstheoretisch versteht man unter einer Definition (lat. definitio = Abgrenzung) einen sprachlichen Ausdruck, der dazu dient, dem untersuchten Gegenstand die wesentlichen Eigenschaften gedanklich zuzuschreiben und damit gegen einen anderen klar abzugrenzen. Dagegen nutzt die Form der persuasiven (lat. persuadere = überreden) Definition einen inhaltlich ungenauen Ausdruck dazu, um ihn mit emotionalen Bedeutungselementen anzureichern und somit politischen oder ideologischen Einfluss – bewusst oder unbewusst – auszuüben. So ist kritisch zu hinterfragen, inwieweit die semantische Unbestimmtheit der Termini Kriminalitätskontrolle und Kriminalitätsbekämpfung etwas insinuiert, was realitätsfremd ist. Wird nicht mit dem Lehnwort Kontrolle der Eindruck erweckt, die staatlichen Sicherheitsbehörden hätten einen genauen Überblick über das Kriminalitätsphänomen und würden Aufsicht darüber führen? Dem widerspricht doch der Sachverhalt der objektiv nicht festgestellten bzw. nicht feststellbaren Kriminalität (Dunkelfeld) und der in vielen Kriminalitätsbereichen geringen Aufklärungsquote. Die Bezeichnung Bekämpfung auf das Martialische zu verkürzen entspricht nicht der semantischen Vielfalt bzw. Polyvalenz und desavouiert z. T. die moralisch ernsthaften, verstärkten Anstrengungen, Unrecht zu beseitigen und Straftaten zu verfolgen. Am 15. Mai 2003 wurde in Basdorf bei Berlin die Deutsche Gesellschaft für Kriminalistik e.V. (DGfK) gegründet. Deren oberstes Ziel ist es, „Wissenschaft, Praxis sowie Aus- und Weiterbildung auf dem Gebiet der Kriminalistik zu fördern, um damit dem Wohl der Allgemeinheit zu dienen" (Berthel 2004).

Kriminalitätsbekämpfung stellt eine gesamtgesellschaftliche Aufgabe dar, bei der die Polizei eine führende Rolle spielt. Der gesetzliche Auftrag zur repressiven Straftatenbekämpfung durch die Polizei ergibt sich aus § 163 StPO. Die polizeiliche Verpflichtung zur präventiven Verbrechensverhütung wird abgeleitet aus den Polizeigesetzen der Länder. Um diese Aufträge wahrnehmen zu können, benötigen die Polizeibehörden ein möglichst zutreffendes, umfassendes Wissen von der wirklichen Kriminalität. Zu diesem Zweck schöpfen sie aus verschiedenen Erkenntnisquellen – z. B. der Auswertung dienstlicher Erkenntnisse durch Polizeistellen, der polizeilichen Kriminalstatistik, der Strafverfolgungsstatistik, der Dunkelfeldforschung, dem Anzeigeverhalten der Bevölkerung, der Intensität der Kontrollen und den Medienberichten – in der Hoffnung, hinreichend zuverlässige Informationen über Umfang, Struktur und Tendenzen der Kriminalität zu erhalten. Anhand der gesammelten und ausgewerteten Daten erstellen sie Kriminalitätslagebilder, die eine unverzichtbare Grundlage für Straftatenbekämpfung bilden. Die Kriminalitätsbekämpfung stellt zwei Anforderungen an die Institution Polizei, von der Frage der Professionalität einmal abgesehen. So hat sie den Primat der Politik zu beachten, was konkret bedeutet, den politischen Willen der Regierung in Gestalt von Gesetzen, Verwaltungsvorschriften, Ministererlassen und Programmen der Innenministerkonferenz durchzusetzen. Ziel der Kriminalpolitik in einem Rechtsstaat ist es, der Bevölkerung ein Höchstmaß an Rechtssicherheit und Rechtsschutz zu gewähren, ohne zu stark die individuellen Grundrechte einzuschränken. Entsprechend haben die politischen Entscheidungsträger die erforderlichen Mittel (qualifiziertes Personal, technische Ausstattung, Geld, Gesetze) zur Verfügung zu stellen. Innerhalb der kriminalpolitischen Rahmenbedingungen hat die Polizei kriminalstrategische und kriminaltaktische Lösungsansätze zu entwickeln, die repressive oder präventive Wesenszüge tragen und zunehmend einer Zusammenarbeit mit anderen Behörden auf kommunaler, nationaler und internationaler Ebene bedürfen.

Die polizeiliche Straftatenbekämpfung wirft eine Reihe von ethischen Fragen auf:

- Wie ein Blick auf die begrenzten Ressourcen verdeutlicht, vermag die Polizei keine absolute Sicherheit zu gewährleisten. Daher kann realistischerweise das Ziel der Kriminalitätsbekämpfung nur in einer Reduzierung, nicht jedoch in einer völligen Beseitigung kriminellen Verhaltens liegen. Das wiederum verlangt von der Polizei, Prioritäten bei der Verbrechensbekämpfung zu setzen. Ethisch erweist sich dabei als klärungsbedürftig, nach welchen Kriterien die Selektion erfolgt. Wenn spektakuläre Vorgänge in der Tagespolitik (z. B. terroristische Anschläge, Kindesentführung, Amoklauf) Politiker dazu veranlassen, von der Polizei verstärkte Anstrengungen zu fordern, erscheint eine solche Reaktion verständlich und tolerabel, sofern nicht übermäßig viele Polizeikräfte bei der Bewältigung anderer wichtiger Sicherheitsaufgaben ausfallen und woanders kein zu großes Sicherheitsvakuum entsteht. Wieweit dürfen sich die polizeilichen Ermittlungsansätze von bevorstehenden Wahlen, brisanten Medienberichten oder erregten Stimmungen der Bevölkerung beeinflussen lassen, ohne das Legalitätsprinzip, den Gerechtigkeitsgrundsatz und Gleichheitsgedanken auszuhöhlen?

  Bei der Zielfestsetzung der Kriminalitätsbekämpfung geht es auch um eine sorgfältige Güterabwägung zwischen der Freiheit und Sicherheit, zwischen dem grundgesetzlich verankerten Rechtsanspruch auf individuelle Freiheit und der staatlichen Gewährleistung der inneren Sicherheit. Zu weitreichende Polizeiermittlungen schränken die Rechtssphäre des einzelnen Bürgers und damit seine Lebensqualität ein. Eine Reduzierung polizeilicher Sicherheitsmaßnahmen zu Gunsten der Freiheit nimmt zwangsläufig Risiken für die Allgemeinheit in Kauf und vergrößert die Kriminalitätsfurcht in weiten Kreisen der Bevölkerung. Diese grundlegende Frage hat nicht nur theoretische, sondern auch praktische Bedeutung. Denn Misstrauen und Enttäuschung vieler Bürger über die Antworten der zuständigen staatlichen Sicherheitsbehörden lösen einen Hinwendungsprozess zu alternativen Gesellschaftsmodellen aus. Doch der Mythos von einer vermeintlich besseren Gesellschaft ist den Nachweis schuldig, dass sie im Stande ist, die Spannung zwischen dem Schutz der individuellen Freiheit und der Aufrechterhaltung der Rechtsordnung einvernehmlich zu lösen.

  Die Zielvorstellung der Politik, den Straftäter vor einer gesellschaftlichen Ächtung und Stigmatisierung zu bewahren, verdient prinzipiell moralische Zustimmung. Als untaugliches und moralisch bedenkliches Mittel erweist sich jedoch die Praxis des Taktierens mit der Wahrheit, indem ein verschleiernder Ausdruck absichtlich benutzt wird. Denn der nimmt zwar den konkreten Normverletzer einer ethnischen Minderheit in Schutz, setzt aber dafür unschuldige Mitglieder von anderen ethnischen Gruppen einem pauschalen Verdacht aus.

- Aus der Sicht der Opfer von Gewaltverbrechen und Geschädigten von Straftaten gilt zu betonen, dass kriminelle Energie nicht nur die freie Entfaltung der menschlichen Einzelpersönlichkeit beeinträchtigt und sie ihrer Rechte beraubt, sondern zugleich auch die Lebensqualität in unserer gesamten Gesellschaft und den sozialen Frieden einschränkt. Da der Rechtsstaat per definitionem Unrecht nicht tolerieren darf, ist er zur Kriminalitätsbekämpfung und zur Gewährleistung der inneren Sicherheit verpflichtet. Dabei gilt für den pluralen Rechtsstaat die ethische Prämisse, dass er nur kriminalisieren darf, was den gemeinsamen Wertvorstellungen der Bevölkerungsmehrheit entspricht und als gemeinsame Lebensgrundlage unverzichtbar und schützenswert erscheint. Das Ziel kriminalpolizeilicher Bemühungen, Unrecht zu verhüten und zu vermeiden, kann ethisch nur gutgeheißen werden. Von ethischer Relevanz ist jedoch die Frage nach der Wahl der Mittel zur Zielerreichung. Zu warnen bleibt vor einer Reduktion auf eine reine Zweckrationalität, die nach der Devise, mit dem geringstmöglichen Mitteleinsatz den größtmöglichen Erfolg erzielen, geeignete Instrumentarien polizeilicher Verbrechensbekämpfung ausschließlich unter dem Aspekt technischer Funktionalität und ökonomischer Rentabilität aussucht. Erfolg um jeden Preis darf nicht der Maßstab für polizeiliche Straftatenbekämpfung sein. Denn die Einseitigkeit der instrumentellen Vernunft läuft Gefahr, dass das Methodeninstrumentarium zum Selbstzweck avanciert und Wertfragen ausgeblendet werden. Dagegen bietet die kommunikative Vernunft (Horkheimer) bzw. das kommunikative Handeln die Chance zur intersubjektiven Verständigung in Form eines Diskurses und einer Konsensfindung. Aus grundsätzlichen Erwägungen bleibt es dem Rechtsstaat verwehrt, auf Wertbezüge bei der Verbrechensverfolgung zu verzichten. Denn staatliche Macht, die das Grundgesetz auf die Achtung und den Schutz der Menschenwürde und der Menschenrechte verpflichtet, kann als Garant der inneren Sicherheit nicht umhin, bei der Verbrechenskontrolle und Verbrechensvorbeugung die Grundsätze der Humanität, Freiheit, Rechtsstaatlichkeit, Verhältnismäßigkeit, Erforderlichkeit und Zweckmäßigkeit (Kaiser 1993) anzuwenden. Zudem unterläuft der Zweckrationalität leicht der Fehler, Kriminalitätsreduktion als einen objektiven Vorgang zu betrachten. Damit bleibt die subjektive Seite der Straftatenbekämpfung außer Acht. So fehlen die Erwartungen und Ansprüche der Öffentlichkeit an die polizeilichen Ermittlungen. Auf die Kriminalitätsfurcht der Bevölkerung, die überzogen sein und im Widerspruch zur realen Kriminalitätslage stehen kann, dürften die Polizeibehörden nur begrenzt Einfluss ausüben. Denn die subjektive Befindlichkeit des Bedroht- und Gefährdetseins wird aus Erfahrungen im nahen Umfeld, Medienberichten und anderen existenziellen Angstgefühlen gespeist. Offenkundig vermag die Art der medialen Präsentation von Intensiv- sowie Serienmördern das Furchtpotenzial in der Öffentlichkeit zu entfachen. Auch wenn sich die subjektive Kriminalitätsfurcht nicht immer genau messen lässt, muss die Polizei das Sicherheitsbedürfnis und Sicherheitsverlangen der Allgemeinheit berücksichtigen, um die Kriminalitätsbekämpfung möglichst zur Zufriedenheit der Mehrheit der Bevölkerung durchzuführen und Ansehens- und Vertrauensverluste zu vermeiden.

- Während die repressiven Sicherheitsmaßnahmen weitgehend gesetzlichen Bestimmungen unterliegen, enthält die Kriminalprävention größere Ermessensspielräume. Präventionsmaßnahmen (lat. praevenire = zuvorkommen) verfolgen den Zweck, die Kriminalität als gesellschaftliches Phänomen (Makroebene) oder Straftaten als individuelles Ereignis (Mikroebene) quantitativ zu verhüten, qualitativ zu mindern oder zumindest die unmittelbaren Folgen der Deliktbegehung gering zu halten (Kube 1987). Zwar verbinden sich mit der Kriminalitätsprävention große Hoffnungen, z. B. Beseitigung der Ursachen für kriminelles Verhalten (primäre Prävention), Abschreckung potenzieller Straftäter und Warnung potenzieller Opfer (sekundäre Prävention), Bewahrung überführter Delinquenten vor einem Rückfall (tertiäre Prävention), aber ein wissenschaftlich abgesicherter Beweis für die Effektivität polizeilicher Präventionsarbeit ist bisher nicht erbracht worden. Da gegenwärtig die Ansicht überwiegt, mit Repression allein könne man der Kriminalität nicht beikommen, erhält die Kriminalitätsprävention erhöhte Bedeutung. Ethisch gilt zu wägen, inwieweit der Präventionsansatz ausgedehnt werden darf, ohne dass der Zustand eines totalen Überwachungsstaates eintritt. Je weiter die Ermittlungen in das Vorfeld verlagert werden, desto diffuser dürften Gefahreneinschätzung und Verdachtsschöpfung sein. Wie aber soll angesichts nicht durchschaubarer Gefahrensituationen und eines vagen Anfangsverdachts der rechtsstaatliche Grundsatz der Verhältnismäßigkeit greifen? Wie tragfähig erweist sich ethisch der Rekurs auf eine Generalklausel für die Eingriffsbefugnisse der Polizei bei der präventiven Gefahrenabwehr? Inwiefern können sich schuldlose Bürger vor polizeilichen Zugriffen sicher wissen und verschont bleiben? Die heimlich-subtilen Möglichkeiten der elektronischen Informationsbeschaffung und -auswertung kollidieren mit dem Anliegen der Transparenz, des Vertrauens und der Bürgernähe. Bei der vorbeugenden Kriminalitätsbekämpfung konkurriert der Effizienzgedanke mit dem Rechtsstaatlichkeitsprinzip. Um der humanen Substanz in unserem Rechtsstaat willen ist eine Lösung anzustreben, bei der die Spannung zwischen Freiheit und Sicherheit ein vernünftiges Maß nicht übersteigt. Die beste Prävention wäre, wenn es gelingen würde, dass sich die Bürger die Bedeutung der Grundwerte für ein kultiviertes, humanes Zusammenleben bewusst machen und aus Verantwortung für ein Funktionieren unserer pluralen Gesellschaft die grundgesetzkonformen Rechtsnormen konsequent einhalten (soziale Kontrolle).
- Kriminalitätsfurcht in der Bevölkerung – ein präzisierungsbedürftiges Konstrukt (Heinz/Spiess 2001) – lässt z. T. Zweifel an der Professionalität und Effizienz staatlicher Sicherheitsgewährleistung aufkommen und begünstigt den Trend zur privaten Straftatenbekämpfung, der sich auf vielfältige Weise artikuliert. Sicherheitswachen in Bayern und Sachsen, die sich aus freiwilligen Zivilpersonen rekrutieren, observieren Tiefgaragen, Asylbewerberheime, öffentliche Anlagen und soziale Brennpunkte. Private Wachdienste in Gestalt von S-Bahn-Sheriffs sorgen für die Sicherheit der Fahrgäste. In einigen Städten hat der Handel einen Selbstschutz aufgebaut. Gemeinsamen Streifendienst verrichten Polizeibeamte und Bedienstete privater Sicherheitsfirmen (vgl. 33.), um auf Sicherheit und Ordnung in Fußgängerpassagen und großen Bahnhöfen zu achten. Das Deutsche Forum für Kriminalprävention (DFK) fördert die freiwilligen Initiativen und die freie Zusammenarbeit von staatlichen und privaten Stellen mit dem Ziel einer möglichst optimalen

inneren Sicherheit. Die Ständige Konferenz der Innenminister und -senatoren der Länder hat bereits im Jahr 1998 die Sicherheitsinitiativen von Bürgerinnen und Bürgern als eine sinnvolle Ergänzung polizeilicher Kriminalitätsbekämpfung begrüßt, auf eine verstärkte Institutionalisierung der Bürgerbeteiligung in Form von partnerschaftlich vernetzter Kooperation (Präventionsräten, Sicherheitspartnerschaften im kommunalen Bereich) hingewirkt. Gleichwohl verläuft die Privatisierungstendenz der inneren Sicherheit nicht ganz problemlos:

- Da es den Angestellten privater Sicherheitsfirmen vielfach an qualifizierter Ausbildung fehlt, können sie gegen die Professionalität krimineller Kreise nur wenig ausrichten, weshalb sich ihr Beitrag zur inneren Sicherheit in Grenzen hält.
- Selbst wenn man die Sicherheitsinitiativen von Privatleuten als ein Zeichen sozialer Mitverantwortung für das Gemeinwohl würdigt, ist ihr Engagement aus rechtlichen Gründen auf nicht hoheitliche Bereiche zu beschränken.
- Die Bereitschaft privater Stellen zur Zusammenarbeit mit staatlichen Stellen im Sicherheitsbereich darf die Polizei nicht dazu verleiten, in ihren eigenen Anstrengungen nachzulassen. Allein schon die erforderliche Koordinierung der Sicherheitspartnerschaften mit ihren unterschiedlichsten Projekten und Aktivitäten bringt einen zusätzlichen Arbeitsaufwand mit sich.
- Kriminalitätsfurcht kann begründet, aber auch übertrieben sein. Daher sollte es das erklärte Ziel der Sicherheitspartnerschaften sein, nicht nur die objektive Kriminalitätslage zu verbessern, sondern auch der Bevölkerung die subjektiven, unrealistischen Angstgefühle weitgehend zu nehmen. Dabei bleibt zu bedenken, dass sich das Unsicherheitsempfinden über den Kriminalitätsbereich auf Existenz- und Zukunftsfragen ausgedehnt hat. Außerdem dürfte dem gemeinsamen Bemühen, Kriminalitätsfurcht auf ein realistisches Maß zu begrenzen, nur Erfolg beschieden sein, wenn auch die öffentlichen Medien mit ihren z. T. angstauslösenden Berichten einbezogen werden.

- Bei der Wahrnehmung des gesetzlichen Auftrages, Straftaten zu verhüten und aufzuklären, hat der Polizeibeamte nicht nur eine Vielzahl von gesetzlichen Vorschriften zu beachten, sondern auch einer Reihe von ethisch-moralischen Anforderungen zu entsprechen. Von entscheidender Bedeutung ist die Grundeinstellung des ermittelnden Beamten. Empfindet er sich – schematisch ausgedrückt – und verhält er sich
  - als Richter, der den Straftatverdächtigten vorverurteilt
  - als Rächer, der den Beschuldigten hasst bzw. verabscheut und mit aller Härte gegen ihn vorgeht
  - als Jäger, der seinen persönlichen Ehrgeiz darein setzt, den Angeklagten hinter Schloss und Riegel zu bringen
  - als Demotivierter, der in seinem Glauben an Recht und Gerechtigkeit schwankend oder gar erschüttert wurde aufgrund von düsteren Prognosen über die Erfolgsaussichten der Verbrechensverfolgung, nicht nachvollziehbaren Gerichtsurteilen, vernichtender Medienkritik und ideologischen Vorhaltungen, die mit der Kriminalitätswirklichkeit und einer sachgerechten Aufklärung nichts mehr zu tun haben, und der sich infolgedessen seinen dienstlichen Verpflichtungen in vollem Umfang nachzukommen nicht mehr imstande sieht

  - als neutraler Anwalt, der den Opfern von Verbrechen unbeirrt und unermüdlich zu ihrem Recht verhilft und den ehrenrührigen Vorwurf selektiver Strafverfolgung durch konsequente Ermittlungen nach dem Gleichheitsgrundsatz zu entkräften versucht?
- Ethisch legitim ist es, wenn die Vernehmungsstrategie der Beamten – unter Wahrung der Vorschriften – darauf hinausläuft, ein Vertrauensverhältnis zu dem Tatverdächtigten aufzubauen, um ihn zu prozessrelevanten Aussagen zu bewegen. Eine exakte Beweisführung bildet die Grundlage für eine wahrheitsgemäße, gerechte Urteilsfindung. Daran mitzuwirken macht die sittliche Dignität und Valenz der Polizeibeamten aus. Da das Strafrecht von der Unschuldsvermutung des Verdächtigten bis zum sicheren Beweis des Gegenteils ausgeht, haben die Beamten alle belastenden und entlastenden Materialien und Umstände im Rahmen der Beweiserhebung zusammenzutragen. Der Grund für die Verpflichtung, möglichst gewissenhaft und fehlerfrei zu ermitteln, liegt darin, dass Mängel in der Beweisführung nicht zu Lasten des Beschuldigten gehen dürfen, denn der Staatsbürger hat einen Rechtsanspruch auf ein faires Gerichtsverfahren. Gem. § 136 a StPO untersagt das Beweiserhebungsverbot den ermittelnden Beamten, in die Grundrechtssphäre des Angeklagten oder Dritter einzudringen und Verhörmethoden anzuwenden, die primär bezwecken, die Freiheit der Willensentschließung und Willenskundgabe unstatthaft zu beeinträchtigen. Das Beweiserhebungs- und Beweisverwendungsverbot hängt mit der Aufgabe und dem Grundsatz des Strafrechts zusammen, die Werte und Normen einer Gesellschaft zu verdeutlichen und Schutz und Sicherheit auf wirksame und humane Weise zu gewähren. Sich bei Vernehmungen und Festnahmen brutaler Straftäter nicht von unkontrollierten Wut- und Hassgefühlen leiten zu lassen und zugleich die Menschenwürde des Normverletzers zu achten, stellt keinen geringen moralischen Anspruch an die ermittelnden Polizeibeamten. Das Berufsethos eines Kriminalbeamten besteht ferner darin, sich um eine zügige, sachliche Aufklärung zu bemühen, mit privaten Wertungen und Interessen zurückzuhalten, keine falschen Versprechungen abzugeben und nicht dem Trend zu kollektiver Unverantwortlichkeit zu folgen. Die Entwicklungsgeschichte von der photographischen Erfassung des Verbrechers (A. Bertillon) über das Phantombild (F. Galton) bis hin zur psychologisch geschulten Vernehmungskunst des Kriminalbeamten trägt nicht nur Merkmale eines technischen und naturwissenschaftlichen Fortschritts, sondern hat auch eine moralische Qualität. Straftäter ist niemand wegen seines äußeren Erscheinungsbildes, sondern einzig und allein aufgrund des einwandfreien Beweises für illegales Verhalten.
- Weniger eines individuellen, sondern eher eines strukturellen Lösungsansatzes bedarf folgender Problembefund: Viele Kriminalbeamte (Ackermann 2002, Voß 2002) äußern sich unzufrieden und verärgert über die Umstrukturierung der Polizeiorganisation, die das Ende einer langfristigen Spezialisierung der Fachsparten bedeutet, eine zunehmende Deprofessionalisierung bewirkt und damit die Leistungsfähigkeit der Kriminalitätsbekämpfung beeinträchtigt. Zwar macht sich die moderne Kriminalistik die künstliche Intelligenz (leistungsstarke Computersysteme) zunutze, kann aber trotzdem nicht völlig auf den Menschen verzichten, denn dem homo sapiens bleibt es hoffentlich auch in Zukunft vorbehalten, den Compu-

ter zu steuern und gewissenhaft über Ermittlungsansätze zu entscheiden. Wenn organisatorisch bedingte Einschränkungen der staatlichen Sicherheitsgewährleistung zu Lasten der Bevölkerung gehen, stellt sich die Verantwortungsfrage.

- Anlass zu kritischer Selbstbesinnung gibt folgendes Beispiel: Ein Kriminalbeamter engagiert sich viele Jahre lang als Ermittler in einer Mordkommission und muss dabei grauenvolle Bilder ansehen und menschliche Belastungen ertragen. Eines Tages wird er routinemäßig in ein anderes Dezernat versetzt, ohne dass sein Vorgesetzter ein Wort der Anerkennung und der Wertschätzung für seine geleistete Arbeit verliert. Ein derartiger Vorgang spricht Bände über die Polizeikultur und das innere Betriebsklima der Polizeiorganisation.
- Welchen Stellenwert ethische Erörterungen bei der Bekämpfung der Schleuserkriminalität einnehmen, sollen die folgenden Ausführungen exemplarisch verdeutlichen: Die moralische Qualität der Schleusung als ein heimliches, illegales, kostenpflichtiges Transportieren in ein anderes Land hängt weitgehend von den Zielvorstellungen, Begleitumständen, Mitteln und persönlichen Absichten ab. Wenn auf Bitten eines Menschen, der aus einem totalitären Staat fliehen will, sich Schleuser als Fluchthelfer engagieren, lassen sich ethisch keine Bedenken anmelden, sofern sie im Zusammenhang mit der Aus- und Einschleusung keine unverhältnismäßig hohen Gefahren für Leib oder Leben des Flüchtlings einkalkulieren und kein zu großes Abhängigkeitsverhältnis schaffen. Eine positive Bewertung setzt zusätzlich eine persönliche Motivationslage voraus, in der an erster Stelle steht, Menschen aus ihrer Not zu befreien helfen – und das auf eigene Gefahr.

  Anders dagegen fällt die ethische Stellungnahme aus, wenn die Schleuser die Notsituation potenzieller Flüchtlinge zum eigenen Vorteil hemmungslos ausnutzen. So z. B. in Fällen, in denen Schleuserbanden nicht informierte, gutgläubige Personen mittels großartiger Versprechungen und raffinierter Täuschungen zur Ausreise in ein fremdes Land locken oder gewaltsam entführen und im Rahmen der Zwangsprostitution ausbeuten. Für das erfolgreiche Einschmuggeln verlangen die Schlepper eine Menge Geld. Wer die geforderte Summe nicht bezahlen kann und daher große Schulden macht, läuft Gefahr, im Rahmen der Refinanzierung zu Drogenhandel oder erniedrigenden Handlungen gezwungen zu werden und auf diese Weise in totale Abhängigkeit zu geraten. Aus Angst vor Repressalien wagen die Irregeführten nicht, sich an die Polizei zu wenden und Anzeige zu erstatten. Ohne Rechtsschutz und ohne Pass sind die Geschleusten den Schleusern hilflos ausgeliefert, werden sie schamlos ausgebeutet. Das Verhalten der Händlerringe stellt eine neuzeitliche Variante der Sklaverei dar, die ethisch als verwerfliches und verabscheuungswürdiges Verbrechen einzustufen ist. Ein derartiges Gefahrenpotenzial fordert den Rechtsstaat im Interesse der öffentlichen Sicherheit zu wirksamen Gegenmaßnahmen heraus.

  Darüber hinaus transportieren Schlepper Mitglieder organisierter Banden ins Ausland, damit die Geschleusten dort Straftaten (Mord, Raub, Einbruch, Erpressung, Kfz-Diebstahl und Verschiebung) aus Profitgründen begehen können. Höchste Gefahr droht, wenn Schleuser Terroristen und Extremisten in ein anderes Land bringen und damit ermöglichen, dass sie auf fremdem Territorium politisch bzw. ideologisch motivierte Gewaltanschläge heimtückisch verüben können. Eine solch höchstgefährliche Schleusungskriminalität provoziert den Rechtsstaat in seinem Selbstverständnis. Denn er hat seiner durch Verfassungsrecht gebotenen Verpflichtung entschieden nachzukommen, die Gefährdung der öffentlichen Sicherheit durch Straftaten, welcher Art auch immer, nach Möglichkeit auszuschließen. Die staatliche Sicherheitsgewährleistungspflicht nimmt in dem Maße des jeweiligen Gefährdungspotenzials zu. Dass die Schleuserkriminalität größten Schaden an öffentlichen und privaten Rechtsgütern anrichtet steht außer Zweifel. Ethisch zu wägen gilt, ob bzw. inwieweit der Rechtsstaat das polizeitaktische Einsatzmittel der „Kontrollierten Schleusung" (KS) benutzen darf. Eine ethisch fundierte Antwort darauf zu finden hilft die sorgfältige Güterabwägung. Da es sich bei der KS um verdeckte Maßnahmen handelt, wird die im Normalfall anzustrebende Transparenz polizeilichen Handelns eingeschränkt. Von dem Standard der Transparenz abzuweichen lässt sich nur aufgrund eines außerordentlich hohen Gefährdungspotenzials, das bei der Schleusungskriminalität vorliegt, rechtfertigen. Eine erfolgreiche Bekämpfung der Schleuserkriminalität erfordert sogar die KS, um den gesamten Händlerring zu ermitteln, die Schleuserrouten festzustellen, logistische Stützpunkte zu erfassen und die wechselnden Methoden der Täter aufzudecken. Da es zur Zeit keine taktische Alternative zur KS gibt, lässt sich deren Notwendigkeit – auch aus Gründen der Prävention – nicht bestreiten. Ethische Einwände gegen die KS besagen, dass die Polizei die Schleusungskriminalität – wenigstens temporär – nicht verfolgt und damit Gefahr läuft, sich zum Mitwisser bzw. Mittäter zu machen. Diese Bedenken entkräftet das gewichtige Argument, die KS eigne sich optimal dazu, im Interesse eines möglichst großen Fahndungserfolges auf den taktisch günstigsten Zeitpunkt zu warten. Allerdings muss sichergestellt sein, dass bei sorgfältiger Gefahrenanalyse mit einer aktuellen Gefährdung der Geschleusten für deren Leib und Leben bis zum Zeitpunkt des Zugriffs nicht zu rechnen ist. Unvorhersehbare Ereignisse, auch solche, die in der Öffentlichkeit lebhafte, unterschiedliche Resonanz finden, widersprechen der Gefahreneinschätzung nicht. Zu bedenken bleibt ferner, dass die Schleusungskriminalität international effizienter bekämpft werden kann, zu diesem Zweck alle beteiligten Staaten die Einsatzmittel und Vorgehensweisen aufeinander abstimmen müssen und grenzüberschreitend anwenden dürfen. Künftig erscheint im Rahmen der Bekämpfung der Schleusungskriminalität eine Kooperation der Polizei mit Nachrichtendiensten anderer Behörden im In- und Ausland unausweichlich.

Literaturhinweise:

Berthel, R.: Deutsche Gesellschaft für Kriminalistik e.V. gegründet, in: DP 1/2004; S. 18 ff. – Riedel, C.: Situationsbezogene Kriminalprävention. Frankfurt a. M. 2003. – Berresheim, A./Weber, A.: Die Strukturierte Zeugenvernehmung und ihre Wirksamkeit, in: Kriminalistik 12/2003; S. 757 ff. – Hetger, E.: Chancen und Risiken neuer Techniken, in: DP 12/2003; S. 333 ff. – Ziercke, J.: Kommunale Kriminalprävention, in: Kriminalistik 5/2003; S. 270 ff. – PFA-SR 2/2003: Angewandte Kriminologie und Kriminalprävention (FS J. Jäger). – Ackermann, R. u. a.: Handbuch der Kriminalistik. Stuttgart u. a. ^{3}2003. – Haupt, H. u. a.: Handbuch Opferschutz und Opferhilfe. Baden-Baden ^{2}2003. – Egg, R./Mintke, E. (Hg.): Opfer von Straftaten (KuP Bd. 40). Wiesbaden 2003. – Spang, T.: Kontrollierte Schleusungen – ein polizeitaktisches Mittel zur Bekämpfung der Schleusungskriminalität?, in: DP 10/2003; S. 269 ff. – Paulus, M.: Frauenhandel und Zwangsprostitution. Hilden 2003. – Frevel, B.: Polizei, Politik und Medien und der Umgang mit dem bürgerschaftlichen Sicherheitsgefühl, in: Lange, H.-J. (Hg.): Die Polizei der Gesellschaft. Opladen 2003; S. 321 ff. – Minthe, E. (Hg.): Illegale Migration und Schleusungskriminalität (KuP Bd. 36). Wiesbaden 2002. – Ackermann, R.: Zu Funktionen und Aufgaben der Kriminalistik, in: Kriminalistik 6/2002; S. 372 ff. – Grafl, C.: Perspektiven der Kriminalistik, in: Kriminalistik 6/2002; S. 379 ff. – Voß, H.-U.: Kripo zwischen den Fronten, in: Kriminalistik 3/2002; S. 153 ff. – Jäger, R.: Prävention in aller Munde – Thesen und Forderungen des 7. Deutschen Präventionstages, in: dkri 1/2002; S. 23–28. – Knelagen, W.: Das Politikfeld innere Sicherheit im Integrationsprozeß. Die Entstehung einer europäischen Politik der inneren Sicherheit. Opladen 2001. – BKA (Hg.): Kriminalprävention in Deutschland (BKA P + F Bd. 17). München 2001. – Althoff, M. u. a. (Hg.): Integration und Ausschließung. Kriminalpolitik und Kriminalität in Zeiten gesellschaftlicher Transformation. Baden-Baden 2001. – Brodag, W.-D.: Kriminalistik. Stuttgart u. a. [8]2001 – Voß, H.-G.: Professioneller Umgang der Polizei mit Opfern und Zeugen. Neuwied 2001. – Brisach, C.-E. u. a.: Planung der Kriminalitätskontrolle. Stuttgart u. a. 2001. – Schneider, A. u. a.: Wörterbuch der Kriminalwissenschaften. Stuttgart u. a. 2001. – Heinz, W./Spiess, G.: Kriminalitätsfurcht – Befunde aus neueren Repräsentativbefragungen, in: Jehle, J.-M. (Hg.): Raum und Kriminalität. Mönchengladbach 2001; S. 147 ff. – Fink, P.: Immer wieder töten. Hilden 2000. – Ackermann, R. u. a.: Handbuch der Kriminalistik für Praxis und Ausbildung. Stuttgart 2000. – Krämpl, G./Ludwig, H.: Wahrnehmung von Kriminalität und Sanktionen im Kontext gesellschaftlicher Transformation (KF MPI Bd. 91). Freiburg i. Br. 2000. – Kant, M. u. a.: Kommunale Kriminalprävention in Deutschland, in: Liebl, K./Ohlemacher, T. (Hg.): Empirische Polizeiforschung. Herbolzheim 2000; S. 201 ff. – BKA (Hg.): Kriminalitätsprävention in Deutschland (BKA P + F Bd. 4). Neuwied 2000. – Ahlf, E.-H.: Planung kriminalpräventiver Prozesse, in: DKriPrä 5/2000; S. 193 ff. – Dörmann, U./Remmers, M.: Sicherheitsgefühl und Kriminalitätsbewertung (BKA). Neuwied 2000. – BKA (Hg.): Kriminalitätsbekämpfung im zusammenwachsenden Europa. Neuwied 2000. – Beste, H.: Neue Sicherheit für die Stadt, in: DKriPrä 1/2000; S. 17 ff. – BKA (Hg.): FS Herold; S. 119 und 149 ff. – Albrecht, H.-J. (Hg.): Forschungen zu Kriminalität und Kriminalitätskontrolle am Max-Planck-Institut f. Ausländ. u. Internat. Strafrecht (KF MPI Bd. 82). Freiburg i. Br. 1999. – Prosiege, P./Steinschulte-Leidig, B.: Intensivtäter (BKA-FR). Wiesbaden 1999. – Schneider, E.: Leitfaden für die polizeiliche Vernehmung. Langwaden 1999. – Regener, S.: Fotografische Erfassung. Zur Geschichte medialer Konstruktion des Kriminellen. München 1999. – Kerner, H.-J. u. a. (Hg.): Entwicklung der Kriminalprävention in Deutschland. Mönchengladbach 1998. – PFA-SB „Kriminalitätsverhütung durch Sicherheitsvorsorge“ (22.–24. 6. 1998). – Bernhardt, H.: Quo vadis Kriminalitätskontrolle?, in: DP 5/1998; S. 133 ff. – Kury, H. (Hg.): Konzepte Kommunaler Kriminalprävention (KF MPI Bd. 59). Freiburg i. Br. 1997. – Göbel, R./Wallraff-Unzicker, F.: Kriminalprävention. Eine Auswahlbibliographie (BKA-FR Bd. 45). Wiesbaden 1997. – Dreher, G./Feltes, T. (Hg.): Das Modell New York. Holzkirchen 1997. – Dörmann, U.: Wie sicher fühlen sich die Deutschen? Wiesbaden 1996. – Nils, C.: Kriminalitätskontrolle als Industrie. Pfaffenweiler 1995. – Kaiser, G.: Art. „Verbrechenskontrolle und Verbrechensvorbeugung“, in: KKW; S. 571 ff. – Jung, H.: Art. „Private Verbrechenskontrolle“, in: KKW; S. 409 ff. – Kube, E. u. a. (Hg.): Kriminalistik. 2 Bde. Stuttgart u. a. 1992/94. – PFA-SR 2–3/1992: Kriminalprävention. – Göbel, R./Poremba, C.: Standortbestimmung und Perspektiven der polizeilichen Verbrechensbekämpfung. Wiesbaden 1992. – Kube, E.: Systematische Kriminalprävention. (BKA-FR/SB). Wiesbaden [2]1987. – Kollischon, H.: Die Verwertung des Täterwissens aus praktischer und berufsethischer Sicht des Polizeibeamten, in: BKA (Hg.): Symposium: Nutzung der Sicht des Täters und des Täterwissens für die Verbrechensbekämpfung. Wiesbaden 1986; S. 73 ff. – Hellmer, J.: Das ethische Problem in der Kriminologie. Berlin 1984. – Knubben, W.: „... der werfe den ersten Stein“. Was nicht im Mordprotokoll steht. Freiburg i. Br. 1984.

13. Weisung – Gehorsam – Verantwortung

Der Begriff Gehorsam, abgeleitet von der althochdeutschen Form „gihorsami“, fristet in unserer heutigen Bewusstseinslandschaft eher ein Schattendasein. Hoch im Kurs stehen Worte wie Emanzipation, Mündigkeit, Identitätsstärke und Selbstverwirklichung, die alle den Terminus Gehorsam bzw. Subordination (lat. Unterordung), teils auch Weisungsgebundenheit in Misskredit bringen und als Servilität, Anpassung, Selbstaufgabe, Abhängigkeit, Fremdbestimmung und Manipulation desavouieren. In der Begriffsgeschichte finden sich verschiedenartige Konnotationen (Nusser 1974): Nach der Stoa führt ein tugendhaftes glückliches Leben, wer den ewigen Gesetzen der Natur gehorcht und damit die Götter verehrt. Die Pflicht zum Gehorsam staatlicher Gesetze korrespondiert mit der Pflicht zu einer gerechten Herrschaft. Gegen die Tyrannei konzediert die Stoa das Widerstandsrecht (vgl. 38.). Augustinus stellt folgende Klimax auf: Gehorsam gegen die Eltern, Gehorsam gegen den Staat, Gehorsam gegen Gott. Th. Hobbes begründet den Gesetzesgehorsam der Bürger mit der Schutzfunktion des Staates. Die Verpflichtung zum Gesetzesgehorsam erlischt, wenn der Staat nicht mehr in der Lage ist, Schutz und Sicherheit zu gewährleisten. I. Kant versteht unter dem kategorischen Imperativ ein Gesetz, dem man gehorchen muss. Gehorsam hält er nur für möglich in Form von moralischer Selbstverpflichtung, die auf eigener Einsicht in den Wertgehalt des Gebotes bzw. Verbotes beruht. Da die Bevölkerung der staatlichen Gesetzgebung aus freiem Willen zugestimmt hat, sieht Kant keine Möglichkeit zum Ungehorsam und Widerstand. Nach G. W. F. Hegel verkörpert der Staat das sittliche Universum. Deshalb hat sich der Mensch dem Staat einzuordnen und seinen Gesetzen zu gehorchen. Einen ethisch motivierten Ungehorsam gegen das staatliche Gesetz, das die Welt des Rechts und des Sittlichen darstellt, lehnt Hegel ab, da sonst die Existenz des Staates infragegestellt würde. F. Nietzsche, der die tradierten Wertetafeln zerschmettert, propagiert die Kunst, befehlen zu können, und die Kunst des stolzen Gehorsams. Schwierigkeiten, diese Kunst zu erlernen, bereitet die Schwäche bzw. Furchtsamkeit der Herdentiere. Dagegen idealisiert Nietzsche das Führertier, jenen Typus Mensch, der sich zu größter Pracht und Macht steigert.

Heutige Juristen verbinden mit der Gehorsamspflicht die Vorstellung, die Anweisung einer anderen Person als verbindlich zu betrachten und zu befolgen. Grundsätzlich hat jeder Staatsbürger der Hoheitsgewalt Folge zu leisten und darf nur unter bestimmten Voraussetzungen das Widerstandsrecht (vgl. 38.) anwenden. Von besonderen Gehorsamspflichten ist im Direktionsrecht, Beamtenrecht und Wehrrecht bzw. Soldatengesetz (SG) die Rede. Das Familienrecht, das sich v. a. in den §§ 1297–1921 BGB findet und die Rechtsverhältnisse der Familienmitglieder zueinander und Dritten gegenüber regelt, sieht z. B. in § 1618 a BGB vor, dass Eltern und Kinder einander Beistand und Rücksicht schulden. Das Direktionsrecht gibt dem Arbeitgeber – in begrenztem Umfang – das Recht, Weisungen zur Arbeitsleistung und zum Verhalten am Arbeitsplatz zu erteilen, die der Arbeitnehmer befolgen muss. Gem. § 11 SG, das die Rechtsstellung des Soldaten behandelt, hat der Untergebene die Befehle seines Vorgesetzten nach besten Kräften, vollständig, gewissenhaft und unverzüglich auszuführen. Nach den §§ 19–21 Wehrstrafgesetz (WStG) steht die Gehorsamsverweigerung eines Soldaten unter Strafe. § 32 WStG droht eine Bestrafung an, wenn ein Vorgesetzter seine Befehlsgewalt missbraucht. Nach § 37 Beamtenrechtsrahmengesetz (BRRG), § 55 Bundesbeamtengesetz (BBG) und den Beamtengesetzen der Länder hat der Beamte seine Vorgesetzen zu beraten, zu unterstützen und ihre Anordnungen auszuführen. Mit dem öffentlich-rechtlichen Dienst- und Treueverhältnis, in dem der Beamte steht, verbindet sich ein besonderes Gewaltverhältnis, insofern der Polizeibeamte zwar Träger der Grundrechte – wie jeder Bürger auch – ist, aber sich auf einzelne Grundrechte nur eingeschränkt berufen kann. In dem Programm für die Innere Sicherheit in der Bundesrepublik Deutschland aus dem Jahre 1972 heißt es: „Die Aufgabe der Polizei verlangt, dass Anordnungen und Befehle präzise ausgeführt werden. Je schwieriger die Situation ist und je schneller die Polizei reagieren muss, desto entscheidender ist für den Erfolg, dass der einzelne Polizeibeamte Befehle genau befolgt." Dagegen nimmt die Fortschreibung des Programms Innere Sicherheit von 1994 keinen Bezug mehr zur Weisungsgebundenheit des Vollzugsbeamten. Die PDV 100 erläutert die Befehlsgebung überwiegend aus organisatorisch-praktischer Sicht. In der Polizei sind in erster Linie die Vorgesetzten weisungsbefugt, in bestimmten Fällen der Strafverfolgung kann auch die Staatsanwaltschaft Weisungen erteilen. Die Gehorsamspflicht des Polizeivollzugsbeamten endet, wenn die Anordnungen keinem dienstlichen Zweck dienen, die Menschenwürde verletzen oder eine Straftat beinhalten. Um seine Bedenken gegen die Rechtmäßigkeit der Dienstanweisung vorzutragen, hat der Exekutivbeamte ein Remonstrationsrecht und eine Remonstrationspflicht.

Inwieweit lässt sich angesichts der historischen Belege dafür, dass im Namen des Gehorsams grauenvolle Verbrechen und himmelschreiende Unrechtstaten begangen worden sind, Befehlsgewalt und Gehorsamspflicht in unserer heutigen Zeit ethisch noch legitimieren? Wie das Milgram-Experiment und die Publikationen von Browning (1993) und Goldhagen (1996) zeigen, können ganz normale Menschen zu schlimmsten Tätern werden, wenn Charakterschwäche, Anpassung an die Zwangssituationen und Autoritätspersonen, Gruppendruck, Rollenübernahme als gefügiger williger Vollstrecker, Distanz zum Opfer und ideologische Rechtfertigung zusammentreffen. Dass aus Gehorsam Verbrechen gegen die Menschlichkeit verübt worden sind, weisen neuere Forschungen (Kreuter 1997, Wette/Ueberschär 2001, Seidler/DeZayas 2002) nach. M. Weber hält den Legitimationsglauben an die Herrschaftsautorität mit für das wichtigste Motiv, um sich normativ verpflichtet zu fühlen, die Befehle des Herrschers auszuführen. Somit drängt sich die ethische Frage auf, was getan werden muss, um Unrecht aus Gehorsam in Zukunft zu vermeiden.

Ein rein pragmatisch-funktionaler Begründungsansatz für Gehorsam in Institutionen greift ethisch zu kurz. Die hierarchisch strukturierte Polizeiorganisation, in der die Entscheidungs- und Anordnungsbefugnis der Vorgesetzten mit der Ausführungs- und Gehorsamspflicht der Mitarbeiter gekoppelt ist, beruft sich auf die Notwendigkeit einer zentralen, verbindlichen Entscheidungskompetenz, um in der Lage zu sein, auf komplexe, sich schnell verändernde Konfliktlagen koordiniert, unverzüglich reagieren und den gesetzlichen Sicherheitsauftrag effizient ausführen zu können. Auch wenn ein solches Erklärungsmuster Plausibilitätsargumente für sich beanspruchen kann, vermag es weder das durch geschichtliche Erfahrungen begründete und berechtigte Misstrauen gegen die Befehlsgewalt, sie könne den in einem Über- und

Unterordnungsverhältnis geforderten Gehorsam missbrauchen, zu entkräften und zu zerstreuen noch dem heutigen Standard der Aufklärung und Mündigkeit zu entsprechen. Zudem schwächt eine Vertrauenskrise, in die auch demokratische Staatsformen und ihre Institutionen geraten können, auf Dauer die Bereitschaft der Beamten, Gehorsam zu leisten.

Die teleologische (griech. τελοζ = Zweck, Ziel) Erklärungsweise, die das Ziel menschlichen Handelns zum vorrangigen Beurteilungsmaßstab nimmt, hält es für sinnvoll und vorteilhaft, Anordnungen einer rechtmäßigen Amtsautorität auszuführen, die dem Gemeinwohl, der Gerechtigkeit und dem sozialen Frieden dienen. Solch eine verantwortungsethische Sicht ersetzt die eindimensionale Befehl-Gehorsam-Struktur durch eine personale Dialogform, aus der sich moralische Konsequenzen für den Weisungsgeber wie für den Weisungsempfänger ergeben. Denn der originäre Beitrag des Gehorsamleistenden besteht darin, den Wertgehalt einer Dienstanweisung hörend zu erkennen, gewissenhaft zu prüfen und innerlich zu bejahen. Die freiwillige Unterordnung unter die weisungsgebende Autorität lässt sich mit dem Hinweis auf die Wertverwirklichung zu Gunsten des Gemeinwohls rechtfertigen. Somit wird deutlich, dass jeder Gehorsamsakt die Grundstruktur sittlichen Handelns aufweist, insofern das moralische Subjekt die Wertqualität einer Sollensforderung erkennt, von sich aus anerkennt und das Gebotene erfüllt. Allerdings setzt die in Institutionen geforderte Gehorsamsleistung als bewusste Selbstverpflichtung der mündigen Person voraus, dass genügend Freiräume der Partizipation, Mitsprache und Mitentscheidung eröffnet werden und starre Hierarchien oder strenge Autoritäten einen nicht zu starken Einfluss ausüben. Wird das persönlich-kritische Sichten sowie innerlich-freie Annehmen des Wertgehalts einer Anweisung zum überflüssigen Luxus oder gar zum Störfaktor in dem Unterordnungsverhältnis deklariert, ist der Boden für ein legalistisches Gehorsamsverständnis bereitet. Ebenso kann eine Gehorsamsleistung, die nicht auf innerer Überzeugung, sondern auf Furcht vor Sanktionen beruht, nur als moralisch wertlos und letztlich als inhuman bezeichnet werden.

Ethisch gilt zu bedenken, welche Verhaltensweisen und Charaktereigenschaften die Praxis des Befehlens und Gehorchens in der Institution Polizei hervorbringt. Bestehen die mittel- bis langfristigen Folgewirkungen in der Form von verantwortungsbewussten, selbstsicheren, zufriedenen Polizeibeamten, in einer von gegenseitigem Respekt getragenen Vorgesetzten-Mitarbeiter-Beziehungsqualität und in einem ungestörten Vertrauensverhältnis zur Bevölkerung? Nachdenklich stimmt, „daß in der Polizei von der persönlichen, offenen, konsequenten und dennoch konstruktiv-kritischen Beratung von Vorgesetzten zu wenig Gebrauch gemacht wird“ (Schult 1993). Der Grundsatz der Eigenverantwortung des Beamten für seine dienstliches Handeln hat angesichts der Fülle von Gesetzesvorschriften und der Unübersichtlichkeit der Rechtsprechung in der Literatur wiederholt Kritik erfahren (Felix 1993). Ethisch folgt daraus für den Vorgesetzten in der Polizei, nicht mehr anzuordnen als sachlich erforderlich ist, den Mitarbeitern Möglichkeiten für Eigeninitiative und Eigenverantwortung zu eröffnen, aber auch Verselbständigungstendenzen oder Zweckentfremdungen der Befehl-Gehorsam-Struktur zu vermeiden.

Zwischen Gesetzesgehorsam und Gewissensbedenken können Spannungen auftreten, die Aristoteles mit Hilfe des Begriffes Epikie (griech. επιεικεια = Billigkeit) behandelt. Angesichts der Tatsache, dass allgemeingültige Gesetzesnormen in konkreten Situationen Mängel aufweisen können, verfügt der Mensch über die Fähigkeit der Epikie, sich von einem Gesetz zu lösen, um Einzelfallgerechtigkeit herzustellen und unzumutbare Härten zu vermeiden (Nikomachische Ethik V, 14, 1137 b). Nach § 38 BRRG und § 56 BBG hat der Beamte nicht nur ein Recht, sondern sogar die Pflicht zur Remonstration (lat. remonstratio = Gegenvorstellung, Einspruch), die an keine Form oder Frist gebunden ist und nahezu ohne Rechtswirkungen bleibt. Das Faktum des Remonstrierens enthebt nicht eo ipso der Gehorsamspflicht. Kommen einem Polizeibeamten Bedenken gegen die Rechtmäßigkeit oder Zweckmäßigkeit einer dienstlichen Anweisung, hat er dagegen auf dem Dienstweg zu remonstrieren. Hält der Vorgesetzte die vorgetragenen Einwände für unbegründet, bleibt der betreffende Vollzugsbeamte verpflichtet, der Anordnung Folge zu leisten, wird jedoch von der Verantwortung befreit. Erfahrungsgemäß kann der Vorgesetzte sinnvoll und glaubwürdig Anweisungen erteilen, der selber richtig – im ethischen Sinne – zu gehorchen gelernt hat. Denn wer sich angeeignet hat, die Wertqualität einer Anordnung sorgfältig zu prüfen, anstatt sich bloß oberflächlich-bequem anzupassen bzw. willfährig zu fügen, wird es auch als Führungsperson für wichtig erachten, den Mitarbeitern die Zwecksetzung und den Wertbezug der angeordneten Maßnahmen transparent zu machen, und es ablehnen, in taktloser bzw. entehrender Form Weisungen zu erteilen. Der dialogische Prozess zwischen Weisungsgeber und Weisungsempfänger wird durch ein rein funktionales, wertindifferentes Verständnis der Befehl-Gehorsam-Struktur empfindlich gestört. Wie soll sich zwischen dem anordnenden Polizeiführer und dem nachgeordneten Beamten Vertrauen entwickeln, wenn der Dienstvorgesetzte unmissverständlich zu erkennen gibt, dass er selber nicht viel von Wertaspekten des Befehlens und Gehorchens hält?

Im Polizeialltag ist es vielfach so, dass der Vollzugsbeamte ohne Weisung tätig wird und eigenverantwortlich agiert. Vorrang vor solch freien Tätigkeiten haben die Dienstanweisungen. Allerdings fällt manchem Beamten der Wechsel vom eigenverantwortlichen, legalen Einschreiten zu angeordneten, taktisch begründeten Verhaltensweisen nicht leicht.

Für das, was ein weisungsgebundener Polizeibeamter macht, hat er Rechenschaft abzulegen. Der ethische Relationsbegriff der Verantwortung enthält folgende Strukturelemente: Eine Person (Subjekt der Verantwortung) hat für ihr Handeln (Objekt der Verantwortung) vor einer Instanz (Adressat der Verantwortung) aufgrund normativer Verbindlichkeiten (Kriterien der Verantwortung) Rede und Antwort zu stehen. Angesichts des zu beobachtenden Trends, den Verantwortungsbegriff auszuweiten, ist aus ethischer Sicht auf eine klare Zuschreibung und Begrenzung der Verantwortung und Schuld zu achten, um Überforderungen oder Missbrauch mit Zurechnungen zu vermeiden. An die Grenze seiner Verantwortung gelangt der Exekutivbeamte, wenn er im Namen des Gehorsams etwas tun soll, was menschenunwürdig oder illegal ist. Da eine allgemeingültige Definition der Menschenwürde (vgl. 8.) fehlt und der Inhalt dessen, was unter menschenwürdig zu verstehen ist, abstrakt bzw. diffus bleibt, kann letztlich nur das persönliche Gewissen sagen, ob in einem konkreten Fall die Menschenwürde verletzt worden ist. Eine Gehorsamsverweigerung aus Gewissensgründen generell als rechtsrelevante Pflichtverletzung oder

Dienstverfehlung des Beamten einzustufen und disziplinarrechtlich zu sanktionieren, dürfte sich mit Blick auf Art. 4 GG schwerlich halten lassen. Denn das hätte zur Konsequenz, die eigene Gewissensstimme überhören zu müssen, um im Polizeidienst bleiben zu können. Als Lösung bietet sich eine Einzelfallprüfung an, die alle Beweggründe und Umstände des Ungehorsams gründlich analysiert und prüft, inwieweit andere Grundrechtsgüter infolge der Inanspruchnahme der Gewissensfreiheit beeinträchtigt worden sind. Unverantwortlich handelt ein Polizeiführer, der das Vertrauen der Mitarbeiter in die Integrität seiner Amtsautorität ausnutzt, um Zweifel an der Rechtmäßigkeit oder Zweckmäßigkeit seiner Entscheidung erst gar nicht aufkommen zu lassen.

Ethische Reflexionen über die Gehorsamspflicht des Polizeibeamten bewegen sich zwischen der erforderlichen Respektierung der weisungsbefugten Amtsautorität und der Bewahrung der individuellen Grundrechte. Auf dem ausgewogenen Verhältnis beider Bereiche, das dem Gemeinwohl zugute kommt, basiert die Legitimation des Gehorsams in der Polizei.

Literaturhinweise:

Claussen, H.-R. u. a.: E.-A.: Das Disziplinarverfahren. Köln [5]2003. – Werner, M. H.: Art. „Verantwortung“, in: HbE; S. 521 ff. – Seidler, F. W./DeZayas, A. M. (Hg.): Kriegsverbrechen in Europa und im Nahen Osten im 20. Jahrhundert. Hamburg 2002. – Wette, W./Ueberschär, G. R. (Hg.): Kriegsverbrechen im 20. Jahrhundert. Darmstadt 2001. – Holl, J./Lenk, H./Maring, M.: Art. „Verantwortung“, in: HWPh Bd. 11; Sp. 566 ff. – Franke, S.: Selbstverantwortung der Führungskraft aus ethischer Sicht, in: PolSp 6/1999; S. 136 ff. – Kreuter, J.: Staatskriminalität und die Grenzen des Strafrechts. Reaktionen auf Verbrechen aus Gehorsam aus rechtsethischer Sicht. Gütersloh 1997. – Braasch, H.-J. u. a.: Der Gesetzesungehorsam der Justiz. Lübeck 1997. – Franke, S.: Polizeiführung und Ethik. Münster 1997; S. 136 ff. – Goldhagen, D. J.: Hitlers willige Vollstrecker. Berlin [3]1996. – Bayertz, K.: Verantwortung: Prinzip oder Problem? Darmstadt 1995. – Browning, C. R.: Ganz normale Männer. Reinbek 1993. – Romann, D.: Das Remonstrationsrecht. Speyer 1996. – Lisken, H. F.: Gesetzlicher Gehorsam begrenzt nicht die Gewissensfreiheit, sondern setzt sie voraus, in: P-h 2/1995; S. 58 ff. – Bayertz, K.: Verantwortung. Prinzip oder Problem. Darmstadt 1995. – Schult, H.: „Rechte sind das Ergebnis von Pflichten; Pflichten sind die Rechte anderer auf uns“, in: PFA-SB „Ethische Aspekte der Fürsorgepflicht des Staates gegenüber Polizeibeamten (25.–29. 10. 1993); S. 139 ff. – Felix, D.: Das Remonstrationsrecht und seine Bedeutung für den Rechtsschutz des Beamten. Köln u. a. 1993. – Meeus, W./Raaijmakers, Q.: Autoritätsgehorsam in Experimenten des Milgram-Typs, in: ZSPsy 20/1989; S. 70 ff. – Walther, M.: Art. „Gehorsam“, in: TRE Bd. 12; S. 148 ff. – Milgram, S.: Das Milgram-Experiment. Zur Gehorsamsbereitschaft gegenüber der Autorität. Reinbek 1982 (1974). – Jonas, H.: Das Prinzip Verantwortung. Frankfurt a. M. 1979. – Rendttorff,T.: Vom ethischen Sinn der Verantwortung, in: HchrE Bd. 3; S. 117 ff. – Hörmann, K. (Hg.): Verantwortung und Gehorsam. Aspekte der heutigen Autoritäts- und Gehorsamsproblematik. Innsbruck 1978. – Hammer, F.: Autorität und Gehorsam. Düsseldorf 1977. – Nusser, K.: Art. „Gehorsam“, in: HWPh Bd. 3; Sp. 146 ff. - Sölle, D.: Phantasie und Gehorsam. Stuttgart, Berlin [4]1970. – Dietel, A.: Gehorsam und Verantwortung, in: DP 5/1968; S. 147 ff. u. 6/1968; S. 179 ff. – Arens, E.: Recht, Macht und Verantwortung, in: DP 7/1968; S. 199 ff. – Schirmer, B.: Befehl und Gehorsam. Köln u. a. 1965. – Wöhrmann, H.: Zur Gehorsamspflicht des Beamten, in: DP 4/1961; S. 122 f. – Arens, E.: Recht, Macht und Verantwortung, in: DP 7/1968; S. 199 ff. – Bergh, E. v. d.: Die Gehorsamspflicht der preußischen Polizeibeamten. Berlin 1932.

14. Fehlverhalten, Straftaten und Korruption

Der Begriff Fehlverhalten liegt unterhalb der Gesetzesschwelle und beinhaltet defizitäre Werteinstellungen in Form einer persönlichen Vernachlässigung, Relativierung und Abweichung von dem Beamtenethos und dem eidlich zugesagten Befolgen der Dienstpflichten (vgl. 5.). Die Bezeichnung Straftat (lat. delictum = Fehler, Vergehen, Übertretung) bezieht sich auf eine tatbestandsmäßige, rechtswidrige, schuldhafte Handlung, mit der das Gesetz die Rechtsfolge der Sanktionierung verbindet. Nach § 20 StGB bedeutet Schuld persönliche Vorwerfbarkeit. Gem. § 46 StGB stellt die Schuld des Täters die Grundlage für die Strafzumessung dar. Dagegen fehlt eine klare Definition des Wortes Korruption (lat. corruptio = Verführung, Bestechung [im aktiven Sinne], Verdorbensein, Verfall [im passiven Sinne]). Unsere Umgangssprache assoziiert Korruption mit Bestechung, obwohl sie nur eine von mehreren Möglichkeiten korrupten Verhaltens ist. Korruption gilt zwar in Deutschland nicht als strafrechtlicher Tatbestand, wird aber im Zusammenhang mit anderen Vorschriften des Strafrechts erfasst, z. B. § 263 StGB: Betrug, § 266 StGB: Untreue, §§ 331 ff. StGB: Straftaten im Amt (Vorteilsnahme, Bestechlichkeit, Vorteilsgewährung, Bestechung). Trotz Fehlens einer universal gültigen Definition haben sich zwei Bedeutungselemente herauskristallisiert (Pritzler/Schneider 1999), die den Ausdruck der öffentlichen bzw. politischen Korruption konstituieren. Im Folgenden beziehen sich alle weiteren Ausführungen auf die öffentliche, nicht auf die private Korruption.

- Beim ersten Bedeutungselement handelt es sich um ein öffenliches Amt in einer Gesellschaft, die eine Trennung zwischen öffentlicher und privater Sphäre kennzeichnet. Mit der Trennung verbindet sich ein „Prinzipal-Agent-Verhältnis“: Eine Person (engl. agent) vertritt die Interessen und erledigt die Aufträge eines Dienstherren bzw. eines Auftraggebers (engl. principal). So hat in einer modernen Demokratie der gewählte Politiker – ebenso der Bürokrat, allerdings nach genauen Anweisungen – zum Wohle der Allgemeinheit zu agieren.
- Als zweites Bedeutungselement liegt der Tatbestand der missbräuchlichen Amtsausübung vor, insofern der Inhaber des öffentlichen Amtes die hoheitliche Amtsgewalt primär für seine eigenen Vorteile oder für die anderer Dritter einsetzt. Damit begibt er sich in eine Interessenskollision zwischen öffentlichen und privaten Zielen. Indem der Amtsträger seine persönlichen Vorteile dem Allgemeinwohl vorzieht, verletzt er die geltenden Amtsregeln und missbraucht seine Stellung.

Da in den Ländern Europas der Ausdruck Korruption teils als Synonym für Bestechung, teils als Oberbegriff für Bestechung (z. B. in der Bundesrepublik Deutschland) verstanden wird, hat der Europarat eine Harmonisierung des Korruptionsbegriffes gefordert (Überhofen 1999). Transparency International definiert Korruption als Missbrauch öffentlicher Macht zu privatem Vorteil und hat einen Wahrnehmungsindex für politische Korruption (Corruption Perceptions Index) erarbeitet (Lipset/Lenz 2002), der allerdings in methodischer Hinsicht umstritten ist.

Die Frage, wo die Toleranzgrenze für Fehlverhalten liegt, lässt sich in einer pluralen Gesellschaft nicht leicht beantworten. Denn die Ansichten gehen – nicht nur in Polizeikreisen – darüber weit auseinander, inwieweit gewisse menschliche Schwächen unumgänglich bzw. korrekturbedürfig erscheinen, inwiefern Qualität und Folgewirkungen unzureichender Verhaltensweisen ein bestimmtes Limit nicht überschreiten dürfen, in welchem Maße menschliche Einstellungsdefizite den lautlosen Erosionsprozess der Rechts- und Moralnormen fördern, worin akzeptable geeignete Gegenmaßnahmen bestehen. Da Belohnungen, Geschenke, Zuwendungen und Gefälligkeiten spendabler Bürger vielfach mit unlauteren Absichten sowie mit Abhängigkeiten und Gegenleistungen verquickt werden, erscheint eine für alle Polizeidienststellen verbindliche Regelung angebracht, sollte jedoch Taktgefühl und menschliche Regungen dankbarer Freude polizeilicherseits nicht außer Acht lassen.

Auch wenn es keine offizielle, der Öffentlichkeit zugängliche Statistik über polizeiliche Straftaten gibt, lassen sich anhand rechtskräftiger Gerichtsurteile und seriöser Medienberichte zuverlässige Daten gewinnen, die zu einer Versachlichung der Diskussion beitragen. So deckt die Palette der von Polizeibeamten begangenen Straftaten nahezu das gesamte Strafrechtsregister ab. Polizisten bedrohen unbescholtene Bürger mit Briefterror und nächtlichen Telefonanrufen, begehen vorsätzliche Körperverletzung, Unfallflucht, Hehlerei und Nötigung, überfallen Geldinstitute, Spielhallen, Geschäfte und Tankstellen, verüben Raubüberfall und Raubmord, Rauschgift- und Sexualdelikte. Als mögliche Motive und Ursachen für das Begehen von Straftaten der Polizisten werden u. a. angeführt:
- Ungeeignetes Personal, das aufgrund von Nachwuchsmangel übernommen werden musste und infolge von Stress, schlechtem Binnenklima – wie z. B. Kumpanei und agressiv-autoritärer Konfliktbewältigung – und mangelnder Führungsaufsicht zu Überreaktionen neigt
- Spezialkenntnisse und Topqualitäten polizeilicher Ermittler, die mit weitreichenden Zwangsbefugnissen ausgestattet sind und die es verstehen, die Spuren ihrer Vorgehensweisen zu verwischen und sich der Kontrolle durch den Vorgesetzten zu entziehen
- Persönliche Drucksituationen – etwa in Form von Überschuldung oder zu aufwendigem Lebensstil
- Gesellschaftlicher Wertewandel bzw. Werteverlust, der es individuell erleichtert, die Hemmschwelle illegalen Handelns im Dienst oder bei günstiger Gelegenheit zu senken.

Ein solch multifaktorieller Erklärungsansatz, der in vieler Hinsicht zwar plausibel, aber wenig polizeispezifisch erscheint, insofern sich derartige Faktoren auch in anderen Berufen beschreiben lassen, ist daraufhin kritisch zu sichten, was er zu einer sinnvollen, wirksamen Vermeidungsstrategie und einem Verhinderungskonzept beizutragen vermag. Die Notwendigkeit, Straftaten von Polizeibeamten im Ansatz zu unterbinden, ergibt sich aus der Einsicht in einen Vertrauensschwund und Ansehensverlust der Institution Polizei bei der Bevölkerung. Wenn der Gesetzeshüter zum Gesetzesbrecher abrutscht, bleibt das nicht ohne fatale Folgen für die humane Substanz und intakte Struktur unseres Rechtsstaates. In der Öffentlichkeit haben sich kritische Stimmen gemeldet, die den demokratischen Kontrollinstanzen (Justiz, Medien) und polizeiinternen Kontrollmechanismen (Aufsicht und Kontrolle durch die Führung) die Effizienz, teilweise sogar den guten Willen zur Aufklärung absprechen und deshalb nach neuen Kontrollgremien (externe bzw. gemischte Kontrollausschüsse, Innenrevision, Ombudsmann) rufen. Ethisch diskutabel erscheint eine solche Option unter der Voraussetzung, dass nachweislich Beschwerden (nicht Anschwärzerei oder Racheakte) der Bürger zu wenig ernstgenommen und auf ihren Sachverhalt überprüft werden, Ermittlungen gegen beschuldigte Polizeibeamte im Sand verlaufen und die neuen Kontrollorgane über die erforderlichen Rahmenbedingungen (Unabhängigkeit, Befugnisse, Informationen, personelle, finanzielle und technische Ausstattung) verfügen, um die beklagten Missstände beseitigen zu können. Allerdings darf polizeiintern der Grundsatz der Aufklärungspflicht und Fairness keineswegs eine Rechtfertigung für ein Klima des Misstrauens und der Verdächtigung sein. Denn ethisch gilt zu bedenken, dass falsche Anschuldigungen den betroffenen Polizeibeamten in die schwierige Situation bringen können, in der er auf sich allein gestellt bleibt und ihm niemand glaubt. Von dem Ausgang des Verfahrens hängt vielfach die berufliche Existenz mit den entsprechenden Auswirkungen für die Familie ab. Deshalb darf es keine Vorverurteilung derjenigen Polizeivollzugsbeamten geben, gegen die wegen des Vorwurfs illegalen Verhaltens ermittelt wird. Bis zur Urteilsverkündung vor einem ordentlichen Gericht haben die betroffenen Beamten einen moralischen wie rechtlichen Anspruch darauf, von ihrem Dienstherrn vor Verunglimpfung in den öffentlichen Medien und vor Desavouierung im Kollegenkreis in Schutz genommen zu werden. Da während der langen Zeit bis zur Urteilsverkündung der beschuldigte Polizist vielfach in eine tiefe persönliche Krise gerät und sich vor schwierige Beziehungsprobleme in der eigenen Familie bzw. im näheren sozialen Umfeld gestellt sieht, ist die Fürsorgepflicht des Vorgesetzten angefragt, ebenso die Polizeiseelsorge.

Fairerweise darf nicht verschwiegen werden, „wie schmal der Grat zwischen konsequenter, rechtmäßiger Amtsausübung einerseits und ggf. strafbarem Fehlverhalten andererseits für einen Polizeibeamten“ werden kann (Kolmer 1996). Neben Amtsdelikten und Missbrauch durch illegale Handlungsweisen im Dienst bleibt das Problem des Unterlassens gesetzlich vorgeschriebenen Einschreitens zu bedenken. Nach dem Motto „Es sind schon viele bestraft worden, weil sie zu viel, doch kaum jemand, weil er zu wenig getan hat“ umgeht ein Teil der Polizeibeamten den erforderlichen Diensteinsatz, um sich Unannehmlichkeiten und Scherereien zu ersparen. Die Grenzen zwischen dem bewussten Unterlassen von Amtspflichten und dem Problemfeld des Fehlverhaltens im Dienst sind fließend. Auch wenn die Dunkelziffer zu Spekulationen und Vermutungen geradezu einlädt, sollte die Polizei diese Thematik nicht tabuisieren, sondern selbstkritisch und konsequent aufarbeiten. Dabei gerät der Vorgesetzte nicht selten in eine schwierige Situation. Soll er den Aussagen des beschuldigten Mitarbeiters Glauben schenken oder nicht? Das ist nicht nur eine Frage der Wahrheit, sondern auch des Vertrauens, ohne das keine Organisation funktionieren kann.

Eine weitere Aufgabe für die Führungskraft und den Kollegenkreis besteht darin, sich schlüssig zu werden, wie sie mit einem Beamten, der rechtskräftig verurteilt, aber nicht aus dem Dienst entfernt worden ist oder einen „Freispruch zweiter Klasse“ erhalten hat, künftig zusammenarbeiten und menschlich umgehen sollen. Hier dürften Gesichtspunkte wie volle oder eingeschränkte Verwendungstauglichkeit, Vertrauenswürdigkeit, Verlässlichkeit, Toleranz, faire Chance zum Wiedereinstieg und Auswirkungen auf die Öffentlichkeit eine Rolle spielen. Die Frage, inwieweit ein rechtskräftig verurteilter Polizeibeamter, v. a. im Wiederholungsfall, noch imstande ist, die Strafverfolgungspflicht korrekt zu erfüllen, bei der Lagebeurteilung unabhängig und unvoreingenommen abzuwägen, dürfte sich wohl eher in Form einer Einzelfallentscheidung beantworten lassen.

Das ubiquitäre Phänomen der öffentlichen Korruption gilt umgangssprachlich durchweg als negativ, unehrenhaft und verwerflich. Dagegen tut sich die neoklassische Wohlfahrtsökonomik schwer, die Verwerflichkeit korruptiven Verhaltens zu begründen, da die allokativen Wirkungen der Korruption sowohl effizienzmindernd als auch effizenzsteigernd sein können (Homann 1997). Die ethische Bewertung der öffentlichen Korruption hängt weitgehend von den Rahmenbedingungen und von dem Standpunkt bzw. den Wertmaßstäben des Urteilenden ab. Je nach Qualität des sozialen Kontextes differiert die ethische Stellungnahme zur Korruption.

- So kann in totalitären Staaten mit ihren zentralistischen Verwaltungs- und Wirtschaftsapparaten korruptives Handeln durchaus Versorgungsengpässe beheben und Lebensverhältnisse erleichtern, wenn auch oft nur partiell. Eine solch systembedingte Korruption erscheint ethisch tolerabel, denn menschlichen Erleichterungen gebührt der Vorzug vor dem perfekten Funktionieren totalitärer Regime.
- In manchen Ländern der Dritten Welt errichten die Mächtigen Herrschaftsstrukturen, unterdrücken die Bevölkerungsmehrheit und belohnen linientreue Anhänger mit besonderen Privelegien. Politische Korruption als Mittel der Machtstabilisierung in diktaturähnlichen Gebilden muss aus ethischen Gründen verworfen werden, weil sie das freie Selbstbestimmungsrecht der Bevölkerung mit Füßen tritt und eine Hauptursache für die weit verbreitete Armut in den unterentwickelten Ländern und für mangelnde Wirtschaftsinvestitionen bildet.
- In Phasen des Zusammenbruchs von diktatorischen Staaten und ihres Systemwandels füllen Korruption und organisiertes Verbrechen den staatsfreien Raum aus, etablieren sich rasch im Laufe der Übergangszeit und bestimmen zu ihren Gunsten die politischen und wirtschaftlichen Prozesse. Hier kann die ethische Option nur lauten, derartig mafiöse Strukturen zu beseitigen und rechtsstaatliche Verhältnisse zu errichten.
- Dass unser demokratischer Rechtsstaat von der internationalen Kriminalität nicht in eine korrumpierte Bananenrepublik verändert werden darf, darüber lässt sich relativ leicht ein Konsens in unserer Bevölkerung erziehlen. Dagegen dürfte es größere Schwierigkeiten bereiten, zu gesellschaftsintern verursachten Korruptionsphänomenen ein konsensfähiges, ethisch fundiertes Urteil abzugeben.
  - Als zu plakativ und fadenscheinig kommt folgende Argumentationsfigur nicht in Betracht: Aus der trivialen Einsicht „nobody is perfect" wird der pauschale Schluss gezogen, also sind alle Menschen irgendwie anfällig, bestechlich und korrumpierbar. Diese Sicht erliegt der Gefahr, Korruption in tolerierbares Verhalten, in menschliche, allzu menschliche Unzulänglichkeit umzudefinieren, nicht mehr in ein normativ abweichendes, sozial unerwünschtes, zu poenalisierendes Handeln einzustufen und die zerstörerischen Auswirkungen der Korruption auf die Stabilität und Funktionalität unserer rechtsstaatliche Ordnung zu verharmlosen.
  - Auch der funktionalistische Begründungsansatz, der davon ausgeht, dass Korruption als ein temporäres Phänomen zum Erreichen individueller Ziele oder

zur Durchsetzung von Gruppeninteressen nützlich sein könne, greift zu kurz. Denn eine solch positive Funktionseinschätzung korruptiver Praktiken bleibt auf die individuelle Perspektive, auf den konkreten Einzelfall begrenzt und blendet die gesellschaftspolitische Bedeutung aus. Außerdem gilt zu verhindern, dass sich Korruption zur festen Regel, zur gängigen Praxis in unserer sozialen Realität ausweitet. Lehrt uns doch die geschichtliche Erfahrung zur Genüge die verheerenden Auswirkungen einer korrupten Gesellschaft.

- Ebenso vermag eine verengt legalistische Sichtweise, die Korruption lediglich als formalen Gesetzesverstoß interpretiert, kaum zu überzeugen. Ein Gesetz, das nicht im Dienst des Allgemeinwohles (bonum commune) steht, entbehrt die ethische Legitimationsbasis und kann beim mündigen Bürger keinen moralischen Anspruch auf Gehorsamspflicht erheben. Wer Antikorruptionsnormen zu formalen Spielregeln herabstuft, verkennt die gesamtgesellschaftlichen Folgekosten.

Erst von einem übergeordneten Standpunkt, der die rechtsstaatliche Ordnung und die berechtigten Belange des Gemeinwesens angemessen berücksichtigt, lässt sich die ethische Verwerflichkeit der öffentlichen Korruption mit folgenden Argumenten begründen:

- Wer bei der Ausübung eines öffentlichen Amtes seine privaten Interessen vorrangig verfolgt, begeht einen Vertrauensbruch, der nicht verheimlicht und gesellschaftlich nicht toleriert werden darf. Der Vertrauensbruch wiegt deswegen so schwer, weil die Bekleidung eines öffentlichen Amtes legitimiert wird mit der Verantwortung für das Gemeinwohl und weil die Bevölkerung nur über geringe Möglichkeiten der Kontrolle, Abwehr, des Schutzes und der Gegenstrategien gegen den Mißbrauch hoheitlicher Funktionsträger verfügt.
- Die öffentliche Korruption hat in der Regel weitreichendere negative Folgen als die private Korruption. Denn die missbräuchliche Instrumentalisierung, die illegale Privatisierung staatlichen Handelns unter dem Deckmantel hoheitlicher Amtsbefugnisse zu Gunsten von Privat- oder Gruppeninteressen führt zu Wettbewerbsverzerrungen, behindert die ökonomische und gesellschaftliche Entwicklung, beeinträchtigt gesellschaftsrelevante Werte wie Gerechtigkeit infolge ungleicher und unfairer Behandlung, untergräbt auf Dauer Vertrauen, Ehrlichkeit, Loyalität, Verlässlichkeit und Gemeinsinn als Fundamente eine geordneten Zusammenlebens. Der Nachweis der Destruktivität und Dysfunktionalität unserer Rechts- und Gesellschaftsordnung durch öffentliche Korruption rechtfertigt die moralische Ächtung korrupter Praktiken und Zustände.
- Da die öffentliche Korruption den Akteuren fast nur Vorteile einbringt, bleiben die moralischen Kosten in Form von persönlichen Schuldgefühlen, Gewissensbissen und Unrechtsbewusstsein entsprechend gering. Das Empfinden für einen Loyalitäts- bzw. Interessenskonflikt wird häufig verdrängt durch das Motiv ungenierter Selbstbereicherung oder durch den Beifall der bevorzugten Gruppe. Allerdings kann das mangelnde Schuldbewusstsein der Akteure nicht über die sozialschädlichen Auswirkungen der öffentlichen Korruption hinwegtäuschen. Nicht eine verkürzte individualethische Sicht, sondern eine Verantwortungsethik, die auf die Folgen für die Allgemeinheit achtet, wird dem Phänomen der öffentlichen Korruption gerecht.

Die Effizienz und moralische Qualität der Korruptionsbekämpfung in unserer pluralen Demokratie hängen weitgehend von drei Voraussetzungen ab:

- Maßnahmen gegen Korruption erhalten letztlich erst einen Sinn, wenn die überwiegende Mehrheit der Bevölkerung und der weitaus größte Teil unserer Öffentlichkeit übereinstimmen in dem klaren Wertbewusstsein und in der gefestigten Werthaltung, dass korrumpierendes Verhalten und korrupte Zustände aufgrund ihrer sozialschädlichen, unsere Rechtsordnung auf Dauer zerstörenden Folgewirkungen bekämpft werden müssen und keinesfalls toleriert werden dürfen. Wer mental von einem Bazillus befallen ist, den zu bekämpfen er sich jedoch im Namen einer intakten rechtsstaatlichen Demokratie verpflichtet wissen sollte, dessen halbherzige Bemühungen haben kaum eine Chance auf Erfolg. In westlichen Ländern wird z. T. das Phänomen der zunehmenden Akzeptanz korrupter Praktiken in der Gesellschaft und die persönliche Anfälligkeit öffentlicher Amtsträger für Korruption auf den allgemeinen Wertewandel zurückgeführt. Hier ist eine kritische Selbstreflexion einer allzu liberalen, permissiven Gesellschaft vonnöten. Keinesfalls kann es genügen und überzeugen, wenn weite Kreise unserer Bevölkerung die hemmungslose Bereicherungs- und Selbstbedienungsmentalität der Politiker anprangern, selber aber bei Steuererklärungen und Versicherungsangaben lügen und betrügen. Doppelmoral und Sozialneid eignen sich nicht als moralische Instrumentarien zur Korruptionsbekämpfung. Erfreulicherweise lässt sich beobachten, dass die Notwendigkeit des Kampfes gegen Korruption immer mehr Befürworter findet. So mobilisiert die 1993 gegründete, unabhängige Nicht-Regierungs-Organisation Transparency International die Weltöffentlichkeit zum weltweiten Kampf gegen Korruption, betrachtet die OECD-Konvention vom Dezember 1997, die im Februar 1999 bereits von 35 Staaten unterzeichnet worden ist, als wichtigen Schritt, will in Zukunft verstärkt auf die Anwendung der Konvention achten und veranstaltet jährlich ein internationales Anti-Korruptions-Filmfestival. Gleichwohl stimmt nachdenklich, dass über das zu bekämpfende Phänomen nicht die erforderliche Einigkeit herrscht. Hier besteht noch Klärungsbedarf, dem ein kritischer Bewusstmachungsprozess, ein ethischer Diskurs zu entsprechen hat.
- Das Ausmaß der Schäden durch öffentliche Korruption bekommt erst voll in den Blick, wer Korruption nicht nur als individuelles Fehlverhalten, sondern auch als strukturellen Schwachpunkt unserer sozialen Realität begreift. Die Strukturbedingungen für öffentliche Korruption lassen sich wie folgt beschreiben: Nach dem theoretischen Konzept des freiheitlichen demokratischen Rechtsstaates kann es nur eine kontrollierte Herrschaftsausübung gegenüber der Bevölkerung geben. Kontrolle beruht auf Recht und Gesetz, das einerseits den Inhabern eines öffentlichen Amtes verbindliche Vorgaben macht und das andererseits der Überwachung und Korrektur hoheitlichen Handelns dient. Aber die gedankliche Vorstellung, dass das gesamte Verwaltungshandeln nach eindeutigen Gesetzestexten minutiös abläuft, trifft nicht die heutige Staatswirklichkeit. Denn im politischen Alltag verstärkt sich der Trend, konfliktträchtige Entscheidungen – v. a. bei komplexen Sachverhalten – auf die Exekutive oder Jurisdiktion zu verlagern. Hinzukommt, dass weder materielle Rechtsvorschriften noch formale Verfahrensregeln das Verwaltungshandeln vollständig regeln können. Folglich bleibt Verwaltungsbeamten im Blick auf eine situations- bzw. problemgerechte, flexible und zügige Aufgabenwahrnehmung

nichts anderes übrig, als den Weg informeller Verhandlungen mit dem mündigen, seine Interessen selbstbewusst vertretenden Bürger zu beschreiten. Dadurch gerät vielfach der konkrete Entscheidungsfindungsprozess der Exekutive zu einer Gradwanderung zwischen Normanwendung und Kundenzufriedenheit, zwischen Kooperation und Korruption. Auch wenn die professionelle Verwaltungspraxis einvernehmliche Verhandlungslösungen gegenüber dem harten Gesetzesvollzug sowie einer zu bürokratischen Vorgehensweise vorzieht, lassen sich die Nachteile und Gefahren der informellen Konsensprozesse nicht verkennen: Mangel an Distanz und Unabhängigkeit, Trend zur pragmatischen Anpassung (angesichts von Zeitdruck, strittiger Gesetzesauslegung, Einspruchsrecht des Bürgers, Verzögerung durch Gerichtsverfahren, Personalknappheit in der Verwaltung). Inwieweit das informelle, kooperative Handeln der Exekutive einem neuzeitlichen Verständnis von Demokratie und Bürgernähe entspricht oder eher als ein Indiz für funktionale Zwänge und Schwächen hoheitlichen Handelns zu werten ist, mag dahin gestellt sein. Aus ethischer Sicht jedenfalls bleibt mehr Transparenz und Kontrolle über informelles Verwaltungshandeln zu fordern, um das Mauscheln bei profitablen Geschäftsabschlüssen oder lukrativer Auftragsvergabe zu unterbinden.

- Korruptionsbekämpfung besagt mehr als ein Skandalbericht in den Medien, mehr als ein Gerichtsverfahren, mehr als ein Gegenstand für einen parlamentarischen Untersuchungsausschuss, mehr als eine Moralpredigt. Den dunklen Bereich korrupter Praktiken und Verhältnisse stärker in den Blick zu rücken und in den Griff zu bekommen ist eine ständige Aufgabe aller staatlichen Institutionen, gesellschaftsrelevanter Gruppen und der gesamten Bevölkerung. Die Bewältigung dieser permanenten Gemeinschaftsaufgabe wird erschwert durch den interessensbedingten Widerstand der Korrumpierenden, durch die Heimlichkeit und Abschottungsstrategie der Beteiligten, durch die Dunkelziffer, durch die Komplexität und Intransparenz bürokratischer Entscheidungsabläufe, um auf die cleveren Akteure bei günstiger Gelegenheit oder mittels etablierter Kommunikationsstrukturen gezielt Einfluss ausüben zu können. Erfolg dürfte der gemeinsamen Korruptionsbekämpfung beschieden sein, wenn sie sich nicht in vereinzelten, isolierten Aktionen verliert, sondern im Rahmen eines durchdachten Gesamtkonzeptes abläuft. Eine differenziert berichtende, investigative Presse trägt entscheidend dazu bei, die Öffentlichkeit zu sensibilisieren, Korruptionsfälle an das Tageslicht zu bringen und die der Korruption Überführten gesellschaftlich zu sanktionieren. Zum weiteren Maßnahmebündel zählen das Schaffen von überschaubaren Verwaltungsstrukturen nebst dem Verwenden der Instrumentarien Innenrevision, Kontrolle und Führung, ferner klare Ausschreibungsmodalitäten staatlicher Aufträge. Die Errichtung eines nationalen wie internationalen Korruptionsregisters empfiehlt sich, um die der Korruption Überführten von der staatlichen Auftragsvergabe – zumindest temporär – auszuschließen. Ethisch bleibt das Strafrecht eine ultima-ratio-Lösung. Demnach sollte das Strafrecht erst verschärft werden, wenn zuvor alle Möglichkeiten einer wirksamen Strafverfolgung ausgeschöpft wurden. So bedarf die legale, wenn auch bereits eingeschränkte Praxis, Korruption im Ausland steuerrechtlich zu subventionieren, insofern die im Ausland getätigten Bestechungszahlungen als „ordentliche Betriebsausgaben" gem. § 4 Abs. 4 Einkommenssteuergesetz abzugsfähig sind, einer dringenden Korrektur. Im Blick auf eine effiziente Korruptionsbekämpfungsstrategie erscheint die Kronzeugenregelung ein durchaus diskutabler wie praktikabler Ansatz, um die Anreizstrukturen zu verändern und die Risikokosten für die Akteure zu erhöhen.

Neben den repressiven Maßnahmen gegen öffentliche Korruption darf die Prävention nicht übersehen werden. Als geeignete Präventionsmaßnahmen erweisen sich die interdisziplinäre Korruptionsforschung und der Erziehungsfaktor. Die Erziehung zu demokratischen Verhaltensweisen in der schulischen und beruflichen Ausbildung, das Erleben glaubwürdiger Vorbilder im Elternhaus und in der Politik, die Tolerierung der Werte wie Verantwortung, soziale Gerechtigkeit, Ehrlichkeit und Pflichtbewusstsein in der Öffentlichkeit, die Öffentlichkeitsarbeit der Medien zwecks Sensibilisierung und Immunisierung gegen das Krebsgeschwür der Korruption – all das leistet einen wichtigen Beitrag zur ethischen Orientierung des menschlichen Verhaltens und fördert die moralische Stabilität unserer freiheitlichen demokratischen Grundrechtsordnung. Demokratie wird nicht nur von außen, sondern auch von innen gefährdet. Korruption ist solch eine Gefahr von innen, die von allen Demokraten strikt bekämpft werden muss.

Auf die Notwendigkeit von Präventivmaßnahmen und ethisch angemessenen Reaktionen innerhalb der Polizei ist zu Recht hingewiesen worden (Ahlf 2003, Poerting/Vahlenkamp 2002, Vahlenkamp/Knauß 1995), z. B.:

- Null-Toleranz des Vorgesetzten und der Mitarbeiter von Straftaten und Korruption in den eigenen Reihen
- Dienstaufsicht und Kontrolle
- Rotation des Personals
- Ächtung von Kameraderie und Kumpanei, ohne jedoch den Geist echter Kollegialität und Kameradschaft zu verletzen
- Klare Regelung, was die Annahme von Geschenken, Umgang mit Sponsoren und Ausübung von Nebentätigkeiten betrifft
- Wertevermittlung in der polizeilichen Aus- und Fortbildung
- Bestellung eines Ombudsmanns bzw. Korruptionsbeauftragten.

Ein Armutszeugnis stellt sich aus, wer die kriminelle Energie in Form von Straftaten und Korruption mit der Ausrede zu relativieren versucht: „Schwarze Schafe verirren sich in jedem Beruf, wozu also dieser Aufwand und diese Aufregung?!“ Illegales und korruptes Verhalten von Polizeibeamten als übertriebene Medienschelte oder pauschale Unterstellung der Arbeitsgemeinschaften kritischer Polizeibeamtinnen und Polizeibeamten in Abrede zu stellen, erinnert an Wahrnehmungsverzerrung bzw. Wahrnehmungsverweigerung innerpolizeilicher Vorgänge.

Literaturhinweise:

Ahlf, E.-H.: Klassische und neuere ethische Strategien zur Korruptionsbekämpfung, in: Kriminalistik 8–9/2003; S. 481 ff. – Singelnstein, T.: Institutionalisierte Handlungsnormen bei den Staatsanwaltschaften im Umgang mit Ermittlungsverfahren wegen Körperverletzung im Amt gegen Polizeivollzugsbeamte, in: MschrKrim 1/2003; S. 1 ff. – Lipset, S. M./Lenz, G. S.: Korruption, Kultur, Märkte, in: Harrison, L. E./Huntington, S. P. (Hg.): Streit um Werte. Hamburg 2002; S. 145 ff. – Claussen, H. R./Ostendorf, H. (Hg.): Korruption im öffentlichen Dienst. Köln 2002. – Kubica, J.: Korruption in nationaler und internationaler Dimension, in: Kriminalistik

10/2002; S. 589 ff. – Amler, V.: Was tun, wenn der Kollege die Seite wechselt?, in: Deu Pol 5/2002; S. 29 ff. – dnp 3/2002 (Korruptionsbekämpfung). – Scheuch, E. K.: Korruption als Teil einer freiheitlichen Gesellschaftsordnung, in: Kriminalistik 2/2002; S. 79 ff. – Bannenberg, P.: Korruption in Deutschland und ihre strafrechtliche Kontrolle (P + F Bd. 18). Wiesbaden 2002. – Bannenberg, P.: Das macht doch jeder, wenn er kann. Korruption als verbreitetes strukturelles Phänomen in Deutschland, in: FR v. 25. 3. 2002 u. 23. 3. 2002. – Unbequem 7/2002. – dnp 3/2002: Korruptionsbekämpfung. – Mischkowitz, R./Bruhn, H.: Korruption – (K)ein Thema für die Polizei?, in: Kriminalistik 4/2001; S. 229 ff. – Kulessa, M.: Art. „Korruption“, in: ESL; Sp. 902 ff. – Mischkowitz, R. u. a.: Einschätzungen zur Korruption in Polizei, Justiz und Zoll (BKA-FR Bd. 46). Wiesbaden 2000. – Fiebig, H./Junker, H.: Korruption und Untreue im öffentlichen Dienst. Berlin 2000. – Groebener, V.: Gefährliche Geschenke. Konstanz 2000. – Schenk, D.: Tod einer Polizistin. Hamburg 2000. – Korell, J./Liebel, U.: Polizeiskandal – Skandalpolizei. Münster 2000. – Herrnkind, M.: Möglichkeiten und Grenzen polizeilicher Binnenkontrollen, in: Unbequem 12/2000; S. 7 ff. – Beckstein, G.: „Straftaten und Dienstvergehen wurden konsequent aufgeklärt und geahndet; strukturelle Probleme entschieden angegangen“, in: DP 10/2000; S. 277 ff. – Greiner, A.: Benötigt die Polizei besondere Kontrolleure?, in: DP 4/2000; S. 97 ff. – PFA-SB „Korruption – Schwerpunkt: Korruption in Kontroll- und Strafverfolgungsbehörden“ (5.–7. 12. 2000). – Poerting, P./Vahlenkamp, W.: Behördeninterne Strategien gegen Korruption (BKA). Wiesbaden 2002. – Morie, R.: Korruption aus ethischer Sicht; Bedeutung für eine Berufsethik der Polizei, in: DPolG 1/2000; S. 15 ff. – BRP/C 3/2000: Polizeiübergriffe – Polizeikontrolle. – Behr, R.: Funktion und Funktionalisierung von Schwarzen Schafen in der Polizei, in: KrimJ 3/2000; S. 219 ff. – Mischkowitz, R./Bruhn, H.: Wenn die Elite als Vorbild bröckelt, in: p-h 3/2000; S. 78 ff. – Fahnenschmidt, W.: DDR-Funktionäre vor Gericht. Berlin 2000. – Trenschel, W. (Hg.): Korruption – Geißel des Staates? Berlin 1999. – Überhofen, M.: Korruption und Bestechungsdelikte im staatlichen Bereich. Freiburg i. Br. 1999. – Pritzel, R. F. J./Schneider, F.: Korruption, in: HdWE Bd. 4; S. 310 ff. – Richtlinie der Bundesregierung zur Korruptionsprävention in der Bundesverwaltung, in: BAnz v. 14. 7. 1998. – Homann, K.: Unternehmensethik und Korruption, in: zfbf 3/1997; S. 187 ff. – Vahlenkamp, W./Knauß, I.: Korruption – hinnehmen oder handeln? (BKA-FR Bd. 33). Wiesbaden ^{2}1997. – PFA-SB „Korruption“ (24.–27. 2. 1997). – Ahlf, E. H.: Unethisches Polizeiverhalten, in: DP 6/1997; S. 174 ff. – Holz, K.: Korruption in der Polizei?, in: Kriminalistik 6/1997; S. 407. – Kolmer, J.: Wie ein Polizeibeamter schnell Beschuldigter in einem Strafverfahren werden kann, in: DP 7/1996; S. 168 f. – Schwind, H.-D.: Zur „Mauer des Schweigens“, in: Kriminalistik 3/1996; S. 161 ff. – Schäfer, H.: Identifikation mit dem gesetzlichen Auftrag und auftragswidrige Kameraderie, in: dkri 5/1996; S. 210 ff. – Menzel, T.: Die Bearbeitung von Amtsdelikten und Polizeisachen, in: P-h 1/1996; S. 46 ff. – Kretschmer, M.: Werteverfall – Abweichendes Verhalten von Polizeibeamten, in: Dulisch, F./Schmahl, H. L. (Hg.): Wertewandel und Wertevermittlung. Wiesbaden 1996. – Ahlf, E.-H.: Ethische Aspekte zur Korruptionsbekämpfung, in: Kriminalistik 2/1996; S. 91 ff. – P-h 2/1995: Bestechlichkeit im Amt. – Tondorf, G. (Hg.): Staatsdienst und Ethik. Korruption in Deutschland. Baden-Baden 1995. – dkri 9/1995; S. 386 ff.: Forum: Polizeibeauftragter – keine Lösung für den Bürger oder die Polizei? – Abele, H.: Art. „Korruption“, in: LWE; Sp. 571 ff. – Brusten, M.: Strafverfahren gegen Polizeibeamte in der BRD, in: Ders. (Hg.): Polizei – Politik (KrimJ 4. Beiheft). Weinheim 1992; S. 84 ff. – Benz, A./Seibel, W. (Hg.): Zwischen Kooperation und Korruption. Baden-Baden 1992. – Sielaff, W.: Bruchstellen im polizeilichen Berufsethos, in: Kriminalistik 6/1992; S. 351 ff. – Quambusch, E.: Die moralische Krise des öffentlichen Dienstes, in: DÖD 1992; S. 351 ff. – Gerbert, H.: Fehlverhalten von Polizeibeamten – in: PFA-SB „Polizeikultur – …“ (23.–27. 10. 1989); S. 121 ff. – Maikranz, H.: Exzessive Handlungen von Polizeibeamten – Ansätze für ein Verhinderungskonzept, in: DP 12/1986; S 433. – Bürger dürfen ihrer Polizei vertrauen. …, in: Deu Pol 12/1985; S. 3 NRW. – Thordsen, G.: Die Entgegennahme und Behandlung von Beschwerden, in: DP 6/1983; S. 187 ff. – Dreier, W.: Art. „Korruption“, in: HWPh Bd. 4; Sp. 1143.

15. Gesellschaft und Polizei

Im Laufe der Geschichte hat die Polizei einen unterschiedlichen Stellenwert in den jeweiligen Staats- und Gesellschaftsformen eingenommen (vgl. 6.). Für das obrigkeitshörige Rollenverständnis und Rollenverhalten in früheren Epochen hat die Polizei reichlich Schelte bezogen. Die folgenden Überlegungen lassen sich hauptsächlich von der Frage leiten, wie sich in unserer heutigen Zeit die gesellschaftlichen Rahmenbedingungen und Erwartungen auf das polizeiliche Selbstverständnis sowie auf die Befindlichkeit und das Dienstverhalten der Polizei auswirken und wie dieses Beziehungsgeflecht ethisch zu werten ist. Das Vertrauen der Bevölkerung in die Integrität und Professionalität der Polizei hängt zunächst einmal mit der Einstellung zum Staat sowie zum rechtsstaatlichen Handeln seiner Institutionen (Groll/Lander 2000) zusammen. Über die Zufriedenheit der Bürger mit ihrer Polizei entscheiden weiterhin in hohem Maße persönliche Eindrücke von Kontakten mit Vollzugsbeamten, individuelle Erfahrungen mit der Vielfalt polizeilicher Tätigkeitsbereiche (Schutz, Repression) und Einflüsse der Medienberichte über polizeiliche Verhaltensweisen. Nach empirischen Untersuchungen (Ohlemacher 1999) häufen sich Krisensymptome. So würde das polizeiliche Binnenklima getrübt durch Arbeitsunzufriedenheit, Burn-Out-Syndrom, Frühpensionierung, Übergriffe und Straftaten infolge von Stress und Überlastung, Demotivation durch Bezahlungs-, Beurteilungs- und Aufstiegsmodalitäten, Unmut über Reformkommissionen und Ärger über die Zusammenarbeit mit anderen Institutionen. Das Verhältnis zu einem Großteil der Bevölkerung sei beeinträchtigt durch die zu kritische Ansicht vieler Polizisten, die Bürger würden dem einschreitenden Vollzugsbeamten zu wenig Respekt und Achtung entgegenbringen und dessen dienstliche Tätigkeit ungerecht bewerten. Obwohl dieser subjektiven Selbsteinschätzung die Wertschätzung der Institution Polizei durch die überwiegende Bevölkerungsmehrheit widerspricht, würden dennoch viele Polizeibeamte sauer reagieren und nach außen abschotten durch Misstrauen gegenüber dem Bürger und durch Korpsgeist. In ihrem Privatleben würde sich eine Reihe von Polizisten scheuen, sich zu ihrem Beruf zu bekennen. Dieser Befund scheint kein typisch deutsches Phänomen zu sein (Waddington 1999, Maggeneder 1995). Aus der Sicht der Soziologen lassen sich folgende Verhaltensweisen bei Polizeibeamten in den verschiedensten Ländern beobachten: defensive Solidarität, ein auf Legalität und Illegalität focussiertes Denken mit entsprechender Bewertung des Gegenüber, eine Machomentalität in Zusammenhang mit dem staatlichen Gewaltmonopol und missionarischer Einsatz gegen Kriminalität.

Vorausgesetzt, die erhobenen Daten spiegeln die Wirklichkeit wieder, stellt sich das Problem einer adäquaten Bewertung ein. Ein gemeinsames Werteverständnis verbindet Menschen untereinander, denn Werte mit ihrem Geltungsanspruch bilden die Voraussetzung zum Funktionieren eines komplexen Gesellschaftssystems (Konsens) und bieten Orientierungshilfe für eine persönliche Lebensgestaltung in Freiheit und Würde. Unsere tradierte Kultur lebt davon, einer menschlichen Person Respekt zu bekunden, die in Übereinstimmung mit ihren moralischen Grundsätzen handelt. Die soziale Achtung und Ehrung einer moralisch integeren, ehrenwert sich verhaltenden Persönlichkeit fördert das individuelle Wohlbefinden in Form von

Selbstachtung und positiven Selbstwertgefühl. Dem gegenseitigen Anerkennungsprozess liegen Vorstellungen von einem gelungenen Menschenleben und gültigen Wertmaßstäben zu Grunde. Diese Praxis der wechselseitigen Respektierung und Wertschätzung ist offensichtlich zwischen Bevölkerung und Polizei gestört, wofür folgende Faktoren sprechen:

- Die Anonymität der Polizeiorganisation mit ihren ausdifferenzierten Arbeitsprozessen und vielerlei Sachzwängen macht den Außenstehenden misstrauisch und unsicher, weckt Gefühle des Unwohlseins und Unbehagens. Die Beziehungsqualität zwischen dem einzelnen Menschen und der Großorganisation unterscheidet sich von zwischenmenschlichen, überschaubaren Interaktionen.
- Die lautlose Dünenwanderung des Rechts wirkt sich auf den direkten Kontakt zur Polizei aus. Der zufolge wandelt sich in der Gesellschaft das Verständnis von dem Vollzugsbeamten, der laut Gesetzesauftrag Straftaten im öffentlichen Interesse verfolgt und Rechtssicherheit gewährleistet, zu dem Vorbehalt, er würde mit repressiven Maßnahmen die individuellen Grundrechte zu stark einengen und selektiv sanktionieren. Zwangsläufig leidet in unserer sozialen Realität die Normenklarheit und gestaltet sich die polizeiliche Normanwendung schwieriger, wenn immer mehr aus der Schickeria und Alternativszene nur noch sich selbst als Norm der Selbstverwirklichung akzeptieren und allgemeine Leitbildfunktion ausüben.
- Eine bestimmte Art der Medienberichterstattung über Straftaten und Korruption in der Polizei verschlechtert deren Image in der öffentlichen Meinung und untergräbt das Vertrauen in deren Zuverlässigkeit und Integrität.

Nicht die Institution Polizei, sondern der einzelne Polizeibeamte ist es, der im konkreten Umgang mit dem Bürger den Wertungsdissens zu spüren bekommt. Weniger die Fülle unterschiedlichster Partikularinteressen, sondern vielmehr die von höherer Warte aus gefällten, apodiktisch klingenden, inkompatiblen Werturteile des Gegenüber hinterfragen das Selbstverständnis des Exekutivbeamten, irritieren und verunsichern ihn. Diese Wertdiskrepanz verändert auf Dauer auch das Rechtsverständnis und Normbewusstsein des Beamten. Die Polizei als ein Teil der Gesellschaft bildet keine Oase der Normbeständigkeit. Von daher wäre es fatal, die ungünstigen Auswirkungen des Wertungsdissenses auf die Rechtsauffassung des Polizisten, der von Beruf Normanwender und Vollstrecker staatlicher Gewalt ist, zu verkennen und einer solchen Entwicklung tatenlos zuzuschauen.

Welche ethischen Konsequenzen folgen aus dieser Problemskizze? Weder ist es mit Kommunikationstechniken getan, mit denen Streifenbeamte die Dissonanzen mit dem andersdenkenden Bürger beheben sollen, noch dürfen die Augen vor dem Phänomen verschlossen werden, dass bei einem Polizeibeamten, der in seinem Dienst wenig Sinn und Erfüllung findet, die Leistungsbereitschaft und Berufszufriedenheit schlechter werden. Psychosoziale Techniken eignen sich dazu, Kommunikations- und Rollenkonflikte zwischen dem Bürger und Polizeibeamten zu vermeiden bzw. zu schlichten (vgl. 3.), aber im Bereich der Wertkonflikte greifen sie zu kurz. In einer liberalen, permissiven Gesellschaft lässt sich der schwelende Wertungskonflikt zwischen dem Selbstinteresse des Bürgers und dem Polizeiauftrag ohne Rekurs auf die Sinnkategorie nicht lösen. Die Sinndimension stellt einen Zusammenhang zwischen Wirklichkeit, Bewusstsein und Sprache her und gibt ihm eine bestimmte Bedeutung. Auf der Suche nach den Bedingungen zum Gelingen eines gesellschaftlichen und individuellen Lebens stößt die ethische Sinnfrage auf Grundwerte und Konsens, Rechte und Pflichten, Pluralität und Toleranz. Aus deskriptiver Sicht besteht der Konsens in der Übereinstimmung bzw. Zustimmung zu den Zielen, Werten, Normen und Regeln unseres Zusammenlebens. Der Grundkonsens als Funktionsbedingung für unser heutiges Gesellschaftssystem findet seinen Ausdruck im Grundgesetz. Die Art. 1–19 GG enthalten Werte, die jedem Bürger in der Bundesrepublik Deutschland als Grundrechte zustehen. Die subjektiven Grundrechte verstehen sich als persönliche Freiheitsrechte, die Schutz vor Übergriffen des Staates bieten. Nach Art. 93 Abs. 1 Nr. 4 a GG kann jedermann Verfassungsbeschwerde erheben, wenn er sich in seiner Rechtssphäre durch die öffentliche Gewalt verletzt sieht. Zugleich gelten – laut höchstinstanzlicher Rechtsprechung – die Grundrechte als objektive Bestandteile einer Werteordnung, die das gesamte Recht prägen. Bei der subjektiven Sicht der Grundwerte erscheint der repressiv einschreitende Polizeibeamte in der negativen Rolle des Kontrahenten und Bedrohers der individuellen Freiheitsrechte. Dagegen zeichnet die objektive Bedeutung des Grundgesetzes als umfassender Werteordnung ein positives Polizeibild, das den Beitrag des Polizeibeamten für den Bestand der Grundrechtsordnung, die Gewährleistung der Rechtssicherheit, den Erhalt des sozialen Friedens und den Schutz des Gemeinwohls würdigt. Dem Wertungsdissens liegt eine einseitige, individualistische Auffassung von Polizei zu Grunde, die nicht nur dem einzelnen Exekutivbeamten die Berufsausübung erschwert, sondern auch die rechtlichen Rahmenbedingungen für den Polizeibeamten verkennt. Die fälligen Korrekturen an dem modernistisch-subjektivistischen Trend schärfen den Blick dafür, dass es Situationen gibt, in denen das Legalitätsprinzip den Polizeibeamten verpflichtet, Gewalt anzuwenden, ohne ihm Spielraum für Verhandlungen mit dem Gegenüber zu lassen. Wie rechtsethische Erfahrungen zeigen, neigt der totalitäre Staat dazu, die subjektiven Freiheits- und Grundrechte zu unterdrücken, während ein intakter demokratischer Rechtsstaat auf ein ausgewogenes Verhältnis zwischen subjektivem und objektivem Recht achtet.

Mit dem Wertungsdissens hängt ferner eine falsche Akzentuierung des Beziehungsgefüges der Rechte und Pflichten sowie der Pluralität und Toleranz zusammen. Nicht von ungefähr kommt die Klage, dass Mitglieder einer liberalistischen Gesellschaft auf ihre persönlichen Rechtsansprüche pochen, aber die Rechtspflichten als ein lästiges Übel empfinden. Mit dem subjektiven Recht als einen berechtigten Anspruch gegenüber anderen Personen korrespondiert die Rechtspflicht als Anforderung an bestimmte Verhaltensweisen, z. B. die Freiheitsrechte der übrigen Rechtsträger zu respektieren. Wo die Bereitschaft nachlässt, als Bürger seine öffentlich-rechtlichen Pflichten (u. a. Steuerpflicht, Wehrpflicht, Unterhaltungspflicht) zu erfüllen, erleidet die Rechtsordnung empfindliche Einbußen. Dem Pflichtbewusstsein und der sozialen Verantwortung in unserer Öffentlichkeit mehr Geltung zu verschaffen, kommt dem Gemeinwohl zugute.

Eine komplexe plurale Gesellschaft ist auf Toleranz angewiesen, weil es die einzig richtige, allein gültige Entscheidung für das Gemeinwohl nicht gibt. Toleranz als Duldung Andersdenkender und Andershandelnder erreicht ihre Grenzen, wo um die

Frage der Wahrheit und des richtigen Rechts gestritten wird. Nicht tolerant verhalten sich der Indifferente, dem nichts an einer eigenen Stellungnahme zur Wahrheit liegt, der Skeptiker, der die Möglichkeit wahrer Erkenntnis bezweifelt, und der strikte Relativist, der den behaupteten Wahrheitsgehalt in Abhängigkeit von verschiedenen Kulturkreisen und subjektiven Deutungen stehen sieht. Dagegen vermögen Personen, die einen gefestigten, durchdachten Standpunkt einnehmen und die Fähigkeit zu kritischer Selbstreflexion besitzen, die human-sittliche Kraft aufzubringen, die Konfliktparteien als gleichberechtigt anzusehen und zu einem akzeptablen Interessenausgleich zu bewegen, was in der Praxis vielfach auf einen vernünftigen Kompromiss hinauslaufen dürfte. Die ethische Relevanz der Toleranz liegt in der Relation von Freiheit und Gerechtigkeit. Wie F. Dürenmatt (Über Toleranz) zu bedenken gibt, muss die weltweit wachsende Menschheit, die allein die Freiheit auf ihre Fahnen schreibt, im Chaos enden; erst die Gerechtigkeit und Toleranz verhelfen den Menschen zum Überleben. Auf der Grundlage der Toleranz koexistieren in einer offenen Gesellschaft (K. R. Popper) Mehrheiten und Minderheiten, ohne in das Extrem des Fanatismus und Fundamentalismus zu verfallen.

Zweifellos fällt es dem Bürger leichter, auf seinem Rechtsanspruch zu bestehen als Ambiguitätstoleranz (lat. ambiguitas = Zweideutigkeit, Doppelsinn) zu üben. Denn Ambiguitätstoleranz als ein Hinnehmen bzw. Ertragen von Situationen, die sich rechtlich nicht lösen lassen, setzt ein hohes Maß an menschlicher Reife und Einsicht (Kaufmann 1997) voraus. Ein Polizeibeamter verhält sich tolerant, wenn er im Rahmen des pflichtgemäßen Ermessens den Verhandlungsspielraum nutzt, wobei das Legalitätsprinzip seiner Bereitschaft zur Toleranz eine Grenze zieht. Nicht immer leicht dürfte es einem Ermittlungsbeamten fallen, den Straftäter menschlich zu tolerieren, aber dessen Straftat zu missbilligen bzw. zu verabscheuen.

Aus ethischer Sicht verdient das polizeiliche Bemühen um Bürgernähe Zustimmung, insofern durch Transparenz der Maßnahmen und Verbesserung der Kontakte (Bezirksbeamter, Fanbeamter, Fußstreife) die Anonymität und Distanz zur Bevölkerung überwunden, Berührungsangst beim Bürger abgebaut, das Image der Polizei verbessert, das Sicherheitsgefühl gestärkt und Vertrauen hergestellt wird. Zeigt sich jedoch das polizeiliche Gegenüber beratungsresistent und wenig einsichtig oder verlangt es vom Streifenbeamten etwas Unrealistisches oder Illegales, sind die Möglichkeiten des Konzeptes Bürgernähe ausgeschöpft. Bürgerbefragungen, die im Dienst einer bürgernahen kundenfreundlichen Polizei stehen, haben den Vorteil, genauere Kenntnisse von den Ansichten und Erwartungen der Bevölkerung an die Polizeiarbeit zu gewinnen (Sterbling 2002, Volkmann 1998). Eine Kurzbefragung, wie sich der Bekanntenkreis der IPA-Mitglieder den idealen Polizisten vorstellt, erzielte folgendes widersprüchliches Resultat: Das Bild der Polizei in der Öffentlichkeit ist „weitgehend positiv geprägt vom Image des Sicherheitsfachmannes sowie des ‘Freund und Helfers’, aber auch untrennbar verbunden mit der Vorstellung vom Mädchen-für-alles und belastet mit der undankbaren Rolle des Vertreters staatlicher Kontrolle“ (Schmalzl 1999). Eine ethische Auswertung der erhobenen Daten hängt u. a. davon ab, inwieweit die Umfrageergebnisse zu ernsthaften Überlegungen und praktischen Konsequenzen in der Polizei führen. Das Programm der Zivilgesellschaft (civil society) insinuiert, die Interessengegensätze zwischen den unterschiedlichen

Bevölkerungsgruppen und staatlichen Institutionen durch eigene Selbstverwaltung und Selbstregulierung einvernehmlich lösen zu können, ohne das staatliche Gewaltmonopol zu bemühen und ohne gegen den Grundsatz der Gerechtigkeit und Humanität zu verstoßen. Allerdings steht der Legitimationsnachweis für einen derartigen Wahrheits- und Geltungsanspruch noch aus.

Literaturhinweise:

Endruweit, G.: Resümee der Polizeisoziologie – als Versuch der Etablierung einer neuen speziellen Soziologie, in: Lange, H.-J. (Hg.): Die Polizei der Gesellschaft. Opladen 2003; S. 399 ff. – Sterbling, A.: „Bürgerfreundlichkeit der Polizei" und „Focus"-Polizeitest – einige punktuelle Vergleiche, in: DP 11/2002; S. 297 ff. – Goriztka, U./Hoffmann, R.: Die Erste „Online-Bürgerbefragung" – Ein Pilotprojekt der Polizei Bremen, in: DP 7–8/2002; S. 233 f. – Hunsicker, E./Runde, B.: Pilotprojekt „Kundenorientierung" am Beispiel der Polizei Osnabrück, in: DP 3/2002; S. 75 ff. – Schumann, K. F.: Feldexperimente über Polizeiarbeit, Strafverfolgung und Sanktionsformen, in: BRIK. Bremen 2000; S. 34 ff. – Groll, K./Lander, B.: Entwicklung des Vertrauens der Bevölkerung in die Polizei 1984–1995, in: Liebl, K./Ohlemacher, T. (Hg.): Empirische Polizeiforschung. Herbolzheim 2000; S. 92 ff. – Volkmann, U.: Grund und Grenzen der Toleranz, in: Staat 2000; S. 325 ff. – Bertelsmann Stiftung (Hg.): Leistungsvergleich zwischen Polizeibehörden (Gemeinschaftsprojekt d. Bertelsmann Stift. d. Saarlandes u. d. Landes Schleswig-Holstein). Gütersloh 1999. – Ohlemacher, T.: Empirische Polizeiforschung in der BRD. Hannover 1999. – DPolBl 3/1999: Das Image der Polizei. – Waddington, P. A. J.: Policing Citizens. Authority and Rights. London, Philadelphia 1999. – PFA-SR 1–2/1999: Bürger- und Mitarbeiterbefragungen in der polizeilichen Praxis. – Schmalzl, P.: Das mehrdimensionale Bild vom idealen Polizisten, in: IPA aktuell 2/1999; S. 12 f. – Volkmann, H.-R.: Bürgerbefragungen: Ein Weg zu einer bürgernahen Polizei, in: DP 10/1998; S. 293 ff. – Bericht der Projektgruppe (sog. Stork-Bericht): Personal-/Organisationsentwicklung und Führung in der Polizei NW. Manuskript 1998. – Kaufmann, A.: Rechtsphilosophie. München [2]1997; S. 295 ff. – Murck, M.: Das Bild der Polizei in der Bevölkerung, in: DP 9/1997; S. 245 ff. – PFA-SR 2/1997: Das Bild der Polizei in den Gesellschaften Polens und Deutschlands. – Dörmann, U.: Wie sicher fühlen sich die Deutschen? (KA-FR Bd. 40). Wiesbaden 1996. – DPolBl 4/1995: Bürgernähe. – Meggeneder, O.: Abara Kadabara. Is a Kibara a Habara. Zur Berufssituation von Polizistinnen. Linz 1995. – Feltes, T./Rebscher, E. (Hg.): Polizei und Bevölkerung. Holzkirchen 1990. – Schüller, A.: Das Bild der Polizei in der Öffentlichkeit, in: DP 11/1990; S. 293 ff. – Meier-Welser, C.: Psychologische Aspekte gesellschaftlicher Funktionen der Polizei, in: Stein, F. (Hg.): Brennpunkte der Polizeipsychologie. Stuttgart 1990; S. 16 ff. – Murck, M.: Polizei und Bürger: Einige Merkmale der Einstellungs- und Kontaktstruktur, in: DP 2/1989; S. 27 ff. – Polizei und Kriminalität in der Meinung der Bürger (o. V.), in: DP 1/1988; S. 29. – Art. (o. V.): Gegenspieler?, in: dnp 3/1987; S. 66. – Busch, H. u. a.: Die Polizei in der BRD. Frankfurt, New York 1985. – Groh, E.: Polizeiliches Image und politische Verantwortung, in: dkri 6/1985; S. 269 ff. – Dommaschk, D.: Polizei in der öffentlichen Meinung – aus Sicht der Polizei, in: DP 2/1984; S. 37 ff. – Öffentlichkeitsarbeit der Polizei. Bd. 1. 1983/84. – Baltzer, K.: Die gesellschaftliche Stellung der Polizei, in: DP 6/1983; S. 169 ff. – Mutius, v. A.: Die Stellung der Polizei in der Gesellschaft, in: DP 3/1982; S. 69 ff. – Fischer, C.: Pesönlichkeitsmerkmale und Image des Sicherheitswachebeamten (Diss. Masch.). Wien 1981. – Endruweit, C.: Struktur und Wandel der Polizei. Berlin 1979. – Hinz, L.: Zum Berufs- und Gesellschaftsbild von Polizisten, in: Feest, J./Lautmann, R. (Hg.): Die Polizei. Opladen 1971; S. 122 ff. – Was ist ein Polizist? (o. V.), in: DP 10/1968; S 301.

16. Moderne Medien und Polizei

Medien (lat. medium = Mitte, Mittel) lassen sich als technische Hilfsmittel der Individual- und Massenkommunikation bezeichnen. Im weiteren Sinne werden darunter auch die organisatorischen Träger der Kommunikationsprozesse und die möglichen Kombinationen zwischen verschiedenartigen Medien verstanden (Karmasin 1976). Infolge der medialen Strukturierung erlebt unsere soziale Realität einen Übergang von der postindustriellen Gesellschaft in die Informationsgesellschaft. Die Mediatisierung (lat. Mittelbarmachen) stellt zunehmend die Quelle unserer heutigen Wirklichkeitserfahrung dar. Somit nimmt die Information eine Schlüsselrolle in unserer pluralen Gesellschaft ein. Der Wert und die Qualität einer Information hängt jeweils vom politischen, wirtschaftlichen, kulturellen Kontext ab. Die Medien verschaffen den Informationen Öffentlichkeit oder verweigern sie. Auf diese Weise werden die Medien zu einem Machtfaktor (vierte Gewalt), der durch Selektion und Repräsentation von Informationen den gesellschaftspolitischen Meinungsbildungsprozeß steuert, gezielt Druck ausübt, öffentlich kritisiert und kontrolliert. Auf dem Markt expandieren die verschiedenartigsten Massenmedien. Die klassischen Formen des elektronischen Mediums, Hörfunk, Film und Fernsehen, sehen fast schon antiquiert aus angesichts der jungen Konkurrenz in Gestalt von Compact Disc (CD), Videokassetten und den jederzeit abrufbaren Datendiensten. Zu den Printmedien zählen Zeitungen, Zeitschriften, Bücher und Plakate, wobei die Online-Zeitung im Internet eine Verbindung mit den elektronischen Medien eingegangen ist. Reger Nachfrage erfreut sich Multimedia, eine Kombination unterschiedlichster Medienformen (Text, Bild, Ton), die sowohl im privaten als auch im industriellen Bereich immer stärkere Verwendung findet. Multimediale Informations- und Kommunikationssysteme zeichnen sich durch vier Vorteile aus (Faulstich 1998):

- computerbasiert, insofern sich die verschiedenen Informationsquellen leistungsstark und zuverlässig vernetzen lassen
- integrativ, insoweit Daten nicht nur addiert, sondern auch hinsichtlich ihrer spezifischen Anwendungszwecke verarbeitet und genutzt werden
- kommunikativ, indem die Nutzer direkt miteinander interagieren und kommunizieren können
- multifunktional, in der Hinsicht nämlich, dass eine realitätsnähere, authentischere, interessantere Präsentation komplexer Sachverhalte eine höhere affektive Qualität der Interaktion erreicht.

Da Medien einzelstaatliche Grenzen überschreiten, erhält das internationale Medienrecht – z. B. auf europäischer Ebene – zunehmend Gewicht. Die medienrechtlichen Bestimmungen in der Bundesrepublik Deutschland stützen sich auf Art. 5 GG. Sie schützen die Massenmedien bei ihrer Aufgabe der öffentlichen Meinungsbildung, sichern deren Vielfalt, Chancengleichheit und wirtschaftliche Grundlagen (Branahl 1998, Faulstich 1998). Seine Grenzen findet das Medienrecht, das in Gestalt der Pressegesetze der einzelnen Bundesländer den Pressevertretern ein Informationsrecht zugesteht, z. B. an folgenden Rechtsgütern:

- *Persönlichkeitsschutz*
  Mit dem aus Art. 1 GG abgeleiteten Persönlichkeitsschutz kollidieren Beleidigungen und Verleumdungen anderer Personen.
- *Recht am eigenen Bild*
  Um das Privatleben und die Intimsphäre zu schützen, dürfen die Medien normalerweise keine Abbildungen ohne Zustimmung der betroffenen Person veröffentlichen. Ausgenommen von dieser Regelung sind öffentliche Personen (Minister, Star, ...), Randpersonen (Bodygard) und Fahndungsphotos.
- *Jugendschutz*
  Verboten sind pornographische und Gewalt verherrlichende Mediendarstellungen, die geeignet sind, Kinder und Jugendliche sittlich zu gefährden.
- *Staatsschutz*
  Verrat von Staatsgeheimnissen, Propaganda für verfassungsfeindliche Organisationen und Verunglimpfung staatlicher Institutionen überschreiten die Grenzen der Medienfreiheit.
- *Recht des geistigen Schaffens*
  Das Urhebergesetz schützt eigene Werke als persönliche Schöpfungen im Bereich der Literatur, Wissenschaft und Kunst und kann nicht übertragen werden. Dagegen können die Verwertungs- und Nutzungsrechte übertragen werden, wie ein Blick auf die Verwertungsgesellschaften (GEMA, GÜFA, u. a.) zeigt.
- *Journalistische Sorgfaltspflicht*
  Medienvertreter sind dazu verpflichtet, vor Verbreitung der Nachrichten deren Wahrheitsgehalt (Quelle, Inhalt) sorgfältig zu überprüfen, soweit es die Umstände gestatten. Damit soll vermieden werden, durch falsche Behauptungen die Rechte anderer zu verletzen; anderenfalls greift die presserechtliche Gegendarstellung, auch wenn sie sich vielfach nur als ein stumpfes Schwert erweist.

Dass ein Bedarf an Medienethik besteht, erklärt sich aus den Macht- und Einflussmöglichkeiten der Journalisten und nicht bloß aus den Medienaffären, die in der Öffentlichkeit Furore machen. Gestritten wird allerdings darüber, was das richtige medienethische Konzept auszeichnet, wie sich normative Verbindlichkeiten mit praktischen Aspekten sowie ökonomischen Bedingungen in unserer pluralen Gesellschaft vereinbaren lassen. Der Deutsche Presserat hat in Zusammenarbeit mit den Presseverbänden im Jahre 1973 „Publizistische Grundsätze" beschlossen, die in 16 Punkten die Berufsethik der Verleger, Herausgeber und Journalisten beschreiben und sich an den Wertvorstellungen der Wahrheit, Freiheit und Verantwortung orientieren. Angeregt durch Kritik, hat die überarbeitete Fassung aus dem Jahre 1990 einen engeren Bezug zum sozialen Kontext hergestellt. Dem Diskurs über eine systematische Medienethik liegen folgende Normierungsansätze zu Grunde:

- *Individualethik für Journalisten*
  Die individualethische Richtung legt Wert auf Mindeststandards, an denen sich die einzelnen Journalisten bei der Beschaffung, Bearbeitung und Verbreitung von Nachrichten und Meinungen orientieren sollen. Zu solchen Grundsätzen zählen (Karmasin 1976)

- Wahrheitspostulat (zutreffende Berichterstattung)
- Vollständigkeitspostulat (keine entstellte, einseitig verkürzte Beschreibung des Sachverhalts)
- Trennungspostulat (klar erkennbare Unterscheidung zwischen sachlicher Schilderung und bewertender Kommentierung)
- Strukturierungspostulat (angemessene Gewichtung und Platzierung der Mitteilungen)
- Transparenzpostulat (Offenlegung der Quellen, Kennzeichnung des eigenen Standpunktes)
- Postulat der Vermeidung von Meinungsverzerrung (die eigene politische Position soll sich nicht auf die Selektion und Präsentation der Nachrichten auswirken).

Vorausgesetzt wird eine autonome, fachlich kompetente, charakterfeste Einzelpersönlichkeit, deren Gewissen die medienethischen Grundsätze als Selbstverpflichtungen bzw. moralische Verhaltensmaximen betrachtet und sich an die freiwillige Selbstkontrolle gebunden fühlt.

- *Institutionenethik des Medienunternehmens*
  Die journalistische Tätigkeit unterliegt Strukturbedingungen und Sachzwängen. So enden die Möglichkeiten eines geistig-wendigen, kreativ-kritischen Reporters, wo sie mit den divergierenden Interessen eines Verlagshauses oder einer Rundfunkanstalt kollidieren. Eingehend prüft die Organisationsethik, welche offiziellen und inoffiziellen Steuerungsmechanismen in einem Medienbetrieb wirksam sind, in welchem Verhältnis der öffentliche Informationsanspruch und der unternehmerische Eigennutz stehen, welche Werte das Medienunternehmen und die Medienproduktion prägen, inwiefern die öffentlich-rechtlichen Rundfunk- und Fernsehsender ihren Informationsauftrag durch jounalistische Professionalität und Seriosität zum Wohle der Bevölkerung erfüllen oder vorzugsweise auf banale Massenunterhaltung in Form von Sex and Crime setzen. Dem Medienethos widerspricht, wenn Auflagenhöhe und Einschaltquoten den Ausschlag geben oder Massenmedien Skandale inszenieren und sich dabei als moralisch integere Instanz aufspielen, ohne für den angerichteten Schaden Wiedergutmachung zu leisten (Kepplinger).

- *Sozialethik der Massenkommunikation*
  Solange die Massenmedien das Publikum überwiegend in die Rolle eines potenziellen Wählers, Käufers oder Konsumenten drängen und entsprechend manipulieren, kann von Verantwortung der Medienrezipienten keine Rede sein. Sofern einige wenige Einflussreiche brisante Themen unter dem Vorwand der Publikumsbedürfnisse lancieren und die Medienwirklichkeit nach ihrem Gutdünken inszenieren, fehlt der sozialen Verantwortung für Massenkommunikation die Basis. Vonnöten ist in unserer Informationsgesellschaft eine ordnungspolitische und sozialethische Struktur, in der Medienproduzenten und Medienrezipienten angemessen interagieren. Die Globalisierung digitaler Medien lässt den Ruf nach fairen Kommunikationschancen als notwendig und berechtigt erscheinen, um die Gegensätze zwischen Informierten und Nichtinformierten möglichst zu entschärfen. Wie Kulturkritiker meinen, wird die Mobilität auf dem Datenhighway das Berufs- und Privatleben grundlegend verändern. Die noch weithin unerforschten Auswirkungen der Medienenflüsse auf das Sozial-, Lern- und Wertverhalten der Menschen,

geeignete Kontrollmöglichkeiten über die internationale Medienkonzentration mit ihrer Vernetzung von Wirtschaft, Politik und Publizistik, konstruktive Gestaltungsmöglichkeiten der Medienwirklichkeit, Aspekte der Verantwortung im Mediengeschehen – all diese Themenbereiche machen sozialethische Leitsätze und Orientierungshilfen erforderlich, können also nicht mit individualethischen Appellen und Handlungsanweisungen gelöst werden.

- *Rekurs auf ethische Mediennormen*
  Da die neuen Medien einen wesentlichen Gestaltungsfaktor unserer sozialen Realität und unseres Wirklichkeitsverständnisses darstellen, steht zur Klärung an, welche ethischen Mediennormen in unserer pluralen Demokratie – und darüber hinaus auch auf internationaler Ebene – einen Geltungsanspruch erheben können. In der Normfrage muss ein Grundkonsens erzielt werden, damit sichergestellt bleibt, dass die Medienwelt dem Wohl möglichst aller Menschen dient und nicht einseitig handfeste Interessen verfolgt. Folgende erstrebenswerte, realisierbare Werte kommen in Betracht:
  - Wertorientierung für Medienschaffende
    - Aufgeschlossenheit, Mut, Zivilcourage, um Missstände mit ihren sozialschädlichen Folgen aufzuzeigen, ohne jedoch einem Aktionsjournalismus zu verfallen
    - Redliches Bemühen um eine möglichst umfassende, wahrheitsgemäße Berichterstattung und eine gerecht bewertende, konstruktive Stellungnahme
    - Toleranz gegenüber Minderheiten und Andersdenkenden
    - Sensibilität und Engagement, ohne allerdings einen penetranten Betroffenheitsjargong zu wählen oder einseitig Partei zu ergreifen
    - Fairer Umgang der Medienproduzenten untereinander
  - Wertorientierung für Medienrezipienten
    - Freiheit als Voraussetzung für ungestörte, eigenverantwortliche Mediennutzung
    - Achtung und Schutz der Menschenwürde und Menschenrechte
    - Medienkompetenz und fundierte Medienkritik
    - Informationsanspruch und Wahrheitssuche
    - Identitätsstärke und Informationsflut (durchdachter Standpunkt und geistige Aufgeschlossenheit sowie Auseinandersetzung mit der täglichen Nachrichtenfülle).

  Eine enumerative Auflistung normativer Verbindlichkeiten kann es nicht geben wegen der ständigen Veränderungen im Medienbereich und der aktuellen Anlässe, in jedem Konfliktfall einen gerechten Ausgleich zwischen den verschiedenen Interessen anzustreben.

Als sich die Polizei der Bedeutung der Öffentlichkeits- und Pressearbeit in den 80er Jahren bewusst wurde, hat sie sukzessive damit begonnen, ihre Beziehungen zu den Medien zu intensivieren. Öffentlichkeitsarbeit besagt, dass sich die Polizei direkt an die Bevölkerung wendet, und Pressearbeit beinhaltet, dass die Polizeibehörde mit den Medienvertretern interagiert und über diesen Weg die Öffentlichkeit erreicht. Um das Verhältnis zwischen beiden Organisationen möglichst spannungsfrei zu halten, haben die Innenministerkonferenz und die Medien gemeinsam erstmals am

14. 1. 1982 „Verhaltensgrundsätze für Presse/Rundfunk und Polizei zur Vermeidung von Behinderung bei der Durchführung polizeilicher Aufgaben und der freien Ausübung der Berichterstattung" aufgestellt. In der Praxis lassen sich Reibungen und Dissonanzen offensichtlich nicht ganz vermeiden. So bricht ein Interessenskonflikt aus, wenn polizeiliche Pressesprecher Journalisten für dienstliche Ermittlungszwecke zu instrumentalisieren versuchen oder sich Pressevertreter unter Berufung auf die gesetzlich vorgeschriebene Auskunftsverpflichtung der Polizeibehörden in operativ-taktische Ermittlungsfragen einschalten wollen. Eine einvernehmliche Zusammenarbeit kann nur gelingen, wenn sich beide Partner gegenseitig in ihrem gesetzlichen Auftrag respektieren und unterstützen. Ihren guten Willen bekundet die Polizei mit einem Angebot an regelmäßigen, vertrauensvollen, offenen Kontakten und an einer technisch gut ausgestatteten, personell hochqualifizierten Presseanlaufstelle. Ethisch legitim ist die Erwartungshaltung der Polizeibeamten an die Journalisten, den Wertvorzug dringend erforderlicher Gefahrenabwehrmaßnahmen vor dem Informationsanspruch der Öffentlichkeit zu akzeptieren, sich an die Absperrungsmaßnahmen der Polizei zu halten und den Aufforderungen zum Räumen zu folgen, sachlich falsche oder sinnentstellte Berichte zu korrigieren, sich an gemeinsame Absprachen zu halten, die der angestrebte Ermittlungserfolg notwendig macht. Umgekehrt können Pressevertreter einen moralischen Anspruch an die Polizeibehörden erheben, nicht ausgebremst zu werden durch Selektion oder Verzögerung aktueller Informationen, Verständnis für kritische Medienberichte über polizeiliche Einsätze oder Zustände aufzubringen. Die Veränderungen auf dem Medienmarkt – der Einsatz neuer Medientechniken und der härter werdende Konkurrenzkampf – werfen die Frage auf, inwieweit es die Polizei verantworten kann, sowohl mit Pressevertretern, die aus Profit- und Prestigegründen einen nicht akzeptablen Aktions- und Sensationsjounalismus praktizieren, als auch mit Medienvertretern, denen vorrangig an einer seriösen, qualitativ hochwertigen Berichterstattung gelegen ist, in gleicher Weise zu kooperieren. Entsprechende Modifikationen an den gemeinsamen Verhaltensgrundsätzen vorzunehmen dürfte naheliegend sein.

Auch für die polizeiliche Öffentlichkeits- und Pressearbeit gelten die bereits genannten Mediennormen. Näherhin legitimiert sich die Medienarbeit der Polizei durch einen fairen Interessensausgleich aller Beteiligten (Öffentlichkeit, Medien, Polizei), anstatt nur auf den eigenen Vorteil bedacht zu sein. Unter dieser Wertprämisse erscheinen folgende Ziele der polizeilichen Öffentlichkeitsarbeit sinnvoll:

- den Informationsanspruch der Öffentlichkeit durch eine bereitwillige, zuverlässige Auskunftspraxis erfüllen, sofern sie laufende Ermittlungen nicht gefährdet
- über Strafverfolgung gezielt aufklären und um Verständnis für dienstliche Maßnahmen – z. B. im Zusammenhang mit Demonstration, Verkehrssicherheitsarbeit und Geiselnahme – bitten
- die Bevölkerung zur Unterstützung polizeilicher Fahndungen in Form von sachdienlichen Hinweisen aufrufen und zur Mitarbeit in Kriminalpräventionspartnerschaften einladen
- Ängste und Vorbehalte gegen die Polizei in der Öffentlichkeit abbauen und um Vertrauen werben.

Auch das Methodeninstrumentarium bzw. die Vorgehensweisen der polizeilichen Medienarbeit haben ethischen Mindestansprüchen zu genügen:

- *Pressemitteilung*
  Bei polizeilichen Pressemitteilungen ist auf einen korrekten, gesicherten Informationstransfer zu achten. Die Form der mündlichen Auskunft an die Presse scheint relativ häufig Anlass zu Missverständnissen und Fehlinterpretationen zu geben. Gegen Absprachen über Modalitäten der polizeilichen Pressemitteilungen mit den Printmedien lässt sich ethisch nichts einwenden, sofern es um Arbeitserleichterungen, nicht aber um ein Taktieren mit der Wahrheit geht. Die Chance, polizeiliche Medienarbeit über das Internet zu betreiben, dürfte noch nicht voll genutzt sein.
- *Pressekonferenz*
  Das Interesse der Medien an Pressekonferenzen der Polizei steigt mit der Brisanz der Einsatzlagen (schwere Verkehrsunfälle, Ausschreitungen bei Demonstrationen, Krawalle bei sportlichen Großveranstaltungen, spektakuläre Amokfälle). Moralisch überzeugend wirkt nicht gerade, wenn sich der Behördenleiter persönlich vorbehält, Erfolgsmeldungen den Journalisten zu präsentieren, aber bei Misserfolgen und Pannen seinen Mitarbeitern den Presseauftritt überlässt. Bei Pressekonferenzen ein Stillhalteabkommen mit den Medienvertretern zu vereinbaren, lässt sich nur mit wichtigen Argumenten in einem besonders schwierigen Fall rechtfertigen.
- *Polizeiinterne Akzeptanzprobleme*
  Öffentlichkeitsarbeit in Form von Broschüren, Faltblättern, Beratungen und Vorträgen gilt in Polizeikreisen bereits als Routinearbeit. Dagegen stößt die polizeiliche Pressestelle behördenintern auf Enttäuschungen, Missfallen, Unmut und Kritik, wenn Beamte den Eindruck gewonnen haben, ihre Pressesprecher haben den Medienvertretern gute Ermittlungsergebnisse schlecht verkauft, die tüchtigen Kollegen in der Öffentlichkeit zu wenig gewürdigt oder falschen Medienberichten nicht energisch widersprochen. Wenn Journalisten die polizeiliche Pressestelle übergehen und sich direkt an die Sachbearbeiter wenden, um die gewünschten Informationen zu erhalten, entstehen Spannungen und Konflikte in der Polizei. Vermeiden lassen sich behördeninterne Auseinandersetzungen durch eine klare Zuständigkeitsregelung, durch Information und Aufklärung über die Aufgaben der Medien und der polizeilichen Öffentlichkeitsarbeit.

Am Beispiel der Kriminalitätsberichterstattung lässt sich verdeutlichen, auf welchen Werten die Zusammenarbeit von Medien und Polizei beruht.

- Seriöse Medienberichte differenzieren zwischen der objektiven Sicherheitslage und dem subjektiven Sicherheitsempfinden der Bürger und lassen sich von den Grundsätzen der Wahrheit, Aktualität, Sachlichkeit, Kompetenz, Vermittlung von Hintergrundinformationen, Respektierung der Persönlichkeitsrechte und Rücksichtnahme auf laufende Ermittlungen (Krumsiek 1992) leiten. Aufgebauschte Berichterstattung dagegen ersetzt nicht selten fehlendes Faktenwissen und ausbleibende Fahndungsergebnisse durch Vermutungen bzw. Unterstellungen und stachelt auf diese Weise eine gereizte Stimmung in der Öffentlichkeit und Angstgefühle in der Bevölkerung an.
- Einer Belastungsprobe wird die Kooperation zwischen Polizei und Presse ausgesetzt, wenn
  - sich die Aufklärung des Kriminalfalles zeitlich streckt und keine nennenswerten Ergebnisse vorweisen kann

- durchsickert, dass sich die Ermittlungsbeamten über geeignete Lösungsmöglichkeiten untereinander streiten oder Fehler bei der Fahndung gemacht haben
- Reporter live-Interviews mit den Straftätern führen oder ihnen zu einer zweifelhaften Publizität verhelfen
- die ausgehandelte Nachrichtensperre nicht eingehalten wird.

Als vorteilhaft erweist sich, wenn in derartigen Situationen ein durch Vertrauen und Offenheit gewachsenes Verhältnis ein Klärungsgespräch möglich macht, um Diskrepanzen und Dissonanzen zu beheben. Fatal wäre es, wenn die polizeiliche Pressestelle verärgert reagieren und dadurch die Journalisten motivieren würde, selber zu recherchieren. Denn auf diese Weise würde der Polizei das Heft aus der Hand genommen und die weitere Aufklärungsarbeit in größte Schwierigkeiten geraten.

- Wenn Medien Gewaltverbrechen bis in das kleinste Detail schildern, entsteht weniger die Gefahr eines Imitationseffektes, aber auf Dauer kann das bewirken (Schwind 2003), dass sich Werte, Normen und Einstellungen zu Aggressionen und Gewalt verändern, die Wirkung der Desensibilisierung (Angstreduktion in angstauslösenden Situationen) erzielt und Gewalt als probates Problemlösungsmittel angesehen wird. Daher dürfen die Medienvertreter nicht aus ihrer Verantwortung für Gewaltdarstellung entlassen werden. An dem Publikum liegt es, Sendungen über Gewaltkriminalität in den Medien abzuschalten und abzulehnen, statt durch Einschalten die Nachfrage zu steigern.

In der Bundesrepublik Deutschland gibt es eine Vielzahl von Polizeifachzeitschriften, die sich – je nach Herausgeberkreis – durch thematische Schwerpunkte, Reflexionsniveau und Layout unterscheiden. Inwiefern leisten diese Zeitschriften einen Beitrag zur polizeirelevanten Wertvermittlung? In formaler Hinsicht enthalten die Publikationen eigene Abhandlungen mit polizeiethischen Themen, wenn auch nicht zu häufig. Daneben schneiden Zeitschriftenartikel mit anderen Fachthemen auch ethische Gesichtspunkte an bzw. stellen explizit Wertbezüge her. Ethische Reflexionen in Polizeizeitschriften verfolgen hauptsächlich drei Aussageabsichten. So stecken sie den Rahmen für ein polizeiliches Berufsverständnis ab, indem sie die Rolle des Polizeibeamten kritisch hinterfragen, der lediglich die detaillierten Anweisungen gesetzestechnischer sowie operativ-taktischer Art perfekt ausführt, und die human-ethische Dimension des Polizeidienstes aufzeigen. Ethikaufsätze betrachten den Polizeibeamten als mündiges Subjekt, das einen unverzichtbaren Dienst zum Gelingen unserer freiheitlichen, rechtsstaatlichen Demokratie leistet, und auf diese Weise dem verantwortlichen Polizeiberuf einen Sinngehalt und eine Wertbedeutung geben. Neben einer Sinnstiftung für die Polizeitätigkeit können Zeitschriftenabhandlungen, die den Charakter einer angewandten Ethik tragen, Polizeibeamten in schwierigen Einsatzlagen Orientierungs- und Entscheidungshilfe bieten. Denn schlüssige Erörterungen über grundgesetzkonforme Wertkriterien für praktische Einsatzfälle dienen nicht nur der individuellen sowie institutionellen Entscheidungsfindung, sondern auch dem Entscheidungsverhalten und der Handlungssicherheit. Zudem leisten Ethikaufsätze einen praktischen Beitrag zur Konsensbildung in Wertfragen, die unsere Gesellschaft kontrovers diskutiert. Je unübersichtlicher der sozio-kulturelle Strukturwandel wird, desto größeres Gewicht erhält das, was eine sich permanent verändernde Gesellschaft zusammenhält. Dazu gehört der Minimalkonsens. Indem das ethische Räsonnement die Werte publik macht, die polizeiliches Handeln prägen, wirbt es bei der Bevölkerung um Vertrauen in die staatliche Institution Polizei als Garanten der Rechtssicherheit und Rechtsordnung. Allerdings tragen Autoren ethischer Zeitschriftenartikel Verantwortung dafür, nichts zu publizieren, was den polizeilichen Ermittlungserfolg gefährden könnte, das Datenschutzgesetz verletzen, infolge zu detaillierter Ausführungen einen Nachahmungseffekt erzielen würde oder kriminellen Kreisen zu einer geeigneten Fundgrube werden könnte.

Literaturhinweise:

Münker, S. u. a. (Hg.): Medienphilosophie. Frankfurt a. M. 2003. – Kuhlen, R.: Informationsethik. Konstanz 2003. – Liessmann, K. (Hg.): Die Kanäle der Macht. Wien 2003. – Tonnemacher, J.: Kommunikationspolitik. Konstanz [2]2003. – Faulstich, W.: Einführung in die Medienwissenschaft. München 2003. – Greis, A. u. a. (Hg.): Medienethik. Tübingen, Basel 2003. – Schwind, H.-D.: Kriminologie. Heidelberg [13]2003. – Noethen, S.: Presse- und Öffentlichkeitsarbeit der Polizei, in: Lange, H.-J. (Hg.): Die Polizei der Gesellschaft. Opladen 2003. – Castells, M.: Das Informationszeitalter II: Die Macht der Identität. Opladen 2002. – Gluba, A.: Das Bild der Polizei in Tageszeitungen, in: Kriminalistik 6/2002. – Heesen, J.: Art. „Medienethik", in: HbE; S. 263 ff. – Schmidtchen, G.: Die Dummheit der Informationsgesellschaft. Opladen 2002. – Karpf, H.: Polizei und Medien. Stuttgart u. a. 2002. – Drägert, C./Schneider, N.: Medienethik. Freiheit und Verantwortung. Stuttgart, Zürich 2001. – Leschke, R.: Einführung in die Medienethik. München 2001. – Rath, M. (Hg.): Medienethik und Medienwirkungsforschung. Wiesbaden 2000. – Hartmann, F.: Medienphilosophie. Wien 2000. – Soine, M./Prinz, S.: Massenmedien und Polizei: Umfang und Grenzen der Pressefreiheit, in: DP 1/2000; S. 8 ff. – Beele, K.: Pressearbeit der Polizei. Hilden [2]2000. – Holderegger, A. (Hg.): Kommunikations- und Medienethik. Freiburg i. Ue./Br. [2]1999. – Funiok, R. u. a. (Hg.): Medienethik – die Frage der Verantwortung. Bonn 1999. – Karmasin, M.: Medien, in: HdWE Bd. 4; S. 351 ff. – Thomass, B.: Journalistische Ethik. Ein Vergleich der Diskurse in Frankreich, Großbritannien und Deutschland. Opladen, Wiesbaden 1998. – Wiegerling, K.: Medienethik. Stuttgart, Weimar 1998. – Branahl, U./Hunold, G. W.: Art. „Medien/Medienethik", in LBE Bd. 2; S. 623 ff. – Kaase, M.: Massenkommunikation und Massenmedien, in: HzGD; S. 452 ff. – Chancen und Risiken der Mediengesellschaft. Gemeinsame Erklärung d. DBK u. d. Rates der EKD (Gemeinsame Texte 10). – Faulstich, W.: Grundwissen Medien. München [3]1998; S. 85 ff. – Faßler, M./Halbach, W. (Hg.): Geschichte der Medien. München 1998. – IpB 260/1998: Massenmedien. – Bredel, F.: Polizei und Presse. Leverkusen 1997. – Reinstädt, K.-H: Öffentlichkeitsarbeit bei spektakulären Ermittlungsfällen, in: Kriminalistik 2/1997; S. 119 ff. – DPolBl 2/1996: Polizei und Medien. – Teichert, W.: Journalistische Verantwortung: Medienethik als Qualitätsproblem, in: Nida-Rümelin, J. (Hg.): Angewandte Ethik. Stuttgart 1996; S. 750 ff. – Wilke, J.: Ethik der Massenmedien. Wien 1996. – Luhmann, N.: Die Realität der Massenmedien. Opladen [2]1996. – Zachert, H.-L.: Erfahrungen der Polizei mit den Medien, in: Kriminalistik 11/1994; S. 682 ff. – Löffler, M./Ricker, R.: Handbuch des Presserechts. München [3]1994. – Krumsiek, L.: Polizei und Presse, in: dkri 12/1992; S. 545. – Weischenberg, S.: Journalistik. Bd. 1. Opladen 1992. – Haller, M./Holzhey, H. (Hg.): Medien-Ethik. Opladen 1992. – Schüller, A.: Das Bild der Polizei in der Öffentlichkeit, in: DP 11/1990; S. 293 ff. – Stein, F.: Öffentlichkeitsarbeit als Medium psychologischer Einflußnahme, in: BP-h 4/1987; S. 13 ff. – Boventer, H.: Ethik des Journalismus. Konstanz [2]1985. – Maier, H. (Hg.): Ethik der Kommunikation. Freiburg i. Br. 1985. – Ohlsen, R./Kelling, P.: Polizei und Medien. Stuttgart u. a. 1985. – Stoffregen-Büller, M.: Polizei in der öffentlichen Meinung – aus der Sicht des Fernsehens, in: DP 2/1984; S. 47 ff. (vgl. PFA-SB 12.–14. 10. 1983; S. 97 ff.). – Wassermann, R.: Polizei und Medien, in: DP 2/1984; S. 52 ff. (vgl. PFA-SB 12.–14. 10. 1983; S. 137 ff.). – PFA: Öffentlichkeitsarbeit der Polizei. Bd. 1. 1983/84. – Virt, G.: Ethische Normierung im Bereich der Medien, in: HchrE Bd. 3; S. 546 ff.

17. Wach- und Wechseldienst

Der Wach- und Wechseldienst (WWd) bzw. Schichtdienst der Polizei besteht hauptsächlich in der Aufgabe, die öffentliche Sicherheit und Ordnung in einem bestimmten Zuständigkeitsbereich rund um die Uhr zu gewährleisten. Neben den klassischen Aufgaben der Gefahrenabwehr und Strafverfolgung leisten die Polizeibeamten im WWd vor allem Hilfe aufgrund von Notrufen der Bevölkerung und nehmen Verkehrsunfälle auf. Die Mehrheit der Einsätze im WWd lässt sich nicht im Voraus planen, sondern erweist sich als fremdgesteuert durch die Aufträge von außen (Notruf 110). In der Vergangenheit wurde der WWd nach einem festen Schichtdienstplan zentral organisiert. Dem WWd kommt insofern eine besondere Bedeutung zu, als er die Schnittstelle zwischen Bevölkerung und Polizei darstellt. Die Art und Weise, wie Polizeibeamte auftreten und handeln, entscheidet weitgehend über das Ansehen der Polizei in der Gesellschaft. So sorgen beispielsweise inkompetente, unhöfliche Polizeibeamte im WWd für ein negatives Image der Polizei. Die dienstlichen Umgangsformen mit den Bürgern werden maßgeblich geprägt durch das interne Arbeitsklima und den (nicht-) kollegialen Kommunikationsstil.

Tatsache ist, dass der WWd von Polizeibeamten nicht sonderlich geschätzt wird. Als Begründung dafür lassen sich folgende Faktoren anführen:

- Als erste Funktion nach der Ausbildung wartet der WWd auf den jungen Polizeibeamten. Da diese Tätigkeitsform als unterste Stufe, als Fußmatte des Polizeidienstes in der inoffiziellen Taxierung der Beamten gilt, wird vielfach der Wunsch laut, in den Aufgabenbereich der Sachbearbeitung zu wechseln.
- Die Motivationsdefizite der Polizeivollzugsbeamten im WWd erklären sich zu einem großen Teil
  - durch die ungünstigen Rahmenbedingungen, z. B. zu wenig Personal und unzureichende technische Ausstattung, um die Aufgabenfülle effizient bewältigen zu können
  - durch die sich nachteilig auswirkenden Dienstzeiten, insofern sie keine geregelten Freizeitaktivitäten gestatten
  - durch die gesundheitlichen Belastungen der Nachtschicht, die den Biorhythmus der eingesetzten Beamten stören
  - durch den zu sehr eingeengten Freiraum für eigene Kreativität aufgrund der starken Fremdsteuerung des WWd's
  - durch heimatferne Dienstverpflichtung und das Problem der Langeweile, ein Umstand, der für junge Menschen die Gefahr des Sich-Verschuldens und des Alkoholmissbrauchs in sich birgt.

Als unangenehm und belastend empfinden es Polizeibeamte im WWd, wenn sie

- nach der Ausbildung festgefahrene Dienststrukturen vorfinden und sich in diese einzufügen haben
- Routineangelegenheiten wie z. B. Schreibtischarbeiten erledigen müssen, anstatt interessante Diensttätigkeiten verrichten zu können
- in sozialen Brennpunkten verstärkt eingesetzt werden, besonders wenn sie aus einem gutbürgerlichen Elternhaus stammen

- sich im Kollegenkreis uneins sind und keine gemeinsame Lösung finden – z. B. bei dem Versuch, Familienstreitigkeiten zu schlichten
- es mit psychisch kranken, verwirrten oder suizidalen Personen – zumal in aller Öffentlichkeit – zu tun bekommen
- zu Unfällen mit Toten oder Schwerverletzten gerufen werden
- in Situationen geraten, in denen es zu gewalttätigen Auseinandersetzungen oder gar zum Schusswaffengebrauch kommt
- Todesnachrichten überbringen müssen
- sich beim Diensteinatz schwere Verletzungen mit bleibenden Schäden oder eine lebensgefährliche Infektion (Hepatitis, AIDS) zuziehen.

Ethisch zu fordern bleibt vom Vorgesetzten, dass er seine Fürsorgepflicht ernst nimmt. Denn der Polizeivollzugsbeamte, der im dienstlichen Einsatz Gesundheit und Leben riskiert, hat einen moralischen Anspruch auf die Fürsorgepflicht und Schutzpflicht seines Dienstherrn. Auch wenn sich enumerativ die Fürsorgepflicht nicht vollständig auflisten lässt, muss das Bemühen des Vorgesetzten erkennbar sein, die Rahmenbedingungen zu schaffen, unter denen der Mitarbeiter seinen Dienst optimal verrichten kann. Allerdings gilt zu berücksichtigen, dass der unmittelbare Vorgesetzte, der Dienstgruppenleiter (DGL), eine doppelte Rolle hat. Einerseits geht der DGL als Mitglied einer Dienstschicht mit seinen Kollegen auf Streife und erledigt wie jedes andere Teammitglied die anstehenden Aufgaben. Andererseits beurteilt er die Leistungen der Kollegen. Für die Rolle des Zugführers gilt Ähnliches. Von ihrem Dienstvorgesetzten können die Mitarbeiter zu Recht verlangen, dass er

- sich für ihre berechtigten Interessen einsetzt, soweit damit nicht andere Interessen kollidieren
- für Abhilfe sorgt, wenn Kollegen frustriert, demotiviert, psychosomatisch erkrankt sind bzw. unter Angstgefühlen oder privaten Problemen, die sich auf den Dienst auswirken, leiden
- eine klare Linie vertritt, statt es sich bequem zu machen und sich nach den Wünschen der Mehrheit zu richten
- nicht nur eine fachliche, sondern auch eine soziale und moralische Kompetenz hat.

Nach der PDV 350 (NW) fordert der WWd von jedem Polizeibeamten ein hohes Maß an Zusammenarbeit, ferner Eigenverantwortung, Initiative, Engagement, Kreativität, Konfliktfähigkeit, kommunikative Fähigkeit, Entschlossenheit und Fachwissen. Eine ethische Beschäftigung mit gruppendynamischen Prozessen in den Dienstschichten versucht zu klären, inwieweit die inoffiziellen Normen einer Dienstgruppe mit den offiziellen Normen der Institution Polizei übereinstimmen oder abweichen, welche Spannungen und Konflikte innerhalb einer Dienstgruppe bzw. zwischen den Dienstgruppen existieren und wie die Lösungsversuche der Gruppenmitglieder aussehen, was für ein „esprit de corps“ sich entwickelt hat und wie er sich untereinander auswirkt. Die relativ hohe Fluktuation in den Dienstschichten, der allgemeine Trend zur Individualisierung und Differenzen zwischen der jüngeren und älteren Generation fördern nicht gerade ein näheres Kennenlernen und das Entstehen eines ausgeprägten Teamgeistes. Als ethisch relevant erweisen sich in diesem Zusammenhang folgende Phänomene:

- Sprache ist das häufigste Einsatzmittel der Polizei. Daher liegt es nahe, sorgfältig darauf zu achten, dass Polizeibeamte den rüden Umgangston, der in ihrer Gruppe herrscht, nicht auch gegenüber dem Bürger beim dienstlichen Einschreiten anschlagen. Schleicht sich bei einem Polizeivollzugsbeamten durch die dienstlich bedingte Konfrontation mit den Schattenseiten unserer Gesellschaft ein ungehobelter, aggressiver Sprachstil ein, sind Korrekturen angezeigt – nicht nur wegen der Gefahr, eine solch unkultivierte Redeweise auf das Familienleben zu übertragen.

- Neben den offiziellen Normen gibt es auch inoffizielle, die mit unterschiedlicher Intensität die Atmosphäre und Strukturen einer Gruppe und die Verhaltensweisen der Mitglieder einer Dienstschicht beeinflussen. Von ethischer Relevanz ist die Überlegung, inwieweit Neulinge dem Gruppendruck nachgeben, illegales Tun stillschweigend tolerieren oder selber aktiv mitmachen (vgl. 14.), inwiefern Führungskräfte unterbinden, dass sich Dienstschichten abschotten und mauscheln. Anlass zu Bedenken gibt, wenn Polizeivollzugsbeamte eine Trutzburgmentalität bzw. ein Feindbild entwickeln, das einem unvoreingenommenen Umgang mit der Bevölkerung schadet, oder aus falsch verstandener Kameradschaft eine Mauer des Schweigens nach oben und nach außen errichten. Ebenso stimmt nachdenklich, wenn jüngere hochmotivierte Polizeibeamte von dienstälteren frustrierten Kollegen negativ beeinflusst werden.
- Moralisch verwerflich sind und wirksame Gegenmaßnahmen verlangen Mobbingprozesse, einschließlich der Varianten Bossing und Staffing, weil sie den Betroffenen physischen wie psychischen Schaden zufügen, die Gemobbten ins Unrecht setzen und beträchtliche Kosten durch Leistungsabfall bzw. Leistungsausfall und Sachschädigung verursachen.
- Als nicht sinnvoll erweist sich, dass ein Ehepaar in einer Dienstschicht gemeinsam Dienst verrichtet, da es bei handgreiflichen Auseinandersetzungen oder schweren Angriffen des polizeilichen Gegenüber auf den Partner leicht zu Überreaktionen des anderen kommen und das Privatleben mit den dienstlichen Belangen zu sehr verquickt werden kann. Homosexuelle Paare, die im Streit miteinander leben oder eifersüchtig aufeinander sind, können das Arbeitsklima in der Polizei beeinträchtigen. Daraus lässt sich jedoch keineswegs der Anspruch ableiten, Homosexuelle in der Polizei zu diskriminieren oder zu benachteiligen.
- Vorwürfe in den öffentlichen Medien, die Polizei sei ausländerfeindlich eingestellt, dürfen nicht zu der fatalen Konsequenz führen, dass Beamte im WWd über Gesetzesverstöße von Ausländern (vgl. 35.) lieber hinwegsehen und nicht einschreiten, um sich keinen Ärger und keine Unannehmlichkeiten einzuhandeln. Eine derartige Reaktionsweise verletzt den Grundsatz der Gleichheit vor dem Gesetz, was in einem Rechtsstaat nicht toleriert werden kann. Um die Akzeptanz der Einstellungspraxis von ausländischen Bürgern in der Polizei sowohl im Kollegenkreis als auch in der Bevölkerung zu fördern, bedarf es gemeinsamer Bemühungen um Integration.
- Aus dem beruflichen Selbstverständnis der Polizei leitet sich die grundsätzliche Verpflichtung ab, für jeden Menschen, dessen Rechte verletzt worden sind, dazusein und einzutreten. Wie das Stichwort „Bürgernähe" nahelegt, genügt es nicht, wenn der Polizeibeamte im WWd lediglich das gesetzlich Vorgeschriebene tut. Vielmehr gehört zum Polizeiethos, auf Bürger, die in einen Verkehrsunfall verwickelt oder überfallen worden sind, sensibel und beruhigend einzuwirken. Die Maxime, hilflose und geschädigte Personen nach dem dienstlichen Einschreiten

informiert und entspannt zurückzulassen, auch wenn es Zeit kostet, verdient aus ethischer Sicht Vorrang vor der Ansicht, der Erfolg polizeilicher Arbeit liege in einer möglichst großen Anzahl von Einsätzen, auch wenn diese anonym, empathielos, desinteressiert, stur mechanisch abgewickelt werden. Vor diesem Deutungshintergrund einer bürgernahen Polizei wirken strukturelle Maßnahmen – wie z. B. Einsatz von Bezirksbeamten bzw. Kontaktbereichsbeamten und Jugendbeamten, die Einrichtung von Fuß- und Fahrradstreifen – schlüssig und zweckmäßig.

- Inwieweit das Dezentrale Schichtmanagement (DSM) die Polizeibeamten im WWd mit Zufriedenheit erfüllen und deren Motivation steigern wird, bleibt abzuwarten. Das DSM strebt eine bedarfsgerechte Funktionsbesetzungplanung des Schichtdienstes mit Hilfe von Jahresarbeitskonten an und setzt die eigenverantwortliche Dienstplanung voraus. Kritisch zu bedenken gilt, inwiefern die Beamten des WWd hinreichend informiert werden und Gelegenheit erhalten, bei der Einführung und Handhabung des DSM mitzusprechen und mitzuentscheiden. Des Weiteren stellt sich die Frage, wie sich die Priorität der Einsatzbewältigung und die persönlichen Interessen der Polizeibeamten miteinander vereinbaren lassen, ob das vorhandene Personalkontingent für das DSM ausreicht, zumal der WWd ständig Beamte für immer mehr Spezialprojekte (Auslandseinsätze, Ordnungspartnerschaften, Kommissionen, mobile Wachen, ...) abtreten muss. Werden die Dienstgruppenstrukturen gegen den Willen der Polizeibeamten aufgelöst und weitere Detailfragen (Stundenbuchung im Krankheitsfall, Dienstvorplanung und Gerichtstermin bzw. Sonderdienste, ...) nicht einvernehmlich geklärt, dürfte das DSM nicht die gewünschte Akzeptanz finden.

Auch der Vorgesetzte kann seinerseits etwas tun, um das Ansehen des WWd im Kollegenkreis zu heben. So sollte er seinen Mitarbeitern bewusst machen, wie viel Hoffnung und Vertrauen in Not geratene, Hilfe suchende Bürger in die Zuverlässigkeit und Professionalität der Polizeibeamten im WWd setzen, welch bedeutender Anteil dem WWd, der vielfältigste Aufgaben rund um die Uhr wahrnimmt, an der Rechtssicherheit und dem sozialen Frieden in der Bevölkerung zukommt. Lässt der Vorgesetzte seine Mitarbeiter – zusätzlich zu der sachlichen Begründung – auch seine persönliche Wertschätzung spüren, stärkt er deren Selbstwertgefühl. Nicht zu unterschätzen ist ferner eine gute Gruppenmoral im WWd, vor allem ein offenes, vertrauensvolles Klima, das ganz das Gegenteil von einer Demoralisierung der Gruppe in Form von Gerüchten, falschen Informationen, Verdächtigungen, haltlosen Beschuldigungen und Misstrauen ist, gegenseitiges Verständnis und wechselseitige Hilfe, Solidarität statt Rivalität, problemloser Umgang mit dem Vorgesetzten und untereinander. Denn solche Faktoren für eine gute Gruppenmoral erzeugen einen starken Motivationsschub.

Literaturhinweise:

DPolBl 5/2003: Erster Angriff. – P & W 2/2003: Berufsmotivation & Arbeitszufriedenheit in der Polizei. – Metzger, B.: Nicht nur für den Dienstgebrauch. Marbach a. N. 2001. – Jain, A./Stephan, E.: Stress im Streifendienst: Wie belastet sind Polizeibeamte? Berlin 2000. – DeuPol-NRW 12/2000; S. 9f. – PolSp 9/2000 (NW); S. 58. – Eggers, R.: Belastungen im Polizeidienst, in: PRPsy

1/1999; S. 31 ff. – Kaspar, K.: Flexible Arbeitszeiten bei der Polizei, in: PN BHdP 42/1999; S. 41 ff. – Erfurt, W.: Arbeitszeitflexibilisierung – auch ein Modell für den Wechseldienst bei der Polizei?, in: DP 9/1998; S. 260 ff. – DPolBl 2/1998: Verfolgungsfahrten. – Knauth, P./Hornberger, S.: Schichtarbeit und Nachtarbeit (BSASFFG). München [4]1997. – Beermann, B.: Leitfaden zur Einführung und Gestaltung von Nacht- und Schichtarbeit (Hg. v. BAA). Dortmund 1997. – Wössner, R./Binninger, C.: Zum Anforderungsprofil für Streifenbeamte im Polizeidienst, in: DP 1/1997; S. 3 ff. – Ahlf, E.-H.: Ethik im Polizeimanagment (BKA-FR Bd. 42). Wiesbaden 1997 – PDV 350 (NW). – Stephan, T.: Zwischen Blaulicht, Leib und Seele. Edewecht. 1997. – Gundlach, T.: Soziale Kontrolle und das Berufsbild der Polizei. Aufgabenwahrnehmung unter ethischer Orientierung, in: Kriminalistik 12/1997; S. 819 ff. – Dreher, G./Feltes, T.: Notrufe und Funkwageneinsätze bei der Polizei, in: Feltes, T./Kerner, H.-J. (Hg.): Empirische Polizeiforschung (Bd. 10). Holzkirchen 1996. – Russel, B.: Abschiebehaft im Polizeigewahrsam – ein Verstoß gegen die Menschenwürde?, in: P-h 1/1996; S. 2. – Brutscher, B.: Der schnelle Einstieg: Was ist Polizei? Hilden 1995. – Baláz, P.: Ethik des Polizeivollzugsdienstes in europäischen Staaten, in: P-h 3/1995; S. 105 ff. – dkri 9/1995. – DP 10/1994: Die Funktion des Streifenbeamten im Polizeidienst (Projektstudie der FH R-P). – Allhorn, D.: Die Fürsorgepflicht im täglichen Dienst der Polizei, in: PFA-SB „Ethische Aspekte der Fürsorgepflicht des Staates gegenüber Polizeibeamten“ (25.–29. 10. 1993); S. 49 ff. – Held, A.: Meine Nachtgestalten. Tagebuch einer Polizistin. München 1992. – Schüller, A.: Handlungsorientierung von Schutzpolizisten, in: DP 7/1991; S. 157 ff. – Dünwald, C.: Das Berufsgruppenprofil von Schutzpolizisten, in: DP 5/1991; S. 116 ff. – Stork, H.: Polizeikultur im täglichen Dienst, in: dkri 2/1990; S. 58 f. – Ferstl, L./Hetzel, H.: „Für mich ist das Alltag“. Bonn 1989. – Knubben, W./Schäfer, D. (Hg.): Menschsein im Dienst. Berufsethische Impulse. Freiburg i. Br. 1987. – Feltes, T.: Polizeiliches Alltagshandeln – Eine Analyse von Funkstreifeneinsätzen und Alarmierungen der Polizei durch die Bevölkerung, in: BRP/C 1/1984; S. 11 ff. – Reiss, J.: The police and the public. New Haven 1971.

18. Schusswaffengebrauch

In einem demokratischen Rechtsstaat hat die Polizei den Auftrag, Rechtssicherheit zu gewähren. Dieser Grundrechtsschutz muss umfassend, soweit das Grundgesetz keine Ausnahmen – wie z. B. Art. 140 GG – macht, und effektiv geleistet werden gemäß den in Art. 20 GG vorgeschriebenen Grundsätzen. Deshalb kann es keine rechtsschutzfreien Räume geben. Die Garantenstellung (vgl. §§ 13, 323 c StGB) erlegt dem Polizeibeamten in bestimmten Einsatzlagen die strafrechtsrelevante Handlungspflicht auf, von der Schusswaffe Gebrauch zu machen. Die Voraussetzungen und Durchführung der Schussabgabe – als der härtesten Form des unmittelbaren Zwanges – werden durch die Polizeigesetze des jeweiligen Bundeslandes und anderer Rechtsvorschriften geregelt und durch Dienst- und Fachaufsicht kontrolliert.

So darf die Schusswaffe nur angewendet werden, wenn andere Maßnahmen des unmittelbaren Zwangs erfolglos geblieben sind bzw. keinen Erfolg versprechen (Verhältnismäßigkeitsgrundsatz). Schusswaffen gegen Personen dürfen in der Regel nur eingesetzt werden, um angriffs- und fluchtunfähig zu machen. Der Schusswaffengebrauch ist grundsätzlich unzulässig, wenn dadurch Unbeteiligte mit hoher Wahrscheinlichkeit gefährdet werden. Gegen Personen in einer Menschenmenge darf nur geschossen werden, wenn aus dieser heraus oder von dieser schwerwiegende Straftaten begangen werden, die mit anderen Maßnahmen des unmittelbaren Zwangs nicht verhindert werden können. Zu den in der Öffentlichkeit umstrittensten Zwangsmaßnahmen der Polizei zählt der sog. finale Todesschuss, insofern die Tötung des Straftäters das absichtlich herbeigeführte Eingriffsziel darstellt. § 41 Abs. 2 S. 2 MEPolG (Musterentwurf eines einheitlichen Polizeigesetzes des Bundes und der Länder von 1977) sieht folgende Regelung vor: „Ein Schuß, der mit an Sicherheit grenzender Wahrscheinlichkeit tödlich wirken kann, ist nur zulässig, wenn er das einzige Mittel zur Abwehr einer gegenwärtigen Lebensgefahr oder der gegenwärtigen Gefahr einer schwerwiegenden Verletzung der körperlichen Unversehrtheit ist." Diese explizite Regelung ist nur von den Bundesländern übernommen worden, die Bedenken gegen die extensive Auslegung haben, der Begriff Angriffs- und Fluchtunfähigkeit schließe in Extremfällen die Tötung des Normverletzers ein. Es fällt auf, dass die Formulierung des § 41 Abs. 2 S. 2 MEPolG die wahrscheinlichen Folgen des Schusses in den Mittelpunkt stellt, jedoch die Willenseinstellung bzw. Handlungsabsicht des Polizeibeamten, der den tödlichen Schuss abgibt, gleichsam ausblendet. Die Ausdrucksweise von dem „Schuß, der mit an Sicherheit grenzenden Wahrscheinlichkeit tödlich wirken wird", kann ethisch nicht überzeugen und mutet realitätsfremd an, da er die belastenden Gewissenskonflikte und die harte Logik nicht adäquat wiedergibt, in Notwehr- bzw. Nothilfesituationen bewusst Menschenleben zu töten, um dadurch Menschenleben retten zu können. Aus ethischer Sicht empfiehlt es sich, sprachlich zwischen dem „gezielten Schuss" und dem „gezielt tödlichen Rettungsschuss" zu unterscheiden. Der gezielte Schuss – ein zielloses, unkontroliertes, unbeabsichtigtes Schießen mit all seinen verherenden Folgen im Polizeidienst wäre ethisch nicht vertretbar – erfüllt seinen Zweck darin, angriffs- oder fluchtunfähig zu machen. Der gezielte Schuss intendiert die Verletzung des ungerechtfertigten Angreifers, nicht jedoch dessen Tötung, ohne allerdings das Risiko einer Verletzung mit ungewollt tödlicher Folgewirkung ausschliessen zu können. Dagegen beinhaltet der „gezielt tödliche Rettungsschuss“ das absichtliche Töten des Rechtsbrechers in einer Notwehrsituation, um das unschuldige Opfer aus der akuten Lebensgefahr zu befreien.

Die ethische Frage nach der Legitimation des polizeilichen Schusswaffengebrauches ist vor dem Hintergrund zu sehen, dass der Vollzugsbeamte hoheitlich – nicht privat – handelt und persönlich die Verantwortung trägt. Diese Legitimationsfrage gehört zu der Grundsatzdiskussion, die in der europäischen Geschichte der Rechtsphilosophie und Ethik unter dem Thema „Verfügen über menschliches Leben“ geführt wurde. Als Konsens hat sich aus der Idee der Menschenwürde, Humanität und des Grundrechts jedes Menschens auf Leben das Tötungsverbot herauskristallisiert. Strittig war jedoch, welchen Verbindlichkeitsgrad diese Norm hat, ob und unter welchen Bedingungen Ausnahmeregelungen zulässig sind. Anhänger der verschiedenen Naturrechtslehren haben Ausnahmen vom Tötungverbot ausdrücklich bejaht. So halten sie es für sittlich zulässig, sich mit Gewalt gegen einen rechtswidrigen Angriff zu verteidigen, auch dann, wenn die Schutzmaßnahmen und die Abwehr der akuten Lebensgefahr den Tod des Angreifers erforderlich machen (vgl. 39.). Auch in unserer Öffentlichkeit ist der polizeiliche Schusswaffengebrauch kontrovers beurteilt worden. Zweifellos hat die Einführung der jährlich veröffentlichten Statistik zu einer Versachlichung der Diskussion beigetragen.

In der neueren Ethik dominieren zwei Argumentationstypen, die unterschiedliche Standpunkte zum Einsatz der polizeilichen Schusswaffe einnehmen. Der Gesinnungsethiker bzw. deontologische Ethiker – z. B. einige freikirchliche Gruppierungen – lehnen unter Berufung auf die neutestamentliche Bergpredigt jegliche Gewaltanwendung prinzipiell ab. Aus humanitären Gründen sehen andere deontologische Richtungen – z. B. Pazifismus, Friedensbewegungen – von Gewaltausübung ab. Zweifellos stellt Gewaltlosigkeit als persönlich strikt eingehaltene Verhaltensmaxime eine moralische Tugend dar, sofern Dritte davon nicht negativ betroffen sind. Allerdings bleibt zu bedenken, dass sich das Prinzip der Gewaltlosigkeit als Lösung für das staatliche Gewaltmonopol (vgl. 7.) und den Umgang des Polizeibeamten mit der Schusswaffe nicht eignet. Denn der Grundsatz der Gewaltlosigkeit würde mit dem gesetzlichen Auftrag der Polizei kollidieren, illegale Gewaltakte von Privatpersonen oder einzelnen Gruppen zu unterbinden und die Bevölkerung vor Gewaltverbrechen zu schützen. Somit würde das hehre Prinzip der Gewaltlosigkeit auf dem Rücken der Schwachen und Hilflosen ausgetragen, eine Konsequenz, die sich mit einer humanen Moral nicht vereinbaren lässt.

Die Verantwortungsethiker bzw. teleologischen Ethiker argumentieren mit Blick auf die Folgen für den Rechtsstaat. Um die Sicherheit für die Bevölkerung umfassend und effektiv zu gewährleisten, übt der Staat das Gewaltmonopol entsprechend den Gesetzesvorschriften aus. Da der Einsatz der polizeilichen Schusswaffe in die Grundrechtssphäre des Normverletzers eingreift, verlangen verfassungsrechtliche Schranken, in jedem Einzelfall zwischen dem individuellen Grundrechtsanspruch des Straftäters und den Belangen des Allgemeinwohls (öffentliche Sicherheit) sorgfältig abzuwägen. Dabei greift der Grundsatz der Verhältnismäßigkeit, der näherhin besagt: Die polizeiliche Eingriffsmaßnahme muss notwendig bzw. erforderlich sein, um Gefahren abzuwehren, das zu wählende Mittel geeignet sein, um das angestrebte Ziel zu erreichen, und die zu erwartenden negativen Folgen des polizeilichen Eingriffs dürfen die positiven nicht überwiegen (Übermaßverbot). Die ethische Bedeutung des Verhältnismäßigkeitsgrundsatzes liegt darin, dass er den Polizeibeamten davor bewahrt, sich einer starren, mechanischen Regelung anzupassen und lediglich als Ausführungsorgan bestehender Vorschriften zu funktionieren. Vielmehr ermöglicht er dem Beamten, anhand einer Güterabwägung gewissenhaft zu entscheiden, ob und in welcher Weise er in dem jeweiligen Fall die Schusswaffe einsetzen soll. Wenn der Polizeibeamte nach sorgfältiger Prüfung zu dem Ergebnis kommt, die Freiheitsrechte des Straftäters sind im Interesse der öffentlichen Sicherheit einzuschränken, stellt der Schusswaffengebrauch – als ein weitreichender Eingriff in die individuellen Grundrechte – nicht nur eine grundgesetzkonforme, ethisch legitime Lösung des konkreten Konfliktfalles dar, sondern hilft darüber hinaus, die humane Substanz unseres Rechtsstaates zu sichern. Der Interpretationsstreit um die Formel der Angriffs- und Fluchtunfähigkeit als Zweckbestimmung des polizeilichen Schusswaffengebrauchs gibt aus ethischer Sicht jedoch Anlass, den Gesetzgeber zu mahnen, eine eindeutige Rechtsgrundlage für den gezielt tödlichen Rettungsschuss als ultima ratio in Extremsituationen zu schaffen. Wenn Polizeibeamten die menschlich kaum noch zu steigernden Stresssituationen des gezielt tödlichen Rettungsschusses zugemutet werden, dann können die dazu dienstlich Verpflichteten den moralischen Anspruch darauf erheben, dass ihnen der Staat die erforderliche sichere Rechtsgrundlage und die eindeutigen verfassungskonformen Eingriffsvollmachten gibt. Entschuldigungsgründe, Schuldausschließungsgründe seitens des Dienstherrn reichen nicht aus, erforderlich ist eine gesetzlich einwandfreie Ermächtigung, die den Polizeivollzugsbeamten vor unqualifizierten Angriffen in Schutz nimmt, mit Kriminellen und Killern auf eine Stufe gestellt zu werden. Zugleich dient eine klare, verfassungsrechtlich einwandfreie Ermächtigungsgrundlage für hoheitliche Eingriffe in individuelle Grundrechte der Justiz als Mittel, den polizeilichen Schusswaffengebrauch auf seine Rechtmäßigkeit zu kontrollieren.

Der Schusswaffengebrauch bürdet dem Polizeibeamten eine Entscheidungsverantwortung und eine Handlungsverantwortung auf, Entscheidung verstanden als freier Entschluss für eine von mehreren Handlungsmöglichkeiten und moralisches Handeln als wissentliche, willentliche Umwandlung einer wertbezogenen Zielvorstellung in die Realität. Bereits vor Beginn des Polizeiberufes steht die Grundsatzentscheidung zur Klärung an, ob der Berufsbewerber den gesetzlich vorgeschriebenen Schusswaffengebrauch mit seinem eigenen Gewissen vereinbaren kann oder nicht. Gelangt der Anwärter nach reichlicher Überlegung zu dem Ergebnis, den Schusswaffeneinsatz aus Gewissensgründen ablehnen zu müssen, folgt daraus die Konsequenz der Nichtverwendungsfähigkeit im Polizeidienst. Andererseits genügt eine aus der Zeit der beruflichen Einstellung gefällte Grundsatzentscheidung für den polizeilichen Schusswaffengebrauch nicht. Vielmehr hat der Polizeibeamte in jedem konkreten Einzelfall neu zu entscheiden, ob die Abgabe eines Schusses ethisch – wie gesetzlich – gerechtfertigt ist. Deswegen lässt sich die These „In Extremsituationen kann sich der Staat wegen seiner Pflicht zum Schutze der vitalen und fundamentalen Güter seiner Bürger den Luxus von Gewissensentscheidungen der Polizeibeamten nicht leisten“ (Merten 1977) ethisch insoweit nicht halten, als sie den Vollzugsbeamten von einer eigenverantwortlichen, sittlich autonomen Person zu einem funktionierenden Ausführungsorgan herabstuft, was gegen Art. 1 GG verstößt. Allerdings dürfen persönliche Unsicherheiten und Bedenken eines Beamten gegen den Schusswaffeneinsatz in einer akuten Einsatzlage nicht zu Lasten der Opfer von Gewaltverbrechen gehen. Konzentriert sich die Entscheidungsverantwortung des Polizeibeamten auf die sorgfältige Gefahrenanalyse, um darauf aufbauend situativ angemessene Gefahrenabwehr- und Strafverfolgungsmaßnahmen zu beschließen, intendiert die Handlungsverantwortung nicht nur die optimale Zielerreichung, sondern auch die einwandfreie Durchführung der dienstlichen Schussabgabe. Konkret bezieht sich die Handlungsverantwortung unter anderem darauf, dass der Beamte beim praktischen Vollzug eines Schießvorgangs die Waffe jeder Zeit unter Kontrolle behält, soweit das möglich ist, und Dritte, Geisel, Opfer, Dienstkollegen und sich selber nicht unnötig gefährdet.

Wie neuroendokrinologische Forschungsansätze zeigen, läuft das menschliche Verhalten in besonders belastenden Situationen keineswegs völlig autonom im Sinne einer unabhängigen Selbststeuerung ab. In Belastungssituationen des Schusswaffeneinsatzes lässt sich das nachweisen anhand der eingeschränkten Fähigkeit des Polizeibeamten, die Informationsfülle unter Zeitdruck exakt aufzunehmen und fehlerfrei zu verarbeiten, sprachlich unmissverständlich zu kommunizieren, die Bedrohungslage und die erforderlichen Sicherheitsmaßnahmen zutreffend einzuschätzen, die Schießschwelle aus sachlichen Erfordernissen zu überschreiten und den Schuss präzis abzugeben. Als geeignete Hilfsmittel, um die Handlungsabläufe beim Schießen und die Stressreaktionen besser unter Kontrolle zu bringen, erweisen sich konstruktive Coping-Strategien und Automatisierungs-Techniken, wie Untersuchungen (Hermannutz 2002, Lorei 2002, Ungerer/Morgenroth 2001, Janssen 2001) nahelegen. Solange Coping und Automatie dem Polizeibeamten zu größerer Selbstkontrolle und Handlungssicherheit in Extremlagen verhelfen, ohne seine Entscheidungsfähigkeit einzuschränken, lassen sich keine ethischen Bedenken geltend machen. Aus Gründen der Eigensicherung des Beamten, eines professionellen Waffenhandlings und der Fürsorgepflicht des Vorgesetzten liegt der Gedanke nahe, die Teilnahme an entsprechenden Automatisierungsübungen verpflichtend zu machen. Eine moralische Verpflichtung dazu setzt allerdings den Nachweis voraus, dass derartige Trainingskurse tatsächlich bewirken, was sie versprechen. Allerdings stimmen Praktikabilitätsgründe skeptisch. Denn der gewünschte Automatisierungseffekt bedarf eines enormen, zeitintensiven Trainingsaufwandes, der für die meisten Beamten aufgrund der starken dienstlichen Beanspruchungen kaum möglich sein dürfte.

Schießausbildung und Schießtraining müssen sich kritisch hinterfragen lassen, inwieweit sie den Polizeibeamten zu einem selbstverantwortlichen, den hohen, vielfältigen Anforderungen des Polizeidienstes (Streifendienst, Amoklauf) entsprechenden Umgang mit der Waffe befähigen. So bleibt zu prüfen, inwiefern das Aus- und Fortbildungsprogramm ein professionelles Waffenhandling und realitätsnahes Üben mit der Schusswaffe beinhaltet, durch Vermitteln taktischer Fähigkeiten zu mehr Handlungssicherheit in komplexen Gefahrensituationen führt und in Form einer offenen, klärenden Auseinandersetzung mit Wertfragen des Schusswaffengebrauchs brauchbare Orientierungshilfe bietet. Das sog. „Nicht-Schieß-Training“ als eine Form des kommunikativ-deeskalierenden Konfliktlösungsansatzes versuchte, was positiv zu vermerken bleibt, möglichst zu verhindern, dass der Beamte voreilig die Schusswaffe einsetzt und der Eigendynamik der Dienstwaffe unbedacht freien Lauf lässt. Andererseits gilt zu bedenken, inwiefern sich eine solch defensive Einstellungsweise als tauglich und geeignet erweist zur Bewältigung einer Amoklage oder zur Abwehr heimtückischer Gewaltanschläge auf Polizeibeamte. Wenn sich Polizisten weigern, in bestimmten Gefahrensituationen eingesetzt zu werden, auf die sie sich mit der Schusswaffe nicht genügend vorbereitet fühlen, darf daraus nicht nur einseitig auf mögliche Defizite in der beruflichen Einstellung geschlossen, sondern auch eine kritische Anfrage an die Qualität der Schießausbildung sowie des Schießtrainings gestellt werden. Gefragt sind klare ethische Entscheidungskriterien und Wertvorzugsregeln angesichts folgender Probleme: Komplexe Gefahrensituationen lassen sich – vor allem unter Zeitdruck – nicht immer exakt analysieren und eindeutig überschauen, Unsicherheiten, Zweifel, Restrisiken bleiben zurück, gleichwohl besteht dringender Handlungsbedarf, um Verbrechen und Leid zu verhindern – wie soll da der einschreitende Polizeibeamte bei der Wahl der Mittel dem Grundsatz der Verhältnismäßigkeit entsprechen, wie soll er der ethischen Maxime folgen, nur unter der Voraussetzung eines sicheren Gewissens zu handeln? Inwieweit lässt sich in ethisch vertretbarer Weise das Argument der „Putativnotwehr“ ausdehnen und zur Entschuldigung des betreffenden Beamten anführen, ohne die Grundsätze der Gerechtigkeit und der Wahrheit zu verletzen?

Aufgrund seiner Fürsorgepflicht hat der Vorgesetzte einem Mitarbeiter, der von der Schusswaffe Gebrauch gemacht hat und damit nicht fertig wird oder sogar traumatisch gestört zu sein scheint, professionelle Hilfe anzubieten (vgl. 10.).

Im Unterschied zum Schießsport dürfte zum Anforderungsprofil des polizeilichen Schießausbilders und Schießtrainers mehr gehören als nur eine optimale Schießleistung (Treffsicherheit) und die Vermittlung einer solchen. Gefragt ist darüber hinaus auch die pädagogische Kompetenz, taktische Verhaltensweisen einzuüben, den Gewalttäter durch Verhandlungsgeschick zum Aufgeben zu bewegen, in Stresssituationen die Kontrolle über die Waffe behalten zu lernen, für das Gefahrenpotenzial – auch bei Routinevorgängen – zu sensibilisieren, die Bedeutung der Eigensicherung zu erfassen und eine Grundeinstellung zu fördern, die situative Handlungssicherheit, persönliche Verantwortung und Bürgernähe umfasst. Die Forderung an Schießausbilder und Schießtrainer, den Polizeibeamten darauf vorzubereiten und zu befähigen, jede nur denkbare Gefahrensituation zu meistern, entspricht zwar der Fürsorgepflicht des Vorgesetzten, lässt sich aber aus praktischen Gründen (fehlende Zeit, zu aufwendiges Training) nicht erfüllen. Daher erscheint ethisch ein Kompromiss angebracht, den Schwerpunkt der Schießausbildung auf die häufigsten Einsatzfälle zu legen, es dagegen im Blick auf Extremsituationen, die nur selten vorkommen, dabei zu belassen, taktisch geeignete Erstmaßnahmen zur Gefahrenabwehr zu proben. Bei beruflichen Wiedereinsteigern – z. B. nach langer Krankheit oder Mutterschaftsurlaub – auf Mindeststandards des Waffenhandlings und der Schießleistung zu achten verlangen Fürsorgepflicht und Eigensicherung. Als unverzichtbar erweist sich für Schießausbilder und Schießtrainer eine offene, geistige Auseinandersetzung mit Legitimationsfragen des Schusswaffengebrauchs, um den Polizeibeamten davor zu bewahren, nicht mehr eigenverantwortlich und entscheidungssicher handeln zu können.

Die ausgeklügeltsten Abgrenzungsversuche zwischen ethisch wie rechtlich noch tolerierbarem und nicht mehr tolerierbarem Handeln der Polizisten brechen wie ein Kartenhaus zusammen, wenn sie nicht auf dem sicheren Fundament gemeinsamer Wertüberzeugungen der Bevölkerung ruhen, dass das menschliche Leben gemäß Art. 1 GG einen hohen Stellenwert besitzt und des wirksamen Schutzes – notfalls auch durch Schusswaffengebrauch – bedarf.

Literaturhinweise:

Muhlack, J.: Schusswaffengebrauch gegen Personen aus dienstrechtlicher Sicht, in: Brenneisen, H. u. a. (Hg.): Ernstfälle. Hilden 2003; S. 248 ff. – Engelbrecht, H.-O./Buhr, J.: Schießausbildung. Stuttgart u. a. [2]2003. – Dietrich, K.-U.: Neues Waffenrecht in der Praxis, in: DP 12/2003; S. 343 ff. – Maurer, H.: Der polizeiliche Schusswaffengebrauch, in: Kriminalistik 7/2003; S. 455 ff. – Lorei, C. (Hg.): Eigensicherung & Schusswaffeneinsatz bei der Polizei. Frankfurt a. M. 2003. – P & W 4/2003: Psychiatrisch-psychologische Aspekte des Schusswaffengebrauchs. – Rutkowsky, F.: „Nicht nur Debriefing – Polizeiseelsorge und Schusswaffeneinsatz“, in: Lorei, C. (Hg.): a. a. O.; S. 201 ff. – Schulz, M.: Neues Waffenrecht für Polizei, Bundesgrenzschutz und Zoll. Stuttgart 2003. – Hermanutz, M. u. a.: Computerspiele – Training für den Schusswaffengebrauch?, in: P & W 2/2002; S. 3 ff. – Lorei, C. (Hg.): Eigensicherung & Schusswaffeneinsatz bei der Polizei. Frankfurt a. M. 2002. – Hallenberger, F./Ehr, H. v.: Das Post-Shooting Syndrom, in: Kriminalistik 4/2002; S. 261 f. – Ley, G./Burkart, G.: Polizeilicher Schusswaffengebrauch. Stuttgart [5]2001. – Witzstrock, H.: Der polizeiliche Todesschuß. Frankfurt a. M. u. a. 2001. – Mußgnug, F.: Das Recht des polizeilichen Schußwaffengebrauchs. Frankfurt a. M. u. a. 2001. – Schwarzenbach, R.: Der Griff in die mentale Konservenkiste, in: CD SM 3/2001; S. 90 ff. – Rachor, F.: Polizeilicher Zwang, in: HdPR; S. 519 ff. – Mußgenug, F.: Das Recht des polizeilichen Schußwaffengebrauchs. Frankfurt a. M. u. a. 2001. – Witzstrock, H.: Der polizeiliche Todesschuß. Frankfurt a. M. u. a. 2001. – Lorei, C.: Schusswaffeneinsatz bei der Polizei. Frankfurt a. M. 2001. – Ungerer, D./Morgenroth, U.: Analyse des menschlichen Fehlverhaltens in Gefahrensituationen – Empfehlungen für die Ausbildung. Bonn 2001. – Lorei, C.: Gezwungen zum unmittelbaren Zwang, in: DPolBl 1/2001; S. 13 ff. – Janssen, W. u. a.: Der ungewollte Schuss im Polizeieinsatz, in: AfKri 1–2/2001; S. 1 ff. – Scholzen, R.: Neue Munition für die deutsche Polizei, in: Kriminalistik 8/2000; S. 556 ff. – Lorei, C.: Zur Schießausbildung der Polizei, in: Kriminalistik 1/2000; S. 44 ff. – Hermanutz, M. u. a.: Schießen mit kühlem Kopf unter Stressbedinmann, U.: Der finale Rettungsschuss, in: PolSp 12/1999; S. 255 ff. – Neuwirth, D.: Polizeilicher Schußwaffengebrauch gegen Personen. Hilden 1997. – DPolBl 6/1998: Schießen – Nichtschießen. – Rosenau, H.: Tödliche Schüsse im staatlichen Auftrag. Baden-Baden [2]1998. – Urff, B. v.: Schußwaffengebrauch der Polizei im Vereinigten Königreich von Großbritannien und Nordirland und in der BRD. Frankfurt a. M. u. a. 1997. – Diederichs, O.: Polizeiliche Todesschüsse 1996., in: BRPC 2/1997; S. 75 ff. – Schuster, A. G.: Finaler Rettungsschuß. Frankfurt a. M. u. a. 1996. – Weihmann, R.: Schußwaffengebrauch durch Polgungen, in: P & W 1/2000; S. 45 ff. – Lorei, C.: Der Schußwaffeneinsatz bei der Polizei. Berlin 1999. – Hofizeibeamte (Erwiderung), in: Kriminalistik 5/1996; S. 352 f. – Schrimm, K.: Schußwaffengebrauch durch Polizeibeamte, in: Kriminalistik 3/1996; S. 203 ff. – Bericht eines Betroffenen. Fallbeispiel: Wenn ein Polizeibeamter im Einsatz tötet, in: DP 11/1995; S. 336. – Weihmann, R.:, in: Kriminalistik 10/1995; S. 667 ff. – Hug, T. B.: Schußwaffengebrauch bei der Polizei, in: Kriminalistik 5/1995; S. 376 ff. – Krolzig, M. (Hg.): Wenn Polizisten töten. Düsseldorf 1995. – Dobler, E. U.: Schußwaffen und Schußwaffenkriminalität in der BRD (ohne Berücksichtigung der neuen Länder). Frankfurt a. M. [2]1994. – Wagner, M.: Auf Leben und Tod. Göttingen 1992. – Fechner, F.: Grenzen polizeilicher Notwehr. Frankfurt a. M. u. a. 1991. – Franke, S.: Berufsethik für die Polizei. Münster 1991; S. 227 ff. – Merten, D.: Zum Streit um den Todesschuß, in: Hailbronner, K. u. a. (Hg.): Staat und Völkerrechtsordnung (FS Doehring). Berlin u. a. 1989; S. 579 ff. – Lisken, H.: Polizeibefugnis zum Töten?, in: DRZ 11/1989; S. 40 ff. – Thewes, W.: Rettungs- oder Todesschuß? Hilden 1988. – Müller, W.: Aspekte der Menschenwürde bei der Entwicklung von Hilfsmitteln der körperlichen Gewalt und Waffen, in: PFA-SB „Der ethische Aspekt des Gewaltproblems" (26.–30. 10. 1987); S. 41 ff. – Doehring, K: Zum „Recht auf Leben" aus nationaler und internationaler Sicht, in: Bernhardt, R. u. a. (Hg.): Völkerrecht als Rechtsordnung (FS Mosler). Berlin u. a. 1983; S. 145 ff. – Ohlsen, R.: Vorsicht – Schußwaffen, in: DP 1/1985; S. 13 ff. – Molinski, W.: Todesschuß. Kein Ersatz für die Todesstrafe, in: Wichmann, J. (Hg.): Kirche in der Gesellschaft. München, Wien 1978; S. 374 ff. – Merten, D.: Zum polizeilichen Schußwaffengebrauch, in: Ders. (Hg.): Aktuelle Probleme des Polizeirechts. Berlin 1977; S. 85 ff. – Lindlau, D.: Kritik an Munition, Waffen und Schießtraining der deutschen Polizei, in: DP 4/1975; S. 129 ff. – Löw, W.: Recht und Praxis des polizeilichen Schußwaffengebrauchs, in: DP 112/1968; S. 363 ff.

19. Verkehrssicherheit, Verkehrserziehung

Mobilität (lat. mobilitas = Beweglichkeit) gilt als unverzichtbares Qualitätsmerkmal einer modernen Gesellschaft und taucht seit den 60er-Jahren als verkehrswissenschaftliche Kategorie – begrifflich nicht zu verwechseln mit sozialer Mobilität, die Positions- und Beziehungsaspekte der Individuen in einer komplexen Gesellschaft beinhaltet – auf, ohne jedoch eine allgemeingültige Definition vorweisen zu können. Immerhin lassen sich drei Bedeutungselemente mit dem Mobilitätsbegriff (Opaschowski 2002) verbinden:

- Freiheit als Entscheidung, wohin man will und welches Verkehrsmittel man zum Erreichen des gesteckten Zieles wählt,
- Flexibilität, um überall dorthin zu gelangen, wo man sich privat aufhalten möchte oder beruflich sein soll,
- Funktionalität, die sich auf ein verlässliches Verkehrsmittel bezieht.

Mobilität als Beweglichkeit in Raum und Zeit hängt von der „kulturellen und wirtschaftlichen Entwicklung einer Gesellschaft, vom Verkehrsbedürfnis, vom Verkehrsziel und -zweck, vom benutzten Transportmittel, der Verkehrsinfrastruktur, der Belastung der Verkehrswege, den anfallenden Kosten, dem verfügbaren Einkommen, der verfügbaren Zeit und nicht zuletzt von der Kenntnis der verfügbaren Alternativmöglichkeiten“ (Feldhaus 1998) ab. Während sich Transport auf den einzelnen Bewegungsvorgang von Personen oder Gütern mit Hilfe technischer Mittel (Fahrrad, Motorrad, Auto, Eisenbahn, Flugzeug, Schiff) bezieht, umfasst Verkehr die Gesamtheit aller Transportvorgänge, wozu auch der nicht motorisierte Inividualverkehr gezählt wird. Bei der Verkehrsentwicklung, die anhand der Kriterien Mobilitätsrate, Mobilitätsstreckenbudget und Mobilitätszeitbudget beobachtet wird, fällt die Steigerungsrate des Mobilitätsstreckenbudgets infolge schnellerer und flexiblerer Transportmöglichkeiten auf. Zu fragen bleibt, wie sich die künftige Entwicklung des Personen- und Güterverkehrs auswirken wird. Die Wirtschaft benötigt ein möglichst einwandfrei funktionierendes, leistungsstarkes Verkehrssystem, wirtschaftliche Prosperität steigert das Mobilitätsniveau. Die ökologischen Schäden des Verkehrs in Form von Schadstoffemissionen, Energie- und Flächenverbrauch schärfen das Bewusstsein für die Notwendigkeit des Umweltschutzes. Ungeachtet der sozialen Risiken wie Verkehrsunfälle, Verkehrslärm und Gesundheitsschäden verschaffen sich erwerbstätige, männliche, individualmotorisierte Verkehrsteilnehmer Vorteile im Wirtschafts- und Freizeitbereich. Die ungleiche Verteilung der Vor- und Nachteile erklärt den verkehrspolitischen Handlungsbedarf. Von der Verkehrssicherheitspolitik wird u. a. erwartet, die Infrastruktur des Verkehrs auf nationaler und internationaler Ebene zu verbessern, die Sicherheit im Verkehr zu erhöhen und eine gerechte Kostenverteilung auf die Verkehrsteilnehmer vorzunehmen. Auf den politischen Entscheidungsträgern (dem Bundesministerium für Verkehr, Bau- und Wohnungswesen und den Verkehrsministerien der Bundesländer) und allen gesellschaftlich relevanten Gruppen (z. B. den Deutschen Verkehrssicherheitsrat, die Deutsche Verkehrswacht, den Deutschen Verkehrsgerichtstag, die Automobilclubs, die evangelische und katholische Aktionsgemeinschaft für Verkehrssicherheit) lastet die ständige gemeinsame Aufgabe der Verkehrssicherheitsarbeit. Im Rahmen der Verkehrssicherheitsarbeit werden gezielt konkrete Programme („Sicherer gehen – kinderleicht", „Jugend und Verkehr", „Sichere Urlaubsfahrt", „Besser reisen", „Ältere aktive Kraftfahrer", „Erste Hilfe – Einfach Handeln") durchgeführt, an die Übernahme der Eigen- und Mitverantwortung appelliert und moderne Technologie (Navigationssysteme, automatisierter Verkehrswarndienst) eingesetzt.

Für ein ordnungsgemäßes Funktionieren des öffentlichen Verkehrs trägt der Staat eine umfassende Sicherheitsverantwortung. Um die „Qualität, Sicherheit, Schnelligkeit und Wirtschaftlichkeit" der Verkehrsabläufe (Steiner 1998) zu optimieren, erlässt der Staat eine Reihe von Rechtsvorschriften (Straßenverkehrsgesetz, Straßenverkehrsordnung, Straßenverkehrszulassungsordnung, das Recht des Eisenbahn-, Luftfahrt- und Schifffahrtverkehrs) und achtet auf die Einhaltung der Verkehrsrechtsordnung. Nach § 1 StVO darf kein Straßenverkehrsteilnehmer einen anderen gefährden, schädigen und nicht mehr – als den Umständen entsprechend erforderlich – behindern oder belästigen. Verstöße gegen die Verkehrsregeln werden straf- und zivilrechtlich geahndet.

An der gesamtgesellschaftlichen Aufgabe der Verkehrssicherheitsarbeit beteiligt sich die Polizei im Rahmen ihrer gesetzlichen, personellen und technischen Möglichkeiten. So leistet sie Beiträge zum sicheren, bedarfs- und umweltgerechten Straßenverkehr. Der Beschluss des Unterausschusses „Führung, Einsatz und Kriminalitätsbekämpfung" (UAFEK) des AK II der Innenministerkonferenz vom 2. 10. 1996 legt der Polizei nahe, als ein umfassend informierter, kritisch analysierender, sicherheitsorientierter und fachkundiger Initiator und Partner mit den übrigen Trägern der Verkehrssicherheitsarbeit zusammenzuarbeiten. Sand im Getriebe der Verkehrssicherheitsarbeit, an der sich ca. dreihundert Einrichtungen beteiligen, bilden komplizierte Zuständigkeiten, schwierige Finanzfragen und Realisierungschancen, von menschlichen Schwächen wie Missgunst, Eifersucht, Profilierungssucht und handfesten Gruppeninteressen einmal abgesehen. Will die Institution Polizei ihren Anteil gewissenhaft und verantwortlich leisten, kommt sie nicht herum, die organisatorischen Strukturen und Abläufe der gemeinsamen Verkehrssicherheitsarbeit auf ihre Effizienz zu überprüfen und erforderlichenfalls auf Korrekturen zu drängen, ihren Sachverstand und ihre praktischen Erfahrungen in den Meinungsbildungsprozess zu Gunsten optimaler Sicherheitskonzepte einzubringen, sachlich begründete Kritik an dysfunktional wirkenden Verkehrsnormen, Sicherheitsbestimmungen sowie technischen Vorschriften zu äußern und politische Entscheidungsträger in Fragen der Verkehrssicherheit kompetent zu beraten. Wenn Teile unserer Gesellschaft Verkehrsunfälle als unumgänglichen Kostenfaktor für Mobilität einstufen und als Einzelschicksale hinnehmen, widerspricht eine derartige Einstellung dem grundgesetzlichen Sicherheitsauftrag der Polizei und dem Schutzanspruch der Bürger. Aufmerksam und kritisch zu beobachten bleibt auch, dass das Pendel innerpolitischer Prioritäten zu Gunsten der Kriminalitätsbekämpfung ausschlägt und die klassischen verkehrspolizeilichen Aufgaben immer stärker in den Hintergrund rücken lässt (Blatt, PFA-Vortrag 2002). Da jedoch Verkehrsunfälle großen wirtschaftlichen Schaden und viel menschliches Leid verursachen, muss die Polizei ihrer Verpflichtung zur Sicherheitsgewährleistung nachkommen. Verkehrssicherheit ist ein integraler Bestandteil der inneren Sicherheit, deshalb ist die Polizei gefordert. Angesichts der begrenzten finanziellen und personellen Ressourcen liegt es nahe, wenn die Polizeiführung eine Verkehrssicherheitsstrategie auf Bundes- und Europaebene anstrebt, Unfall- und Kriminalitätsbekämpfung sowie Prävention und Repression in der Verkehrssicherheitsarbeit sinnvoll aufeinander abstimmt. Bedenklich wäre das Rollenverständnis, die Polizei habe als Dienstleistungsunternehmen für Sicherheit möglichst optimal zu funktionieren, ohne ihr die Möglichkeit einzuräumen, ihren Sachverstand in die öffentlichen Planungs- und Entscheidungsprozesse einbringen zu können, die sich auf Verkehrsraumgestaltung, Aktionsprogramme der Verkehrssicherheit und Unfallpräventionskonzepte beziehen.

Begrifflich bedeutet der Straßenverkehrsunfall „ein schädigendes Ereignis im oder im räumlichen Zusammenhang mit dem öffentlichen Straßenverkehr, bei dem als Unfallfolge Sach- und/oder Personenschäden entstanden sind und das Schadensereignis in einem Kausalzusammenhang mit den Gefahren des Straßenverkehrs steht. Polizeilich zu prüfen ist demzufolge stets, ob sich das schädigende Ereignis im öffentlichen (Straßen-)Verkehrsraum oder in einem räumlichen Zusammenhang mit diesem eingestellt hat und ob das schädigende Ereignis in einer kausalen Beziehung zum Straßenverkehr steht“ (Hilse 2001). Nach der PDV 100 hat die Polizei folgende Aufgaben im Zusammenhang mit der Verkehrssicherheitsarbeit wahrzunehmen:
- Verkehrssicherheitsberatung (Verstärkung der Eigen- und Mitverantwortung der Verkehrsteilnehmer, Information über verkehrsrelevante Entwicklungen und verkehrsgerechtes Verhalten, ...)
- Verkehrsüberwachung (Verhalten von Verkehrsteilnehmern, Zulassung von Verkehrsmitteln, Sanktion bei Verkehrsverstößen und Aufklärungsgespräch mit dem betreffenden Verkehrsteilnehmer, Abstimmung der polizeilichen und kommunalen Verkehrsüberwachung aufeinander)
- Verkehrsregelung, Verkehrslenkung (Verkehrsregelungspflicht der zuständigen Behörden, polizeiliche Verkehrsregelung je nach Verkehrsbelastung, Gefahrenlage und Unfallgeschehen, Überwachung anlassbezogener Verkehrslenkung oder verkehrslenkender Maßnahmen, ...)
- Verkehrsunfallaufnahme, Verkehrsunfallbearbeitung (Sicherung der Unfallstelle, Erste-Hilfe-Leisten, Maßnahmen zur Schadensbegrenzung, Verkehrsregelung, Sicherstellung zivilrechtlicher Ansprüche, ...)
- Verkehrsunfallauswertung (Erkenntnisse für Verkehrssicherheitsberatung, Öffentlichkeitsarbeit, verkehrsregelnde und straßenbauliche Maßnahmen, kommunalpolitische Entscheidungen und Verkehrssicherheitsforschung, ...)
- Mitwirkung bei der Gestaltung des Verkehrsraums (Einfluss auf Planung der Verkehrsinfrastruktur, Beratung verkehrssicherheitsrelevanter Gremien, ...).

Zu den Zielen der polizeilichen Verkehrssicherheitsarbeit, so die PDV 100, zählen:
- Verbesserung der objektiven Sicherheitslage (Reduzierung der Anzahl der Verkehrsunfälle, Minderung der Unfallfolgen)
- Stärkung des Sicherheitsgefühls im Straßenverkehr
- Minimierung von Verkehrsbeeinträchtigungen
- Gewinn von Erkenntnissen für die Verkehrssicherheitsarbeit (bes. für Verkehrsunfallprävention und Erforschung von Unfallursachen)
- Verringerung von Umweltbeeinträchtigungen (Reduzierung von Lärm und Abgasen).

Ethische Leitlinien für eine verantwortliche Mobilitätsgestaltung und Verkehrssicherheit auf nationaler und internationaler Ebene zu entwickeln stößt auf nicht unerhebliche Schwierigkeiten. Denn die zunehmende Verkehrsdichte und die individualmotorisierten Mobilitätsansprüche verlangen neue Lösungsansätze. Doch ein verkehrspolitisches Patentrezept scheint nicht in Sicht zu sein, zu viele Interessen aus dem Umwelt-, Wirtschafts-, Gesundheits-, Sozial-, Technik- und Bildungsbereich prallen aufeinander und lassen überwiegend nur Kompromissbildungen zu. Da sich in unserem komplexen Gesellschaftssystem Kompromisse oft als unvermeidbar erweisen, kommt es ethisch darauf an, keine faulen Kompromisslösungen auszuhandeln. Die moralische Qualität eines Kompromisses hängt von einem fairen Verhandlungsprozess, von klaren Wert- sowie Sachkriterien und von den vertretbaren Folgewirkungen ab. So muss ethische Bedenken hervorrufen, wenn moralische Appelle oder Schlagworte davon ablenken sollen, dass das Abwägen relevanter Sachargumente keine politisch opportunen Ergebnisse erzielt, oder wenn vernünftige Abwägungsregeln oder humane Wertaspekte sogenannten Sachzwängen bzw. einem Lobbyismus zum Opfer fallen. Die individual- und sozialethische Komponente der Verkehrssicherheit wird deutlich in dem Einhalten der Verkehrsdisziplin (Rücksichtnahme und Verantwortung anstatt Imponiergehabe am Steuer, aggressivem Fahrverhalten und Fahren unter Alkohol-, Drogen- und Medikamenteneinfluss oder in übermüdetem Zustand), der Vermeidung von Unfällen, Sanktionierung von Verstößen gegen die Straßenverkehrsgesetze und Schadensersatzzahlung bei Verkehrsunfällen. Die Verantwortungsfrage stellt sich dem Staat, wenn er aus Kostengründen Personal und Stellen bei Polizei und Justiz abbaut und damit zu einem Anstieg derjenigen Unfälle und Verkehrsopfer beiträgt, die auf Normenverstöße zurückzuführen sind und durch verstärkte Polizeikontrollen hätten verringert werden können (Deutscher Verkehrsgerichtstag in Goslar 2004). Wegen leerer Kassen von privaten Einrichtungen, die zwar preiswert sind, deren Qualifikation aber fraglich erscheint, den Alkoholwert von Verkehrsteilnehmern bestimmen zu lassen, dürfte einen Vertrauensschwund zur Folge haben.

Die ethische Dimension der polizeilichen Verkehrssicherheitsarbeit tritt näherhin in folgenden Situationen zutage:

- Den polizeilichen Führungskräften obliegt die Aufgabe, ihren Mitarbeitern den Sinn und Zweck der Verkehrssicherheitsarbeit im täglichen Dienst zu erläutern und Einsicht in die Notwendigkeit des verfassungsimmanenten Sicherheitsauftrages zu vermitteln. Hinter den statistischen Angaben zu Verkehrstoten und Verletzten verbirgt sich vielfach menschliches Leid und ein beträchtlicher volkswirtschaftlicher Schaden. Da das Mängelwesen Mensch die häufigste Unfallursache darstellt, sind zielgerichtete Interventionen der Polizei erforderlich, um durch konsequente Kontrollen und Sanktionen auf das Einhalten der Straßenverkehrsregeln zu dringen, die objektive Sicherheitslage auf den Straßen und das subjektive Sicherheitsempfinden der Bevölkerung zu verbessern und die Lebensqualität zu steigern. Auch Polizeibeamte selber können potenzielle Verkehrsopfer sein, die des Schutzes bedürfen. Im Rahmen der Verkehrsunfallprävention hat die Polizei das ihr Mögliche zu tun, um die Unfallzahlen für die Risikogruppe der Kinder als der schwächsten Verkehrsteilsnehmer zu senken (Tilgner 2003).
- Verkehrskontrolle und Unfallaufnahme stellen an den Schutzpolizeibeamten hohe Ansprüche in technisch-taktischer und menschlich-moralischer Hinsicht dar. Die

sorgfältige Aufnahme des Unfallherganges und die Sicherung des Beweismaterials bilden die Grundlage für eine zutreffende, gerechte Beurteilung der Schuldfrage vor Gericht und des Anspruches auf Schadensersatz. Ferner schließen die Sorgfaltspflichten bei der Unfallaufnahme ein zu verhindern, dass sich ein Unfallverursacher bzw. -beteiligter vom Unfallort unerlaubt entfernt und sich der Verantwortung zu entziehen versucht. Wenn bei etwa 20 % der bekanntgewordenen Verkehrsunfälle Unfallflucht begangen wird und die Aufklärungsquote um etwa 50 % liegt, hat jeder zweite Unfallgeschädigte das Nachsehen (Heinrich 2001). Manipulierte Verkehrsunfälle zu erkennen und zu verhindern, dass der Straftäter Profite aus den erschlichenen Versicherungsleistungen zieht (König 2001), verlangt von dem unfallaufnehmenden Schutzpolizeibeamten wie dem ermittelnden Kriminalbeamten ein beachtliches Maß an Professionalität und Gerechtigkeitsempfinden. Analoges gilt für einen als Verkehrsunfall getarnten Suizidfall (vgl. 22.). Eine Koordination unfallverhindernder und kriminalitätsbekämpfender Maßnahmen bei der polizeilichen Überwachung des Straßenverkehrs eignet sich dazu, Straftaten wie Rauschgifttransporte, Zigarettenschmuggel, Autoschieberei und Menschenschleusungen besser zu erkennen. Zweifellos verhindert ein wachsam kontrollierender Polizeibeamter, dass Kriminelle die Straße zu ihrem Aktionsraum umfunktionieren, und leistet zugleich Opferschutz und Opferhilfe. Lässt er sich dagegen bei den Kontroll- und Sanktionsmaßnahmen zu sehr von Gefühlsregungen des Mitleids oder sachfremder Erwägungen leiten, geraten der Gleichheitsgrundsatz und das Gerechtigkeitsprinzip ins Wanken.

- Auf die Sicherung des eigenen Lebens und der Gesundheit zu achten, dafür trägt jeder Streifenbeamte selber Verantwortung. Auch wenn Routine und Gewohnheit bei Unfallaufnahmen, Fahrzeug- und Personenkontrollen und Festnahmen schnell zu Leichtsinn verführen, ist dennoch Vorsicht geboten. Fahrlässigkeit und Bequemlichkeit bilden keine moralische Begründung dafür, auf das Tragen der Schutzweste zwecks Eigensicherung zu verzichten. Jungen Polizeibeamten kann der ausgeprägte Erlebnisdrang, Diebesgut erfolgreich sicherzustellen, leicht zum Nachteil gereichen, wenn sie den Selbstschutzaspekt vernachlässigen. Bei dem Anhalten, Überprüfen und körperlichen Untersuchen können Kraftwagenfahrer gewaltätig reagieren und den kontrollierenden Beamten durch Stich- und Bissverletzungen HIV infizieren oder mit anderen schweren Krankheiten anstecken. Wenn Vollzugsbeamte gefährliche Transportgüter inspizieren, können ihnen Gesundheitsschäden aufgrund zu spät bemerkter Schadstoffemissionen oder radioaktiver Strahlungen entstehen. Das verzweifelte Schreien, der Verbrennungsgeruch der im Fahrerhaus eingekeilten, nicht mehr zu rettenden Verunglückten und der Anblick verstümmelter Leichen setzen dem Schutzpolizeibeamten menschlich zu und können sogar traumatische Störungen bewirken, die professionelle Hilfen (vgl. 20.) nötig machen, um derartig extreme Diensterlebnisse aufarbeiten und verkraften zu können. Das Überbringen einer Todesnachricht (vgl. 21.) erfordert vom Polizeibeamten menschliches Taktgefühl, Sensibilität und eine persönlich gefestigte Werteinstellung zum Leben und Tod.
- Die Priorität der Gefahrenabwehr vor der Verfolgung von Straftaten und Ordnungswidrigkeiten verpflichtet den Streifenbeamten, in Notfällen, in denen Notarzt und Rettungswagen nicht zur Stelle sind, zuerst die dringend erforder-

lichen, lebensrettenden Maßnahmen zu ergreifen und danach den Verkehrsunfall zu bearbeiten. Im Blick auf die Definitionsmacht des Beamten über den Tatbestand der unterlassenen Hilfeleistung gem. § 323 c StGB erscheint Vorsicht geboten. Dass sich jemand moralisch wie strafrechtlich schuldig macht, der bei Verkehrs-, Unglücks- und Vergewaltigungsfällen oder in anderen Gefahren- und Notsituationen die Hilfeleistung verweigert bzw. entzieht, obwohl sie ihm möglich und zumutbar ist, steht außer Zweifel. Die ethische Beurteilung unterlassener Hilfeleistung bei Verkehrsunfällen bedarf jedoch einer differenzierten Betrachtung, insofern die Motivationslage sehr unterschiedlich sein kann. Wenn z. B. ein Zeuge Jehovas eine Bluttransfusion aus religiösen Gründen verweigert, kann sich seine Gewissensentscheidung zwar auf Art. 4 GG berufen, obwohl sie vielen befremdlich anmuten dürfte, lässt sich aber mit Hilfe einer richterlichen Verfügung außer Kraft setzen. Aus Furcht, etwas falsch zu machen, getrauen sich manche am Unfallort Anwesende nicht, Sofortmaßnahmen durchzuführen. Andere haben einen Widerwillen gegen eine Mund-zu-Mund-Beatmung oder Angst, sich bei der Beatmung eines bewusstlosen Unfallopfers anzustecken, sind sich unsicher, ob Atemspende oder Herzmassage zweckmäßiger ist, oder haben ihre Grundkenntnisse vom jahrelang zurückliegenden Erste-Hilfe-Kurs weitgehend vergessen. Selbst erfahrene Autofahrer offenbaren Schwächen bei der ordnungsgemäßen Absicherung einer Unfallstelle. Nicht Sanktionierung, sondern Aufklärung durch zuständige Einrichtungen dürfte die angemessene Reaktion sein. Gaffer, die bei den Erste-Hilfe-Maßnahmen oder bei der Unfallbearbeitung im Wege stehen, sollten nützliche, konkrete Arbeitsaufträge oder, sofern nicht zu gebrauchen, Platzverweis erhalten.

Trotz Reglementierungsdichte, öffentlich angekündigter Polizeikontrollen und Sanktionsschärfe befolgen zu wenige Verkehrsteilnehmer die Straßenverkehrsgesetze. Das mag geschehen aus einer modisch-lässigen Geringschätzung allgemeinverbindlicher Normen, aus der veränderten Werteeinstellung „Nicht ein Gesetz übertreten, sondern erwischt werden ist schlimm" und aus dem wehleidigen Unmutsgefühl, zunehmend Opfer obrigkeitlicher Abzockermanieren zu werden. Welche Chancen hat vor diesem Hintergrund die präventive Verkehrssicherheitsarbeit in Form von Verkehrserziehung? Der Beschluss der Kultusministerkonferenz vom 17. 6. 1994 empfiehlt eine Zusammenarbeit zwischen Schule und Polizei und setzt die Schwerpunkte auf Schulwegplanung, Schulwegsicherheit, Radfahr- sowie Schülerlotsenausbildung und verkehrspolizeiliche Beratung bei Unterrichtsvorhaben. Verkehrserziehung versteht der Konferenzbeschluss als Sicherheits-, Sozial-, Umwelt- und Gesundheitserziehung. Diese Zielsetzung überwindet die verengte Perspektive früherer Verkehrskonzepte auf Gesetzeskenntnisse und Kraftfahrzeugbeherrschung. Deshalb bevorzugen einige Pädagogen den Ausdruck „Mobilitätserziehung". Ihrer Ansicht nach war das bisherige Erziehungsprogramm zu einseitig auf Anpassung an den Straßenverkehr ausgerichtet, während sich die Mobilitätserziehung darüber hinaus mit den Mobilitätsformen unserer heutigen Gesellschaft und den sich daraus ergebenden Konsequenzen für den Straßenverkehr, die Wirtschaft, Umwelt und Gesundheit kritisch auseinandersetzt (Limbourg 1998). Unabhängig von der Wortwahl muss sich der neue Ansatz unfallpräventiver Sicherheitserziehung daran messen lassen, inwieweit er faktisch die Einstellung und das Verhalten der Verkehrsteilnehmer zu verändern vermag. In dem Maße, wie alle Beteiligten guten Willen bekunden und sich nach ihren Möglichkeiten engagieren, steigen die Erfolgsaussichten institutionalisierter Kooperationen. Präventive Verkehrssicherheitsarbeit bedeutet menschliches Leben retten und schützen. Dafür lohnt sich der Einsatz all unserer Kräfte.

Literaturhinweise:

Weidmann, T.: Verknüpfung von brennpunktbezogenen polizeilichen Maßnahmen mit der Verkehrserziehung und -aufklärung zur Verhinderung von Fahrradunfällen, in: DP 7–8/2003; S. 219ff. – Tilgner, H.-J.: Risikogruppe Kinder im Straßenverkehr, in: KOMPASS 6/2003; S. 23ff. – P-h 5/2003: Verkehrssicherheitsarbeit. – Roskothen, J.: „Verkehr". Zu einer poetischen Theorie der Moderne. München 2003. – Opaschowski, H. W.: Wir werden es erleben. Darmstadt 2002. – PFA-SB „Verkehrssicherheit und Gesellschaft" (11.–13. 11. 2002). – PFA-SR 2/2002: Mobilität und Kriminalität – Die Straße als Tatort. – Hilse, H.-G.: Verkehrsüberwachung, in: HdPR; S. 563ff. – DPolBl 1/2002: Kinderunfälle. – König, R.: Manipulierte Verkehrsunfälle: Leitfaden für die polizeiliche Praxis. Hilden 2001. – Daubner, R.: Überprüfung von Fahrzeugen und Fahrzeugführern. Stuttgart [5]2004. – Seidenfus, H. S.: Art. „Verkehr, Verkehrspolitik, Verkehrsethik", in: ESL; Sp. 1674ff. – PFA-SB „Mehr Verkehrssicherheit – Mehr Lebensqualität" (19.–21. 11. 2001). – Steffen, H.: Neue Möglichkeiten örtlicher Verkehrssicherheitsarbeit, in: DP 10/2001; S. 300ff. – Heinrich, U.: Unfallflucht – Eine besondere Form der Straßenkriminalität, in: Kriminalistik 8–9/2001; S. 568ff. – PFA-SB „Sicherheit auf den Straßen Europas – Aufgaben und Rolle der Polizei" (29. 2.–2. 3. 2000). – DPolBl 3/2000: Junge Fahrer. – Lasogga, F./Gasch, B.: Psychische Erste Hilfe bei Unfällen. Edewecht [2]2000. – Harzer, R.: Die tatbestandsmäßige Situation der unterlassenen Hilfeleistung gemäß § 323 c StGB. Frankfurt a. M. 1999. – Ewers, H.-J u. a.: Art. „Verkehr/Verkehrswirtschaft", in: LBE Bd. 3; S. 706ff. – Echterhoff, W.: Art. „Verkehrserziehung", in: LBE Bd. 3; S. 723ff. – Feldhaus, S.: Art. „Mobilität", in: LBE Bd. 2; S. 701ff. – Ratti, R.: Art. „Verkehr/Verkehrswirtschaft", in: LWE; Sp. 1204ff. – Pankoke, E.: Art. „Verkehr", in: HzGD; S. 687ff. – PFA-SR 2/1998: Polizei und Straßenverkehr – Informationen (nicht nur) für Führungskräfte der Polizei. – Limbourg, M.: Ziele, Aufgaben und Methoden einer zukunftsorientierten Verkehrs- und Mobilitätserziehung (Vortrag b. d. ADAC-Symposium „Schulverkehrserziehung auf dem Weg in die Zukunft" in Bonn 1998). – Colditz, H.-P.: Handbuch für Verkehrssicherheit. Hg. v. Bundesministerium f. Verkehr, Bau- und Wohnungswesen. Bad Homburg [6]1998. – Feldhaus, S.: Verantwortliche Wege in eine mobile Zukunft. Grundzüge einer Ethik des Verkehrs. Hamburg 1997. – Europäischer Verkehrssicherheitsrat: Ein Strategieplan für Straßenverkehrssicherheitsmaßnahmen. Brüssel 1997. – Feldhaus, S.: Ethik und Verkehr, in: Barz, W. u. a. (Hg.): Umwelt und Verkehr. Landsberg 1996; S. 113ff. – Bucherer, R. u. a.: Polizeiliche Verkehrsunfallaufnahme. Stuttgart [2]1993. – Schöch, H.: Art. „Verkehrsdelikte", in: KKW; S. 577ff. – Franke, S.: Verkehrssicherheitsarbeit in Europa – Orientierung an ethischen Grundsätzen, in: PFA-SR 4/1992; S. 66ff. (vgl. PFA-SB v. 14.–18. 10. 1991; S. 225ff.). – Beese, D.: Verkehrssicherheitsarbeit in Europa – Orientierung an ethischen Grundsätzen, in: PFA-SR 4/1992; S. 73ff. – Frühauf, L.: Normakzeptanz im Straßenverkehr, in: PFA-SB „Führung und Einsatz der Kriminalpolizei ..."(12.–14. 3. 1990); S. 142f. – Böcher, W.: Erziehung und Ausbildung für den Straßenverkehr – auch als Sozialerziehung?, in: PFA-SR 3/1984; S. 235ff. – Kirche und Verkehrssicherheit. Hg.v. d. Bruderhilfe-Akademie für Verkehrssicherheit. Kassel 1983. – Sauer, W. (Hg.): Verkehrserziehung in Theorie und Praxis. Bad Heilbrunn 1976. – Schöllgen, W.: Alkohol und Verkehr in der Sicht ethischer Verantwortung, in: ZVM 4/1958; S. 20f. – Schöllgen, W.: Verkehrsgefährdung und ethische Verantwortung, in: ZVS 1/1952; S. 99ff.

20. Polizeieinsatz bei größeren Schadensereignissen, Katastrophen und schweren Unfällen

Der polizeiliche Sprachgebrauch unterscheidet zwischen „Schadensereignissen" bzw. „Schadenslagen" oder „Gefahrenlagen", die sich durch Gefährdungen für Leben und Gesundheit des Menschen sowie durch Sachbeschädigungen auszeichnen und innerhalb des täglichen Dienstes bewältigt werden, und „größeren Schadensereignissen" bzw. „größeren Schadenslagen" oder „größeren Gefahrenlagen", die ein derartiges Ausmaß an Bedrohungen und Risiken annehmen, dass besondere Maßnahmen erforderlich werden, zu denen u. a. eine zusätzliche Aufbauorganisation gehört. Unter dem Oberbegriff größere Schadensereignisse werden Natur- und Umweltkatastrophen (Erdbeben, Überschwemmungen, Seuchen) bzw. schuldhaft verursachte oder durch technisches Versagen herbeigeführte Katastrophen (Feuer, Explosion, radioaktive und bakterielle Verseuchung) und schwere Betriebs- und Verkehrsunfälle (Flugzeugabsturz, Schiffsuntergang, Kraftfahrzeugunfälle, Zugunglück) subsumiert. Art. 35 GG und die Katastrophenschutzgesetze der Länder enthalten folgende Elemente des Katatrophenbegriffes:

- Ein Geschehen mit Gefährdung für Leib und Leben vieler Menschen, mit erheblichem Sachschaden, mit starker Beeinträchtigung lebensnotwendiger Versorgung der Bevölkerung
- Notwendigkeit des Einsatzes von besonderen Einheiten und Einrichtungen (Medizinischer Rettungsdienst, Sanitäter- und Betreuungsdienste, Feuerwehr, Technisches Hilfspersonal, Bundeswehr, Bundesgrenzschutz, Polizei) zur Aufrechterhaltung oder Wiederherstellung der öffentlichen Sicherheit und Ordnung
- Zuständigkeit der Bundesländer für Katastrophenschutz in Friedenszeiten (die im Verteidigungsfall an den Bund übergeht).

Bei größeren Schadensereignissen hat die Polizei (PDV 100) v. a. die Aufgaben der Gefahrenabwehr, der Verhütung von Straftaten und der Strafverfolgung wahrzunehmen, näherhin:

- Beurteilung der Gefahren- bzw. Schadenslage und Ergreifen unaufschiebbarer Maßnahmen zum Schutz von Leben, Gesundheit und Sachen
- Absperren des Katastrophengebietes bzw. der Unglücksstelle, Regelung des Verkehrs und der Fahrtmöglichkeiten für Einsatz- und Rettungsfahrzeuge
- Ermittlung und Analyse der Unfallursachen, Feststellung des Umfangs und Ablaufs der Katastrophe, Spuren- und Beweissicherung und Protokollierung der Folgeschäden
- Durchführung von Todesermittlungsverfahren, Suche nach Vermissten und Bearbeitung von Vermisstenanzeigen
- Identifikation der Opfer
- Benachrichtigung der Angehörigen
- Verhütung und Verfolgung strafrechtlich relevanter Handlungen, die sich auf den Katastrophenfall beziehen
- Organisation einsatzbegleitender Öffentlichkeitsarbeit.

Bei der ethischen Reflexion spielt eine wichtige Rolle, von welchem Standort, unter welchen Gesichtspunkten die Rettungs- und Sicherheitsmaßnahmen bei komplexen

Gefahren- und Schadenslagen wahrgenommen und beurteilt werden. Der Trend, Katastrophenschutz und Unfallhilfe auf anonyme, perfekt abspulende Funktionsabläufe einseitig zu verkürzen, hat verschiedene Gründe. Der Faktor Zeit erfordert ein blitzschnelles Reagieren zu dem Zweck, Vermisste zu suchen, Schwerverletzte bei Bedarf an Beatmungsgeräte anzuschließen sowie in ein Krankenhaus zu transportieren, damit die lebensrettende Operation unverzüglich durchgeführt werden kann. Mit dem erklärten Ziel aller bei der Katastrophenbewältigung eingesetzten Organisationen, möglichst alle Verunglückten zu retten, die Gefahren für die Allgemeinheit abzuwehren und den Sachschaden zu begrenzen, kollidiert die Sorge um das Einzelschicksal, das Bemühen um individuelle Betreuung. Die gesellschaftliche Tabuisierung des Todes und das relativ junge Lebensalter der professionellen Einsatzkräfte lösen bei der Konfrontation mit verstümmelten Leichenteilen und mit den Verzweiflungsschreien der Schwerverletzten häufig Verdrängungsmechnismen aus. Persönliche Zuwendung und Pflege lediglich ehrenamtlichen Helfern zu überlassen, denen nachgesagt wird, sie würden mangelnde Professionalität aufwiegen mit gutem Willen und Einfühlungsvermögen, lässt sich ethisch nicht legitimieren. Denn die Unfallopfer stellen keineswegs nur Objekte dar, die fachlich kompetent behandelt werden, sondern sind Personen, die einen Anspuch auf menschlich angemessene, den Umständen entsprechende Betreuung haben. So sehr bei außerordentlichen Schadensunfällen fachliche Kompetenz und technische Perfektion der Rettungs- und Bergungsdienste gefragt sind, nicht fehlen darf jene elementare Verhaltensweise, die der barmherzige Samariter in der lukanischen Beispielerzählung (Lk 10, 29–37) bekundet: Sich in die Lage des hilflos am Wegesrand Liegenden hineinversetzen, mit den Augen des Verunglückten sehen lernen, was konkret an Zuwendung, Verständnis, Hilfe und Begleitung erwartet wird. Persönliche Nähe und Kontakte können vor Schockwirkungen bewahren und Angstgefühle nehmen, als Schwerverletzter oder Sterbender ganz allein gelassen zu werden. Für den Polizeibeamten bedeutet der human-ethische Aspekt, sich nicht hinter seiner Dienstrolle zu verkriechen, sondern sich konkret um den Hilflosen und Notleidenden zu kümmern, den eigenen Emotionen keinen freien Lauf zu lassen angesichts des entsetzlichen Unfallgeschehens, sich von der neugierig gaffenden Menge nicht ablenken, verunsichern oder gar behindern zu lassen und an die Sicherheit der Schaulustigen zu denken, die sich selber gefährden können.

Ferner stellt sich die Verantwortungsfrage für die Polizei. Denn es liegt zu einem guten Teil an den polizeilichen Einstellungs- und Vorgehensweisen, ob diese als vertrauensbildende Maßnahmen von einem großen Teil der Bevölkerung empfunden und gewürdigt werden. Das betrifft z. B. die Fragen, ob bzw. in welchem Umfang eine Evakuierung zum Schutz der Bevölkerung erforderlich wird und wie sich panische Reaktionen größerer Menschenmengen vermeiden lassen, inwiefern es ethisch vertretbar ist, dass Polizeibeamte, die dringend benötigt werden, abgezogen werden, um Persönlichkeiten des öffentlichen Lebens die Katastrophenlage zu zeigen. Wenn Terroristen ein heimtückisches Attentat mit zahlreichen Todesopfern, Schwerverletzten und erheblichem Sachschaden verübt haben, kann die Polizei in die Lage versetzt werden, die aufgebrachte, wutentbrannte Masse vor Racheakten und Ausschreitungen gegen vermeintliche Attentäter abzuhalten. In der Anfangsphase der Katastrophenbewältigung laufen die Erstmaßnahmen der verschiedenen Organisationen vielfach hektisch und wenig koordiniert ab. Dieses Phänomen gibt Anlass zu der kritischen Überlegung, ob ein schlüssiges Konzept für Katastrophen- und schwere Unglücksfälle von den örtlich zuständigen Behörden ausgearbeitet vorliegt, inwieweit die zahlreichen Einrichtungen der medizinischen und technischen Rettungsdienste sowie Gefahrenabwehrbehörden auf den Ernstfall vorbereitet sind und gemeinsam trainiert haben, wie es um die technische Ausstattung bestellt ist. Erfahrungsgemäß kommt dem unverzüglichen Einrichten und reibungslosen Funktionieren der zentralen Einsatzleitung eine entscheidende Bedeutung zu. Eine solche Einsatzleitstelle bzw. Kommunikationszentrale, in der alle Gremien die neuesten Informationen austauschen, Probleme besprechen und regeln, hat gewissenhaft zu entscheiden, wo die tolerable Gefährdungsgrenze für die eingesetzten Kräfte liegt, inwiefern der materielle und personelle Aufwand der Rettungs- und Bergungsaktionen in einem vertretbaren Verhältnis zu den Erfolgsaussichten steht und von welchem Zeitpunkt ab der Einsatz des Katastrophenschutzes zu beenden ist. Die Gesamtleitung trägt Verantwortung für Einsatzpannen, die auch noch während der nachfolgenden, besser strukturierten Ablaufphase passieren können, für Defizite in der Kooperation aller Mitwirkenden und für Rivalitäten bzw. Profilierungsversuche der unterschiedlichen Organisationen, die zu Lasten der Verunglückten gehen. Vorteilhaft erweist sich auch der Einsatz von Polizeibeamten, die einen kooperativen Führungsstil gewohnt sind und damit Eigeninitiative und Selbstgestaltung. Denn in dem Maße, wie solche Beamte mitdenken, eigenverantwortlich entscheiden und handeln, tragen sie dazu bei, dass selbst die chaotisch ablaufende Eingangsphase plötzlicher Schadensereignisse noch glimpflich abläuft.

Bei der Aufgabenerfüllung in Katastrophenfällen riskieren die eingesetzten Beamten oft in hohem Maße ihr Leben und ihre Gesundheit. Eine aus den Beamtenpflichten abgeleitete Bereitschaft zur Eigengefährdung erreicht aus ethischer Sicht dort ihre Grenze, wo der Versuch, das Leben eines anderen Menschen zu retten, mit an Sicherheit grenzender Wahrscheinlichkeit den eigenen Tod bewirken oder wo lediglich für den Schutz von Sachwerten das eigene Leben geopfert würde. Letztlich entscheidet jeder Polizeibeamte in seinem Gewissen, inwieweit er sich selber Gefahren bei der Rettung von fremdem Menschenleben aussetzt. Zur Fürsorgepflicht des Vorgesetzten gehört es, das Ausmaß der Selbstgefährdung mit Hilfe von technischer Ausstattung und taktischer Kompetenz auf ein vertretbares Maß zu reduzieren.

Das Bemühen, die Ursachen eines großen Schadensereignisses durch externe Experten exakt analysieren zu lassen, kann durch Interessenskollisionen beeinträchtigt werden. Aus Wirtschafts- und Imagegründen werden sich die betreffenden Unternehmen durch Rechtsanwälte, z. T. sogar durch Sozietäten vertreten lassen, um die Schadensansprüche der Verunglückten bzw. deren Angehörigen herabzusetzen und sich der möglichen Regresspflicht zu entziehen. In dieser Situation hat die Polizeiführung Zivilcourage aufzubringen und auf die Einrichtung einer wirklich unabhängigen – u. U. sogar internationalen – Sachverständigenkommission zu drängen, um so die Grundlage für eine gerechte, faire Lösung des Interessenskonfliktes zu schaffen. Die Verantwortung der Polizei erstreckt sich nicht nur auf die Beweissicherung, Ermittlungssorgfalt und Amtshilfe für andere Behörden, sondern auch auf eine pietätvolle Aufbewahrung und Transportierung der Leichen bzw. Leichenteile unter z. T. extremen Bedingungen. Wenn die zu große Anzahl der Schwerstverletzten die Hilfsmöglichkeiten des einzelnen Polizeibeamten übersteigt und eine Triage (Reihenfolge der Behandlung Schwerstverletzter) unausweichlich wird, stellt sich die Frage nach Entscheidungskriterien für Rettungsprioritäten. Mit pragmatischen Kriterien – z. B. Schweregrad der Verletzung, Dringlichkeitsstufe der Hilfeleistung, Transportaussichten, Überlebenschancen – dürfte ein Arzt mehr anfangen können als ein Polizeibeamter. Selektionskriterien wie Sozialstatus, Lebensalter, Genus, Nationalität oder Religionszugehörigkeit scheiden als ethisch unvertretbar aus, da sie dem Lebensanspruch aller Schwerverletzten widersprechen. Der gute Wille zum Helfen mag den Gewissenskonflikt des einzelnen Polizeibeamten entschärfen, doch eine ethische Lösung lässt sich nicht ohne strukturelle Maßnahmen finden, also nicht ohne eine durchdachte, vorsorgliche Institutionalisierung des Katastrophenschutzes. Sorge zu tragen hat die Polizeileitung für eine angemessene Ablösung, Versorgung und Unterbringung des eingesetzten Personals. Nicht jeder Polizeibeamte verkraftet so ohne weiteres die intensive Konfrontation mit verstümmelten Opfern und dem entsetzlichen Chaos. Angesichts auffallender Stresssymptome oder traumatischer Störungen gebietet die Fürsorgepflicht des Vorgesetzten, geeignete Hilfen – beispielsweise Debriefing-Intervention, Defusing, peer support counselling, Notfallseelsorge – anzubieten (vgl. 10.). Um sich von dem immer größer und unüberschaubarer werdenden, kommerzialisierten Markt der Katastrophenhilfe nicht irritieren zu lassen, scheint die Polizei gut beraten, vorzugsweise auf die Hilfseinrichtungen zurückzugreifen, die gute Evaluationsergebnisse vorweisen und ethische Mindeststandards einhalten. Der Umgang mit Angehörigen der Vermissten bzw. Verunglückten (vgl. 21.) verlangt vom Polizeibeamten Sensibilität, Rücksichtnahme und eine Mut machende, erregte Gemüter beruhigende Sprech- und Kommunikationsweise.

Im Rahmen der einsatzbegleitenden Öffentlichkeitsarbeit hat die Polizei zwischen dem Informationsbedürfnis der Medien bzw. der Bevölkerung und der Gefahrenabwehr sowie Strafverfolgung abzuwägen. Die öffentlichen Medien legen Wert auf brandaktuelle Informationen mit hohem Emotionsgehalt. Demgegenüber stehen für die Polizeibeamten Aspekte des Persönlichkeitsschutzes, der Pietät, des Beweismittelschutzes und der möglichst ungestörten Arbeit am Unfallort (Keller/Baltensperger 2002) sowie des Sicherheitsempfindens der Bevölkerung im Vordergrund. Die grundsätzliche Bereitschaft der Polizeibehörde, die Medienarbeit in Form einer vertrauensvollen, glaubwürdigen Informationspolitik so gut wie möglich zu unterstützen, wird jedoch missbraucht, wenn z. B. Journalisten sich als freiwillige Helfer tarnen, um in das abgesperrte Unfallgelände einzudringen und publikumswirksame Bilder zu machen bzw. live zu übertragen. Auch in Drucksituationen sollte sich die Polizei nicht von dem Grundsatz abbringen lassen, zügig, umfassend und wahrheitsgemäß zu informieren, sofern nicht gesetzliche Bestimmungen Grenzen setzen. Denn damit festigt sie das Vertrauensverhältnis zu den Medienvertretern und damit auch zur Bevölkerung. Das Einrichten und Betreiben einer Auskunftstelle bzw. eines Notfallinformationszentrums entlastet nicht nur die polizeilichen Einsatzkräfte, sondern wird auch dem Informationsbedarf der besorgten Angehörigen gerecht und kann viel zur Beruhigung in der Öffentlichkeit beitragen.

Die Einsatznachbereitung trägt provisorischen Charakter, sofern der Untersuchungsbericht der Experten über die Unfallursachen noch nicht vorliegt und später noch weitere Informationen und Erkenntnisse hinzukommen. Gleichwohl lässt sich aus handwerklichen Fehlern lernen und Konsequenzen für künftige Vorgehensweisen bei größeren, plötzlichen Schadensereignissen ziehen. Dabei dürfen die operativ-taktischen und organisatorischen Aspekte die menschlich-moralischen nicht vollständig ausklammern. Wird das aufgekommene Dokumentationsmaterial zu umfangreich und wünschen zahlreiche Rechtsanwälte im Namen ihrer Mandanten Akteneinsicht, empfiehlt sich ein – ministeriell genehmigter – Transfer der auf CD-Rom gespeicherten Daten, um Gleichbehandlung und Objektivität zu gewährleisten, Zeit und Kosten zu sparen.

Eine Frage an die Qualität der polizeilichen Aus- und Fortbildung und an die Führungsverantwortung der Vorgesetzten ist es, inwieweit die Polizeibeamten darauf vorbereitet werden, Einsätze bei größeren Schadensereignissen sowohl fachlich als auch menschlich zu bewältigen.

Literaturhinweise:

Lasogga, F./Gasch, B.: Notfallpsychologie. Edewecht, Wien [2]2002. – Bock, O.: Das Betreuungskonzept für Polizeibeamte der Landespolizei Schleswig-Holstein. Frankfurt a. M. 2003. – Keller, B./Baltensperger, H.: Die Bewältigung von Großereignissen, in: Kriminalistik 5/2002; S. 331 ff. – Puzicha, K. J./Hansen, D./Weber, W. W. (Hg.): Psychologie für Einsatz und Notfall. Bonn 2001. – Flatten, G. u. a.: Posttraumatische Belastungsstörung. Stuttgart, New York 2001. – Biermann, P.: Das Trauma der Helfer, in: CD SM 4/2001; S. 10 ff. – Knubben, W.: Gehaltenes Halten. Ein traumatherapeutisches Modellprojekt (i. J. 2001; o. O.). – Franke, S.: Ethische Überlegungen zur Krisenintervention – Debriefing, in: Krisenvorsorge – Krisenberatung – Krisennachsorge. Anmerkungen zum Debriefing (Ergebnis eines Internationalen Expertenhearing beim IM BW). Hg. v. Buchmann, K. E. (o. J.); S. 59 ff. – Hüls, E./Oestern, H.-J. (Hg.): Die Katastrophe von Eschede. Erfahrungen und Lehren – Eine interdisziplinäre Analyse. Berlin u. a. 1999. – Ungerer, D.: Streß und Streßbewältigung im Einsatz. Stuttgart u. a. 1999. – Butollo, W. u. a.: Kreativität und Destruktion posttraumatischer Bewältigung. Stuttgart 1999. – Spohrer, H.-T.: Normale Reaktionen auf abnormale Situationen erfordern effektive Betreuung. Ablauf, Erkenntnisse und Konsequenzen aus der psychologischen Betreuung in Eschede, in: P-h 2/1999; S. 60 ff. – Dautert, U./Philipp, E.: Erfahrungen aus der Katastrophe – Konzept und Verlauf des Polizeieinsatzes nach dem Zugunglück von Eschede, in: P-h 1/1999; S. 33 ff. – Albrecht, J.-O.: Anläßlich der Zugkatastrophe bei Eschede: Eine Beurteilung der Zuständigkeit bei Schadensereignissen im Bereich der Bahn, in: DP 9/1998; S. 251 ff. – Igl, A./Müller-Lange, J. (Hg.): Streßbearbeitung nach belastenden Ereignissen (Übers. V. Fassmann, S. u. a.). Edewecht, Wien 1998. – Ev.-Kath. Aktionsgemeinschaft f. Verkehrssicherheit u. Bruderhilfe Akademie f. Verkehrssicherheit (Hg.): „Notfallseelsorge“. Kassel 1997. – Bengel, J. (Hg.): Psychologie in Notfallmedizin und Rettungsdienst. Berlin 1997. – DPolBl 3/1997: Luftverkehr – Unfälle und Katastrophen. – Schneider, W.: Bewältigung größerer Schadensereignisse durch die Polizei, in: Kniesel, M. u. a. (Hg.): Handbuch für Führungskräfte der Polizei. Lübeck 1996; S. 406 ff. – PDV 100 Nr. 3.12. – Knubben, W.: Ethische Aspekte der Verarbeitung von Extremerlebnissen durch Betroffene und durch die Institution, in: DP 11/1995; S. 332 f. – Wild, E.: Auswirkungen schicksalshafter Ereignisse auf junge Polizeiangehörige aus der Sicht der Polizeiseelsorge, in: P-h 2/1995; S. 49 ff. – Hermanutz, M./Buchmann, K. E.: Körperliche und psychische Belastungsreaktionen bei Einsatzkräften während und nach einer Unfallkatastrophe, in: DP 11/1994; S. 294 ff. – Ahnefeld, F. (Hg.): Ethische, psychologische und theologische Probleme im Rettungsdienst. Nottuln 1994. – Weigel, E.-M.: Grausame Routine am Unfallort: „Daran werde ich mich nie gewöhnen“, in: DeuPol 7/1988; S. 17 ff. – Kübler-Ross, E.: Verstehen was Sterbende sagen wollen. Stuttgart 1982. – Becker, S.: Psychologische Aspekte beim Polizeieinsatz mit Schwerverletzten und Sterbenden, in: PolSp 12/1975; S. 256 ff. – Kübler-Ross, E.: Interviews mit Sterbenden. Stuttgart [7]1973

21. Überbringen von Todesnachrichten

Wie Polizeibeamte selber sagen, gehört die dienstliche Aufgabe, eine Todesnachricht zu überbringen, mit zu den belastendsten und aufreibendsten Tätigkeiten im Polizeialltag. Die Gründe dafür leuchten ohne weiteres ein:

- Der Prozess des Sterbens wird weitgehend vor unserer Öffentlichkeit abgeschirmt und in die fast unzugänglichen, sterilen Intensivstationen oder in entlegene Krankenzimmer verlegt. Unsere Konsumgesellschaft tabuisiert und verdrängt Hinfälligkeit, Sterben und Tod und treibt dafür umso intensiver einen Kult mit Jugendlichkeit, Schönheit und Vitalität. Dagegen garantieren Brutalität und Mord als Unterhaltungsstimulatoren den kommerziell eingestellten Massenmedien hohe Auflagen und Einschaltquoten. Dort, wo der Tod als ein anonymes Phänomen, das lediglich andere betrifft, auf Distanz gehalten wird, muten eine persönliche Auseinandersetzung mit der Sinnfrage und das Einüben in die „ars vivendi – ars moriendi" (Kunst des Lebens – Kunst des Sterbens) als deplaziert und kontraproduktiv an. Entsprechend leidet die verbale Kommunikation, konstatiert Mitscherlich (1967) die Unfähigkeit zu trauern.
- Der Polizeibeamte wird dienstlich mit Grenzsituationen wie Tod, Leid, Schicksal, Zufall, Scheitern und Schuld konfrontiert, die nach K. Jaspers das menschliche Erkenntnis- und Handlungsvermögen in die Schranken verweisen und angesichts der existentiellen Unsicherheit und des Wagnisses eine Sinnantwort verlangen. Da sich für das Überbringen von Todesnachrichten die gewohnten operativ-taktischen Maßnahmen nicht eignen, wird verständlich, dass Gefühle der Verlegenheit, Hilflosigkeit und Angst den Polizisten ergreifen. Von entscheidender Bedeutung ist die Frage, wie der Beamte mit seinen Angstgefühlen umgeht. Unterdrückt er sie? Lässt er ihnen freien Lauf? Die Reaktionsweise und innere Einstellung zum Leben und Tod beeinflussen – bewusst oder unbewusst – sein Sprechverhalten und seine Kommunikationsbereitschaft. Kritisch zu fragen bleibt, warum Vollzugsbeamte nicht genügend Sinn, Erfüllung und Halt in ihrem Beruf finden, um belastende Diensterlebnisse verkraften zu können.
- Die vom Tod eines nahestehenden Menschen überraschten Angehörigen müssen den Verlust verkraften und bewältigen. Die Art und Weise, wie Hinterbliebene auf den Verlust eines Familienmitgliedes reagieren, hängt – abgesehen von dem situativen Verhalten des Polizeibeamten – weitgehend von drei Faktoren ab:
  - Unterschiedliche Persönlichkeitsmerkmale, z. B. intro- bzw. extravertierter Typ, affekt geleitetes bzw. rational gesteuertes Verhalten, Gesundheitszustand, differenzierte, gefestigte oder defizitäre diffuse Werteinstellung; nicht wenige Polizisten spüren ihre Ohnmacht und Furcht, von den verzweifelten Schreien und Gefühlsausbrüchen der Leidtragenden angesteckt und mitgerissen zu werden. Die Aussicht, in eine averbale Kommunikation mit einem einzutreten, dem die Todesnachricht einen Schock versetzt und es die Sprache verschlagen hat, ruft nicht selten Unbehagen und Unwohlsein hervor.
  - Jeweilige Beziehungsqualität zu dem Toten: erfahrungsgemäß trifft Eltern der plötzliche Verlust ihres Kleinkindes besonders hart, wird der in einem harmonischen, glücklichen Verhältnis stehende Partner von dem Schmerz der Tren-

nung stärker überwältigt als derjenige, der in einer Scheidung lebt. Abfällige Äußerungen der Verwandtschaft über den Toten oder Schuldvorwürfe sollte der Beamte als situativ bedingte Aussage in der Regel unkommentiert stehen lassen.
- Verschiedenartige Fallkonstellationen; so richtet sich das Ausmaß des Betroffenseins u. a. danach, ob der Verstorbene schwer und lange hat leiden müssen, ob es sich um einen Mord, Suizid, tragischen oder selbstverursachten Verkehrsunfall handelt. Besonders belastend empfinden es Autobahnpolizeibeamte, wenn sie einem kleinen Kind, das sie lebend aus dem Unfallwagen bergen konnten, klarmachen müssen, dass es seine Eltern beim Unfall verloren hat und niemals wiedersehen wird.

Nicht als anonym-distanzierter Akteur eines professionellen Dienstleistungsunternehmens, sondern schlicht als Mensch ist der Vollzugsbeamte gefordert. Erwartet wird eine menschliche Haltung, die sich auf den konkreten Todesfall einstellt und den engsten Familienangehörigen die schreckliche Todesnachricht schonend und mitfühlend, aber ohne Pathos und falschen Trost überbringt. Bei dem Bemühen, möglichst überzeugend, ehrlich und verständnisvoll zu wirken, lauert die Gefahr, sich mit Hilfe von Rollenspielen, die aus einem festen Repertoire genau einstudierter Verhaltensweisen bestehen, Sicherheiten für das eigene Auftreten aneignen zu wollen. Solche Rollenspiele sind nicht in der Lage, aufgrund der variablen Faktoren die Gesprächssituation mit den Hinterbliebenen jeweils exakt vorzustrukturieren und dem Polizeibeamten die dazu passenden Reaktionsformen bis ins Detail aufzuzeigen. Die Berufsqualifikation der Polizei befähigt nicht zu professioneller Trauerarbeit und Hinterbliebenenbegleitung, gleichwohl erwarten die betroffenen Angehörigen von dem Überbringer der Todesnachricht, dass er ihnen in ihrem Schmerz und ihrer Trauer mittels Empathie beisteht. Dabei kommt ihm die Kenntnis von den Hauptphasen des individuell vielgestaltigen Trauerprozesses zustatten. Zwar lässt sich ein festes, sequentielles Phasenmodell der Trauer und Trauerarbeit empirisch nicht nachweisen (Petzhold 2000), aber in vielen Todesfällen treten folgende vier Phasen (Kast 1998, Spiegel 1974) zutage, auch wenn sie unterschiedlich ausgeprägt sind, was Zeitdauer und Intensitätsgrad betrifft, und in Mischformen auftreten können:
- den Verlust einer geliebten Person nicht wahrhaben wollen und sich innerlich dagegen wehren
- von unkontrollierten Gefühlsausbrüchen überwältigt werden, die Trennungsängste, Schuldgefühle, Liebe, Hass, Schmerz, Verzweiflung, Wut und Ohnmacht ausdrücken können
- sich von dem Verstorbenen lösen und angesichts der Leere mit sich selber ins Klare kommen
- sich mit einer persönlich akzeptierten Sinnantwort und stabilisierten Identität der Außenwelt wieder zuwenden.

Das Wissen um die Hauptphasen der Trauer vermag dem Polizeibeamten zu helfen, die Erwartungshaltungen und Reaktionsformen der Leidtragenden besser zu verstehen und menschlich angemessen damit umzugehen.

Neben einer human-ethischen Grundeinstellung steht es dem Überbringer der Todesnachricht gut an, Aspekte der praktischen Klugheit zu berücksichtigen. Um die Fragen der Angehörigen zutreffend und zufriedenstellend beantworten zu können, benötigt der Polizeibeamte Informationen. Welche Informationen vorher beschafft werden sollten, beschreiben detailliert sogenannte Checklisten (Lasogga 2001; Konvent d. Ev. Militärgeistlichen 2000). Fühlen sich Vollzugsbeamte aufgrund besonderer Umstände nicht in der Lage, die Todesnachricht zu überbringen, empfiehlt es sich, einen Polizeipfarrer einzuschalten. Trotz begrenzter Zeitressource ziemt es sich nicht, die Todesnachricht in Hast und Eile mitzuteilen und Unruhe zu verbreiten. Mit Rücksicht auf den Fragebedarf der Hinterbliebenen erscheint es ratsam, dass der Beamte seinen Namen mit Dienstanschrift und Telephonnummer hinterlässt. Zumindest bei einem unkontrolliert wirkenden Eindruck eines Alleinstehenden oder der Gefahr der Überreaktion des Leidgeprüften sollte der Polizist darauf bedacht sein, einen Verwandten, Nachbarn oder Bekannten – notfalls einen Arzt – herbeizurufen, der beruhigend auf den Hinterbliebenen einwirkt und ihn vor Kurzschlusshandlungen bewahrt.

Literaturhinweise:

Kessler, D.: In Würde. Die Rechte des Sterbenden. Stuttgart, Zürich 2003. – Trauerinstitut Deutschland (Hg.): Qualität in der Trauerbegleitung. Wuppertal 2003. – Jeschkowski, F.: Begegnungen mit dem Tod – Überbringen von Todesnachrichten, in: Brenneisen, H. u. a. (Hg.): Ernstfälle. Hilden 2003; S. 125 ff. – Lasogga, F.: Das Überbringen von Todesnachrichten, in: Streife 7–8/2001; S. 26 ff. – Überbringen einer Todesnachricht. Hg. v. Konvent der Ev. Militärgeistlichen im Wehrbereich I. Schleswig 2000. – Keppler, N.: Der Umgang mit dem Tod, in: HPJ 11/2000; S. 17 f. – Petzhold, H. G.: Art. „Trauer, Trauerarbeit“, in: Stumm, G./Pritz, A. (Hg.): Wörterbuch der Psychotherapie. Wien 2000; S. 719 f. – Scherer, G. u. a.: Art. „Tod“, in: LBE Bd. 3; S. 572 ff. – Kast, V.: Art. „Trauer“, in: LBE Bd. 3; S. 599 ff. – Spiegel, Y.: Der Prozeß des Trauerns. München [7]1994. – Schäfer, D./Knubben, W.: In meinen Armen sterben? Vom Umgang der Polizei mit Trauer und Tod. Hilden 1992. – Illhardt, F-J.: Art. „Trauer“, in: LMER; Sp. 1198 ff. – Kreysler, D.: Überbringung einer Todesnachricht. Stuttgart u. a. 1988. – Weigel, E.-M.: Bedrückende Last: Eine Todesnachricht überbringen, in: Deu Pol 2/1988; S. 17 ff. – Worden, J.: Beratung und Therapie in Trauerfällen. Bern u. a. 1987. – Mitscherlich, A./Mitscherlich, M.: Die Unfähigkeit zu trauern. Frankfurt a. M. 1967.

22. Suizid, Suizidalität

In der Nomenklatur kommen Bewertungen zum Ausdruck, die geistesgeschichtliche Wurzeln haben. Die Bezeichnung Selbstmord, im 17. Jh. entstanden, lehnt sich an das lateinische Pronomen suum (= das Seine) und das Verbum caedere (= schlagen, töten) an und impliziert den Makel eines moralisch verwerflichen Handelns. Die Wortwahl Freitod, die zu Beginn des 20. Jhds. als eine Lehnübersetzung von dem lateinischen Terminus mors voluntaria (= der freiwillige Tod) gebildet wurde, insinuiert die Vorstellung einer couragierten Befreiungstat von der unerträglichen Lebenslast. Das Lehnwort Suizid, mit Selbsttötung und Selbstvernichtung übersetzt, erscheint in unserem allgemeinen Sprachgebrauch als ein relativ wertneutraler Ausdruck, mit dem allerdings die Medizin und Psychologie ein spezifisches Krankheitsbild verbinden. Entsprechend bedeutet in deren Sicht Suizidalität eine zumeist krankhafte Selbsttötungsgefährdung. Juristen verbinden mit dem Begriff Suizid „die bewußte und willentlich angestrebte Selbsttötung eines Menschen durch eine bestimmte zielgerichtete Handlung“ (Kaiser 1989).

Wegen des Fehlens zuverlässiger Dunkelfeldschätzungen – viele Suizidfälle werden von Suizidenten oder deren Familienangehörigen getarnt und bleiben daher für die Umwelt unerkannt – dürften die Angaben der Suizidstatistik als viel zu niedrig einzustufen sein. Das Dunkelfeld scheint jedoch dort kleiner sein, wo – wie in der Bundesrepublik – eine amtliche (kriminalpolizeiliche) Untersuchung über die Umstände des Todes vorgeschrieben ist. Nach Schätzungen der Weltgesundheitsorganisation (WHO) nehmen sich etwa 500.000 Menschen im Laufe eines Jahres auf der Erde das Leben. In der Bundesrepublik Deutschland bringt sich alle 45 Minuten eine Person um, alle fünf Minuten unternimmt ein Mensch einen Suizidversuch (Otzelberger 2002). Auch wenn in Deutschland täglich zwei Kinder bzw. Jugendliche – bis zum 25. Lebensjahr – aus dem Leben scheiden, was die Öffentlichkeit sehr beunruhigt, begehen ältere Männer am häufigsten Suizid. Zu den suizidgefährdeten Personengruppen zählen v. a. Depressive, Schizophrene, Drogen- und Medikamentenabhängige, Chronisch Kranke und Schmerzpatienten, Alte und Vereinsamte sowie Gefängnishäftlinge. Suizide überwiegen bei Männern, Suizidversuche bei Frauen (Sticher-Gil 2002). Statistischen Angaben zufolge werden folgende Suizidarten am meisten gewählt: Erhängen, Erdrosseln, Ersticken – Vergiften – Sprung aus der Höhe – Erschießen – Ertrinken – Erstechen. Während sich die Selbsttötung „nahezu ‚demokratisch‘ auf alle Schichten verteilt“ (Lindner-Braun1990), lassen sich von der formalen Konfessionszugehörigkeit auf die Suizidanfälligkeit keine gesicherten Rückschlüsse ziehen. Empirisch belegt ist ein wichtiges Motiv für Suizid und Suizidversuch, dem augenblicklichen Zustand, der als unerträglich und sinnlos empfunden wird, sowie dem Fortsetzen desselben ein Ende zu bereiten. In welchem Zusammenhang mit suizidalen Handlungen persönlichkeitsspezifische Dispositionen und gesellschaftliche Rahmenbedingungen stehen, bedarf noch einer genauen Analyse.

Die Rechtsgeschichte untersucht regelhafte Reaktionen des Gemeinwesens auf Suizid und Suizidalität (Holzhauer 1999, Rehbach 1986). Sobald die Regelhaftigkeit den Grad der Verbindlichkeit annimmt, handelt es sich um Rechtssitte. Wenn die Obrigkeit mit Zwangs- bzw. Strafmaßnahmen reagiert, spricht man von Recht. Das römische Recht hat suizidale Personen grundsätzlich nicht sanktioniert, eine Praxis, die nicht zuletzt auf den Einfluss der Stoa zurückzuführen sein dürfte. Allerdings schloss das römische Recht folgende Personengruppen von der Sanktionsfreiheit aus: Soldaten, denn deren Suizidversuche galten damals – ähnlich wie Selbstverstümmelung oder Fahnenflucht – als ein strafwürdiges Vergehen, und gerichtlich Beschuldigte, die, auch wenn sie sich der Gerichtsstrafe durch Selbsttötung entziehen wollten, post mortem mit der Strafform der Konfiskation belangt werden konnten. Die Germanen verbanden mit Walhall eine höhere Todesqualität, die den gefallenen Helden vorbehalten blieb, und schätzten dagegen den „Strohtod" weniger. Diese Sichtweise erklärt die Nachricht, dass sich bei den Germanen Alte und Kranke selbst getötet oder sich von ihren Kindern hätten töten lassen. Auch die Rechtsbücher des Mittelalters, z. B. der Sachsenspiegel (ca. 1225 n. Chr.), der Schwabenspiegel (ca. 1265 n. Chr.), der Corpus Iuris Civilis (12. Jh.) und die Constitutio Criminalis Carolina (1532 n. Chr.), kennen keine Sanktionen bei Suizid. Den Konzilsbeschluss von Orleans (533 n. Chr.), nach dem einem Selbstmörder – wie einem Mörder – das Requiem und die kirchliche Bestattung auf einem geweihten Friedhof zu verweigern sind, hat Gratian (12. Jh.) in das Corpus Iuris Canonici aufgenommen. Diese kanonische Rechtsbestimmung, die seine Gültigkeit bis zum neuen Codex Iuris Canonici von 1983 behielt, hat sich auch auf die weltlichen Rechtsquellen des Mittelalters ausgewirkt. Allerdings lässt sich nicht immer eindeutig klären, inwieweit das Verbrennen der Leiche die häufigste Bestrafungsform des Suizidenten darstellt oder als eine Schutzmaßnahme vor einer vermeintlichen Begegnung mit dem „lebenden Leichnam" zu verstehen ist. Mit dem Geist der Aufklärung lockern sich die Ansichten, Suizid und Suizidalität als moralisch verwerflich abzulehnen. So betonen internationale Euthanasiegesellschaften bzw. Exit-Houses, zu denen in der Bundesrepublik die Deutsche Gesellschaft für humanes Sterben (DHGS) gehört, ein Recht zum Sterben, unterstützen z. T. Tötung auf Verlangen (mercy killing), leisten Beihilfe zum Suizid (self-deliverance), geben Gebrauchsanweisungen zur Selbsttötung (A Guide to Self-Deliverance, Suicide, Mode d'Emploi) und verlangen die gesetzlich legalisierte Patientenverfügung (living will). Dagegen betreiben die Deutsche Gesellschaft für Suizidprävention (= DGS; Member of the international Association for Suicide Prevention), Telephonseelsorge und sozial-caritative Beratungsstellen Suizidprophylaxe.

Die ethischen Stellungnahmen zur Selbsttötung fallen keineswegs einheitlich aus, wie der folgende Überblick über die unterschiedlichen Argumentationsweisen von Platon bis zur Gegenwart verdeutlichen soll:

Platon (ca. 427–347 v. Chr.) steht an der Spitze der Ethiker, die den Suizid für unzulässig halten. Seine Argumentationsweise befindet sich in einer Übergangsphase von mythischen Vorstellungen zu philosophischen Prinzipien. In seinem Werk Phaidon geht er von der Prämisse aus, dass wir Menschen der Gottheit zu eigen sind und von ihr umsorgt werden (Phaed. 62 b–c). Über fremdes Eigentum zu verfügen steht uns nicht zu. Deshalb dürfen wir Menschen uns nicht selber töten, es sei denn, die Gottheit verfügt etwas anderes. Diese Sentenz drückt Sokrates, Platons Lehrer, auch bildlich aus: „In einer Art von Wachturm sind wir Menschen. Wir dürfen uns aus ihm nicht selbst befreien, dürfen nicht entweichen“ (Phaed. 62 b). Sokrates, selber dazu verurteilt, den Giftbecher trinken zu müssen, nimmt sein Todeslos als weise Fügung der Götter hin (Phaed. 63 c) und gibt sich zuversichtlich, zu ihnen und zu gerechten Menschen zu gelangen.

In seinem Spätwerk „Nomoi“ (griech. = Gesetze) begründet Platon die sittliche Unerlaubtheit der Selbsttötung mit dem Argument, der Suizident verstoße gegen das Recht, da er „gewaltsam das ihm vom Schicksal bestimmte Lebenslos verkürzt, ohne dass es der Staat durch einen Richterspruch angeordnet hat“ (IX, 873 c). Das Recht, über das Lebensende eines Menschen zu verfügen, bleibt den Göttern und dem staatlichen Gericht vorbehalten. Auch wenn Platon die Selbsttötung grundsätzlich ablehnt, kann er sich in einzelnen Fällen gleichwohl ethisch vertretbare Beweggründe zum Suizid vorstellen. So denkt er beispielsweise an ein über die Maßen qualvolles und unentrinnbares Unglück, an unerträgliche Schande (IX 873 c), an wahnhafte Zwangsvorstellungen, den Tempel auszurauben (IX 854 c). Wer sich dagegen „aus Schlaffheit und unmännlicher Feigheit“ umbringt, macht sich strafbar und bedarf der Sühne. Da ein Toter keine Sühne mehr leisten kann, übernehmen statt dessen kultische Bestattungsvorschriften diese Funktion. Demzufolge darf ein Suizident lediglich an einem einsamen Ort und nicht neben anderen beigesetzt werden, an einer unbebauten, namenlosen Stätte soll er ruhmlos sein Grab finden, weder Grabstele noch Namensnennung darf es schmücken (IX 873 d). In derartigen Beisetzungspraktiken artikuliert sich eine Ächtung des Selbstmords, die auch das Christentum bis in die jüngste Vergangenheit recipiert hat.

Aristoteles (ca. 384–322 v. Chr.) beurteilt in seiner Nikomachischen Ethik (= EN) den Suizid vom Standpunkt des Gesetzes. Das Gesetz bezeichnet er als gerecht, da es „in der staatlichen Gemeinschaft die Glückseligkeit und ihre Bestandteile hervorbringt und erhält“ (EN 1129 b 19). Die Glückseligkeit besteht nach Aristoteles darin, dass der Mensch nach dem Guten strebt, das sich selbst genügt, das Leben begehrenswert macht und höchstes Ziel allen Handelns ist (EN 1097 b). Erkennen lässt sich die Glückseligkeit als ein teleologischer (griech. = zielgerichteter) Prozess daran, dass die natürlichen Anlagen und Möglichkeiten in einer vernünftigen Lebensweise zur Entfaltung gebracht werden. Das Erlangen der Glückseligkeit macht Aristoteles von der Praxis eines tugendhaften Menschen und von der Polis abhängig.

Im Zusammenhang mit der Überlegung, ob ein Mensch sich selbst ein Unrecht zufügen dürfe, rekurriert Aristoteles auf das Gesetz. Das Gesetz gebietet nicht, sich selbst zu töten; was es nicht gebietet, das verbietet es (EN 1138 a 5 ff.). Zusätzlich zu dieser conclusio, über die man geteilter Meinung sein kann, führt er ein weiteres Argument an, das sich auf seinen teleologischen Denkansatz stützt: Niemand kann freiwillig gegen die rechte Vernunft sich selbst etwas antun und freiwillig leiden. Das wäre gegen das Gesetz. „Darum straft ihn auch die Obrigkeit und haftet dem Selbstmörder als einem Menschen, der sich am gemeinen Wesen versündigt hat, einen Makel an“ (EN 1138 a 11–14). Als sittlichen Beweggrund lässt Aristoteles nicht gelten, wenn sich Menschen aus Zorn (EN 1138 a 10), aus Feigheit vor Armut, unglücklicher Liebe oder Schmerz, aus Furcht vor einem Übel oder aus Selbsthass (EN 1166 b 10 ff., 1116 a 11 ff.) das Leben nehmen. Dagegen lobt er den Mutigen, der im Krieg sein Leben für eine gerechte Sache opfert (EN 1117 b 4 ff.).

Aristoteles kennt weder einen Rechtsanspruch auf Suizid noch einen Kriterienkatalog, der Selbsttötung in Ausnahmefällen gestatten würde. Er verwirft die Selbstverfügung über das eigene Leben als eine Form der Selbstvernichtung, als einen Verstoß gegen das Gesetz zum Schutz der vernunftgemäßen Selbstentfaltung.

Nach der griechisch-römischen Geistesbewegung der Stoa (griech. = Säulenhalle) findet der Mensch sein Glück, wenn er in Übereinstimmung mit dem kosmisch-göttlichen Vernunftprinzip lebt und alles andere als sittlich indifferent betrachtet. Zu den Adiaphora (griech. = nicht Unterschiedenes) zählen Handlungen und Güter, die unterschiedlos mitten zwischen dem Bösen (Laster) und dem Guten (der Tugend als rechter Vernunftgebrauch) liegen, z. B. Gesundheit und Krankheit, Leben und Tod. Erstrebenswert allein ist für die Stoiker ein Leben in Harmonie und Ataraxie (griech. = Unerschütterlichkeit) als höchste Glückseligkeit. Erscheint eine vernunft- und naturgemäße Lebensführung nicht mehr möglich, bietet sich als Ausweg die Selbsttötung an. Es zeichnet den Weisen aus, den richtigen Zeitpunkt für den wohlerwogenen Lebensausgang zu wissen (Seneca: Epistulae morales ad Lucilium 70).

Aurelius Augustinus (354–430) verbindet den philosophischen Gedanken der Selbsterhaltung und Selbstbestimmung mit der christlichen Theologie. Seine Überlegungen zum Suizid in seinem Werk „De civitate dei libri viginti duo" (= Der Gottesstaat) beziehen sich auf den mosaischen Dekalog. Dem fünften Gebot „Du sollst nicht töten" fehlt jede Beifügung, wie Augustinus bemerkt; das Gebot macht keine Ausnahme, scheint absolut gültig zu sein. Das Tötungsverbot auf Tiere und Pflanzen anzuwenden, lehnt er ab, da sie der Vernunft ermangeln und laut Schöpfungsordnung zu unserem Nutzen bestimmt sind. Das Tötungsverbot bezieht Augustinus ausschließlich auf den Menschen; weder darf ein Mensch einen anderen noch sich selbst töten. „Denn wer sich selbst tötet, tötet nichts anderes als den Menschen" (De civ. dei I, 20). Ausnahmen von dem Tötungsverbot lässt Augustinus in den folgenden drei Fällen zu (De civ. dei I, 21 u. 26):
- Soldaten wenden auf Befehl im Krieg Gewalt an
- Träger der Staatsgewalt vollziehen die gesetzlich vorgeschriebene Todesstrafe
- Märtyrer opfern ihr Leben um des Glaubens willen.

Die gemeinsame Rechtfertigung für die drei Ausnahmefälle besteht in der Gehorsamspflicht, die der Mensch sowohl Gott schuldet als auch dem Staat, der nach göttlicher Satzung das Schwert trägt. Denn es ist der gleiche göttliche Wille, der einerseits die Tötung eines Menschen untersagt und andererseits gewisse Ausnahmen zulässt (De civ. dei I, 21). Ausnahmeregelungen zu Gunsten des Suizids missbilligt Augustinus generell und erwähnt in diesem Zusammenhang folgende Fallbeispiele:
- Ein Schwerkranker trägt sich mit dem Gedanken, aus dem Leben zu scheiden, um allen Qualen ein Ende zu bereiten. Einem solchen Ansinnen stellt Augustinus die alttestamentliche Gestalt Job als Vorbild entgegen, der all seine körperlichen Leiden geduldig, gottergeben ertragen hat (De civ. dei I, 24).
- Frauen legen Hand an sich, um Vergewaltigungen in Kriegs- oder Verfolgungszeiten zu entgehen und die Tugend der Keuschheit nicht zu verlieren. Dagegen argumentiert Augustinus: Die Schuld für das Verbrechen trifft allein den Schänder, denn er hat die Vergewaltigung gewollt, nicht das Opfer. Wider Willen erlittene

Schändung ist keine Unkeuschheit, bewirkt keineswegs den Verlust der Keuschheit. Daran ändert auch die vorzeitige Selbsttötung nichts. Wenn jedoch eine Frau in ihrem Gewissen die Stimme Gottes dahingehend zu vernehmen meint, sie solle sich der Vergewaltigung durch Suizid entziehen, und entsprechend reagiert, bringt Augustinus für solch eine Gehorsamstat Verständnis auf. Allerdings mahnt er dazu, sich genau zu vergewissern, ob es sich wirklich um eine göttliche Weisung handelt (De civ. dei I, 19, 26 u. 28).

- Als irrsinnig lehnt Augustinus den Vorsatz ab, nach Empfang der Erwachsenentaufe, in der alle Sünden vergeben worden sind, den raschen Tod wählen zu wollen in der Absicht, makellos rein vor Gottes Angesicht zu treten (De civ. dei I, 27).

Augustinus verwirft grundsätzlich als unsittlich, dass ein Mensch einen anderen oder sich selber eigenmächtig tötet. Denn damit verstößt er gegen das Gebot Gottes. Allenfalls den Grund, auf göttliche Weisung hin aus dem Leben zu scheiden, lässt er ethisch gelten.

Thomas von Aquin (ca. 1225–1274) zählt zu den bekanntesten Vertretern der Scholastik (lat. scholasticus = Schullehrer), einer Wissenschaftsrichtung zwischen dem neunten und sechzehnten Jahrhundert, die das aristotelische Gedankengut mit der christlichen Glaubenslehre in Einklang zu bringen versucht. Er reiht die Thematik des Suizids in den Traktat über „Recht und Gerechtigkeit“ ein, der sich in seinem Hauptwerk „Summa theologica“ (lat. = Summe der Theologie) II–II, 64, 5 findet. Der Grund für diese Zuordnung dürfte darin liegen, dass er die Selbsttötung als einen dreifachen Rechtsverstoß einstuft:

- Verstoß gegen das Recht der eigenen Person
- Verstoß gegen das Recht der menschlichen Gesellschaft
- Verstoß gegen das Recht Gottes.

Zum Tragen kommt hier seine Naturrechtsauffassung, dass alle aus der menschlichen Wesensnatur abgeleiteten Sollensforderungen sowohl sittlichen als auch rechtlichen Charakter tragen. Den Suizid qualifiziert er als schwere Sünde (peccatum mortale) und führt dafür drei Begründungen an:

1. Wer sich selbst vernichtet, handelt naturwidrig, setzt sich nach eigenem Gutdünken über die Naturordnung hinweg, die in dem Hang zur Selbsterhaltung und Selbstliebe besteht.
2. Indem der Mensch als ein Teil der Gesellschaft sich selbst das Leben nimmt, fügt er der Gesellschaft ein Unrecht zu. Thomas v. A. übernimmt hier den aristotelischen Grundsatz, dass der Mensch als soziales Wesen verpflichtet ist, dem Gemeinwohl mit all seinen Kräften zu dienen. Diese sittliche Verpflichtung verletzt der Suizident.
3. Gott allein steht die Entscheidung über Leben und Tod zu. Deshalb sündigt der Suizident gegen Gott, maßt er sich doch dessen Entscheidungskompetenz an.

Von dieser Position aus versucht Thomas v. A. Einwände zu entkräften, wobei er die kasuistische (lat. casus = Fall) Methode anwendet:

- So darf der Inhaber der öffentlichen Gewalt, der das Gerichtsurteil vollstreckt, zwar den Verbrecher töten, aber nicht sich selber. Denn niemand ist Richter über seine eigene Person; wohl kann er sich, wenn ihn sein Gewissen plagt, dem Gericht anderer stellen.

- Mit der begrenzten Entscheidungsfreiheit des Menschen hält es Thomas v. A. für unvereinbar, wenn
  - jemand durch Suizid den Widerwärtigkeiten dieses Lebens zu entgehen trachtet
  - sich ein Mensch wegen einer begangen Sünde töten will, zumal ihm die notwendige Zeit fehlen würde, Buße für die Freveltat des Suizids zu tun
  - eine Frau einer Vergewaltigung durch Selbsttötung zuvorkommen möchte, denn Suizid wäre ein Verbrechen (crimen) gegen sich selbst
  - ein Christ aus Angst davor, in Sünde zu fallen, sein Leben beenden will; stattdessen soll er auf Gottes Hilfe in Zeiten der Versuchung bauen.
- Wie Augustinus entschuldigt Thomas v. A. die Selbsttötung des Samson mit dem Hinweis, dass der Heilige Geist den Befehl dazu gegeben habe.
- Mit der Tugend der Tapferkeit verträgt es sich nicht, aus Angst vor Qualen sich selber den Todesstoß zu versetzen. Darin erblickt Thomas v. A. eine gewisse Schwäche der Seele.

Baruch de Spinoza (1632–1677) baut seine Stellungnahme zum Suizid auf dem Prinzip der Selbsterhaltung (conservatio sui) auf, die in der Natur des Menschen angelegt ist (Ethica Ordine Geometrico demonstrata et in quinque Partes distincta IV, 22). Demnach ist es moralisch gut und tugendhaft, unter der Leitung der Vernunft und in Übereinstimmung mit den Gesetzen der eigenen Natur zu handeln und somit sein Dasein zu erhalten (IV, 24). Folgerichtig verwirft Spinoza äußere Gewalt und naturwidrige Veranlassungen zur Selbsttötung als unmoralisch, wobei er ausdrücklich auf das Schicksal von Seneca verweist, der auf Befehl eines Tyrannen gezwungen wurde, sich die Adern zu öffnen (IV, 20). Die Beweisführung von Spinoza gipfelt in der Feststellung, dass Selbsttötung logisch zwingend „widersinnig“ ist. Denn die Lebensbejahung ist die conditio sine qua non für das natürliche Glücksstreben des Menschen (IV, 21 f.).

Von David Hume (1711–1776) stammt eine kleine Schrift mit dem Titel „Über Selbstmord“ (Of suicide), die ein Jahr nach seinem Tod veröffentlicht wurde. Seine Stellungnahme zum Selbstmord basiert auf einem mechanistischen Weltbild (I. Newton). Die gesamte Welt der Materie und der lebenden Wesen regeln die allgemeinen und unveränderlichen Gesetze, die Hume auf den Schöpfergott – zumindest nominell – zurückführt. Nichts auf Erden geschieht ohne Zustimmung und Mitwirkung der „göttlichen Vorsehung“. „Es ist eine Art von Gotteslästerung, sich einzubilden, daß ein geschaffenes Wesen die Ordnung der Welt stören oder das Geschäft der Vorsehung sich anmaßen kann“ (Über Selbstmord; übers. v. F. Paulsen ^{3}1905; S. 153). Hume geht der Frage nach, ob Selbstmord ein Verbrechen ist – als eine „Art von Gotteslästerung“, als eine „Übertretung unserer Pflicht gegen Gott, gegen unseren Nächsten (Gesellschaft) oder gegen uns selbst“ (ebd.; S. 147 u. 153 f.). Das Resümee lautet: Hume spricht den Selbstmörder vollkommen frei von Schuld und Tadel, wobei sich seine Argumentation frontal gegen die Thesen von Thomas v. A. richtet. Drei Gründe gibt er an:

1. Selbstmord ist „kein Eingriff in die Geschäfte der Vorsehung“, denn Selbsttötung und Selbsterhaltung verlaufen unterschiedslos nach dem Gesetz, das die Vorsehung der menschlichen Natur eingepflanzt hat und die Beschlüsse des Menschen prägt (ebd., S. 150).

2. Die soziale Verpflichtung, anderen Gutes zu tun, erreicht dort ihr Ende, wo unglückliche Umstände – Elend, Krankheit, Leid – die Wirkmöglichkeiten des Betroffenen einschränken bzw. beenden und seinen frühen Tod als nützlich erscheinen lassen (ebd., S. 154).
3. Fällt einem das Leben zur Last, liegt der Suizid als „Chance für ein glückliches Leben" im eigenen Interesse (ebd., S. 155). Insoweit lässt sich der Selbstmord mit den Pflichten gegen sich selber in Übereinstimmung bringen.

Hume propagiert entschieden den Suizid. Seiner Meinung nach dürfen Christen den Selbstmord genauso verüben wie Heiden, denn für beide gelten die gesetzlichen Bestimmungen der Vorsehung. Ja der Mensch hat sogar – wie Hume unter Anspielung auf Plinius betont – den Vorzug, sich das Leben nehmen zu können, ein Privileg, das der Gottheit fehlt.

Immanuel Kant (1724–1804), einer der bedeutendsten Vertreter der europäischen Aufklärung im deutschsprachigen Raum, hält den Suizid für unvereinbar mit Moralität und Sittlichkeit. Sein Moralverständnis korrespondiert mit den zwei unterschiedlichen Bestimmungsgründen menschlichen Handelns. Empirische Beweggründe in Form von Trieb, Neigung, materiellem Zweck, äußerem Grund und Einfluss anderer Personen ordnet er der Heteronomie (griech. = Fremdgesetzlichkeit, Fremdbestimmung) zu, die ein bedingtes Sollen, einen relativen Verbindlichkeitsgrad (hypothetischen Imperativ) ausdrücken. Der apriorische (lat. = vom Früheren her) Bestimmungsgrund tritt in Gestalt des kategorischen Imperativs auf. Nach Kant bezeichnet der kategorische Imperativ das allgemeingültige Prinzip, das der menschliche Wille nur das wählt, was die Vernunft, unabhängig von der Neigung als praktisch notwendig, als gut an sich erkennt („Grundlegung zur Metaphysik der Sitten" = GMS). Der unbedingte Wille jedes vernünftigen Wesens, selber moralische Gebote aufzustellen und aus innerer Verpflichtung zu befolgen, ist das oberste Prinzip der autonomen Moral. „Handle nur nach derjenigen Maxime, durch die du zugleich wollen kannst, das sie ein allgemeines Gesetz werde" (GMS 421). Die Gesetzgebung der eigenen Vernunft zu beachten und zu befolgen nennt Kant die Pflicht der moralischen Persönlichkeit. Im Zusammenhang mit den Pflichten gegen sich selbst behandelt er den Suizid. Die erste Pflicht gegen die eigene Person bezieht sich auf die moralische Selbsterhaltung. Da aber der Selbstmord genau das Gegenteil bewirkt, nämlich die Vernichtung des Menschen als eines moralisch autonomen Wesens und damit die Zerstörung der Voraussetzungen für das Prinzip der vernunftgemäßen Selbstgesetzgebung, ist die Selbstentleibung ein Verbrechen. Wer sein Leben abkürzt, um sich schweres Leiden zu ersparen, benutzt sich selber als Mittel zu dem Zweck eines schmerzfreien Zustandes. Doch der Mensch als eine autonome, vernunftbegabte Person hat einen Zweck in sich, der anderen nicht untergeordnet werden darf. Daher lässt der Gedanke der kategorischen Pflichterfüllung Kant gar keine andere Wahl als die Selbstvernichtung kompromisslos abzulehnen (GMS 422 u. 429f.).

Johann Gottlieb Fichte (1762–1814) übernimmt von Kant die These, dass Erkenntnis die Struktur einer synthetischen Einheit von reiner und praktischer Vernunft aufweist. Bei Fichte fungiert das Ich als zuständige Instanz für das geistige Einheitsstreben. In der Annahme, dass das Ich sowohl sich selbst (Subjekt) als auch das Nicht-Ich (Objekt) setzt, entwickelt Fichte das System des spekulativen Idealismus, das auf Erfahrung verzichtet und sämtliche Erkenntnisse, auch die Vorgänge der Natur und der Geschichte, rein apriori aus dem Ich ableitet. Anhand dieses erkenntnistheoretischen Ansatzes behandelt Fichte die Pflichtenlehre in seiner ethischen Schrift „Das System der Sittenlehre nach den Principien der Wissenschaftlehre" (1798). Seiner Abhandlung stellt er die These voran: „Ich bin Werkzeug des Sittengesetzes in der Sinnenwelt" (§ 20). Demzufolge besteht die höchste Verpflichtung darin, sich selbst zu erhalten, sein leibliches und geistiges Leben zu schützen. Mit der Pflicht zur Selbsterhaltung reibt sich der Gedanke an Selbsttötung. Den Suizid verurteilt Fichte mit folgender Argumentation (§ 20 I): Wenn die Bestimmung meines Lebens lautet, das Sittengesetz zu erfüllen, dann folgt daraus zwingend die Verpflichtung, mich für das Leben zu entscheiden. Dagegen bedeutet die Zerstörung meines Lebens durch mich selbst, mich der Herrschaft des Sittengesetzes zu entziehen. Genau das aber ist „schlechthin pflichtwidrig" und moralisch verboten. Dem Sittengesetz widerspricht auch die Idee, den eigenen Tod „als Mittel für einen guten Zweck" zu benutzen. „Mein Leben ist Mittel, nicht mein Tod. Ich bin Werkzeug des Geistes, als tätiges Prinzip, nicht Mittel desselben, als Sache" (§ 20 III). Zwar kann sich Ficht vorstellen, dass es Mut kosten kann, Hand an sich zu legen. Aber weit mehr Energien verlangt einer Person die Entscheidung ab, ein unerträglich gewordenes Leben fortzuführen. Denn Höheres kann vom Menschen nicht gefordert werden; darin erblickt Fichte den „Triumph" sittlicher Selbstständigkeit, die „reinste Darstellung der Moralität" (§ 20 I).

Georg Wilhelm Friedrich Hegel (1770–1831) kommt im Rahmen seiner Rechtsphilosophie auf den Suizid zu sprechen, allerdings nur beiläufig. „Der Boden des Rechts" ist „das Geistige", der „Ausgangspunkt" des Rechts „der Wille", der Kraft seiner Freiheit ein Rechtssystem hervorbringt („Grundlinien der Philosophie des Rechts"; § 4). Der freie Wille besitzt die „absolute Möglichkeit", von jeder Bestimmung und Zweckfestsetzung zu abstrahieren, sich von allen lösen zu können (§ 5). Das Recht auf Leben verdankt die menschliche Person dem freien Willen (§ 47). Damit stellt sich die Frage, ob sich mit dem freien Willen des Menschen seine „Entäußerung", seine Selbsttötung vereinbaren lässt. Hegel verneint sie kategorisch, weil der Mensch „überhaupt kein Recht" dazu hat (§ 70). Näherhin begründet Hegel diesen Satz folgendermaßen: Verfügen könne der Mensch nur über Äußerliches, über einzelne Dinge, keineswegs aber über die „umfassende Totalität", keinesfalls über das sittlich Ganze, worunter Hegel den „allgemeinen Geist", den „Geist der Welt" versteht. Der Geist der Welt übt das Recht auf das Weltgericht aus (§ 340), nicht ein persönlicher Gott wie im christlichen Glaubensverständnis. In dem Weltgericht als der „Auslegung und Verwirklichung des allgemeinen Geistes" (§ 342) könne der Suizid nicht bestehen.

Arthur Schopenhauers (1788–1860) Einstellung zum Suizid hängt mit seinem pessimistischen Weltbild zusammen, das er in seinem Hauptwerk „Die Welt als Wille und Vorstellung" erläutert. „Die Welt ist meine Vorstellung" (I § 1). Die Welt mit all ihren Gegenständen existiert als Objektivation des erkennenden Subjekts, als etwas Vorgestelltes im menschlichen Bewusstsein. Doch der Mensch erkennt anhand von Vorstellungen nicht nur die Welt, sondern erlebt sie auch mit Hilfe des Willens. Den Willen fasst Schopenhauer sehr allgemein auf: Das gesamte Leben und Erleben ist der Wille in Gestalt von Begehren, Verlangen, Wünschen, Hoffen, Hassen, Lieben, Vorstellen und Erkennen. Der Wille verhält sich chaotisch und sinnlos. Er begehrt maßlos, kennt keine Erfüllung; „Jeder befriedigte Wunsch gebiert einen neuen. Keine auf der Welt mögliche Befriedigung könnte hinreichen, sein Verlangen zu stillen, seinem Begehren ein endliches Ziel zu setzen und den bodenlosen Abgrund seines Herzens auszufüllen" (II § 46). Genau deshalb erscheint das Leben als ein „fortgesetzter Betrug", als ein „unumgängliches Leiden". Die Absurdität lastet unabwendbar auf uns Menschen, ist doch der unersättliche blinde Wille dazu verurteilt, nach einem erfüllten Dasein zu streben, ohne das Ziel jemals erreichen zu können (I § 58). Damit drängt sich die Frage auf, ob es einen Ausweg aus der Absurdität gibt. Für Schopenhauer kann er konsequenter Weise nur in der „Verneinung des Willens zum Leben" (I § 69) liegen. Mit der Verneinung des Willens verbindet Schopenhauer keineswegs die Vorstellung von „Selbstmord", den er für „ein Phänomen starker Bejahung des Willens" (I § 69) hält. Der Selbstmörder zerstört lediglich den Leib als einzelne Erscheinung des Willens („Individuum"), nicht aber den Willen als solchen in seinem ganzen Wesen („Spezies"). Der Selbstmörder geht nicht weit genug. Zwar kämpft er gegen das Leiden als unerträgliche Bedingung des Lebens, aber er verabscheut nicht die Genüsse des Lebens. Erst wer allen Wünschen und Begierden gänzlich entsagt, kann den Willen in seinem Wesen vollständig besiegen. „Vom gewöhnlichen Selbstmorde gänzlich verschieden" erscheint in den Augen von Schopenhauer „der aus dem höchsten Grade der Askese freiwillig gewählte Hungertod" (I § 69). Im Hungertod greift der Asket und Heilige „zum Fasten, ja er greift zur Kasteiung und Selbstpeinigung, um durch stetes Entbehren und Leiden den Willen mehr und mehr zu brechen und zu töten, den er als die Quelle des eigenen und der Welt leidenden Daseins erkennt und verabscheut" (I § 68). Indem der Asket und Heilige nicht nur den Leib, sondern auch das Wesen des Willens in Gänze besiegt, erweist sich der Hungertod als Weg zur Erlösung im Nirwana (I § 71). Ausdrücklich nimmt Schopenhauer den Suizid gegen das Verdammungsurteil der „europäischen Moralphilosophie" und der „Geistlichkeit monotheistischer Religionen" in Schutz, weil sie das hohe Moralniveau des Asketen und Heiligen nicht erreichen („Parerga und Paralipomena", II § 157). Er betrachtet es als ein „Vorrecht", das allein dem Menschen – nicht dem Tier – verliehen worden ist, sein Leben „beliebig enden zu können" („Preisschrift über die Grundlage der Moral", § 5). Allerdings stuft Schopenhauer selber den gewöhnlichen Selbstmord als ein „ungeschicktes Experiment" ein, da er – im Unterschied zum Hungertod – keine Erlösung bewirkt („Parerga und Paralipomena", II § 160).

Geradezu apotheotisch fordert Friedrich Nietzsche (1844–1900), der auf der Grundlage eines positivistischen Weltbildes die moralkritische These von der Umwertung aller Werte vertritt, dazu auf, zur rechten Zeit zu sterben (Zarathustra: Vom freien Tod) und sich selber davonzustehlen (Zarathustra: Von den Predigern des Todes), denn das Leben bedeute nur Leiden, Mühsal, Arbeit und Unruhe. Nietzsche macht sich über die Prediger des langsamen Todes lustig, die dazu auffordern, das kümmerliche Menschenleben in Entsagung und Not bis zum bitteren Ende zu fristen. „Der Kranke ist ein Parasit der Gesellschaft. In einem gewissen Zustand ist es unanständig, noch länger zu leben" (Götzendämmerung: Streifzüge eines Unzeitgemäßen). Entsprechend lobt er die Prediger des schnellen Todes, deren Botschaft lautet: „Auf eine stolze Art sterben, wenn es nicht mehr möglich ist, auf eine stolze Art zu leben. Der Tod, aus freien Stücken gewählt, der Tod zur rechten Zeit, mit Helle und Freudigkeit, inmitten von Kindern und Zeugen vollzogen“ (ebd.).

In seinem Essay „Le mythe de Sisyphe“ (Der Mythos von Sisyphos. 1959) bezeichnet der französische Existentialphilosoph Albert Camus (1913–1960) den Suizid als ein ernstes philosophisches Problem und die Frage nach dem Sinn des Lebens als die dringlichste aller Fragen. Er greift den Sisyphosmythos auf, um die Absurdität des menschlichen Lebens zu illustrieren. Zugleich erhält bei Camus dieser Mythos eine andere Bedeutung. Sisyphos akzeptiert sein absurdes Schicksal und verleiht damit seinem Leben einen Sinn. Erst die Auflehnung gegen die Absurdität berechtigt den Menschen zum Leben. Der Suizid dagegen käme einer Kapitulation vor dem Absurden gleich. Daher verwirft Camus die Selbstvernichtung als einen aussichtslosen Fluchtversuch aus dieser heillosen, sinnlosen Welt.

In der Postmoderne plädieren besonders die Vertreter bzw. Sympathiesanten der Euthanasiegesellschaften (J. Wagner, J. Améry, W. Kamlah, J. Roman, C. Guillon, Y. Le Bonnier) für den Suizid. Denn ihrer Meinung nach gehört es zum freien Selbstbestimmungsrecht des Menschen, selber zu entscheiden, wann und wie er sein Leben beendet.

Wie auch immer man zu den divergierenden Deutungen des ubiquitären Phänomens des Suizids im einzelnen stehen mag, eine ethische Auseinandersetzung mit der Selbsttötung kann es bei rein abstrakten Reflexionen über die menschliche Freiheit nicht bewenden lassen. Wie A. Holderegger (1998) zu Recht betont, gerät die spekulative Begründungsfigur für die Erlaubtheit des Suizids, die sich auf ein radikales Freiheitsverständnis beruft, in ein doppeltes Dilemma: So weist ein derartiger Legitimationsversuch einen Widerspruch auf, denn der Akt der Selbsttötung, der höchster Freiheitsvollzug sein will, bewirkt insofern ein beachtliches Maß an Unfreiheit, als sich die menschliche Freiheit ihrer konstitutiven Voraussetzungen, nämlich der zeitlichen Dauer und des leiblichen Ausdrucks, beraubt. Außerdem trägt die Selbstvernichtung „den Charakter der Unwiderruflichkeit, indem antizipierend über die noch offene und fragliche Zukunft entschieden wird“, was den Menschen in seiner Erkenntnisfähigkeit existenziell überfordern dürfte. Bei der ethischen Abwägung, inwieweit ein Mensch über sein eigenes Leben verfügen darf, sind die verschiedenartigen Motive bzw. Absichten des Suizidenten und die jeweiligen Rahmenbedingungen, unter denen ein Entschluss zur Selbsttötung gefasst wird, zu berücksichtigen. Deshalb greift der pauschale Bewertungsansatz zu kurz, der von jeder Suizidhandlung stets auf einen defizitären Lebenswillen des Betroffenen schließt. Stattdessen setzt ein ethisch fundiertes Urteil ein Differenzierungsvermögen voraus, um der Variabilität suizidalen Verhaltens gerecht zu werden. Denkbar sind z. B. folgende Fallkonstellationen:

- Hingabe des eigenen Lebens für andere (Nothilfe) oder für das Vaterland
- Selbstopfer als Glaubenszeugnis (Martyrium)
- Selbstverbrennung als politisch-moralische Ausdruckshandlung (ein buddhistischer Mönch 1963 in Saigon, der 19jährige Student Jan Palach 1969 in Prag, Pastor Brüsewitz in der ehemaligen DDR, der Student Zdenek Adamec 2003 in Prag)

- Selbstmordanschläge von islamistischen bzw. ideologisch radikalen Attentätern
- Suizid im Zusammenhang mit einem Amoklauf
- Kurzschluss-Suizid als Symptom für persönliche Überforderung (Krankheit, Isolation, Liebeskummer, ...)
- Bilanzsuizid als Ergebnis einer freien eigenverantwortlichen Entscheidung
- Suizid als kalkulierte Folge eines Hungerstreiks im Gefängnis, um bestimmte Forderungen durchzudrücken
- Suizidhandlung in der Absicht, einer anderen Person zu schaden (z. B. ein Auszubildender der Polizei nimmt sich das Leben und hinterlässt einen Abschiedsbrief, in dem er schwere Vorwürfe gegen seine Ausbilder bzw. Vorgesetzten erhebt)
- Kollektiver Suizid, dem ein mehrheitlicher oder einstimmiger Beschluss zu Grunde liegt (Massenselbstmord von mehr als 900 Mitgliedern des „Volkstempels" in Guyana 1978 durch Gift, gemeinsame Selbstverbrennung von 7 Frauen in Japan 1986, Selbstverbrennungsserie in Tschechien 2003)
- Suizidversuch als Hilferuf oder Anklage gegen Personen des nahen sozialen Umfeldes
- Ungewollter Suizid, insofern ein Simulant bei der vorgetäuschten Suizidhandlung die Kontrolle und dadurch sein Leben verliert
- Verschleierter Suizid ohne Rücksichtnahme auf Schadensfolgen für andere (z. B. Verkehrsunfall, Gasexplosion, versicherungsrechtliche Gründe)
- Suizid einer Person, die Gegenstand eines Ermittlungsverfahrens geworden ist und die eigene Familie vor den damit zusammenhängenden Nachteilen verschonen will.

Bei der Zuschreibung der Verantwortung und Schuld ist Zurückhaltung geboten, solange sich trotz eines interdisziplinären Forschungsansatzes die Anteile einer freiverantwortlichen Entscheidung, der pathogenen bzw. psychopathischen Faktoren und der gesellschaftlichen Sachzwänge nicht exakt verifizieren lassen. Nach Kants Prinzip der sittlichen Autonomie erhebt eine eigenverantwortliche Entscheidung als Ausdruck souveräner Selbstbestimmung konsequenterweise den Anspruch darauf, von anderen respektiert zu werden. Dabei liegt es in der Natur der Sache, dass Anhänger der drei theistischen Religionen, Judentum, Christentum und Islam, grundsätzlich an der Unantastbarkeit des menschlichen Lebens festhalten. Allerdings darf sich ein ethisches Urteil nicht der Sorgfaltspflicht entledigen, darauf zu achten, inwieweit lediglich der Anschein für einen vollverantwortlichen Freiheitsvollzug spricht, in Wirklichkeit aber Fremdeinflüsse – wie z. B. Krankheitssymptome oder gesellschaftlich bedingte Unfreiheit – den Ausschlag zur Suizidhandlung gegeben haben. Denn in dem Maße, wie äußere Einflussfaktoren in Form von Isolation, Leid, Not, Tragik oder Krankheit den Willensentschluss zum Suizid verursachen, entfällt eine unerlässliche Voraussetzung der Moral, nämlich die persönliche Entscheidungs- und Handlungsfreiheit, kann nur noch von eingeschränkter oder gänzlich fehlender Zurechnungsfähigkeit die Rede sein. Angesichts des empirischen Befundes, dass die meisten Suizidhandlungen in einem extremen Zustand der Fremdsteuerung begangen werden (Kurzschluss-Suizid) und ein Großteil der Suizidversuche Appellcharakter an das soziale Umfeld hat, kann die ethische Schlussfolgerung nur lauten: professionelle Hilfen anbieten statt moralische Vorhaltungen zu machen, wie man nur so etwas Schlimmes wie Selbsttötung begehen oder damit den Angehörigen so viel Leid und Schande zufügen könne. Die Zielrichtung aller Hilfsmaßnahmen sollte sein, den Suizidgefährdeten zu einer freiverantwortlichen Selbstbestimmung zu ermutigen und zu befähigen, soweit das möglich ist. Ethisch nicht sinnvoll und erstrebenswert erscheinen lebenserhaltende Maßnahmen um jeden Preis, beispielsweise in einem äußerst kritischen Zustand, den der todkranke Patient selber als unerträglich und sinnlos empfindet. Ebenso scheiden bloße Medikalisierungsmaßnahmen als unzureichend und unangemessen aus. Angezeigt ist eine Suizidtherapie, die als eine fremdgesteuerte Intervention (Zwangseinweisung, Kontrolle, Zwangsernährung) in lebensbedrohlichen Situationen das redliche Bemühen um Respekt vor der Würde suizidaler Personen erkennen lässt. Eine offene Frage dürfte sein, wie es um den empirisch abgesicherten Erfolgsnachweis der Suizidverhütung steht.

Dringend bedürfen suizidfördernde Einflussfaktoren in unserer Gesellschaft einer Korrektur.
- Mit den Selbstmordforen im Internet, die bei lebensmüden Jugendlichen den Todeswunsch verstärken, die Hemmschwelle zur Selbsttötung herabsetzen und praktische Anleitungen minuziös geben, wächst die Gefahr der psychischen Abhängigkeit und des Imitationssuizids. Solange unsere Öffentlichkeit in starkem Maße toleriert, dass viele Bürger ihr eigenes Leben durch Leichtsinn, Übermut oder Unmäßigkeit riskieren und ruinieren, verliert der Ruf nach einer verbesserten Suizidprävention viel von seiner Wirkung.
- Unsere Gesellschaft, die Vergänglichkeit und Sterben weitgehend verdrängt und tabuisiert hat, greift häufig bei Suizidfällen und selber verursachten Verkehrsunfällen mit Todesfolge zu stereotypen, beschönigend gewundenen Formulierungen, um in Todesanzeigen, Nachrufen und Totenbildern den Schein des Normalen bzw. Tragisch-Schuldlosen zu wahren.
- Medienberichte über Suizidfälle haben prinzipiell Zurückhaltung zu üben, um die Pflicht der Pietät und den Intimbereich des Toten zu wahren. Von diesem Grundsatz darf aus ethischen Erwägungen abgewichen werden, wenn im Zusammenhang mit dem Suizid Gerüchte gestreut, Anschuldigungen erhoben und Probleme angeschnitten werden, die von öffentlichem Interesse sind. Informationsanspruch der Allgemeinheit besteht bei Suizidhandlungen, die Personen des öffentlichen Lebens vorgenommen haben. Auf keinen Fall darf die Massenberichterstattung zu detailliert ausfallen, um die Gefahr des Nachahmungseffekts zu vermeiden.

Jeder Akt der Selbstvernichtung löst bei Familienangehörigen, Freunden und Bekannten (Aebischer-Crettol 2000), ebenso bei Dienstvorgesetzten und Arbeitskollegen vielfältige Reaktionen in unterschiedlicher Intensität aus: Ratlosigkeit, Verunsicherung, Bestürzung, Angst, Enttäuschung, Wut, Zorn, Trauer, Schuldgefühle und Selbstvorwürfe, nichts bemerkt und nichts bzw. zu wenig dagegen unternommen zu haben. Kritisch hinterfragt der Suizident den Lebenswillen seines sozialen Umfeldes und fordert die Zurückbleibenden zu angemessenen Problemlösungen auf. Mit Diskriminierung und Heroisierung ist es nicht getan. Soziologische, psychologische, stress- und lerntheoretische sowie neurobiochemische Forschungsrichtungen konkurrieren miteinander, betroffenen Angehörigen sowie Personen des nahen sozialen Umfeldes bei der Aufarbeitung von Angst- und Schuldgefühlen behilflich zu sein. Im Rahmen eines ganzheitlichen, interdisziplinären Ansatzes darf eine konstruktive

Bewältigung suizidaler Handlungen auf eine positive Grundeinstellung zum Leben, auf Sinn- und Wertaspekte, auf die Qualität der Beziehungskonstellationen nicht verzichten. Eine sensible Analyse der Gründe zur Selbsttötungshandlung kann eine entlastende, exculpierende Funktion ausüben und vor unbewussten Verdrängungsmechanismen schützen.

Ein aus medizinischer, psychotherapeutischer und pastoraler Sicht allseits zufriedenstellendes Therapiekonzept bzw. Interventionsprogramm für suizidale Personen dürfte allerdings noch nicht gefunden zu sein. Als Grund dafür wird u. a. die Schwierigkeit geltend gemacht, einen Ausgleich der Spannungen nicht immer herbeiführen zu können, nämlich einerseits nicht jeden Suizid verhindern zu können und andererseits nicht von den erforderlichen Schutz- und Hilfsmaßnahmen dispensieren zu können. Ebenso meldet verständlicherweise eine ganzheitliche Therapie Bedarf an, den suizidale Handlungen begünstigenden Gesellschaftsfaktoren und dem Aspekt des Entwicklungsprozesses stärker Rechnung zu tragen, im Unterschied zu der klassischen Ethik, die den Selbstmord vielfach zu legalistisch-kasuistisch als individuelle Pflichtverletzung abgehandelt hat. So zählen zu den Risikogruppen Alkohol-, Medikamenten- und Drogenabhängige, Depressive, alte und vereinsamte Menschen. Tiefenpsychologen erblicken in dem Suizid das Endergebnis eines Verlaufs, der folgende Stadien aufweist: Selbstverurteilung, Selbstquälerei, Selbstschädigung, Selbstvernichtung. Als eine methodische Hilfe zur Gefährdungseinschätzung versteht sich das präsuizidale Syndrom. E. Ringel (1953) beschreibt in dem präsuizidalen Syndrom drei Merkmale, die sich gegenseitig verstärken und zur Selbsttötung führen:

- Einengung im affektiven und sozialen Bereich (Isolation, Vereinsamung) sowie im Wertempfinden („Wertverdünnung")
- Zerstörerische Aggressionen gegen sich selber
- Suizidphantasien.

Die Suizidintervention, die auf lebensbejahende Einstellungen, auf die Äußerung emotionaler Befindlichkeit und Stabilisierung tragfähiger Beziehungen zielt, erfolgt in Form von Fremdbestimmung. Zur ethischen Legitimation der fremdbestimmten Krisenintervention – z. B. in Form von Zwangseinweisung, Einflussnahme des Therapeuten, Überwachung, Zwangsernährung – gehören der Respekt vor der Würde und dem Freiheitsbewusstsein suizidaler Personen, humane Behandlungs- und Unterbringungsbedingungen. Selbstkritisch muss sich die Ethik nach ihren Grenzen fragen. Wenn ethische Normierungsversuche in menschlich tragischen Extremsituationen nicht mehr greifen, gebührt der Sinnfrage der Vorzug.

Da der Polizeibeamte in einem öffentlich-rechtlichen Dienst- und Treueverhältnis zum Staat steht und somit hoheitlich handelt, sollen zunächst die normativen Rahmenbedingungen kurz skizziert werden. Eine ausdrückliche Poenalisierung der Selbsttötung sowie seines Versuches findet sich weder im Grundgesetz der Bundesrepublik Deutschland noch im deutschen Strafrecht (Eser 1998, Fink 1992, Kaiser 1989). Bereits das Reichsstrafgesetzbuch von 1871 hat von einer Sanktion des Selbstmordes, des Selbstmordversuches und der Beteiligung daran Abstand genommen. Von ethischer Relevanz erweist sich die Frage: Inwiefern ist der Rechtsstaat ethisch berechtigt bzw. moralisch verpflichtet, Suizidhandlungen zu unterbinden? Inwieweit begrenzen verfassungsrechtliche Bestimmungen das subjektive Lebensrecht im Interesse des Allgemeinwohls? Lässt sich aus dem in Art. 2 Abs. 2 GG garantierten Recht auf Leben auch die subjektive Befugnis zur Lebensbeendigung ableiten? In welchem Verhältnis steht das Achtungs- und Schutzgebot der Menschenwürde gem. Art. 1 Abs. 1 GG als oberstes Konstitutionsprinzip der Verfassung mit dem Grundrecht auf Leben in Art. 2 GG? Bei der Suche nach einer Antwort pflegen Verfassungsrechtler methodisch so zu verfahren, dass sie die verschiedenartigen Regelungsgehalte des Grundgesetzes zu einer Präferenzrelation verdichten.

Das in Art. 2 Abs. 2 GG garantierte Recht auf Leben hat der Rechtsstaat zu schützen. Doch wie weit reicht die staatliche Schutzpflicht? Ethisch lässt sich die These nicht halten, der Staat müsse selbst gegen den ausdrücklichen, erkennbaren, freien Willen einer gesunden, vollverantwortlichen Person die Selbsttötung verhindern. Denn ein solch striktes Postulat staatlicher Suizidverhinderungspflicht würde in einem krassen Gegensatz zur freien Selbstbestimmung des Menschen gem. Art. 1 GG stehen. Eine Rechtspflicht des Staates zur Suizidvermeidung lässt sich ethisch nur in den Fällen begründen, in denen jemand in seiner Entscheidungsfreiheit und in seinem Urteilsvermögen zu stark eingeschränkt ist, etwa aufgrund von Depressionen, Schizophrenie oder Drogen des Schutzes vor sich selber bedarf; Hilfe brauchen auch minderjährige Kinder, die von ihren Eltern in die Suizidhandlung einbezogen werden. Solange in einer von Pluralität und Toleranz gekennzeichneten Demokratie die religiöse Deutung von der Heiligkeit und Unantastbarkeit des von Gott geschaffenen Menschenlebens mit dem säkularen Interpretationsansatz von der freien Disponibilität menschlicher Existenz konkurriert, kann es nur eine relative Gesetzespflicht des Staates zur Suizidverhinderung geben. Soweit es die Umstände erfordern, ist der Staat berechtigt, Mittel wie polizeiliche Schutzhaft und zwangsweise Unterbringung in einer geschlossenen Abteilung einer Fachklinik aus therapeutischen Gründen anzuwenden. Derartige Maßnahmen entsprechen der staatlichen Fürsorgepflicht gegenüber hilfsbedürftigen Einzelpersonen und dem Präventionsgedanken, dass die öffentliche Ordnung durch spektakuläre Inszenierungen individueller oder gar kollektiver Selbstvernichtung nicht gestört wird. Der Europäische Gerichtshof für Menschenrechte in Den Haag hat den Klageantrag der schwerstkranken Engländerin Quenlen auf Hilfestellung zur Selbsttötung abgelehnt mit der Begründung, es gebe zwar ein Recht auf Leben, aber kein Recht auf Tod.

Bei der strafrechtlichen Beurteilung der Suizidbeteiligung Dritter erhält die rechtlich einwandfreie Abgrenzung zwischen der Beihilfe zum Suizid und dem Töten auf Verlangen (§ 216 StGB) Bedeutung. Während das ärztliche Standesrecht den Arzt und das Polizeirecht den Polizeibeamten verpflichten, suizidale Handlungen zu verhindern, existiert eine derartige Verpflichtung für den normalen Bürger nicht. Um dem missbräuchlichen Verfügen über menschliches Leben juristisch Einhalt zu gebieten, werden u. a. folgende Kriterien angeführt: Solange der Suizidwillige über den Zeitpunkt und die Art seines Lebensendes freiverantwortlich selber entscheidet und die Hilfeleistungen seiner eindeutigen Willenserklärung entsprechen, bewegt sich die Suizidbeteiligung Dritter im Rahmen des Legalen. Erkennt dagegen der Dritte die eingeschränkte bzw. unzureichende Entscheidungsfähigkeit der suizidwilligen Person oder scheint sie ihm zweifelhaft und unterstützt er dennoch die Suizidhandlung, macht er sich wegen Tötung in mittelbarer Täterschaft strafbar. Wenn der Suizidwillige die Tatherrschaft bis zuletzt behält, liegt keine strafbare Tötung auf Verlangen vor. Dagegen kann sich jedermann wegen bloßer Nichthinderung eines Suizids strafbar machen. Nach § 323 c StGB wird wegen unterlassener Hilfeleistung bestraft, wer zu Gunsten eines handlungsunfähigen, in seinem Urteilsvermögen eingeschränkten Suizidgefährdeten keine Rettungsmaßnahmen ergreift, obwohl sie ihm zumutbar waren. Nach den §§ 212 und 13 StGB macht sich aufgrund seiner Garantenstellung – z. B. Polizeibeamter, Arzt, Sanitäter, Feuerwehrmann, Verwandter – des Vergehens „Totschlag durch Unterlassen" strafbar, wenn jemand die Rettungspflicht für einen nicht vollverantwortlichen Suizidenten vernachlässigt.

Nach dem Polizeirecht stellt eine Suizidhandlung stets eine Gefahr für die öffentliche Ordnung dar. Die polizeirechtlichen Bestimmungen berechtigen und verpflichten den Beamten, zur Suizidverhinderung die erforderlichen Maßnahmen zu treffen, unabhängig von der Frage, ob weiteren Personen Schaden droht. Die polizeiliche Ingewahrsamnahme zur Verhinderung der Selbsttötung wurde in der Vergangenheit überwiegend mit dem Schutz der öffentlichen Ordnung begründet. Dagegen rechtfertigen neuere polizeirechtliche Befugnisse die Durchführung von Maßnahmen, die dem persönlichen Schutz des Ingewahrsamgenommenen dienen. In dem Maße, wie das Polizeirecht bei der Ingewahrsamnahme den Aspekt der Entscheidungsfähigkeit der suizidwilligen Person ausklammert, entstehen ihm Legitimationsprobleme. Dagegen darf die Unterbringung in ein psychiatrisches Krankenhaus angeordnet werden, wenn von der suizidalen Person für sich selbst wie für andere Menschen eine erhebliche, anderweitig nicht zu behebende Gefahr ausgeht.

In all den Fällen, in denen ein Mensch eines unnatürlichen bzw. außergewöhnlichen Todes gestorben ist, haben polizeiliche Ermittlungen zu klären, ob ein Fremdverschulden, eine Straftat vorliegt. Nach § 203 StGB dauert die ärztliche Schweigepflicht auch nach dem Tod des Patienten an, um dessen auf Art. 1 und 2 GG basierendes Persönlichkeitsrecht zu schützen. Nur der Arzt stellt fest, welche Todesursache – natürlicher, nicht natürlicher, nicht aufgeklärter Tod – in einer konkreten Situation vorliegt. Pflichtwidrig würde ein Arzt handeln, würde er den ermittelnden Polizeibeamten auf Anfrage die genaue Todesursache mitteilen. Daher bleibt der Polizei im Rahmen der Ermittlungen nur der Umweg über die Obduktion, die Sicherheiten über Todesart und Todesursache bringt, allerdings auch Kosten verursacht. Aus zivilrechtlichen (Erb- und Vertragsrecht) und ermittlungstechnischen (Fremdverschulden, Verjährung) Gründen ist es wichtig, den Zeitpunkt des Todes genau festzustellen und damit in einem Rechtsstreit zu einer gerechten Urteilsfindung beizutragen. Indem Kriminalbeamte die Umstände beim Ablauf eines menschlichen Lebensendes möglichst exakt zu rekonstruieren versuchen, dienen sie der objektiven Wahrheitsfindung und vermeiden somit falsche Verdächtigungen und ungerechtfertigte Schuldzuweisungen. Mit Hilfe der Fahndungserkenntnisse, Kriminaltechnik und Rechtsmedizin wird die Todesdiagnose – Unfall, medizinischer Behandlungsfehler, Tötungsdelikt oder Suizid – erstellt. Mit ihren sorgfältig durchgeführten Todesermittlungen tragen die Polizeibeamten dazu bei, dass strafbare Handlungen aufgedeckt, der Delinquent seiner gerechten Strafe zugeführt und Personen, die Anspruch auf Schadensersatz haben, zu ihrem Recht kommen. Eine differenzierte, gefestigte Werteinstellung und einen wachsamen Blick brauchen die ermittelnden Beamten, um den rechtsrelevanten Nachweis dafür zu erbringen, dass jemand, der angeblich unter Berufung auf die freie Selbstbestimmung Beihilfe zum Suizid geleistet hat, in Wirklichkeit aus eigennützigen, niedrigen Beweggründen gehandelt und Geschäfte mit dem Leid depressiver, vereinsamter, schwerstkranker Personen gemacht hat. Mit dem verfassungsmäßig garantierten Schutz des menschlichen Lebens vereinbaren sich nicht Unzulänglichkeiten und Versäumnisse polizeilicher Todesermittlungen, denn sie tragen dazu bei, dass kriminelle Beteiligungshandlungen oder gar verdeckte Verbrechen bei Suiziden, scheinbare Suizide, illegale Vorteilsbeschaffungen aus Versicherungsvereinbarungen bei verschleierten Suiziden und vorgetäuschte Suizide bei begangenen Morden nicht in dem erforderlichen Maße entdeckt und aufgeklärt werden (Scheib 2000).

Das in USA bekannte Phänomen „suicide by cop“ bedeutet Selbsttötung mit Hilfe eines Polizeibeamten, ohne dass der es bemerkt oder gewollt hat. So inszeniert der Suizidwillige beispielsweise eine Angriffssituation, in der ein Polizist zwangsläufig schießen muss. Der Suizident handelt deswegen moralisch verwerflich, weil er den unwissenden Beamten für den eigenen Suizidwunsch instrumentalisiert und ihn obendrein mit dem Vorwurf belastet, einen Menschen erschossen zu haben. Wenn ein Mörder, dem alles egal ist, auf der Flucht einen Polizeibeamten zur Schussabgabe provoziert, gerät der betreffende Beamte unter Legitimationsdruck und kann sich aufgrund falscher Lagebeurteilung moralisch ungerechtfertigte Vorwürfe machen.

Beim dienstlichen Umgang mit suizidalen Personen wird der Polizei einiges abverlangt. Um einen Suizidkandidaten von seinem Vorhaben abzubringen, aus großer Höhe herabzuspringen, muss der Polizeibeamte nicht nur ein großes Verhandlungsgeschick aufbieten, sondern auch beim Zwangszugriff vielfach sich selber der Gefahr aussetzen, mit in die Tiefe gerissen zu werden. Die Verpflichtung des Polizeivollzugsbeamten zu höchst riskanten, lebensbedrohlichen Einsätzen stößt aus ethischer Sicht an die Grenze, wenn seine Rettungsmaßnahmen offensichtlich keine Aussicht auf Erfolg haben oder seinen sicheren Tod zur Folge hätten. Das Problem der Zwangsernährung stellt sich, wenn eine Person fest entschlossen ist, sich zu Tode zu hungern, und deshalb jegliche Nahrungsaufnahme verweigert. Infolge seiner Garantenstellung hat der Polizist den unbeteiligten Bürger vor Folgeschäden zu bewahren, die von Suizidhandlungen bzw. Suizidversuchen stammen. Bei Vernehmungen brauchen die Beamten Fingerspitzengefühl, damit sich die Angehörigen eines Suizidenten nicht wie potenzielle Mörder behandelt fühlen. Haben die polizeilichen Sofortmaßnahmen eine Suizidhandlung nicht verhindern können, stellt sich die Aufgabe, den Hinterbliebenen eines Suizidenten taktvoll, ohne einen Ton moralischer Anklage die Todesnachricht zu überbringen (vgl. 21.). Der Anblick verstümmelter Leichen, das Abnehmen eines Erhängten, der Umgang mit Angehörigen eines Suizidenten, die eine tragische Stunde ihres Lebens durchmachen müssen, all das kann einen Polizisten innerlich belasten und traumatisieren (vgl. 10.). Vermag er seine Belastungsstörungen selber nicht aufzuarbeiten und die deprimierenden Konfrontationen mit Sterben und Tod auf Dauer nicht zu verkraften, hat ihm der Vorgesetzte aus Gründen der Fürsorgepflicht professionelle Hilfe anzubieten. Erfreulicherweise bleibt festzustellen, dass in den meisten Bundesländern eigene Betreuungskonzepte für betroffene Exekutivbeamte entwickelt und Kriseninterventionsteams institutionalisiert worden sind.

Vor ideologisch motivierten Selbstmordattentätern gibt es nur geringe Schutzmöglichkeiten. Gleichwohl darf sich der Polizeivollzugsbeamte bei seinen Bemühungen nicht einschüchtern oder entmutigen lassen, für die Sicherheit der Bevölkerung zu sorgen.

Nicht vergessen werden darf das Phänomen des Suizids in Polizeikreisen (Hartwig/Violanti 1999), das mitunter sogar die Gestalt eines Doppelselbstmordes – meist aufgrund einer Beziehungskrise – annimmt. Ein Suizidvorhaben frühzeitig als solches zu erkennen und suizidale Entwicklungsprozesse möglichst im Anfangsstadium zu stoppen, dürfte die begrenzten diagnostischen Möglichkeiten Nicht-Professioneller in schwierigen Fällen übersteigen. Daher darf Vorgesetzten und Dienstkollegen nicht voreilig moralisch vorgeworfen werden, sie hätten nicht alles Erforderliche zur Suizidverhütung unternommen. Den suizidfördernden Einflussfaktoren in der Organisation Polizei (Überforderung im Dienst, Burnout-Syndrom, leichter Zugang zur Schusswaffe, ...) gewissenhaft nachzugehen, Suizidgefährdeten professionelle Hilfen anzubieten und geeignete Präventionsmaßnahmen zu ergreifen, ergibt sich aus der Fürsorgepflicht des Vorgesetzten, versteht sich als ein Gebot praktischer Klugheit.

Literaturhinweise:

Otzelberger, M.: Suizid. München [2]2003. – Füllgrabe, U.: Suicide by cop, in: Kriminalistik 4/2003; S. 225 ff. – Schmidtke, A. u. a. (Hg.): Suicidal Behaviour in Europe: Results from the WHO/Euro Multicentre Study on Suicidal Behaviour. Göttingen 2002. – Sticher-Gil, B.: Männlichkeit und Suizidalität, in: PFA-SB „Psychische Belastungen im Polizeidienst" (7.–9. 10. 2002); S. 53 ff. – PFA-SB „Suizidprävention" (4.–5. 11. 2002). – Holderegger, A.: Suizid – Leben und Tod im Widerstreit. Freiburg/Schweiz 2002. Chatzikostas, K.: Die Disponibilität des Rechtsgutes Leben in ihrer Bedeutung für die Probleme von Suizid und Euthanasie (FkS 70). Frankfurt a. M. 2001. – Baumann, U.: Vom Recht auf den eigenen Tod. Die Geschichte des Suizids v. 18. b.z. 20. Jh. Weimar 2001. – Biermann, P.: Das Trauma der Helfer, in: CD SM 4/2001; S. 10 ff. – Eibach, U.: Art. „Suizid (Selbstmord)", in: ESL; Sp. 1574 ff. – Wolfersdorf, M./Franke, C.: Suizidforschung und Prävention am Ende des 20. Jhds. Regensburg 2000. – Aebischer-Crettol, E.: Seelsorge und Suizid. Bern 2000. – Scheib, K.: Kriminologie des Suizids. Groß-Gerau 2000. – Decher, F.: Die Signatur der Freiheit. Ethik des Selbstmords in der abendländischen Philosophie. Lüneburg 1999. – Ringel, W.: Der Selbstmord. Wien [7]1999 (1953). – Holzhauer, H.: Suizid, in: Hadding, W. (Hg.): Zivilrechtslehrer 1934/1935. Berlin, New York 1999; S. 207 ff. – Gerbert, H.: Checkliste. Umgang mit psychisch Kranken und Suchtkranken, in: DPolBl 6/1999; S. 27 f. – Hartwig, D./Violanti, J. M.: Selbstmorde von Polizeibeamten in Nordrhein-Westfalen, in: AfKri 5/1999; S. 129 ff. – Kind, J.: Suizidal. Die Psychoökonomie einer Suche. Göttingen [3]1998. – Dorrmann, W.: Suizid. München [3]1998. – Pöldinger, W. u. a.: Art. „Suizid", in: LBE Bd. 3; S. 490 ff. – Murray, A.: Suicide in the Middle Ages. Vol. I: The Violent against Themselves. Oxford 1998. – Paul, C.: Warum hast du uns das angetan? Gütersloh 1998. – Rippe, K. P.: Das Recht auf Suizid. Lausanne 1998. – Baumgarten, M.-O.: The right to die? Bern 1998. – Eser, A.: Selbsttötung: Beteiligung – Nichthinderung, in: Schönke, A./Schröder, H. (Hg.): Strafgesetzbuch. Kommentar (Vorbemerkung zu §§ 211 ff., 33 ff.). München 1997. – Greiner, A.: Suizide im Straßenverkehr und die Verkehrsunfallstatistik, in: DP 2/1997; S. 39 f. – Mätzler, A.: Todesermittlung. Heidelberg [2]1997. – Sonneck, G. (Hg.): Krisenintervention und Suizidverhütung. Wien [4]1997. – Minois, G.: Geschichte des Selbstmords. Düsseldorf 1996. – Pohlmeier, H.: Wie frei ist der Freitod? Berlin 1997. – Gerbert, H.: Checkliste, in: DPolBl 6/1996; S. 27 f. – Gestrich, J.: Suizid, in: Hermanutz H. u. a. (Hg.): Moderne Polizeipsychologie in Schlüsselbegriffen. Stuttgart 1996; S. 235 ff. – Ebeling, H.: Art. „Selbstmord", in: HWPh Bd. 9; Sp. 493 ff. – Holderegger, A.: Grundlagen der Moral und der Anspruch des Lebens. Freiburg i. Ue. 1995. – Bronisch, T.: Der Suizid. München 1995. – Wolfersdorf, M./Kaschka, W. P.: Suizidalität, die biologische Dimension. Berlin, Heidelberg 1995. – Radeck, G.: Suizid und Ethik, in: dkri 12/1993; S. 488 ff. – Kim, I.-G.: Suizid-Einstellungen im internationalen Vergleich. Heidelberg 1993. – Améry, J.: Hand an sich legen. München [9]1993. – Fink, U.: Selbstbestimmung und Selbsttötung. Köln u. a. 1992. – Eibach, U.: Seelische Krankheit und christlicher Glaube. 1992. – Pinguet, M.: Der Freitod in Japan. Berlin 1992. – Biet, P.: Suizidalität als Problem christlicher Ethik. Regensburg 1990. – Lindner-Braun, C.: Soziologie des Selbstmords. Opladen 1990. – Pohlmeier, H. u. a.: G.: Art. „Suizid“, in: LMER; Sp. 1126 ff. – Seidler, E. u. a.: Art. „Selbsttötung“, in: StL Bd. 4; Sp. 1154 ff. – Middendorf, W.: Selbstmord im Straßenverkehr, in: BP-h 5/1988; S. 13 ff. – Kolzig, M.: Polizei und Suizid., in: B-h 1/1988; S. 4 ff. – Trum, H. u. a.: „Einen Schritt weiter – und ich springe!“ Stuttgart u. a. 1987. – Holyst, B.: Selbstmord – Selbssttötung. München 1986. – Rehbach, B.: Bemerkungen zur Geschichte der Selbstmordbestrafung, in: DRZ 64(1986); S. 241 ff. – Pieper, A.: Ethische Argumente für die Erlaubtheit der Selbsttötung, in: Concilium 3/1985; S. 192 ff. – Holderegger, A.: Die Verantwortung vor dem eigenen Leben: Das Problem des Suizids, in: HchrE Bd. 3; S. 256 ff. – Ders.: Verfügung über den eigenen Tod? Freiburg i. Ue./Br. 1982. – Schupp, G.: Selbsttötung zu verhindern ist eine polizeiliche Aufgabe, in: DP 11/1980; S. 341 ff. – Pohlmeier, H. (Hg.): Selbstmordverhütung: Anmaßung oder Verpflichtung. Bonn 1978. – Hammer, F.: Selbsttötung philosophisch gesehen. Düsseldorf 1975. – Durkheim, E.: Der Selbstmord. Neuwied 1973.

23. Suchtprobleme und Drogenkriminalität

Die Kulturgeschichte kennt das Phänomen, den angemessenen Gebrauch von Stoffen, die das physische und psychische Wohlbefinden steigern und die eigenen Bedürfnisse auf sinnvolle Weise befriedigen, zu ritualisieren und zu kontrollieren, dem maßlosen Konsum mit seinen schädlichen Auswirkungen dagegen zu sanktionieren. Die genaue Abgrenzung zwischen Gebrauch, Missbrauch und Abhängigkeit korrespondiert mit den Wertungen der jeweiligen Gesellschaft. Zu den Begriffen mit pejorativ-devianter Konnotation zählen Sucht und Drogen. Das Wort Sucht (ahd. siech = krank) bezeichnet ursprünglich eine Krankheit des menschlichen Körpers, nimmt im 17. Jh. die moralische Bedeutung von sündiger Leidenschaft und gierigem Genussstreben an, bis sich am Ende des 19. Jh.s beide Bedeutungselemente vereinen im Sinne von krankhafter Triebsteigerung und psychischer Fehlentwicklung. Bei den Suchtformen unterscheidet man zwischen stoffgebundenen (Alkohol, Kaffee, Tee, Tabak, Medikamente, Drogen im engeren Sinne) und nicht stoffgebundenen (Spielsucht, Stehlsucht, Magersucht, Putzsucht, Eifersucht, Onlinesucht). Seit dem Jahr 1964 hat die Weltgesundheitsorganisation (WHO) die Begriffe Sucht (addiction) und Gewöhnung (habituation) ersetzt durch die Ausdrücke Drogenabhängigkeit (drug dependents) und Drogenmissbrauch (drug abuse). Eine einheitliche Definition für die Droge fehlt. Allgemein versteht man unter Drogen Substanzen mit zentralnervöser bzw. psychoaktiver Wirkung (überwiegend euphorisch-stimulierender, sedativer oder halluzinogener Art). Der juristischen Unterscheidung zwischen legalen und illegalen Drogen wird kritisch entgegnet, sie sei wissenschaftlich nicht haltbar. Als illegale Drogen gelten Heroin, Kokain, Amphetamine, LSD, Ecstasy und Cannabis. Ein zu extensives Verständnis, das ein faszinierendes Erlebnis – wie z. B. ein Rockkonzert oder eine Rave-Veranstaltung – sogar noch unter der Droge subsumiert, erweist sich als wenig operational. Seit dem Jahr 1968 wird in Deutschland die Sucht als Krankheit anerkannt.

Exakte Angaben über Verbreitung und Auswirkungen des Drogenhandels und Drogenkonsums lassen sich aufgrund des Dunkelfeldes nicht machen. Der Jahresumsatz des weltweiten Drogengeschäfts wird auf 300 bis 500 Milliarden US-Dollar geschätzt (Thamm 1989). Dank ihrer Milliardenprofite haben sich die internationalen Drogenkartelle zu einer Kapitalmacht mit einem immensen Gewalt- und Bedrohungspotenzial entwickelt, die kaum noch zu kontrollieren sein dürfte. Während es schätzungsweise ca. 50 Millionen Drogenabhängige auf der Welt gibt, wird in der Bundesrepublik Deutschland die Zahl der Konsumenten harter Drogen auf etwa 100.000 eingestuft. Die numerisch größte Gruppe der erstauffälligen Konsumenten harter Drogen stellen die 18- bis 24-Jährigen. Die pro Jahr polizeilich registrierte Anzahl der Rauschgifttoten schwankt um 2.000 in Deutschland. Die Drogentodesrate gilt vielfach als Indikator für eine erfolgreiche oder gescheiterte Drogenpolitik (IFT-Berichte 116), allerdings finden die Risikofaktoren, Begleitumstände und Präventionsmaßnahmen gegen Drogenmortalität zu wenig Beachtung.

Das bisherige drogenpolitische Prohibitionskonzept gerät in der Öffentlichkeit zunehmend unter Druck. Gegner der Prohibition sprechen vom verlorenen Drogenkrieg, von der utopischen Zielvorstellung einer drogenfreien Gesellschaft, von einer Stigmatisierung der Drogenkonsumenten und einer Selektivität der polizeilichen Drogenkriminalitätsbekämpfung. Befürworter des Legalitätsmodells versprechen sich über den marktwirtschaftlichen Ansatz eine Eindämmung des Drogenkonsums, eine Verbesserung des Verbraucherschutzes und eine Beseitigung der Drogenbeschaffungskriminalität. Sowohl dem Prohibitions- als auch dem Legalisierungsentwurf haften Prognosemängel an, die mit dem Mäntelchen fragwürdiger Annahmen und unbewiesener Behauptungen zugedeckt werden. Angesichts des dringenden Entscheidungsbedarfs kommen die folgenden drei Lösungsansätze aus ethischer Sicht nicht in Betracht:

- Das dezisionistische Entscheidungsverfahren, das eine inhaltliche Begründbarkeit anhand rationaler Kriterien für unmöglich hält.
- Die metaethische Position, die Sollenssätze scheut und auf Formalanalysen normativen Argumentationstypen ausweicht.
- Der paternalistische Versuch, der unter Berufung auf den autoritären Herrschaftsanspruch und die Fürsorgepflicht für das Wohlergehen der Untergebenen sorgt, ohne ihnen Möglichkeiten zur Mitsprache und Mitentscheidung einzuräumen.

Ethisch erstrebenswert erscheint dagegen ein Lösungsmodell, das die legitimen Interessen des Staates und der Bevölkerung angemessen berücksichtigt, eine sorgfältige Güterabwägung aus humaner, pragmatischer Sicht vornimmt und auf ein wissenschaftlich seriöses Argumentationsniveau achtet, das sich von Mythenbildungen, Fehlinformationen und Blockadementalität kritisch distanziert. Ein ethischer Lösungsansatz hat sich zunächst mit der Kollision zwischen dem Freiheitsanspruch der Bürger und der sozialen Schutzpflicht des Staates zu beschäftigen. Inwieweit darf der Staat aus Gründen der Sozialverträglichkeit dem Bedarf seiner Bevölkerung an Genussmitteln abolitionistisch-sanktionistisch entgegenwirken, ohne individuelle Präverenzen zu stark einzuschränken? Moralisch überzeugt keineswegs die zwiespältige Haltung des Staates, der es zwar als seine Fürsorgepflicht erachtet, Drogenkonsum zu unterbinden, aber den gesundheitsschädigenden Genuss anderer Drogen wie Alkohol und Nikotin nicht nur toleriert, sondern sogar noch Steuervorteile daraus zieht. Wie geschichtliche Erfahrungen aus den USA und Skandinavien belegen, hat sich das strafrechtliche Totalverbot als kontraproduktiv erwiesen und die Lust am Verbotenen gesteigert. Ebenso geht es nicht an, den Staat aus seiner sozialen Verantwortung für das bonum commune (Gemeinwohl) zu entlassen und jeden Drogenkonsumenten pauschal als Drogenabhängigen bzw. Kranken abzutun. Der Schlüssel zur ethischen Lösung des Drogenproblems kann weder in einer völligen Freigabe noch in einem Totalverbot liegen. Vielmehr hat der Staat den eigenverantwortlichen Umgang des Bürgers mit den verschiedenartigen Genussmitteln zu akzeptieren, nur in den Fällen, in denen dem Gemeinwohl nachweislich Schaden droht, prohibitiv-restriktiv zu intervenieren und den internationalen Kampf gegen die globalen Organisationsstrukturen der Drogenmafia tatkräftig zu unterstützen. Ethisch durchaus diskutabel ist es, das Drei-Säulen-Modell der deutschen Drogenpolitik, Prävention, Therapie und Repression, mit der vierten Säule der harm reduction (Überlebenshilfe, Sekundärprävention) zu ergänzen, um – wie im Ausland – die Not der Suchtabhängigen zu lindern (Weber 2003).

Die Ätiologie der Drogensucht zeitigt einen multifatoriellen Ansatz (Eckhart 2000):
- Droge (Applikation, Dosis, Dauer, Gewöhnung, individuelle Reaktion)
- Mensch (prämorbide Persönlichkeit, frühkindliche Millieubedingungen, Stresssituationen)
- Gesellschaft (Wirtschaftslage, Berufstätigkeit, Arbeitslosigkeit, sozialer Status, Elternhaus)
- Markt (Einstellung zur Droge, Verfügbarkeit, Werbung).

Der multifaktorielle Erklärungsansatz erweist sich insofern als nachteilig, als er sich in allgemeinen Aussagen erschöpft und nicht vermag, die genauen Entstehungsbedingungen im konkreten Einzelfall zutreffend zu beschreiben. Folglich sind pauschale, voreilige Schuldzuweisungen deplaziert. Stattdessen erscheint es aus ethischer Sicht sinnvoll, den Primat des Aufklärens und Helfens vor dem – moralischen wie juristischen – Verurteilen und Bestrafen zu postulieren. Professionelle Hilfe beinhaltet u. a.:
- Aufklärungs-, Informations- und Diskussionsveranstaltungen mit Schulklassen, Eltern, Lehrern und Ausbildern, um die Einstellungs- und Verhaltensweisen im Drogenbereich positiv zu beeinflussen und zu stärken
- Einüben und Bestärken Drogengefährdeter und Drogenabhängiger zu einem selbstverantwortlichen Umgang mit Suchtstoffen, der von völliger Drogenabstinenz aus eigener Einsicht und Kraft bis hin zur therapeutischen Drogenabgabe unter fachärztlicher Aufsicht reicht
- Schutzmaßnahmen für Minderjährige, Jugendliche und labile Erwachsene vor Werbung und Verführung zum Drogenkonsum
- Strafrechtliches Unterbinden, dass Erwachsene drogenabhängige Minderjährige hemmungslos ausnutzen und auf den Strich schicken.

Die ethische Relevanz polizeilicher Drogenkriminalitätsbekämpfung veranschaulichen folgende Aspekte:
- Die kontrovers geführte Diskussion in unserer Gesellschaft über die Liberalisierung, (Teil-)Legalisierung, Entkriminalisierung und Entpoenalisierung der Drogen hinterlässt Spuren bei der Polizei in Form von Irritation, Verunsicherung, Demotivation und z. T. Resignation. Unausweichlich stellt sich dem mit Vernunft und Augenmaß in der Drogenkriminalitätskontrolle agierenden Polizeibeamten die Frage: Welchen Sinn machen einzelstaatliche Drogengesetze, die das Ziel einer möglichst drogenfreien Gesellschaft anstreben, wenn sich diese zusehends als ineffizient und wirklichkeitsfremd erweisen in dem Abwehrkampf gegen die internationalen Drogenkartelle, der Königsweg zur Kontrolle der Rauschgiftkriminalität nicht in Sicht ist und weder eine Kollaboration mit noch eine Kapitulation vor dem Gewalt- und Verbrechenspotenzial der Drogensyndikate moralisch verantwortet werden kann? Im Blick auf Betäubungsmittelstrafsachen stellt sich die Frage, „wie die für die Drogenbekämpfung maßgeblichen Normen des Betäubungsmittelgesetzes (BtMG) und korrespondierende Vorschriften der Strafprozessordnung (StPO) und der Polizeigesetze der Länder tatsächlich gehandhabt werden“ (Stock 1998) und aus human-ethischer Sicht gehandhabt werden sollen. Solange in der Polizei Wertungsdiskrepanzen bestehen, die sich auf die Gefährlichkeit des Dealers und der Droge, auf die Einsatzvoraussetzungen eines verdeckten Ermittlers und das Begehen milieubedingter Straftaten beziehen und in der Praxis zu unterschied-

lichen Reaktionsweisen der Drogenfahnder – und damit vielfach zu ungleichen Rechtsfolgen – führen, sind politische Entscheidungsträger und polizeiliche Führungskräfte gefordert, Voraussetzungen für größere Rechtsklarheit und einwandfreie Rechtsanwendung zu schaffen. So gilt es zu prüfen, inwieweit sich das Legalitätsprinzip, das der Polizei Strafverfolgungsmaßnahmen zu Gunsten des Allgemeinwohls verbindlich vorschreibt, vereinbaren lässt mit den gesundheitspolitischen Zielsetzungen, Drogenkonsumenten und Drogenabhängige als Kranke (Dealer als Kriminelle) zu betrachten und ihnen mit therapeutischen Interventionsprogrammen (Drogenkonsumräume, kontrollierte Originalstoffabgabe) zu helfen. Was sich im Zusammenhang mit dem Drogenkonsumraum oder der offenen Drogenszene abspielt, bringt deutlich zum Ausdruck, dass ein strukturelles Spannungsgefüge zwischen den unterschiedlichsten Interessensrichtungen herrscht:

- Polizeipräsenz mit konsequentem Einschreiten gegen den illegalen Umgang mit Drogen
- Drogenpolitischer Grundsatz des Staates „Hilfe vor Strafe" bei Rauschgiftabhängigen, verbunden mit dem Toleranzanspruch auf Eigenverbauch einer geringen Menge von mitgeführten Betäubungsmitteln
- Sicherheitsbedürfnis der Bürger, die sich von Drogenabhängigen bedroht oder belästigt fühlen.

Vonnöten ist eine Kriminalstrategie, die auf einen Ausgleich bedacht ist, soweit es das Legalitätsprinzip zulässt, und die Kriterien dafür aufstellt, inwiefern ein Polizeibeamter einem Anfangsverdacht nachgehen soll, inwieweit er über Verdachtsmomente, Ordnungsverstöße oder geringfügige Delikte hinwegsehen darf. Ethisch unzulässig ist es, solch strukturell bedingten Unsicherheiten und Ungereimtheiten als persönliche Defizite und Vergehen den einzelnen Drogenfahndern aufzubürden.

Eine Chance, die Sinnhaftigkeit und Wirksamkeit von Normen im Rauschgiftbereich zu verdeutlichen, liegt in der Fokussierung auf eine internationale Zusammenarbeit mit dem Ziel, die Produktions-, Transport- und Verkaufsstrukturen der global agierenden Drogenindustrie zu zerschlagen, den Kapitalfluss (Geldwäsche, Anlagepolitik) der Drogenmultis zu unterbinden und auf diese Weise Gefahren für die Sicherheit der einzelnen Staaten und Schäden für das Wirtschaftsleben abzuwehren.

- Die polizeiliche Verfolgungspraxis im Betäubungsmittelbereich sieht sich dem „Vorwurf der Willkür" ausgesetzt, sie verletze teilweise grob den verfassungsrechtlichen Gleichheitsgrundsatz „vor allem bei der Verfolgung von Konsumenten und Klein-Dealern" (Stock/Kreuzer 1996). Als Begründung dafür wird auf das Massenphänomen der Drogenkriminalität verwiesen, das Kapazitätsprobleme verursache. Das wiederum erfordere polizeiliche Schwerpunktsetzungen und Selektionen. Um der Gefahr vorzubeugen, den Ermessensspielraum (gegen wen und wie ermittelt wird) willkürlich zu nutzen (von der Einstellungsbefugnis der Massenbagatelldelikte bis zum Heranziehen sachfremder Erwägungen), sind einheitliche Handlungsanleitungen bzw. strategische Leitlinien der Drogenbekämpfung von Polizei, Staatsanwaltschaft und Politik zu erarbeiten. Mit Hilfe derartiger Regelungen, die dem Gleichheitsgrundsatz und dem Verhältnismäßigkeitsmaßstab Rechnung tragen, lässt sich der Vorwurf der Willkür struktureller wie individueller Art entkräften. Drogensüchtige, deren Körper nicht mehr ohne Stoff auskommt und denen keinerlei Geldmittel zur Verfügung stehen, geraten schnell in den Teufelskreis der Beschaffungskriminalität. Bei allem menschlichem Verständnis und Mitgefühl mit dem einzelnen Täter verpflichtet das Legalitätsprinzip den Polizeibeamten, gegen die Wiederholungsdelikte zwecks Drogenfinanzierung vorzugehen.

- Unklar und unmissverständlich erscheint vielen Polizeibeamten, auf welche Weise und mit welchen Mitteln sie die Rauschgiftkriminalität bekämpfen und wie sie ihrer Strafverfolgungspflicht sinnvollerweise nachkommen sollen.
  - Üben die Beamten größeren Druck auf die offene Drogenszene aus, können sie damit die leidigen Begleiterscheinungen – wie z. B. Aggressionen Drogenabhängiger untereinander oder gegen Dritte und Polizei, Sogwirkung auf weitere Drogenkonsumenten und Dealer, Verunreinigung des Drogenumschlaggeländes durch Exkremente, Drogenutensilien und Müll – eindämmen. Allerdings erwächst aus einem zu großen Druck polizeilicher Maßnahmen der Nachteil, dass sich die offene Szene in einen abgeschotteten Versorgungskreis verlagert, dessen Handels- und Konsumstrukturen sich einer Polizeikontrolle weithin entziehen. Um die Motivationslage und Handlungssicherheit der ermittelnden Beamten zu optimieren, hat die Polizeiführung das Gesamtbündel dienstlicher Maßnahmen so zu konzeptionieren, dass die Konkurrenzen zwischen den taktischen Einzelschritten und die negativen Folgewirkungen weitgehendst vermieden werden.
  - Unklarheiten bestehen im Zusammenhang mit verschiedenen Eingriffsermächtigungen, die sich auf die vorbeugende Bekämpfung von Straftaten im Drogenbereich beziehen. So haben sowohl die Ausdehnung der polizeilichen Datenerhebungs- und Datenverarbeitungsprozesse als auch die Videoüberwachungsmaßnahmen gegen potenzielle Täter bzw. an vermuteten Drogenumschlagsplätzen sich in der Öffentlichkeit den Vorwurf eingehandelt, das allgemeine Persönlichkeitsrecht gem. Art. 2 Abs. 1 GG zu verletzen und den Verhältnismäßigkeitsgrundsatz zu missachten. Dem steht die Aussage von Sicherheitsexperten gegenüber, eine effiziente Bekämpfung der Rauschgiftkriminalität sei ohne den Einsatz neuester elektronischer Medien nicht zu leisten.
  - Solange der Begriff der „geringfügigen Menge" an Betäubungsmitteln, die von den Drogenabhängigen in die Drogenkonsumräume mitgebracht werden dürfen, bundesweit unterschiedliche Auslegung findet und die Staatsanwaltschaft zu Reaktionen veranlasst, die unter der Rubrik „Nord-Süd-Gefälle" kursieren, spricht eine derartige Sachlage nicht für die Einhaltung des Gleichheitsgrundsatzes, erhöht ein solcher Umstand nicht gerade die Einsatzbereitschaft der ermittelnden Beamten.
  - Heftig umstritten ist die in den einzelnen Bundesländern keineswegs einheitliche Praxis der zwangsweisen Verabreichung von Brechmitteln, die den gerichtsfesten Beweis dafür erbringen sollen, dass der Tatverdächtige die in Plastikfolie verschweißten Kokain- oder Crackkügelchen oral, vaginal oder anal in seinen Körper eingeführt hat. Eine höchstinstanzliche Gerichtsentscheidung steht noch aus, die verbindlich darüber befindet, inwieweit sich die zwangsweise Brechmittelvergabe vereinbaren lässt mit dem Schutz der Menschenwürde, dem Grundsatz der Selbstbelastungfreiheit, dem Verhältnismäßigkeitsprinzip bei Kleindea-

lern und dem Wertgut der körperlichen Unversehrtheit. Die Meinungsverschiedenheiten in der Judikatur und Öffentlichkeit geben der Polizei alles andere als ein Gefühl der Sicherheit, wenn sie die Exkorporation von Betäubungsmitteln als eine human-ethisch vertretbare Ermittlungsmethode auffassen und praktizieren.

Ethisch gilt zu betonen, dass die bestehenden Unsicherheiten nicht einseitig dem einzelnen Ermittlungsbeamten angelastet werden dürfen, sondern einer genaueren Regelung durch Polizeiführung, Justiz und Politik bedürfen.

- An Polizeibeamte, die sich dienstlich mit der Rauschgiftkriminalität beschäftigen, werden hohe Anforderungen gestellt. Ermittlungserfolge setzen ein deliktspezifisches Fachwissen auf dem neuesten Stand und spezielle Fähigkeiten (riskante Verfolgungsfahrten, milieuangepasste Observationen, verdeckte Ermittlungen) bei Fahndungsbeamten voraus. Rauschgifttatverdächtige, die bei Scheingeschäften oder Festnahmen mit Schuss- bzw. Stichwaffen drohen und diese anwenden, stellen ein beachtliches Gefahrenpotenzial für die Strafverfolger dar, die in Selbstverteidigung und Eigensicherung versiert sein müssen. Darüber hinaus werden gefestigte Werteinstellungen von Polizeibeamten des Rauschgiftdezernats benötigt. So darf die Gefahr nicht verkannt werden, dass sich Rauschgiftsachbearbeiter von attraktiven Frauen „andocken" oder aus Profitgründen korrumpieren lassen und sich selber am Drogengeschäft beteiligen. Besser als Kontrollen durch den Vorgesetzten und durch die Behörde sind Werthaltungen des Polizeibeamten, die ihn resistent machen gegen ein Anfällig- und Straffälligwerden im Bereich der Drogenkriminalität.

Literaturhinweise:

PFA-SB „Rauschgiftkriminalität" (13.–15. 10. 2003). – Geschwinde, T.: Rauschdrogen. Heidelberg [5]2003. – Weber, K.: Eine kritische Bestandsaufnahme zur Rauschgiftkriminalität – und die Alternativen?, in: Kriminalistik 7/2003; S. 410 ff. – Weihmann, R.: Rauschmittelkriminalität, in: Kriminalistik 5/2003; S. 266 ff. – Schwind, H.-D.: Kriminologie. Heidelberg [13]2003; S. 527 ff. – Winterberg, C.: Betäubungsmitteldelikte und deren polizeiliche Verfolgung. Stuttgart u. a. 2002. – Scholzen, R.: Rauschgiftkriminalität – Im Westen nichts Neues, in: DP 11/2002; S. 306 ff. – Christiane, F.: Wir Kinder vom Bahnhof Zoo. Hamburg [44]2002. – Bathsteen, M./Legge, I.: Substitutionsprogramme mit Methadon, in: Kriminalistik 4/2001; S. 236 ff. – Kraus, L. u. a.: Analyse der Drogentodesfälle in Bayern (IFT-Berichte 116). München 2001. – Zingg, C./Bovens, M.: „Ecstasy"-Tabletten und deren kriminalpolizeiliches Auswertungspotential, in: Kriminalistik 12/2000; S. 823 ff. – Burgheim, J./Starkgraff, K. H. (Hg.): Drogenkriminalität und Ansätze zur Bekämpfung (RB SRFHS Bd. 6). Rothenburg/OL 2000. – Hartwig, K.-H./Pies, I.: Art. „Drogen", in: HdWE Bd. 4; S. 174 ff. – Busch, H.: Polizeiliche Drogenbekämpfung – eine internationale Verstrickung. Münster 1999. – Eckart, W.: Art. „Sucht", in: HWPh Bd. 10; Sp. 572 ff. – Schmidbauer, W./Scheidt, J. v.: Handbuch der Rauschdrogen. Frankfurt a. M. [4]1999. – Sissa, G.: Die Lust auf das böse Verlangen. Stuttgart 1999. – Hoeft, S.: Polizeiliche Maßnahmen gegen die offene Drogenszene. Hamburg 1999. – Hanssen, C.: „Trennung der Märkte": rechtsdogmatische und rechtspolitische Probleme einer Liberalisierung des Drogenstrafrechts (FkS Bd. 68). Frankfurt a. M. 1999. – Busch, H.: Polizeiliche Drogenbekämpfung – eine internationale Verstrickung. Münster 1999. – Stock, J.: Die polizeiliche Arbeit aus kriminologischer Sicht, in: Kreuzer, A. (Hg.): Handbuch des Betäubungsmittelstrafrechts. München 1998. – Wanke, K./Kreuzer, A.: Art. „Drogen/Drogenabhängigkeit", in: LBE Bd. 1; S. 493 ff. – PFA-SB „Rauschgiftkriminalität: Neue Lage – Neue Strategie?" (13.–16. 10. 1998). – König, W./Kreuzer, A.:

Rauschgifttodesfälle (GiKS Bd. 8). Bonn 1998. – Albertz, M.: Rauschgift – Gefahr für die Jugend, in: BKA (Hg.): FS Herold; S. 303 ff. – Dölling, D.: Drogenprävention und Polizei (BKA-FR 34). Wiesbaden 1996. – Stock, J./Kreuzer, A.: Drogen und Polizei (GiKS Bd. 3). Bonn 1996. – Kaiser, A.: Was erreicht die deutsche Drogenpolitik? Marburg 1996. – Schwilk, M.: Drogenpolitk in der Krise. Konstanz 1996. – Hartwig, K.-H./Pies, I.: Rationale Drogenpolitik in der Demokratie. Tübingen 1995. – Erlei, M. (Hg.): Mit dem Markt gegen Drogen!? Stuttgart 1995. – Thamm, B. G./Katzung, W.: Drogen – legal – illegal. Hilden [2]1994. – Kerner, H.-J.: Art. „Drogen und und Kriminalität“, in KKW; S. 93 ff. – Erhardt, E./Leineweber, H. (Hg.): Drogen und Kriminalität (BKA-FR/SB). Wiesbaden 1993. – Schütz-Scheifele, K.: Drogenkriminalität und ihre Bekämpfung. Rheinfelden, Berlin [2]1993. – DP 9/1993: Die Bekämpfung der international organisierten Rauschgiftkriminalität in den 90er Jahren. – Knauß, I./Erhardt, E.: Freigabe von Drogen: Pro und Contra. Literaturanalyse (BKA-FR/SB). Wiesbaden 1993. – Ringeling, H.: Für eine Wende in der Drogenpolitik, in: ZEE 4/1992; S. 291 ff. – Böker, W./Nelles, J.: Drogenpolitik wohin? Bern u. a. [2]1992. – DPolBl 6/1992: Drogen und Sucht. – Kreuzer, A. u. a.: Beschaffungskriminalität Drogenabhängiger (BKA-FR 28). Wiesbaden 1991. – Loos, P.: Drogendelinquenz und Kriminologie. Landsberg/Lech 1991. – Knubben, W.: Leben braucht Liebe. Erfahrungen eines Kriminalbeamten und Seelsorgers, in: Schlee, D. (Hg.): Drogen rauben unsere Kinder. Bonn 1991. – Thamm, B. G.: Drogenfreigabe – Kapitulation oder Ausweg? Hilden 1989. – Schimmelpenning, G. W.: Das Sucht- und Drogenproblem, in: HchrE 2; S. 80 ff. – Kreuzer, A. u. a.: Drogenabhängigkeit und Kontrolle. (BKA-FR). Wiesbaden 1981.

24. Alkohol und Kriminalität

Auch wenn in unserer heutigen Zeit Alkohol (Ethanol) als Droge bzw. Rauschgift (vgl. 23.) zunehmend kritisch eingestuft wird, bildet er einen integrierten Bestandteil vieler Kulturkreise in der Alten und Neuen Welt. Dagegen lehnen Buddhismus und Islam den Alkoholkonsum ab, nordamerikanische Indianerstämme fielen dem „Feuerwasser" zum Opfer. In der abendländisch-europäischen Zivilisation fungierte Alkohol als Nahrungs-, Genuss-, Rausch- und Heilmittel. Der 1852 eingeführte Terminus „Alkoholismus" (Feuerlein 1989) bezeichnete zunächst die nachteiligen Auswirkungen auf den menschlichen Körper. Im Jahre 1968 anerkannte das deutsche Bundessozialgericht (in Kassel) Alkoholismus als Krankheit, was weitreichende Folgen u. a. im Jugendhilfegesetz, Arbeits- und Verwaltungsrecht hatte. Von den unterschiedlichen Definitionen setzte sich die 1977 von der Weltgesundheitsorganisation (WHO) vorgeschlagene Unterscheidung zwischen Alkoholmissbrauch und Alkoholabhängigkeit durch. Während die International Classification of Deseasis (ICD 10) Alkoholmissbrauch als gesundheitsschädigenden Konsum bezeichnet, betont das Diagnostische und Statistische Manual (DSM IV) der amerikanischen Psychiatriegesellschaft von 1994 stärker die psychischen und sozialen Folgeschäden. Nach der ICD 10 besteht die Alkoholabhängigkeit in dem Verlangen oder Zwang zum Alkoholkonsum, in der Interessenseinengung auf Alkoholgenuss und in den physischen wie psychischen Beeinträchtigungen. Von E. M. Jellinek stammen – weltweit anerkannt – sowohl die Typologisierung der Alkoholiker in Alpha-, Beta-, Gamma-, Delta- und Epsilon-Trinker als auch die Einteilung des Krankheitsverlaufes in Präalkoholische Phase, Prodromalphase, Kritische Phase und Chronische Phase, jedoch sind Überschneidungen und individuell bedingte Abweichungen möglich.

Nach Angaben der Europäischen Drogenbeobachtungsstelle (EBDD mit Sitz in Lissabon) gefährdet unmäßiger Alkoholkonsum die Gesundheit der Jugendlichen am stärksten. In Jugendgruppen, die es mit dem Gesetz nicht so genau nehmen, und in gewissen Kreisen der Popmusik ist Kampftrinken von Alkohol gang und gäbe.

Da die Entstehungsbedingungen der Alkoholkrankheit nicht eindeutig geklärt sind, erweisen sich pauschale, voreilige Schuldzuweisungen und moralisierende Vorhaltungen als verfehlt. Der gängige Erklärungsansatz stützt sich auf die drei Faktoren Droge (Alkohol als Stimulans), soziales Umfeld (Griffnähe, Konsumterror) und Individualität (physische und psychische Disposition des Alkoholikers), die den komplexen Entstehungsprozess beeinflussen, ohne allerdings im konkreten Fall eine exakte Ursachenanalyse vornehmen zu können. Daraus ergibt sich die moralische Konsequenz: Helfen statt verurteilen, unterstützen statt Vorwürfe machen! Aus ethischer Sicht sollte die Stoßrichtung aller Hilfs- und Betreuungsmaßnahmen auf die Ermutigung und Befähigung zu eigenverantwortlichem, selbstkontrolliertem Trinkverhalten des Abhängigen hinauslaufen, um dessen Integration in das Familienleben, in die Arbeitswelt und in den gesellschaftlichen Kontext zu ermöglichen. Trotz der nicht zu leugnenden Schwierigkeiten, mangelnder Erkennbarkeit von Verhaltensauffälligkeiten des Trinkers, Coalkoholismus, Leugnen und Rückfälligwerden des

Abhängigen, besteht kein Anlass zu Kleinmut oder Resignation. Denn solange sich hinter Suchterkrankungen gesundheitspolitische Probleme mit immensen Folgekosten und menschliche Tragödien für die Familienmitglieder verbergen, sind die kleinen Schritte und mitmenschlichen Bemühungen im sozialen Umfeld genauso wie die professionellen Versorgungsangebote durch Ärzte und Psychologen eine Investition in die Zukunft. Die Alkoholpolitik trifft der Vorwurf der Inkonsequenz und Doppelmoral. Denn einerseits verdient der Staat durch Steuereinnahmen an Alkoholkonsum, andererseits trägt er die Finanzlasten für Therapie und Rehabilitation Alkoholkranker.

Alkoholkriminalität als eigene Deliktform gibt es in der Bundesrepublik Deutschland nicht, wohl lassen sich folgende Zusammenhänge zwischen Alkohol und Kriminalität beobachten (Schwind 2003, Kreuzer 1998, Kerner 1993):

- Begehen von Straftaten unter Alkoholeinfluss
  Vandalierende jugendliche Straftäter scheint Alkohol offensichtlich zu enthemmen. Chronische Alkoholiker begehen v. a. Affektdelikte (Totschlag aus Eifersucht), Gewaltdelikte (Körperverletzung, Sachbeschädigung) und Entgleisungen im Sexualbereich (Exhibitionismus, Unzucht mit Kindern).
- Alkoholeinfluss auf chronisch Straffällige
  Je umfangreicher das Vorstrafenregister, desto höher ist die Promillezahl des Rückfalltäters während der Tatzeit.
- Alkohol als mitgestaltender Faktor eines Delikts
  Wegen Trunkenheit am Steuer verlieren viele Fahrer die Kontrolle über ihr Fahrzeug und verursachen einen Verkehrsunfall. Der durch Alkohol bedingte Verlust der Selbstkontrolle fördert die Bereitschaft zu Beleidigungen und Schlägereien.
- Strafrechtliches Verhalten im Zustand der Volltrunkenheit
  Gem. §§ 20 und 21 StGB kann die Schuldfähigkeit ausgeschlossen oder vermindert sein; in diesen Fällen kommt jeodch eine Strafbarkeit wegen Vollrausch gem. § 323 a StGB in Betracht.

Den Alkoholkonsum als solchen bereits als ein strafrechtliches Vergehen zu qualifizieren, lässt sich ethisch nicht rechtfertigen. Denn eine Totalprohibition des Staates mit dem Hinweis auf Schadensfolgen begründen zu wollen, würde in keinem Verhältnis zum Selbstbestimmungrecht gem. Art. 1 GG stehen, im Vergleich zu anderen Suchtstoffen sich den Vorwurf der Selektivität einhandeln, aufgrund der Erfahrungen in den USA und Skandinavien eher kontraproduktiv sein und die positiven Möglichkeiten einer gepflegten Trinkkultur ausklammern. Dagegen sind restriktive Maßnahmen des Staates aus sozialverträglichen Erwägungen (Jugendschutz, Dekompensationsgefahr für den Alkoholiker, Kostenlast für die Rentenversicherung und medizinisch-psychiatrische Versorgung) durchaus diskutabel, v. a. wenn sie gezielt und konsequent angewandt werden. Moralisch verwerflich bleibt es, Kinder, Jugendliche und labile Erwachsene zum Trinken zu verführen und sie dem Schicksal der Abhängigkeit zu überlassen. Sich in einen Vollrausch zu versetzen, um kriminelle Handlungen zu begehen, muss auf moralische Ablehnung stoßen, weil die Grundlage für die selbstverantwortliche freie Entscheidung zerstört und die Rechenschaftspflicht für die praktischen Konsequenzen eigenen Tuns aufgekündigt wird. Die ethische Legitimation liegt in dem selbstkontrollierten, eigenverantwortlichen Umgang mit Alkohol, der das persönliche Wohlbefinden steigert und weder sich noch andere schädigt.

Der Kontakt mit alkoholisierten Personen lässt sich im Polizeidienst kaum vermeiden. Betrunkene Autofahrer können aggressiv reagieren, wenn sie angehalten, einem Atemalkoholtest unterzogen oder zwecks Blutentnahme zu einem Arzt gebracht werden. Inwieweit sich die Verfolgungsjagd auf Alkoholsünder im Straßenverkehr ethisch rechtfertigen lässt, hängt weitgehend von einer sorgfältigen Güterabwägung ab, bei der die Einschätzung des Gefahrenpotenzials für Dritte, den betrunkenen Fahrer und die Streifenbeamten den Ausschlag gibt. Der Anblick eines unter Alkoholeinfluss stehenden Straftäters, der sich an einem kleinen Kind vergangen oder eine Frau körperlich misshandelt hat, mag Gefühle des Ekels und der Abscheu, der Wut und Rache in dem einschreitenden Beamten wecken. Bei Wirtshausschlägereien die Trunkenbolde zur Räson zu bringen, ohne sich von ihnen zu übertriebenen Gewaltattacken oder beleidigenden Äußerungen provozieren zu lassen, dürfte im Eifer des Gefechtes nicht jedem Streifenbeamten leicht fallen. Derartige Reaktionen in konkreten Einsatzfällen mögen menschlich sein, dennoch hat der Exekutivbeamte bei dem dienstlichen Kontakt mit dem straffällig gewordenen Alkoholiker – mag der sich noch so widerlich benehmen – ein Mindestmaß an menschlicher Achtung zu wahren.

Das gesellschaftliche Phänomen des Alkoholismus macht auch vor den Toren der Institution der Polizei keinen Halt. Deshalb ist in ethischer Hinsicht eine Sensibilisierung dafür angebracht, wie sich Polizeibeamte einem alkoholgefährdeten Kollegen oder alkoholabhängigen Dienstvorgesetzten gegenüber verhalten sollen. Das Disziplinarrecht stuft Alkoholabusus als eine Verletzung der Dienstpflichten ein. Doch vor dem Verhängen disziplinarrechtlicher Maßnahmen stellt sich die Frage nach der Fürsorgepflicht des Vorgesetzten. Den Nachweis dafür zu erbringen, dass ein Mitarbeiter alkoholkrank ist, fällt nicht in den Aufgabenbereich des Polizeiführers. Stattdessen hat er Verhaltensauffälligkeiten im Dienst genau zu beobachten, diese dem betreffenden Beamten in einem Gespräch offen zu benennen, unmissverständlich Konsequenzen anzukündigen und bei unveränderter Faktenlage zu ziehen. Zeigt dagegen der Mitarbeiter Einsicht und Bereitschaft zur Verhaltensänderung, gebietet die Fürsorgepflicht, ihm professionelle Hilfen (Arzt, Suchthelfer) anzubieten. Nicht unschlüssiges Schwanken zwischen weichen (wohlmeinendes Wegsehen, schonendes Zudecken) und harten (Disziplinarrecht, Strafrecht) Reaktionsformen, sondern ein konsequentes Vorgehen nach einem abgestuften Plan (Interventionsprogramm) schafft Vertrauen und Verlässlichkeit. Kehrt ein Polizeibeamter aus einer stationären Behandlung kuriert zurück, bewährt sich die Fürsorgepflicht des Vorgesetzten darin, bei dessen Reintegration behilflich zu sein. Unter dem Deckmantel des Coalkoholismus ziehen Beamte aus kameradschaftlicher Verbundenheit einen alkoholabhängigen Kollegen stillschweigend durch. Doch coalkoholisches Verhalten bewirkt keine Heilung, sondern nur eine Suchtverlängerung. Zudem gebietet Ethik einem zu großzügigen Hinnehmen von Verfehlungen eines alkoholisierten Polizeibeamten im Dienst dort Einhalt, wo Dritte darunter schweren Schaden nehmen und leiden müssen.

Literaturhinweise:

Schwind, H.-D.: Kriminologie. Heidelberg [13]2003; S. 515 ff. – Klages, W.: „Bundesarbeitsgemeinschaft Suchtprobleme in der Polizei" – Chronologie einer Selbsthilfe, in: Deu Pol 6/2002; S. 27 f. – Rauschenberger, F.: Alkoholerkrankungen und Disziplinarrecht, in: Kriminalistik 1/2002; S. 55 ff. – Burtscheidt, W.: Integrative Verhaltenstherapie bei Alkoholabhängigkeit. Berlin 2001. – Arend, H.: Alkoholismus. Weinheim, Basel 1999. – Soyka, M.: Alkoholabhängigkeit. Berlin 1999. – LWL (Hg.): Suchtmittel und ihre Auswirkungen im Arbeitsleben. Münster 1999. – Feuerlein, W. u. a.: Alkoholismus – Mißbrauch und Abhängigkeit. Stuttgart, New York [5]1998. – Feuerlein, W./Kreuzer, A.: Art. „Alkohol/Alkoholismus", in: LBE Bd. 1; S. 97 ff. – Feser, H.: Umgang mit suchtgefährdeten Mitarbeitern. Heidelberg 1997. – Griffith, E.: Alkoholkonsum und Gemeinwohl. Stuttgart 1997. – Mann, K./Buchkremer, G. (Hg.): Sucht. Stuttgart u. a. 1996. – Ott, C.: Alkoholismus. Regensburg 1996. – Seitz, H. K. u. a. (Hg.): Handbuch Alkohol. Leipzig, Heidelberg 1995. – Soyka, M.: Die Alkoholkrankheit – Diagnose und Therapie. London u. a. 1995. – Nöldner, W./Renner, W.: Polizei und Angetrunkene. Stuttgart 1993. – Kerner, H.-J.: Art. „Alkohol und Kriminalität", in: KKW; S. 5 ff. – Kerner, H.-J.: Alkohol und Kriminalität. Berlin u. a. 1992. – Rußland, R.: Das Suchtbuch für die Arbeitswelt. Frankfurt a. M. 1991. – Arbeitskreis Alkohol (Hg.): Alkohol am Arbeitsplatz. Wie sag' ich's meinem Kollegen. Bonn [11]1989. – Feuerlein, W.: Alkoholismus – Mißbrauch und Abhängigkeit. Stuttgart, New York [4]1989. – Rietz, D.: Alkoholismus. Münster 1989. – Szewczyk, H.: Der Alkoholiker. Berlin (Ost) [2]1986. – Claussen, H. R.: Die Ausübung der Disziplinarbefugnisse bei Alkoholverfehlungen, in: DP 12/1984; S. 353 ff. – Geißdörfer, J. W.: Die Würde des Menschen ist unantastbar. Zum polizeilichen Umgang mit Alkoholisierten, in: PN BHdP 1/1983; S. 2 ff. – Anschütz, G.: Die Bekämpfung der Trunksucht im Verwaltungswege (Bericht u. Gutachten über eine v. d. „Deutschen Verein gegen d. Mißbrauch geistiger Getränke" veranstaltete Umfrage bei deutschen Polizeibehörden). Hildesheim (1899) [2]1900.

25. Kinder und Jugendliche als Opfer und Täter von Gewalt

Zu den dunklen Schattenseiten der menschlichen Geschichte zählt die Gewaltanwendung Erwachsener gegen Kinder in Form von sexuellem Missbrauch und psychischer sowie physischer Misshandlung bis hin zur Tötung. Dynastische, bevölkerungspolitische, eugenische und kultisch-rituelle Gründe veranlassten Erwachsene zum Aussetzen und Umbringen von Neugeborenen. Kinder wurden ausgenutzt als billige Arbeitskräfte während der frühen Industrialisierungsphase – in einigen Entwicklungsländern noch heute – und herangezogen zu bewaffneten Söldnern in Kriegszeiten. Harte körperliche Züchtigung der Kinder gehörte zum Standardrepertoire Erziehungsberechtigter in Fürsorgeanstalten, Ausbildungsstätten und Elternhäusern. Obwohl bereits 1871 in New York der erste Kinderschutzbund gegründet wurde, propagierte noch die 68er-Revolte Pädophilie als sexuelle Befreiung (Jean-Claude Guillebaud: Die Tyrannei der Lust. 1999). Sextourismus als kulturelle Variante einer allzu liberalen Bourgeoisie stinkt zum Himmel. Und wenn UN-Angestellte in westafrikanischen Flüchtlingslagern Sex von kleinen Mädchen verlangen und als Gegenleistung Lebensmittel und Geld bieten, ist das ein Skandal, der die Vereinten Nationen in Verruf bringt und keineswegs toleriert werden darf.

Die Folgeschäden, die ein Leben lang andauern können, treten bei Opfern von Kindesmisshandlung zutage u. a. in Gestalt von Entwicklungsstörung, Suchtanfälligkeit und Gewaltbereitschaft. Die Dunkelziffer dürfte hoch sein, da Kinder meist im abgeschirmten Bereich der Familie Gewalt erleiden und auf Hilfe von außen angewiesen bleiben. Gründe für Kindesmisshandlung können in der Persönlichkeitsstruktur des Täters (Ablehnung des unerwünschten Kindes, Überforderung durch ein behindertes Kind, Partnerschaftsprobleme, Alkohol- und Drogenabhängigkeit) und in der sozio-ökonomischen Situation (Finanznot, schlechte Wohnverhältnisse, Arbeitslosigkeit, neue Partnerschaft) liegen.

Sexueller Kindesmissbrauch artikuliert sich in verbalen Belästigungen, exhibitionistischen Handlungen, Masturbation, oraler, vaginaler und analer Penetration, Inzest, Kinderprostitution und Kinderpornographie. Selbst Kleinkinder können Opfer sexueller Gewalt werden. Die Täter stammen überwiegend aus dem Kreis der Familie, Verwandtschaft und Bekanntschaft, ihre Altersstufe reicht vom infantilen Jugendlichen über den tabulosen Erwachsenen bis hin zum manischen Greis. Neben Verletzungen und Infektionen im Genital- und Analbereich bestehen die belastenden Auswirkungen der Zwangsprostitution in psychosomatischen Erkrankungen (Angstzustände, Schlafstörungen, Verdauungsprobleme), ferner in Symptomen wie Schulversagen, Depressionen, Kontaktarmut, Weglaufen von zuhause, in Missbrauchstrauma und schweren Persönlichkeitsstörungen.

Im deutsch-tschechischen Grenzgebiet bei Eger/Cheb hat sich ein Markt für Kinderprostitution, eins der größten Freilichtbordelle Europas, etabliert (Schauer 2003). Die wachsende Nachfrage v. a. männlicher Sextouristen nach Kinderkörpern als Lustobjekt stimuliert die kommerzielle Ausbeutung. Die missbrauchten Kinder stammen überwiegend aus sozial schwachen Familien, deren Eltern drogen- bzw.

alkoholabhängig sind, keine Arbeit haben oder eine Gefängnisstrafe verbüßen. Wie die Opfer selber sagen, sind sie bereits vor ihrem Einstieg in die Prostitution vergewaltigt und sexuell missbraucht worden. Gewalt erleiden sie vielfach von den Zuhältern und den – größtenteils deutschen – Freiern. Skandalös ist nicht nur diese zeitgenössische Form von Sklavenhandel, sondern auch das Bestreiten offizieller Stellen bzw. Verschweigen der sexuellen Kindesausbeutung in weiten Teilen der Öffentlichkeit.

Durch Kindesmisshandlung und sexuellen Missbrauch Minderjähriger laden die Täter schwere Schuld auf sich, weil sie verantwortlich für ihr Verhalten sind, während die Opfer die Bedeutung und Konsequenzen der bezahlten Prostitution weder voll erfassen noch all dem innerlich frei bzw. selbstverantwortlich zustimmen können, weil die Erwachsenen das kindliche Vertrauens- und Abhängigkeitsverhältnis schamlos ausnutzen zur Befriedigung eigener oder fremder Lustbedürfnisse, weil sie bei den vergewaltigten Kindern langanhaltende, schwerwiegende Folgeschäden verursachen. Ethisch wäre es allerdings zu wenig, Kinder nur im Sinne eines engen Misshandlungsbegriffs vor gewalttätigen Übergriffen Erwachsener zu schützen. Vielmehr kommt es darauf an, die Entstehungsbedingungen für Kindesmisshandlung und -missbrauch durch Erwachsene zu beseitigen und Rahmenbedingungen für eine positive Entwicklung der Kinder zu schaffen, eine Forderung, die weit über polizeiliche Möglichkeiten hinausgeht. Ein pauschales Lamento in der Öffentlichkeit wirkt deplaziert, angebracht erscheint eine differenzierte ethische Betrachtung und Bewertung sexuellen Kindesmissbrauchs aus folgenden Überlegungen:

- In Verdachtsfällen sieht sich die Polizei veranlasst, sorgfältig zu ermitteln. Verdachtsprognosen stellen Ärzte, Psychologen und Sozialarbeiter vor die schwierige, verantwortungsvolle Aufgabe, die vorliegenden Symptome und Hinweise als beweiskräftig bzw. nicht stichhaltig zu qualifizieren. Unvereinbar aber mit einem Rechtsstaat wären Formen von Lynchjustiz und Hetzkampagne einer erregten Menschenmenge, weil sie Unschuldige aus Versehen an den Pranger stellen, vermeintliche Kinderschänder in den Suizid treiben und Pädophile zum Untertauchen veranlassen können, anstatt sie zu bewegen, eine Therapie aufzusuchen.
- Ein intaktes, harmonisches Familienleben stellt ein hohes, schutzbedürftiges Wertgut dar, ebenso der Anspruch eines misshandelten bzw. missbrauchten Kindes auf seine Gesundheit, günstige Entwicklung und Vorbereitung auf die Zukunft. Bei der Abwägung dieser beiden Wertgüter darf es keine einseitige Bevorzugung des familiären Zusammenhaltes zu Lasten der Opferinteressen geben.
- Die gerichtliche Verurteilung des Gewalttäters hilft dem geschädigten Kind nur bedingt weiter, nicht selten fühlt es sich selber schuldig daran, dass der Vater eine Gefängnisstrafe verbüßen muss. Die konkrete Lösung im Einzelfall dürfte sich an der Schwere des Verbrechens, den Therapiechancen des Opfers, der Einsicht und dem Willen des Täters zur Wiedergutmachung orientieren.
- Für die gesamte Bevölkerung besteht die moralische Verpflichtung zum Einschreiten und Unterbinden der Gewalt gegen Kinder. Wer wegschaut und schweigt, macht sich mitschuldig. Eine Anzeige bei der Polizei aufgrund hinreichender Verdachtsmomente lässt sich durchaus als ein ethisch vertretbares Mittel der Gegenwehr und der sozialen Verantwortung einstufen. Neben Zivilcourage ist praktische Hilfe wichtig, sei es in Form von medizinischer und psychotherapeutischer

Betreuung, sei es in Form von pastoraler Begleitung, die sich bemüht, den Täter zur Einsicht und Besserung zu bewegen, eine Verständigung und Aussöhnung zwischen Täter und Opfer anzubahnen. Fragen des Opferschutzes, der Verantwortung und Schuld angemessen zu behandeln verlangt Sensibilität, Professionalität und moralische Kompetenz.

Vor eine verantwortungsvolle Aufgabe sehen sich Polizeibeamte gestellt, die einerseits Kindern und Jugendlichen als Opfer von Gewalt peinliche Vernehmungsfragen möglichst ersparen wollen, andererseits aber den gesetzlichen Auftrag zu erfüllen haben, gründlich zu ermitteln und gerichtsfeste Beweismittel zusammenzutragen. Wenn ein Polizeibeamter erkennt, dass ihn persönlich die dienstliche Tätigkeit im Deliktbereich der Kinderpornographie zu stark belastet, sollte er sich für einen Wechsel in ein anderes Fachkommissariat eigenverantwortlich entscheiden können, ohne Nachteile befürchten zu müssen. Zur Fürsorgepflicht des Vorgesetzten gehört es, das Gespräch mit Mitarbeitern zu suchen und ihnen Hilfen anzubieten, um mit Belastungen und persönlicher Betroffenheit fertig zu werden. Den technisch und personell z. T. unzureichend ausgestatteten Polizeiabteilungen bleibt meist keine andere Chance als der Versuch, den Produzenten, Händlern und Konsumenten von Kinderpornographie, deren Videos zunehmend perverser und brutaler werden, im anonymen, weltweiten Internet auf die Spur zu kommen. Dabei können, aber sollten nicht Eigenmotivation und Diensteinsatz der ermittelnden Beamten leiden angesichts der nicht versiegenden Flut von kinderpornographischen Aufnahmen im Netz und der oft zu geringen Strafen der Kinderschänder.

Kinder und Jugendliche erleiden nicht nur Gewalt, sondern können auch selber Gewalt gegen andere ausüben und kriminelle Energie entwickeln. Wochenlang haben nach Presseberichten 15-jährige Hauptschüler in Erding (Bayern) und Berufsschüler in Hildesheim einen Mitschüler geschlagen und gequält, davon Videoaufnahmen gemacht und z. T. ins Internet gestellt. Lehrerinnen wissen ein Lied von Schülergewalt bereits in den unteren Schulklassen zu singen (WR-d 2/2000; S. 3):

- „Die sexistische Sprache von Fünftklässlern kommt vom Pornokonsum, wie sie selbst erzählen. Jungs imitieren die Schläge von Helden aus Filmen und Computerspielen. Es gibt Begeisterung für das detailgetreue Malen von Folterszenen."
- „Gerade Lehrerinnen, die es wagen, sich unerzogenen, rotzigen Jungs in den Weg zu stellen, sind ein Ziel verbaler Attacken."
- „Die Schüler geben beim Eingreifen durch ein/e Lehrerin gern vor, dass alles nur Spaß ist. In meinen Augen sind sie körperlich teilweise regelrecht enthemmt."
- „Vielen Kindern bleibt – vor dem Fernseher sitzend – nur noch ein Leben ‚aus zweiter Hand'. Ohne Bewegungsmöglichkeiten, ohne Abenteuer und Klettereien haben sie keine Chance mehr, Aggressionen los zu werden."
- „Zur Zeit zeigen mir vor allem meine ausländischen Jungen, dass ich als Frau nichts wert und somit keine Respektperson bin."

Kinderkriminalität bezeichnet die Summe der Straftaten, die Kinder begangen haben. Formal überwiegen Ladendiebstahl und Sachbeschädigung. Zu den Gewaltdelikten, meist von Kindern gegen gleichaltrige verübt, zählen Raub und Körperverletzung. Die relativ hohe Dunkelziffer dürfte sich u. a. daraus erklären, dass Kinder durchweg nur bei schweren Vergehen angezeigt, ansonsten weitgehend geschont werden. Nach

§ 19 StGB sind Kinder unter 14 Jahren schuldunfähig und deswegen strafrechtlich nicht verantwortlich. Der Erklärungsansatz, Kinderdelinquenz als Symptom für Sozialisationsdefizite, rechtfertigt in ethischer Hinsicht den Vorzug durchdachter Erziehungsmaßnahmen, die den persönlichen Entwicklungsprozess und das Wohlergehen des Kindes fördern, gegenüber staatlichen Strafpraktiken, die dem Sozialisationsprozess des jungen Täters Schaden zufügen und die Gefahr der Stigmatisierung mit sich bringen. Angesichts der Tatsache, dass die meisten kindlichen Gewalttäter über eine Gewaltbiographie und über ein mangelndes Unrechtsbewusstsein verfügen, erscheint der Ruf nach einer Verschärfung des Strafrechts wenig plausibel. Prävention in Form von familiärer und schulischer Werterziehung, von einer Schärfung des Rechtsbewusstseins ist vonnöten. Allerdings bleibt kritisch zu bedenken: Wie steht es um die Sinnhaftigkeit und Effizienz der Erziehungsmaßnahmen, wenn gesellschaftliche Kreise ernsthafte Bedenken gegen die Verbindung von Freiheitsentzug und Erziehungsbeistand erheben oder sich ein kleiner Prozentsatz kindlicher Gewalttäter als uneinsichtig und unverbesserlich erweist (Hirt 2003)?

Unter Jugendkriminalität verstehen Juristen strafbare Handlungen, die Jugendliche im Alter von 14 bis 18 Jahren bzw. Heranwachsende im Alter von 18 bis 21 Jahren verüben. Der entwicklungspsychologisch geprägte Begriff „Jugenddelinquenz" bezieht – zusätzlich zu dem Aspekt der Strafbarkeit von Handlungen – auch abweichende Verhaltensweisen und dissoziale Entwicklungsphänomene wie Cliquenmentalität, Imponiergehabe, Randalieren, Schulschwänzen, Alkohol- und Drogenkonsum, Suizidversuch mit ein. Das z. T. von spektakulären Medienberichten geprägte Bild der Jugendkriminalität in unserer Öffentlichkeit bedarf einer differenzierten Betrachtungsweise: Die häufigste Form jugendlicher Delinquenz bilden Diebstahl (Geschäfte, Kraftfahrzeuge) und Straßenverkehrsdelikte. Gewaltvergehen (Körperverletzung, Raub, Sexualstraftat, Einbruch) werden von einer kleinen Minderheit begangen. Der Behauptung, Jugendkriminalität bedeute den Einstieg in die kriminelle Karriere, steht die statistische Aussage entgegen, dass die Delinquenz episodenhaften Charakter hat und mit zunehmendem Alter abklingt. Trotz der Vielfalt kriminologischer Hypothesen gibt es noch keine schlüssige Erklärung für die Ursachen jugendlicher Straftaten. Der multifaktorielle Erklärungsansatz umfasst Sozialisationsschäden, negative Einflüsse durch Massenmedien und Peergroups, Unfähigkeit zu eigenständigen, sozialverträglichen Konfliktlösungen, unzureichendes Wissen von strafbaren Handlungen und deren Folgen, gesellschaftlichen Wertewandel und Unüberschaubarkeit pluraler Lebenslagen. Ethisch bleibt zu warnen vor einer Verharmlosung der Jugendkriminalität, weil sie weder dem Opfer-Schutz-Gedanken noch dem Erziehungsanliegen zur Mündigkeit und Selbstverantwortung junger Menschen, die gegen ein Gesetz verstoßen haben, gerecht wird. Da der jugendliche Delinquent noch keine in seiner Identitätsfindung gereifte, vollverantwortliche Persönlichkeit ist, erscheint als offizielle Reaktion des Rechtsstaates auf Jugendkriminalität ein aufeinander abgestimmtes Maßnahmenbündel von Erziehungs- und Strafarten sinnvoll und zweckmäßig. Vorrang verdienen erzieherische Maßnahmen, die beim jugendlichen Delinquenten Einsicht und Verhaltensänderung bewirken. Bestrafungen sollten für die jungen Straftäter in Betracht kommen, die sich jeglicher Einsicht in ihre brutale, sozialschädliche Handlungsweise verschließen und keinen Willen zur Besserung erkennen lassen oder als Wiederholungstäter in Erscheinung treten (Wolke 2003). Kritisch zu bedenken bleibt allerdings, dass dieser theoretisch stimmige Ansatz in der Praxis oft nur inkonsequent und widersprüchlich realisiert wird. So liegt zwischen jugendlicher Straftat und staatlicher Reaktion in der Regel ein zu langer Zeitabstand. Die meist viel zu spät erfolgten Erziehungs- bzw. Strafmaßnahmen verfehlen insofern ihren Zweck der Normverdeutlichung, als der junge Straftäter sein früheres Verhalten längst abgehakt hat. Häufig belastet ihn jedoch während der langen Wartezeit das Stigma des Verdachts, etwas Unrechtes begangen zu haben, was mit der Gefahr verbunden ist, falsche Reaktionen beim Betroffenen auszulösen. Warum wird diese unangenehme Zwischenzeit nicht als Chance genutzt, dass der jugendliche Delinquent sozialpädagogische Hilfe angeboten bekommt, um aus seinen Fehlern zu lernen? Die Vermutung, dass jugendliche ausländische Beschuldigte tendenziell schlechter behandelt werden als deutsche, lässt sich durch empirische Befunde nicht erhärten (Dittmann/Wernitznig 2003). Sozialpädagogen rechtfertigen Abenteuerreisen (Australien, Namibia, Argentinien, Finnland) für jugendliche, schwererziehbare Normverletzer mit Betreuern damit, dass derartige Projekte kostengünstiger seien als eine Unterbringung in einem hiesigen Erziehungsheim. Wären die Verantwortlichen der Jugendhilfe nicht besser beraten, derart aufwendige Maßnahmen evaluieren zu lassen, um den Steuerzahler nicht zu verärgern und die pädagogische Notwendigkeit zu dokumentieren? In unserer Gesellschaft lassen sich zwei gegensätzliche Trends beobachten: Einerseits wird der Jugendliche bereits mit 14 Jahren für religionsmündig, mit 16 Jahren z. T. für wahlmündig, mit 18 Jahren für voll geschäftsfähig und wahlmündig erklärt. Andererseits wird das Alter für das Jugendstrafrecht heraufgesetzt. Inwieweit gibt es für diese Diskrepanz einleuchtende Begründungen? Prävention gegen Jugendkriminalität steht derzeit hoch im Kurs. Soll Jugendhilfe diese positiven, auf Prävention gesetzten Erwartungen erfüllen, muss sie sich die Frage stellen, was sie faktisch leisten kann und was nachweislich dabei herauskommt. Wie realistisch und redlich ist es, für Prävention zu plädieren, ohne klar zu sagen, dass Prävention zwangsläufig ein Mehr an sozialer Kontrolle und an Eingriffen in die Lebenswelt der Jugendlichen bedeutet?

Den Zusammenhang zwischen Gewaltkriminalität und Computerspielkonsum versucht in der Medienforschung eine Reihe von Hypothesen zu erläutern (Faulstich 1998):

- Nach der Stimulationsthese verstärkt die Rezeption von Mediengewalt bei Jugendlichen die Bereitschaft, selber gewalttätig zu werden.
- Dagegen behauptet die Katharsisthese, Gewalt in den Medien mindere beim jugendlichen Zuschauer die Neigung zum aggressiven Verhalten.
- Folgt man der Lerntheorie, bildet der Konsum von Gewaltdarstellungen bei Kindern auf Dauer Verhaltensweisen aus, die Gewaltanwendung unter bestimmten Bedingungen einschließen.
- Der Habitualisierungsthese zufolge findet beim Konsumenten von Mediengewalt ein Gewöhnungs- und Abstumpfungsprozess statt.

Auch wenn sich diese Erklärungsansätze wissenschaftlich nicht belegen lassen, spricht gleichwohl einiges dafür, „dass eine gewaltbereite ‚Prädisposition‘ zu einem entsprechenden Medienkonsum führt und rezipierte Mediengewalt die Gewaltakzeptanz und Gewalttätigkeit verstärkt“ (Raithel 2003).

Die in den 80er Jahren geführte Diskussion über das Verhältnis zwischen Sozialarbeit und Polizei bzw. über die mögliche Rolle des Polizeibeamten als eines Sozialarbeiters/Sozialpädagogen stieß auf ein unüberwindbares Hindernis. Denn das erklärte Berufsziel eines Sozialarbeiters war und bleibt es, die kurzfristig erforderlichen, individuellen Hilfs- und vertrauensbildenden Schutzmaßnahmen für einen straffällig gewordenen Jugendlichen mit dem Gesamtkonzept eines möglichst stetigen persönlichkeitsfördernden Entwicklungs- und Reifungsprozesses abzustimmen und im Falle eines hoffnungsvollen Ansatzes schon mal fünf gerade sein zu lassen. Dagegen verpflichtet das Legalitätsprinzip den Exekutivbeamten dazu, bei Verdacht auf eine Straftat von Amts wegen einzuschreiten, will er sich nicht der Strafvereitelung im Amt gem. § 258 a StGB schuldig machen. Dieser Zielkonflikt beider Berufsgruppen setzt einer engen, reibungslosen Zusammenarbeit Grenzen und schließt eine Rollenkombination aus. Jugendhilfe und Jugendschutz in vollem Umfang zu leisten kann nicht die alleinige Aufgabe der Polizei sein, sondern erfordert vermehrte gemeinsame Anstrengungen weiterer staatlicher Institutionen und gesellschaftlicher Gruppen.

Literaturhinweise:

Schauer, C.: Kinder auf dem Strich (Hg. v. Deutschen Komitee für UNICEF u. ECPAT Deutschland). Bad Honef 2003. – Lösel, F./Bliesener, T.: Aggression und Delinquenz unter Jugendlichen (P + F Bd. 20). München 2003. – Raithel, J./Mansel, J. (Hg.): Kriminalität und Gewalt im Jugendalter. Weinheim 2003. – Raithel, J.: Medien, Familie und Gewalt im Jugendalter, in: MschrKrim 4/2003; S. 287 ff. – Sutterlüty, F.: Gewaltkarrieren. Frankfurt a. M. 2003. – Hesselbarth, M.-C./Haag, T.: Kinderpornografie (IPOS). Frankfurt a. M. 2003. – Hirt, K.: Kinderdelinquenz, in: Kriminalistik 10/2003; S. 570 ff. – Wolke, A.: Jugendliche Mehrfach-/Intensivtäter, in: Kriminalistik 8–9/2003; S. 500 ff. – Raithel, J.: Medien, Familie und Gewalt im Jugendalter, in: MschrKrim 4/2003; S. 287 ff. – Dittmann, J./Wernitznig, B.: Strafverfolgung und Sanktionierung bei deutschen und ausländischen Jugendlichen und Heranwachsenden, in: MschrKrim 3/2003; S. 195 ff. – Schneider, H. J.: Kinder und Jugendliche als Mörder, in: Kriminalistik 10/2002; S. 609 ff. – Ostendorf, H. u. a.: Aggression und Gewalt. Frankfurt a. M. 2002. – Deu Pol 5/2002 „Gemeinsames Handeln – Wege aus der Jugendkriminalität". – Kastner, P./Sessar, K. (Hg.): Strategien gegen die anwachsende Jugendkriminalität und ihre gesellschaftlichen Ursachen. Münster 2001. – Christiane, F.: Wir Kinder vom Bahnhof Zoo. Hamburg [44]2002. – Walter, M.: Jugendkriminalität. Stuttgart u. a. [2]2001. – Gallwitz, A./Paulus, M.: Kinderfreunde Kindermörder. Hilden [2]2001. – Fegert, J. M.: Umgang mit sexuellem Missbrauch. Münster 2001. – IPA aktuell 4/2001: Wer schützt unsere Kinder? – Wetzels, P. u. a.: Jugend und Gewalt. Baden-Baden 2001. – Skepenat, M.: Jugendliche und Heranwachsende als Tatverdächtige und Opfer von Gewalt. Godesberg 2000. – Kinder und Jugendliche als Täter und Opfer (Weißer Ring). Mainz 2001. – DPolBl 5/2000: Kinder und Jugendkriminalität. – Lüders, C.: Ist Prävention gegen Jugendkriminalität möglich?, in: ZBJR 1/2000; S. 1 ff. – Gallwitz, A./Zerr, N. (Hg.): Horrorkids? Hilden 2000. – Wetzels, P./Enzmann, D.: Gewaltkriminalität junger Deutscher und Ausländer: brisante Befunde, die irritieren: eine Erwiderung auf Ulrich Mueller, in: KZfSS 4/2000 ff. – Grimm, A. (Hg.): Kriminalität und Gewalt in der Entwicklung junger Menschen. (Loccumer Protokolle 50/98). Loccum 1999. – PFA-SB „Jugendkriminalität – Kriminalität jugendlicher Aussiedler" (23.–25. 11. 1999). – IM NRW (Hg.): Fachtagung „Kinder und Jugendliche als Kriminalitätsopfer" am 28. 4. 1999. – Zirk, W.: Jugend und Gewalt. Polizei-, Sozialarbeit und Jugendhilfe. Stuttgart u. a. 1999. – Faulstich, W. (Hg.): Grundwissen Medien. München [3]1998. – Elsner, E. u. a.: Kinder- und Jugendkriminalität in München. München 1998.

– Haas, V.: Jugendkriminalität in Deutschland, in: DP 6/1998; S. 165 ff. – Lenard, H.-G.: Art. „Kindesmissbrauch/Kindesmisshandlung“, in: LBE Bd. 2; S. 385 ff. – O'Grady, R.: Die Vergewaltigung der Wehrlosen. Bad Honnef 1997. – Pfeiffer, C.: Jugendkriminalität und Jugendgewalt in europäischen Ländern. Hannover 1997. – Heitmeyer, W./Müller, J.: Fremdenfeindliche Gewalt junger Männer. Bonn-Bad Godesberg 1995. – Kreuzer, A.: Art. „Jugendkriminalität“, in: KKW; S. 182 ff. – Kaiser, G.: Art. „Jugendkriminalität“, in: StL Bd. 3; S. 251 ff. – Kreuzer, A.: Jugend – Drogen – Kriminalität. Neuwied, Darmstadt [3]1987. – Stoffers, M.: „Sozialarbeit und Polizei“, in: Tagungsbericht über … „Sozialarbeit und Polizei“ (28. 5.–31. 5. 1985). Hg. v. LKA NRW, Düsseldorf. – Lauton, A.: Jugend und Polizei. Karlsfeld/München 1983. – Poerting, P.: Polizeiliche Jugendarbeit. (BKA). Wiesbaden [2]1982. – Kreuzer, A. u. a. (Hg.): Polizei und Jugendarbeit. Wiesbaden 1981. – Middendorf, W.: Jugendliche Banden, in: BKA (Hg.): Diebstahl, Einbruch und Raub. Wiesbaden 1958; S. 153 ff.

26. Polizeieinsatz bei Großlagen mit politischem Hintergrund

Art. 8 Abs. 1 GG stellt das Recht aller deutschen Staatsangehörigen auf Versammlungsfreiheit sicher und schützt die Zusammenkunft der politischen Minderheiten, soweit sie der öffentlichen Meinungs- und Willensbildung dienen. Nach dem Beschluss des Bundesverfassungsgerichts vom 14. Mai 1985 zielt das Demonstrationsrecht des Bürgers darauf ab, ihn stärker am politischen Meinungsbildungs- und Entscheidungsfindungsprozess in unserer pluralen Demokratie zu beteiligen, damit nicht große Verbände (Parteien), finanzstarke Geldgeber oder Massenmedien den einzelnen Staatsbürger zur politischen Ohnmacht verurteilen. Während in den 50er Jahren der Bundesrepublik Deutschland das Versammlungsrecht durch die Repräsentativdemokratie und das Wirtschaftswunder in den Hintergrund gedrängt wurde, artikulierte sich in den 60er Jahren politischer Unmut und Protest gegen die Notstandsgesetzgebung, den Vietnamkrieg und für eine Hochschulreform. In den 70er Jahren agitierten Demonstranten gegen die Aufrüstung der Bundeswehr, den Golfkrieg, den Bau von Kernkraftwerken und den § 218 StGB. Nach politischen Protestaktionen in Form von Hausbesetzungen, Sitzblockaden und Arbeitskämpfen folgten öffentliche Aufzüge rechtsextremistischer Gruppen mit Gegendemonstrationen der Linken. Seit einigen Jahren nimmt das Versammlungsgeschehen die Gestalt von Techno-Paraden, Love-Paraden, Fuck-Paraden, Rave-Parties, Punk-Chaos-Tagen und Widerstandscamps an.

Infolge des sich ständig ändernden Versammlungsgeschehens und des Fehlens einer Legaldefinition besteht Klärungsbedarf, was konkret unter Versammlungs- bzw. Demonstrationsfreiheit zu verstehen ist, wieweit das Versammlungsrecht reicht und an welche rechtlichen Bedingungen sich polizeiliche Eingriffsmaßnahmen bei politischen Protestveranstaltungen zu halten haben. Bei der Präzisierung des Versammlungsbegriffs handelt es sich nicht nur um eine abstrakt-theoretische Juristenfrage, sondern auch um eine praktisch-finanzielle Frage, insofern Event-Veranstaltungen die Erlaubnis einholen und die Reinigungskosten selber tragen müssen. Nach dem engen Versammlungsbegriff treffen sich mehrere Personen zu dem Zweck gemeinsamer Meinungsbildung und Meinungskundgabe in öffentlichen bzw. politischen Angelegenheiten für eine gewisse Zeitdauer. Der erweiterte Versammlungsbegriff dehnt den Zweck der gemeinsamen Zusammenkunft auch auf private Angelegenheiten aus. Der sog. weite Versammlungsbegriff löst sich von der Zweckbindung und betont die freie Persönlichkeitsentfaltung in Gruppenform. Veranstaltungen mit überwiegend Konsum-, Spaß- oder Unterhaltungscharakter (Rockkonzerte, Fußballspiele, Messen) fallen nicht unter die Kategorie der Versammlung. Demonstrationen stellen eine Sonderform des Versammlungsgeschehens dar, insofern sie es auf den Zweck der kollektiven Meinungskundgabe reduziert und durch optische (Transparente), akustische (Sprechchöre) und dramaturgische (effektvolle Einlagen) Mittel in der Öffentlichkeit eindringlich unterstreicht.

Das Grundrecht der Versammlungs- und Demonstrationsfreiheit unterliegt grundrechts-immanenten Schranken. So müssen sich die Versammlungsteilnehmer friedlich verhalten und unbewaffnet sein. Wenn die Beanspruchung des Versammlungs- und Demonstrationsrechts mit anderen Grundrechtsausübungen kollidiert, haben die zuständigen staatlichen Behörden eine praktische Konkordanz zwischen den Grundrechtsträgern herzustellen. Das Versammlungsgesetz (VersG) regelt im einzelnen die praktische Wahrnehmung des Versammlungsrechts. § 14 VersG enthält – im Gegensatz zu Art. 8 GG – eine Anmeldepflicht, nicht jedoch eine Erlaubnispflicht. Nach § 15 VersG kann die Polizeibehörde eine Versammlung verbieten und auflösen, wenn die öffentliche Sicherheit gefährdet ist. § 16 VersG untersagt öffentliche Versammlungen innerhalb des befriedeten Bannkreises der Gesetzgebungsorgane des Bundes und der Länder sowie des Bundesverfassungsgerichts. Gemäß § 17 a VersG sind Passivbewaffnung und Vermummung bei öffentlichen Versammlungen unter freiem Himmel oder auf dem Weg dorthin nicht gestattet. Da sich die Versammlungsrealität geändert hat und die Rechtsgrundlage präventivpolizeilicher Maßnahmen (Vorfeldmaßnahmen) bei nichtöffentlichen Versammlungen strittig ist, erscheint eine Reform des VersG angebracht.

Eine gesetzliche oder amtliche Beschreibung der Polizeirolle im Versammlungsgeschehen liegt verbis expressis nicht vor. Allerdings enthalten der Brockdorf-Beschluss des Bundesverfassungsgerichts (BVerfGE 69, 315 ff.), das Programm für Innere Sicherheit (Fortschreibung 1994, Nr. 2.4.) und die PDV 100 (Nr. 4.1.–4.7.) Leitlinien und grundsätzliche Aussagen über das polizeiliche Verhalten bei Demonstrationen und Protestveranstaltungen. Der Brockdorf-Beschluss des BVerfG verpflichtet die Polizei zum Schutz der ungehinderten Persönlichkeitsentfaltung im Rahmen der Versammlungsfreiheit zu einer grundrechtsfreundlichen Anwendung der versammlungsgesetzlichen Einzelbestimmungen, näherhin zu einer Kooperation und Dialogbereitschaft mit Veranstaltungsorganisatoren und Veranstaltungsteilnehmern, zu einer Deeskalation und Vermeidung von Konfrontationen, zu einer Differenzierung zwischen friedlichen und gewaltbereiten Demonstranten bzw. Störern. Das Programm für Innere Sicherheit legt Wert darauf, alle Verantwortungsträger der Gesellschaft in die Auseinandersetzung mit der politisch motivierten Gewalttätigkeit einzubinden. Um einen ordnungsgemäßen Versammlungsablauf zu gewährleisten, listet die PDV 100 neben allgemeinen Leitlinien und Einsatzgrundsätzen v. a. strategisch-taktische sowie technisch-organisatorische Maßnahmen auf.

Für den Polizeieinsatz bei größeren Versammlungen ergeben sich folgende ethische Aspekte:

- Der ethisch gutzuheißende Selbstanspruch der Polizei, Schützer des Versammlungsgrundrechts zu sein, sich selber neutral zu verhalten und Konfrontationen möglichst zu vermeiden, kollidiert in der Praxis vielfach mit den unterschiedlichsten Interessen und Erwartungen, die Demonstranten, Politiker, Medienvertreter und Bevölkerungsgruppen an die Polizei richten. Demonstrationsleiter und -teilnehmer möchten möglichst einen von Polizeieingriffen unbehelligten Versammlungsablauf, viel Verständnis für das Begehen leichter Sachbeschädigung und tolerante Einstellung gegenüber Aktionen des zivilen Ungehorsams. Politiker fühlen sich weitgehend parteipolitisch gebunden und beeinflussen – nicht zuletzt über die zivilen Führungskräfte in der Polizei (politische Beamte) – die Planung und Durchführung des Polizeieinsatzes bei Versammlungen. Wenn politische Entscheidungsträger die Polizeiführung veranlassen, das Versammlungsgesetz bei rechtsextremistischen Aufmärschen strenger anzulegen als bei linksideologischen Aktionen, kann von Neutralität der Polizei und sachgerechte Anwendung des VersG keine Rede mehr sein. Journalisten, die von der Polizeibehörde großzügige Unterstützung für ihre Tätigkeit (Informationen, freier Zutritt) wünschen, üben öffentliche Kontrolle über polizeiliches Verhalten bei Protestveranstaltungen aus, ohne jedoch immer ausgewogen und umfassend zu berichten, was sich z. T. mit der Medienkonkurrenz erklären lässt. Ein Großteil der Bevölkerung fordert von der Polizei, vor Sach- bzw. Personenschäden und Nachteilen (Mobilität) durch Großveranstaltungen bewahrt zu werden, reagiert aber empört über Anblicke von Demonstranten verprügelnden Polizisten. Dieser Konflikt unterschiedlichster Ansprüche lässt sich ethisch nur dadurch lösen, dass sich die Polizei an Recht und Gesetz hält, politischen Vorgaben insoweit folgt, als sie gesetzlich einwandfrei sind (Primat der Politik), und die Reaktionen der Bevölkerung auf polizeidienstliche Eingriffe in das Demonstrationsgeschehen angemessen berücksichtigt. Mit dem Polizeiethos vereinbart es sich durchaus, wenn der Einsatzleiter seinen Innenminister als obersten Dienstherrn und verantwortlichen Ressortleiter für die Sicherheitspolitik des betreffenden Bundeslandes in das Einsatzkonzept einbindet. Für den Fall, dass der Innenminister auf Änderungen, die seiner Ansicht nach taktischen Erfordernissen und rechtlichen Standards nicht entsprechen, besteht, hat er die Verantwortung zu übernehmen. Dem Einsatzleiter obliegt es zu remonstrieren, wenn von ihm Entscheidungen oder Maßnahmen verlangt werden, die seiner Einschätzung nach contra legem sind. Wenn die Leitlinien des Einsatzkonzeptes parteipolitische Bewertungen enthalten, stellt die Polizei selber ihren Neutralitätsanspruch in Frage.

- Massenfreiheitsentzüge stoßen bei Medien auf lebhaftes Interesse und bereiten der Polizei vielfache Probleme. So verzögert sich häufig der Transport zur Gefangenensammelstelle (GeSa), da zu wenig Fahrzeuge oder nicht genügend Warteräume in der GeSA zur Verfügung stehen. Die Festgenommenen und ein Großteil der Bevölkerung machen ihrem Unmut und ihrer Empörung darüber Luft, dass die sanitären und hygienischen Verhältnisse miserabel bzw. unzumutbar sind, es an medizinischer Versorgung fehlt, Frauen mit Kleinkindern zu lange festgehalten und friedliche Demonstranten mit gewalttätigen auf engstem Raum zusammengepfergt werden. Um dem Vorwurf, in der GeSa verletzt worden zu sein, oder um Ausbruchversuche, Solidaritätsaktionen und Tumultszenen der Festgenommenen zu verhindern und den Zutritt Unbefugter sowie konspirativer Außenkontakte zu unterbinden, bedarf es eines großen Personal- und Logistikaufwandes seitens der Polizei. Erschwerend kommt hinzu, dass sich bei Massenfestnahmen der sichere Tatnachweis als Voraussetzung für eine gerichtliche Bestrafung nur schwer erbringen, die Beweiskette von der Beobachtung der Straftat über die Festnahme und den Transport zur GeSa bis zur Identifizierung des konkreten Delinquenten nur mit größtem Aufwand lückenlos dokumentieren lässt. Diese Problemskizze unterstreicht die Bedeutung des ethischen Postulats, die polizeilichen Eingriffe in die beiden Grundrechtsgüter der Versammlungs- und Bewegungsfreiheit auf das gesetzlich erforderliche Minimum zu begrenzen, entsprechend Vorsorge zu treffen und sicherzustellen, dass in der GeSa menschwürdige Zustände herrschen.

- In einen Gewissenskonflikt gerät ein Polizeibeamter, der sich innerlich mit den zentralen Anliegen einer politischen Versammlung solidarisiert, aber dienstlich gegen die Demonstranten vorgehen und ggf. sogar Gewalt gegen sie anwenden muss. Eine Frage der Polizeikultur ist es, inwieweit ein Vorgesetzter auf die Bedenken, die ihm sein Mitarbeiter mitteilt, Rücksicht nimmt. Das Instrumentarium des Remonstrationsrechts dürfte sich zur Lösung derartiger Konfliktfälle nur begrenzt eignen. Ethisch zu fordern bleibt, den Polizeibeamten, der keineswegs nur als Ausführungsorgan fungiert, auf die vielfältigen Anforderungen und Belastungen bei Demonstrationseinsätzen mental vorzubereiten, ohne in das Extrem der Manipulation zu verfallen. So gilt es zu verhindern, dass unerfahrene Beamte vor ihren Ersteinsätzen Feindbilder und Vorurteile entwickeln. Die relativ lange Zeitdauer dienstlicher Tätigkeiten beim Versammlungsgeschehen kann die Motivationslage der jungen Einsatzkräfte verschlechtern, da sie ihre Freizeit opfern und ihre Freundinnen warten lassen müssen. Der Gefahr der Über- und Fehlreaktion ist aus ethischer Sicht vorzubeugen, wenn
  - Polizisten ihr mangelndes Vertrauen in das Funktionieren des Rechtsstaates mit dem Verhaltensrepertoir der Selbstjustiz (anstelle qualifizierter gerichtsrelevanter Festnahmen) kompensieren
  - wegen mangelnder Transparenz des Einsatzkonzeptes und zu geringen Hintergrundinformationen die Vollzugsbeamten beim Demonstrationsgeschehen, das eine überraschende Wende bzw. unvorhergesehenen Verlauf nimmt, irritiert, orientierungslos, verunsichert reagieren
  - Verletzungen eines Kollegen eine Welle der Emotionalisierung in der betreffenden Dienstgruppe auslösen, die Unberechenbarkeit des Gegenübers und die Undurchschaubarkeit der Konfliktsituation an den Geist der Gefahrengemeinschaft appellieren und die Hemmschwelle der Gewalt spontan senken
  - Frustrationen über Versorgungspannen, Müdigkeit, Mangel an körperlicher Fitness, Langeweile aufgrund des Gefühls, nicht gebraucht zu werden und Informationsdefizite hinsichtlich des Demonstrationsablaufs oder Provokationen brutaler Demonstranten zu unkontrollierten Verhaltensweisen verleiten, die mit dem Einsatzkonzept kollidieren und die Eigensicherung vernachlässigen
  - unter Beamten Panik ausbricht, von aggressiven Demonstranten mit Benzin übergossen und in Brand gesteckt zu werden
  - sich Unsicherheit und Verlegenheit bei Einsatzkräften ausbreiten, wie man gegen Mütter dienstlich einschreiten soll, die Kleinkinder als Schutzschild benutzen, um Gewaltdelikte auszuüben.
- Ethischer Klärungsbedarf besteht in der Frage, wo die Grenze polizeilicher Einsätze bei eskalierenden Demonstrationsabläufen liegt. Auch wenn Arbeitskämpfe in der Bundesrepublik Deutschland relativ selten sind, stellen sie besondere Herausforderungen an die Polizei dar. Bei den gem. Art. 9 Abs. 3 GG geschützten Arbeitskämpfen, wirtschaftlich motivierten Streiks und Demonstrationen hat die Polizei die Tarifautonomie der streitenden Tarifparteien zu respektieren und sich an den Grundsatz der staatlichen Neutralität zu halten. Ihre Neutralität und Unparteilichkeit bekundet die Polizei konsequent durch eine Haltung der Nichteinmischung und durch das Bemühen, einen ordnungsgemäßen Ablauf des Arbeitskampfes zu garantieren. Wird jedoch bei einem Arbeitskampf geltendes

Recht und Gesetz verletzt, entstehen erhebliche Gefahren für die öffentliche Sicherheit und Ordnung, muss die Polizei eingreifen und das Einhalten der Rechtsordnung durch die Tarifkontrahenten gewährleisten. Diese normativen Rahmenbedingungen polizeilichen Handelns sind ethisch gutzuheißen, dienen sie doch dem Funktionieren unseres demokratischen Sozialsstaates, der zweifellos ein hohes Wertgut darstellt. Zu bedenken bleibt jedoch, dass zwischen Theorie und Praxis, Verfassungsanspruch und Verfassungswirklichkeit ein Spannungsgefälle bestehen kann. Daraus ergibt sich eine Reihe von kritischen Fragen und Gesichtspunkten.

- Schwierigkeiten prinzipieller Art kann der Polizei das Spannungsverhältnis zwischen Legitimität und Legalität, „übergesetzlichem Recht“ und „gesetzlichem Unrecht“, materieller Gerechtigkeit und formeller Rechtssicherheit bereiten. Der Begriff Rechtssicherheit (Mock 1988) setzt sich zusammen aus den Elementen der
  - Rechtsklarheit (Positivierung bzw. Setzung des Rechts als Erkennbarkeit der Rechtslage, ordnungsgemäße Veröffentlichung von Rechtsnormen)
  - Rechtszugänglichkeit (Einsicht in den Sinn und in die Erforderlichkeit von Rechtsnormen, Rechtsberatung, Prozesskostenhilfe)
  - Kontinuität (Ausrichtung der Rechtsnormen auf Dauer, Problematik der rasch sich ändernden Vorschriften und ihre Akzeptanz durch den Normadressaten)
  - Rechtsdurchsetzung (freiwilliges Einhalten der Rechtsnormen durch Bürger, geordnete Verfahrensprozesse, wozu Unabhängigkeit der Gerichte, Öffentlichkeit des Verfahrens, Mitwirkungsrechte der Beteiligten und ordentliches Beweiserhebungsverfahren zählen).
- Während Vertreter des Rechtspositivismus zu Ende des 19. Jhds. die Rechtssicherheit vielfach überschätzten, neigten Anhänger des Naturrechts dagegen eher zu einer Geringschätzung. Der Rechtsphilosoph und Strafrechtslehrer G. Radbruch (1973) hatte zunächst der Rechtssicherheit den weitaus höheren Stellenwert zugesprochen, aber nach den Erfahrungen mit der nationalsozialistischen Judikatur eine modifizierte Formel entwickelt: „Der Konflikt zwischen der Gerechtigkeit und der Rechtssicherheit dürfte dahin zu lösen sein, daß das positive, durch Satzung und Macht gesicherte Recht auch dann der Vorrang hat, wenn es inhaltlich ungerecht und unzweckmäßig ist, es sei denn, daß der Widerspruch des positiven Gesetzes zur Gerechtigkeit ein so unerträgliches Maß erreicht, daß das Gesetz als ‚unrichtiges Recht‘ der Gerechtigkeit zu weichen hat.“ Diese Radbruchsche Formel wurde weitgehend rezipiert aufgrund der Einsicht, dass das richtige Recht bzw. die Gerechtigkeit niemals etwas Abgeschlossenes und Fertiges darstellt, sondern in veränderten Situationen stets neu zu suchen und zu präzisieren ist – nach Maßgabe der Menschenwürde und Menschenrechte. In der Rechtsordnung der Bundesrepublik Deutschland bilden Gerechtigkeit und Rechtssicherheit grundsätzlich gleichberechtigte Sinnelemente des Rechtsstaatsprinzips. Laut BVerfGE 35, 41 fällt es in den Aufgabenbereich des Gesetzgebers, zwischen materieller Gerechtigkeit und Rechtssicherheit mittels parlamentarischer Entscheidungen ein ausgewogenes Verhältnis herzustellen. Generell folgt daraus für die Polizei bei sozialen Unruhen und Arbeitskämpfen, sich an geltendes Recht und Gesetz zu halten – bis zum Nachweis der Grundgesetzwidrigkeit. Doch damit dürften die Schwierigkeiten der Polizei in Gänze nicht behoben sein.

- Wie soll sich die Polizeiführung in akuten Konfliktfällen verhalten, wenn Klärungsbedarf im Verhältnis zwischen Gerechtigkeit und Rechtssicherheit besteht, aber die Politik Entscheidungen scheut? Die Klage, dass es einem pluralistischen Rechtsstaat auf Dauer nicht gut bekommt, das Fehlen bzw. den Mangel an politischen Lösungen durch das Aufgebot von starken Polizeikräften zu kompensieren, ist zwar hinlänglich bekannt, hilft aber der Polizei in konkreten Auseinandersetzungen nicht weiter.
- Tarifparteien sind es, die um sozialen Fortschritt streiten, nicht Polizeibeamte. Art. 9 GG garantiert das Grundrecht der Vereinigungs- bzw. Koalitionsfreiheit zur Wahrung und Förderung der Arbeits- und Wirtschaftsbedingungen. Die ethische Legitimation des Streiks stützt sich auf den Gedanken der sozialen Gerechtigkeit, der sowohl eine Beseitigung ungerechter Arbeitsvergütungen und unerträglicher Arbeitsbedingungen als auch geeignete Instrumentarien zum Herstellen der Chancengleichheit verlangt. Die Legitimationsfrage stößt an ihre Grenzen, wo Ausmaß und Folgewirkungen der Streikmaßnahmen unverhältnismäßig große Wirtschaftsschäden oder sonstige schwere Nachteile für ‚drittbetroffene' Betriebe, öffentliche Haushalte und Allgemeinheit hervorrufen. Greifen Streikende zu Gewaltmaßnahmen, um ihren Forderungen nach gerechten Arbeits- und Wirtschaftsbedingungen Nachdruck zu verleihen, und dafür Zustimmung in weiten Kreisen der Bevölkerung finden, sieht sich die Polizei herausgefordert. Darf oder muss sogar die Polizei gegen den Willen der Mehrheit der Bürger einschreiten?
- Nach herrschender Meinung besitzt Gefahrenabwehr Vorrang vor Strafverfolgung. Um im Sinne der Gefahrenabwehr tätig zu werden, muss die Polizei eine Analyse der Gefahrensituation vornehmen. Dadurch wird die Polizei zwangsläufig in die Auseinandersetzung hineingezogen. Wie will, wie kann sie dabei faktisch neutral bleiben? Müssen Polizeiführer vor Ort nicht mit der Kritik der Tarifparteien und deren jeweiligen Sympathisanten rechnen, die polizeiliche Maßnahmen jeweils aus ihrer Interessenslage bewerten?

  Polizei selber ist gewerkschaftlich organisiert. Gewerkschaftsverbände pflegen untereinander Solidarität. In welchem Maß üben die Gewerkschaftsorganisationen der Streikenden über die Gewerkschaft der Polizei Einfluss oder sogar Druck auf Polizeiführung und eingesetzte Beamte aus?
- Begrenzte Ressourcen finanzieller und personeller Art zwingen die polizeilichen Führungskräfte zu Prioritäten. Bei der Güterabwägung zwischen subjektiven Sicherheitsbedürfnissen und objektiver Sicherheitslage verdient aus ethischen Gründen die Bekämpfung akuter großer Gefahren für Leib und Leben den Vorzug gegenüber der Abwehr potenzieller Risiken. Absolute Sicherheit kann die Polizei nicht bieten.
- Die Arbeitskampfpraxis führt vielfach zu einer Emotionalisierung und Mobilisierung der Öffentlichkeit, was bei einzelnen Polizeibeamten Irritationen, Desorientierung und Unsicherheitsgefühle auslösen kann. Daher fällt der Polizeiführung die verantwortliche Aufgabe zu, die Rolle der Polizei bei Arbeitskämpfen zu verdeutlichen und die eingesetzten Beamten innerlich zu stabilisieren.
- Polizeibeamte können in einen Rollen- und Gewissenskonflikt geraten, insofern sie zum Gehorsam gegenüber Dienstanweisungen verpflichtet sind, aber persön-

lich Verständnis und Zustimmung zu den Zielen der Streikenden bekunden. In derartigen Fällen gehört zur Führungsverantwortung, Verständnis für die Betroffenheit und Belastungen der Mitarbeiter aufzubringen, die gegen eigene Familienmitglieder und Freunde bei Arbeitskämpfen dienstlich vorgehen müssen, und für Abhilfe zu sorgen.

  - Durchgehende Praxis ist die Kooperation von betriebseigenem Werkschutz und Polizei geworden, wobei gilt, die Abgrenzung rechtlicher Kompetenzen (der Werkschutz übt durch Kontrollen das Hausrecht aus, die Polizei nimmt hoheitliche Befugnisse wahr) zu beachten und taktische Absprachen – etwa im Blick auf Zugangsblockaden, Betriebsbesetzungen, Sachbeschädigungen und Brandstiftungen – zu treffen und sich daran zu halten. Die bessere Effizienz kooperativer Lagebewältigung legt eine solche Praxis nahe.

- Können sich die Tarifparteien trotz zäher Verhandlungen auf einen Tarifabschluss nicht einigen und scheitern die Schlichtungsversuche, nimmt der Arbeitskampf erfahrungsgemäß an Härte zu und wird mit den Mitteln des Streiks, der Aussperrung und des Boykotts fortgesetzt. Rechtswidrige und gewalttätige Maßnahmen eines Arbeitskampfes rufen die Polizei auf den Plan. In diesem Zusammenhang bleibt zu bedenken:
  - Streikende stellen gewöhnlich vor den Eingängen eines Werksgeländes Streikposten auf, um Arbeitswillige – auch ‚Streikbrecher' genannt – aufzufordern, das Betreten des Betriebes zu unterlassen und stattdessen sich der Arbeitsniederlegung anzuschließen. Inwiefern kann die Polizei – besonders bei großen, flächendeckenden Streiks – unterbinden, dass Streikposten Arbeitswillige beleidigen (§ 185 StGB) oder nötigen (§ 240 StGB)? Wieweit ist die Polizei – angesichts begrenzter Ressourcen – überhaupt in der Lage zu verhindern, dass Streikende gegen den Willen des Arbeitgebers in Werkhallen oder Firmenräume eindringen und das Delikt des Hausfriedensbruchs (§ 123 StGB), des schweren Hausfriedensbruchs (§ 124 StGB) oder Straftaten im Sinne von Sachbeschädigungen (§§ 303 ff. StGB) begehen?
  - Die Rechtswidrigkeit politischer Streiks (z. B. Streikbewegung für ein besseres Betriebsverfassungsgesetz im Jahre 1952) wird vor allem damit begründet, dass auf den Hoheitsträger (Staat, Kommune, öffentlich-rechtliche Körperschaft) Zwang ausgeübt und auf diese Weise dessen eigene Willensentscheidung zu stark eingeschränkt oder gar unmöglich gemacht wird. Ob bzw. in welchem Ausmaß derartige Behinderungen bzw. Störversuche de facto vorliegen, lässt sich vor und während eines Arbeitskampfes nur schwer feststellen. Von ethischer Relevanz ist die Überlegung, inwieweit die Polizei dem Druck der Protestbewegung sowie der öffentlichen Meinung nachgibt und damit die Normativität des Faktischen akzeptiert, inwiefern sie konsequent gegen politische Streiks vorgeht.
  - Arbeitskämpfe tangieren nicht nur die Interessenssphären der beiden Tarifparteien, sondern auch die Rechte und Belange Dritter und der Allgemeinheit. Welchen Stellenwert nimmt in polizeilichen Konzepten und Vorgehensweisen der Aspekt ein, negative Auswirkungen des Arbeitskampfes auf Dritte in einem vertretbaren Rahmen zu halten – z. B. was die Einschränkung der Mobilität, materielle Schäden und Folgekosten angeht? Ethisch gilt zu betonen, dass nicht

nur die eingesetzten Polizeibeamten, sondern auch die beiden, sich gegenseitig bekämpfenden Tarifparteien Verantwortung dafür zu tragen haben, dass die Bevölkerung unter dem Streik nicht zu sehr zu leiden hat.

- Bei Arbeitskämpfen kann es zu Plünderungen kommen. Das gewaltsame Überfallen und Ausrauben von Einrichtungen und Personen, das die skrupellose Bereicherung zum Zweck hat, ist ethisch verwerflich und darf nicht mit dem entschuldbaren Akt der Notwehr (Überleben durch Beschaffung lebenswichtiger Güter wie Nahrung, Kleidung und Brennstoffe) verwechselt werden. Gegen Plünderer muss die Polizei energisch vorgehen, damit die Hemmschwelle aggressiver Randalierer nicht ganz wegfällt und der Schaden des zerstörerischen Mobverhaltens begrenzt bleibt. Allerdings kann es bei sozialen Unruhen für Polizeibeamte schwierig werden, Akte der Notwehr von denen der Plünderung genau zu trennen.

- Medien pflegen sich erfahrungsgemäß nicht mit einer rein objektiven, streng neutralen Berichterstattung über soziale Spannungen und Arbeitskämpfe zu begnügen. Der verführerische Blick auf höhere Einschaltquoten und profitable Auflagenstärke drängt manche Vertreter von Fernsehen, Rundfunk und Presse zu Formen der Stimmungs- und Meinungsmache bzw. des Aktionsjournalismus, die durchaus eine Eskalation der Gewalt bewirken können. Heißen die Massenmedien bestimmte Agitations- und Aktionsformen der Protestbewegung gut, die praeter legem oder gar contra legem sind, hat die Polizei mit ihrem Legalitätsprinzip das Nachsehen. Die polizeiliche Antwort darauf lautet: offensive einsatzbegleitende Öffentlichkeitsarbeit. Das erklärte Ziel dieses Deeskalations- bzw. Konfliktminderungsansatzes besteht darin, die neutrale Rolle und die Rechtssicherheit gewährleistenden, Gefahren abwehrenden Aufgaben der Polizei der Öffentlichkeit zu erläutern, mit Streik- und Betriebsleitung in ständiger Verbindung zu bleiben, dienstliches Handeln nach außen transparent zu machen und um Verständnis für polizeiliche Vorgehensweisen zu werben. All diese Bemühungen der Polizei verdienen ethische Zustimmung, da sie Konflikte differenziert wahrnehmen und kommunikativ, sensibel (im Sinne des Verhältnismäßigkeitsgrundsatzes) zu lösen versuchen. Aus ethischer Sicht näherhin zu bedenken bleiben in diesem Zusammenhang folgende Situationen:
  - Wie soll die Polizei auf Falschmeldungen der Medien reagieren? Juristisch fehlt ihr die Befugnis, Medienberichte auf ihren Wahrheitsgehalt zu überprüfen. Behaupten Printmedien oder elektronische Medien Straftaten, muss die Polizeibehörde ermitteln. Ferner ist sie gehalten, die konkreten Auswirkungen unwahrer Nachrichten auf die öffentliche Sicherheit in die Lagebeurteilung einzubeziehen.
  - Online setzt sich als ein neues Medium durch, und es bleibt nicht auszuschließen, dass es gezielt zur Verbreitung von unzutreffenden und einseitigen Informationen missbraucht wird. Die Möglichkeiten der Nutzung des Internets durch die Polizei dürften vielfältig und derzeit noch nicht zu überblicken sein. Gute Gründe sprechen dafür, auch polizeilicherseits das neue Medium zwecks Deeskalation einzusetzen.
  - Wenn sich Teile der Medien zu Wortführern bzw. Anführern der Streikführer machen, dabei bewusst in der rechtlichen Grauzone taktieren oder gar Strei-

kende zu gezielten Normenverstößen aufrufen und diese mit dem Hinweis auf wirtschaftlich-sozialen Fortschritt legitimieren, hat sich die polizeiliche Erwiderung in dem Spannungsbogen zwischen Treue zu rechtsstaatlichen Prinzipien (Legalitätsprinzip) und praktischer Klugheit (ausgewogenes Verhältnis zwischen Eingriffsziel und Eingriffsfolgen) zu bewähren. Bereitet die polizeiliche Aus- und Fortbildung die Führungskräfte und Mitarbeiter auf diese verantwortungsvolle Aufgabe in der erforderlichen, geeigneten Weise vor?

Literaturhinweise:

Knape, M.: Mit „Gefühl und Härte" oder die Strategie der „ausgestreckten Hand", in: Brenneisen, H. u. a. (Hg.): Ernstfälle. Hilden 2003; S. 188 ff. – DPolBl 2/2003: Versammlungen und Aufzüge. – Kutscha, M.: Bewegung im Versammlungsrecht, in: DP 9/2002; S. 250 ff. – Knape, M.: Die Walpurgisnacht 2002, in: DP 7–8/2002; S. 211 ff. – Fürmetz, G.: Massenprotest und öffentliche Ordnung, in: Groh, C. (Hg.): Öffentliche Ordnung in der Nachkriegszeit. Ubstadt-Weiher 2002; S. 79 ff. – Köhler, G. M./Dürig-Friedl, C.: Demonstrations- und Versammlungsrecht. [4]2001. – Brenneisen,H./Wilksen, M.: Versammlungsrecht. Hilden 2001. – Wiefelpütz, D.: Neue Literatur zum Versammlungsrecht, in: DP 12/2001; S. 345 ff. – Kniesel, M.: Versammlungswesen, in: HdPR; S. 608 ff. – Castor 2001, in: ZdBGS 4/2001; S. 18 ff. – Dietel, A. u. a.: Demonstrations- und Versammlungsfreiheit. Köln [12]2000. – Kloepfer, M.: Versammlungsfreiheit, in: HdStR Bd. VI; S. 739 ff. – Roos, J./Fuchs, K.: Polizeieinsätze bei Versammlungen. Stuttgart u. a. 2000. – Winter, M.: Polizeiphilosophie und Protest policing in der BRD – von 1960 bis zur staatlichen Einheit 1990, in: Lange, H.-J. (Hg.): Staat, Demokratie und Innere Sicherheit in Deutschland. Opladen 2000; S. 203 ff. – Della Porta, D./Reiter, H. (eds.): Policing Protest: The Control of Mass Demonstrations in Western Democracies. Minneapolis 1998. – PFA-SB „Zunahme sozialer Ängste in der Gesellschaft und ethische Herausforderungen der Polizei" (20.–22. 10. 1997). – Dautert, U.: Castor- und Glaskokillen-Transport 1997 im Schnittpunkt von Recht, Polizeitaktik und Politik, in: P-h 3/1997; S. 66 ff. – PFA-SR 4/1996: Deeskalation – ein Begriff voller Mißverständnisse!? – Krüger, R.: Versammlungsrecht. Stuttgart u. a. 1994. – Zeitler, S.: Versammlungsrecht. Stuttgart u. a. 1994. – Bertuleit, A.: Sitzdemonstrationen zwischen prozedural geschützter Versammlungsfreiheit und verwaltungsrechtsakzessorischer Nötigung. Berlin 1994. – Schmalzl, H. P.: Struktur und Dynamik der Bürger-Polizei-Interaktion im Protestgeschehen, in: DP 10/1993; S. 250 ff. – Rüthers, B.: Art. „Arbeitskampf", in: LWE; S. 50 ff. – Mock, E.: Art. „Rechtssicherheit", in: StL Bd. 4; Sp. 731 ff. – Eckert, R. u. a.: Demonstranten und Polizisten. München 1988. – Eckert, R.: Demonstrationseinsätze und Eskalationsgefahr – Erfahrungen und Meinungen junger Polizeibeamter, in: PFA-SB „Der ethische Aspekt des Gewaltproblems" (26.–30. 10. 1987); S. 127 ff. – Ruckriegel, W.: Politische Aspekte bei Polizeieinsätzen zur Verhinderung von Gewalt anläßlich von Demonstrationen, in: DP 10/1987; S. 285 ff. – Schmalzl, H. P.: Menschen in der Menge. Stuttgart, u. a. 1987. – Trum, H.: Einsatzort Demo. Stuttgart, u. a. 1987 (vgl auch PFA-SR 3/1987; S. 231 ff.). – Eckert, R./Willems, H.: Forschungsbericht: „Polizei und Demonstration: Konflikterfahrungen und Konfliktverarbeitung junger Polizeibeamter." Forschungsbericht Universität Trier 1986. – Jungwirth, N.: Demo: Eine Bildgeschichte des Protests in der Bundesrepublik. Weinheim 1986. – Sack, F./Steinert, H. (Hg.): Protest und Reaktion. Opladen 1984. – Radbruch, G.: Rechtsphilosophie. Hg. v. Wolf, E./Schneider, H.-P. Stuttgart [8]1973.

27. Polizeieinsatz bei sportlichen Großveranstaltungen

Der weit gefasste Sammelbegriff Sport (lat. deportare = forttragen) umfasst unterschiedliche, nach bestimmten Regeln ausgeführte Leibesübungen, Spiele und Wettkämpfe. Obwohl sich der Sport auf die Olympischen Spiele in der griechischen Antike historisch berufen kann, erhielt er im 19. und 20. Jh. besonders aus den angelsächsischen Ländern und den USA wichtige Impulse. In der Neuzeit konnte sich der Sport zu einer einflussreichen Institution entwickeln, mit der sich die Erwartung verband, das Bedürfnis nach Spiel, Wettkampf, Gesundheit, Unterhaltung, politischer Propaganda und Völkerverständigung zu befriedigen. Während Turnvater Jahn (1778–1852) mit seinem Slogan „frisch, fromm, fröhlich, frei" den Sport zu einer Angelegenheit des deutschen Volkstums machte und die sozialistischen und kommunistischen Arbeitersportorganisationen mit den bürgerlichen Turn- und Sportverbänden fast klassenkämpferisch konkurrierten, hat sich die heutige Sportszene in Leistungs-, Hochleistungs-, Breiten-, Freizeit- und Gesundheitssport, in Profi- und Amateursport ausdifferenziert. So konnte sich der Fußball von der schönsten Nebensache der Welt zu einer profitablen, medienwirksamen Berufssparte mausern. Zu den Fußballstadien strömen Woche für Woche nicht nur Zuschauer in Scharen hin und lassen sich das Sportereignis etwas kosten, sondern auch jugendliche Fans, die randalieren und äußerst gewalttätig werden. Die Chronologie nimmt erschreckende Ausmaße an:

- Bei Tumulten im Zusammenhang mit dem Fußball-Länderspiel Peru gegen Argentinien im Mai 1964 in Lima finden 350 Menschen den Tod und ca. 500 erleiden schwere Verletzungen.
- Vor dem Europapokalspiel Liverpool gegen Turin im Mai 1985 prügeln sich im Heysel-Stadion zu Brüssel englische Fans mit italienischen, wobei 39 Zuschauer getötet und über 400 verletzt werden.
- Bei dem Fußballspiel Leipzig gegen Berlin im November 1990 weist die Polizei randalierende Fans aus dem Leipziger Zentralstadion. Außerhalb des Stadions geht die Schlägerei weiter, in derem Zusammenhang der 18-jährige M. Polley durch einen Polizeischuss zu Tode kommt.
- Da deutsche Fußballfans keine Karten für das Weltmeisterschaftsspiel Deutschland gegen Jugoslawien im Juni 1998 in Lens (Frankreich) erhalten, überfallen sie aus Wut den französischen Gendarmen Daniel Nivel und schlagen ihn derart brutal zusammen, dass er nur mit schweren Dauerbehinderungen überlebt.

Die traurige Bilanz, die keineswegs enumerative Vollständigkeit beansprucht, nimmt die Polizeibehörden in die Pflicht, Präventionsmaßnahmen gegen Gewalt bei Fußballspielen zu ergreifen und Problemfans von Sportveranstaltungen konsequent auszuschließen. Die Rolle der Polizei besteht darin, für die Sicherheit bei sportlichen Großveranstaltungen zu sorgen – gleiches gilt für Demonstrationen und andere Großveranstaltungen (vgl. 26.) – und Gefahren abzuwehren, die aggressive Fußballchaoten verursachen. Nicht ausschließen lässt sich, dass Terroristen gefüllte Sportstadien als Tatort aussuchen. In derartigen Situationen haben die Polizeibeamten nicht nur operativ-taktische, sondern auch ethische Aspekte zu berücksichtigen.

- Gegen den unbezahlten Polizeieinsatz bei großen Fußballspielen, Motorsportveranstaltungen und Open-Air-Konzerten wurden wiederholt Bedenken vorgetragen. Bei derartigen kommerzialisierten Veranstaltungen, so der Einwand, kassieren die Profifußballer, Akteure und Veranstalter Honorare bzw. Einnahmen in Millionenhöhe, dagegen müssen die Steuerzahler die Kostenlast für die Polizeieinsätze tragen (Hunsicker) und Polizeibeamte der Länderpolizeien und des Bundesgrenzschutzes eine Vielzahl von Einsatzstunden leisten. Die strittige Frage nach dem kostenlosen Polizeischutz für sportliche Großveranstaltungen überlagert ein schwelender Interessenskonflikt: Die Initiatoren und Mitwirkenden wünschen einen finanziellen Erfolg, die Zuschauer möchten ein schönes Sportereignis bei bester Stimmung erleben, ohne Angst vor Krawallen haben zu müssen, Fahrgäste der öffentlichen Verkehrsmittel und Anwohner der Stadien wollen von Randalierern und Rowdies unbehelligt bleiben, Medien versprechen sich eine spannende Berichterstattung mit hohem Unterhaltungswert. Je nach Interessenslage findet die Polizei für ihr Sicherheitsanliegen unterschiedlich Gehör. Eine politische Entscheidung für eine gerechte Verteilung der finanziellen Belastung erscheint ethisch geboten. Dabei ist ein angemessenes Verhältnis zwischen den kostenintensiven Sicherheitsmaßnahmen des Veranstalters (Einlasskontrollen durch private Ordnungsdienste, bauliche Auflagen für die Stadionsicherheit, Alkoholverbot während des Spiels) und der ordnungsgemäßen Durchführung des gesetzlichen Polizeiauftrages zur Strafverfolgung und Gefahrenabwehr anzustreben. Da die Polizei allein die Sicherheit für Veranstaltungen mit immensen Besucherzahlen nicht gewährleisten kann, kommt einer reibungslosen Zusammenarbeit mit Veranstaltern, Ordnungsbehörden und anderen beteiligten Gremien großes Gewicht zu (Ordnungspartnerschaften).
- Über die Notwendigkeit und den Umfang des Polizeieinsatzes bei sportlichen Großveranstaltungen entscheidet die frühzeitige Gefahrenprognose. Die konzeptionelle Vorbereitung der Polizei konzentriert sich auf gewalttätige Fußballzuschauer. Aus statistischen Gründen erklärt sich die Tendenz, Panik- und Katastrophenfällen im Zusammenhang mit Sportereignissen eine untergeordnete Rolle zu geben. Von der Ankunft der Fans über das Austragen des Spiels bis zu deren Abreise dürfte es der Polizei nicht immer leicht fallen, zwischen dem tolerierbaren Ritual enthusiastischer Zuschauer und dem strafrechtsrelevanten Ritual spontaner Gewalttäter zu trennen. Nicht die überwiegende Zuschauermehrheit, die sich friedlich verhält, sondern der kleine Besucheranteil, der durch Alkoholgenuss oder situative Faktoren wie umstrittene Schiedsrichterentscheidung, schlechte Mannschaftsleistung und Foulspiel zur Gewaltbereitschaft neigt, besonders aber die verschwindend geringe Minderheit aggressiver Fans (Hooligans) bereitet der Polizei Sorge. Hooligans (engl. Rowdies), ein internationales Phänomen, fallen durch ihre Brachialgewalt im Stadion, durch Randale auf der An- und Rückreise, aber auch durch Verlagerung der Auseinandersetzungen in die Innenstadt auf. Um der Gewalteskalation vorzubeugen, wurde 1989 eine Bundesarbeitsgemeinschaft der Fanprojekte gegründet, der vier Jahre später das Nationale Konzept Sport und Sicherheit (NKSS) einheitliche Richtlinien an die Hand gab. Vor diesem Hintergrund setzten Polizeibehörden szenenkundige Beamte (SKB) bzw. Fan-Polizisten mit der Zielsetzung ein, Aufklärung in der Hooligan-

szene zu betreiben, Problemfans zu gewaltlosem Verhalten zu beeinflussen, Feindbilder zwischen Fans und Polizei abzubauen und Kontakte zum Verein, Stadionbetreiber und Ordnungsdienst zu knüpfen (Heck 1999). Die Bemühungen der Fanprojekte und Polizeibehörde, speziell der SKB, um Eindämmung der Gewaltausbrüche verdienen Anerkennung und Unterstützung. Eine konsequente Strafverfolgung durch Polizei und Justiz erhöht die Effizienz gewaltmindernder Konzeptionen.

- Die mediale Inszenierung sportlicher Veranstaltungen nimmt moralisch bedenkliche Züge an, wenn Fußballfans vor einem Ortsderby von der einheimischen Presse rechtzeitig angeheizt, Gewaltszenen im Fernsehen voyeuristisch dargestellt, in der Berichterstattung die Wertkriterien des Fairplay und der Schutz der Persönlichkeit dem Unterhaltungswert und der Einschaltquote bzw. Auflagenhöhe bedenkenlos geopfert werden. Auch Medienvertreter tragen Mitverantwortung für ein Klima, in dem die sportethischen Maßstäbe wie Fairness, Leistung, Wettbewerb, Kameradschaft und Teamgeist Gefahr laufen, durch Leistungsmanipulation, Dopingmentalität, rücksichtsloses Erfolgsstreben, Gewalteskalation und Vermarktung (Gruppe 1998) verdrängt zu werden.
- Die Sicherheitsbehörden brauchen gesetzliche Bestimmungen, um gewaltwilligen Fußballchaoten – aus dem In- und Ausland – die An- bzw. Abreise verwehren, ihnen die Auflage erteilen, sich in kurzen Zeitabständen bei einer Polizeidienststelle zu melden, und das Betreten eines Stadions verbieten zu können. Zweifellos gehören zu den professionellen Fahndungsmethoden der Polizei eine Videodokumentation zur Identifizierung aggressiver Fußballfans und die 1995 eingerichtete Datei Gewalttäter Sport, die Angaben über Personalien, Stadienverbot, Beschlagnahmung von Waffen und Delikte der Hooligans enthält. Die Speicherfristen aus datenschutzrechtlichen Gründen zu sehr zu kürzen hat zur Folge, die polizeilichen Ermittlungen gegen Fußballgewalt unnötig zu erschweren. Ethischerseits spricht nichts dagegen, die Datei Gewalttäter Sport für eine internationale Kooperation der Polizeibehörden zu nutzen, anhand der gespeicherten Daten gemeinsame Lagebilder zu erstellen und sich bei Fahndungsmaßnahmen gegen Gewalteskalation im Fußball gegenseitig zu unterstützen.
- Zur Führungsverantwortung des polizeilichen Vorgesetzten gehört es, seinen Mitarbeitern den Sinn des Einsatzes bei sportlichen Großveranstaltungen zu verdeutlichen. Das Aggressions- und Gewaltpotenzial beim Fußball lässt sich kaum mit aufrüttelnden Appellen und vereinzelten Aktionen unter Kontrolle bringen oder gar beseitigen. Die Selbstmotivation der Hooligans reicht von einem eigenen Ehrenkodex, der typische Männlichkeitsmerkmale wie Draufgängertum, Unerschrockenheit, Härte, Schmerzverachtung, außergewöhnliche Leistung auflistet, über ein Suchen nach einem Kick bzw. Neuheitserlebnis in einer nivellierenden, langweiligen Gesellschaft bis hin zu fremdenfeindlichen Parolen. Teilweise bekämpfen sich ethnische Fangruppen gegenseitig, wobei ihnen das Fußballspiel lediglich als Kulisse dient. Dem psychologisch verständlichen Wunsch mancher Polizeibeamter, die jugendlichen Hitzköpfe und unbelehrbaren Krawallschläger sollen sich erstmal austoben, bevor sich die Polizei mit ihnen anlegt, steht der Gesetzesauftrag zur Gefahrenabwehr und Strafverfolgung entgegen. Sich von den Hassausbrüchen und der Zerstörungswut der Hooligans nicht provozieren zu

lassen, sondern innerlich auf Distanz zu gehen und gegen Straftaten konsequent vorzugehen, kennzeichnet das Ethos einschreitender Polizeibeamter bei sportlichen Großveranstaltungen.

Literaturhinweise:

Moog, J.: DNA-Maßnahmen gegen Hooligans, in: DP 10/2003; S. 275 ff. – DPolBl 1/2003: Hooligans. – Weinhold, K.-P.: Art. „Sport“, in: ESL; Sp. 1516 ff. – Lehmann, A.: Randale rund um den Fußball, in: Kriminalistik 5/2000; S. 299 ff. – NKP 3/2000: Randale – Fußball und Kriminalpolitik. – Hunsicker, E.: Ist der Polizeischutz im Profifußball noch zeitgemäß?, in: DP 1/2000; S. 14 ff. – Heck, C.: Szenenkundige Beamte für Fußballfans, in: dkri 10/1999; S. 383 ff. – DPolBl 5/1999: Sportplatz Straße. – Findeisen, H.-V./Kersten, J.: Der Kick und die Ehre. München 1999. – Franck, E.: Sport, in: HdWE Bd. 4; S. 510 ff. – Friederici, M. R.: Sportbegeisterung und Zuschauergewalt. Münster 1998. – Gruber, C.: Ursachen, Probleme und Bewältigung der „Fußballkriminalität“, in: DPolG 7–8/1998; S. 173 ff. – Greiner, A.: Eine neue Dimension der Hooligan-Gewalt: Lens und die erforderlichen Konsequenzen, in: DP 9/1998; S. 248 ff. – Grupe, O. u. a.: Art. „Sport“, in: LBE Bd. 3; S. 423 ff. – Grupe, O. (Hg.): Lexikon der Ethik im Sport. Schorndorf 1998. – Scheffen, E. (Hg.): Sport, Recht und Ethik. Stuttgart 1998. – Leven, C.: Crash-Kids, in: Kriminalistik 1997; S. 52 ff. – Endler, M.: Großveranstaltungen/Einsätze aus Anlaß von Fußballspielen, in: Kniesel, M. u. a. (Hg.): Handbuch für Führungskräfte der Polizei. Lübeck 1996; S. 355 ff. – Röthig, P. u. a. (Hg.): Sportwissenschaftliches Lexikon. Schorndorf [6]1996. – Weis, K.: Sport und Gewalt, in: Lammek, S. (Hg.): Jugend und Gewalt. Opladen 1995; S. 207 ff. – Roos, J.: Fußball und Recht, in: Kriminalistik 10/1994; S. 674 ff. – PFA-SR 1–2/1994: Konzertierte Aktion zur Steigerung der Sicherheit bei Großveranstaltungen. – Matthesius, B.: Anti-Sozial-Front. Vom Fußballfan zum Hooligan. Opladen 1992. – Buford, B.: Geil auf Gewalt. München 1992. – Gehrmann, T.: Fußballrandale. Essen [2]1990. – Benke, M./Utz, R.: Hools, Kutten, Novizen und Veteranen: Zur Soziologie gewalttätiger Ausschreitungen von Fußballfans, in: KrimJournal 2/1989; S. 85 ff. – Heitmeyer, W./Peter, J.-I.: Jugendliche Fußballfans. Weinheim, München 1988. – Schmalzl, H. P. u. a.: Zwischen Ritual und Randale. Stuttgart u. a. 1988. – Andresen, R./Korff, W.: Die ethische Relevanz des Sports, in: HchrE Bd. 3; S. 508 ff.

28. Wirtschaftskriminalität

Die Wirtschaftsethik als eine Form der Bereichsethik bzw. der angewandten Ethik analysiert und bewertet die komplexen Strukturen, Prozesse, Ziele und Folgen ökonomischen Handelns u. a. anhand der Kriterien Menschenwürde und Menschenrechte, Gerechtigkeit, Vertrauen, Fairness und Umweltverträglichkeit, die mit dem Postulat der wirtschaftlichen Leistungseffizienz und Gewinnmaximierung in Einklang zu bringen sind. So beschäftigen sich Wirtschaftsethiker beispielsweise mit dem Globalisierungstrend, mit der Dritte-Welt-Problematik und Entwicklungshilfe, mit der unternehmerischen Verantwortung angesichts sich ständig ändernder Marktbedingungen, mit den Beteiligungs- und Mitsprachemöglichkeiten der Arbeitnehmer, mit dem Problem der Arbeitslosigkeit, mit der Nachfrage der Kunden, mit den Standards für Management und Mitarbeiterpersonal (business ethics), mit den Verstößen gegen die Wirtschaftsordnung und den illegalen Verhaltensweisen (Bauskandalen, Korruptionsfällen, Produktmängeln, white collar criminality, corporate crime).

Die ethische Auseinandersetzung mit der Wirtschaftskriminalität lenken kritische Stimmen oft in eine bestimmte Richtung, die einer differenzierten Betrachtung und sorgfältigen Überprüfung bedarf. Die Sozialkritik beruft sich auf den holländischen Humanisten Erasmus von Rotterdam (gest. 1536), der bereits zu seiner Zeit folgende Ungerechtigkeit angeprangert hat: „Stiehlt einer ein Goldstück, dann hängt man ihn. Wer öffentliche Gelder unterschlägt, wer durch Monopole, Wucher und tausenderlei Machenschaften und Betrügereien noch so viel zusammenstiehlt, der wird unter die vornehmen Leute gerechnet.“ Die heutige Sozialkritik findet in der non governmental organization ATTAC ein medienwirksames Sprachrohr. Die 1998 in Paris gegründete, heteronom zusammengesetzte „Association pour une taxation des transactions financières pour l' aide aux citoyens“ (Vereinigung zur Besteuerung von Finanztransaktionen zum Wohle der Bürger) will durch Aufklärung und gewaltfreie Protestaktionen die negativen Auswirkungen des neoliberalen Globalisierungsprozesses überwinden und engagiert sich für eine Wirtschaftspolitik, die geprägt ist von sozialer Gerechtigkeit und Umweltfreundlichkeit anstelle von Gewinninteressen der Vermögenden und Konzerne. Das Protestpotenzial der Globalisierungsgegner hat inzwischen ein beachtliches Ausmaß erreicht (Weiß 2003). Neben der Sozialkritik erschallt der Ruf nach einer Verschärfung des Wirtschaftsstrafrechts zu dem Zweck, die durch Wirtschaftsdelikte verursachten Schäden auszugleichen und den Grundsatz der sozialen Gerechtigkeit und Gleichbehandlung herzustellen. Angesichts solcher Kritik bleibt verwunderlich, dass das alte Phänomen der Wirtschaftskriminalität in Wissenschaft und Praxis erst nach dem Zweiten Weltkrieg größere Beachtung gefunden hat.

Auch wenn in der Fachliteratur eine allgemein anerkannte Definition der Wirtschaftskriminalität fehlt, lässt sich generell sagen, dass Wirtschaftsstraftäter Profitmaximierung anstreben, zu diesem Zweck die Lenkungsmechanismen der Sozialen Marktwirtschaft missbrauchen und gegen „gute Sitte“ sowie „Treu und Glaube“ im Wirtschaftsleben verstoßen. Wirtschaftskriminalität stellt einen Sammelbegriff für verschiedenartigste Deliktarten mit unterschiedlichstem Schweregrad dar, die ihrerseits wiederum vom Wirtschaftssystem und Sozialnetz, von Technik und Konjunktur abhängen. Offensichtlich gibt es die typische Wirtschaftskriminalität bzw. den typischen Wirtschaftskriminellen nicht. Zu den vielfältigen Kriminalitätsformen zählen beispielsweise wettbewerbsverzerrende Absprachen bei Ausschreibungen, Versicherungsschwindel, Steuerhinterziehung, Betrugsdelikte, Untreuehandlungen, Urkundenfälschung und Konkursdelikte. Aufgrund des Dunkelfeldes bleibt es bei groben Schätzungen im Blick auf Umfang und Entwicklungstendenzen der Wirtschaftskriminalität. Die zwischen 1974 und 1986 durchgeführte „Bundesweite Erfassung von Wirtschaftsstraftaten nach einheitlichen Gesichtspunkten" (BWE) veranschlagt den materiellen Schaden auf eine Höhe von mehreren Milliarden EURO pro Jahr. Noch schwieriger zu erfassen, jedoch nicht unbedeutsamer sind die immateriellen Schäden der Wirtschaftskriminalität, z. B. das sinkende Vertrauen in die Gültigkeit und in das Funktionieren der Wirtschaftsordnung, der Ansteckungs- und Sogeffekt bei konkurrierenden Unternehmen, Wettbewerbsverzerrungen, Rufmord und gesundheitliche Belastungen.

Die Notwendigkeit der moralischen wie juristischen Bekämpfung der Wirtschaftskriminalität folgt aus den immensen Schadenssummen, der hohen Sozialschädlichkeit, dem Charakter der Illegalität und der Zerstörung unserer rechtsstaatlichen, sozial-humanen Grundordnung. Zweifellos bleibt die Effektivität polizeilicher Gegenmaßnahmen gegen Wirtschaftsstraftaten angewiesen auf eine entsprechende Unterstützung durch Rechtspolitik und Strafrecht sowie auf eine gute Zusammenarbeit mit der Staatsanwaltschaft. Eine halbherzige, unzulängliche Bekämpfung der Wirtschaftskriminalität stellt nicht nur die Glaubwürdigkeit unseres politischen und wirtschaftlichen Systems insgesamt infrage, sondern hat mitunter auch den faden Beigeschmack des Lobbyistentums, des Taktierens in der Grauzone und der Bestechung. Wenn Teile der Bevölkerung für die Cleverness und das Know-how der Wirtschaftskriminellen Sympathie bekunden und die skrupellosen, souverän agierenden, den Schein des Honorigen und Legalen wahrenden Täter um die Kunst der „kreativen Buchführung" beneiden, sinken die Chancen für eine effiziente Bekämpfung der Wirtschaftsstraftaten. Je komplizierter Vorgänge im Wirtschaftsbereich und je undurchschaubarer die Strukturen des Wirtschaftslebens sind, desto höher steigen die Aussichten, von den Ermittlungsbehörden nicht ertappt zu werden. Folglich benötigt die Polizei genügend geschulte Spezialkräfte, um raffinierten Wirtschaftskriminellen auf die Schliche zu kommen. Ohne ein gemeinsames Wertfundament im Zusammenhang mit Eigentum und Kapital, z. B. Wahrhaftigkeit, Gerechtigkeit, Fairness und Treue, vermögen repressive Strategien wie präventive Maßnahmen der Polizei gegen Diebstahls- und Vermögensdelikte auf Dauer nicht viel zu bewirken. Wirtschaftspolitische Kreise führen z. T. verfassungsrechtliche Bedenken an, verweisen auf das Subsidiaritätsprinzip in unserem marktwirtschaftlichen System und setzen auf eine freiwillige Selbstkontrolle anstelle von staatlicher Aufsicht, denn die Reglementierung des Staates hemme den unternehmerischen Elan und die privatwirtschaftlichen Initiativen. Inwieweit interne Kontrollinstanzen der Wirtschaftsunternehmen das Wirtschaftsleben überwachen und vor Delikten bewahren, entzieht sich einer genauen Beurteilung. Inwiefern die privaten Träger von Wirtschaftskontrollen mit staatlichen Instanzen zusammenarbeiten wollen, bleibt fraglich. Polizei wird jedenfalls präventive Kontrollen nur wirksam ausüben können, wenn sie auf eine gute Zusammenarbeit mit Recht, Wirtschaft und Politik bauen und der Erscheinungsfülle von Wirtschaftsstraftaten ein ganzes Bündel von entsprechenden Vorbeugungsmaßnahmen entgegenhalten kann.

Wirtschaftskriminalität zeigt sich so vielgestaltig und wechselhaft, dass keine fertigen Verdachtsmuster entwickelt werden können. Die Aufteilung der Zuständigkeiten auf viele Behörden wissen Wirtschaftskriminelle auszunutzen. Im Rahmen der polizeilichen Bekämpfung der Wirtschaftskriminalität sind folgende Aspekte von ethischer Relevanz:

- Polizeibeamte, die Wirtschaftsstraftaten aufklären sollen, können Gefühle der Hilflosigkeit und Resignation befallen, ebenso Zweifel an der Gerechtigkeit in unserem Staat angesichts der enormen Schadenshöhe und des geringen Strafmaßes. Nicht nur strategisch-taktische, sondern auch ethisch-moralische Qualität besitzt die Frage, wie Beamte auf ein Phänomen reagieren sollen, das mit Wirtschaftskriminalität zu tun haben könnte. Was gedenkt die Polizei konkret zu unternehmen gegen Angehörige ethnischer Gruppen, die in Verdacht stehen, an mehreren Stellen Sozialleistungen abzuzocken, oder gegen Mitglieder der Ministerialbürokratie, die ihre Amtsführung mit persönlicher Vorteilsnahme trickreich zu kombinieren wissen? In derartigen Situationen ist nicht nur Zivilcourage der Polizisten vonnöten, insofern sie sich von spektakulären Medienberichten über angebliche Fremdenfeindlichkeit der Polizei keineswegs einschüchtern oder gar zum Nichtstun verleiten lassen dürfen, sondern auch die Haltung der Gerechtigkeit, denn jeder Beamte hat sich eidlich verpflichtet, für die Rechtsordnung – unabhängig vom sozialen Status seines Gegenüber und seiner Beschwerdemacht – unerschrocken einzutreten. Die nach Bequemlichkeit und Feigheit riechende Einstellung, lediglich die eigene Unzulänglichkeit zu bekunden und heikle Fälle herumzureichen, ohne dass etwas gegen illegale Wirtschaftspraktiken geschieht, kann keinen ethischen Legitimationsanspruch erheben.
- Wenn Polizeibeamte dienstlichen Kontakt zu großen Firmen oder Banken aufnehmen, begegnen sie häufig „very important persons“. Leicht entsteht dann die Gefahr des sozialen Neides. Das in kosten- und zeitintensiver Aus- und Fortbildung angeeignete Spezialwissen zur Bekämpfung der Wirtschaftskriminalität eignet sich zweifellos zur Leistungseffizienz, kann jedoch auch in die Sackgasse führen. Der Versuchung, seinerseits auf illegale Weise aus dem erworbenen Spezialwissen Kapital zu schlagen, dürfte der Polizeiexperte in dem Maße erliegen, wie er aufgrund seines Wissensvorsprungs meint, weder von seinem Vorgesetzten noch von seinen Kollegen kontrolliert werden zu können, wie er in einen finanziellen Engpass gerät, eine günstige Gelegenheit zur unrechtmäßigen Bereicherung ausnutzt und sich von der Mentalität „alles halb so schlimm“ leiten lässt. Das erworbene Spezialwissen sach- und fachgerecht anzuwenden, verlangt von dem betreffenden Beamten Verhaltensweisen, die dem Milieu der infrage kommenden Wirtschaftskreise angepasst erscheinen, was modisches Outfit und Knigge-gemäßes Benehmen betrifft. Clevere Wirtschaftsunternehmen verstehen es mitunter, Polizeiexperten aufs Glatteis zu führen. Nur zu leicht kann der ermittelnde Polizeibeamte selber auf die schiefe Ebene – in Form von Abhängigkeit und Erpressbarkeit – geraten, wenn er eine freundliche Einladung zum Abendessen im Spielcasino, ein Angebot großzügiger Geschenke, Offerten zur kostenlosen Mitfahrt im Privatflugzeug oder in der firmeneigenen Jacht arglos annimmt.

- Fehler und Irrtum bei Ermittlungen können beachtliche Wirtschaftsschäden verursachen. Frustration stellt sich vielfach bei Polizeibeamten ein, wenn der angestrebte Erfolg ausbleibt. Diesbezüglich den Ermittlungsbeamten lediglich Jagdfieber und eine zu geringe Frustrationstoleranz zu unterstellen, wäre zu vordergründig argumentiert. Vielmehr geht es darum zu verhindern, dass die Werteinstellungen der Polizeibeamten in der Praxis Schaden nehmen.
- Aus verfahrensökonomischen Gründen neigen Wirtschaftsstrafkammern bei Gerichten dazu, den Komplex zeitaufwendiger, beweisdürftiger Verfahren auf möglichst wenige, beweissichere zu reduzieren. So plausibel eine solche Vorgehensweise erscheint, kritisch zu bedenken bleibt jedoch, inwiefern damit den Forderungen nach Gerechtigkeit Genüge getan wird. Stehen bei Absprachen zwischen Gericht, Staatsanwaltschaft, Beschuldigten und Geschädigten die Argumente der Prozessökonomie und des Gerechtigkeitspostulates in einem ausgewogenen, vertretbaren Verhältnis?
- Wenn ein Polizeibeamter als Zeuge bei Gerichtsverfahren, die nicht selten erst jahrelang später geführt werden, aussagen soll, hat er sich, die Ausssagegenehmigung seiner Dienstbehörde vorausgesetzt, an ethischen Kriterien zu orientieren. Denn die Zeugenrolle des ermittelnden Beamten fordert Genauigkeit, Festigkeit, Geradlinigkeit, Unvoreingenommenheit und Tapferkeit, um seinen Beitrag zu einer wahrheitsgemäßen, gerechten Urteilsfindung zu leisten. Moralisch nicht gutgeheißen werden darf der Fluchtversuch, sich angeblich an nichts erinnern zu können, um sich auf diese Weise dem leidigen Verhör im Gerichtssaal zu entziehen. Deshalb bedürfen Vollzugsbeamte einer Ermutigung und Bestätigung, dass ihre Bemühungen um Aufklärung illegaler Wirtschaftspraktiken einen wichtigen Beitrag zur Aufrechterhaltung unserer Rechtsordnung und zur Glaubwürdigkeit unserer Demokratie darstellen und ihr Eifer sowie ihre Sorgfalt bei den Ermittlungen nicht erlahmt. Zudem benötigen Polizeibeamte, die gegen Wirtschaftskriminalität ermitteln, klare ethische Wertmaßstäbe, um ihre Handlungssicherheit nicht zu verlieren. Die Werte dürfen nicht aus der Wirtschaft abgeleitet und instrumentalisiert sein, sondern müssen ihr vorausgehen. Ein Polizeibeamter tut gut daran, sich Klarheiten darüber zu verschaffen, dass nicht jedes unmoralische Verhalten – weder im Wirtschaftsleben noch in anderen Bereichen – strafrechtlich belangt werden darf, denn Recht und Ethik sind keineswegs völlig identisch. Die Gerechtigkeit verlangt von ihm, alle Verstöße gegen das Wirtschaftsstrafrecht, das gem. Art. 14 und 15 GG die Eigentumsrechte schützt, zu verfolgen, ohne sich vom sozialen Status des Gegenüber beeinflussen zu lassen. Die Beschäftigung mit der Grundsatzfrage, wieweit die bestehende Gesetzeslage in der Bundesrepublik Deutschland sozialverträglich bzw. sozialschädlich ist und strukturell Anlage-, Subventions- und Steuerbetrug begünstigt, fällt aufgrund des Primats der Politik nicht in den originären Zuständigkeitsbereich der Polizei.
- Das Instrumentarium des verschärften Strafgesetzes sollte im Sinne einer ultima ratio sozialer und rechtlicher Selbstkontrolle nur dann zur Anwendung gelangen, wenn schwerer Schaden für das Gemeinwohl nicht anders abgewehrt und das Funktionieren der Wirtschafts- und Rechtsordnung allein auf diese Weise gesichert werden kann. Ethisch erscheinen strafrechtliche Sanktionen gegen Wirtschaftskriminelle legitimiert, die gegen die Prinzipien der Gerechtigkeit und Wahrhaftigkeit

verstoßen (in den vielfältigen Formen von Anlagebetrug, Kreditbetrug, Versicherungsbetrug, betrügerischen Kreditzusagen, kriminellen Unternehmen wie Schwindelfirmen, Tarn- bzw. Strohfirmen und Scheinlegalfirmen), die ein schutzwürdiges Verhältnis bzw. Innenverhältnis missbrauchen und Treuebruch begehen (z. B. durch Korruption, Bestechung, Schmiergeldunwesen, Wirtschaftssabotage und Wirtschaftsspionage), die sich gewissenlos über das Gebot sozialer Verantwortung hinwegsetzen und Arbeitsplätze gefährden, Subventionsdelikte, Verbraucherschutzdelikte und Abgabenhinterziehung begehen, die um des Erfolges und Profits willen bedenkenlos die Normen der Wirtschaftsordnung verletzen. Zwei Gründe sprechen für die Legitimität des gesetzlichen Instrumentariums der Vermögensabschöpfung gem. §§ 73 und 74 StGB: Die Wahrung der Rechte Dritter hat Vorrang vor der staatlichen Einbeziehung des unrechtmäßig erzielten Gewinns. Die Praxis der Vermögensabschöpfung verpasst dem Profitstreben der Wirtschaftsstraftäter einen spürbaren Dämpfer. Ob allerdings die aus der Vermögensabschöpfung stammenden Gelder zur Ausstattung polizeilicher Einrichtungen bedenkenlos verwendet werden können, dürfte nicht nur als eine Geschmacksfrage einzustufen sein.

- Für die unsauberen, illegalen Praktiken in der Wirtschaft lassen sich eine Reihe von Gründen anführen: Konkurrenzkampf, Angst vor Verlust eines hohen Postens, veränderte Einstellung zu Wirtschaftsmacht, Geld und Gesetzen. Die Grenzen zwischen tolerierbarem Risiko und dolus eventualis (Vergehen bei Gelegenheit) sind fließend. Materielle Armut dürfte kaum ein Hauptmotiv für Wirtschaftsstraftaten, schon lange nicht für die Organisierte Wirtschaftskriminalität in der Bundesrepublik Deutschland sein. Keinesfalls sollte die Polizei mit ihren Maßnahmen dem allgemeinen Gerede Vorschub leisten, dass nur die kleinen Fische geschnappt werden, während sich die Haie frei tummeln können.

Literaturhinweise:

Podolsky, J./Brenner, T.:Vermögensabschöpfung im Straf- und Ordnunsgwidrigkeitenverfahen. Stuttgart u. a. [2]2004. – BKA (Hg.): Wirtschaftskriminalität und Korruption (BKA P + F Bd. 22). München 2003. – Weiß, U.: International agierende Globalisierungsgegner – mehr als nur Krawall!?, in: DP 5/2003; S. 121 ff. – Bussmann, K.-D.: Business Ethics und Wirtschaftsstrafrecht, in: MschrKrim 2/2003; S. 89 ff. – Hefendehl, R.: Kriminalitätstheorien und empirisch nachweisbare Funktionen der Strafe: Argumente für und wider die Etablierung einer Unternehmensstrafbarkeit?, in: MschrKrim 1/2003; S. 27 ff. – Schwind, H.-D.: Kriminologie. Heidelberg [13]2003; S. 417 ff. – Scherp, D.: Compliance. Ein Beitrag zur Bekämpfung der Wirtschaftskriminalität, in: Kriminalistik 8–9/2003; S. 486 ff. – Liebel, H. J.: Täter-Opfer-Interaktion bei Kapitalanlagebetrug (BKA P + F Bd. 15). Neuwied 2002. – Boers, K.: Wirtschaftskriminologie, in: MschrKrim 5/2001; S. 335 ff. – DPolBl 3/2002: Illegale Beschäftigung. – Ulrich, P.: Art. „Wirtschaftsethik", in: HbE; S. 291 ff. – Palazzo, B.: Unternehmensethik als Instrument der Prävention von Wirtschaftskriminalität und Korruption, in: DKriPrä 2/2001; S. 52 ff. – Ulrich, P.: Integrative Wirtschaftsethik. Bern u. a. [3]2001. – Pricewaterhouse, C.: Europäische Umfrage zur Wirtschaftskriminalität 2001. Frankfurt a. M. 2001. – Berg, A.: Wirtschaftskriminalität in Deutschland. Osnabrück 2001. – Suchanek, A.: Ökonomische Ethik. Tübingen 2001. – Heinz, W.: Wirtschaftskriminalität, in: HdWE Bd. 4; S. 671 ff. – Ulrich, P./Wieland, J.: Unternehmensethik in der Praxis. Bern [2]1999. – LPR NS/Niedersächisches IM: Prävention von Wirtschaftskriminalität und Korruption. Abschlußbericht der Arbeitsgruppe Prävention von Wirtschaftskriminalität und Korruption. Hannover 1998. – Kluxen, W.: Art. „Wirtschaftsethik“, in: LBE Bd. 3; S. 756 ff. – Koslowski, P.: Wirtschaftsethik, in: Pieper, A./Thurnherr, U. (Hg.): Angewandte Ethik. München 1998; S. 197 ff. – Müller, R. u. a.: Wirtschaftskriminalität. München [4]1997. – See, H./Eckart, S. (Hg.): Wirtschaftskriminalität – Kriminelle Wirtschaft. Heilbronn 1997. – Zimmerli, W. C./Aßländer, M.: Wirtschaftsethik, in: Nida-Rümelin, J. (Hg.): Angewandte Ethik. Stuttgart 1996; S. 290 ff. – Heinz, W.: Art. „Wirtschaftskriminalität“, in: KKW; S. 589 ff. – Bernasconi, P.: Art. „Wirtschaftskriminalität“, in: LWE; Sp. 1296 ff. – Wieland, J. (Hg.): Wirtschaftsethik und Theorie der Gesellschaft. Frankfurt a. M. 1993. – Homann, K./Blome-Drees, F.: Wirtschafts- und Unternehmensethik. Göttingen 1992. – Ciupka, J./Schmidt, U.: Beispiele gefällig?, in: Kriminalistik 4/1989; S. 199 ff. – Koslowski, P.: Prinzipien der Ethischen Ökonomie. Tübingen 1988. – Brenner, K.: Wenn marode Unternehmen als Goldgruben verkauft werden, in: Kriminalistik 2/1987; S. 66 ff. – Liebl, K.: Bekämpfung der Wirtschaftskriminalität. Höhenflug mit Bauchlandung?, in: KrimJ 1/1986; S. 50 ff. – Kubica, J.: Wirtschaftsstraftaten als Form Organisierter Kriminalität, in: Kriminalistik 5/1986; S. 213 ff. – Poerting, P.: Polizeiliche Bekämpfung von Wirtschaftskriminalität. Wiesbaden 1985. – Liebl, K.: Die bundesweite Erfassung von Wirtschaftsstraftaten nach einheitlichen Gesichtspunkten. Freiburg 1984. – Wassermann, R.: Kritische Überlegungen zur Bekämpfung der Wirtschaftskriminalität, in: Kriminalistik 1/1984; S. 20 ff. – BKA (Hg.): Wirtschaftskriminalität. Wiesbaden 1984. – Rich, A.: Wirtschaftsethik. 2 Bde. Göttingen 1984/1990.

29. Umweltschutz – Umweltkriminalität

Als der Club of Rome im Jahre 1972 vor den verheerenden Folgen des massiven technischen Eingriffes in den Naturhaushalt und des verschwenderischen Umganges mit den knapp bemessenen Energievorräten warnte, kippte die allgemeine Fortschrittseuphorie in ein besorgtes Umweltbewusstsein um. Infolge der ökologischen Krise entstanden in den 70er Jahren unterschiedlichste Bewegungen, die sich Umweltschutz auf die Fahne geschrieben hatten: Umweltpolitik, Umweltethik, Umweltrecht, Umweltkriminalität, Umweltmedizin (Environtologie), Umweltgeschichte, Umweltpsychologie. Unter Umweltschutz versteht man allgemein alle Maßnahmen, um den Naturzustand als Lebensbedingung des Menschen vor Zerstörung, Verschmutzung und Vergiftung zu schützen. Das Wort GAU (d.h. größter anzunehmender Unfall) machte damals die Runde. Umweltkatastrophen, z. B. das Giftgasunglück in der indischen Stadt Bhophal 1984, das Reaktorunglück in Tschernobyl 1986, die Vergiftung des Rheins durch die Chemie-Firma Sandoz 1986, der Unfall des Ölgroßtankers Braer 1993, die verheerenden Überflutungen in Deutschland, Österreich und der Tschechoslowakei 2002 und das Ozonloch über der Antarktis sensibilisierten die Bevölkerung für die Dringlichkeit des Umweltschutzes. Seit 1994 ist gem. Art. 20 a GG der Umweltschutz zum Staatsziel erklärt worden.

Umweltethik bzw. ökologische Ethik reflektiert über die Wertprämissen, Prinzipien und Normen für einen verantwortbaren Umgang des Menschen mit der nichtmenschlichen Natur. Die Notwendigkeit eines ethischen Umdenkens ergibt sich aus dem Faktum, dass das ökologische Gleichgewicht, die Selbstregulierungs- und Regenerationsmechanismen der Ökosysteme durch das Bevölkerungswachstum, den Raubbau an den Ressourcen der Natur, die Klimaveränderung und das Verseuchen der Luft sowie der Erde und des Wassers durch gefährliche Stoffe und Sondermüll strukturell gestört werden. Damit weitet sich die Umweltkrise zu einem Überlebensproblem der gesamten Menschheit aus. Das Problem der Selbsterhaltung und Arterhaltung lässt sich allerdings nicht rein technisch-naturwissenschaftlich lösen, sondern verlangt ethische Argumentationshilfen. Beim Ökologiediskurs fallen die unterschiedlichsten Denkansätze und Lösungsvorschläge auf: Aus anthropozentrischer (griech. ανθρϖποζ = Mensch, κεντρον = Stachel, Mittelpunkt) Sicht entscheiden menschliche Interessen und Bedürfnisse in erster Linie darüber, wie und wozu die Naturvorräte zu nutzen sind. Darin haben Kritiker zurecht ein Begründungsmuster für die Ausbeutung der Erde durch den Menschen erblickt. Der pathozentrischen (griech. παθοζ = Leid) Position zufolge haben auch diejenigen Tiere einen moralischen Status, die zu eigenen Empfindungen – Schmerz, Leid – fähig sind und deshalb unser Mitleid und unsere Rücksichtnahme beanspruchen dürfen. Vertreter der biozentrischen (griech. βιοζ = Leben) Richtung (A. Schweitzer, P. W. Taylor, R. Attfield) billigen sämtlichen Lebewesen und Anhänger der holistischen (griech. ολον = das Ganze) Theorie sogar der unbelebten Natur den Anspruch auf eine moralisch angemessene Behandlung zu. Angesichts der disparaten Ethikansätze bleibt zu fragen, ob sie nicht die Besonderheit des Menschen als sittlich autonomes Subjekt (I. Kant), der Verantwortung für sein Tun und Lassen trägt, verkennen und die menschliche Person mit Tieren, Pflanzen der unbelebten Natur auf eine Stufe stellen.

Die jüdisch-christliche Ethik knüpft an der Schöpfungstheologie an. Der aus Gen 1, 26.28 abgeleitete Herrschaftsauftrag des Menschen über die Erde (dominium terrae) korrespondiert mit der menschlichen Fürsorge und Verantwortung für das Bebauen und Behüten der Natur (Gen 2, 15). Somit lässt sich aus dem alttestamentlichen Schöpfungsbericht keine Rechtfertigung für eine Zerstörung und Willkürherrschaft des Menschen über Gottes Schöpfung herauslesen. Die von den Vereinten Nationen eingesetzte Weltkommission für Umwelt und Entwicklung hat zwei Hauptziele gesteckt, die untrennbar miteinander verbunden sind: Armut und Hunger in der Welt überwinden (soziale Gerechtigkeit) und die natürlichen Lebensgrundlagen schützen (Naturschutz). Realisierungsversuche einer solch umweltethischen Programmatik stoßen auf ernsthafte Widerstände. Auf politischer Ebene rufen sie Interessenskonflikte (Wirtschaftsvorteile, Kostenfragen) hervor, die Bevölkerung der reichen Industrieländer fordern sie zu eingeschränktem Konsumverhalten auf. Gleichwohl haben die beiden genannten Ziele nichts von ihrer aktuellen Bedeutung eingebüßt.

Umweltkriminalität umfasst begrifflich die Straftatbestände, die durch das 18. Strafrechtsänderungsgesetz (1980) in den 28. Abschnitt des Strafgesetzbuches (StGB) eingefügt und durch das 31. Strafrechtsänderungsgesetz (1994) erweitert worden sind. Folgende Umweltstraftatbestände listet das StGB auf:

§ 324: Gewässerverunreinigung
§ 324 a: Bodenverunreinigung
§ 325: Luftverunreinigung
§ 325 a: Verursachung von Lärm, Erschütterungen und nichtiosinisierenden Strahlen
§ 326: Unerlaubter Umgang mit gefährlichen Abfällen
§ 327: Unerlaubtes Betreiben von Anlagen
§ 328: Unerlaubter Umgang mit radiaktiven Stoffen und mit anderen gefährlichen Stoffen und Gütern
§ 329: Gefährdung schutzbedürftiger Gebiete
§ 330: Besonders schwerer Fall einer Umweltstraftat
§ 330 a: Schwere Gefährdung durch Freisetzen von Giften.

Außerdem befindet sich eine Reihe von Straftatbeständen in strafrechtlichen Nebengesetzen (Naturschutzgesetz, Pflanzenschutzgesetz, Natur- und Landschaftsschutzgesetz, Chemikaliengesetz, Bundesjagdgesetz). Mit den Umweltstrafrechtsnormen bezweckt der Gesetzgeber v. a. einen verbesserten Umweltschutz und eine generalpräventive Wirkung.

Das Umweltstrafrecht weist Bezüge zum Umweltverwaltungsrecht (Verwaltungsakzessorität) auf. Damit hängt das Problem zusammen, dass die Umweltverwaltungsbehörden über einen Beurteilungs- und Ermessensspielraum bei der Setzung von Erlaubnis- und Verbotsstraftatbeständen verfügen. Als praktische Konsequenz folgt daraus für das Umweltverwaltungshandeln, zwischen zwei konkurrierenden Wertgütern abzuwägen, nämlich zwischen wirtschaftlichen Interessen (Arbeitsplatzerhaltung) und Umweltschutz.

Die Polizeiliche Kriminalstatistik verzeichnet seit 1975 ein starkes Ansteigen der Umweltkriminalität, wobei strittig bleibt, ob es sich bei diesem Phänomen wirklich um eine Zunahme von Straftaten oder eher um eine Folge verschärfter Kontrollen sowie Gesetze und einer größeren Beschwerdebereitschaft der Bevölkerung handelt.

Zu den häufigsten Umweltdelikten zählen umweltgefährdende Abfallbeseitigung und Gewässerverunreinigung. Die Verurteilungsquote liegt bei Privatpersonen, Landwirten und Bediensteten der Schiffahrt am höchsten; dagegen tauchen die Vertreter der öffentlichen Hand und der Industrie unter den Tatverdächtigen am wenigsten auf. Eine Erklärung dafür dürfte in der leichteren Beweisbarkeit liegen.

Die Bekämpfung der Umweltkriminalität stellt hohe Anforderungen an den Polizeibeamten. Die Bearbeitung von Umweltdelikten gestaltet sich oft schwieriger als die Ermittlung in anderen Kriminalitätsbereichen. So benötigen die Beamten Spezialkenntnisse in Chemie, Biologie, Wirtschaft, Geologie, Physik und die Fähigkeit, die neuesten Umwelttechniken zu beherrschen. Außerdem müssen sie die vielfältigen Bestimmungen aus dem Umweltverwaltungsrecht und Umweltstrafrecht kennen. Je nach Umweltdeliktform, z. B. Gewässerverunreinigung oder Umgang mit gefährlichen Stoffen, variieren die polizeilichen Vorgehensweisen und Maßnahmen zur Eigensicherung. Am Umwelttatort sind die Spuren, die über Ursache, Ablauf und Schadensfolgen der Umweltstraftat Auskunft geben, zu sichern und auszuwerten, denn sie bilden die Grundlagen für eine gerichtsfeste Beweisführung. Sofern sich die Belange der Gefahrenabwehr und Strafverfolgung überschneiden, steht eine sorgfältige Güterabwägung an.

Ohne Zweifel verdient moralische Anerkennung, dass die Polizei einen wichtigen Beitrag zum Umweltschutz leistet. Bei der polizeilichen Bekämpfung von Umweltstraftaten erlangen folgende Aspekte eine ethische Bedeutung:

- Der Vollzug des Umweltstrafrechts durch die Polizei, Erkennung und Aufklärung von Umweltdelikten, weist Mängel (Schwind 2003, Leffler 1993) auf. Die Vollzugsdefizite und die daraus resultierende Gefahr der selektiven Umweltstrafverfolgungspraxis lediglich dem einzelnen Ermittlungsbeamten anzulasten, wäre falsch und ungerecht. Ein wesentlicher Grund für die Korrekturbedürftigkeit der Umweltstrafverfolgung liegt in der ungeeigneten Organisationsstruktur der Polizei. So erweist sich als ungünstig, die Aufgaben der Umweltstrafverfolgung auf unterschiedliche Organisationsbereiche der Polizei aufzuteilen, ohne für die erforderlichen Koordinierungsmaßnahmen zu sorgen. Die Wissenslücken der Polizeibeamten, die in Umweltstraffällen ermitteln, sind durch geeignete Fortbildungsangebote zu schließen und auf den neuesten Stand der Wissenschaft und Technik zu bringen. Erst ein entsprechendes Niveau der polizeilichen Sachbearbeitungskompetenz verhindert, dass überwiegend nur Bagatellfälle, fast kaum aber schwere Umweltdelikte bearbeitet werden, und verbessert die polizeilichen Erkennungsmöglichkeiten in der Umweltkriminalität.
- Entscheidend ist die persönliche Grundeinstellung des Polizeibeamten zum Umweltschutz. Wenn der Beamte selber vom Wert einer intakten Umwelt überzeugt ist, wird er sich durch folgende Fakten nicht so schnell demotivieren und verunsichern lassen:
  - Die Mehrzahl der Gerichtsverfahren gegen Umweltdelinquenten werden eingestellt, allerdings nicht mangels an Beweisen, sondern gem. § 153 a StPO.
  - Gewisse Umweltdelikte, z. B. Reinigung von Öltanks auf hoher See, werden deswegen begangen, weil die gerichtlich verhängten Geldstrafen rentabler sind als das ordnungsgemäße Verhalten.

- Bei Umweltstraftaten steigt der Trend zur Organisierten Kriminalität (Beseitigung radioaktiver Betriebsabfälle, Export von Giftmüll), während die Polizeibehörden und die übrigen staatlichen Stellen offensichtlich hinterherhinken.
- Die eigene Behörde stuft bestimmte Bereiche von Umweltdelikten von vornherein als gering ein, was zur Folge hat, dass zu wenige Vollzugsbeamte den Auftrag zur Aufklärung erhalten.
- Die Erfahrung, dass die Aufklärung von Umweltstraftaten behördenintern nicht immer die gebührende Anerkennung findet, kann den subjektiven Eindruck verstärken, als betreffender Sachbearbeiter in eine Außenseiterrolle zu geraten.
- Reißerische Medienberichte über angeblich gesundheitsschädigende Produkte (Lebensmittel, Textilien) können in der Öffentlichkeit Panik verbreiten und den zu Unrecht beschuldigten Firmen hohe Umsatzeinbußen solange verursachen, bis der gerichtliche Freispruch das Käuferverhalten allmählich wieder verändert. Selbst wenn die in solchen Skandalfällen ermittelnden Polizeibeamten schnell merken, dass die Behauptungen der Medien fragwürdig bzw. haltlos sind, müssen sie oftmals viel Zeit und Mühen aufbringen, um eine lückenlose, sichere Beweisführung vorlegen zu können.

- In unserer Gesellschaft lassen sich Gruppen beobachten, die sich allein für kompetent halten, in Sachen Umweltschutz und aus Gründen des Naturschutzes bewusst Straftaten begehen. Wenn der einschreitende Polizeibeamte sich seinerseits leidenschaftlich für Umweltschutz engagiert, erliegt er leicht der Gefahr, zu Gunsten der Gesinnungstäter Partei zu ergreifen und zu großzügig zu ermitteln. Und umgekehrt müssen sich Vollzugsbeamte, die gegen Umweltdelinquenten amtlich vorgehen, von der Bevölkerung die kritische Anfrage gefallen lassen, inwieweit sie sich selber umweltfreundlich verhalten, sei es im Dienst, sei es in der Freizeit.

Literaturhinweise:

Schwind, H.-D.: Kriminologie. Heidelberg [13]2003; S. 432 ff. – Potthast, T.: Art. „Umweltethik“, in: HbE; S. 286 ff. – Mutschler, H.-D.: Naturphilosophie. Stuttgart 2002. – Müller, G. H.: Art. „Umwelt“, in: HWPh Bd. 11; Sp. 99 ff. – Linz, M.: Art. „Umweltethik, politisch“, in: ESL; Sp. 1630 ff. – BKA (Hg.): Bekämpfung der Umweltkriminalität. Neuwied 2001. – Kotulla, M.: Umweltrecht. Stuttgart u. a. 2001. – Pojman, L. (Ed.): Environmental Ethics. Readings in Theory and Application. Belmont [3]2001. – Ott, K./Gorke, M. (Hg.): Spektrum der Umweltethik. Marburg 2000. – Kemper, A.: Unverfügbare Natur. Ästhetik, Anthropologie und Ethik des Umweltschutzes. Frankfurt a. M. 2000. – Cassier, D./Bayer, S.: Umwelt- und Ressourcenökonomie, in: HdWE Bd. 4; S. 582 ff. – Eser, U./Potthast, T.: Naturschutzethik. Eine Einführung für die Praxis. Baden-Baden 1999. – Brenner, A.: Ökologie-Ethik, in: Pieper, A./Thurnherr, U. (Hg.): Angewandte Ethik. München 1998; S. 37 ff. – Höhn, H.-J.: Art. „Umweltethik“, in: LBE Bd. 3; S. 628 ff. – Heine, G.: Art. „Umweltkriminalität“, in: LBE Bd. 3; S. 633 ff. – Lutterer, W./Hoch, H. J.: Rechtliche Steuerung im Umweltbereich. Freiburg i. Br. 1997. – Huber, J.: Umwelt, in: HzGD; S. 666 ff. – Pfordten, D. v. d.: Ökologische Ethik. Reinbek 1996. – Krebs, A.: Ökologische Ethik I: Grundlagen und Grundbegriffe, in: Nida-Rümelin, J. (Hg.): Angewandte Ethik. Stuttgart 1996; S. 346 ff. – Leist, A.: Ökologische Ethik II: Gerechtigkeit, Ökonomie, Politik, in: Nida-Rümelin, J. (Hg.): a. a. O.; S. 386 ff. – Wagner, N.: Die Zusammenarbeit zwischen Umwelt- und Strafverfolgungsbehörden bei der Bekämpfung von Umweltdelikten aus polizeipraktischer Sicht, in: DP 9/1996; S. 225 ff. – Liebl, K.: Umweltkriminalität. Eine Bibliographie. Pfaffenweiler 1994. – Leffler, N.: Zur polizeilichen Praxis der Entdeckung und Definition von Umweltstrafsachen. Godesberg 1993. – Albrecht, H.-J.: Art. „Umweltkriminalität“, in: KKW; S. 555 ff. – Irrgang, B.: Christliche Umweltethik. München, Basel 1992. – Risch, H.: Polizeiliche Praxis bei der Bearbeitung von Umweltkriminalität (BKA-FR). Wiesbaden 1992. – Kühne, H.-H./Görgen, H.: Die polizeiliche Bearbeitung von Umweltdelikten. Wiesbaden 1991. – PFA-SB „Umweltschutz und Polizei“ (20.–24. 6. 1988). – PFA-SR 4/1987: Umwelt und Polizei. – Schulze, G./Lotz, H. (Hg.): Polizei und Umwelt. Teil I. Wiesbaden 1986. – Klumbies, M.: Polizei und Umweltschutz. Heidelberg 1986. – Schwind, H.-D./Steinhilper, G. (Hg.): Umweltschutz und Umweltkriminalität. Heidelberg 1986. – Birnbacher, D. (Hg.): Ökologie und Ethik. Stuttgart 1986. – DP 12/1985: Umweltschutz und Polizei. – Teutsch, G. M.: Lexikon der Umweltethik. Göttingen, Düsseldorf 1985. – Kluxen, W.: Moralische Aspekte der Energie- und Umweltfrage, in: HchrE 3; S. 379 ff. – DP 11/1982: Umweltschutz und Umweltkriminalität u. 12/1982.

30. Computer- bzw. Internetkriminalität

Die rasante Entwicklung des Internet mit seinem beachtlichen Innovationsschub verändert grundlegend unsere Realität, wie der neue Begriff „Informationsgesellschaft“ bzw. „Informationszeitalter“ andeutet. In absehbarer Zeit werden wohl mehr Computer als Menschen auf Erden existieren. Wird der Albtraum, dass in der vernetzten Zukunft die künstliche Intelligenz des Roboters (homo roboticus) den Menschen (homo sapiens) beherrscht und ersetzt, in Erfüllung gehen? Oder wird die nächste Computergeneration die menschliche Intelligenz steigern? Werden wir Menschen einem digitalen Datengau zum Opfer fallen oder praktische Klugheit im Umgang mit der elektronischen Informations- und Kommunikationstechnologie entwickeln? Wie steht es um Möglichkeiten der Kommunikation (vom ubiquitären zum proaktiven Computing bzw. zu interaktiven Computersystemen?) und der Kontrolle (durch sich selbst organisierende Netzwerke?), um ethische Fragen der Verantwortung und des Datenschutzes in der für die einzelne Person zunehmend unüberschaubar werdenden Komplexität der Computerwelt?

Der Begriff Internet beinhaltet die globale Vernetzung unterschiedlicher Computersysteme auf der Grundlage des Übertragungsprotokolls Transmission Control Protocol/Internet Protocol (TCP/IP). Der Ursprung des Internets liegt in einem Entwicklungsprojekt des US-Militärs Ende der 60er Jahre, das dem Ziel diente, für den Fall eines Atomkrieges das eigene Informations- und Kommunikationsnetz zu sichern. Vielen Privatnutzern erscheint heute das Internet attraktiv aufgrund seiner zunehmenden Bedienerfreundlichkeit, der Kostenersparnis und Vorteile, in Sekundenschnelle Informationen aus aller Welt zu erhalten und Kommunikation in einem bislang nicht gekannten Ausmaß zu pflegen. Und der Markt boomt, was die Anwendung von Prozessoreinheiten in der Verbraucherelektronik und in der Automechanik betrifft.

Das neue Medium Internet macht sich auch der potenzielle Straftäter zu Nutze. So kann er einen elektronischen Erpresser- oder Drohbrief schreiben, Komplizen beim gemeinsamen Begehen eines Verbrechens via E-Mail taktische Anweisungen erteilen, über Newsproups Aktphotos seiner Exfreundin verbreiten und im World Wide Web (WWW) extremistische Propagandaschriften und pornographisches Bildmaterial versenden. Hackern, Crackern und Wirtschaftsspionen bietet sich reichlich Gelegenheit, Daten- und Computersabotage zu betreiben. Durch Datenverlust oder Störung der Informationssysteme entstehen den betroffenen Firmen Schäden, deren Höhe auf mehrere Milliarden Euro geschätzt wird. Da die kommerzielle Sicherheitstechnologie (z. B. Firewalls, Intrusion Detection Systems) viel zu wünschen übrig lässt, wird der Schutzbedarf zu einem dringenden Problem der Sicherheitspolitik. Um beim Zahlungsverkehr im Internet – bequem zu bewerkstelligen durch die Datenübermittlung der Kreditkarte – sich nicht der Gefahr des Missbrauchs durch Dritte auszusetzen, eignet sich die codierte Übertragung von vertraulichen Informationen. Passwörter und ID-Codes zu knacken und die Schutzfunktionen der Internet-Sicherheitstechnologie (Firewalls, Intrusion Detection Systems = IDS) zu stören, bereitet allerdings Profis keine allzu großen Mühen. Entsprechend groß ist der Sicherheitsbedarf, der sich auf die Verfügbarkeit, Diskretion und Zuverlässigkeit der elektronischen Informationssysteme bezieht. Das Ausmaß der Schäden und Risiken durch Cyber-Vandalismus, Cyber-Crime, Cyber-Terrorismus und Cyber-War seitens krimineller Organisationen ist nicht zu unterschätzen. „Wenn zukünftig jeder in Zigarettenschachtel-großen Behältnissen Höchstleitstungs-Hightech mit einem riesigen Gefährdungspotenzial herumschleppen kann, bricht das Machtmonopol des Staates und seiner Organe zusammen" (Hering 2000). Mit Computerviren lassen sich Computerprogramme zerstören und Speichermedien löschen, mittels Cyber-Cash-Viren bei Transaktionen Finanzsummen an kriminelle Adressaten umleiten oder die Funktion von Gebrauchsgütern (Navigation, Einspritzpumpen oder ABS-System von Autos) stören.

Von den ca. 1 Milliarde unfassenden Seiten im WWW verstoßen schätzungsweise 1 bis 2 % gegen das Strafrecht. Um gegen die unterschiedlichen Formen der Kriminalität im Internet erfolgreich ermitteln zu können, benötigt die Polizei eine klare gesetzliche Grundlage. Das Gesetz zur Regelung der Rahmenbedingungen für Informations- und Kommunikationsdienste (IuKDG) von 1998 klärt im § 5 des Art. 1 die Verantwortlichkeit der Dienstanbieter für eigene und fremde Inhalte. In Strafgesetzbuch greifen

§ 202 a: Ausspähen von Daten
§ 263 a: Computerbetrug
§ 269: Fälschung beweiserheblicher Daten
§ 303 a: Datenveränderung
§ 303 b: Computersabotage.

Als nicht mehr dem aktuellen Stand der neuesten Informationstechniken entsprechend und daher korrekturbedürftig gelten aus polizeilicher Sicht folgende Bestandteile der Strafprozessordnung: § 94: Beweisgegenstände, § 100: Überwachung der Telekommunikation, §§ 102 und 103: Durchsuchung (Meseke 2000). So erweist sich der polizeiliche Zugriff auf im Ausland gespeicherte Daten als problematisch, da die internationale Rechtshilfe viel zu langsam funktioniert gegenüber dem schnellebigen Internet.

Polizeiliche Öffentlichkeitsfahndung im Internet tangiert die Grundrechtsphäre des Betroffenen, weshalb datenschutzrechtliche Bestimmungen zu beachten sind. Das Bundesdatenschutzgesetz verteidigt die Privatsphäre des Bürgers gegen die nachteiligen Folgewirkungen der Datenverarbeitung (Erhebung, Speicherung, Übermittlung, Veränderung, Nutzung, Löschung personenbezogener Informationen). Das Volkszählungsurteil des Bundesverfassungsgerichts vom 15. 12. 1983 leitet aus dem allgemeinen Persönlichkeitsrecht die Befugnis des Einzelnen ab, selber zu entscheiden, ob und inwieweit persönliche Daten erhoben und verwendet werden dürfen, und räumt dem Recht auf informationelle Selbstbestimmung Verfassungsrang ein. In das informationelle Selbstbestimmungsrecht darf nur aufgrund eines Gesetzes zu Gunsten des überwiegenden Interesses der Allgemeinheit eingegriffen werden.

Ethische Reflexionen über die neuen Informations- und Kommunikationstechniken („Computer Ethics", „Information Ethics") konzentrieren sich auf Anwendungsmöglichkeiten der elektronischen Datenverarbeitung (EDV) und deren wirtschaftliche sowie soziale Implikationen, auf Fragen des normativen Regelungsbedarfs und Wertkriterien (Menschenwürde, Wahrheit, Gerechtigkeit, Verantwortung) für einen akzeptablen Umgang mit Computer und Internet. Nach der Internet-Philosophie haben grundsätzlich alle Menschen Zugang zu dem Medium Internet mit all seinen Informations- und Kommunikationsmöglichkeiten. Doch de facto widersprechen diesem Gleichheitsgrundsatz die unterschiedlichen Zugangsbedingungen wie z. B. technische Infrastruktur, Bildungsniveau, Sprachfähigkeiten und die Einflussnahme starker Wirtschaftskräfte, ein Umstand, der das Gerechtigkeitsprinzip tangiert. Das Verhältnis zwischen Informationsanbietern und Informationsabnehmern wird zunehmend kommerzialisiert, woraus sich Fragen des Verbraucherschutzes, des Gemeinwohles und der Zweckbestimmung des Internet ergeben. Inwieweit werden alle Beteiligten – Provider, Netzbetreiber, Server-Betreiber, Informationsanbieter (staatliche und kommunale Stellen, Firmen, Verbände und Privatleute) – ihrer Verantwortung gerecht, was die Wahrheit und Zuverlässigkeit der Angaben, die moralische Unbedenklichkeit der Informationsinhalte und die Sicherheit der Datenverarbeitung anbelangt? In welchem Maße eignen sich die freie Selbstverantwortung bzw. das persönliche Gewissen mit seinem Wert- und Normbewusstsein, die staatliche Gesetzgebung und der Wirtschaftsmarkt als Steuerungsmechnismen oder Kontrollinstanzen dazu, um einen allgemein akzeptablen, ethisch sinnvollen Umgang mit dem Internet zu gewährleisten?

Aus der heutigen Polizeipraxis lässt sich die elektronische Informationsverarbeitung als eigenständiger Ermittlungsansatz nicht mehr wegdenken. Die Ausstattung der Polizei mit der modernen Informationsverarbeitungstechnologie bewirkt zweifellos einen beachtlichen Machtzuwachs. Gegenüber der Staatsanwaltschaft, der Herrin des Verfahrens, erhält die Polizeibehörde eine größere Eigenständigkeit im Rahmen der Aufklärung von Straftaten aufgrund des Vorsprungs bei der prozessrelevanten Informationsbeschaffung und -auswertung. Die Möglichkeiten der EDV gestatten der Polizei immer tiefere Einblicke in die Privatsphäre des Bürgers auf für ihn fast unmerkliche, doch ermittlungstechnisch sehr wirksame Weise. Die ethische Konsequenz daraus kann nur lauten, den Machtgewinn der Polizei durch eine wirksame Kontrollinstanz auszugleichen, um grundsätzlich Missbrauch mit der Informationsverarbeitung zu vermeiden. Dieses ethische Postulat wird verstärkt durch den zunehmenden Trend, das Schwergewicht der polizeilichen Arbeit von der Repression auf die Prävention zu verlagern, was den weiteren Ausbau und die Nutzung der EDV begünstigt. Das wiederum wirft ethisch die Frage auf, wo die Grenze polizeilicher Eingriffsbefugnisse im Rahmen rechnergestützter Präventionsmaßnahmen liegt, um zu vermeiden, dass in der Bevölkerung Misstrauen oder Verdacht auf Totalüberwachung und Entmündigung entsteht. Angesichts der Spannungen zwischen dem Sicherheitsverlangen des Staates und dem Datenschutzinteresse der Bevölkerung bedarf es eindeutiger Legitimationskriterien für polizeiliche Eingriffsbefugnisse. So sind polizeiliche Ermittlungen mit Hilfe der EDV ethisch gerechtfertigt, wenn sie Schäden bzw. Gefahren für die Allgemeinheit und für den einzelnen Bürger abwenden bzw. begrenzen und dabei den Grundsatz der Verhältnismäßigkeit, Erforderlichkeit und Geeignetheit beachten (Zweck-Mittel-Relation). Nach dem Verhältnismäßigkeitsgrundsatz darf der Schaden, der durch die Ermittlungen der Sicherheitsbehörden entsteht, nicht größer sein als der, den der Normverletzer verursacht hat. Nach dem Erforderlichkeitsgrundsatz lassen sich personenbezogene Datenerhebung und Datenverarbeitung ethisch legitimieren, sofern sie ihrem Umfang und ihrer Art nach für die polizeiliche Aufgabenerfüllung benötigt werden. Das Spannungsverhältnis zwischen dem individuellen Recht auf informationelle Selbstbestimung und der staatlichen Aufgabe der Informationsvorsorge lässt sich nicht abstrakt-theoretisch lösen. Vielmehr muss in jedem Einzelfall ein fairer Kompromiss mit Hilfe einer gewissenhaften Güterabwägung gesucht werden, wofür der Gesetzgeber bereichsspezifische, normklare Regelungen bereitzustellen hat. Klärungsbedarf dürfte z. B. in der Frage bestehen, ob das Legalitätsprinzip einen Polizeibeamten, der beim Surfen während der Dienstzeit zufällig etwas Illegales bemerkt hat, unter allen Umständen zum Einschreiten verpflichtet, selbst dann, wenn die Spuren ins Ausland führen und sich keine reellen Chancen für einen Ermittlungserfolg bieten. Datenschutzbeauftragte verweisen auf Lücken und Regelungsbedarf im Blick auf die Veröffentlichung privater Bilder und Meinungsäußerungen, auf den Schutz vertraulicher Daten, die mit der menschlichen Genomanalyse, dem Gentest und den Geschäftsabschlüssen zusammenhängen. Zu schützen bleibt der Bürger vor unerlaubten Zugriffen nicht nur des Staates, sondern auch nichtstaatlicher Institutionen, die Missbrauch mit personenbezogenen Daten betreiben.

Ethisch gilt bewusst zu machen: Selbstjustiz im Kreise von Technikern und Providern darf nicht hingenommen werden. Den Faktor des wirtschaftlichen Schadens einseitig überzubetonen hätte zur Konsequenz, das Internet nahezu ausschließlich unter dem Aspekt der Kommerzialisierung zu betrachten und Sicherheits- bzw. Schutzinteressen der Bevölkerung auszublenden. Das geringe Meldeverhalten darf nicht voreilig verurteilt werden, solange Polizei und Justiz im Rufe mangelnder Kompetenz stehen, große Firmen um den Verlust ihres Image bangen und für den privaten User die Wahrnehmungsmöglichkeiten der Computerkriminalität geringer sind als bei den herkömmlichen Deliktarten. Da der Mensch eine Schwachstelle im Computersystem darstellt, hat der Polizeibeamte sorgfältig darauf zu achten, Fehler bei der Datenverarbeitung zu vermeiden, um keinen Falschen zu verdächtigen. Moralisch verwerflich handeln Beamte, die Akten manipulieren, personenbezogene Informationen an Firmen aus Profitgründen verkaufen, Daten im Computer des Dienstkollegen böswillig verändern oder löschen, um ihm die Arbeit zu erschweren bzw. um sich an ihm zu rächen. Wenn Polizeibeamte strafrechtlich relevanten Umgang mit kinderpornographischen Bildern aus dem Internet haben, stellt sich die Frage nach der Vereinbarkeit mit dem Berufsethos (NZZ v. 27. 9. 2002). Aufgrund der Entwicklungsdynamik in der Computerbranche und des Ansteigens der Internetkriminalität hat der Polizeibeamte einen Anspruch nicht nur auf eine qualifizierte Einarbeitung und auf ständige Fortbildungsmaßnahmen, sondern auch auf eine adäquate technische Ausstattung. Wie steht es um die Zuverlässigkeit und Vertrauenswürdigkeit von DV-Fachkräften bei der Zusammenarbeit mit ermittelnden Polizeibeamten? Wenn Angestellte, die nicht in einem öffentlich-rechtlichen Dienst- und Treueverhältnis zum Staat stehen, in vernetzte Computer der Polizei vertrauliche Daten eingeben, abrufen und weitergeben, stellt sich die Frage nach ihrer Diskretion. Da nicht jeder Vorgesetzter Computerspezialist sein kann, wird er kaum umhin können, seine begrenzten Kontrollmöglichkeiten durch Vertrauen in die integere Haltung seines Mitarbeiters auszugleichen – bis zum Beweis des Gegenteils.

Zusätzlich zu einer internationalen Zusammenarbeit ist auch der einzelne Bürger aufgerufen, die Wirksamkeit der Kontrolle im Computerbereich zu erhöhen. So kann er gewaltverherrlichende, extremistische, pornographische Angebote im Internet boykottieren, diszipliniert surfen, sich an die Benimm-Regeln im Netz (Netiquette) bzw. Fairness-Standards halten und Fehlverhalten selber regulieren. Eltern sollten ihre Kinder, Lehrer ihre Schüler zu einer sinnvollen Nutzung des Computers erziehen und über Gefahren aufklären. Als ein nützliches Instrument bietet sich der Europäische Computer Führerschein (European Computer Driving Licence = ECDL) an, der anwendungsrelevante Computerkenntnisse und praktische Fähigkeiten nach einheitlichen Standards vermittelt.

Literaturhinweise:

Jaeger, R. R.: BKA-Jahrestagung – Informations- und Kommunikationskriminalität, in: dkri 1/2004; S. 6 ff. – Mainzer, K.: Computerphilosophie zur Einführung. Hamburg 2003. – Gill, P.: Bekämpfung der Computerkriminalität, in: Kriminalistik 6/2003; S. 389 ff. – Beital, N.: Bundesdeutsche Strafgewalt und grenzüberschreitende Internetkriminalität, in: DP 10/2002; S. 269 ff. – Soiné, M.: Strafbarkeit von Kinderpornographie im Internet, in: Kriminalistik 4/2002; S. 218 ff. – Trudewind, C./Steckel, R.: Unmittelbare und langfristige Auswirkungen des Umgangs mit gewalttätigen Computerspielen, in: P & W 2/2002; S. 83 ff. – Euring, K.: Telekommunikationsüberwachung – Bedrohung für die Bürgerrechte?, in: dkri 1/2002; S. 20 ff. – Beukelmann, S.: Prävention von Computerkriminalität: Sicherheit in der Informationstechnologie. Frankfurt a. M. u. a. 2001. – DPolBl 4/2001: Internet. – Hueck, N.: Art. „Internet“, in: ESL; Sp. 759 ff. – Bühl, A. (Hg.): Cyberkids. Empirische Untersuchungen zur Wirkung von Bildschirmspielen. Münster 2000. – Bremer, K.: Strafbare Internet-Inhalte in internationaler Hinsicht. Frankfurt a. M. 2001. – Wiedemann, P.: Tatwerkzeug INTERNET, in: Kriminalistik 4/2000; S. 229 ff. – Meseke, B.: Ermittlungen im Internet – Positionen und Dissonanzen, in: Kriminalistik 4/2000; S. 245 ff. – Weichert, T.: Grundrechte in der Informationsgesellschaft – Vergiss es?, in: DaNa 1/2000; S. 5 ff. – Hering, N.: Information – ein ganz besonderer Stoff, in: D R 6/2000; S. 22 ff. – BKA/Red.: Bekämpfung der Kriminalität im Internet, in: DP 5/2000; S. 151 ff. – Jaeger, S.: Computerkriminalität. Augsburg 1998. – Kolb, A. u. a.: Cyberethik. Verantwortung in der digital vernetzten Welt. Stuttgart 1998. – DPolBl 2/1998: Moderne Telekommunikation und Kriminalität. – PFA-SB „Kriminalität im Zusammenhang mit der modernen Informations- und Kommunikationstechnik“ (8.–11. 12. 1997). – Bachleitner, G.: Die mediale Revolution – Anthropologische Überlegungen zu einer Ethik der Kommunikationstechnik. Frankfurt a. M. 1997. – Bäumler, H.: Polizeiliche Informationsverarbeitung, in: HbPR; S. 609 ff. – Deutsch, M.: Die heimliche Erhebung von Informationen und deren Aufbewahrung durch die Polizei. Heidelberg 1992. – Lenk, H.: Gesellschaftliche Probleme und Chancen der neuen Informationstechniken, in: DZ Phil 3/1992; S. 273 ff. – PFA-SB „Datenschutz und Datensicherung in der polizeilichen Praxis“ (18.–20. 9. 1989). – Bunge, E.: Die größte Gefahr ist der ungetreue Mitarbeiter, in: Kriminalistik 2/1987; S. 75 ff. – DP 2/1987: Computerkriminalität – Eine neue Herausforderung an die Polizei. – Zimmerli, E.: Computerkriminalität, in: Kriminalistik 2/1987; S. 247 ff. u. 6/1987; S. 333 ff. – Möllers, H.: Computer, Macht und Menschenwürde, in: DP 5/1987; S. 145 ff. – Seif, K. P.: Daten vor dem Gewissen. Freiburg i. Br. 1986. – DP 4/1985: Datentechnik = Überwachungstechnik? – DP 10/1984: Die Fortentwicklung des INPOL-Systems, Möglichkeiten und Grenzen der Datenverarbeitung zur Intensivierung der Verbrechensbekämpfung.

31. Angst in der Polizei

Die Etymologie (griech. αγχειν bzw. lat. angere = würgen, angustiae = Enge, anxietas = Ängstlichkeit) beschreibt die physiologischen Begleiterscheinungen der Angstgefühle und des Schreckverhaltens: Atemnot, Herzbeklemmen, Ohnmacht, Erbleichen, Schweißausbrüche, Zittern, weiche Knie, Übelkeit, Durchfall. Umgangssprachlich heißt Angst ein beunruhigendes, bedrückendes Gefühl der Gefährdung und Ohnmacht, der Panik und Verzweiflung. Angst äußert sich als lähmendes Gefühl, einer Situation ausgeliefert zu sein, der man sich nicht gewachsen glaubt. Die philosophische Fachsprache unterscheidet zwischen Furcht und Angst, auch wenn im Alltagsleben die Übergänge fließend sind. Nach Kierkegaard bezieht sich Furcht auf etwas Bestimmtes, auf ein konkretes Objekt, wohingegen Angst durch das Nichts, durch das Scheitern der menschlichen Freiheit verursacht wird. Bei Heidegger ist Angst eine existenzielle Grundbefindlichkeit als Folge des Hineingehaltenseins in das Nichts, als Erfahrung der Bodenlosigkeit und der Ungesichertheit menschlicher Existenz, während Furcht eine Reaktion auf eine erkennbare äußere Bedrohung darstellt. Die Psychologie betrachtet Angst als ein komplexes Phänomen, das sie unter festgelegten Einzelaspekten untersucht. So beschäftigen sich Psychologen mit den verschiedenen Formen der Angstgefühle, der Erkennbarkeit, der Abgrenzung von gesunden und kranken Angstzuständen, von realen und neurotischen Ängsten und mit den Therapiemöglichkeiten. Psychoanalytische Konzepte unterscheiden diffuse Angstneurosen von Phobien, die sich auf bestimmte Objekte oder Situationen beziehen. Der Amerikaner F. Culbertson hat über vierhundert Bezeichnungen für klinisch festgestellte Ängste bzw. Phobien auf seiner Hompage veröffentlicht. Der Tiefenpsychologe F. Riemann (2003) sieht die Angst im Zusammenhang mit Antinomien des menschlichen Wandlungs- und Reifungsprozesses. Vier Grundformen der Angst benennt er:

- Die Forderung nach Identitätsfindung kollidiert mit der Angst vor der Selbsthingabe (Ich-Verlust, Abhängigkeit)
- Die Forderung nach vertrauensvollen Kontakten und einer offenen Zuwendung zur Umwelt kollidiert mit der Angst vor der Selbstwerdung (Isolierung, Ungeborgenheit)
- Die Forderung nach Dauer und Beständigkeit unserer Existenz kollidiert mit der Angst vor der ungewissen Zukunft und dem unaufhaltsamen Lauf der Geschichte (Vergänglichkeit, Unberechenbarkeit, Unsicherheit)
- Die Forderung nach persönlicher Entwicklung und Wandlung kollidiert mit der Angst vor der Notwendigkeit, sich auf etwas festzulegen, was unfrei macht und irreversibel ist.

Die Neurobiologie erklärt menschliche Gefühle als Produkt eines komplexen Reizverarbeitungsprozesses in unserem Gehirn. Die Sinnesorgane des Menschen nehmen Informationen aus der Umwelt auf und geben sie über einen weit verzweigten Strang von Nervenzellen an das limbische System weiter. Das wiederum leitet die Sinneseindrücke an das Großhirn, Zentrum unseres Bewusstseins, weiter. Da das limbische System auf das Großhirn stärker einwirkt als umgekehrt, entziehen sich unsere Gefühle einer direkten Steuerung bzw. willentlichen Kontrolle.

Manche Menschen (z. B. Alpinisten) meinen, aus ihrer überversicherten, langweiligen Umwelt aussteigen zu müssen, und begeben sich vorsätzlich in Grenzsituationen, die jenseits ihrer bisherigen Erfahrungen und vertrauten Vorstellungen liegen und die ihnen Höchstleistungen abverlangen, um zu überleben. In diesem Zusammenhang stellt sich die Frage, inwieweit sich Angst gegen Mut und Draufgängertum abgrenzen lässt, inwiefern sich das Wagnis, die eigenen Schranken zu überwinden, seine Möglichkeiten auszuloten und etwas Neues unter Lebensgefahr zu riskieren, verantworten lässt. Welchen Sinn macht es, Angst in Extremsituationen zu suchen?

Was die Bevölkerung beunruhigt und ängstigt, versuchen Umfragen herauszufinden. Nach einer Studie der R + V Versicherung (Frankfurt a. M.) „Ängste der Deutschen 1997" ist die Furcht vor Arbeitslosigkeit am stärksten ausgeprägt. Danach folgen die Ängste vor dem Anstieg der Lebensunterhaltungskosten, vor dem Pflegefall im Alter und einer schweren Erkrankung. Nach einer Umfrage des EMNID-Institutes (Bielefeld) von 1998 bilden an erster Stelle Krankheit, an zweiter organisierte Kriminalität und an dritter Arbeitslosigkeit die häufigsten Angstgründe. Die Überlegung, inwieweit die politische Großwetterlage und Medieneinflüsse, individuelle Skepsis gegenüber der wirtschaftlichen Entwicklung und existenzielle Sorgen das Angstbarometer ansteigen lassen bzw. welche anderen variablen Einflussfaktoren die Angstgefühle der Bürger verändern, spielt für die Ursachenanalyse eine große Rolle. Das empirische Datenmaterial stellt die Grundlage für gezielte Gegenmaßnahmen dar.

Angst als Reaktion auf äußere Bedrohungen taucht im Polizeidienst vielfach auf. Der Vielfalt der realen Gefährdungen entspricht die Palette unterschiedlichster Angstgefühle und Angstzustände. Angst beim dienstlichen Handeln kann sich darauf erstrecken, gesundheitliche Schäden zu erleiden (Aidsinfektion), einen Fehler zu begehen, unter dem andere zu leiden haben, einer Situation nicht gewachsen zu sein und deswegen Vorwürfe – sei es intern von Dienstkollegen oder Vorgesetzten, sei es extern von Medien oder der Justiz – anhören oder gar mit Sanktionen rechnen zu müssen. Ängste befallen Polizeibeamte bei riskanten Einsätzen (Verfolgungsfahrt), beim Vorgehen gegen äußerst gewalttätige Demonstranten, beim aggressiven Zufahren eines Autofahrers und beim Schusswaffengebrauch. Andererseits können eigene Ängste ein Grund dafür sein, sich beim Einschreiten falsch zu verhalten (Überreagieren, Zögern) und den selber gemachten Fehler zu verschweigen. Die Gefährdungen im Polizeidienst bestehen permanent, denn die Reaktionsweisen des polizeilichen Gegenübers lassen sich nicht exakt vorhersehen und das Risikopotenzial komplexer Einsatzlagen nur selten genau überblicken. Von daher darf der Frage nicht ausgewichen werden, inwieweit sich „ängstliche Menschen" für den Polizeidienst eignen, inwiefern beim Auswahl- sowie Einstellungsverfahren darauf zu achten ist und ob sich eine Überprüfung auf zu große Ängstlichkeit mit objektiven Kriterien durchführen lässt.

Wie soll ein Polizist mit seinen Angstgefühlen und Angstzuständen umgehen und damit fertig werden? Aus ethischer Sicht wäre es zu kurz gegriffen, „Angstkult" zu betreiben oder Leichtsinn und Übermut das Wort zu reden, da derartiges dem Problemstand nicht gerecht würde. Ebenso scheidet – im Sinne des ethischen Perfektionismus – als unrealistisch aus, Angst restlos zu verdrängen oder völlig zu überwinden und abzuschaffen. Stattdessen kann das ethische Ziel nur heißen, Angstgefühle möglichst bewusst zu machen und unter Kontrolle zu bringen. Denn Angst als eine Grundbefindlichkeit des Menschen stellt keineswegs nur etwas Negatives oder Defizitäres dar, von neurotischen Angstzuständen einmal abgesehen, sondern enthält auch die Chance, sich die Fähigkeit anzueignen und zu lernen, mit lebensgefährlichen Situationen besser umzugehen und angemessen zu reagieren. Insofern Ängste die menschliche Wahrnehmungs-, Entscheidungs- und Handlungsfreiheit partiell bis total einschränken können, besteht die sittliche Verpflichtung darin, die eigene sittliche Autonomie bzw. die rationale und voluntative Selbststeuerung zu wahren, indem die angstauslösenden Reize auf ein realistisches Maß zurückgenommen, die Ursachen der Angst – soweit möglich – beseitigt und übertriebene Angstgefühle einer genauen Kontrolle unterzogen werden. So bleibt es ethisch unzulänglich, wenn Polizeibeamte aus Angst ihre Dienstpflichten nicht erfüllen oder vor riskanten, jedoch erforderlichen Einsätzen kneifen, v. a. wenn Dritte darunter zu leiden haben. Aus Angst vor dem Gruppendruck der Kollegen sich anzupassen und sogar Normenverstöße stillschweigend zu dulden, widerspricht der Tugend der Tapferkeit, die keineswegs blind ist für reale Gefahren, sondern im Einsatz für Recht und Gesetz das kalkulierbare Risiko auf sich nimmt, und der Tugend der Wahrhaftigkeit. Ein Polizeibeamter darf sich seine Handlungssicherheit nicht durch unkontrollierte Angstgefühle nehmen und sich nicht davon abbringen lassen, mit Selbstvertrauen, Mut und Tapferkeit das gesetzlich vorgeschriebene Ziel anzustreben und die zulässigen Mittel anzuwenden. Ein durchdachtes Konfliktbewältigungstraining kann Vollzugsbeamten helfen, Angstgefühle aufzuarbeiten und mit dem polizeilichen Gegenüber angemessen umzugehen. Als Maxime im Polizeialltag eignet sich eine „Heuristik der Furcht“ (H. Jonas) nicht, denn die dürfte als ethisches Erkenntnisprinzip allenfalls im Blick auf Entscheidungsfindungsprozesse von gesamtgesellschaftlichen bzw. globalen Problemfällen mit irreversiblen Folgen diskutabel sein. Ein ethisch angemessener Umgang mit der Angst stellt nicht nur eine individuelle Aufgabe dar, sondern verlangt auch ein Klima des Vertrauens und der Offenheit zwischen Vorgesetzten und Mitarbeitern sowie im Kollegenkreis. Das Phänomen verunsicherter, angsterfüllter Polizeibeamter richtet eine Anfrage an die Fürsorgepflicht des Vorgesetzten, mitunter auch an seinen Führungsstil.

Andererseits bleibt ethisch zu bedenken, wie die Polizei mit den Ängsten der Bevölkerung, deren Viktimisierungsfurcht und derem Sicherheitsverlangen umgeht. Dabei darf die Differenz zwischen subjektivem Sicherheitsempfinden der Bürger und objektiver Sicherheitslage nicht außer Acht gelassen werden. Auf das subjektive Sicherheitsbedürfnis der Bevölkerung, das von mehreren Faktoren abhängt, können die Polizeibeamten nur begrenzt Einfluss ausüben, so z. B. in Fällen, in denen Arbeitslosigkeit, schwere Erkrankungen oder Wertorientierungslosigkeit wachsende Existenzängste auslösen. Bei der Gewährleistung der objektiven Sicherheit gilt der Grundsatz, dass polizeiliche Präventions- und Repressionsmaßnahmen das komplementäre Beziehungsgeflecht zwischen Freiheit und Sicherheit nicht einseitig auflösen dürfen zu Gunsten übertriebener Sicherheitsvorkehrungen. Ein derartiges Übermaß, das die Freiheitssphäre jedes einzelnen Bürgers über Gebühr einschränken würde, widerspricht dem Verhältnismäßigkeitsprinzip, einem Rechtsgrundsatz polizeilichen Handelns. Von daher wäre es ethisch nicht vertretbar und auch nicht praktikabel, absolute Sicherheit zu gewährleisten.

Sittlich verwerflich bleibt sowohl das Geschäft mit der Angst, z. B. mit Horrorfilmen Menschen in Panik zu versetzen, als auch eine ideologisch oder politisch motivierte Instrumentalisierung der Angst, um sich andere gefügig zu machen oder im Rahmen eines Wahlkampfes das Thema „Kriminalitätsfurcht" attraktiv zu machen und damit möglichst viele Stimmen zu fangen. Angst als Unterhaltungsstimulanz einer übersättigten, gelangweilten Konsumgesellschaft stellt ein ethisch fragwürdiges Phänomen dar.

Literaturhinweise:

Riemann, F.: Grundformen der Angst. München, Basel [35]2003. – Hoyer, J./Margraf, J. (Hg.): Angstdiagnostik. Berlin u. a. 2003. – Schirrmacher, F.: Die große Angst, in: FAZ v. 7. 1. 2003. – Penrifoy, R. Z.: Angst, Panik und Phobien. Bern u. a. [2]2002. – PFA-SB „Die ethische Dimension der gesamtgesellschaftlichen Verantwortung für die öffentliche Sicherheit" (22.–24. 10. 2001). – Schmidt-Traub, S.: Angst bewältigen. Berlin u. a. [2]2001. – Richter, H.-E.: Umgang mit Angst. München [6]2000. – Flöttmann, H. B.: Angst. Ursprung und Überwindung. Stuttgart u. a. [4]2000. – Emmelkamp, P. M. G. u. a.: Angst, Phobien und Zwang. Göttingen [2]1998. – Morschitzky, H.: Angststörungen. Wien 1998. – Lang, H.: Art. „Angst", in: LBE Bd. 1; S. 161 ff. – PFA-SB „Zunahme sozialer Ängste in der Gesellschaft und ethische Herausforderungen der Polizei" (20.–22. 10. 1997). – Krohne, H. W.: Angst und Angstbewältigung. Stuttgart u. a. 1996. – Lang, H./Faller, H. (Hg.): Das Phänomen Angst. Frankfurt a. M. 1996. – Hermanutz, M.: Angst, in: Ders. u. a. (Hg.): Moderne Polizeipsychologie in Schlüsselbegriffen. Stuttgart 1996; S. 9 ff. – Franke, S.: Angst und Motivation aus wissenschaftlicher Sicht, in: PFA-SB „Führung und Einsatz, ..." (29. 11.–1. 12. 1989); S. 171 ff. (Vgl. ebd. auch die Beiträge von Trum, H., Spohrer, H.-T. u. Boland, P.). – Eckert, R./Willems, H.: Forschungsbericht. „Polizei und Demonstration: Konflikterfahrungen und Konfliktverarbeitung junger Polizeibeamter" (vorgelegt dem Ministerium des Innern und für Sport Rheinland-Pfalz) Mainz 1986. – Heidegger, M.: Sein und Zeit. Tübingen [16]1986. – Kierkegaard, S.: Der Begriff Angst, in: Gesammelte Werke. Abt. 11/12. Hg. v. Hirsch, E./Gerden, H. Gütersloh [2]1983. – Häfner, H.: Art. „Angst, Furcht", in: HWPh Bd. 1; Sp. 310 ff.

32. Polizeilicher Staatsschutz und Nachrichtendienste

Der freiheitlichen demokratischen Grundordnung vor subversiven Bestrebungen wirksamen Schutz zu gewähren, fällt in den Aufgabenbereich verschiedener Institutionen des Staates. Mit der Wahrnehmung der polizeilichen Staatsschutzaufgaben sind das Bundeskriminalamt (BKA) und die zuständigen Polizeibehörden der Bundesländer betraut. Das BKA mit seiner Abteilung Staatsschutz übt hauptsächlich drei Funktionen aus:

- Als nationale Zentralstelle beurteilt es die Gefährdungslage und unterstützt die anderen Polizeibehörden mit Informationen, die der Bekämpfung politisch motivierter, länderübergreifender Kriminalität dienen.
- Auf dem Sektor der Strafverfolgung wird es tätig aufgrund originärer Zuständigkeit oder auf Ersuchen von Landesbehörden bzw. auf Weisung des Bundesinnenministers.
- Im Rahmen der internationalen Zusammenarbeit unterhält es Kontakte mit ausländischen Polizei- und Justizbehörden.

Auf Landesebene erfüllen die Landeskriminalämter und auf kommunaler Ebene die örtlichen Polizeibehörden mit ihren speziellen Abteilungen bzw. Dezernaten die Aufgaben des Staatsschutzes. Den polizeilichen Staatsschutz von dem Verfassungsschutz – wie den übrigen Nachrichtendiensten – zu unterscheiden und organisatorisch separat zu halten verlangt das Trennungsgebot des § 3 Abs. 3 Satz 3 des Bundesverfassungsschutzgesetzes (BVerfSchG). Historisch geht das Trennungsgebot auf die Siegermächte in der Nachkriegszeit zurück, die damals befürchteten, eine die Besatzungszonen übergreifende, starke, zentrale Exekutivgewalt in Deutschland nicht kontrollieren zu können. Nach Roewer (1987) ist der deutsche Verfassungsgeber seit der Notstandsverfassung vom Juni 1968 frei, das Verhältnis der Polizeibehörden zu den Nachrichtendiensten „nach eigenem gesetzlichen Ermessen zu regeln". Die derzeitige organisatorische Trennung wird dadurch deutlich, dass keine staatliche Einrichtung der Nachrichtendienste polizeiliche Exekutivbefugnisse hat oder Zwangsmaßnahmen anwenden darf. Das im Jahr 1950 geschaffene Bundesamt für Verfassungsschutz (BfV) konzentriert sich gem. § 3 BVerfSchG v. a. auf die Sammlung und Auswertung von Auskünften, Nachrichten und sonstigen Unterlagen über Bestrebungen, die gegen die freiheitliche demokratische Grundordnung, den Bestand und die Sicherheit des Bundes oder eines Landes gerichtet sind, und über Machenschaften von Extremisten und Terroristen. Es steht unter der Dienst- und Fachaufsicht des Bundesministeriums des Innern und hat seinen Sitz in Köln. Mit dem Militärischen Abschirmdienst (MAD), der in den Jahren 1955 und 1956 gegründet worden ist, verfügt die Bundeswehr über eine Einrichtung, die nach § 1 MADG (Gesetz für den MAD) Informationen über Spionage und sicherheitsgefährdende Bestrebungen gegen die Streitkräfte sammelt und Sicherheitsüberprüfungen der Soldaten und Bediensteten der Armee vornimmt. Der MAD ist der Aufsicht des Staatssekretärs des Bundesverteidigungsministeriums unterstellt. Der aus der Organisation Reinhard Gehlen hervorgegangene Bundesnachrichtendienst (BND) firmiert durch Kabinettsbeschlüsse der Bundesregierung von 1955 und 1963 als Bundesbehörde und wurde 1990 auf eine gesetzliche Grundlage gestellt (BNDG). Nach § 2 Abs. 2

BNDG sammelt er „zur Gewinnung von Erkenntnissen über das Ausland, die von außen- und sicherheitspolitischer Bedeutung für die Bundesrepublik Deutschland sind, die erforderlichen Informationen und wertet sie aus". Über seine Tätigkeit ist der BND nach § 12 dem Chef des Bundeskanzleramtes berichtspflichtig und untersteht gem. § 1 seinem Geschäftsbereich. Da ein Verbot dem BND innenpolitische Tätigkeit untersagt, entfällt in diesem Rahmen eine ethische Auseinandersetzung mit der Auslandsspionage. Zu denken geben jedoch die Vorwürfe von A. v. Bülow (2003): Nachrichtendienste würden sich keineswegs auf die Sammlung und Verarbeitung von Informationen beschränken, sondern den eigenen Staat und andere zu steuern versuchen, sich nicht zu rechtfertigen pflegen und oft mit einem Schleier der Falschinformation und Täuschung umgeben.

Altlasten des Dritten Reiches werfen immer noch einen Schatten auf den polizeilichen Staatsschutz mitsamt den Nachrichtendiensten. Nicht vergessen werden darf, dass sich in den Anfangsjahren der Bundesrepublik Deutschland viele Polizeibeamte geweigert haben, in dem sog. vierzehnten Kommissariat Dienst zu verrichten, weil ihnen die Wahrnehmung der Staatsschutzaufgaben zu suspekt vorkam. In heutiger Zeit veranlasst mangelnde Transparenz staatlicher Sicherheitsbehörden manche Kreise in der Bevölkerung zu Legendenbildungen, Verdächtigungen und Vorbehalten. Negative Schlagzeilen in den Medienberichten greifen Kritiker und Gegner auf, um die Existenz und Vorgehensweise der Sicherheitsapparate des Staates infrage zu stellen. Sofern überhaupt die Legitimationsfrage gestellt wird, fällt die Antwort legalistisch (Rekurs auf die Gesetzeslage) bzw. pragmatisch (Hinweis auf die Notwendigkeit nationaler Behörden mit Staatsschutzaufgaben) aus. Für die politische Ethik kommt die Staatsräson als alleiniger, übergeordneter Standpunkt, von dem aus polizeilicher Staatsschutz und Nachrichtendienste bewertet werden, nicht in Betracht. Als sinnvoll und geeignet erweist sich dagegen eine normativ-kritische Auseinandersetzung mit dem Beitrag staatlicher Sicherheitsinstitutionen für das Gemeinwohl (bonum commune) als sozialethisches Grundprinzip und mit den partizipatorischen Realisierungschancen der Bevölkerung an politischen Entscheidungsprozessen. Bei der ethischen Institutionenkritik bleibt allerdings zu bedenken, dass Urteilssätze über Gesinnungsschnüffelei und Überwachungsstaat, politischen Protest und streitbare bzw. wehrhafte Demokratie jeweils von einem bestimmten Staatsverständnis und den damit zusammenhängenden Erwartungen abhängen. So fordern radikale Gruppierungen vom Staat möglichst intensive Ermittlungen und Observationen der Gegenseite, gemäßigte Kreise schwanken in ihrer Kritik zwischen dem Vorwurf einer freiheitsgefährdenden Arkandisziplin und dem Ideal der gläsernen Sicherheitsbehörden. Von der sozial-ethischen, integrativen Warte aus sollen die staatlichen Sicherheitsdienste einer kritischen Würdigung unterzogen werden:

- Aus dem Bemühen, sicherheitsgefährdende Bestrebungen gegen die freiheitlich demokratische Grundordnung zu unterbinden und extremistische bzw. terroristische Anschläge zu verhindern, erklärt sich der Informationsbedarf staatlicher Sicherheitsbehörden. Im Rahmen der Informationsbeschaffung ist ethisch zu hinterfragen, nach welchen Selektionskriterien beobachtet und bewertet wird, welche Personen observiert und welche Mittel angewandt werden. Angesichts des häufig diffusen Erscheinungsbildes der Szene und der damit verbundenen Interpretationsspielräume benötigen besonders Vorfeldermittlungen bzw. Präventivmaßnahmen präzise Kriterien. Eine verbindliche, detaillierte Festlegung der erkennungs- bzw. nachrichtendienstlichen Mittel kollidiert mit der operativ-taktischen Forderung nach einer relativen Waffengleichheit. Der unausweichliche Spagat zwischen dem Eingriff in die individuellen Freiheitsrechte und dem Sicherheitsverlangen einer wehrhaften Demokratie verlangt den zuständigen Sicherheitsbehörden eine sorgfältige, gewissenhafte Güterabwägung ab. Diese Problembereiche kann der polizeiliche Staatsschutz nicht einfach dadurch meiden, dass er sich auf den Gesetzesauftrag zur Gefahrenabwehr und Strafverfolgung politisch motivierter Kriminalität zurückzieht. Denn zum einen betätigt auch er sich präventiv und verlagert seine Bekämpfungsstrategie gegen Staatsschutzdelikte immer weiter nach vorn, sodass sich die Frage nach der Grenze des sittlich Erlaubten und rechtsstaatlich Tolerablen stellt. Zum andern lauert auf ihn – wie auf die Nachrichtendienste auch – die Gefahr, von der politischen Führung instrumentalisiert und zu ethisch bedenklichen Maßnahmen missbraucht zu werden.

- Trotz öffentlicher Kontrollfunktion vermag die sog. vierte Gewalt im Staat nach Gröpl (1993) nicht, die Arbeit des Verfassungsschutzes zu ersetzen, denn die Massenmedien haben ein anderes Selbstverständnis und Aufgabengebiet, zudem fehlen ihnen die Voraussetzungen für eine effektive, permanente Aufklärungstätigkeit im Sicherheitsbereich und für eine zuverlässige, zutreffende Berichterstattung, wie Pannen und Irrtümer zeigen. Ausgehend von dem Begriff der freiheitlich demokratischen Grundordnung sehen sich Kritiker durch rechtsstaatliche Erwägungen veranlasst, die Existenzberechtigung der Nachrichtendienste, die im Vorfeld verfassungsfeindliche Bestrebungen aufklären, und des polizeilichen Staatsschutzes, der politisch motivierte Straftaten bekämpft, anzuzweifeln. Der Terminus der freiheitlich demokratischen Grundordnung korrespondiert mit dem Verfassungskonzept einer streitbaren bzw. wehrhaften Demokratie. Ein demokratischer Rechtsstaat, der auf einer Werteordnung basiert, muss diese gegen Angriffe verteidigen, will er sich selber nicht aufgeben. An den staatlichen Abwehrmaßnahmen entzündet sich die Kritik in zweifacher Hinsicht: Hinter dem Rücken der Bevölkerung lancieren staatliche Sicherheitsdienste sicherheitsrelevante Informationen in bestimmte Politikerkreise, die ihrerseits intern eine Auswertung der Gefahrenlage vornehmen und entsprechende Schutzmaßnahmen ergreifen. Der berechtigte Einwand, auf diese Weise könne der Staat unter dem Vorwand der Sicherheitsgewährleistung alle ihm missliebigen Strömungen als verfassungsfeindlich einstufen und ausgrenzen, lässt sich mit gesetzgeberischen Korrekturen entkräften, die auf mehr Transparenz und öffentliche Kontrolle hinauslaufen. Der andere Vorwurf, der Rechtsstaat könne in die Versuchung geraten, aus Selbstschutzgründen zu radikalen Mitteln und totalitären Maßnahmen zu greifen, verweist auf das grundsätzliche Spannungsverhältnis zwischen Freiheit und Sicherheit, das mit dem Programm der streitbaren Demokratie zusammenhängt. Diese Spannungen zu mildern, strebt der Grundsatz der Verhältnismäßigkeit und des Übermaßverbotes an, ohne sie jedoch völlig überwinden zu können.
- Infolge historischer Gründe und gesetzlicher Bestimmungen existiert in der Bundesrepublik Deutschland eine Vielzahl unterschiedlicher staatlicher Sicherheitsdienste. Ethisch gilt zu hinterfragen, ob das Trennungsgebot den heutigen Sicherheitsbedürfnissen der Bevölkerung wirklich noch gerecht wird und inwieweit sich

das Kosten-Nutzen-Verhältnis vertreten lässt. Eine konkrete Folge der institutionellen Trennung besteht u. a. darin, dass die staatlichen Sicherheitsorganisationen nebeneinander arbeiten und mit V-Leuten operieren, die ihrerseits mit Hilfe einer cleveren Informationsstrategie die übrigen Sicherheitsdienste gegeneinander ausspielen können. Derartige Verfahrensweisen, wie sie in dem NPD-Verbotsverfahren sichtbar wurden, hegen in der Öffentlichkeit begründete Zweifel an der Seriosität und Professionalität staatlicher Sicherheitsdienste. Spätestens seit den Terroranschlägen am 11. September 2001 lässt sich in der Bundesrepublik ein Trend zur Zusammenarbeit zwischen polizeilichem Staatsschutz und Nachrichtendiensten feststellen. Die Gründe dafür liegen hauptsächlich in der Ausdehnung und Überschneidung von Zuständigkeiten (Aufklärung und Bekämpfung des politischen Extremismus und Terrorismus, der Drogenkriminalität und Wirtschaftsspionage), in dem Erstarken der Bundeskompetenz gegenüber Länderbefugnissen und in dem europäischen Einigungsprozess, der eine engere Kooperation und bessere Koordination aller einzelstaatlichen Sicherheitsbehörden verlangt. Eine verstärkte Zusammenarbeit zwischen den Sicherheitsgremien bedeutet zweifellos mehr Sicherheit und Macht für den Staat. Damit die Zunahme an staatlicher Sicherheit auch der Sicherheit der Bevölkerung zugute kommt, sind wirksame, unabhängige Kontrollmechanismen erforderlich. So gilt abzuwägen, ob die jetzigen Kontrollmöglichkeiten (Exekutivbehörden, Parlament, Gremien wie die G10-Kommission, Gericht, Beauftragter für den Datenschutz) ausreichen oder ob sie – besonders im Blick auf Öffentlichkeitsarbeit, Auskunftspraxis und Wirtschaftlichkeit – intensiviert werden müssen. An ihre Grenzen stößt die parlamentarische Kontrolle, wenn die Sicherheitsdienste eine Abschottungsmentalität an den Tag legen, der relativ enge Zeitrahmen nur sporadisch Stichproben gestattet oder zwischen Kontrolleuren und Kontrollierten ein Klima des Argwohns, des Misstrauens und der Unterstellung herrscht. Wieweit ist eine Kontrolle durch Parlament oder Justiz überhaupt in der Lage, im Nachhinein – besonders wenn der zeitliche Abstand beträchtlich ist, die beteiligten Personen nicht mehr im Dienst oder bereits verstorben sind – zu klären, ob ein Verdeckter Ermittler (VE) Straftaten begangen oder verschwiegen, inwiefern eine Behörde bei ihren Maßnahmen gegen rechtsstaatliche Grundsätze verstoßen hat? Dem Rechtsschutzbegehren des Bürgers gegen verdeckte Ermittlungen oder geheimdienstliche Praktiken der Sicherheitsgremien dürften nur geringe Erfolgsaussichten beschieden sein, denn in der Regel bemerkt der Betroffene nichts, oder die Sicherheitsbehörden verweigern aus Geheimhaltungsgründen Akteneinsicht. Inwieweit ist sichergestellt, dass rechtswidrig erlangte Informationen einem Beweisverwertungsverbot unterliegen? Inwiefern werden solche Daten für anderweitige Aufklärungsmaßnahmen herangezogen? Beim Meinungsstreit um die optimale Kontrolle des polizeilichen Staatsschutzes und der Nachrichtendienste sollte nicht vergessen werden, dass die humane Substanz und der liberale Geist unseres Grundgesetzes nicht nur durch kriminelle Energie, sondern auch durch falsche Maßnahmen der Sicherheitsbehörden und durch ungenügende Kontrollmöglichkeiten demokratischer Gremien Schaden nehmen oder bedroht werden.

- Von nicht zu unterschätzender Bedeutung für den mit Staatsschutzaufgaben betrauten Polizeibeamten ist dessen eigene Überzeugung. Sich für die freiheitliche

Grundrechtsordnung verpflichtet zu wissen und mit legalen Mitteln engagiert einzusetzen, kann darin bestärken, Flauten und mangelnde Erfolgserlebnisse schadlos zu überstehen. Wenn den Beamten infolge dienstlicher Ermittlungen Gewissensbisse quälen, liegt eine Versetzung in einen anderen Aufgabenbereich nahe. Mit zunehmender Transparenz dürften sich die früher auferlegten Einschränkungen für das Privatleben des Polizeibeamten lockern, auch wenn die Auflage, ständig dienstlich erreichbar zu sein, nach wie vor gilt; ebenso verbessert sich behördenintern zusehends das Klima. Zur Fürsorge des im polizeilichen Staatsschutz tätigen Vorgesetzten gehört u. a., darauf zu achten, inwieweit ein Mitarbeiter privat mit der extremistischen Szene Kontakt unterhält oder gar von dem Gegenüber bedroht wird, und entsprechende Vorsichtsmaßnahmen zu ergreifen. Die Aufgabe, einen VE zu führen und unter Kontrolle zu halten, stellt hohe Ansprüche an den Dienstvorgesetzten. So hat er dafür zu sorgen, dass der VE einerseits möglichst erfolgreich arbeitet, andrerseits sich nicht zu großen Gefahren aussetzt oder illegale Handlungen begeht.

Literaturhinweise:

Bülow, A. v.: Im Namen des Staates. CIA, BND und die kriminellen Machenschaften der Geheimdienste. München [8]2003. – Scholzen, R.: Hüter der Verfassung oder Schlapphüte?, in: DP 3/2002; S. 70 ff. – Hetzer, W.: Polizeibehörde oder Geheimdienst? in: dkri 1/2002; S. 14 ff. – Bundesamt für Verfassungsschutz. 50 Jahre im Dienst der inneren Sicherheit. Hg. v. BfV. Köln u. a. 2000. – Schafranek, F. P.: Die Kompetenzverteilung zwischen Polizei- und Verfassungsschutzbehörden in der BRD. Aachen 2000. – Ostheimer, M./Lange, H.-J.: Die Inlandsnachrichtendienste des Bundes und der Länder, in: Lange, H.-J. (Hg.): Staat und Demokratie und Innere Sicherheit in Deutschland; S. 167 ff. – Goßmann, R.-G.: Polizeilicher Staatsschutz, in: Kriminalistik 12/2000; S. 812 ff. – Wisotzky, R.: Der polizeiliche Staatsschutz und der Weg in die modernen Kommunikationstechnologien, in: FS Herold; S. 479 ff. – Hirsch, A.: Die Kontrolle der Nachrichtendienste. Berlin 1996. – Ostheimer, M.: Verfassungsschutz nach der Wiedervereinigung. Frankfurt a. M. u. a. 1994. – Nachrichtendienste, Polizei und Verbrechensbekämpfung im demokratischen Rechtsstaat. Dokumentation. Hg. v. d. Friedrich-Ebert-Stiftung. Berlin 1994. – Gröpl, C.: Die Nachrichtendienste im Regelwerk der deutschen Sicherheitsverwaltung. Legitimation, Organisation und Abgrenzungsfragen. Berlin 1993. – Florath, B. u. a. (Hg.): Die Ohnmacht der Allmächtigen. Berlin 1992. – Diederichs, O.: Redaktionelle Vorbemerkung, in: BRP/C 2/1991; S. 4 f. – Verfassungsschutz in der Demokratie. Hg. v. BfV. Köln u. a. 1990. – Roewer, H.: Nachrichtendienstrecht der Bundesrepublik Deutschland. Köln u. a. 1987. – Borgs-Maciejewski, H./Ebert, F.: Das Recht der Geheimdienste. Kommentar zum Bundesverfassungsschutzgesetz. Stuttgart u. a. 1986.

33. Polizei und private Sicherheitsunternehmen

Die private Sicherheitsindustrie in den Vereinigten Staaten hat sich seit dem Zweiten Weltkrieg rapide entwickelt, ihre geistesgeschichtlichen Wurzeln liegen dort in einer deutlichen Tendenz zur persönlichen Eigensicherung und Selbstverantwortung, in den attraktiven Angeboten privater Sicherheitsdienste und in einer traditionellen Kooperation mit der staatlichen Institution Polizei. Bis in die 60er Jahre bestand der Stammkundenkreis überwiegend aus Militär, Rüstungs- und Atomindustrie. In den darauf folgenden Jahren dehnte das private Sicherheitsgewerbe seine Angebote auf dem gesamten kommerziellen Bereich aus, besonders auf Kaufhäuser und Supermärkte, auf Verwaltungsgebäude, Parkanlagen, Universitätsgelände, Strafvollzugsanstalten und Wohngebiete. Während dieser Expansionswelle wurden aktive wie ehemalige Polizisten von privaten Sicherheitsunternehmen angeworben, z. T. verrichteten sie bezahlte Nebentätigkeiten in der Sicherheitsbranche (police moon-lighting). Dieses Phänomen veranlasste in den 80er Jahren staatliche Stellen, die Tätigkeiten der privaten Sicherheitsdienste stärker zu regeln und zu kontrollieren. Die Gründe für den Boom der Sicherheitsindustrie in den USA liegen v. a. in den Finanzproblemen des Staates und seiner Polizei, in der Geschicklichkeit der Anbieter, auf die veränderte Sicherheitslage und gewandelten Schutzbedürfnisse der Bevölkerung mit flexiblen, innovativen, preisgünstigen Angeboten zu reagieren.

Durch amerikanische Praktiken angeregt, wurde in Deutschland am 15. Juli 1901 das Hannoversche Wach- und Schließinstitut und am 1. Dezember des gleichen Jahres die Kölner Wach- und Schließgesellschaft als erste private Bewachungsunternehmen gegründet. Alle Bewachungsunternehmen wurden 1933 in dem Reichsverband des Deutschen Bewachungsgewerbes e.V. zusammengefasst und 1937 der sicherheitspolizeilichen Aufsicht unterstellt. Nach dem Zweiten Weltkrieg haben sich viele Sicherheitsunternehmen zum Zentralverband des Deutschen Bewachungsgewerbes e.V. zusammengschlossen, um ihre Interessen in einem Dachverband besser vertreten zu können. 1973 wurde diese Spitzenorganisation in den Bundesverband Deutscher Wach- und Sicherheitsunternehmen e.V. (BDWS) umbenannt. Am 26. Oktober 1989 vereinigten sich in Rom mehrere nationale Verbände zu der Confédération Européenne des Services de Securité (CoESS). Im heutigen Bereich der Europäischen Union dürften ca. 8.300 Unternehmen mit ca. 650.000 Beschäftigten Sicherheitsaufgaben wahrnehmen, wobei die Zahl der Kurzzeitbeschäftigten unklar bleibt. Durch das Erschließen weiterer neuer Aufgabenfelder konnten die privaten Sicherheitsdienste in Europa beträchtlich expandieren, womit auch in Zukunft zu rechnen sein dürfte.

Nach Angaben des BDWS hat sich die Anzahl der Neugründungen in der Bundesrepublik Deutschland seit Ende der 80er Jahre verdoppelt. Derzeit kann von ca. 2.500 Unternehmen ausgegangen werden, bei denen ca. 140.000 sozialversicherungspflichtige Mitarbeiter und ca. 40.000 Kurzzeitbeschäftigte eingesetzt sind. Die Umsatzentwicklung der Wach- und Sicherheitsunternehmen verzeichnet in der gesamten Bundessrepublik einen Anstieg von 2,3 Milliarden DM im Jahr 1990 auf über 5 Milliarden DM im Jahr 2000. Deutlich lässt sich bei der Sicherheitsbranche der Trend beobachten, zusätzlich zu den traditionellen Aufgaben im privaten Raum (Objekt- und Personenschutz, Empfangs-, Kontroll- und Veranstaltungsdienste, Brandschutz, Geld- und Werttransporte, Werkschutz, Detektivdienste) neue Tätigkeitsbereiche im öffentlichen Raum (Schutz von Botschaften, Asylantenheimen und öffentlichen Gebäuden, Überwachung des ruhenden Verkehrs, Gefangenen- und Abschiebetransporte, Streifendienste in Bahnhöfen, Parkanlagen und Fußgängerpassagen, Sonderaufgaben im Umweltschutzbereich) zu übernehmen. Diesen Wachstumsprozess begünstigen Aufträge staatlicher bzw. kommunaler Einrichtungen an private Sicherheitsunternehmen auf der Basis spezialgesetzlicher Zuweisungen (Bewachung von Flughäfen, insbesondere Personen- und Gepäckkontrolle, Schutz kerntechnischer Anlagen). Diesen operativen Prozess begleiten gegenwärtig modellhafte Kooperationsversuche öffentlicher Stellen mit privaten Sicherheitsdiensten zwecks kommunaler, effizienter Kriminalitätsverhütung. Hinter diesem Entwicklungstrend hinkt die Diskussion in der Öffentlichkeit und Wissenschaft über eine Integration privater Sicherheitsdienste in eine Neukonzeption der Inneren Sicherheit, über Fragen der Befugnisse und Rechtsgrundlagen des Sicherheitsgewerbes, über Möglichkeiten und Formen einer Zusammenarbeit mit der Polizei offensichtlich hinterher.

Die Privatisierungstendenzen der öffentlichen Sicherheit lassen sich auf unterschiedliche Ursachen zurückführen. In USA und Kanada machen historische Gründe die vielfältigen, tradierten Kooperationsformen zwischen staatlicher Polizei und privater Sicherheitsindustrie, Bürgerinitiativen und Nachbarschaftshilfen geltend. Die Privatisierung der Gefahrenabwehr (private police) und Gefahrenvorsorge (community policing) hat ihren Niederschlag in dem amerikanischen Polizeirecht gefunden und wurde vorwiegend unter wirtschaftlichen sowie kriminologisch-soziologischen Aspekten gesehen (Hueck 1997). In Deutschland dagegen hat das Polizeirecht eine Entwicklung vom absolutistischen Wohlfahrtsstaat über den minimalistisch-liberalen Nachtwächterstaat zum aufgeklärten, pluralen Ordnungsstaat durchgemacht. Die Sicherheitsgewährleistung obliegt dem Staat und seinen Behörden, deshalb befugt das staatliche Gewaltmonopol die Polizei, im Rahmen des geltenden Rechts Zwangsmaßnahmen anzudrohen und anzuwenden. Da das private Sicherheitsgewerbe in der Bundesrepublik seit Jahren unterschiedlich hohe Wachstumsraten verzeichnet und somit größere Bedeutung erlangt, bleibt nach den Gründen dafür zu fragen. So stoßen die staatlichen Sicherheitsbehörden infolge begrenzter Ressourcen (Mangel an Geld, qualifiziertem Personal und technischer Ausstattung) und zusätzlicher Aufgaben offensichtlich an die Grenze ihrer Leistungsfähigkeit. Das subjektive Sicherheitsverlangen der Bevölkerung, das häufig in einer Spannung zur objektiven Sicherheitslage steht, dürfte u. a. mit sensationellen, beunruhigenden Medienberichten zusammenhängen. Nicht übersehen werden darf der Wandel des Sicherheitsbegriffes, der von dem Wunsch, vor konkreten Gefahren geschützt zu werden, zu einer normativen, positiv besetzten Vorstellung von Sicherheit in allen Lebensbereichen (Abwehr potenzieller Risiken, Selbstsicherheit, soziale Sicherheit) mutiert. Die Expansion des subjektiven Sicherheitsbedürfnisses dürfte mit der Komplexität und Mobilität heutiger Gesellschaftsverhältnisse korrespondieren, die zu durchschauen dem einzelnen zunehmend Schwierigkeiten bereitet. Die derzeitige Gesetzeslage, die sich überwiegend auf abgeleitetes Recht (Beleihung als Ausübung der Rechte Dritter, Jedermannsrechte) bezieht, entspricht nach vielfacher Ansicht nicht mehr den Aufgaben und Bedürfnissen der professionellen Sicherheitsunternehmen. Dringend steht eine Neukonzeptionierung der Inneren Sicherheit an. In diesem Zusammenhang bedürfen die unterschiedlichen Kooperationsformen zwischen staatlichen Sicherheitsbehörden und privaten Sicherheitsdiensten einer klaren normativen Grundlage, um angesichts der veränderten Verhältnisse in Staat und Gesellschaft die öffentliche Sicherheit besser gewährleisten zu können. Der Begriff des staatlichen Gewaltmonopols erscheint korrekturbedürftig, insofern das Subsidiaritätsprinzip im Sinne von Eigenverantwortung und Mitwirkung der Bürger einzubeziehen ist in ein Sicherheitsnetzwerk auf gesamtgesellschaftlicher wie internationaler Basis.

Politische Qualität hat offensichtlich das Phänomen, dass die Polizei das Sicherheitsverlangen der Bevölkerung nicht stillen kann. Soziale Sicherheit scheint vielen heute wichtiger zu sein als Innere Sicherheit, entsprechend erfolgt die Zuwendung der staatlichen Finanzmittel. Die Angst vor einem omnipotenten, total politisierten Staat erfüllt weite Kreise in unserer pluralen-liberalen Gesellschaft. Daraus resultiert der politische Wille, die Polizei nicht zu stark werden zu lassen, was jedoch ein ethisches Problem zur Folge hat: Einerseits kann der Staat eine seiner Kernaufgaben, die Gewährleistung der Inneren Sicherheit, nicht mehr bewältigen. Andrerseits dürften die privaten Sicherheitsunternehmen überfordert sein, dieses Manko auszugleichen und anstelle des Staates die öffentliche Sicherheit zu garantieren. Somit droht der berechtigte Sicherheitsbedarf der Bevölkerung auf der Strecke zu bleiben.

Die Position, von der aus eine ethisch begründete Stellungnahme einleuchtend erscheint, kann nur ein gemeinwohlorientiertes, alle Einzelinteressen und Detailaspekte integrierendes Gesamtkonzept sein. Ein solches hat den gesellschaftlichen Strukturwandlungen Rechnung zu tragen und die adäquaten Reaktionen des Staates und seiner Institution Polizei ebenso einzubeziehen wie eine Neuordnung der öffentlichen Sicherheit. Verbindlicher Maßstab einer Neugestaltung der öffentlichen Sicherheit sollte das Bemühen sein, die Sicherheit jedes einzelnen Bürgers angesichts der veränderten Gesellschaftsverhältnisse zu gewährleisten. Verfassungsrechtlich lässt sich aus dem staatlichen Gewaltmonopol weder ein Gefahrenabwehrmonopol noch ein Sicherheitsmonopol ableiten. Vielmehr unterliegt die Staatsaufgabe der Gefahrenabwehr und Sicherheitsgewährleistung der Gestaltungs- und Entscheidungskompetenz des Parlaments, das sich seinerseits an den gesellschaftspolitischen Bedürfnissen und Notwendigkeiten zu orientieren hat. Deshalb erscheint es ethisch mit einer Neukonzeptionierung der öffentlichen Sicherheit durchaus vereinbar und sinnvoll, dort, wo das staatliche Gewaltmonopol aufgrund seiner begrenzten Ressourcen an seine Grenze gelangt, es durch selbstverantwortete Eigeninitiative des Bürgers und professionelle Sicherheitsunternehmen zu ergänzen. Dass dafür die entsprechenden Rahmenbedingungen normativer und organisatorischer Art (klare Beschreibung und Zuteilung der Aufgaben, Kompetenzen und Verantwortung) zu schaffen sind, versteht sich von selbst.

Kritisch fragen lassen müssen sich die privaten Sicherheitsdienste, inwieweit sie den Konflikt erkennen und zu lösen gedenken, der darin besteht, politische Offerten zur Mitverantwortung und Mitwirkung anzunehmen, ohne über die erforderlichen

Kompetenzen und Realisierungsmöglichkeiten zu verfügen (Schult 2002). Durch unverbindliche, vielversprechende Absichtserklärungen zur Kooperation lädt das private Sicherheitsgewerbe eine Bringschuld auf sich. Wenn es sie durch qualitativ ansprechende Dienstleistungen nicht abträgt, verliert es bei der Bevölkerung verständlicherweise an Vertrauen und Akzeptanz. Allerdings wird das Bemühen um Qualitätsverbesserung des Gewerbes dadurch erschwert, dass die öffentliche Hand in den meisten Fällen Aufträge nach dem Kriterium billigster Preise vergibt. Verlautbarungen staatlicher Stellen erweisen sich als kontraproduktiv, insofern sie zwar die private Sicherheitsindustrie zur Kooperation ermuntern, aber weder politische Klarheiten darüber, wie in Zukunft Sicherheit und Ordnung gewährleistet werden soll, noch geeignete Rahmenbedingungen für eine Vernetzung staatlicher und privater Dienstleistungen im Sicherheitsbereich – z. B. Rechtsklarheit durch entsprechende Rechtsgrundlagen, interaktionales Sicherheitskonzept mit Aufgabenzuweisung und Befugnisabgrenzung, Qualitätsstandards für das Sicherheitsgewerbe – schaffen.

Im Blick auf Fragen der Zusammenarbeit der Polizei mit dem privaten Sicherheitsgewerbe bleibt ethisch zu bedenken: Der Rechtsstaat hat das Gewaltmonopol zum Wohle seiner Bevölkerung, zur Wahrung der Rechtssicherheit und des sozialen Friedens auszuüben. Deshalb behauptet der Staat als Hauptverantwortlicher für die öffentliche Sicherheit völlig zu Recht seine Vorrangstellung gegenüber Privatinitiativen und der Sicherheitsindustrie. Bei der Überlegung, ob bzw. in welcher Form der Staat mit privaten Sicherheitsdiensten zusammenarbeiten bzw. der Branche hoheitliche Aufgaben im öffentlichen Raum übertragen soll, sollte er sich davon leiten lassen, was der Rechtsordnung und dem individuellen Sicherheitsschutz am besten dient. Zu warnen bleibt vor der Gefahr, einseitig unter fiskalischen Aspekten Polizeiaufgaben an das kommerzialisierte Sicherheitsgewerbe zu übertragen, anstatt zu berücksichtigen, dass verfassungsrechtliche Argumentationen zu den Kernaufgaben des modernen Rechtsstaates die Eigendynamik des expandierenden Sicherheitsgewerbes in ihre Schranken zu weisen haben. Ethisch wäre es verwerflich, Sicherheit zu einem vorwiegend käuflichen Warenartikel zu machen, den sich nur eine begüterte Schicht erlauben kann. Denn derartiges hätte zwangsläufig eine Zweiklassengesellschaft im Sicherheitsbereich zur Folge und würde dem Postulat der Gerechtigkeit widersprechen. Allerdings darf nicht verkannt werden, dass die Einbeziehung von Staat, Sicherheitsgewerbe und Privatinitiativen in ein nationales und europäisches Sicherheitsnetzwerk ein angemessener, grundgesetzkonformer Ausdruck für die Bereitschaft ist, infolge des aktuellen Wandels gemeinsam Verantwortung für ein Zusammenleben in Sicherheit und Freiheit zu übernehmen. Eine solche Verantwortungsgemeinschaft nimmt die Pflichten und Rechte aller Sicherheitsakteure ernst und überwindet jene bequeme Versorgungsmentalität, die allein von staatlichen Instanzen den Schutz der Inneren Sicherheit erwartet.

Desweiteren bleibt angesichts der gesetzlich zu regelnden Kooperationsformen eine Reihe von ethischen Einzelaspekten zu erwägen: Um keinen Verlust an Vertrauen und Akzeptanz bei der Bevölkerung zu riskieren, darf die Polizei nur mit seriösen, professionellen Sicherheitsunternehmen zusammenarbeiten. Wenn Vollzugsbeamte und Angestellte des Sicherheitsgewerbes gemeinsam in der Öffentlichkeit auftreten, stellt sich die Frage, wie die Bevölkerung darauf reagiert, inwieweit sich die Privaten in ihrem Status und Selbstbewusstsein quasi amtlich aufgewertet sehen. Inwiefern kollidiert das Berufsethos des Polizeibeamten, der sich eidlich zur Gerechtigkeit gegen jedermann verpflichtet hat, mit der Berufsauffassung des Beschäftigten in der Sicherheitsindustrie, der sich am zahlenden Kunden orientiert? Gemeinsame Einsätze in äußerst risikoreichen Situationen schweißen zusammen und bilden eine Gefahrengemeinschaft. Aufgrund seiner Garantenstellung steht der Polizeibeamte in der Pflicht, dem in arge Bedrängnis geratenen Angestellten der Sicherheitsindustrie beizustehen. Wieweit kann sich dagegen der Vollzugsbeamte auf die Unterstützung des Bediensteten der Sicherheitsbranche verlassen, zumal § 323 c StGB die Hilfeleistung mit dem Hinweis auf Eigengefährdung und Verletzungsgefahr einschränkt? Bei Kooperationsformen wie Fahndungen und Lagebesprechungen von Polizeibeamten und Bediensteten privater Sicherheitsunternehmen lässt sich aus praktischen Gründen ein gegenseitiger Informationsaustausch kaum vermeiden. Deshalb müssen beide Seiten auf das Einhalten datenschutzrechtlicher Bestimmungen Sorgfalt verwenden. Wenn sich Privatdetektive nicht damit begnügen, Medienberichte auszuwerten und mit legalen Mitteln zu observieren, sondern Polizeibeamte mit Geld oder Gefälligkeiten bestechen, Informationen aus amtlichen Quellen preiszugeben, entsteht die Gefahr der Abhängigkeit und Korruption. Bei der komplexen, diffizilen Aufgabe der Sicherheitsgewährleistung wird es de facto kaum möglich sein, alle betroffenen Privatpersonen und Einzelgruppen an einer Kooperation mit dem Staat partizipieren zu lassen. Eine tendenziöse Selektion der privaten Sicherheitsakteure würde ebenso gegen den Grundsatz der Gerechtigkeit verstoßen wie eine unzureichende Mitwirkungsmöglichkeit. Die noch klärungsbedürftige Sammelbezeichnung „Police-Private-Partnership“ (Stober 2000) steht für eine Vielzahl unterschiedlich strukturierter Kooperationsmodelle, die den Wandel vom hierarchisch geprägten zum kooperativen Verwaltungsstaat verdeutlicht. Von den privaten Sicherheitsunternehmen sind Hilfspolizeimodelle (Bayern), der freiwillige Polizeidienst (Baden-Württemberg), die freiwillige Polizeireserve (Berlin) und die Brandenburgische Sicherheitspartnerschaft zu unterscheiden. Um Missverständnisse und Fehlreaktionen zu vermeiden, sollte sichergestellt sein, dass der Bürger im Konfliktfall deutlich erkennen kann, ob er es mit Bediensteten der privaten Sicherheitsbranche oder mit Hilfspolizeibeamten oder mit staatlichen Polizeibeamten zu tun hat.

Literaturhinweise:

Schult, H.: Der Beitrag des Sicherheitsgewerbes zur Kriminalprävention. Bestandsaufnahme, Problemfelder, Lösungswege, in: Schriftenreihe der Forschungsstelle des Sicherheitsgewerbes (Universität Hamburg) 2002. – Stober, R./Pitschas, R. (Hg.): Vergesellschaftung polizeilicher Sicherheitsvorsorge und gewerbliche Kriminalprävention. Köln u. a. 2001. – Gamma, M.: Möglichkeiten und Grenzen der Privatisierung polizeilicher Gefahrenabwehr. Stuttgart, Wien 2001. – PFA-SB „Die ethische Dimension der gesamtgesellschaftlichen Verantwortung für die öffentliche Sicherheit“ (22. 10.–24. 10. 2001). – Beisel, W. u. a.: Lehrbuch für den Werkschutz und andere private Sicherheitseinrichtungen. Stuttgart u. a. [5]2001. – DSD 2/2001: 100 Jahre Wach- und Sicherheitsgewerbe. – Stober, R. (Hg.): Jahrbuch des Sicherheitsgewerberechts 1999/2000 (Recht des Sicherheitsgewerbes). Köln 2000. – Pitschas, R.: Polizei und Sicherheitsgewerbe (BKA-FR Bd. 50). Wiesbaden 2000. – Obergfell-Fuchs, J.: Privatisierung von Aufgabenfeldern der Polizei (BKA-FR Bd. 51). Wiesbaden 2000. – Hermanns, J.: Konjunktur des

Sicherheitsgewerbes, in: PolSp 2/2000; S. 39 ff. – Olschok, H. (Hg.): Unternehmenshandbuch Wach- und Sicherheitsgewerbe: Erläuterungen, Checklisten, Muster. Köln u. a. 1999. – Gollan, L.: Private Sicherheitsdienste in der Risikogesellschaft. Freiburg i. Br. 1999. – Pitschas, R.: Privates Sicherheitsgewerbe und Innere Sicherheit – Grundsatzüberlegungen und rechtliche Aspekte, in: Ministerium des Innern und für Sport Rheinland-Pfalz: Symposium Innere Sicherheit. Mainz 1998. – Ottens, R. W. u. a. (Hg.): Recht und Organisation privater Sicherheitsdienste in Europa. Stuttgart u. a. 1999. – Lützenkirchen, H.-G./Nijenhuis, H.: Polizei und private Sicherheitsdienste in Europa. Bad Honnef 1998. – Hueck, I. J.: Staatliche Polizei und private Sicherheitsdienste in den Vereinigten Staaten und Deutschland, in: Staat 1–4/1997; S. 211 ff. – Franke, S.: Polizeiführung und Ethik. Münster 1997; S. 229 ff. – Berberich, A. (Hg.): Polizei und private Sicherheitsdienste. Villingen-Schwenningen 1996. – Beese, D.: Sicherheit und das Ethos der Polizeiarbeit, in: Kriminalistik 10/1996; S. 653 ff. – Glavic, J. (Hg.): Handbuch des privaten Sicherheitsgewerbes. Stuttgart u. a. 1995.

34. Nichtsesshafte und Polizei

Unter die relativ unscharfe Sammelbezeichnung der Randgruppen und Minderheiten fallen diejenigen Personen, die aufgrund mangelnder Finanzen und defizitärer Sozialkontakte nur eingeschränkt am gesellschaftlichen Leben teilnehmen können. Dagegen hat die Elite als eine Minderheitenform Spitzenpositionen in den verschiedensten gesellschaftlichen Bereichen inne. Zu den Randgruppen gehören u. a. Arbeitslose, Alleinstehende mit Kindern, Asylanten, Behinderte, Nichtsesshafte, Sozialhilfeempfänger, Strafentlassene, Teilgruppen alter Menschen, Zigeuner. Mit dem Status der Randgruppenzugehörigkeit verbinden Soziologen vielfach gesellschaftliche Prozesse der Ausgliederung, Benachteiligung und Diskriminierung. Als nichtsesshaft bzw. obdachlos gilt, wer keine Wohnung hat, sich keine beschaffen kann oder von der Ordnungsbehörde in einer Unterkunft – meist Behelfsunterkunft – untergebracht ist. Die Anzahl der Obdachlosen in der Bundesrepublik Deutschland wird auf über eine Million geschätzt (Pitschas 1998). Mehr als 20 % der alleinstehenden Wohnungslosen sollen Frauen sein. Mit ihrem Aktionstag am 14. September 1998 hat die Bundesarbeitsgemeinschaft Wohnungslosenhilfe e.V. auf die „Null-Toleranz“ als Strategie der Abwälzung sozialer Probleme kritisch aufmerksam gemacht. So würden sich Innenstädte kommunaler Satzungen bedienen, um unliebsame Personen, die in Form von Alkoholexzessen, Bettelei und Urinieren dagegen verstoßen, aus Einkaufspassagen, Bahnhöfen, Parkanlagen und anderen öffentlichen Räumen zu verdrängen oder vorläufig festzunehmen. Das Aktionsmotto „Die Stadt gehört allen“ kritisiert den Trend, Obdachlose und Arme aus dem Gesichtsfeld unserer wohlhabenden Gesellschaft zu vertreiben, und deklariert Wohnen als ein Menschenrecht. Das Dritte Reich hat das Problem der Nichtsesshaften dadurch zu lösen versucht, dass es die „Arbeitswilligen“ dienstverpflichtet und eingegliedert, die anderen dagegen als „Volksschädlinge endgelöst“ hat. Eine solche Endlösung spricht allen Grundsätzen eines Rechtsstaates Hohn. Allerdings lässt sich nicht übersehen, dass selbst freiheitliche rechtsstaatliche Demokratien ihre Schwierigkeiten mit Obdachlosen haben. Als in den letzten Jahrzehnten amerikanische Gerichte den städtischen Polizeidienststellen untersagt hatten, Betrunkene zu verhaften und Bettler zu verjagen, stiegen Bettelei und Trunkenheit in der Öffentlichkeit explosionsartig an, und in der Bevölkerung verbreitete sich ein „Gefühl von Unsicherheit und Unordnung“ (Fukuyama 2002). Offensichtlich erweist es sich als fatal, mittel- bis langfristige Auswirkungen von sozialen Ordnungswidrigkeiten – z. B. begangen von Wohnungslosen, Betrunkenen, Graphitisprühern oder Pankern – zu verkennen. Solange die Gründe für Obdachlosigkeit nicht nur in individuellem Fehlverhalten, sondern verstärkt auch in strukturellen Mängeln der Wohnungs- und Sozialhilfepolitik liegen, fehlt pauschalen Schuldzuweisungen und Gleichsetzungen Nichtsesshafter mit „asozialen Typen“ die ethische Legitimationsbasis. Vonnöten sind sozialpolitische Bewältigungsstrategien der Wohnungslosigkeit angesichts der Tatsache, dass Arbeitslosigkeit und geringes Einkommen vielfach Mietrückstände nach sich ziehen und die daraus resultierenden Zwangsvollstreckungsmaßnahmen häufig in die Obdachlosigkeit führen. Zudem hat die Unterbringungspflicht von de-facto-Flüchtlingen die Wohnungssituation noch verschärft. Zwar enthält § 1 BSHG (Bundessozialhilfegesetz) das Ziel, Sozialhilfeempfängern ein menschenwürdiges Leben zu ermöglichen, wozu auch ein entsprechender Wohnraum gehört, aber kritisch zu fragen bleibt, wie es um die Realisierung der humanen Zielsetzung bestellt ist, inwiefern es sich zur Beseitigung der Obdachlosigkeit und Resozialisierung Nichtsesshafter eignet. Angesichts der schlechten Finanzlage der öffentlichen Hand stellen Probleme wie Drogen- bzw. Alkoholabhängigkeit und Wohnungslosigkeit, Armut und Wohnungslosigkeit, Berufsuntauglichkeit und Wohnungslosigkeit, Einsamkeit und Verwahrlosung einen Testfall für unser Sozialhilfesystem dar.

Wenn alkoholisierte Stadtstreicher Passanten in den Innenstädten mit aggressivem Betteln belästigen oder anpöbeln, übelriechende verschmutzte „Berber" die Kundschaft aus Geschäften und Lokalen verscheuchen, wird die Polizei gerufen und gerät dadurch häufig in eine dissonante Lagebeurteilung. Anhand von Spezialbefugnissen muss der Streifenbeamte zwischen den Interessen der beschwerdeführenden Bürger und den schutzbedürftigen Belangen der Obdachlosen eine Entscheidung fällen, die ihm oft genug den Vorwurf der Selektion oder Versubjektivierung des Polizeirechts einbringt. Doch damit wird man der Situation nicht gerecht. Denn strittig erscheint die Annahme der Juristen, Nichtsesshaftigkeit bedeute eine Störung der öffentlichen Sicherheit und Ordnung. Dagegen sind im Blick auf freiwillige Obdachlosigkeit rechtliche wie ethische Bedenken anzumelden. Denn nach Art. 2 Abs. 1 GG können Personen, die aus freiem Willen den Status der Nichtsesshaftigkeit wählen, für sich das Grundrecht der Persönlichkeitsentfaltung reklamieren, sofern deren Willensbildungsprozess unabhängig durchgeführt worden und keine akute Selbstgefährdung damit verbunden ist. In derartigen Fällen einzuschreiten fehlt der Polizei die Rechtsgrundlage. Hingegen liegt bei unfreiwilliger Obdachlosigkeit eine Störung der öffentlichen Sicherheit vor, weil das Grundrecht auf Menschenwürde, Leben und Gesundheit bedroht ist. Wer gegen seinen Willen auf der Straße leben muss, kann einen Rechtsanspruch auf polizei- und ordnungsrechtliche Unterstützung geltend machen. Angesichts der unterschiedlichen Zuständigkeitsregelungen erscheint eine reibungslose Zusammenarbeit von Polizei-, Ordnungs- und Sozialhilfebehörden dringend erforderlich. So lassen sich beispielsweise sittenwidrige Härten gem. § 721 ZPO (Räumungsschutz bei Suizidgefahr, schwerer Krankheit, altersbedingter Gebrechlichkeit) leichter vermeiden. Als problematisch einzustufen ist jedoch der Versuch von Kommunen, besondere straßenrechtliche Sondernutzungsbestimmungen aufzustellen und darin den Eindruck zu erwecken, Obdachlosigkeit als solche sei ein Störfaktor der öffentlichen Ordnung. Denn der Begriff der öffentlichen Ordnung, nicht zu verwechseln mit dem Terminus der verfassungsgemäßen Ordnung entsprechend Art. 21 GG, umfasst die Gesamtheit aller Wertvorstellungen als ungeschriebene Regeln, deren Befolgung für einvernehmliches Zusammenleben unerlässlich zu sein scheint. Welche Regeln konkret dazu gehören, darüber wird in unserer pluralen Gesellschaft kontrovers diskutiert. Als sinnvoll und praktikabel erweist sich die Festlegung konsensfähiger Kriterien, anhand derer im Einzelfall geprüft werden kann, ob ein Verstoß gegen die öffentliche Ordnung vorliegt. Nach den §§ 116 ff. OWiG erfüllen den Tatbestand der Ordnungswidrigkeit unzulässiger Lärm, grob anstößige und belästigende Handlungen und das fahrlässige Halten gefährlicher Tiere.

Aus den wenigen empirischen Erhebungen über das Verhältnis zwischen Obdachlosen und Polizeibeamten (Jacobi u. a. 2003) scheint hervorzugehen, dass die Nichtsesshaftenszene möglichst wenig mit der Polizei zu tun haben will, um keine Schwierigkeiten zu bekommen. Daher regeln Obdachlose ihre Angelegenheiten lieber unter sich und tragen ihre Konflikte intern aus, allerdings mit dem Nachteil, dass die Zahl der Opfer weithin im Dunkelfeld bleibt und sich ein effizienter Opferschutz durch die Polizei in Grenzen hält. Aufgrund des Legalitätsprinzips muss die Polizei handeln, wenn Nichtsesshafte Täter und Opfer strafrechtlicher Handlungen werden. Statistischen Angaben zufolge ist die kriminelle Energie bei Obdachlosen relativ schwach ausgebildet und tritt zutage in Form von Beleidigung, Hausfriedensbruch, Widerstand gegen Vollstreckungsbeamte, Diebstahl (besonders Nahrungsmittel, Alkohol und Hygieneartikel), Körperverletzung, Nötigung und exhibitionistische Handlungen. Unter Alkoholeinfluss können Stadtstreicher untereinander gewalttätig werden und sich bis zur räuberischen Erpressung steigern. Um an Geld oder Drogen zu kommen, geben sich wohnungslose Frauen der Prostitution hin, während junge Männer häufig auf den Strich gehen. Die Opferrolle besteht v. a. in Beleidigungen vonseiten der Passanten, im Bestohlenwerden auf Parkbänken oder in Obdachlosenunterkünften und in Attacken von Rechtsradikalen. Nichtsesshafte Frauen werden vielfach von ihren Freiern geschlagen und gehen eine Zwangspartnerschaft ein, um sich vor Übergriffen anderer Männer zu schützen.

Ethisch relevant ist, mit welcher Voreinstellung Polizisten Obdachlosen begegnen, welchen Wahrnehmungsfilter und welches Deutungsmuster Beamte im dienstlichen Umgang anwenden. Offensichtlich wirken alkoholisierte, verwahrloste, stinkende Nichtsesshafte, zumal wenn sie den Dienstwagen verunreinigen oder auf Tuchfühlung gehen, auf einige Streifenbeamte abstoßend und können unwillkürlich Ekelgefühle hervorrufen. Gleichwohl dürfen es Polizeibeamte nicht an dem nötigen Respekt vor der Menschenwürde des Gegenüber fehlen lassen. Dazu gehört ein angemessener Sprachstil und taktvolle Umgangsformen mit Fingerspitzengefühl, also das Gegenteil von sprachlicher wie mimischer Geringschätzung, bevormundender entehrender Duzerei und rüder unverhältnismäßiger Reaktionsweise.

Polizeibeamte als Normenanwender erliegen leicht der Gefahr, normwidriges Verhalten generell als schlecht und sanktionsbedürftig einzustufen und diese persönliche Bewertung, bewusst oder unbewusst, in das dienstliche Verhalten einfließen zu lassen. Ethisch muss der Vollzugsbeamte unterscheiden lernen zwischen gezielter, ungewollter und tolerierbarer Normabweichung. Solange die Entstehungsgründe für nichtsesshaftes Verhalten noch nicht exakt aufgeklärt sind, meistens bleibt es bei einem multifaktoriellen Erklärungsansatz, erweist sich ein differenziertes Problembewusstsein als besonders wichtig, um pauschalierende Verdächtigungen und hartnäckige Vorurteile zu überwinden.

Polizisten haben nicht nur auf ihr eigenes korrektes Verhalten gegenüber der Randgruppe der Nichtsesshaften zu achten, sondern auch das Personal der pivaten Sicherheitsdienste auf Anmaßungen und Übergriffe zu kontrollieren und erforderlichenfalls dagegen einzuschreiten.

Literaturhinweise:

Jacobi, B. u. a.: Obdachlose und Polizei, in: Kriminalistik 12/2003; S. 732 ff. – Schwind, H.-D.: Kriminologie. Heidelberg [13]2003; S. 334 ff. – Huttner, G.: Die Unterbringung Obdachloser durch die Polizei- und Ordnungsbehörden. Wiesbaden 2002. – FAZ v. 17. 6. 2002: Notaufnahme. – Godschan, S. u. a.: Alkoholabhängigkeit und Wohnungslosigkeit (Materialien zur Wohnungslosigkeit Heft 52). Bielefeld 2002. – Fukuyama, F.: Der große Aufbruch. München 2002. – Benedict, H.-J.: Art. „Randgruppen", in: ESL; Sp. 1283 ff. – Ishorst-Witte, F. u. a.: Erkrankungen und Todesursachen bei Wohnungslosen, in: KrimArch 6/2001; S. 129 ff. – Roos, J.: Die Randgruppen der Gesellschaft, in: Kriminalistik 8/2000; S. 529 ff. – Ruder, K.-H.: Polizei- und ordnungsrechtliche Unterbringung von Obdachlosen. Baden-Baden 1999. – Peppersack, T.: Rechtsprobleme der Unterbringung Obdachloser. Frankfurt a. M. 1999. – Rexroth, F.: Das Milieu der Nacht: Obrigkeit und Randgruppen im spätmittelalterlichen London. Göttingen 1999. – Pitschas, R. u. a.: Art. „Obdachlosigkeit", in: LBE Bd. 2; S. 786 ff. – Bundesarbeitsgemeinschaft Wohnungslosenhilfe (Hg.): Die Stadt gehört allen. Bielefeld 1998. – Riße, M. u. a.: Tod im Obdachlosenmilieu, in: KrimArch 6/1998; S. 95 ff. – DPolBl 5/1997: Obdachlosigkeit. – Ehmann, E.: Obdachlosigkeit. Stuttgart u. a. 1997. – Bodenmüller, M.: Auf der Straße leben. Münster 1995. – Gronau, D./Jagota, A.: Ich bin eine Stadtstreicherin. Frankfurt a. M. 1994. – Preußer, N.: Obdach. Eine Einführung in die Politik und Praxis sozialer Aussonderung. Weinheim, Basel 1993. – Geiger, M. u. a.: Alleinstehende Frauen ohne Wohnung. Stuttgart u. a. 1991. – Adams, U.: Nichtseßhafte – alte Armut, neu in den Blick genommen, in: Caritas NRW 3/1988; S. 197 ff. – Adams, U./Purk, E.: Verriegelte Türen öffnen – Nichtseßhafte finden ein Zuhause. Dortmund 1987. – Langenstein, P.: Geheimnisvolle Zeichen an der Haustür, in: Deu Pol 2/1987; S 23 f. – Franke, S.: Die Polizei im Umgang mit Minderheiten, Randgruppen und hilflosen Personen, in: PFA-SB „Die Demokratie und die Würde des Menschen" (20.–24. 10. 1986); S. 109 ff. – Kestien, J.: Stadtstreicherei – ein polizeiliches Problem, in: DPolBl 1/1984; S. 2 ff. – Paschold, K.: Neue Plage: die Stadtstreicher, in: PN BHdP 1/1983; S. 6 ff. – Häring, G.: Nichtseßhafte – Kriminelle oder polizeiliche Störer?, in: Deu Pol 8/1982; S. 27 f. – Girtler, R.: Polizei-Alltag. Opladen 1980; S. 103 ff. – Winkler, P.: Bettlerin mit Bankkonto, in: DP. Polizei-Praxis 7–8/1957, S. 96. – Kunreuther, B.: Untersuchungen über das Landstreicher- und Bettlertum in Preußen mit besonderer Berücksichtigung der wirtschaftlichen Verhältnisse (Diss.). Frankfurt a. M. 1918.

35. Migration und Kriminalität

Nach Art. 14 der Allgemeinen Erklärung der Menschenrechte vom 10. 12. 1948 hat jeder Mensch das Recht, in anderen Ländern vor Verfolgung Asyl zu suchen und zu genießen. Diesem Artikel zufolge gilt das Asylrecht als ein subjektiver Rechtsanspruch und als moralische Verpflichtung der freien Welt, aber von einer strikten Rechtspflicht des aufgesuchten Staates, Asyl zu gewähren, ist keine Rede. In der neueren Literatur fasst der Oberbegriff Migration bzw. Migranten (lat. migratio = Auswanderung) all die Menschen zusammen, die aus den unterschiedlichsten Gründen (Verfolgung aus politischen oder religiösen Gründen, Kriegs- oder Bürgerkriegswirren, Not, Armut und Hunger, Angst vor Folter und unmenschlicher, erniedrigender Behandlung) ihr Heimatland verlassen. Entsprechend wird unterschieden zwischen erzwungenen (Asylanten, Flüchtlingen, Vertriebenen) und freiwilligen (Arbeitssuchenden), zwischen legalen und illegalen Migranten.

Nach Presseberichten (SDZ v. 28. 10. 2003) ist die multikulturelle Gesellschaft in den Niederlanden gescheitert. Die Niederlande, so die Begründung, haben die Schattenseiten ihrer Migrationspolitik, die allgemein als liberal galt, zu lange ignoriert und können sich nun nicht länger der Einsicht verschließen, dass die Kulturen der Immigranten „in Kontrast stehen zu den universalen Werten wie Trennung von Kirche und Staat, Gleichberechtigung von Mann und Frau, Schulpflicht und Toleranz". Unsicherheit und Angst, der Diskriminierung beschuldigt zu werden, haben die einheimische Bevölkerung zu einem Großteil bewogen, die eigenen demokratischen Werte zu verschweigen und die Erwartung zu unterdrücken, die Immigranten möchten sich doch diese Werte aneignen. Jahrzehnte lang fand die Zielvorstellung der Regierung „Integration unter Beibehaltung der eigenen Identität" Akzeptanz. Während die islamischen Kräfte den Dialog scheinbar suchten, haben sie – weithin unbemerkt von der holländischen Öffentlichkeit – eine Parallelwelt aufgebaut. Die Integration der zweiten und dritten Einwanderergeneration funktioniere nach Ansicht der Wissenschaftler nicht. „Diese Jugend findet Holland profan, lehnt die westliche Zivilisation ab, greift aber gerne auf das soziale Netz zurück." „Rund 75 Prozent heiraten innerhalb des Herkunftmilieus. In parallelen Bildungsstrukturen würden parallele Denkwelten entstehen." Nach dem Scheitern des multikulturellen Gesellschaftskonzepts verschärft sich der Ton, nicht zuletzt im Wissen darum, dass Verteilungskämpfe zwischen der vergreisenden Bevölkerung Hollands und den erstarkenden muslimischen Gemeinden das Klima verschlechtern.

R. Inglehart (2002) fokussiert den Vergleich mit den Werten verschiedener Kulturkreise auf zwei Schlüsseldimensionen: Traditionelle Werte contra rational-legale Werte, Überlebenswerte contra Selbsterhaltungswerte. Werden in einer Gesellschaft die Überlebenswerte einseitig betont, so führt er aus, verweist das auf relativ niedrige Standards subjektiven Wohlbefindens (z. B. schlechte Gesundheit, Intoleranz gegen Fremde, Mangel an materiellen Wertgütern).

In der Bundesrepublik herrscht z. T. immer noch die naive Vorstellung, die internationale Migration würde das Problem der Bevölkerungsexplosion in den Entwicklungs- bzw. Herkunftsländern entschärfen und den Bevölkerungsschwund in den asylgewährenden Industrieländern kompensieren (Birg 1998). Einer solch irrigen Auffassung widersprechen die demographischen Prognosen, die auf einen Rückgang und eine Überalterung der deutschen Bevölkerung in den nächsten Jahrzehnten hinauslaufen. Mit dem Ansteigen der Migrantenzahlen – z. Zt. leben über sieben Millionen Ausländer in Deutschland – vergrößern sich die innenpolitischen Probleme. Die anfängliche Reaktion der einheimischen Bevölkerung reichte von Berührungsängsten und Xenophobie über Sozialneid und Konkurrenzangst im Arbeitsbereich bis hin zu „rassistischen" Vorurteilen (Verlust der eigenen kulturellen Identität durch Überfremdung) und z. T. fremdenfeindlichen Gewalttätigkeiten. Die politische Diskussion hat die frühere Zielvorstellung der Assimilation von Migranten als unrealistisch aufgegeben und sich dem Zielvorhaben der Integration bzw. Akkulturation (multikulturelle Gesellschaft) zugewandt. Dabei gehen allerdings die Meinungen darüber weit auseinander, was unter dem Integrationsprozess, der auf Seiten der Einheimischen wie der Migranten die Bereitschaft zum Aufeinanderzugehen und gegenseitigen Verstehenlernen voraussetzt, konkret zu verstehen ist. So gehören zu den strittigen Punkten beispielsweise Fragen der politischen Mitsprache- und Mitbestimmungsmöglichkeiten, der doppelten Staatsangehörigkeit oder Phänomene der Ghettobildung und Segregation. Langsam setzt sich in dem öffentlichen Bewusstsein die Einsicht durch, dass sich Migrationsprobleme nicht isoliert auf nationaler Ebene, sondern nur in einem internationalen Kontext lösen lassen. In dieser Hinsicht werden Überlegungen angestellt, die Ursachen der globalen Migration in den Herkunftsländern durch Stärkung der Wirtschaftskraft, Schuldennachlass bei der Weltwirtschaftsbank und Öffnung des Weltmarktes für Produkte aus der Dritten Welt zu beheben.

Die derzeitigen rechtlichen Instrumentarien zur Lösung der Migrationsströme erscheinen nur begrenzt tauglich. Als fatal erweist sich das Fehlen des Menschenrechts auf Asylgewährung. Solange das Völkerrecht, das keine Vollmacht hat, einen Staat zu bestrafen, der eine Norm des Völkerrechts verletzt hat, die Befugnis zur Regelung der Aufnahme von Migranten dem souveränen Einzelstaat anheim stellt, werden nationale Interessen der Sicherheit, Wirtschaft und Kultur den Ausschlag geben. Nach dem Staatszugehörigkeitsgesetz (StAG) wird die deutsche Staatsangehörigkeit erworben durch das ius sanguinis (lat. = Recht des Blutes), das Abstammungsprinzip (§ 3 StAG), durch das ius soli (lat. = Recht des Bodens), das Territorialprinzip (§ 3 StAG), durch Adoption (§ 6 StAG) oder durch Einbürgerung (§§ 8 ff. StAG). Nach Art. 116 GG besitzen Aussiedler die deutsche Volkszugehörigkeit und damit Anspruch auf die deutsche Staatsangehörigkeit. Unabhängig von der Tatsache, dass einzelstaatliche Regelungen die Einwanderungsfrage großzügig oder eher restriktiv behandeln, lässt sich die Rechtslage der Migranten über UNO-Konventionen und EU-Richtlinien – z. B. im Blick auf Rassendiskriminierung oder die Stellung ausländischer Arbeitnehmer – schrittweise verbessern.

Unter strukturellem Aspekt konzentrieren sich ethische Reflexionen auf die Frage, wie der Migrationsprozess menschenwürdig geplant und gesteuert werden kann, mit welchen gesellschaftspolitischen Programmen sich die Situation der Zugewanderten erträglicher gestalten lässt. So streben ethische Grundsätze das Ziel an, die Lebensverhältnisse in den Herkunftsländern zu bessern und damit eine Auswanderung überflüssig zu machen. Die alttestamentliche Forderung – du sollst den Fremden lieben wie dich selbst, denn auch du warst ein Fremder im Land Ägypten (Lev 19,34) – und das neutestamentliche Gerichtswort – ich war fremd, und ihr habt mich aufgenommen (Mt 25,35) – kennzeichen die christlichen Leitlinien für eine humane Einwanderungspolitik. Auf unsere liberale Gesellschaft mit ihrer pluralen Offenheit wartet die Aufgabe, sich darüber schlüssig zu werden, welche Werte und Normen, die unverzichtbar zur kulturellen Identität sowohl der Einheimischen als auch der Eingewanderten gehören, die Grundlage für eine multikulturelle Gesellschaft bilden. Damit jedoch sei unser nivellierender Zeitgeist überfordert, geben Kulturkritiker zu bedenken, und da sich die deutsche Gesellschaft größtenteils selber hassen würde (Senocak, Enzensberger), könne sie auch nicht eine andere lieben, weshalb ihr die Fähigkeit zum interkulturellen Dialog fehle. Wenn wohlhabende westliche Industrieländer ihren Bevölkerungsschwund durch einen Migrationszustrom auszugleichen versuchen und die Leistungen ausländischer Arbeitnehmer für sich in Anspruch nehmen, ohne sie rechtlich einheimischen gleichzustellen und gleichwertige Arbeits- und Lebensbedingungen zu schaffen, erscheinen solche Praktiken verantwortungslos (Birg 1998). Aufgrund der unterschiedlichen Motive und Ursachen für Migration dürfen Asylanten nicht alle über einen Kamm geschoren werden. Eine sorgfältige Einzelfallprüfung bietet den Vorteil, den jeweiligen Besonderheiten und Umständen gerecht zu werden. Dass Massenmedien durch die Art ihrer Berichterstattung weder fremdenfeindliche Gewalt zur Eskalation bringen noch die kontrovers beurteilte Asylpolitik zur Manipulation der öffentliche Meinung nutzen, fällt in den Verantwortungsbereich der Journalisten. Unter individueller Perspektive erweist sich als ethisches Glaubwürdigkeitskriterium, wie ein Bürger mit Migranten in seinem nahen Umfeld persönlich umgeht, inwieweit er sich für ihre berechtigten Belange einsetzt, inwiefern seine Forderungen nach humanitären Asylpraktiken mit seinem Engagement übereinstimmen, in welchem Maß seine Grundeinstellung den Respekt vor der Menschenwürde der Zuwanderer zutage treten lässt. An Glaubwürdigkeit verliert, wer zwar moralische Appelle zu Gunsten der Flüchtlinge hält oder persönliche Aktivitäten startet, aber nicht die gesellschaftlichen Folgen bedenkt.

Mit den Überlegungen über eine ethisch angemessene Reaktionsweise auf die Zusammenhänge zwischen Kriminalität und Migration begibt sich die Polizei auf ein „politisches und ideologisches Minenfeld“ (Eisner 1998). Denn die öffentliche Debatte über Kriminalitätsbelastung und Viktimalisierung von Migranten fußt auf einer unsicheren Datenlage und fragwürdigen Schlussfolgerungen (Bannenberg 2003) und dient nicht wenigen als Vorwand, gängige Vorurteile zu nähren und eine populistische Steilvorlage zu geben. Wie auch immer die Polizei reagiert, sie gerät zwischen die Mühlsteine der öffentlichen Kritik. Der einen Gruppierung zufolge ermitteln Polizeibeamte einseitig selektiv gegen Ausländer, unterstützen damit den Trend, Fremde in unserer Gesellschaft zu diskriminieren, oder üben sogar selber fremdenfeindliche Gewalt aus. Der anderen wiederum erscheint das polizeiliche Vorgehen als zu lasch, verkenne das Ausmaß der Ausländerkriminalität und trage daher Mitschuld an der schlechter werdenden Sicherheitslage. Aus ethischer Sicht ist die Polizei gut beraten, ihren verfassungsrechtlichen Auftrag nicht zu verkomplizieren durch Ressentiments, Verdrängungen und Tabuisierungen des Zusammenhangs zwischen Migration und Kriminalität. Dem Polizeiethos entspricht eine differenzierte, sachgerechte Problemwahrnehmung, die falsche Verdächtigungen und ungerechtfertigte Belastungen deutscher wie nichtdeutscher Personen ausschließt und eine professionelle Vorgehensweise, die geltendes Recht mit gesellschaftsrelevanten Integrationskonzepten verknüpft. Näherhin lässt sich die ethische Qualität des polizeilichen Umgangs mit Migranten folgendermaßen verdeutlichen:

- Von entscheidender Bedeutung ist, mit welcher persönlichen Einstellung der einzelne Polizeibeamte den Migranten begegnet und welchen einstellungsrelevanten Einfluss die Institution Polizei auf ihre Mitglieder ausübt. Inwieweit ist die öffentliche Etikettierung ausländerfeindlicher Tendenzen in der Polizei Mythos oder Faktum? Soweit empirische Untersuchungsergebnisse vorliegen, reichen die erbrachten Nachweise und Erklärungsansätze von individuellen Defiziten bis zu strukturellen Belastungen. Nach Bornewasser (1996) resultieren Überreaktionen und Übergriffe von Polizeibeamten weniger aus Unwissenheit und Vorurteilen gegen Ausländer, sondern stärker aus innerdienstlichen Spannungen, Frustrationen und Enttäuschungen über die nervende Mehrarbeit, den geringen Status des Wach- und Wechseldienstes, das Karriererisiko, die geringen Erfolgserlebinsse und unbefriedigenden Dienstsituationen. Demnach stellt die Fremdenfeindlichkeit in der Polizei ein Organisationsproblem dar, insofern konfliktverschärfenden Belastungsfaktoren – zumal in kumulierender Form – der polizeidienstlichen Interaktion mit dem Gegenüber, einschließlich der Migranten, inform von Eskalation schaden. Zu einem ähnlichen Ergebnis gelangt die Befragung von Mletzko/Weins (1999). Der zufolge neigen Polizisten, die ungünstige Diensterfahrungen mit strafverdächtigen Ausländern gesammelt haben, eher zu ablehnenden feindseligen Haltungen als Kollegen, die privat gute Kontakte zu Zugewanderten unterhalten und bei aufgabenbedingten Konflikten mit Migranten sowie bei Kommunikationsstörungen gelassener bleiben. Auch wenn die empirische Datenlage nur begenzt sichere Erklärungsansätze zulässt und keine Handhabe für pauschale Anschuldigungen bietet, sind polizeiliche Führungskräfte gefordert, den Anfängen fremdenfeindlicher Verhaltensweisen zu wehren, in der Aus- und Fortbildung das Bewusstsein der Beamten für einen einwandfreien Umgang mit Ausländern zu schärfen und in speziellen Seminaren interkulturelle Dialog- und Kommunikationsfähigkeiten zu vermitteln. Der frühere Polizeipräsident von Hamburg, Dirk Reimers, hat vor dem Hintergrund leidvoller Erfahrungen den polizeilichen Imperativ formuliert. Er lautet: „Jede Polizeibeamtin und jeder Polizeibeamte haben sich so zu verhalten, als ob von ihnen jeweils ganz allein und ganz persönlich das Ansehen und die Wirksamkeit der Polizei abhänge." Auch wenn der an Kant angelehnte Imperativ keinen materialethischen Bezug zu dem Thema Polizei und Migration nimmt, liegt sein Vorteil in der subjektiven Verpflichtung zu allgemeingültigen Verhaltensweisen, mit deren Legitimationsanspruch eine plurale Gesellschaft sonst ihre liebe Not hat. Zwar normiert auch die goldene Regel, die sich nicht nur in der Bibel, sondern auch in der Weisheitsliteratur vieler Kulturvölker findet, nicht näher den Kontakt zwischen Polizeibeamten und Migranten, eignet sich aber gleichwohl als universales Prinzip, insofern es dazu auffordert, das beiderseitige Verhalten einvernehmlich zu lösen. Aus der korrekten Behandlung ausländischer Bürger resultieren das Vertrauen in die Polizei und die Rechtsqualität unserer sozialen Realität.
- Die §§ 45 ff. AuslG (Ausländergesetz) regeln die Ausweisung und die §§ 49 ff. AuslG die Abschiebung. Bei der Zurückschiebung des Asylanten gem. § 61 AuslG

sind die Auslandsbehörde, Bundesgrenzschutz und Polizeien der Bundesländer mit unterschiedlichen Zuständigkeiten involviert. Die Abschiebung von Asylanten impliziert nicht nur eine von Polizeibeamten formal korrekt zu vollstreckende Verwaltungsmaßnahme, sondern oft genug auch viel menschliches Leid, das emotional gefärbte Medienberichte in die Öffentlichkeit tragen, und trickreiche Versuche abgelehnter Asylbewerber, das Abschiebungsvorhaben zu vereiteln. Abschiebungsvorgänge bedeuten nicht selten Einzelschicksale in Form von Familientrennung, Suizid bzw. -versuch und Rückkehr in ein Land mit geringen oder gar keinen Zukunftsaussichten. Daher fühlen sich manche Christen in ihrem Gewissen zum Kirchenasyl verpflichtet. Allerdings lässt sich das Kirchenasyl nicht aus Art. 4 GG (Grundrecht der Glaubens- und Gewissensfreiheit) ableiten, denn ein solches Rechtskonstrukt würde die gesamte Rechtsordnung sprengen, einen rechtsfreien Raum beanspruchen und einen grundsätzlichen Konflikt zwischen Kirche und Staat auslösen. Vielmehr versteht sich das Kirchenasyl als moralischer Appell an den Staat, im Einzelfall von der Durchsetzung eines Gesetzes Abstand zu nehmen und dadurch menschliche Härten zu vermeiden. Kirchenasyl gleicht einer Aktion des zivilen Ungehorsams, um eine Überprüfung des Abschiebungsbescheids zu erwirken oder einem endgültig abgelehnten Asylbewerber beim Untertauchen behilflich zu sein. Auf diese Weise dokumentieren Kirchenmitglieder ihre öffentliche Verantwortung für das Humanum in Staat und Gesellschaft. In einem Abschiebungsverfahren kann der eingesetzte Vollzugsbeamte in einen Gewissenskonflikt zwischen Humanität und Rechtssicherheit geraten, wenn z. B. sein Vorgesetzter die Anwendung unmittelbaren Zwangs anordnet, dessen Befolgung in seinen Augen die Menschenwürde verletzt. Inwieweit das Instrument des Remonstrationsrechts Abhilfe schafft, bleibt in der konkreten Situation zu prüfen. Andererseits bleibt Exekutivbeamten nicht verborgen, was ein Teil der Asylbewerber alles anstellt, um eine Abschiebung platzen zu lassen. Diese Minderheit vernichtet ihre Pässe, fälscht ihre Namen, Geburtsdaten, Herkunftsländer und die Beweggründe ihrer Flucht und versteht es, die Schwächen des rechtsstaatlichen Asylverfahrens für sich auszunutzen. Derartige Täuschungsmanöver kosten die Kommunen beachtliche Summen. Wie muss sich ein Polizist vorkommen, der die inkonsequente Asylpolitik, das Abgleiten vieler Asylschwindler in die Drogenszene (vgl. 23.), die mangelnde Kooperation mancher Botschaftsvertreter und die Ohnmacht des Rechtsstaates, derartig finessige Scheinasylanten wieder los zu werden, hautnah erlebt? Unweigerlich machen nicht wenige Vollstreckungsbeamte ein Wechselbad der Gefühle zwischen menschlichem Bedauern und cool-distanzierter Gesetzesanwendung durch und haben sich nichtsdestotrotz tunlichst an Art. 1 GG zu halten.

- Die polizeiliche Kriminalstatistik (PKS) weist einen Zusammenhang zwischen Kriminalität und Migration auf. In der PKS werden Ausländer mit ca. 25 % an der Gesamtkriminalität als Straftatverdächtige geführt. Der Bevölkerungsanteil der ausländischen Tatverdächtigen beträgt etwa 9 %, der Anteil der tatverdächtigen ausländischen Jugendlichen (14–18 Jahre) liegt bei rund 18 %, der Anteil der tatverdächtigen ausländischen Heranwachsenden (18–21 Jahre) bei ungefähr 24 % und der Anteil der tatverdächtigen nichtdeutschen jungen Erwachsenen (21–25 Jahre) um die 33 % (Bannenberg 2003). Von den spezifischen Delikten gegen das Ausländer- und Asylverfahrensgesetz (Urkundenfälschung, illegale Einwanderung) abgesehen, begehen Migranten als häufigste Straftat Diebstahl (über 20 %) und Betrug (über 10 %). Schwere Gewaltdelikte wie Mord, Totschlag, Vergewaltigung, sexuelle Nötigung und Raubdelikte verzeichnen mit jeweils ca. 30 % einen statistisch erhöhten Wert. Offenkundig bilden junge männliche Ausländer eine Gruppe mit erhöhtem Kriminalitätsrisiko. Der gesetzliche Auftrag verpflichtet die Polizei zur Straftatverfolgung und Gefahrenabwehr und setzt bei dem einzelnen Exekutivbeamten das Ethos voraus, der dienstlichen Verpflichtung sine ira et studio (lat. = ohne Hass und Gunst), also vorurteilsfrei, konsequent und objektiv, nachzukommen und die strafrechtliche Beurteilung der Justiz zu überlassen. Die Straftat hat der Vollzugsbeamte aufzuklären, den – einheimischen wie ausländischen – Straftatverdächtigen menschlich zu respektieren. Ebenso hat der Beamte dem Migranten als Opfer krimineller Energie durch korrekte Ermittlungen zu seinem Recht zu verhelfen. Den Streifenbeamten bewahren Fremdsprachenkenntnisse und interkulturelle Kommunikationskompetenz davor, Verkehrsunfälle mit Ausländern falsch zu beurteilen, unangemessen zu reagieren und bei Vernehmungen auf deren jeweiligen Ehrenkodex und fremdländische Sitten Rücksicht zu nehmen. Da sprachliche Verständigungsprobleme – sei es mit, sei es ohne Dolmetscher – das Ermittlungsergebnis verfälschen können, darf es der Polizeibeamte nicht an der nötigen Sorgfaltspflicht fehlen lassen.

Literaturhinweise:

PFA-SB „Ethische Aspekte des Spannungsfeldes Integration von Migranten und Innere Sicherheit“ (27.–29. 10. 2003). – Weidemann, S.: Ende eines Sommerfestes. In Holland ist die multikulturelle Gesellschaft gescheitert, in: SDZ v. 28. 10. 2003. – Maguer, A.: Verfahren und Erfahrungen zur Einstellung ausländischer Mitbürger in den deutschen Polizeidienst, in: PFA-SB „Aktuelle Entwicklungen des Beamten- und Disziplinarrechts“ (8.–10. 1. 2003); S. 27 ff. – Wimmer, F. M.: Interkulturelle Philosophie. Wien 2003. – Bannenberg, B.: Gutachten: Migration – Kriminalität – Prävention (8. Deutscher Präventionstag – Kongresskatalog). Hannover 2003. – Leiprecht, R.: Polizeiarbeit in der Einwanderungsgesellschaft Deutschland. Gravenhage 2002. – Kimmerle, H.: Interkulturelle Philosophie zur Einführung. Hamburg 2002. – Inglehart, R.: Kultur und Demokratie, in: Harrison, L. E./Huntington, S. P. (Hg.): Streit um Werte. Hamburg 2002; S. 123 ff. – Blom, H.: Der Umgang der niederländischen Polizei mit Vielfalt ist ein Weg mit vielen Stolpersteinen, in: DP 11/2002; S. 316 ff. – Schröer, N.: Verfehlte Verständigung? Konstanz 2002. – Krauß, A.: Ausländer- und Asylrecht. Stuttgart u. a. [2]2002. – Heitmeyer, W. (Hg.): Deutsche Zustände. Frankfurt a. M. 2002. – Henninger, M.: Importierte Kriminalität und deren Etablierung, in: Kriminalistik 1/2002; S. 714 ff. – Bammann, K.: Im Bannkreis des Heiligen. Freistätten und kirchliches Asyl als Geschichte des Strafrechts. Münster 2002. – Killias, M.: Grundriss der Kriminologie. Bern 2002. – Westphal, V./Stoppa, E.: Ausländerrecht für die Polizei. Köln [2]2001. – Winkler, J. R.: Art. „Migration“, in: ESL; Sp. 1076 ff. – Luff, J.: „Aussiedlerkriminalität“ – Fakten und Mythen, in: Kriminalistik 1/2001; S. 29 ff. – Lindner, M.: Fremdenfeindlichkeit, Rechtsextremismus und Gewalt: Meinungen und Einstellungen von Auszubildenden der Polizei des Landes NW. Hamburg 2001. – Jehle, J.-M. (Hg.): Raum und Kriminalität. Mönchengladbach 2001. – Ritter, M.: Abschiebung ist auch nur ein Job, in: SC 2/2000; S. 13. – Alba, R. D. u. a. (Hg.): Deutsche und Ausländer: Freunde, Fremde oder Feinde? Opladen 2000. – Han, P.: Soziologie der Migration, Erklärungsmodelle, Fakten, Politische Konsequenzen, Perspektiven. Stuttgart 2000. – Heuer, H.-J.: Fremdenfeindlich motivierte Übergriffe der Polizei: Strukturelles Problem oder individuelle Überforderung?, in: DP 3/1999; S. 72 ff. – Franzke, B.: Polizisten und Polizistinnen ausländischer Herkunft. Bielefeld 1999. – Meier-Borst,

M.: Die Berichte von amnesty international über mutmaßliche Übergriffe von Polizeibeamten in Deutschland, in: DP 3/1999; S. 80 ff. – Mletzko, M./Weins, C: Polizei und Fremdenfeindlichkeit, in: MKSR 2/1999; S. 77 ff. – Brutscher, B.: Ausländer im deutschen Straßenverkehr. Hilden ²1999. – BayPol 3/1999; S. 26. – Treibel, A.: Migration in modernen Gesellschaften. Weinheim, München ²1999. – Gabriel, K.: Die Zukunft christlich-ethischer Grundsätze in einem multikulturellen Europa, in: PFA-SB „Nach der Wende – vor der Wende" (25.–27. 10. 1999); S. 237 ff. – Leuthardt, B.: An den Rändern Europas. Berichte von den Grenzen. Zürich 1999. – Franzke, B.: Polizisten und Polizistinnen ausländischer Herkunft. Bielefeld 1999. – Renner, G.: Ausländerrecht in Deutschland. München 1998. – Birg, H. u. a.: Art. „Migration", in: LBE Bd. 2; S 691 ff. – Eckert, R. u. a.: Polizei und Fremde, in: Eckert, R. (Hg.): Wiederkehr des Volksgeistes? Opladen 1998. – Proske, M.: Ethnische Diskriminierung durch die Polizei, in: KrimJ 3/1998; S. 162 ff. – Eisner, M.: Jugendkriminalität und Immigration, in: NKP 4/1998; S. 11 ff. – Jaschke, H.-G.: Öffentliche Sicherheit im Kulturkonflikt. Frankfurt a. M. 1997. – Greive, W. (Hg.): Ausländer und Ausländerinnen als Kriminalitätsopfer (Dokumentation einer Tagung d. Ev. Akademie in Loccum 1996). Rehburg-Loccum 1997. – PFA-SR 1–2/1996: Fremdenfeindlichkeit in der Polizei? Ergebnisse einer wissenschaftlichen Studie. – Bornewasser, M.: Probleme der Polizei im Umgang mit ethnischen Minderheiten, in: DPolG 3/1996; S. 71 ff. – PFA-SR 1–2/1996: Fremdenfeindlichkeit in der Polizei? – Schlag, T.: Gewissen und Recht: Ethisch-theologische Aspekte zur Debatte über das Kirchenasyl, in: ZEE 2/1996; S. 38 ff. – Randelzhofer, A.: Asylrecht, in: HdStR Bd. VI; S. 185 ff. – Nuscheler, F.: Internationale Migration. Flucht und Asyl. Opladen 1995. – Murck, M./Schmalzl, P.: Auf dem Weg zu einer multikulturellen Polizei?, in: PFA-SR 2/1995; S. 5 ff. – Brosius, H.-B./Esser, F.: Eskalation durch Berichterstattung? Opladen 1995. – DP 4/1995: Die Bekämpfung fremdenfeindlicher Straftaten – eine Herausforderung für die Polizei! – Boland, P.: Ethische Aspekte polizeilichen Handelns gegenüber Fremden, in: PFA-SB (3.–5. 5. 1995); S. 41 ff. – Schmalzl, H.-P.: Welchen Beitrag kann ethischer Unterricht für Polizeibeamte zwischen Bürgern und Fremden leisten?, in: PolSp 5/1994; S. 121 ff. – Güsgen, J.: Welchen Beitrag kann ethischer Unterricht für Polizeibeamte zwischen Bürgern und Fremden leisten?, in: FE & BE 2/1993; S. 45 ff. – Murck, M. u. a. (Hg.): Immer dazwischen. Fremdenfeindliche Gewalt und die Rolle der Polizei. Hilden 1993. – Tremmel, H.: Grundrecht Asyl. Freiburg i. Br. ²1993. – Enzensberger, H. M.: Die Große Wanderung. Frankfurt a. M. ²1992. – Kleber, K.-H. (Hg.): Migration und Menschenwürde. Passau 1988.

36. Behinderte und Polizei

Die Weltgesundheitsorganisation (WHO) definiert Behinderung als eine durch einen physiologischen bzw. anatomischen Schaden (impairment) bedingte Funktionsbeeinträchtigung (disabillity), die sich nachteilig auf die Fähigkeit der Betroffenen zur sozialen Interaktion auswirkt (handicap). In der Bundesrepublik Deutschland löst nach dem Zweiten Weltkrieg der Behinderungsbegriff die früher üblichen Ausdrücke wie Krüppel, Irre, Kriegsbeschädigte bzw. Kriegsversehrte allmählich ab und versteht sich als wertneutrale Sammelbezeichnung für die vielfältigen Behinderungsarten: Lernbehinderte, Geistig behinderte, Körperbehinderte, Sprachbehinderte, Verhaltensgestörte, Schwerhörige, Gehörlose, Sehbehinderte, Blinde und Mehrfachbehinderte. Zu den Körperbehinderungen werden beispielsweise Contergan-Schädigungen, spastische Lähmungen, spinale Kinderlähmung, Querschnittslähmung und Multiple Sklerose (MS) gezählt. Sinnesschädigungen liegen in Form von Blindheit bzw. Sehbehinderung und Gehörlosigkeit bzw. Schwerhörigkeit vor. Neben Sprachstörungen gibt es geistige Behinderungen aufgrund hirnorganischer Schädigungen (Mongolismus) und psychische Behinderungen, z. B. Psychosen und Neurosen. Soziale Behinderungen werden Verhaltensstörungen und Lernbehinderungen zugeordnet. Die Übergänge zu den verschiedenen Behinderungsarten sind fließend. Auch wenn keine Legaldefinition im deutschen Sozialrecht vorliegt, versteht es unter einem Behinderten eine menschliche Person, die infolge einer Beeinträchtigung ihres körperlichen oder geistig-seelischen Zustandes Hilfe benötigt, um ihn zu bessern oder erträglich zu machen, einen Zugang zum Arbeitsleben und einen angemessenen Platz in der Gesellschaft zu erhalten. Nach Art. 3 Abs. 3 GG darf niemand wegen seiner Behinderung benachteiligt werden. Aus diesem Benachteiligungsverbot und dem Sozialstaatsprinzip gem. Art. 20 Abs. 1 GG folgt die staatliche Verpflichtung zur Chancengleichheit für Behinderte. Rechtlich hat dieser Grundsatz seinen Niederschlag in dem Schwerbehindertengesetz (SchwbG), einem Teil des Sozialgesetzbuches (SGB), gefunden, das weitere Normen zu Gunsten der Behinderten enthält. Darüber hinaus dient eine Reihe von Spezialvorschriften dem Schutz von Behinderten.

Über 7 Millionen Menschen in Deutschland besitzen einen Behindertenausweis. Furcht vor Benachteiligungen, so wird vermutet, veranlasst manch einen dazu, nicht die Feststellung des Behindertenstatus zu beantragen. Um steuerliche Vorteile oder andere Vergünstigungen zu erhalten, geben einige wahrheitswidrig Behinderungen an. Obwohl der Europatag der Behinderten am 2. Dezember 1995 dafür geworben hat, behinderte Menschen als gleichberechtigte Bürgerinnen und Bürger zu akzeptieren, und in der Bundesrepublik sowohl der jährliche Aktionstag am 24. Februar als auch zahlreiche Verbände für die Belange der Behinderten eintreten, irritiert nach wie vor viele Passanten der Anblick eines missgebildeten verunstalteten Körpers, verkrampfter ungelenkiger Bewegungsabläufe und unverständlicher wirrer Sprachlaute, ruft in nicht wenigen unwillkürlich Abscheu- oder Ekelreaktionen hervor und veranlasst das Vermeiden von Kontakten. Auch das Jahr 2003 als das europäische Jahr der Behinderten hat sich das Ziel gesteckt, die Aufmerksamkeit der Öffentlichkeit auf das Los der Menschen mit Behinderungen zu lenken und ihre Integration in die

Arbeitswelt zu fördern nach dem Motto: „nicht mehr ausgrenzende Fürsorge, sondern uneingeschränkte Teilhabe; nicht mehr abwertendes Mitleid, sondern völlige Gleichstellung; nicht mehr wohlmeinende Bevormundung, sondern das Recht auf Selbstbestimmung“ (DPolG 7–8/2003; S. 43). Die soziale Distanzierung zu psychisch Kranken hängt in hohem Maße von den eigenen Werteinstellungen ab. Bürgerliche Kreise, deren Werte überwiegend aus Leistung, Pflichtbewusstsein und Materialismus bestehen, scheinen Behinderte stärker abzulehnen als die Gesellschaftsschichten, deren Wertekanon Hedonismus, Postmaterialismus und Selbstverwirklichung umfasst (Angermeyer/Matschinger 1997). Solange die Mehrheit der Gesunden an die Minderheit der Behinderten den geltenden Normalitätsmaßstab des jugendlich-vitalen, sportlich-schicken, leistungsstark-cleveren Personentypen anlegt, ereilt die Abweichenden und Unterlegen zwangsläufig das Los der sozialen Deklassierung, Isolation, Diskriminierung und Verachtung (Stigmatisierung). Darüber hinaus stören Neidkomplexe und Unterlegenheitsgefühle, dem Erwartungsdruck und der Leistungsnorm der Gesunden niemals entsprechen zu können, die Identitätsbildung der Behinderten. Eine fatale Folge der gestörten Identität besteht darin, dass die Behinderten die ihnen von ihrem sozialen Umfeld zugeschriebenen negativen Eigenschaften und Einstellungen übernehmen und sich selber defizitär empfinden. Trotz sozialpolitischer und sonderpädagogischer Bemühungen um Normalisierung und Integration behinderter Menschen in das gesellschaftliche Leben erleidet die Existenz der Behinderung weiterhin empfindliche Einbußen an Freiheit und persönlicher Unabhängigkeit, an Kontaktmöglichkeiten und Freizeitverhalten, an Leistungsvermögen und beruflicher Selbstverwirklichung. In Anbetracht der Rassenhygiene und des massenhaften Gnadentodes von Geistes- und Körperbehinderten im Dritten Reich sollten uns Schlagworte wie „Tötung mißgebildeter Säuglinge wegen Aussichtslosigkeit auf ein erfülltes Leben“ (P. Singer) oder „Einstellung kostenintensiver Rehabilitationsmaßnahmen aufgrund knapper Kassen“ im Namen der unantastbaren Menschenwürde aufhorchen lassen und zur moralischen Gegenwehr herausfordern. Solange ein deutsches Gericht entscheidet, dass es einer Frau im Urlaub unzumutbar sei, den hoteleigenen Swimmingpool mit Geistesbehinderten teilen zu müssen, und ihr daher ein Teil ihrer Reisekosten vom Touristikunternehmen zurückerstattet werden müsse, dürfte das Integrationsprogramm soziale Utopie bleiben, zumal eine solche Rechtsprechung gängige Einstellungen in manchen Kreisen unserer Bevölkerung wiederspiegelt. Inwieweit die Sozialpolitik die Situation der Behinderten und psychisch Kranken verbessert und einen Bewusstseinswandel in der Bevölkerung zu Gunsten der Betroffenen geschaffen hat, bleibt aus sozialethischer Sicht aufmerksam zu verfolgen.

Als schwierig empfinden Polizeibeamte den dienstlichen Kontakt mit psychisch kranken Personen, die sich selber bedroht fühlen oder andere Menschen tätlich angreifen, sich im Zustand der Angst, Erregung, Verwirrtheit, Drogenabhängigkeit befinden oder andere Verhaltensauffälligkeiten zeigen. Denn Polizisten verfügen über keine diagnostischen Kenntnisse eines Facharztes, müssen aber entscheiden, ob bzw. wie sie eingreifen sollen. Notfalls müssen sie den psychisch Kranken einer psychiatrischen Einrichtung zuführen. Zudem können Vollzugsbeamte Opfer spontaner Angriffe und Gewalthandlungen werden aufgrund der geringen bzw. fehlenden Selbstkontrolle und der Unberechenbarkeit von Psychopathen (Litzcke 2003). Drei

Interaktionsmuster scheinen beim dienstlichen Umgang der Streifenbeamten mit psychisch Gestörten zu dominieren (Hermanutz 2002):
- Verständnisvoll, vorsichtig reagieren und beschwichtigend, beruhigend zureden
- Praktische Hilfe leisten (Angehörige benachrichtigen, Arzt einschalten)
- Gewalt anwenden.

Auch wenn sich die Häufigkeit der Dienstkontakte mit psychisch kranken und behinderten Menschen in Grenzen hält, ist das kein Grund, die human-ethischen Aspekte auszuklammern. Denn die Beziehungsqualität zwischen Polizei und Behinderten hängt nicht nur von dem medizinisch-psychiatrischen Wissen und operativ-taktischen Können, sondern auch von Werteinstellungen ab. Folgende ethische Leitsätze und Maximen beanspruchen Geltung (Franke 1992):
- Aus der Grundnorm polizeilichen Handelns, dem Achtungs- und Schutzgebot der Menschenwürde gem. Art. 1 GG, und aus Art. 3 GG, folgt, dass der Polizeibeamte den Gleichheitsgrundsatz bzw. Gleichbehandlungsgrundsatz zu beachten hat und deshalb keinen Unterschied zwischen behinderten und nicht behinderten Menschen vor dem Gesetz machen darf. Mit dem Hinweis auf die verfassungsrechtlichen Grundsätze für den polizeilichen Erstkontakt mit Behinderten und psychisch Kranken kann es nicht sein Bewenden haben, sondern bedarf ethischer Konkretisierungen.
- Weitreichende Konsequenzen hat, mit welcher Grundeinstellung der Streifenbeamte Menschen mit Behinderungen und psychischen Störungen gegenübertritt. Nach dem Grundgesetz haben behinderte Personen die gleichen Rechte und Pflichten wie die nicht behinderten Bürger. Folglich hat der Exekutivbeamte dem Behinderten als Opfer von Gewalt zu helfen und gegen den Behinderten, der ein Gesetz übertreten hat, zu ermitteln. Bedauern und Mitleid dispensieren den Polizisten nicht von seiner Bindung an geltendes Recht und Gesetz. Der Respekt vor dem Würdeanspruch des Behinderten zeigt sich in einem unbefangenen, vorurteilsfreien Interaktionsstil und in dem Bemühen, eine verbal – und gegebenenfalls auch mimisch – verständliche Kommunikationsform zu wählen, um dem Gegenüber sowie seiner betreuenden Begleitperson die erforderlichen bzw. beabsichtigten Maßnahmen zu erläutern und Missverständnisse erst gar nicht aufkommen zu lassen. Mit dem Postulat des Respekts korrespondiert das „solidarische Bedarfsprinzip“ (Ferber, v. 1998). Dem zufolge hat der Beamte durch bedürfnisgerechte Hilfe dazu beizutragen, dass sich der Behinderte in der Öffentlichkeit frei bewegen und am normalen Leben partizipieren kann, soweit es ihm der Schweregrad seiner Behinderung gestattet. Allerdings bleibt davor zu warnen, durch übertriebene Hilfsangebote und falsche Mitleidsbekundungen die geringen Entscheidungs- und Handlungsmöglichkeiten behinderter und psychisch kranker Menschen weiter einschränken. Problematisch wird es, wenn sich der Streifenbeamte bei seinem konkreten Einschreiten weniger von den relativ abstrakten Gesetzesnormen, sondern stärker von den praxisbezogenen Normvorstellungen seiner Dienstgruppe bzw. Dienstkollegen, denen er sich angepasst hat, leiten lässt, um ein größeres Maß an Handlungssicherheit zu gewinnen. Denn die Diskrepanz zwischen amtlichen Gesetzesnormen und inoffiziellen Gruppennormen kann einen Verstoß gegen das Legalitätsprinzip darstellen und einen Konflikt mit dem Behinderten bewirken, sofern der Betroffene die Maßnahmen des Polizisten als nicht richtig interpretiert und daher ablehnt.

- Vielfältiger Art sind die Kontaktsituationen der Polizei mit Behinderten und psychisch Gestörten:
  - bei Familienstreitigkeiten rasten psychisch Kranke aus und randalieren
  - verwirrte, demente Personen werden im Zustand der Hilflosigkeit auf der Straße angetroffen oder als vermisst gemeldet
  - Behinderte verursachen einen Verkehrsunfall, gefährden sich und andere Verkehrsteilnehmer oder behindern den ordnungsgemäßen, reibungslosen Verkehrsfluss
  - bei einer Zwangseinweisung leistet der Betroffene Widerstand gegen die Staatsgewalt
  - ein Inhaftierter mit psychischen Störungen, der geflohen ist und einen hohen Risikofaktor für die Bevölkerung darstellt, wird gesucht.

An der nötigen Sorgfaltspflicht bei der Lagebeurteilung im Zusammenhang mit Behinderten und psychisch Gestörten darf es der Streifenbeamte nicht fehlen lassen, um keine falschen Entscheidungen aufgrund unzureichender Kenntnisse der vielfältigen Behinderungsformen, persönlicher Berührungsängste, emotionaler Vorbehalte oder selektiver Wahrnehmung zu treffen, keine voreiligen Schlüsse zu ziehen, Missverständnisse und Überreaktionen zu vermeiden oder Gefahren zu verkennen.

Wenn ein autistisch oder psychisch gestörter Verkehrsteilnehmer bei einer Polizeikontrolle die Kommunikation aufgeregt verweigert, darf ihm sein Verhalten nicht ohne weiteres als Widerstand gegen die Staatsgewalt angelastet werden. In den Augen eines Schutzpolizeibeamten mag ein Autofahrer der Verwarnung freundlich zustimmen, doch später zeigt sich, dass der Verwarnte aufgrund seiner Gehörlosigkeit den Sachverhalt überhaupt nicht verstanden hat. Ein wachsamer Blick, Sensibilität und das freundliche Bemühen um Verständigung mit Behinderten sowie deren Begleitpersonen tragen zu einer besseren Lageeinschätzung und angemessenen Reaktionsformen bei. Aus Gründen der Eigensicherung hat der Beamte in Einsatzlagen, deren Gefahrenpotenzial sich nur schwer einschätzen lässt und für die es keine optimalen Lösungen gibt, mit erhöhter Wachsamkeit und gebotener Vorsicht vorzugehen. Das Verhältnismäßigkeitsprinzip eröffnet ihm einen Entscheidungsspielraum zwischen benötigter, z. T. mühsamer Hilfeleistung und situationsgerechter, repressiver Konfliktlösung. Zwar gibt ihm die Anscheinsgefahr einen berechtigten Anlass zum Einschreiten, der sich aber im Nachhinein als falsch erweisen kann, wie das folgende Gerichtsurteil des OLG Karlsruhe zeigt (Kriminalistik 8/2000): „Der im Zeitpunkt des Vorfalls 17-jährige, zu 90 Prozent geistig behinderte Kläger (K) – der allerdings körperlich altersmäßig entwickelt war (1,85 m groß) – wartete in dem Wagen seiner Mutter, der in einer Tiefgarage geparkt war, während sie Einkäufe erledigte. Er war mit einem Bundeswehrhemd, Jeans und Springerstiefeln bekleidet und spielte mit einer (defekten) Spielzeugpistole. Dies wurde von einer Passantin beobachtet, die daraufhin die Polizei informierte. Zwei Polizeibeamten begaben sich zur Überprüfung des K in die Tiefgarage und näherten sich dem Pkw von verschiedenen Seiten. Der eine Beamte rief ‚Polizei‘ und forderte K auf, den Pkw zu verlassen. Nachdem K dieser Aufforderung nicht nachkam, zogen ihn die Beamten aus dem Auto heraus. K wurde zu Boden gedrückt, und es wurden ihm die Handschellen angelegt. Hierbei rief K mehrfach laut ‚Mama, Mama'. In dem Pkw entdeckten die Beamten die ‚Pistole', im Geldbeutel zwei schreibmaschinengeschriebene Ausweise von ‚Miami Vice' und der ‚CIA'. Eine hinzugekommene Zeugin teilte den Beamten mit, dass K behindert sei. Gleichwohl verbrachten die Beamten K in Handschellen mit dem Dienstfahrzeug zur Wache. Dort wurde K rund 1¾ Stunden später von seiner Mutter abgeholt."

- Der Anblick behinderter Erwachsener, die den Eindruck von kleinen Kindern machen, berechtigt den Polizisten nicht dazu, die angemessenen Standards sprachlicher Kommunikation zu missachten. So verletzt er die Regeln der Höflichkeit und des Anstands, wenn er sein Gegenüber einfach duzt oder ein infantiles Vokabular benutzt. Maxime eines Schutzpolizeibeamten sollte sein, einen Behinderten eher freundlich zu belehren und bereitwillig zu unterstützen als aus emotionaler Distanz zu sanktionieren, sollte anschaulich erklären, eigene Denk- und Handlungsschritte verbalisieren, die nötigen Hinweise mit einfachen Worten, kurzen Sätzen und häufigen Wiederholungen geben, Ruhe ausstrahlen und ohne Berührungsängste auftreten. Der Respekt vor der Menschenwürde des Behinderten verbietet es, über ihn entehrende Äußerungen abzugeben, abgesehen von wertenden Stellungnahmen bzw. tadelnden Urteilen, die zur Wahrnehmung berechtigter Interessen (§ 193 StGB) gemacht werden.
- Polizeiliche Aus- und Fortbildung hat das Qualitätsmerkmal „praxisnah" bzw. „bürgernah" und „professionell" nur verdient, wenn sie in ausreichender Weise auch die Anforderungen thematisiert, die an den Vollzugsbeamten im dienstlichen Umgang mit behinderten und psychisch gestörten Menschen gestellt werden. Ohne die berufliche Rolle eines Sonderschulpädagogen, Facharztes oder Psychiaters anstreben zu wollen oder zu können, kommt ein verantwortliches Qualifizierungskonzept nicht umhin, dem Beamten Grundkenntnisse von den unterschiedlichsten Formen der Behinderungen und psychischen Störungen zu vermitteln. Ebenso besteht Bedarf an praktischen Übungen zu dem Zweck, beim dienstlichen Einschreiten mit Behinderten und psychisch Gestörten menschlich-angemessen, situationsgemäß umzugehen, deren impulsives Reaktionsrepertoire zutreffend zu deuten und der Gefahr der Überreaktion vorzubeugen, das Gefahrenpotenzial psychisch Kranker rechtzeitig zu erkennen und handlungsstabilisierende, stressabbauende, selbstkontrollierte Verhaltensmuster zu erwerben. Im Fach Berufsethik sollte es selbstverständlich sein, mit den Auszubildenden und Studenten der Polizei Einrichtungen für psychisch Kranke und Behinderte, z. B. Sonderschulen, Werkstätten und Wohnheime, aufzusuchen und mit Fachleuten ein Auswertungsgespräch unter besonderer Berücksichtigung polizeirelevanter Aspekte zu führen. Wenn Beamte bei der thematischen Beschäftigung oder bei dienstlichen Kontakten mit behinderten und psychisch gestörten Menschen innerlich auf Abstand gehen und die als unangenehm bzw. belastend empfundenen Eindrücke bzw. Erfahrungen mit fragwürdigen Mitteln kompensieren, stellt sich ethisch die Frage nach der Persönlichkeitsbildung.
- Verkehrserziehung für Behinderte dient nicht nur deren Sicherheit, sondern auch der übrigen Verkehrsteilnehmer. Daher sollte sich die Polizei zu einer institutionellen Kooperation mit Behindertenverbänden und anderen Organisationen bereit finden und engagieren, soweit es die dienstliche Aufgabenfülle und der enge Zeit-

rahmen gestatten. Ebenso stehen die Polizeibehörden in der Pflicht, ihren Erfahrungsreichtum und ihr Fachwissen zur Verfügung zu stellen, um die Rahmenbedingungen für den gesellschaftlichen Normalisierungs- und Integrationsprozess der Behinderten zu verbessern. Polizeiliche Mitwirkungsmöglichkeiten bestehen beispielsweise bei einer behindertengerechten Straßenraumgestaltung, beim Aufstellen von Verkehrssignalen für Blinde, beim Anbringen einer für behinderte Verkehrsteilnehmer zweckmäßigen Beschilderung und bei der Einrichtung eines digitalen Verkehrsnachrichtendienstes.

Infolge von Sportunfällen, Straßenverkehrsunfällen, gewalttätigen Auseinandersetzungen und Erkrankungen kann Polizeibeamte selbst das Los der Behinderung treffen. Behinderte Polizisten sehen sich mit folgenden Problemen konfrontiert:

- Zunächst stellt sich die Frage der weiteren Polizeidienstfähigkeit (PDV 300), die beamtenrechtlich zu beantworten bleibt. Ethische Relevanz hat die Überlegung, wie der betreffende Beamte persönlich mit dem Problem der Dienstunfähigkeit bzw. mit seiner Behinderung fertig wird. Setzt er sich mit dem Faktum seiner gesundheitlichen Beeinträchtigung und seiner geminderten Dienstfähigkeit offen auseinander oder verdrängt er sein Handikap? Versteigert er sich in die fixe Idee der Fitness und Leistungsaktivität? Kompensiert er mit Alkohol? Inwieweit macht er von der Möglichkeit Gebrauch, in den polizeilichen Verwaltungsdienst zu wechseln?
- Einen weiteren Problemfaktor bilden Kommunikationsstörungen. Wie reagieren Polizeibeamte auf die Behinderung eines Dienstkollegen? Grenzen sie ihn aus? Akzeptieren sie ihn in seinem Anderssein? Breiten sich Ärger und Spannungen im Mitarbeiterkreis aus, weil die unerledigte Arbeit des behinderten Kollegen übernommen werden muss? Erwecken erleichterte Arbeitsbedingungen für den Behinderten und eine bevorzugte Behandlungsweise Neid bei den anderen?
- In Fällen, in denen Polizeibeamte ihre Behinderung bewusst nicht zu erkennen geben, um ihren Beruf nicht zu verlieren, gehen die Dienstkollegen bei Teamarbeit bzw. geschlossenen Einsätzen größere Risiken ein. Denn aufgrund der jeweiligen Behinderungsart kann der entsprechende Beamte nur eingeschränkt Situationen wahrnehmen und nicht mehr in der erforderlichen Weise reagieren. Konkret bedeutet das für die übrigen Polizisten, sich weniger auf den Behinderten verlassen zu können, weniger Sicherheit und Unterstützung von ihm zu erhalten. Inwiefern betrachtet es der Vorgesetzte als seine Fürsorgepflicht, zwischen dienstlicher Beanspruchung und eingeschränkter Leistungsfähigkeit des behinderten Mitarbeiters vernünftige Relationen herzustellen? Inwieweit soll der Polizeiführer Ansprüche eines Behinderten anerkennen und erfüllen? Soll er Überempfindlichkeiten des behinderten Kollegen einfach übersehen, z. B. auch dann, wenn der sich schämt bzw. zu eitel ist, im Beisein anderer das Hörgerät zu tragen? Nicht außer Acht lassen darf der Dienstherr, dass die Bevölkerung einen Anspruch auf den Einsatz von geeigneten, diensttauglichen Beamten hat.
- Auch finanzielle Aspekte der Behinderung bleiben ethisch zu bedenken. Will ein behinderter Polizeibeamter wegen der Gehaltszulage nicht aus dem Schicht- und Wechseldienst ausscheiden, bleibt sorgfältig abzuwägen, inwieweit sich die Folgewirkungen für den Betreffenden, seine Kollegen und Dritte verantworten lassen. Verschweigt ein Polizist, der wenige Jahre vor seiner Pensionierung steht, den

Schweregrad seiner Behinderung, um weiter im Dienst bleiben zu können und den Anspruch auf die Ablösesumme nicht zu verlieren, hinterlässt er einen zwiespältigen Eindruck. Denn die Folgen seines pragmatisch-egoistischen Kalküls liegen auf der Hand: Verringerung der eigenen Leistung, Mehrarbeit für die Kollegen und Einschränkung der öffentlichen Sicherheit.

Literaturhinweise:

Litzcke, S. M.: Polizeibeamte und psychisch Kranke. Frankfurt a. M. 2003. – Hermanutz, M.: Umgang mit verhaltensauffälligen und psychisch kranken Personen, in: ZPDBP (Hg.): Aktienscheck Polizeipsychologie. München 2002; S. 87 ff. – Tüllmann, M.: Art. „Behinderung", in: ESL; Sp. 169 ff. – Vogt, M./Kandler, D.: „Freigänger" als Vergewaltiger und Mörder, in: Kriminalistik 1/2001; S. 39 ff. – Schröder, D.: Vermisste Alzheimer-Kranke, in: Kriminalistik 10/2000; S. 757 f. – Schönstedt, O.: Polizei und psychisch Kranke, in: Kriminalistik 6/2000; S. 411 ff. – Antor, G./Bleidick, U.: Behindertenpädagogik als angewandte Ethik. Stuttgart u. a. 2000. – Bundesministerium für Gesundheit (Hg.): Berufliche Rehabilitation und Beschäftigung für psychisch Kranke und seelisch Behinderte: eine Bilanz des Erreichten und Möglichen. Baden-Baden 1999. – Jantzen W. u. a. (Hg.): Qualitätssicherung und Deinstitutionalisierung. Niemand darf wegen seiner Behinderung benachteiligt werden. Berlin 1999. – Fähndrich, E./Neumann, M.: Die Polizei im psychiatrischen Alltag, in: PsyPr 5/1999; S. 242 ff. – Hermanutz, M.: Konflikte zwischen Polizei und psychisch kranken Menschen, in: PRPsy 1/1999; S. 67 ff. – Bethmann, H.: Die Praxis der Schwerbehindertenvertretung von A bis Z. Frankfurt a. M. [2]1998. – Ferber, C. v. u. a.: Art. „Behinderung/Behinderter", in: LBE Bd. 1; S. 321 ff. – Bauer, F.: Ratgeber für Behinderte. Berlin 1998. – Cloerkes, G.: Soziologie der Behinderten. Heidelberg [2]2001. – Pöldinger, W./Zapatoczky, H. G. (Hg.): Der Erstkontakt mit psychisch kranken Menschen. Wien 1997. – Angermeyer, M./Matschinger, H.: Social distance towards the mentally ill: results of representative surveys in the Federal Republic of Germany, in: PM 27(1997)131–141. – Heiden, H.-G. (Hg.): „Niemand darf wegen seiner Behinderung benachteiligt werden". Reinbek 1996. – Der Beauftragte der Bundesregierung für die Belange der Behinderten (Hg.): Der neue Diskriminierungsschutz für Behinderte im Grundgesetz. Bonn 1995. – Hermanutz, M./Gestrich, J.: Zum Umgang mit psychisch Kranken, in: Deu Pol 6/1995; S. 24. – Franke, S.: Behinderte Menschen und Polizei aus ethischer Sicht, in: DPolBl 5/1992: S. 29 ff. – Füllgrabe, U.: Der psychisch auffällige Mitbürger. Stuttgart u. a. 1992. – Speck, O.: Menschen mit geistiger Behinderung und ihre Erziehung. München [6]1990. – Walter, J./Gitter, W.: Art. „Behinderung", in: LMRE; Sp. 212 ff. – Notrufschild für Behinderte (o.V.), in: DP-Z B 2/1988; S. 5. – Speck, O.: Art. „Behinderte", in: StL Bd. 1; S. 619 ff. – Albert, J.: Polizeiliches Einschreiten in Konfliktsituationen, in: Deu Pol 5/1980; S. 20 f. – Goffmann, E.: Stigma. Frankfurt a. M. 1967. – Meyer, W.: Die Kriminalität der Schwerbeschädigten im Landgerichtsbezirk Bonn. Bonn 1950.

37. Polizei im dienstlichen Umgang mit Senioren

Über Beginn und Ende des menschlichen Lebens schreibt Friedrich Hölderlin:

„In jüngeren Tagen war ich des Morgens froh,
Des Abends weint' ich; jetzt, da ich älter bin,
Beginn ich zweifelnd meinen Tag, doch
Heilig und heiter ist mir sein Ende."

Dass nicht zu viele Menschen ein heiliges und heiteres Ende ihres Lebens erwarten, erscheint plausibel angesichts der Rahmenbedingungen für das Altwerden. Die gesellschaftlichen Vorstellungen von alten Menschen und vom Prozess des Altwerdens enthalten überwiegend negative Bewertungen. So kann die Schlussphase des Lebens mit der Vitalität der Jugend in keinster Weise konkurrieren. Senioren wird allgemein unterstellt, sie könnten beruflich nicht mehr so viel leisten, seien zu sehr vergangenheitsorientiert, anstatt lern- sowie umstellungsfähig und offen für neue Entwicklungen zu sein, würden ihren sozialen Status verlieren und der Gesellschaft zur Last fallen aufgrund zunehmender Krankheit, Hilfs- bzw. Pflegebedürftigkeit und Abhängigkeit von der Unterstützung durch andere. Solch allgemeine gesellschaftliche Einstellungen zum Alter kontrastieren vielfach damit, wie sich alte Menschen selber sehen, ab wann sie sich als alt einschätzen und inwieweit sie sich wohlfühlen. Als Indikatoren für das eigene Wohlbefinden im Alter gelten Gesundheit, gute finanzielle Absicherung und das Empfinden, gebraucht zu werden und – z. T. ehrenamtlich – für andere Personen etwas Gutes tun zu können. Die relativ hohe Lebenszufriedenheit, die Senioren äußern, wird unterschiedlich interpretiert (Thomae 2001, Kruse/Schmitt 1998): als protektive Illusion, insofern die subjektive Wahrnehmung die an sich schlechter werdenden Lebensverhältnisse im Alter filtert zu Gunsten des eigenen Harmoniebedürfnisses und des Verlangens nach Wohlbefinden. Die Aktivitätstheorie führt die subjektive Lebenszufriedenheit alter Menschen auf deren Meinung zurück, über genügend Kontakte außerhalb der eigenen Familie und interessante Entfaltungsmöglichkeiten unabhängig vom früheren Beruf zu verfügen. Die Disengagementtheorie begründet das eigene Zufriedenheitsgefühl mit dem Umstand, dass alte Personen sich dem früheren Erwartungsdruck beruflicher Verpflichtungen und des sozialen Umfeldes entziehen konnten und damit die Fähigkeit erlangt haben, sich besser auf die eigene Person und die veränderte Situation besinnen und bewusster leben zu können. Wenn persönliche Altersbilder nicht an dem Defizit der Realitätsferne leiden, sondern die Bereitschaft und Kompetenz ausstrahlen, die letzte Lebensphase als Suche nach personaler Identität frei, verantwortungsbewusst und kreativ zu gestalten, vermag die alte Generation der jungen authentische Wertvorstellungen, Erfahrungsreichtum und Lebensweisheit unaufdringlich, aber eindrucksvoll zu vermitteln. Der interdisziplinäre Forschungsansatz der Gerontologie in der Neuzeit hat das Bewusstsein geweckt, die zunehmende Lebenserwartung als eine Chance zu verstehen, und hat damit die verengte Sicht früherer Jahrhunderte überwunden, das Alter entweder als Prozess des Verfalls oder Phase der Vollendung zu betrachten. Ein Studium im Alter kann verschiedenartige Kompetenzen und Qualifikationen fördern, die einen Gewinn sowohl für die eigene Gestaltung eines weiteren Lebensabschnittes als auch für die nähere Umgebung der älteren Studierenden mit sich bringen. Wie sich nicht übersehen lässt, entdeckt auch der Markt die rüstigen Senioren. Mit geschickter Werbestrategie hofiert er die neue potenzielle Konsumentengruppe mit attraktiven Offerten, suggeriert mit dem Eintauchen in die Wellness-Welt strahlende Fitness und jugendliche Frische und lässt die Schattenseiten des Alterns vergessen.

Der dienstliche Umgang der Polizei mit alten Menschen konzentriert sich hauptsächlich auf folgende Fallkonstellationen:

- *Senioren als hilflose Personen*
  Alte Menschen, die sich verlaufen haben, in ihrer Umgebung nicht mehr zurecht finden, als vermisst gemeldet und gesucht werden oder sich in einem ersichtlich verwirrten Zustand befinden, bedürfen des Schutzes und Beistandes freundlicher Polizeibeamter.
- *Senioren als Opfer krimineller Handlungen*
  Gewalt erleiden betagte Menschen vielfach durch
  - Taschendiebstahl auf der Straße, Handtaschenraub im Park, Trickdiebstahl an der Haus- bzw. Wohnungstür.
  - Medikamentöse Ruhigstellung, Fesselung ans Bett, Einsperrung ins Zimmer sowohl im familiären Bereich als auch im Alten- und Pflegeheim.
    Inwieweit Pflegebedürftige vernachlässigt, körperlich bzw. seelisch misshandelt oder geschlagen werden, darüber lassen sich nur Vermutungen anstellen, da Beweise rar und Kontrollen schwierig sind und die Öffentlichkeit ihr mangelndes Interesse am Los alter Menschen in Pflegeheimen mit kurzfristiger Empörung über bekanntgewordene Übergriffe kompensiert. „Die Grauzone der Gewalt gegen Pflegebedürftige in Heimen und Institutionen ist groß und reicht von der alltäglichen Gewalt, von Einschüchterungen, Abwertungen und Beschränkungen bis oft hin zu Angriffen auf Gesundheit und Leben" (Wiegel 1992). Mangels eindeutiger Beweise neigen aufsichtsführende Behörden vielfach zum Stillhalten. Und ein Großteil der Heiminsassen, die aus Angst vor Repressalien sich nicht getrauen auszusagen oder aufgrund von Gedächtnislücken keine brauchbaren Angaben machen können, erleichtert nicht gerade die polizeilichen Ermittlungen.
  - Abzocken bei Kaffeefahrten.
    Zu denen wird mit raffinierten Werbeprospekten und großartigen Gewinnversprechungen eingeladen und dabei Ware zu völlig überhöhten Preisen – als Schnäppchen trickreich angepriesen – verkauft. Der Markt boomt offensichtlich. Dagegen hat das Fernabsatzgesetz vom 30. 6. 2000 den unseriösen Geschäften an der Haustür einen Riegel vorgeschoben, indem es gutgläubige Senioren vor elegant gekleideten, sicher und eloquent auftretenden Betrügern schützt in Form von Widerspruchsrecht und Rückgaberecht.
- *Senioren als Täter von Kriminalität*
  Im Vergleich zur kriminellen Energie der Gesamtbevölkerung bleibt der Kriminalitätsanteil älterer Bürger gering und erstreckt sich überwiegend auf die Bereiche Beleidigung, üble Nachrede, Ladendiebstahl, Versicherungsschwindel und Pädophilie bzw. gewaltlose Sexualdelikte. Das Schwarzfahren in den öffentlichen Ver-

kehrsmitteln kann schon mal durch Vergesslichkeit, eine Fahrkarte zu kaufen, bedingt sein.

Ältere Personen halten überwiegend an tradierten Moralvorstellungen fest, die z. T. keine Gültigkeit mehr in unserer Gegenwart beanspruchen können. Wer sich anders verhält, begeht in den Augen älterer Bürger etwas Unrechtes und Schlimmes. Entsprechend ist ihre Zeugenaussage gefärbt. Ebenso können sie zu Unrecht glauben, Opfer einer Straftat geworden zu sein und daher den Verdacht auf Unschuldige lenken und diese belasten.

- *Senioren als Straßenverkehrsteilnehmer*
  Alte Menschen partizipieren als Fußgänger, Fahrradfahrer und Kraftfahrer am Straßenverkehr. Wie der 33. Deutsche Verkehrsgerichtstag feststellt, verursachen Senioren nicht häufiger Verkehrsunfälle als Teilnehmer anderer Altersgruppen. Ein Großteil der älteren Generation scheint in komplexen Verkehrssituationen den Überblick leicht zu verlieren, was vielfach Gefühle der Unsicherheit und Angst auslöst. Zu den häufigsten Unfallursachen der alten Verkehrsteilnehmer zählen Vorfahrt- und Abbiege-Fehler. Bei der Beurteilung der Fahrtauglichkeit von Senioren darf der wachsende Medikamentenkonsum nicht übersehen werden, der sich hemmend wie steigernd auf das Fahrverhalten auswirken kann. Infolge der zunehmenden Lebenserwartung ist damit zu rechnen, dass die ältere Generation als Auto- und Fahrradfahrer im Straßenverkehr zahlenmäßig stärker vertreten sein wird, auf diese Weise ihre Freiheit und Selbstständigkeit unterstreicht und ihr Verlangen nach Mobilität in unserer Gesellschaft erfüllt. Wenn Senioren die Defizite ihrer Sinnesorgane (Sehen, Hören) und ihres Reaktionsvermögens durch ein vorsichtiges, rücksichtsvolles, defensives Fahrverhalten ausgleichen können, lässt sich die pauschale Forderung, alten Menschen die Führerscheinerlaubnis generell zu entziehen, mit dem Hinweis auf Eigen- und Fremdgefährdung nicht begründen.

In ethischer Hinsicht kommt es vor allem darauf an, mit welcher Grundeinstellung der Polizeibeamte auf die ältere Generation zugeht. Die bei Senioren häufig anzutreffende Diskrepanz zwischen relativ geringem Viktimisierungsrisiko und eher ausgeprägterem defensiven Verhalten (Greve u. a. 1996) berechtigt den Beamten keineswegs dazu, die subjektive Kriminalitätsfurcht alter Menschen nicht ernstzunehmen. Von Gespür für Anstand und Respekt vor der Würde, die alten Menschen nicht abgesprochen werden darf, kann keine Rede sein, wenn Polizisten hilfsbedürftige oder verwirrte Senioren mit Oma oder Opa anreden, einfach duzen oder wie ein kleines Kind behandeln. Wenn Beamte im Dienst zu cool oder distanziert auftreten und keine Bereitschaft zeigen, sich auf alte Menschen mit ihren Eigenheiten einzustellen und sich persönlich ihnen mit wohlwollender Aufmerksamkeit zuzuwenden, oder sie nicht als vollwertige Bürger akzeptieren, mag das an individuellen Einstellungsdefiziten, aber auch an Versäumnissen in der Ausbildung liegen. Rücksicht auf die Unsicherheit und Unbeholfenheit der älteren Bürger zu nehmen, ruhig und besonnen zu reagieren und geeignete Hilfe zu leisten, sollte das angemessene Verhaltensrepertoire des Vollzugsbeamten kennzeichnen. Ethische Probleme des Generationskonfliktes tauchen in Form eines Rollentausches auf, insofern „Jung Alt kritisiert" bzw. „Jung Alt kontrolliert". Manche älteren Bürger reagieren darauf mit Unverständnis und

Unfreundlichkeit und können damit einen jungen Polizisten zu unbedachten Äußerungen und unangemessenen Reaktionen verleiten.

Bei Unfällen, in die Senioren verwickelt sind, sollte der Beamte keine Vorhaltungen machen. Äußert der ältere Verkehrsteilnehmer Schuldgefühle, erscheint es angebracht, diese zu versachlichen. Streiten sich Senioren mit anderen Verkehrsteilnehmern, tut der Beamte gut daran, beruhigend auf die erregten Gemüter der Betagten einzuwirken. Sensibilität und Hilfsbereitschaft bekundet der Polizeibeamte, wenn er nach vorschriftsmäßiger Abwicklung des Unfalls Sorge dafür trägt, dass der alleinstehende alte Mensch wieder nach Hause kommt. Im Falle einer gebührenpflichtigen Verwarnung sollte ein Polizeibeamter überlegen, ob der alte Mensch evtl. zu der Gruppe der „verschämten Armen" bzw. der „versteckten Notleidenden" gehört, und entsprechend den Ermessensspielraum nutzen.

Mehrheitlich haben Senioren ein großes Vertrauen zur Polizei, verbinden sie doch damit die Vorstellung von Sicherheit und Zuverlässigkeit. Daher kennen sie keine großen Hemmungen, auf die Polizeiwache zu gehen oder den Streifenbeamten auf dem Bürgersteig anzusprechen. Inhaltlich geht es häufig um Dinge, die ihnen im näheren Wohnbereich nicht passen: z. B. dröhnende, störende Radiomusik, aggressives Fahrradfahren auf dem Gehweg, defekte Ampelanlage. Das in die Beamten gesetzte Vertrauen nicht zu enttäuschen und angemessen zu reagieren, zeichnet den bürgerfreundlichen Polizisten aus.

Bei Vernehmungen, die einen Diebstahl aufklären sollen, erweist sich vielfach als nachteilig, dass alte Menschen Gedächtnislücken haben oder kaum zweckdienliche Angaben machen können und der ermittelnde Kriminalbeamte vor der Schwierigkeit steht, Dichtung von Wahrheit zu unterscheiden. Präventivmaßnahmen, beispielsweise Photos und eine Liste der Wertgegenstände, können wirksame Hilfe bei der Aufklärungsarbeit leisten. Wohl aus Scham verschweigen ältere Personen mitunter, Opfer von Kriminalität geworden zu sein. Ebenso geschieht es, dass sie das an ihnen verübte Delikt noch gar nicht bemerkt haben. All diese Umstände legen dem Ermittlungsbeamten nahe, Geduld und Einfühlungsvermögen aufzubringen. Hat der Beamte einen hochbetagten Bürger zu vernehmen, in dessen Wohnung eingebrochen worden ist, sollte er sich darum bemühen, dem Geschädigten die Angstgefühle zu nehmen und ihm dabei behilflich zu sein, sich in den eigenen vier Wänden wieder sicher und heimisch zu fühlen.

Auch Polizeibeamte erreichen den Seniorenstatus. Zu bedenken sollte geben: Wie sieht es mit der Vorbereitung auf den Ruhestand und der Entwicklung brauchbarer Zukunftperspektiven aus? Inwieweit werden die ausscheidenden Beamten in einem würdigen Rahmen und auf menschlich ansprechende Weise verabschiedet? Inwiefern wird Wert auf eine Kommunikation zwischen der Dienststelle und den Pensionären gelegt? Alte Menschen als verbrauchtes Arbeitsmaterial auszusondern und fallen zu lassen, kann kein Indikator für Polizeikultur sein.

Literaturhinweise:

Schimany, P.: Die Alterung der Gesellschaft. Frankfurt a. M. 2003. – Thomae, H.: Art. „Alter“, in: ESL; Sp. 30 ff. – IM des Landes Nordrhein-Westfalen (Hg.): Fachtagung Seniorinnen und Senioren als Kriminalitäts- und Verkehrsunfallopfer – 2. Dezember 1999 (Tagungsband). PFI Neuss 2000. – Aronowitz, A. A.: Ältere Bürger und Sicherheit, in: DKriPrä 2/1999; S. 54 ff. – Rat für Kriminalitätsverhütung in Schleswig-Holstein (Hg.): Kriminalprävention für Senioren (Abschlußbericht d. Arbeitsgruppe 9). Kiel 1999. – Kanowski, S. u. a.: Art. „Alter/Altern“, in: LBE Bd. 1; S. 121 ff. – ADAC (Hg.): Ältere Menschen im Straßenverkehr. Bericht über das 9. Symposium Verkehrsmedizin des ADAC. München (1996). – Meyer, M.: Gewalt gegen alte Menschen in Pflegeheimen. Bern 1998. – Lehr, U.: Psychologie des Alterns. Heidelberg [8]1996. – Prahl, H.-W./Schroeter, K. R.: Soziologie des Alterns. Paderborn u. a. 1996. – Greve, W. u. a.: Bedrohung durch Kriminalität im Alter. Baden-Baden 1996. – Wetzels, P. u. a.: Kriminalität im Leben alter Menschen (Ergebnisse der KFN-Opferbefragung 1992). Hg. v. Bundesministerium f. Familie, Senioren, Frauen u. Jugend. Stuttgart u. a. 1995. – Rat für Kriminalitätsverhütung in Schleswig-Holstein (Hg.): Konzepte zur Kriminalitätsverhütung. Gewalt gegen ältere Menschen (Abschlußbericht d. Arbeitsgruppe 4). Kiel 1995. – Kawelovski, F.: Ältere Menschen als Kriminalitätsopfer (BKA-Reihe Bd. 59). Wiesbaden 1995. – Ahlf, E. H.: Alte Menschen als Opfer von Gewaltkriminalität, in: ZfG 5/1994; S. 289 ff. – Baltes, P. B. u. a. (Hg.): Alter und Altern. Berlin 1994. – Kreuzer, A./Hürlimann, M. (Hg.): Alte Menschen als Täter und Opfer. Freiburg i. Br. 1992. – Cohen, A.: Die Leistungsfähigkeit älterer Automobilisten, in: NZZ v. 6. 5. 1992. – Wiegel, E.-M.: Vergessen im Pflegeghetto, in: Deu Pol 8/1992; S. 8 ff. – Weber, J.: Spät- und Alterskriminalität in der psychologisch-psychiatrischen Begutachtung, in: Forensia 2/1987; S. 57 ff. – Drechsler, L.: Tatort: Altersheim – Problematik von Diebstahlermittlungen bei betagten Bürgern und in Altersheimen, in: Kriminalist 2/1986; S. 71 f. – Greger, J.: Die forensische Bedeutung psychischer Altersveränderungen, in: Kriminalistik u. forens. Wiss. 10/1986; S. 44 ff. – Birkenstock, W./Tiemann, H.: Die Täter-/Opfersituation alter Menschen als Indikator und Konsequenz gesellschaftlicher Fehlentwicklungen (Alterskriminalität), in: DP 5/1982; S. 137 ff. – Matthes, I.: Alte Menschen als Täter und Opfer von Straftaten, in: Deu Pol 1/1978; S. 20 f.

38. Widerstand – Ziviler Ungehorsam

Im Unterschied zum inflationären Gebrauch des Widerstandsbegriffes, der zum Synonym für alle möglichen Formen des politischen Widerspruchs, der Kritik, Opposition, Konflikteskalation und Unruhe wird, insistieren die ethischen Termini des Widerstandsrechts und der Widerstandspflicht auf elementaren Grenzziehungen zwischen dem gerechten und ungerechten Staat, zwischen rechtmäßiger und unrechtmäßiger Herrschaftsgewalt. Dort, wo die Staatsmacht Belange des Gemeinwohls systematisch verletzt und Grundrechte des einzelnen Bürgers mit Füßen tritt, haben sich im Laufe unserer Kulturgeschichte individuelle wie kollektive Widerstandsbewegungen formiert. Widerstand richtet sich primär gegen das Unrecht des Willkürstaates, ferner auch gegen die Sittenwidrigkeit bzw. Verstöße gegen das Sittengesetz (Kant) oder die Sittlichkeit, insofern die universalen Moralprinzipien wie Menschenwürde, Gerechtigkeit und Freiheit tangiert sind. Ethisch lässt sich der politische Widerstand nur im Sinne der ultima ratio vertreten, also erst dann, wenn die staatlichen Kontrollinstanzen nicht mehr funktionieren, die von der Verfassung vorgesehenen Rechtsbehelfe sich als völlig unwirksam erweisen und die Widerstandsaktion das „letzte verbleibende Mittel zur Erhaltung oder Wiederherstellung des Rechts" (BVerfGE 5, 377) darstellt. Somit kommt nur das persönliche Gewissen jedes Staatsbürgers, das sich von den schweren Unrechtstaten des Staates herausgefordert weiß, als zuständige Entscheidungsinstanz für den Widerstand in Betracht kommt. Das Ziel des Widerstandes liegt ausschließlich darin, der Wiederherstellung des Rechts und der gerechten Ordnung, der Abwendung von Anarchie und Chaos, nicht aber persönlichen Vorteilen und machtpolitischen Eigeninteressen zu dienen. Obschon die Grenzen zwischen aktivem und passivem Widerstand fließend sind, soll mit dieser Unterscheidung auf die Einhaltung des Verhältnismäßigkeitsgrundsatzes hinsichtlich der Intensität der Widerstandsmaßnahmen geachtet werden. Wenn sich die gezielte Gehorsamsverweigerung, Unterlassung staatsbürgerlicher Pflichten, Niederlegung von Ämtern, Betreibung von Gegenpropaganda und die Beteiligung an Sitzblockaden oder Protesten als unwirksame Widerstandsformen erweisen, um das Unrechtsregime zu beseitigen, dürfen die Widerstandskämpfer – vom ethischen Standpunkt der Notwehr bzw. Nothilfe für den Rechtsstaat – zu gewaltsamen, revolutionären Mitteln wie Landfriedensbruch, Sabotage, Verrat von Staatsgeheimnissen, Attentat und notfalls Tyrannenmord greifen. Das ethisch zulässige Ausmaß der Gewaltanwendung hängt nicht nur von der faktischen Erfordernis ab, um eine tyrannische Regierung stürzen zu können, sondern auch von dem günstigen Zeitpunkt der Widerstandsaktivitäten. Unverantwortlich wäre es, gewaltsamen Widerstand zu leisten, der keine begründete Aussicht auf Erfolg hat, sondern bloß die bedrohliche Unrechtssituation der Unterdrückten verschärft. Die ethische Rechtfertigung des aktiven Widerstandes setzt auf Seiten des Widerstand Leistenden eine zutreffende Lagebeurteilung voraus, die nur vornehmen kann, wer über die nötigen Informationen und Einsichten verfügt, um nicht der Gefahr eines blinden Aktionismus zu erliegen.

Die Gewissensentscheidung des Widerstandskämpfers verdient in dem Maße Respekt, wie er Verhaltensweisen des blinden Gehorsams, des bequemen Mitläufertums oder der kokettierenden Dissidenz abgelehnt, alle Risiken und Nachteile auf sich genommen und in dem Unrechtsstaat das bittere Los eines Hoch- und Landesverräters ertragen hat. Der faktische Erfolg oder Misserfolg eines Widerstandes allein stellt kein ethisch hinreichendes Beurteilungskriterium dar, denn ein gescheiterter Widerstand kann das Bewusstsein der Bevölkerung für Recht und Gerechtigkeit durchaus schärfen. Zudem befindet sich der Widerstandskämpfer oft genug in der misslichen Lage, die Grenzen zwischen Rechts- und Unrechtsstaat nicht eindeutig erkennen zu können und lediglich in begrenztem Maße über geeignete Mittel und Gelegenheiten zu Widerstandshandlungen zu verfügen. Um der humanen Substanz unseres Rechtsstaates willen darf es keine Tabuisierung und keine Verdrängung des Widerstandes geben. Eine vorurteilsfreie, kritische Würdigung der Gewissenskonflikte, die der Widerstandskämpfer zwischen dem menschenverachtenden Ausgeliefertsein an die Willkürmacht und der moralischen Verpflichtung zur Wiederherstellung der Rechtsordnung durchlitten hat, ebenso ein ehrendes Andenken an diejenigen, die in einem totalitären Staat mit ihren begrenzten Möglichkeiten und unter Einsatz ihres Lebens für das Recht eingetreten sind, selbst wenn viele von ihnen tragisch gescheitert sind, erscheint sinnvoll und geboten.

Bei einer ethisch-systematischen Stellungnahme zum Widerstand darf folgenden Fragen nicht ausgewichen werden:

- Inwieweit ist es Widerstandskämpfern erlaubt, bei ihren Anschlägen auf das Unrechtsregime auch das Leben unschuldiger Menschen billigend in Kauf zu nehmen?
- Inwiefern lässt sich die These von F. Guicciardini (1977) ethisch halten, ein guter Bürger könne in den Dienst eines Unrechtsstaates treten, um schlimmere Verbrechen zu verhüten?
- Lassen sich Karriere und Kooperation mit einem totalitären System moralisch rechtfertigen zu dem Zweck, mit Hilfe von Kompromissen die diktatorische Staatsform von innen zu reformieren?
- Wodurch unterscheiden sich ethisch legitimierte Gerichtsprozesse gegen gestürzte Despoten und deren Schergen von Rachejustiz und Showverfahren der Siegermächte?

In der Geistesgeschichte finden sich unterschiedliche Begründungsansätze für den Widerstand. Die Vorstellungen von dem Widerstandsrecht und der Widerstandspflicht gründen in der Annahme, dass Herrschergewalt auf dem Recht basiert und im Fall von Willkürherrschaft die Unterdrückten moralisch berechtigt, teils sogar verpflichtet sind, sich zu widersetzen. Im Unterschied dazu variieren die theoretischen Begründungen, welche Kriterien die Gewaltanwendung der Bevölkerung gegen die Herrscher konkret legitimieren. Naturrechtliche und vertragsrechtliche Legitimationsfiguren überwiegen.

- Nach dem Rechtsverständnis des Positivismus erlangt jede korrekt positivierte oder dem Gewohnheitsrecht entlehnte Rechtsnorm den Status der Legalität. Die Frage, ob bzw. inwieweit ein solch formales Rechtsverständnis dem materialen Recht bzw. dem Gerechtigkeitspostulat entspricht, hat für den Rechtspositivisten keine Relevanz. Folglich verstößt jeder, der aus Gewissensgründen Widerstand leistet, gegen positiviertes Recht und handelt rechtswidrig, illegal (im posivistischen Sinne). Doch die geschichtliche Erfahrung lehrt, dass eine posivierte Rechtsnorm gesetzliches Unrecht sein kann. Um der Pervertierung des Rechts durch Machtmissbrauch Einhalt zu gebieten, bejahen die Vertreter des Naturrechts die Berechtigung zum Widerstand. Stoische Naturrechtslehrer, die sich auf den durch göttliche Gesetze geordneten Kosmos berufen, erkennen in den Gesetzen der Natur den Ausdruck höchster Vernunft, die dem Menschen eingepflanzt sei und dazu anleite, staatliche Gesetze nur zu befolgen, wenn sie mit dem höchsten Weltgesetz übereinstimmen. Christliche Naturrechtsanhänger berufen sich auf Gott, der die menschliche Natur geschaffen und Gesetze aufgestellt hat, die aufgrund ihrer zeitlich und räumlich uneingeschränkten Gültigkeit einen eindeutigen Vorrang einnehmen vor weltlichen Satzungen (Röm 13). Die Naturrechtstheoretiker der Aufklärung beziehen sich auf das allgemeine Rechtsgesetz mit seinen Prinzipien a priori, das die mündige Vernunft des Menschen erkennen kann und dem kodifizierten Recht, sofern es inhaltlich den universalen Prinzipien der Menschenwürde und Gerechtigkeit entspricht, das Qualitätsmerkmal der Legitimation verleiht. Aus naturrechtlicher Sicht ist die Legitimität konstitutiv für den Gesetzesgehorsam eines aufgeklärten Menschen. Dem Naturrechtsanhänger erscheint der Widerstand als eine Form der Notwehr bzw. Nothilfe für den Rechtsstaat legitimiert.

Davon abweichend, nimmt I. Kant, ein renommierter Vertreter der Aufklärung, eine markante Sonderstellung ein. Er bestreitet strikt ein Widerstandsrecht, denn der Staat ist ein Volk, das sich nach dem Vernunftprinzip a priori in Form einer Rechtsordnung selbst beherrscht. Gegen dieses Vernunftprinzip als allgemein gesetzgebenden Willen kann und darf es keinen Widerstand geben. Allenfalls Reformen und öffentliche Kritik konzidiert Kant für den Fall, dass die Idee einer vernünftigen allgemeinen Rechtsordnung mit der Wirklichkeit der gesellschaftlichen Verhältnisse kollidiert. Grundsätzlich gilt nach Kant: Kein Widerstandsrecht des Volkes gegen das Staatsoberhaupt, „denn nur durch Unterwerfung unter seinen allgemein gesetzgebenden Willen ist ein rechtlicher Zustand möglich; also kein Recht des Aufstandes (seditio), noch weniger des Aufruhrs (rebellio)". Tyrannenmord wäre ein schlimmes Verbrechen (Metaphysik der Sitten. Rechtslehre).

- Die mittelalterliche Vertragstheorie, deren geistesgeschichtliche Wurzeln in die Zeit der Sophistik und in das römische sowie germanische Recht zurückreichen, regeln die Machtverhältnisse zwischen König und Adel, wozu die wechselseitige Treueverpflichtung gehört, während sich das Volk mit der deklarierenden Funktion zu bescheiden hat und zum Gehorsam verpflichtet wird. Wenn der Herrscher vertragsbrüchig wird, so betont im Jahr 1085 Manegold von Lauterbach, der erste Vertragstheoretiker des Mittelalters, beendet dessen rechtswidriges Verhalten die Unterwerfungspflicht und rechtfertigt das Widerstandsrecht. Der Kirche obliegt die Aufgabe, als zuständige Instanz den faktischen Rechtsbruch des Königs festzustellen.
  - Nach der Translationstheorie (lat. translatio = Übertragung) des Marsilius von Padua (1275–1342) übt allein das Volk die Gesetzgebungsgewalt aus, überträgt sie dem Herrscher zu dem Zweck, für Frieden und Sicherheit zu sorgen, und entzieht sie ihm wieder im Falle groben Missbrauchs.
  - Die Designationstheorie (lat. designatio = Bezeichnung, Ernennung) hat sich in der Praxis als ziemlich bedeutungslos erwiesen. Denn nach ihr kann nur Gott,

nicht das Volk die Staatsgewalt verleihen. Das Volk darf lediglich eine in ihren Augen geeignete Person zum Stellvertreter ernennen, um Gefahren und Schäden abzuwehren, die ein Tyrann oder geisteskranker Herrscher verursacht.

- Die Monarchomachen (griech. = die gegen die Monarchie kämpfen) des 16. und 17. Jh. leiten das Widerstandsrecht aus einem Herrschaftsvertrag zwischen dem König und den Ständen, die das Volk vertreten, ab. Unter dem Eindruck der Bartholomäusnacht 1572 in Frankreich billigen F. Hotmann (1573), Th. de Bèze (1574) und Ph. de Plessis-Mornay (1574) den Ständen ein konfessionelles Widerstandsrecht zu, um das gottlose, verderbliche Treiben des Königs zu beenden, und nehmen es als ein positiv-rechtliches Element in die Standesrechte auf. Dagegen lehnt Jean Bodin (1530–1596), ein Anhänger des Absolutismus, die monarchomachische Widerstandslehre ab.
- Im Sinne des Gesellschaftsvertrages kann die Staatsgewalt nicht absolut sein, wie J. Locke (1832–1704) ausführt (Two Treatises of Government = Zwei Abhandlungen über die Regierung, 1689). Missachtet die Obrigkeit die Bindung an Recht und Gesetz, zerstört sie ihre Legitimationsbasis. Wenn die Staatsgewalt ihren alleinigen Zweck verfehlt, die Rechte des Volkes, das ja Vertragspartei ist, auf Freiheit, Gesundheit und Eigentum zu schützen, steht den Unterjochten ein Widerstandsrecht (right of resisting) zu, dürfen sie legitimerweise eine Revolution ausrufen. Die Schuld, so Locke, trägt nicht das Volk, sondern der Machtmissbrauch der Herrschenden.
- Ein positiviertes Widerstandsrecht erscheint im modernen Verfassungsstaat obsolet, da die institutionalisierte Gewaltenteilung wirksame Kontrollen einschließt, um den Bürger vor staatlichen Übergriffen in seine Rechtssphäre zu schützen. Doch die schrecklichen Erfahrungen mit dem Dritten Reich und anderen totalitären Staaten haben zu einer verfassungsrechtlichen Normierung des Widerstands geführt. So enthalten die Landesverfassungen von Hessen im Art. 147, von Bremen im Art. 19 und von Berlin im Art. 23 das Widerstandsrecht. Das 1968 in Art. 20 Abs. 4 des Grundgesetzes eingefügte Recht auf Widerstand richtet sich gegen jeden, der es unternimmt, die freiheitliche, demokratische Ordnung zu beseitigen.

Vom herkömmlichen Widerstandsrecht unterscheidet sich der Zivile Ungehorsam (civil disobedience), der sich auf auf David Henry Thoreau (1817–1862), Mahatma Gandhi (1869–1948) und Martin Luther King (1929–1968) als seine geistigen Väter beruft. In seinem Werk „A Theeory of Justice“ (1971) definiert J. Rawls den Zivilen Ungehorsam als eine öffentliche, gewaltlose, gewissensbestimmte, politische, gesetzeswidrige Handlung, die nur in einem demokratischen Rechtsstaat begangen werden kann. Der konkrete Akt des Zivilen Ungehorsam besteht in einem vorsätzlichen Verstoß gegen einzelne Rechtsnormen, um das öffentliche Bewusstsein auf bestimmte Unrechtstatbestände aufmerksam zu machen und auf Korrekturen zu dringen. Keinesfalls beabsichtigt derjenige, der Zivilen Ungehorsam leistet, die gesamte Rechtsordnung in Frage zu stellen oder umzustoßen. Aus Protest gegen leer stehende Wohnungen, Rüstungspolitik und Umweltzerstörungen wurden seit den 70er Jahren in der Bundesrepublik Deutschland Aktionen des Zivilen Ungehorsams in Form von Hausbesetzungen, Straßenblockaden und Stromzahlungsboykotts durchgeführt. Die ethische Rechtfertigung des Zivilen Ungehorsams knüpft Rawls an folgende Bedingungen:

- Es müssen schwere Verletzungen der Menschenrechte evident vorliegen.
- Die einzelnen Akte des Zivilen Ungehorsams dürfen nicht von eigennützigen Interessen und persönlichen Vorteilen getragen sein, sondern müssen das Gemeinwohl fördern.
- Versuche, die verfassungsrechtlich vorgesehenen Möglichkeiten des politischen Widerspruchs und Protests, der Demonstration und Opposition zu nutzen, sind erfolglos geblieben bzw. bieten keine Aussicht auf Erfolg.
- Der Zivilen Ungehorsam Leistende muss persönlich bereit sein, die moralischen Kosten selber zu tragen, die in Sanktionen des kritisierten Systems bestehen, denn eine Rechtsordnung kann keinen Rechtsschutz gegen die Verletzung verfassungskonformer Gesetze (Nickel/Sievering 1984) bieten.

Unter Berufung auf das Grundgesetz der Bundesrepublik Deutschland lassen sich Aktionen des Zivilen Ungehorsams nicht legalisieren (Dolzer 1989, Kaufmann 1977). Denn das sog. große Widerstandsrecht in Art. 20 Abs. 4 GG nimmt den Schutz unserer freiheitlichen Grundordnung insgesamt in den Blick. Dagegen steht beim Zivilen Ungehorsam die Selbsthilfe einzelner Bürger an, um persönliche Rechtsgüter vor staatlichen Übergriffen zu verteidigen. Inwieweit sich das „kleine Widerstandsrecht" gem. Art. 4 GG dazu eignet, dem einzelnen Bürger in seinem Konflikt zwischen Gewissensbedenken und Gesetzesgehorsam einen Rechtfertigungsgrund für Aktivitäten des Zivilen Ungehorsams zu bieten, bleibt ethisch im konkreten Einzelfall zu prüfen. Welchen Verbindlichkeitsanspruch und welchen Gewissheitsgrad kann das persönliche Gewissen beanspruchen, das sich bei einer starken Diskrepanz zwischen Recht und Ethik auf eine höhere, außerhalb der Verfassung stehende Legitimität beruft? In einer freiheitlichen pluralen Demokratie würde die Forderung des individuellen Gewissensspruches, die Gesellschaftspolitik maßgeblich zu beeinflussen und verbindlich zu gestalten, das rechtsstaatliche Mehrheitsprinzip außer Kraft setzen und auf eine Gesinnungsdiktatur der Minderheitenmeinung hinauslaufen. Erst die Rezeptionsgeschichte kann darüber Auskunft erteilen, ob es sich bei dem Widerstand aus Gewissensgründen um einen abstrusen Spleen oder eine prophetische Vision handelt. Einer politischen Instrumentalisierung, ideologischen Manipulation und inflationären Berufung auf das Gewissen, die zum öffentlichen Protest hochstilisiert werden, fehlt das Gütesiegel eines wachsamen, reifen Gewissens, das für persönliche Mündigkeit und letztverbindliche Entscheidungsinstanz steht.

Mit jedem Staatsbürger teilt der Polizeibeamte den Gewissenskonflikt zwischen dem Erleiden staatlichen Unrechts und der Verpflichtung, dem Recht Geltung zu verschaffen. Darüber hinaus verschärft sich die Konfliktsituation des Polizisten auf Grund seines Beamtenstatus, insofern er in einem öffentlich-rechtlichen Dienst- und Treueverhältnis zum Staat als Dienstherrn steht, sich eidlich verpflichtet hat, für die freiheitlich-demokratische Grundrechtsordnung einzutreten, und der Pflicht zum Gehorsam und zur politischen Zurückhaltung unterliegt. Diesen Konflikt vermag die Remonstration, ein sog. formloser Rechtsbehelf, nicht zu beseitigen, weil deren Rechtswirkung vor allem darin besteht, die Rechtmäßigkeit eines Verwaltungshandelns zu überprüfen, und nur im günstigen Fall den Remonstrierenden davon dispensiert, die beanstandete Maßnahme selber auszuführen. Das Bemühen des Polizeibeamten, in Fragen des Widerstands eine gewissenhafte Entscheidung zu fällen, erschwert die Pflichtenkollision, insofern für ihn mehrere konkurrierende normative Verbindlichkeiten gleichzeitig bestehen, ohne sie gleichzeitig erfüllen zu können, auch nicht unter Zuhilfenahme von Präferenzregeln. In derartig schwierigen Entscheidungsfindungsprozessen bleiben als Lösungsansätze oft nur noch sittlich vertretbare Kompromisse oder Dilemmaentscheidungen übrig, die sich auf den römischen Grundsatz „ultra posse nemo obligatur" (= über sein Können hinaus kann niemand verpflichtet werden) stützen können.

Äußerst schwierig dürfte es für den Polizeibeamten werden, in folgenden Fallkonstellationen eine ethisch einwandfreie Antwort auf die Frage des Widerstandsrechts und der Widerstandspflicht zu finden:

- Die Staatsgewalt hat Rechtssicherheit zu gewährleisten und darf nur gerechtes Recht durchsetzten, soll das Qualitätsmerkmal der Rechtsstaatlichkeit nicht verloren gehen. Die Rechtssicherheit ist auf Rechtsfrieden, das richtige Recht auf Gemeinwohl angelegt. Welche ethische Relevanz hat das Widerstandsrecht für den Polizeibeamten, wenn zwischen Rechtssicherheit und materialer Gerechtigkeit ein schroffer Gegensatz besteht? Wenn das positivierte Recht nicht mehr der Gerechtigkeit dient, sondern der brutalen Willkür Tür und Tor öffnet, ist der Vollzugsbeamte zum Widerstand ethisch legitimiert. Sofern jedoch das gesetzliche Unrecht noch kein extremes Ausmaß angenommen hat, hängt die Legitimationsfrage davon ab, inwiefern die Gewährleistung der Rechtssicherheit dem Gemeinwohl mehr dient als das Hinnehmen des unzulänglichen Rechts. Eine Entscheidung im konkreten Konfliktfall lässt sich nur mit Hilfe einer sorgfältigen Güterabwägung fällen. Ethische Bedenken ruft dagegen die rechtspositivistische These hervor, die der Rechtssicherheit grundsätzlich den Vorrang einräumt vor der positivierten Unrechtsnorm.
- Per Gesetz, das der Zustimmung von zwei Dritteln der Mitglieder des Bundestages und zwei Dritteln der Stimmen des Bundesrates bedarf, kann das Grundgesetz gem. Art. 79 GG geändert werden. Ausgenommen davon sind die in den Art. 1 und 20 GG niedergelegten Grundsätze, die nach Art. 79 Abs. 3 GG (Ewigkeitsklausel) nicht berührt werden dürfen. Gesetzt dem Fall, die überwiegende Mehrheit der Bevölkerung weigert sich in aller Deutlichkeit, einen der unveränderbaren Grundgesetzartikel oder beide weiterhin anzuerkennen. Worin liegt die ethisch angemessene Reaktion der Polizei? Muss sie gegen den ausdrücklichen Willen des größten Teils des Volkes die Grundrechtsordnung unverändert aufrechterhalten, notfalls auch unter Anwendung von Gewalt? Oder darf sie sich in einer derartigen Situation auf das Widerstandsrecht berufen und auf die Seite der Bevölkerungsmehrheit schlagen? So schwierig sich eine moralisch verantwortbare Entscheidung im Einzelfall gestalten mag, gleichwohl darf folgende grundsätzliche Überlegung nicht außer Acht gelassen werden: In Zeiten der politischen Instabilität und des inneren Notstandes, in denen der Rechtsordnung und öffentlichen Sicherheit ernsthafte Gefahren drohen, wird die Verfassungstreue des Polizeibeamten auf den Prüfstand gestellt. Aus ethischer Sicht wäre es bedenklich, würde der Vollzugsbeamte seine Loyalitätspflicht nur aus Gründen der Staatsräson erfüllen. Denn die Beamtentreue steht in einem Bedingungszusammenhang mit dem Vertrauen der Bevölkerung in die Rechtmäßigkeit hoheitlichen Handelns. Ohne ein solches Vertrauen verliert der plurale demokratische Rechtsstaat seine Existenzgrundlage,

wirkt sich die Legitimationskrise des Staates kontraproduktiv auf die Arbeit der Polizei am Recht aus.

- Strafrechtlich regeln §§ 111 bis 121 StGB verschiedene Praktiken des Widerstandes gegen die Staatsgewalt. Da das Legalitätsprinzip die Polizei bindet, müssen Polizeibeamte einschreiten, wenn im Namen des Zivilen Ungehorsams Gesetzesbruch begangen wird. Rechtsverletzer bedeuten aus polizeilicher Sicht Störer der öffentlichen Sicherheit und Ordnung. Um das Gemeinwohl und die Rechtsordnung tatsächlich zu fördern, bleibt polizeilicherseits zu bedenken, ob Delikte im Zusammenhang mit Zivilem Ungehorsam als normale Gesetzesverstöße, als gewöhnliche kriminelle Energie einzustufen sind, zumal die Täter auf eine hohe sittliche Rechtfertigung verweisen. Weder Generalpardon zu geben noch Motivforschung zu betreiben, fällt in den spezifischen Aufgabenbereich der Polizei, vielmehr hat sie alle Täter gleich zu behandeln. Die Frage nach der Eignung des jeweiligen polizeilichen Einsatzkonzeptes bei Aktionen des Zivilen Ungehorsams stellt die Polizei vor eine schwierige Güterabwägung, aus der sich ethische wie politische Aspekte nicht ausklammern lassen. Nicht formal-juristische Kategorien, sondern rechtsphilosophische und ethische Betrachtungsweisen eröffnen den Zugang zum Selbstverständnis des Zivilen Ungehorsams und geben den Blick frei für die Spannungen zwischen dem Anspruch auf Menschenrechte bzw. Grundrechte und der Verbindlichkeit staatlicher Gesetze. Das erklärte Ziel des Zivilen Ungehorsams, benachteiligten Minderheiten zu ihren Grundrechten zu verhelfen, kann ethisch nur positiv beurteilt werden. Anders dagegen fällt die ethische Bewertung aus, wenn die Zielvorstellung des Minderheitenschutzes mit egoistischen Machtinteressen oder einem politischen Systemwechsel verquickt werden. Ist letzteres der Fall, greifen die klassischen Kriterien des sittlichen Widerstandsrechtes. Bleibt es jedoch bei dem moralisch ehrenwerten Zweck des Minderheitenschutzes, stellt sich die Frage nach der sittlichen Zulässigkeit der Mittel und Folgewirkungen. Klärungsbedürftig erscheint, welche Form von Gewalt bzw. Gewaltlosigkeit die Akteure des Zivilen Ungehorsams meinen und inwieweit unbeteiligte Bürger in ihrer Rechtssphäre beeinträchtigt werden (z. B. Nötigung). Wer das staatliche Gewaltmonopol infrage stellt, schuldet eine ethisch sinnvolle und praktikable Alternative. Wird von Anhängern des Zivilen Ungehorsams der parlamentarische Mehrheitsbeschluss teilweise oder ganz hinterfragt, bleibt eine grundsätzliche Auseinandersetzung damit unausweichlich, mit welchen sittlich gültigen und allgemein verbindlichen Maßstäben eine plurale, freiheitliche Demokratie regiert werden soll. Sorgfältig muss darauf geachtet werden, inwieweit die Vertreter des Zivilen Ungehorsams ihren hohen ethischen Ansprüchen in der Praxis genügen und keinen Etikettenschwindel betreiben.

Der ethische Diskurs über Legitimationsfragen des Widerstands und Zivilen Ungehorsams verfolgt den Zweck, Polizeibeamten in einer diffizilen Thematik zu möglichst gesichertem Erkenntnisgewinn und zu größerer Erkenntnisklarheit zu verhelfen, die verschiedenen Aktivitäten des Widerstands gegen die Staatsgewalt rechtsphilosophisch und ethisch-normativ zutreffend einzuordnen und den Wertaspekt bei Einsatzstrategien angemessen zu berücksichtigen.

Literaturhinweise:

Huber, W.: Art. „Ziviler Ungehorsam", in: ESL; Sp. 1842 ff. – Steinbach, P.: Art. „Widerstand, Widerstandsrecht", in: ESL; Sp. 1768 ff. – Laker, Th.: Art. „Ungehorsam, ziviler", in: HWPh Bd. 11; Sp. 162 f. – Benz, W./Pehle, W. H. (Hg.): Lexikon des deutschen Widerstandes. Frankfurt a. M. 2001. – Steinbach, P.: Widerstand im Widerstreit. Paderborn u. a. ^{2}2000. – Kaufmann, A.: Rechtsphilosophie. München ^{2}1997; S. 207 ff. – Püttmann, A.: Ziviler Ungehorsam und christliche Bürgerloyalität. Paderborn u. a. 1994. – Dolzer, R.: Der Widerstandsfall, in: HdStR Bd. VII S. 467 ff. – Remele, K.: Ziviler Ungehorsam. Münster 1992. – Starck, C.: Art. „Widerstandsrecht", in: StL Bd. 5; Sp. 989 ff. – Kaufmann, A.: Vom Ungehorsam gegen die Obrigkeit. Heidelberg 1991. – Dreier, R.: Widerstandsrecht im Rechtsstaat?, in: Ders.: Recht – Staat – Vernunft. Frankfurt a. M. 1991; S. 39 ff. – Hagen, C.: Widerstand und ziviler Ungehorsam. Pfaffenweiler 1990. – Hoerster, N.: Die moralische Pflicht zum Rechtsgehorsam, in: Ders. (Hg.): Recht und Moral. Stuttgart 1990; S. 129 ff. – Wassermann, R.: Ziviler Ungehorsam und Polizei, in: PFA-SB „Der ethische Aspekt des Gewaltproblems" (16.–30. 10. 1987); S. 61 ff. – Laker, Th.: Ziviler Ungehorsam. Baden-Baden 1986. – Franke, S.: Ziviler Ungehorsam aus ethischer Sicht, in: Renovatio 3/1985; S. 153 ff. – Friedrich, D.: Der Zivile Ungehorsam – eine rechtliche Untersuchung, in: DP 7/1985; S. 213 ff. – Bleck, S.: Staatsgewalt und Friedensbewegung: Problemfelder des Widerstands und des Zivilen Ungehorsams aus polizeilicher Sicht und Wertung, in: DP 3/1984; S. 77 ff. – Nickel, E./Sievering, U. O.: Gewissensentscheidung und demokratisches Handeln. Frankfurt a. M. 1984. – Glotz., P. (Hg.): Ziviler Ungehorsam im Rechtsstaat. Frankfurt a. M. 1983. – Rendtorff, T.: Widerstand heute? Sozialethische Bemerkungen zu einer aktuellen Diskussion, in: Das Parlament (B39/83) 1. 10. 1983; S. 25 ff. – Rawls, J.: Eine Theorie der Gerechtigkeit (Übers.). Frankfurt a. M. 1975. – Wührer, S.: Das Widerstandsrecht. Frankfurt a. M. 1973. – Kaufmann, A./Backmann, L. E. (Hg.): Widerstandsrecht. Darmstadt 1972. – Schneider, H.: Widerstand im Rechtsstaat. Berlin 1969. – Scheurig, B.v.: Deutscher Widerstand 1938–1944. Fortschritt oder Reaktion? München 1969. – Kern, F.: Gottesgnadentum und Widerstandsrecht im frühen Mittelalter. Darmstadt ^{4}1967 (1915). – Bauer, F. (Hg.): Widerstand gegen die Staatsgewalt. Frankfurt a. M. 1965. – Thoreau, H. D.: Resistance to Civil Government 1849 (späterer Titel: Civil Disobedience; Übers.: Über die Pflicht zum Ungehorsam gegen den Staat. Zürich 1967).

39. Polizeieinsatz in Extremlagen: Geiselnahme, Entführung, Amok

Folgende Gründe sprechen dafür, polizeiliche Extremlagen wie Geiselnahme, Entführung und Amok in einem Zusammenhang zu behandeln:

- Weil die Alltagsorganisation der Polizei die drei genannten Einsatzlagen aufgrund der großen kriminellen Energie nicht bewältigen kann, ist eine besondere Aufbau- und Ablauforganisation erforderlich.
- Der Ad-hoc-Charakter derartiger Lagen gestattet der Polizei keine langen Vorbereitungen in Ruhe und Gründlichkeit.
- Die akute Lebensgefahr für die Opfer und das hohe Gefährdungspotenzial für die eingesetzten Vollzugsbeamten und Dritte setzt eine besondere Professionalität bei dem Einsatz von Polizeikräften und der Durchführung von Schutz- und Rettungsmaßnahmen voraus.

Andere extrem schwierige Einsatzlagen wie Katastrophenfälle, größere Schadensereignisse (vgl. 20.) oder Großdemonstrationen (vgl. 26.) werden gesondert untersucht.

Geiselnahme-, Entführungs- und Amokfälle – wie z. B. der Anschlag auf die israelische Olympiamannschaft in München 1972, das Gladbecker Geiseldrama von 1988, die Geiselnahme in der Landeszentralbank in Aachen 1999, das Moskauer Geiseldrama 2002 und die fast sechsmonatige Geiselhaft der Saharatouristen 2003, die Entführung von J. P. Reemtsma 1996 in Hamburg, der Entführungsfall des Frankfurter Schülers Jakob von Metzler 2002, der Amoklauf in Erfurt und Freising 2002 – beunruhigen die Bevölkerung. Medien berichten darüber in sensationellen Aufmachungen. Die Polizei gerät in das Rampenlicht der kritischen Öffentlichkeit. Nach § 239 a und § 239 b StGB handelt es sich um Geiselnahme, wenn sich der Täter eines anderen Menschen bemächtigt und den gleichsam als Faustpfand benutzt, um seine Interessen einem Dritten gegenüber durchzusetzen. Von Entführung spricht man, wenn der Täter die in seine Gewalt gebrachte Person an einem der Polizei unbekannten Ort versteckt hält. § 138 StGB droht dem eine Strafe an, der zwar über eine geplante Geiselnahme informiert ist, aber nicht zur Anzeige bringt. Am häufigsten werden Geiseln zur Beschaffung von größeren Geldsummen oder zur Abwendung einer drohenden Festnahme (Bankraub) mit hoher krimineller Energie genommen. Weitere Motive für Geiselnahmen sind Konflikte (Beziehungsschwierigkeiten, Suchtprobleme), Ausbruchsversuche aus Justizvollzugsanstalten (Flucht- oder Gefängnisgeisel), radikale politisch-ideologische Ziele (Terrorismus) oder auch geistig-psychische Erkrankungen. Sowohl die benutzten Tatwaffen – Messer, Schusswaffe, Sprengstoff – als auch die Tatsache der Verletzungen und Tötungen im Rahmen des polizeilichen Zugriffs verweisen auf das hohe Gefährdungspotenzial. Die PDV 132 verpflichtet die Polizei, das Leben der Geiselopfer zu schützen (Gefahrenabwehr) und den Täter festzunehmen (Strafverfolgung), regelt den Zuständigkeits- und Verantwortungsbereich des Polizeiführers und enthält strategisch-taktische sowie organisatorische Maßnahmen zur Bewältigung eines Geiselnahmefalles. Dagegen normiert die PDV 131 die Einsatzgrundsätze für Entführungslagen. Wird jedoch der Aufenthaltsort des entführten Opfers bekannt, hat die Polizei nach den Richtlinien der PDV 132 zu verfahren. Die erfolgreiche Lösung der Geiselnahme- und Entführungsfälle verlangt von der Polizei eine hohe Professionalität und wirkt sich auf das subjektive Sicherheitsgefühl der Bevölkerung, auf das Vertrauensverhältnis der Bürger zu ihren Polizeibeamten aus.

Die unter Erfolgsdruck stehende Polizei sieht sich mit drei komplexen Wertfragen konfrontiert. Der erste Fragenbereich betrifft die Reichweite und Grenzen staatlicher Schutz- und Abwehrmaßnahmen. Zu den unverzichtbaren Kernaufgaben des Rechtsstaates gehört der Sicherheits- und Schutzauftrag. Da der Staat seiner Bevölkerung keine absolute Sicherheit garantieren kann, gelten die Jedermannsrechte der Notwehr und Nothilfe (§§ 32 bis 35 StGB). Die staatliche Gewährleistungsverantwortung wird in Geiselnahme-, Entführungs- und Amokfällen auf eine Probe gestellt. Wenn ein Rechtsstaat erpresserischen Forderungen der Geiselnehmer bzw. Entführer nicht nachgibt und sogar seinen Bürgern verbietet, das geforderte Lösegeld zu zahlen, folgt daraus, dass das bedrohte Opfer zu Gunsten der Generalprävention fallen gelassen wird und dessen vermögende, zahlungswillige Angehörigen schnell in den Untergrund bzw. in das Ausland gedrängt werden. Geht dagegen der Staat auf die Forderungen ein, rettet er das Opfer im konkreten Einzelfall, vernachlässigt jedoch die Generalprävention mit ihrem strafrechtlichen Abschreckungseffekt. Die harte Entscheidungsart erscheint formal logisch schlüssiger, die weiche dagegen humaner. Inwieweit vereinbart es sich mit dem Postulat der Wahrheit und des Vertrauens, wenn die Polizei, um taktische Vorteile zu erlangen, Geiselnehmern Versprechungen abgibt, ohne diese später einzulösen, bzw. die Täter absichtlich täuscht und hinhält? Die teleologische Ethik bzw. Verantwortungsethik konzediert die Restriktion (Einschränkung der Verpflichtung zur Wahrheitsaussage) bzw. den taktischen Umgang mit der Wahrheit in Notfällen. Demnach lassen sich vorsätzliche Falschaussage und geschickte, einfallsreiche Irreführung des Geiselnehmers durch die Polizei als operativ-taktisches Methodeninstrumentarium ethisch vertreten, wenn das Handlungsziel, Schutz bzw. Befreiung der Geiselopfers, eine derartige Vorgehensweise notwendig macht. Gerät ein Geiselopfer in höchste Lebensgefahr, kann der Zustand eintreten, dass als ultima ratio nur noch der gezielt tödliche Rettungsschuss übrig bleibt. Gegner des Schusswaffengebrauchs sehen darin einen Verstoß gegen die Menschenwürde, die auch dem Täter nicht abgesprochen werden darf, und eine grundgesetzwidrige Anwendung der Todesstrafe (Art. 102 GG). Befürworter argumentieren mit dem Hinweis, das Recht dürfe vor dem Unrecht nicht kapitulieren, der Rechtsstaat dürfe die Bevölkerung der Willkür der Verbrecher nicht schutzlos ausliefern. Kritiker der Rechtslage bemängeln den Widerspruch, insofern Polizeibeamte, die nicht als Privatpersonen, sondern im Auftrag des Staates handeln, das Privatrecht in Sachen Notwehr und Nothilfe bemühen müssen, und fordern eine entsprechende Rechtsgrundlage, die hoheitliches Handeln legalisiert bzw. legitimiert. Ohne eine klare gesetzliche Regelung fehlt dem Polizeiführer die Befugnis, SEK-Beamte zur Abgabe des Präzisionsschusses dienstlich anzuweisen. Ethisch ruft Bedenken hervor, wenn der Staat die Entscheidung scheut und sie dem einzelnen Polizeibeamten überlässt. Um den Schusswaffengebrauch bei Geiselnahmefällen vor seinem Gewissen verantworten zu können, benötigt der Präzisionsschütze eine klare Wertvorstellung, was ihm Menschenwürde und Menschenrechte im konkreten Ernstfall bedeutet und inwieweit er die knallharte Logik bejahen kann, das Leben des Täters gezielt auszuschalten, um das Leben des unschuldigen Geiselopfers zu retten, wenn es keine andere Lösungsmöglichkeit gibt. In der Geschichte der Rechtsphilosophie und Ethik haben Vertreter der verschiedenen Naturrechtslehren am deutlichsten für die Erlaubnis plädiert, das eigene Leben gegen einen rechtswidrigen Angriff zu schützen. Sie sprechen von einem Notstand (status necessitatis), wenn das positivierte Gesetz nicht in der Lage ist, das akut bedrohte Leben eines Menschen zu schützen oder eine gegenwärtige Gefahr für seine körperliche Unversehrtheit abzuwenden. In solch einer Situation räumen sie der angegriffenen Person ein Notrecht (ius necessitatis) bzw. Notwehrrecht ein, das als ein unveräußerliches Persönlichkeitsrecht gilt. So hält Cicero (Pro Milone IV, 10–11) die menschlichen Verhaltensweisen für sittlich erlaubt, die der Abwehr lebensbedrohlicher Angriffe dienen, auch wenn dabei kodifiziertes Recht verletzt wird. Cicero sieht die Gültigkeit eines moralischen Rechtsanspruches auf Selbstverteidigung allerdings nur in privaten Notwehrfällen gegeben. Die Anwendung des angeborenen Notwehrrechtes schließt nach Cicero strafrechtliche Sanktionen aus. H. Grotius löst das Notwehrrecht aus der Privatsphäre und überträgt es staatlichen Sicherheitsbehörden. Fortan dürfen Privatpersonen nur noch dann gewaltsame Abwehrmaßnahmen ergreifen, wenn der Schutz des Staates ausbleibt. Zu bedenken bleibt, dass die naturrechtlich argumentierenden Ethiker die sittliche Zulässigkeit der privaten wie staatlichen Notwehr an Bedingungen knüpfen: So muss es sich um einen rechtswidrigen Angriff handeln. Deshalb gibt es gegen die Vollstreckung eines Gerichtsurteils in einem Rechtsstaat oder gegen dienstlich korrekt einschreitende Polizeibeamte keine Berufung auf Notwehrrecht. Ferner stoßen die legitimen Selbstschutzmaßnahmen an ihre Grenzen, wenn sie das Maß des unbedingt Erforderlichen überschreiten und das Leben des Angreifers unnötigerweise vernichten. Das Notwehrrecht erfährt eine Ausweitung, insofern die angegriffene Person neben dem eigenen Leben auch wichtige Güter wie z. B. die körperliche Unversehrtheit (Verstümmelung, Vergewaltigung) und dringend benötigte Medikamente verteidigen darf. Die Frage, ob aus dem naturrechtlichen Ansatz nicht nur eine sittliche Erlaubnis, in Notwehrfällen von dem strikten Tötungsverbot ausnahmsweise abweichen zu dürfen, sondern sogar auch eine moralische Verpflichtung abgeleitet werden kann, das eigene Leben zu verteidigen, selbst dann, wenn damit der Umstand verbunden ist, dass der ungerechte Bedroher sein Leben verliert, hat in der Geschichte der Ethik keine abschließende Antwort gefunden.

Bei der Legitimationsfrage polizeilicher Schutz- und Rettungsmaßnahmen darf die Bedeutung der Willensäußerung der Geiselopfer nicht verkannt werden. Wenn beispielsweise pazifistisch eingestellte Opfer der Polizei mitteilen, sie wollen gerettet werden, aber nur unter der Bedingung, dass der Geiselnehmer nicht getötet wird, kann eine solche Willenserklärung prinzipiell Anspruch auf Verbindlichkeit erheben, insofern sie gem. Art. 1 GG Ausfluss der freien Selbstbestimmung ist. Eine Willensäußerung verliert jedoch ihre Wirksamkeit, wenn sie gegen andere Gesetze verstößt. So gilt zu prüfen, inwieweit in der Praxis die Willensäußerung der Geiselopfer mit dem gesetzlichen Auftrag der Polizei zum Schutz gefährdeter Rechtsgüter und der polizeilichen Garantenstellung kollidiert, die den Vollzugsbeamten die Verantwortung und Verpflichtung zur Abwehr bestimmter Gefahren überträgt. Dabei können u. a. folgende Probleme auftauchen:

- Wie soll die Polizei in einem akuten Einsatzfall zuverlässig und schnell in Erfahrung bringen, was genau im einzelnen die Geiselopfer wirklich wollen?
- Befinden sich die Polizeibeamten angesichts von Zeitnot, Handlungsdruck und Kommunikationsproblemen überhaupt in der Lage, eindeutig klären zu können, ob die mitgeteilte Erklärung tatsächlich den freien Willen der Festgenommenen ausdrückt oder nur unter Gewaltandrohung des Geiselnehmers zustande gekommen ist?
- Welche polizeiliche Reaktion erscheint ethisch angemessen, wenn die Opfer widersprüchliche oder unrealistische Forderungen stellen?
- Was sollen die eingesetzten Polizeikräfte tun, wenn sich die Geiselnahme über einen längeren Zeitraum hinzieht, ein Geiselopfer eine Liebesbeziehung zu dem Täter eingeht (Stockholm-Syndrom) und beide die Polizei als gemeinsamen Feind betrachten?

Aus Praktikabilitätsgründen sind die Exekutivbeamten gut beraten, dem gesetzlichen Auftrag zur Gefahrenabwehr den Vorzug zu geben gegenüber der Willenserklärung der Geiselopfer.

Der Frankfurter Entführungsfall Jakob von Metzler hat ein Tabuthema in der öffentlichen Diskussion darüber angeschnitten, ob bzw. inwieweit der Rechtsstaat Zwang zur Aussagegewinnung anwenden darf. In der coram publico ausgetragenen Debatte wie in der Fachliteratur alternieren die Termini Zwang, Gewalt, Folter. Offensichtlich steht die Begriffswahl unter dem Einfluss von bestimmten Interessen und Wertungen.

Die Folter, allgemein verstanden als „die gezielt eingesetzte grausame Behandlung eines Menschen, um durch die zugefügten physischen und/oder psychischen Schmerzen Geständnisse oder Meinungsäußerungen zu erzwingen oder andere Zwecke zu verfolgen" (Kaiser 1998), wird völlig zu Recht international geächtet. Denn zu lang währte die Unrechtsgeschichte, zu grausam war die Leidensgeschichte der Gefolterten. Im Gerichtsverfahren der griechisch-römischen Antike galt als legal und selbstverständlich, Sklaven zu foltern, um die gewünschten Geständnisse oder Informationen zu erhalten. In den Hexenprozessen des Mittelalters, besonders in der Zeit zwischen 1590 und 1630, erreichten die Folterpraktiken ihr höchstes Ausmaß. Erst die Naturrechtslehre im 17. Jh. und die Aufklärungsphilosophie führten zu einer Umbesinnung und Verurteilung der Folter. 1754 hat Friedrich der Große die Folter in Preußen abgeschafft. Die Beseitigung der Folter haben auch neuzeitliche Übereinkommen zum Ziel, so z. B. Art. 5 der Allgemeinen Erklärung der Menschenrechte der UNO von 1948, Art. 1 der UNO-Konvention gegen Folter und andere grausame, unmenschliche oder erniedrigende Behandlung oder Strafe von 1984 und die Europäische Konvention zur Vorbeugung der Folter und unmenschlicher Behandlung oder Strafe von 1987. In der Bundesrepublik Deutschland verbietet Art. 104 Abs. 1 Satz 2 GG, festgehaltene Personen seelisch oder körperlich zu misshandeln.

Der Gewaltbegriff zeichnet sich kulturgeschichtlich durch eine Ambivalenz aus. So zählt die stoische Ethik das Gewaltphänomen zu den Adiaphora (griech. αδιαφοροζ = nicht verschieden), also zu den moralisch wertneutralen Dingen oder Handlungen. Aus der Sicht der griechisch-römischen Stoa ist Gewalt an sich weder gut noch böse, sondern erhält seine moralische Qualität erst von seiner Zweckbestimmung. Mit dem Instrumentarium der Gewalt lassen sich sowohl Rechts- als auch Unrechtssysteme errichten und verteidigen, Aggressoren in die Flucht schlagen und Schwerkriminelle bekämpfen, Menschen einschüchtern, foltern und töten. Leidvolle Erfahrungen mit dem Missbrauch von Gewalt und Macht unterstreichen die Notwendigkeit, Gewalt unter die Kontrolle des Rechts zu bringen.

Zwangsmittel im weiteren Sinne umfassen alle Mittel, mit denen die öffentliche Gewalt – Justiz, Verwaltung – den Betroffenen gegen seinen Willen zu einem bestimmten Tun oder Unterlassen zwingt (RWB). Unter Zwangsmittel im engeren Sinne sind die in den Verwaltungsvollstreckungsgesetzen geregelten Mittel des Verwaltungszwanges zu verstehen, zu denen der unmittelbare Zwang als das stärkste staatliche Zwangsmittel zählt. Nach den Polizeigesetzen des Bundes und der Länder ist der Polizeibeamte zur Anwendung des Unmittelbaren Zwanges befugt. Ob bzw. inwieweit die Polizei zu weiteren, gesetzlich nicht geregelten Zwangsmaßnahmen greifen darf, um in außergewöhnlichen Gefahrenlagen menschliches Leben retten zu können, wenn keine andere Möglichkeit mehr besteht, genau darin besteht der ethische Kern der öffentlichen Kontroverse.

Die Ziel- bzw. Zweckbestimmung des gesetzlichen Polizeiauftrages, den einzelnen Bürger sowie die gesamte Bevölkerung vor Gefahren zu schützen und Rechtssicherheit zu gewährleisten, kann ethisch nur gut geheißen werden. Zu fragen bleibt jedoch, ob der gute Zweck der Gefahrenabwehr jedes Mittel zum Erlangen des Zieles heiligt. N. Machiavelli (1469–1527) ist jedes Mittel recht, das der Stabilisierung staatlicher Macht dient. Deshalb darf sich seiner Meinung nach das benutzte Mittel bedenkenlos über Ethiknormen und Gesetzesvorschriften hinwegsetzen. Mit Blick auf die Staatsräson argumentieren Vertreter des Absolutismus ähnlich. Ausgehend von der Maxime, der Staat ist für die Menschen da, nicht der Mensch für den Staat, hat in der Rechtsphilosophie und Rechtsethik das Verhältnismäßigkeitsprinzip Zustimmung gefunden. Nach dem Verhältnismäßigkeitsgrundsatz darf die öffentliche Gewalt in die Rechte des einzelnen Bürgers nur eingreifen, wenn die Maßnahmen geeignet, erforderlich und verhältnismäßig im engeren Sinne sind. Neben der Zweck-Mittel-Relation stellt sich ethisch die Frage, inwieweit Normen einen absoluten oder nur einen relativen Gültigkeits- bzw. Verbindlichkeitsanspruch erheben können. Dass Letzteres zutrifft, darauf scheinen das Faktum der Normenkollision und der aristotelische Gedanke der Epiki hinzudeuten. Epiki (griech. επιεικεια = Billigkeit) besagt nach Aristoteles (384–322 v. Chr.) das kritische Korrektiv zum strikten Legalismus, das Nichtbefolgen von Rechtsnormen, wenn diese in Einzelfällen zu menschlichen Härten führen. Gleichwohl scheiden sich die Geister in der Ethik angesichts der Zweck-Mittel-Relation und des Geltungsanspruches der Normen. Für den Gesinnungsethiker oder deontologischen (griech. δεον = die Pflicht, λογοζ = Rede) Ethiker hängt die Gültigkeit einer Norm – ebenso die Qualität moralischer Verhaltensweisen – von dem Wertbezug ab. Die Antifolternorm hält der Gesinnungsethiker für absolut gültig, weil sie den Menschen davor bewahrt, zu einem Objekt polizeilicher Informationsbeschaffung degradiert zu werden. Das aber würde gegen die Menschenwürde verstoßen, die nach Kant in dem unverfügbaren Selbstzweck besteht. Auch das Mittel der Schmerzen zufügenden, erniedrigenden Gewaltanwendung lehnt der Gesinnungsethiker kategorisch ab, da dieses als inhuman einzustufen ist. Eine solche Prinzipienfestigkeit und Normentreue verlangt ihren Preis, den das wehrlose Opfer – und in letzter Konsequenz die gesamte Bevölkerung – zu zahlen hat.

Ganz anders urteilt der Verantwortungsethiker, auch teleologischer (griech. τελοζ = Ziel) Ethiker oder auch Utilitarist (lat. utilitas = Nützlichkeit, Vorteil) genannt. Der Verantwortungsethiker nimmt die Folgen, die Auswirkungen einer Norm oder Handlung zum sittlichen Maßstab. Die lebensbedrohlichen Folgewirkungen für das Opfer und die gesamte Rechtsgemeinschaft veranlassen den Verantwortungsethiker dazu, den Verbindlichkeitsgrad allgemeingültiger Normen kritisch zu hinterfragen. Nach der Logik des Verantwortungsethikers erscheint es stringent, wenn der Gesetzgeber das Abschießen eines mit Menschen voll besetzten Flugzeuges als letztes Mittel billigt, um einen terroristischen Angriff mit seinen verheerenden Auswirkungen auf die Bevölkerung abzuwehren. Wenn schon der Rechtsstaat vor solch drastischen Gewaltmaßnahmen nicht zurückschreckt, liegt für den Verantwortungsethiker die Frage nahe, weshalb nicht Formen geringerer Gewalt als ultima ratio in Gefahrenabwehrsituationen erlaubt seine sollen. Seine Überlegungen in dieser Hinsicht, die schwerwiegende Entscheidungen mit ihren Folgen überschaubar und kalkulierbar machen wollen, beruhen auf folgenden Voraussetzungen.

1. Zusätzliche, gesetzlich nicht geregelte Zwangsmittel kommen im Sinne der ultima ratio nur zum Zweck der Gefahrenabwehr in Betracht. Im Rahmen der Strafverfolgung erscheinen sie aus verantwortungsethischer Sicht völlig indiskutabel. Der Einwand, es bestehe die Gefahr, dass die Täter in dem Gerichtsverfahren aufgrund des Beweisverwertungsverbotes straffrei ausgehen, erweist sich als stichhaltig. Er verdeutlicht den Preis, den der Verantwortungsethiker für die weiteren Zwangsbefugnisse zu Gunsten der Gefahrenabwehr zu entrichten hat. Allerdings lässt sich dieses Bedenken faktisch mit dem Hinweis entkräften, dass dem Gericht auch anderweitig auf legalem Wege beschaffte, prozessrelevante Beweismittel vorgelegt werden können.
2. Es muss einen hinreichend begründete Aussicht bestehen, dass die Gewaltanwendung den angestrebten Erfolg, nämlich Kenntnis von dem Versteck des entführten Opfers zu erhalten, erzielt. Eine Garantie dafür zu verlangen, dass der Entführer wirklich spricht oder die Wahrheit sagt, schießt über das Ziel hinaus. Wenn dagegen die Polizei weiß, dass der Entführte nicht mehr lebt, oder nahezu alle Umstände für den Tod des Opfers sprechen, verlieren Zwangsmittel als ethisch vertretbare Gefahrenabwehrmittel ihren Sinn und ihre Berechtigung. Nicht rechtfertigen lässt sich Zwang, wenn er faktisch nichts bewirkt, an die Grenzen des praktisch Machbaren stößt. Diese sind beispielsweise erreicht, wenn der gefasste Täter das Versteck des Opfers nicht weiß, aber die Polizei ihm nicht glaubt, oder wenn das Opfer bereits tot ist, aber der Entführer keine Kenntnis davon hat.
3. Kann die Polizei eine festgenommene Person als Entführer nicht beweiskräftig ansehen, fehlt der Anwendung von Zwang die Legitimationsbasis.
4. Um die Gefahr einer missbräuchlichen Ausweitung zu bannen, bedarf es eindeutiger Abgrenzungskriterien. So muss die Gewaltausübung sofort beendet werden, wenn der Täter den Entführungsort nennt oder zumindest aufschlussreiche, verlässliche Hinweise gibt, die den Ermittlungsbeamten in die Lage versetzen, das Versteck ausfindig zu machen. Mangelnde operativ-taktische Kompetenz kann kein Rechtfertigungsgrund für Zwangsmaßnahmen sein. Eine Ausdehnung der

Gewalt auf mehrere Entführer lässt sich nur ernsthaft erwägen, wenn dringende Gründe der Gefahrenabwehr dafür sprechen und das Verhältnismäßigkeitsprinzip gewahrt bleibt. Auch im Blick auf den Intensitätsgrad der Gewaltausübung gilt der Verhältnismäßigkeitsgrundsatz. Allerdings dürfte der Nachweis für eine allgemeingültige Gradation menschlicher Schmerzempfindungen nur schwer zu erbringen sein. Ob z. B. den Täter die Androhung der Polizei, seine ausländische Geliebte bzw. Lebensgefährtin umgehend auszuweisen, wenn er das Versteck des Opfers nicht preisgibt, schwerer verletzt als körperliche Schläge, dürfte individuell verschieden sein.

5. Ethische Überlegungen zu weiterreichenden Zwangsbefugnissen sind nur möglich, wenn die Errichtung wirksamer, unabhängiger Kontrollmaßnahmen außer Frage steht. Einwandfrei funktionierende Kontrollen bieten die Gewähr, dass der Missbrauch mit der Gewalt aufgedeckt wird. Außerdem bilden strenge Kontrollen ein Gegenmittel gegen den Vertrauensschwund der Bevölkerung in die Integrität und Loyalität der Polizei. Internationale Kontrollen eignen sich dazu, die Möglichkeiten des Einzelstaates zum Vertuschen illegitimer Zwangsanwendung einzuschränken.
6. Nach dem Menschenbild der Aufklärung darf niemand gegen sein Gewissen zu einer bestimmten Verhaltensweise gezwungen werden. Folglich setzt die Durchführung von Zwangsmaßnahmen einen Polizisten voraus, der sie vor seinem Gewissen verantworten kann. Deshalb lässt sich die Dienstanweisung eines Vorgesetzten an seinen Mitarbeiter zur Zwangsanwendung nur rechtfertigen, wenn beide von der Rechtmäßigkeit überzeugt sind. Mit der Option für die Freiwilligkeit korrespondiert die Überlegung, wie sich das Ausüben von Zwangsmaßnahmen auf den betreffenden Vollzugsbeamten auswirkt.
7. Das Urteil darüber, ob die Anwendung von Zwang zur Aussagegewinnung im Rahmen der Gefahrenabwehr vertretbar erscheint, darf nicht dem einzelnen Polizeibeamten allein überlassen bleiben. Denn dies würde erstens ein unterschiedliches Schutzniveau aufgrund differierender, subjektiver Gewissensentscheidungen zur Folge haben und zweitens der Berufsrolle der Polizei nicht gerecht werden, die in einem öffentlich-rechtlichen Dienst- und Treueverhältnis zum Staat steht und für ihr hoheitliches Handeln eine eindeutige Rechtsgrundlage benötigt. Nicht verkannt werden darf die Gefahr, dass die praktische Urteilskraft des auf sich gestellten Polizisten überfordert werden könnte. Als eine belastende Drucksituation dürften es nicht wenige Polizeibeamte empfinden, einerseits die Gefährdung und Bedrohung des unschuldigen Opfers hautnah miterleben zu müssen, andererseits sich in einem inneren Zwiespalt zu befinden, zwar persönlich willens und bereit zu sein, Zwang zur Gefahrenabwehr anzuwenden, aber aus Unsicherheit über die Rechtsgrundlage davor zurückzuschrecken.

Im Unterschied zum Verantwortungs- und Gesinnungsethiker betont der Dezisionist (lat. decidere = abschneiden) die Unmöglichkeit, die Legitimationsfrage der Zwangsanwendung mit rein rationalen Kriterien beantworten zu können. Er kappt den Argumentationsfaden aufgrund des dringenden Handlungsbedarfs und favorisiert eine Entscheidung zu Gunsten einer erfolgreichen Gefahrenabwehr. Ausgehend von der theoretischen Uneinholbarkeit unserer Wirklichkeit votiert der dezisionistische Ansatz für die Normativität des Faktischen, insofern die Zwangshandlung in einer

Extremsituation die lebensschützende Ordnung verbürgt. Der Dezisionismus wandelt die Legitimationsfrage der Zwangshandlung um in die Notwendigkeit des entschiedenen Handelns, das in Notsituationen wichtiger ist als das Suchen nach Rechtfertigungsgründen, und bleibt auf diese Weise einer positivistischen, machtpragmatischen Denkrichtung verhaftet.

Wie auch immer man zu den Lösungsansätzen der deontologischen, teleologischen oder dezisionistischen Ethik stehen mag, es lässt sich nicht übersehen, dass sie im Dilemmabereich liegen. Unter moralischem Dilemma (griech. διζ = zweimal, λημμα = Annahme) versteht man eine Situation, in der Werte, Pflichten und Normen konfligieren. Aus dieser Konfliktsituation führt kein Königsweg heraus. In dieser Art von Zwickmühle greift die „minima de malis" (lat. = das Geringste von mehreren Übeln) – Regel von Cicero (de officiis 3, 105), ohne jedoch alle ethischen Bedenken beheben zu können. Zudem lädt der moralisch Handelnde aufgrund seiner Entscheidung für das geringere Übel ein gewisses Maß an Schuld und Rechenschaftspflicht auf sich. Ferner bieten die Vorzugsregelungen der Dilemmaentscheidungen nur eine begrenzte Entscheidungshilfe, da es die gültigen Abwägungsregeln für alle Konfliktkonstellationen nicht gibt und Subsumtionsirrtümer unterlaufen können.

Das Thema der Zwangsanwendung zur Aussagegewinnung lässt sich nicht rein theoretisch-abstrakt abhandeln; es steht in einem geistesgeschichtlichen Kontext, der in zweifacher Hinsicht Beachtung verdient:

- Die Frage nach der legitimen Ausweitung der Zwangsmittel dürften nicht wenige Polizeibeamte als einen Wertkonflikt, teils als einen Anwendungskonflikt empfinden. Wie sollen sie die Spannung zwischen Gefahrenabwehr und Menschenwürdeschutz, zwischen Rechtssicherheit und Gerechtigkeit lösen? Diesen Spannungsdruck erhöht das neuzeitliche Bewusstsein, eigentlich nicht genau wissen und sagen zu können, worin das Wesen des Rechts besteht. Die Radbruchsche Formel beschreibt eine Gratwanderung, die dem Vollzugsbeamten abverlangt wird. Diese lautet: „Der Konflikt zwischen der Gerechtigkeit und der Rechtssicherheit dürfte dahin zu lösen sein, daß das positive, durch Satzung und Macht gesicherte Recht auch dann den Vorrang hat, wenn es inhaltlich ungerecht und unzweckmäßig ist, es sei denn, daß der Widerspruch des positiven Gesetzes zur Gerechtigkeit ein so unerträgliches Maß erreicht, daß das Gesetz als unrichtiges Recht der Gerechtigkeit zu weichen hat." Die Radbruchsche Formel mutet wie ein Kompromiss an, entstanden als eine Reaktion auf das menschenverachtende Unrechtssystem des Dritten Reiches. Für den heutigen Exekutivbeamten steht zur Klärung an, inwiefern es sich bei den zusätzlichen Zwangsmitteln zur Aussagegewinnung im Rahmen der Gefahrenabwehr um eine materielle Ungerechtigkeit handelt. Falls hier gesetzliches Unrecht vorliegen sollte, hätte das u. a. zur Folge, als Ermittlungsbeamter legitimiert zu sein, in Extremsituationen Abstriche an der Sicherheitsgewährleistung vorzunehmen.
- U. Volkmann (FAZ v. 24. 11. 2003) hat die Wirkungsgeschichte der unantastbaren Menschenwürde (vgl. 8.) untersucht. Sein Befund: Die Väter des Grundgesetzes verbanden intuitiv mit dem Begriff der Würde die Ehrfurcht vor dem unverlierbaren Humanum, den Glauben an das Bessere und Höhere des Menschen als einheitsstiftende Idee. Erfüllt von Bewunderung für die Menschenwürde, hielt man

damals eine Definition für überflüssig. Doch als im Laufe der Zeit die Menschenwürdeformel der Interpretationsvielfalt preisgegeben wurde, verliert sie den Rang des Einzigartigen und Unverletzbaren und verflacht zusehends zu einem Argument neben anderen. Bei N. Luhmann schrumpft der Begriff der Menschenwürde auf die „Erhaltung der Bedingungen der Identitätsbildung“, bei N. Hoerster auf eine Leerformel für individuelle Moral- und Wertvorstellungen zusammen. H. Dreier entkoppelt Lebens- und Würdeschutz. Angesichts der von Volkmann aufgezeigten Tendenzen drängt sich die Frage auf, was denn von der Menschenwürdegarantie überhaupt noch übrig bleibt? Offensichtlich Verunsicherung. Und diese Verunsicherung wirkt sich auf den Klärungsprozess aus, worin die Würde desjenigen besteht, der Zwang erleidet, der Zwang anwendet und inwieweit die mit Zwang verbundenen Schutz- und Rettungsmaßnahmen des Staates noch als menschenwürdig gelten können.

In der Kriminalistik lässt sich nicht alles eindeutig bestimmen und zuordnen. So sind in der Ermittlungspraxis die Übergänge zwischen Vermutung, begründetem bzw. hinreichendem bzw. dringendem Verdacht und Gewissheit fließend. Ebenso lassen sich die Grenzen zwischen Intensivformen der Vernehmung, die noch als legal bezeichnet werden können, und Verhörmethoden, die als praeter legem oder gar contra legem zu qualifizieren sind, nicht haarscharf ziehen. So kann der Vernehmende als Routinier die psychologische Ausnahmesituation des Beschuldigten taktisch verstärken und ausnutzen, Versprechungen machen, die nicht eingehalten werden, Suggestivfragen stellen, den Zuvernehmenden mit dem grellen Licht einer Schreibtischlampe blenden oder Gewalt auf verschiedenartige Weise anwenden, um Aussagen zu erzwingen. Dass sich der Ermittlungsbeamte weder dem durch spekulative Medienberichte verursachten Erwartungsdruck der Öffentlichkeit beugt noch von seinem eigenen Jagdfieber dazu hinreißen lässt, eine Vernehmungsstrategie praeter legem oder contra legem anzuwenden, ist ein Indikator für gelebtes Polizeiethos und moralische Kompetenz.

Umfang und Intensität polizeilicher Fahndungsmaßnahmen in Geiselnahme- und Entführungsfällen verlangen den eingesetzten Beamten ein Höchstmaß an menschlicher Einsatzbereitschaft und Belastungsstärke sowie an fachlicher und moralischer Kompetenz ab. So dürfen in den unter Stress ablaufenden Kommunikations- und Informationsverarbeitungsprozessen keine Missverständnisse, Fehldeutungen und Irrtümer passieren, um den Einsatzerfolg nicht zu gefährden. Zwar erleichtern moderne Datenverarbeitungssysteme die Informations- und Kommunikationsabläufe in schwierigen Einsatzlagen, aber die zutreffende Einschätzung tatrelevanter Fakten auf ihre Bedeutung bleibt weiterhin Aufgabe verantwortungsbewusster, hochqualifizierter, erfahrener Spezialisten. Deshalb wäre es unverantwortlich, an der dringend benötigten Spezialausbildung Abstriche zu machen. Je brutaler der Täter agiert und je größer das Gefahrenpotenzial ist, desto schwieriger wird es für die Polizeiführung, ein vertretbares Einsatzkonzept zu entwickeln und eine verantwortliche Entscheidung für den Zugriff zu fällen. Einerseits kann die Polizei aus der Sicht der Geiselopfer lernen, ihre Einsatzkonzepte zu optimieren. Andrerseits werden zukünftige Ermittlungen dadurch erschwert, dass befreite Geiselopfer in Medienberichten konkrete Details der Polizeitaktik preisgeben. Aus verantwortungsethischer Sicht erscheint es plausibel, dass die Mitglieder einer Verhandlungsgruppe überwiegend in einem taktischen Verhältnis zur Wahrheit stehen. Denn das gesinnungsethische Postulat, dem Geiselnehmer immer die volle Wahrheit zu sagen, würde sich kontraproduktiv auf die laufenden Ermittlungen auswirken. Folglich sollte sich die Verhandlungsgruppe Klarheiten darüber verschaffen, auf welche Weise, wie lange und worüber sie den Täter täuscht. Dabei bleibt zu bedenken, dass Falschaussagen und Irreführungen, die der Geiselnehmer – z. B. mit Hilfe eines Handys oder Radios – durchschaut, verhängnisvolle Folgen für die Geiselopfer haben können. Direkte Konfrontation und persönliche Betroffenheit über die Brutalität des Täters dürfen bei dem Sprecher der Verhandlungsgruppe nicht zu einem Verlust der Selbstkontrolle führen, die eine unverzichtbare Basis für taktisch kluges Verhandeln bildet. Verweigert der Geiselnehmer direkte Verhandlungen mit der Polizei und lässt sich eine indirekte Kommunikation über ein Geiselopfer herstellen, haben die Mitglieder der Verhandlungsgruppe sorgfältig zu prüfen, inwieweit es ethisch vertretbar ist, auf das Opfer – als Sprachrohr des Täters – psychischen Druck auszuüben, was weitgehend von dessen psychischer Stabilität abhängen dürfte. Wenn die Verhandlungsgruppe ein anderes Einsatzkonzept für besser hält als der Einsatzleiter, kann sich das Loyalitätsproblem einstellen; gleichwohl behält der Einsatzleiter die Entscheidungsverantwortung. Seiner Führungsverantwortung und Fürsorgepflicht kommt der Dienstherr nach, wenn er Polizeibeamten, die den Schusswaffengebrauch als besonders belastend empfinden oder sogar traumatische Störungen zeigen, geeignete Hilfen anbietet (Hallenberger 2003).

Ein weiteres Problem stellt sich ein, wenn Angehörige des entführten Familienmitgliedes einen sog. Dritten (Vermittler, Geldüberbringer, private Sicherheitsunternehmen) einschalten. Grundsätzlich hat die Polizei eine solche Entscheidung zu akzeptieren. Allerdings sollte sie klarstellen, dass die durch dessen mangelnde Professionalität bedingten Nachteile und Pannen nicht der Polizei angelastet werden dürfen. Ferner bleibt darauf zu achten, dass bei einem Zusammenwirken originäre Zuständigkeitsbereiche respektiert und unnötige Reibungsverluste vermieden werden.

Ein zweiter Fragenkomplex bezieht sich auf die öffentlichen Medien (vgl. 16.). An medienethischen Verhaltensgrundsätzen fehlt es nicht. So hat der Deutsche Presserat „Publizistische Grundsätze“ (Pressekodex) im Jahr 1973 aufgestellt und 1990 überarbeitet. Erstmals haben die Innenministerkonferenz und die Medien gemeinsam im Jahr 1982 „Verhaltensgrundsätze für Presse/Rundfunk und Polizei zur Vermeidung von Behinderung bei der Durchführung polizeilicher Aufgaben und der freien Ausübung der Berichterstattung“ erarbeitet. Doch gegenüber medienethischen Standards mitsamt der freiwilligen Selbstkontrolle erscheint Skepsis angebracht aufgrund ausbleibender bzw. defizitärer Operationalisierung und zahlreicher Kontrasterfahrungen: Reporter führen Live-Interviews mit Geiselnehmern, maßen sich quasi-amtliche Verhandlungen mit erpresserischen Menschenräubern an, gehen eine Komplizenschaft mit ihnen ein und veranstalten so etwas wie Geiseltourismus bzw. Grausamkeitstourismus. Bei einer ethischen Güterabwägung gilt zu beachten, dass das Leben und die Gesundheit der Geiselopfer einen eindeutig höheren Stellenwert einnehmen als der Informationsanspruch der Öffentlichkeit. Die Freiheit und Unabhängigkeit des Journalismus legitimiert keineswegs, durch die Art der Berichterstattung polizeiliche Ermittlungen zu behindern. Medienvertreter schulden Rechenschaft, wenn sie Tätern Gelegenheit zur öffentlichen Selbstdarstellung geben, zu unverdienter Publizität verhelfen und den nötigenden Wirkungseffekt steigern. Wegen des hohen Rechtsgutes der Pressefreiheit und der journalistischen Informationspflicht lässt sich eine Nachrichtensperre nur unter außergewöhnlichen Umständen vertreten. Derartigen Wertvorzugsregeln verschafft die Polizei ihrerseits faktische Geltung, indem sie die Massenmedien unverzüglich, zuverlässig und – soweit möglich – umfassend informiert und bereitwillig unterstützt, ohne die laufenden Ermittlungen zu gefährden. Problematisch jedoch wird es in den Fällen, in denen die Einsatzleitung mit der Presse vertrauliche Vereinbarungen trifft, aber einige Pressevertreter sich nicht daran halten. Vor dem Hintergrund derartiger Erfahrungen fällt dem Einsatzleiter die Entscheidung – trotz sorgfältiger Güterabwägung – schwer, inwieweit er aus taktischen Gründen Journalisten unter dem Siegel der Verschwiegenheit Informationen geben darf, um im Gegenzug von den Medien fingierte Berichte zu verlangen, die den Täter zu unbesonnenen Reaktionen verleiten sollen, oder um Medienvertreter zurückzuhalten, auf eigene Faust zu recherchieren.

Ein drittes Fragenbündel erstreckt sich auf die Einstellungsweisen der Bevölkerung. Auch wenn Geiselnehmer selber ihre Tat damit zu rechtfertigen versuchen, dass sie ihre Aktion als notwendiges Mittel zur Durchsetzung ihrer Ansprüche bezeichnen, bleibt demgegenüber festzustellen, dass die überwältigende Bevölkerungsmehrheit unseres Landes erpresserischen Menschenraub als ein moralisch verwerfliches Handeln verurteilt. Denn die Geiselopfer, als Druckmittel für bestimmte Zwecke missbraucht, werden ihrer Freiheit und menschlichen Würde gewaltsam beraubt, müssen für etwas herhalten, wofür sie nichts können, sind der Willkür und Brutalität der Täter gnadenlos ausgeliefert und haben unter psychischen wie physischen Folgeschäden zu leiden. Ebenso besteht Konsens darin, das Töten unschuldiger, wehrloser Geiseln als Gräueltat zu ächten. Entsprechend deutlich ausgeprägt ist das subjektive Sicherheits- und Schutzbedürfnis, die allgemeine Erwartungshaltung an die Polizei. Damit verbindet sich jedoch nicht automatisch die Bereitschaft der Bevölkerung zum Anzeigeverhalten. Aus ethischer Sicht gilt zu verdeutlichen, welche Folgen einem Rechtsstaat entstehen, wenn seine Bürger keine oder nur eine geringe Veranlassung sehen, mit den staatlichen Sicherheitsbehörden zu kooperieren. Eine Äquidistanz gegenüber Recht und Unrecht darf es nicht geben. Vielmehr lebt unser Rechtsstaat davon, dass seine Bürger Partei für das Recht ergreifen und entschieden Unrecht und Verbrechen bekämpfen. Ethische Relevanz erhalten näherhin die Überlegungen: Wie weit reicht die sittliche Verpflichtung zur Unterstützung polizeilicher Ermittlungen, wenn dadurch Gefahren und Nachteile für die eigene Person oder Familie entstehen? Darf das Anzeigeverhalten abhängig gemacht werden von dem persönlichen Verhältnis zum Opfer oder von der moralischen Qualität des Entführten? Besteht eine moralische Pflicht zu zweckdienlichen Angaben auch dann, wenn dem Geiselopfer die Rettung des eigenen Lebens gleichgültig ist oder nur unter Ausschließung des Schusswaffengebrauches wünscht? Sittlich zu beanstanden bleibt das Phänomen absichtlich falscher Angaben, da diese die polizeiliche Fahndung in die Irre leiten und das Opfer gefährden. Moralisch schuldig macht sich der „Trittbrettfahrer“, insofern er die Methoden der Geiselgangster imitiert, die Angehörigen des Geiselopfers anonym anruft, erpresserische Geldforderungen stellt und die Ermittlungen der Polizei behindert. Vonnöten ist in Geiselnahme- und Entführungsfällen eine vertrauensvolle und tatkräftige Unterstützung polizeilicher Ermittlungen durch die Bevölkerung und eine internationale Zusammenarbeit in grenzüberschreitenden Geisellagen. Die ausgeklügelsten Abgrenzungsversuche zwischen ethisch noch und nicht mehr tolerierbarem Handeln der Polizeibeamten brechen wie ein Kartenhaus zusammen, wenn sie nicht auf dem Fundament gemeinsamer Überzeugungen beruhen, dass das menschliche Leben gem. Art. 1 GG einen Höchstwert besitzt und des wirksamen Schutzes bedarf.

Der Ausdruck Amok, der im 17. Jh. als Lehnwort aus dem malaischen amuk (= wütend, rasend) übernommen worden ist, hat einen Bedeutungswandel vom kriegerischen Ritual eines heldenhaften, rauschhaften Kämpfers zum Krankheitsphänomen eines blindwütigen Rächers bzw. wahnartigen Killers durchgemacht. Spektakuläre Medienberichte über Amokfälle in jüngster Zeit haben unsere Bevölkerung in Unruhe versetzt. Aufgrund der relativ kleinen, empirischen Datenbasis lassen sich nur begrenzt gesicherte Thesen über die Typologie des Amokschützen aufstellen. Nach Adler (1999) handelt es sich in der Regel um einen männlichen, schulisch oder beruflich desintegrierten, äußerlich angepassten und kaum verhaltensauffälligen, auf den Anschlag vorbereiteten und mit Waffen ausgestatteten Täter. Nicht eindeutig lässt sich feststellen, ob das handlungsauslösende Motiv in einer narzisstisch-aggressiven Persönlichkeitsstruktur mit Anzeichen von Wahnentwicklungen liegt oder in einer Person, der aufgrund von Serotoninmangel die rational-voluntative Selbststeuerung ausfällt, oder in einem Imitationseffekt interaktiver, gewaltverherrlichender Videospiele. Die Motivationssuche auf die psychische Innenwelt des Täters zu verkürzen bedeutet, den Kontext der äußeren Realität und sozialen Mitverantwortung auszublenden. Mit Eisenberg (2000) bleibt zu bedenken, inwieweit Amokläufe barbarische Reaktionsformen von Kindern und Jugendlichen auf neuartige Entbehrungen, emotionale Unterernährung und gestörte Sozialisierung darstellen.

Angesichts der unzureichenden Erklärungshypothesen und Interpretationsansätze erscheint Zurückhaltung bei einer moralischen Stellungnahme zum Amok angebracht, soweit es um die Zuschreibung von Schuld und Verantwortung geht. Insofern sich ein Amokläufer auf Gründe der Notwehr bzw. Nothilfe beruft, kann sein Selbstrechtfertigungsversuch keinen Geltungsanspruch erheben, wie ein Blick auf die unschuldigen Opfer und das Ausmaß der in keiner sinnvollen Relation mehr stehenden, teils irreparablen, vom Täter selber angerichteten Schäden zeigt. Bei der ethischen Beurteilung des Suizids am Ende des Amoklaufs darf folgender Zusammenhang nicht übersehen werden: Mit dem Grad zunehmender Entschlossenheit zum Töten und persönlicher, vertrauter Nähe zum Opfer korrespondiert eine hohe Anzahl von Suizidhandlungen. Dagegen sinkt der Anteil von Suiziden erheblich, wenn der Amokschütze die Opfer weniger gut kennt. Ohne eine differenzierte, zutreffende Motivations- und Situationsanalyse kann eine ethische Bewertung von homicidal-suicidalen Handlungen (Tötung anderer Personen mit anschließender, tateinheitlicher Selbsttötung) seriöserweise nicht erfolgen. Dass die Bevölkerung einen moralischen Anspruch auf Schutz staatlicher Sicherheitsbehörden vor exzessiven Gewaltattentaten wie Amokläufen hat, steht außer Zweifel. An politische Entscheidungsträger bleibt die kritische Anfrage zu richten, inwieweit deren Reaktionen auf Amokläufe – z. B.

Verschärfung des Waffengesetzes – als ethisch angemessen gelten können, wenn nicht zugleich das Problem der defizitären Wertevermittlung von Schule und Medien in unserer pluralen Gesellschaft aufgerollt wird.

Das Lagebild Amok enthält für die Polizei eine Reihe ungünstiger Faktoren:

- Ein sicheres Früherkennungs- bzw. Frühwarnsystem gibt es nicht, denn die Persönlichkeitsstörungen, die bei Amokläufern auftreten, sind auch bei anderen Risikogruppen (suizidgefährdete Personen, psychisch Kranke) anzutreffen. Erschwerend kommt hinzu, dass sich nicht alle potenziellen Täter in psychiatrischer Behandlung befinden.
- Das Ausmaß des Gefahrenpotenzials hängt stark von der Art der Bewaffnung (Schusswaffe, Sprengstoff, Auto, Schaufelbagger, Panzer, ...) und der kriminellen Energie des Amokschützen ab. Darüber aber kann sich die Polizei nur in den wenigsten Fällen schon vor dem Einsatz ein klares Bild verschaffen.
- Ein unwiderlegbarer Nachweis dafür, dass Amok regelmäßig in vier Phasen (nach Adler: eine Kränkungen oder Objektverlusten nachfolgende Grübel- bzw. Depressionsphase; explosionsartiger Angriff mit rücksichtsloser Tötungsbereitschaft; mehrstündige, ungesteuerte, mörderische Raserei; nachfolgende Ich-Fremde, stupuröser Zustand, keine Erinnerung an die Tat) abläuft, konnte bisher nicht erbracht werden.
- Für die Polizeibeamten besteht so gut wie keine Möglichkeit, auf den rauschhaft, teils wahnhaft agierenden Täter durch Kontaktaufnahme bzw. Verhandlungen beruhigend einzuwirken oder ihn gar zum Beenden seiner Gewalthandlungen zu bewegen.
- Durchweg wird die Polizei erst benachrichtigt und um Hilfe gerufen, wenn sich der Täter in voller Aktion befindet oder aber die Amokhandlung bereits ein Ende gefunden hat.

Derartige Rahmenbedingungen erschweren das polizeiliche Bemühen um optimale Einsatzkonzepte und Vorgehensweisen in Amokfällen. In diesem Kontext lassen sich folgende Schnittstellen zu ethischen Wertaspekten skizzieren:

- Für den dienstlichen Einsatz bei Amoklagen kommen v. a. Polizeibeamte des Wach- und Wechseldienstes (= WWd) und SEK-Beamte in Betracht. Wieweit sind Beamte des WWd auf ein möglichst professionelles Agieren in notzugriffsähnlichen Situationen vorbereitet? In dieser Hinsicht bleiben berufliches Selbstverständnis, Schießausbildung bzw. Schießtraining, Taktik und Ausstattung (Schutzkleidung, Waffe) der Streifenbeamten kritisch zu überdenken. Nicht bestreiten lässt sich der ethisch zu würdigende Kern der defensiven Schießausbildung („Nichtschieß-Training"), die vorrangig Kommunikation und Deeskalation anstrebt. Dagegen verlangen augenscheinlich Amoklagen mit ihrem dringenden, sofortigen Handlungsbedarf einen offensiven Gebrauch der Schusswaffe. Denn es gilt, mit der Dienstwaffe dem wild um sich feuernden Amokschützen sofort Einhalt zu gebieten bzw. ihn abzulenken oder zur Flucht zu bewegen, um wehrlose, sich in höchster Lebensgefahr befindliche Personen zu retten. Eine adäquate Ausbildung bzw. Vorbereitung auf Einsätze in Amoklagen beinhaltet auch die taktische Fähigkeit, möglichst zu vermeiden, dass durch unkoordiniertes, hektisches Eingreifen mehrerer Polizeibeamter Gefahren für die eigene Person, Kollegen oder

Dritte verursacht und einsatztaktische Fehler mit schwerwiegenden Folgen begangen werden. Ethisch bedenklich wäre einerseits die Einstellung von Streifenbeamten, lieber nichts zu unternehmen, um nur keinen Fehler zu machen, oder aus Gründen der eigenen Sicherheit so lange abzuwarten, bis das SEK kommt und die gefährliche Lage professionell löst, zumal deren zwischenzeitliches Nichtstun schutzbedürftigen Menschen das Leben kostet. Andrerseits stellt sich die Frage, was Beamten des WWd alles an Selbstgefährdung und Hingabebereitschaft jeweils zugemutet und abverlangt werden darf, um den bedrohten Opfern in Amokfällen zu helfen. Mit einer Dilemmaentscheidung sehen sich Streifendienstbeamte wie SEK-Beamte konfrontiert, wenn sie sich im gleichen Zeitraum sowohl um eine Person, die aufgrund lebensgefährlicher Verletzungen sofortige Erste-Hilfe-Maßnahmen zum Überleben benötigt, kümmern als auch den Amokschützen an seinem mörderischen Treiben hindern sollen, eine größere Anzahl von Schülern umzulegen.

- Der Vorgesetzte hat gewissenhaft zu wägen, inwieweit es sich mit der Fürsorgepflicht und Führungsverantwortung vereinbaren lässt, Mitarbeiter in so gefährliche Einsatzlagen wie Amok zu schicken und zur Durchführung risikoreicher Einsatzmaßnahmen zu motivieren. Dabei steht die ethische Legitimation seiner Erwartungen und Anforderungen an die Beamten auf dem Spiel. Ein hektischer, oberflächlicher Aktionismus wäre wegen der Risikofolgen nicht zu verantworten. Kolportieren Medienberichte den Eindruck in der Öffentlichkeit, die Polizeiführung würde sich zu zögerlich und zaghaft bei der Sicherheitsgewährleistung in Amokfällen verhalten, dürfte Kritik am zu langsamen Vordringen der polizeilichen Rettungskräfte in der Öffentlichkeit laut werden und die Nachfrage nach privaten Sicherheitsdiensten steigen.
- SEK-Beamte können bei Amokeinsätzen unter Druck geraten, dass die erforderlichen Rettungs- und Sicherheitsmaßnahmen zu Gunsten der schutzbedürftigen Personen nicht schnell genug erfolgen. Relativ leicht dürften es auch die Spezialkräfte mit der Angst zu tun bekommen, die sich weniger in Gestalt der Furcht, das eigene Leben zu riskieren, sondern eher in der Form der Sorge, als Hoffnungsträger in Notfällen zu versagen, artikuliert. Polizeibeamten bei der Bewältigung äußerst schwieriger Diensteinsätze Wertorientierungshilfe durch gewissenhafte Güterabwägung zu leisten und damit größere Handlungssicherheit zu verschaffen, dient dazu, die humane Substanz unseres Rechtsstaates zu wahren.

Literaturhinweise:

Borchardt, M.: Unmittelbarer Zwang durch Schußwaffengebrauch in der Form des finalen Rettungs-/Todesschusses der Polizei, in: DP 11/2003; S. 319 ff. – Müller, K./Formann, G.: Die opferschützende Folterandrohung – . . ., in: DP 11/2003; S. 313 ff. – Peilert, A.: „Zwang zur Aussagegewinnung am Beispiel des Falles Jakob von Metzler" in Frankfurt a. M. – Rechtliche Aspekte, in: PFA-SB „Strategie und Taktik von Polizeieinsätzen zur Bewältigung von Geiselnahme-, Entführungs- und Erpressungslagen" (26.–28. 11. 2003). – Marth, D.: Geiselnahme. (BKA P + F Bd. 23.) [VS-NfD] Wiesbaden 2003. – Köhler, D./Kursawe, J.: „Amokläufe" an Schulen, in: Kriminalistik 10/2003; S. 591 ff. – Granitzka, W.: Geiselnahmen aus Sicht des Polizeiführers, in: Brenneisen, H. u. a. (Hg.): Ernstfälle. Hilden 2003; S. 265 ff. – Rogosch, K.: Die Notwendigkeit der gesetzlichen Regelung des finalen Rettungsschusses, in: Brenneisen, H. u. a. (Hg.):

a. a. O.; S. 282 ff. – Köhler, D./Kursawe, J.: „Amokläufe“ an Schulen, in: Kriminalistik 10/2003; S. 591 ff. – Nathusius, I.: Gewalt gegen festgenommene Täter – Der „Fall Daschner“ in Theorie und Praxis, in: Unbequem 9/2003; S. 3 ff. – Wieczorek, A.: Das sogenannte Stockholm-Syndrom, in: Kriminalistik 7/2003; S. 429 ff. – Hallenberger, F.: Der finale Rettungsschuss und Post Shooting-Reactions, in: P & W 4/2003; S. 15 ff. – Vollenweider, J./Akeret-Blatter: Amok und „finaler Rettungsschuss“, in: Kriminalistik 3/2003; S. 181 ff. – Stümper, A.: Zur Folterdiskussion, in: DKriPol 2/2003; S. 66 ff. – Brugger, W.: Das andere Auge. Folter als zweitschlechteste Lösung, in: FAZ v. 10. 3. 2003. – Hassemer, W.: Das Folterverbot gilt absolut – auch in der Stunde der Not, in: SDZ v. 27. 2. 2003. – Scholzen, R.: Spezialeinsatzkommandos der deutschen Polizei. Stuttgart [3]2003. – Lübbert, M.: Amok. Frankfurt a. M. 2002. – Groote, E.v.: Prognose von Täterverhalten bei Geiselnahmen. Frankfurt a. M. 2002. – Gehrke, M. u. a.: Amoklagen, in: DP 12/2002; S. 325 ff. – Schulz, T.: Der Amoklauf in Erfurt, in: Kriminalistik 7/2002; S. 429 ff. – Sofsky, W.: Zeiten des Schreckens. Frankfurt a. M. [2]2002. – Rachor, F.: Polizeilicher Zwang, in: HdPR; S. 519 ff. – PFA-SB „Führung, Einsatz, Ausbildung und Ausstattung von Spezialeinheiten“ (19.–22. 8. 2002). – Thiele, C.: Art. „Folter“, in: ESL; Sp. 491 ff. – LKA NRW: Darstellung der polizeitaktischen Geiselnahmen in der Bundesrepublik Deutschland von 1991 bis zum Jahr 2000 (VS-NfD). Düsseldorf 2001. – Franke, S.: Ethische Reflexionen über Zugriffe mit erkennbar hohem Risiko durch Spezialeinheiten der Polizei, in: DP 6/2001; S. 173 ff. – Brugger, W.: Vom unbedingten Verbot der Folter zum bedingten Recht auf Folter?, in: JZ 4/2000; S. 165 ff. – Baumann, M. u. a.: Neue Methoden der Fallanalyse für die kriminalistische Bearbeitung von Erpressung und erpresserischem Menschenraub (VS-NfD). Wiesbaden 2000. – Füllgrabe, U.: Amok – Eine spezielle Art der Mehrfachtötung, in: Kriminalistik 4/2000; S. 225 ff. – Eisenberg, G.: Amok – Kinder der Kälte. Frankfurt a. M. 2000. – Adler, L.: Amok. München 2000. – PDV 132 u. PDV 131 (VS-NfD). – Braun, G.: Aachen hält den Atem an, in: CD SM 1/2000; S. 139 ff. – Scholzen, R.: SEK. Spezialeinsatzkommandos der deutschen Polizei. Stuttgart 2000. – Kaiser, G.: Art. „Folter“, in: LBE Bd. 1; S. 754 ff. – Bennefeld-Kersten, K.: Die Geisel. Eine Gefängnisdirektorin in der Gewalt des Häftlings H. M. Hamburg 1998. – Dreyfus, L./Casanova, B.: Tagebuch einer Geiselnahme. Bergisch Gladbach 1998. – Amelung, N.: Die Oetker-Entführung. Neuss 1997. – Reemtsma, J. P.: Im Keller. Hamburg [3]1997. – Kaufmann, A.: Rechtsphilosophie. München [2]1997. – Bank, R.: Die internationale Bekämpfung von Folter und unmenschlicher Behandlung auf den Ebenen der Vereinten Nationen und des Europarates (KF MPI Bd. 75). Freiburg i. Br. 1996. – Brugger, W.: Darf der Staat ausnahmsweise foltern?, in: Staat 1/1996; S. 69 ff. – Pausch, W.: Die Rechtmäßigkeit der vorhandenen gesetzlichen Regelungen des Todesschusses in den Polizeigesetzen des Bundes und der Länder (Jur. Diss. Gießen) 1996. – Schünemann, K. F.: Über nicht kulturgebundene Amokläufe. Göttingen 1992. – Krolzig, M.: Die Verantwortung für den Todesschuß, in: Kriminalistik 10/1988; S. 559 ff. (Vgl. dazu die Replik v. W. Volmer in: Kriminalistik 1/1989, S. 14 ff. u. v. W. Steinke in: Kriminalistik 5/1989; S. 305 f.). – Middendorf, W.: Die Geschichte der Geiselnahme – eine historische Betrachtung, in: PFA-SB „Qualifizierte Bereicherungsdelikte: …“ (22.–26. 6. 1987); S. 19 ff. – Lichtblau, K.: Art. „Notstand“, in: HWPh Bd. 6; Sp. 940 ff. – Geppert, K.: Art. „Geisel, Geiselnahme“, in: StL Bd. 2; S. 796 ff. – Salewski, W./Schaefer, K.: Geiselnahme und erpresserischer Menschenraub (BKA-FR Bd. 10). Wiesbaden 1979. – Zeller, R.: Phänomenologie der Geiselnahme aus der Sicht der Opfer (Diss.). Berlin 1978. – Ludwig, W.: Die rechtlichen Probleme bei Straftaten mit Geiselnahme, in: DP 4/1977; S. 110 ff. – Ludwig, E.: New York: Taktiken gegen Geiselnehmer, in: dnp 2/1975; S. 26 ff. – Möllers, H.: Polizeilicher Schußwaffengebrauch bei Geiselnahme – ein ethisches Problem, in: DP 6/1974, S. 164 ff. – Schumacher, K.: Zur Problematik des gezielten polizeilichen Todesschusses in Extremsituationen, in: DP 9/1973; S. 257 ff. – Conen, P.: Rechtsgrundlagen und Probleme des Schußwaffengebrauchs bei Geiselnahmen, in: DP 3/1973; S. 65 ff. – Orgis, W.: Art. „Geisel“, in: HRG Bd. 1; S. 1445 ff. – Jäger, F.: Zum Schußwaffengebrauch gegen erpresserische Entführer, in: DP 8/1972; S. 229 ff. – Wenzky, O.: Zur Problematik des Geiselschutzes durch Schußwaffengebrauch, in; DP 10/1971; S. 293 ff.

40. Terrorismus, Extremismus und Radikalismus

Der Ausdruck Terror (lat. terror = Schrecken) findet sich im Alten Testament als Attribut des strafenden Gottes, im römischen Recht als geläufiger Begriff für angedrohte (territio verbalis) oder vollzogene Folter (territio realis) und in der Geschichte häufig als Herrschaftsinstrument zur Einschüchterung bzw. Unterdrückung der Untertanen oder als Mittel zur Befreiung von einem Unrechtssystem bzw. von einem totalitären Staatsapparat (v. d. Heuvel 1998). In der Französischen Revolution errichteten die Jakobiner eine Diktatur des Schreckens, um politische Gegner systematisch zu verfolgen bzw. hinzurichten, und beriefen sich dabei auf universale humanitäre Ziele. Die pejorative Konnotation des Terrors versuchten radikale Oppositionelle dadurch ins Positive zu wenden, dass sie als Freiheitskämpfer terroristische Gewalt zu dem Zweck gesellschaftlicher Emanzipation ausübten. Dem weißen Terror des russischen Zarenregiments widersetzte sich der rote Terror der Revolutionäre, dem braunen Terror des Dritten Reiches eine Reihe von Widerstandskämpfern. Die inflationäre Verwendung des Begriffes Terror bzw. Terrorismus in unserer Zeit – Meinungsterror, Konsumterror, Synonym für vielfältige Phänomene angedrohter und ausgeübter Gewaltakte – vermittelt den Eindruck eines Schlagwortes, das je nach Kontextbezug unterschiedlich gedeutet wird.

Die Unterscheidung zwischen Terror als Gewalt von oben (Schreckensherrschaft) und Terrorismus als Gewalt von unten (Umsturzversuch bestehender Machtsysteme) lässt sich historisch nicht belegen. Auch wenn sich alle Mitgliederstaaten im Sicherheitsrat der Vereinten Nationen für die weltweite Bekämpfung des Terrorismus ausgesprochen haben, darf diese Tatsache nicht darüber hinwegtäuschen, dass ihre Ansichten von Terror bzw. Terrorismus keineswegs einheitlich sind. So betrachten Iran und Syrien diejenigen Palästinenser, die gewaltsamen Widerstand gegen Israel leisten, als Freiheitskämpfer, die israelischen Sicherheitskämpfer dagegen als Terroristen. Andererseits stuft sowohl die iranische als auch die amerikanische Regierung die Anhänger der Volksmodjahedin, die das iranische System stürzen wollen, als Terroristen ein und bekämpft sie, während ihnen die Bundesrepublik Deutschland Schutz vor Verfolgung bietet. Fehlt also weltweit eine Definition von Terror und Terrorismus, zählt aus christlich-aufgeklärter Sicht Europas allgemein derjenige zu einem Terroristen, der unter Androhung und Anwendung von physischer und psychischer Gewalt die Bevölkerung in Angst und Schrecken versetzt und etablierte gesellschaftspolitische Systeme zu beseitigen versucht, um auf diese Weise seine politisch oder religiös-ideologisch motivierten Zielvorstellungen zu realisieren. Selbst innerhalb der europäischen Geistesgeschichte lässt sich das Begriffsfeld Terrorismus, Radikalismus, Extremismus, Fundamentalismus, Anarchismus, Revolution, Kontrarevolution und Totalitarismus semantisch nicht eindeutig abgrenzen. Allgemein wird unter Radikalismus (lat. radix = Wurzel) eine kompromisslose, entschiedene Richtung verstanden, die zwar – zumindest nominell – die Verfassung akzeptiert, aber die bestehenden wirtschafts- und sozialpolitischen Verhältnisse von Grund auf – notfalls mit Gewalt – verändern will. Mit Extremismus (lat. extremus = der äußerste) verbindet man in der Regel eine bis zum äußersten entschlossene Bewegung, die vom Standpunkt einer Fundamentalopposition gegenüber dem demokratischen Verfassungsstaat aus einen politisch-ideologischen Monismus – in der Form eines Links- oder Rechtsextremismus – anstrebt. Beide Strömungen finden in Zeiten wirtschaftlicher Krisen und sozialer Instabilität einen günstigen Nährboden.

H. Lübbe knüpft an der Kritik an, die Hegel an den terroristischen Praktiken der Französischen Revolution geübt hat. Nach Hegel verwirklicht der Mensch als Subjekt des Terrors die äußersten Möglichkeiten seines politischen Daseins, verhilft den abstrakten Prinzipien der Freiheit und Tugend edler Gesinnung zur Herrschaft, um die Sittenverderbnis und Interessen der alten Stände zu überwinden. Die Schlüsselfrage, wozu Menschen imstande sind, im Namen des Terrors einander alles anzutun, beantwortet Lübbe (1977) mit drei Thesen:

- Der Terror legitimiert seine Praxis durch Berufung auf höchste Prinzipien bzw. absolute, universal gültige Zwecke, hinter denen die Partikularität individueller Interessen verschwindet.
- „Die subjektive Bedingung der Möglichkeit des Terrors ist das gute Gewissen." Nur in der Reinheit der Gesinnung, in der Kraft der Tugend und in der Sensibilität des Gewissens kann der Terrorist den Kampf für bessere humane Verhältnisse rücksichtslos führen, braucht er vor den härtesten Vorgehensweisen nicht zurückschrecken.
- „Die terroristische Praxis ist revolutionäre Praxis." Gegen die Ziele des gewalttätigen Terrors lässt sich – ähnlich wie gegen das Urteil des Jüngsten Gerichts – kein stichhaltiger Einwand erheben, weil sie ihren Geltungsgrund nicht aus korrekten Entscheidungsfindungsprozessen entscheidungskompetenter Instanzen beziehen, sondern unmittelbar aus den höchsten Prinzipien der Wahrheit und Gerechtigkeit. Somit vereinigt die terroristische Praxis Legitimität mit Legalität und verkörpert das gute Gewissen par excellence.

B. Tibbi (2000) bezeichnet den religiösen Fundamentalismus – neben Kommunismus und Faschismus – als dritte Spielart des Totalitarismus. Unter religiösem Fundamentalismus islamischer Ausprägung versteht er die Politisierung von Religion. Fundamentalisten, die in allen Schriftreligionen anzutreffen sind, verfolgen unter selektiver Berufung auf offenbarte Schriften das Ziel, eine als „göttlich" gedeutete politische Ordnung zu errichten. Zwar findet sich das Ordnungskonzept der Gottesherrschaft (Hakimiyyat Allah) nicht im Koran, aber diese fundamentalistische Einheitsformel von Politik und Religion soll den säkularen, demokratischen Nationalstaat ersetzen und die Weltordnung insgesamt prägen.

Dem Versuch, in einem ethischen Diskurs die Selbstlegitimation der Terroristen zu entkräften, dürfte aus folgenden drei Gründen kaum Aussicht auf Erfolg beschieden sein:

- Beim Terrorismus ist der Geltungsanspruch höchster Prinzipien identisch mit dem Geltungsanspruch politischer Praxis. Plurale demokratische Rechtsstaaten der Moderne betonen im Gegensatz dazu den Unterschied zwischen dem spekulativ-theoretischen Gültigkeitsnachweis letzter Werte und der gesellschaftspolitischen Anerkennung derartiger Wertvorstellungen. Erst diese Differenz ermöglicht die persönliche Freiheit der Entscheidung und bietet einen Ansatz zur Kritik in einer pluralen Gesellschaft. Dagegen macht die Identität von höchsten Prinzipien mit der politischen Praxis den Terroristen immun gegen Zweifel, Einwände und Vorwürfe Andersdenkender.

- Terroristen vertreten eine rigoristische Gesinnungsethik bzw. extreme deontologische Ethik, nach der ausschließlich letzte Werte den verbindlichen Wertmaßstab für menschliches Handeln abgeben. Indem die Terrorristen die Wirklichkeit als Baustelle für ihre zeitlos gültigen Ideen betrachten, lösen sie die Reziprozität der Theorie-Praxis-Relation eindimensional auf. Da Terroristen sich im Besitz höchster Prinzipien wähnen und nur diesen sich verpflichtet fühlen, trifft sie der Vorwurf nicht, sie würden andere, wehrlose Menschen zu Instrumenten ihrer Zielerreichung umfunktionieren und willkürlich über Menschenleben verfügen. Denn solange Mittel und Individualinteressen nicht im Rang universaler Gültigkeit stehen wie die höchsten Zwecke bzw. Werte, verfängt der Rekurs auf die Ziel-Mittel-Relation bei Terroristen nicht. Wie sollte auch, wenn die Identifikation des Terroristen mit den letzten Werten ihm das gute Gewissen garantiert und er den Einsatz der Gewalt in Form eines infiniten Prozesses (regressus in infinitum) bzw. eines Reduktionismus (vereinfachte Rückführung der ethischen Begründung auf einen höchsten, alleinigen Grundsatz) rechtfertigen kann?!
- Die geistige, offene Auseinandersetzung mit den Legitimationsversuchen und den ideologischen Wurzeln des Terrorismus läuft in einer pluralen Gesellschaft schnell Gefahr, nur zögerlich und halbherzig geführt zu werden. Denn Unsicherheit herrscht vielfach angesichts der Meinungsvielfalt, von welchem Standpunkt aus bzw. mit welchen Maßstäben der Terrorismus zu beurteilen sei und worin die moralisch angemessene Reaktion eines demokratischen Rechtsstaates auf terroristische Angriffe bestehe. Panikmache und Überreaktion das Wort reden erscheint ethisch ebenso verfehlt und unverantwortlich wie eine zu simple Interpretation des Terrors. Denn wer terroristische Praxis lediglich als Werk von Pathologen oder Kriminellen abtut, der verkennt Professionalität und Systematik, aber auch Radikalität, Hass und Wut, womit Terroristen all das verachten und bekämpfen, was unser politisches Gemeinwesen (res publica) mit seiner moralischen, rechtlichen, wirtschaftlichen und sozialen Substanz – einschließlich der Art der Repräsentation durch unsere Spitzenvertreter – verkörpert. Deswegen ist dem Terrorismus mit polizeilichen Maßnahmen allein nicht beizukommen. Vonnöten ist die Bereitschaft, die Kulturgüter, die im Laufe der Geschichte mühsam errungen worden sind und die unsere verfassungsmäßig strukturierte Staatsform auszeichnen, gegen die menschenverachtenden, systemvernichtenden Gewaltangriffe des Terrors bewusst und entschieden zu verteidigen.

Die jährlichen Verfassungsschutzberichte des Bundesministeriums des Innern und der Innenministerien der einzelnen Bundesländer unterscheiden zwischen Rechtsextremismus, Linksextremismus und Ausländerextremismus bzw. internationalem Terrorismus. Während bis in die 90er Jahre Terroranschläge des Linksextremismus (RAF) in der Bundesrepublik Deutschland dominierten, sorgten in den folgenden Jahren Rechtsradikale (Skinheads) für Schlagzeilen in den Medien. Die Flugzeugattentate am 11. September 2001 in New York und Washington, ebenso die Bombenanschläge auf Djerba und Bali im darauf folgenden Jahr, die koordinierten Selbstmordanschläge in Istanbul 2003 und die anhaltende, verheerende Terrorserie in Israel rückten den internationalen Terrorismus in das Rampenlicht der Weltöffentlichkeit. Die Bedrohung und der Zerfall einzelner Staaten dürfte sich aufgrund der islamistischen Terrorwelle zu einem globalen Sicherheitsrisiko ausweiten. Rechtsextremisten in Deutschland haben keine einheitliche Ideologie, weisen aber nationalistisches und rassistisches Gedankengut auf. So propagieren sie die Schaffung eines totalitären Führerstaates, die Höherwertigkeit der deutschen Rasse gegenüber Ausländern und Juden und die Abwertung der Menschen- und Bürgerrechte. Die rechtsextremistische Szene nutzt die Skinhead-Musik als Indoktrinationsmittel, das Internet als Propagandaforum und die Szene-internen Faszines als Kommunikationsmedien, das zugleich das Gemeinschaftsgefühl stärken soll. Folgende drei strategisch-taktische Varianten fallen bei den Agitationen der Rechtsextremisten auf (Stöss 2000), die sich z. T. überschneiden:

- Kulturkampf: Die Ideologie und Zielvorstellungen des Rechtsextremismus werden über Massenmedien publiziert, um Meinungsführerschaft zu erzielen.
- Opposition innerhalb des gesellschaftlichen Systems: Mit legalen Mitteln (Demonstration, Mitgliederwerbung, Wahlbeteiligung) versuchen Rechtsextremisten, politische Entscheidungen in ihrem Sinne zu beeinflussen.
- Opposition gegen das bestehende Gesellschaftssystem: Mit illegalen Praktiken (Gewalt, Terror) sollen die Bevölkerung verunsichert und der Staat demontiert werden.

Der Linksextremismus setzt sich aus revolutionär marxistischen und aus anarchistischen Gruppierungen zusammen. Die revolutionär marxistischen Linksextremisten wollen den bürgerlich-kapitalistischen, sozial ungerechten Staat der Bundesrepublik Deutschland abschaffen und an dessen Stelle ein sozialistisch-kommunistisches Regime errichten. Auch die anarchistischen Linksextremisten wünschen die Beseitigung des derzeitigen Staatsgebildes Deutschlands und streben eine herrschaftsfreie Gesellschaftsform an, die keine Hierarchie kennt und völlige Autonomie gewährleistet. Beide linksextremistischen Bewegungen greifen im Kampf für ihre Ziele zur Gewalt und agieren traditionell auf dem Gebiet des Antiimperialismus (gegen Globalisierung und wirtschaftlichen Neoliberalismus), Antimilitarismus (gegen Nato, Bundeswehr und Militäreinsätze im Ausland) und Antifaschismus (gegen Rechtsextremismus). Der Ausländerextremismus verfolgt das Ziel, mit spektakulären Auftritten bzw. gewalttätige Aktionen aufmerksam zu machen auf politische Konflikte und aktuelle Ereignisse in den jeweiligen Herkunftsländern. Linksextremistische Ausländergruppen betreiben die Beseitigung der Staatsformen ihrer Herkunftsländer und die Errichtung eines sozialistisch-kommunistischen Gesellschaftssystems. Extremnationalistische Ausländergruppierungen, die ihre eigene Nation als höchsten Wert betrachten, kämpfen für die Etablierung eines Nationalstaates, wobei sie teilweise auch auf islamisches Gedankengut zurückgreifen. Islamistisch motivierte Ausländerextremisten treten dafür ein, eine neue Gesellschaftsordnung in Form eines Gottesstaates zu errichten.

Der Selbstmordangriff als eine Form der Kriegsführung stammt aus traditionell patriarchalischen Gesellschaften, in denen kollektive Mentalitäten wie z. B. Gruppenloyalität, bedingungsloser Gehorsam und traditioneller Ehrenkodex fortwirken (Croitoru 2003). In Verbindung mit nationaler Unterdrückung durch militärisch überlegene Feinde entsteht ein Nährboden für Selbstmordattentate. Dessen mediale

Inszenierung erfüllt offenbar eine Funktion der psychischen Kriegsführung und eines Rituals zur kollektiven Ehrenrettung. Die tödliche Mission wird mit faszinierenden Jenseitsversprechungen erleichtert. Psychologische Erklärungsversuche, die z. B. den Selbstmordattentäter als einen hysterischen Mann, „verführbar durch den Schein der Männlichkeit und voller Angst vor der Realität einer reifen Beziehung" beschreiben, dürften eher unter die Kategorie der Populärwissenschaft fallen als zur Erstellung eines zutreffenden, operativ brauchbaren Täterprofils taugen.

Indem Extremisten bzw. Terroristen gegen Grundsätze unserer Verfassung verstoßen, durch Gewalt- und Straftaten die innere Sicherheit gefährden und die Meinungen Andersdenkender diskriminieren, ist der demokratische Rechtsstaat zu Abwehr- und Schutzmaßnahmen herausgefordert, will er sich selbst nicht aufgeben. Jedoch büßt der Kampf des Terrorismus an Glaubwürdigkeit ein, wenn ihn die jeweilige politische Mehrheit mit opportunistischen Interessen verquickt.

Worin besteht die ethische Relevanz rechtsstaatlicher Gegenmaßnahmen gegen terroristische Angriffe? Den Terrorismus nicht ein für alle Male auszumerzen, sondern ihn nach Möglichkeit in Schach zu halten – nur das kann realistischer Weise die Zielvorstellung sein, wie Waldmann (1998) sagt. Absoluten Schutz vor Terror gibt es nicht. Denn der demokratische Rechtsstaat, der das Grundrecht der Meinungs- und Demonstrationsfreiheit gewährleistet, kann nicht vollständig verhindern, dass es von einem Teil der politischen Protestbewegungen für deren ideologischen Zwecke missbraucht wird. Wie schmerzliche Erfahrungen zeigen, bietet die offene Gesellschaft Terroristen und Extremisten reichlich Angriffsfläche. Angesichts der Tatsache, dass es gegen die unterschiedlichsten Gruppierungen von Terrorismus derzeit keine ideale Vorgehensweise gibt, scheint es ethisch ratsam, zunächst den Standort zu bestimmen, von dem aus der Rechtssaat legitimer Weise agiert. Terror mit Terror zu vergelten widerspricht dem Prinzip der Rechtsstaatlichkeit und Humanität. In die ideologische Falle des Fundamentalismus würde der Staat tappen, wenn er auf den heiligen Krieg des Bösen mit dem heiligen Krieg des Guten antworten würde. In kritischen Situationen ist ein Rechtsstaat gut beraten, sich auf seine Legitimationsbasis zu besinnen: Schutz der Menschenrechte, Gewährleistung der Sicherheit für die Bevölkerung, Verteidigung des freiheitlichen Demokratiesystems. Deshalb kann sich der demokratische Rechtsstaat nicht der Pflicht entziehen, sich dem Terrorismus entschieden zur Wehr zu setzen. Dabei hat er sich grundsätzlich an die Mittel des Rechts und der Verhältnismäßigkeit zu halten und sorgfältig abzuwägen zwischen Sicherheit und Freiheit. Das erfordert gegenüber dem Terror eine glaubwürdige, geradlinige Politik, der kein Makel eines heillosen Aktionismus oder eines Lavierens zwischen fatalen Zugeständnissen an Terroristen und maßloser Abschreckung anhaftet. Eine Antiterrorismuspolitik mit Augenmaß widersteht der Versuchung, voreilig von rechtsstaatlichen Ordnungsgrundsätzen abzuweichen, zu dem Zweck, den Terror wirksamer zu bekämpfen. Denn dadurch kann der Konsens in der pluralen Demokratie Schaden nehmen. Wenn allerdings terroristische Attacken die traditionelle Aufteilung in äußere und innere Sicherheit infrage stellen, erscheint es ein Gebot praktischer Klugheit, Strukturen und Kompetenzen staatlicher Sicherheitsorgane auf ihre Effizienz zu überprüfen und erforderlichenfalls grundgesetzliche Änderungen in Erwägung zu ziehen. So steht zur sachlichen Prüfung an, ob Polizei, Verfassungsschutz und Geheimdienst über ausreichend Befugnisse zur Terrorismusbekämpfung verfügen. Wenn es zutrifft, dass die Polizei aufgrund begrenzter Ressourcen und des zunehmenden Sicherheitsbedarfs an die Grenzen ihrer Aufgabenerfüllung stößt, gilt es zu entscheiden, inwieweit im Bedarfsfall die Bundeswehr zu internen Sicherheitsaufgaben herangezogen werden darf. Ethische Bedenken ruft jedoch das Bestreben hervor und nur kurze Geltungsdauer dürfte dem Versuch beschieden sein, mit Hilfe von Katastrophenszenarien möglichst viele Gesetzesänderungen (verdachtsunabhängige Polizeikontrollen, Datenaustausch zwischen Bundeskriminalamt und anderen staatlichen Sicherheitsbehörden, Fingerabdrücke für fälschungssichere Ausweispapiere, ...) herbeizuführen, ohne auf rechtliche Klarheit zu drängen. Denn sonst verstärkt sich beim Bürger der Eindruck, sein Recht auf informationelle Selbstbestimmung werde vom Staat missachtet. Praktiken eines Polizeistaates, der die Freiheit der Sicherheit nahezu gänzlich opfert, widersprechen dem gesetzlichen Auftrag von Parlament und Gericht in einem demokratischen Rechtssaat.

In Zeiten terroristischer Bedrohung muss sich der freiheitliche Rechtsstaat auf die Grundgesetztreue, Abwehrbereitschaft und Wachsamkeit seiner Polizei und der Bevölkerung verlassen können. Denn auf diese Weise gelingt es einer wehrhaften Demokratie, Stärke und Stabilität im Kampf gegen Terrorismus zu zeigen. Einen Beitrag dazu haben auch die öffentlichen Medien zu leisten, z. B. wenn sie sich von terroristischen bzw. extremistischen Gruppen nicht vereinnahmen lassen, durch die Art der Berichterstattung eine Stimmung der Verunsicherung und Angst oder gar der Sympathie und Zustimmung in der Bevölkerung zu verbreiten, Terroristen und Extremisten unnötig zu größerer Publizität zu verhelfen oder Propaganda für deren Ideologie zu betreiben. Unerträgliche Zustände herrschen, wenn Terroristen Medienvertreter durch Gewalt veranlassen, gemeinsame Sache mit ihnen zu machen. Auf einem anderen Blatt steht, inwieweit sich das Völkerrecht zum Kampf gegen den internationalen Terrorismus und Extremismus eignet. Erfahrungsgemäß gewinnen internationale Abkommen und Rechtshilfe und Auslieferung von Terroristen an Gewicht durch ein günstiges, weltweites Meinungsklima.

Aus dem öffentlich-rechtlichen Dienst- und Treueverhältnis leitet der Staat die Pflicht des Polizeibeamten zum Eintreten für die demokratische Grundordnung und zur vollen Hingabe an den Polizeiberuf ab. Diese Forderung des Dienstherrn an seine Amtswalter als sittlich berechtigt und heute noch zeitgemäß zu vermitteln, stößt vielfach auf Vorbehalte, die mit dem Gehorsamsmissbrauch im Dritten Reich und dem Mündigkeitsanspruch der Moderne zusammenhängen. Dass sich ein Polizeibeamter bei der Terrorismusbekämpfung einer größeren Gefährdung aussetzt als bei anderen Diensteinsätzen, dürfte offensichtlich sein. Infolgedessen hat er eine gewissenhafte Güterabwägung zwischen der an der Verfassungsstaatsräson orientierten Pflichterfüllung und der verantwortlichen Vertretung berechtigter Eigeninteressen (Gesundheit, Leben) vorzunehmen.

Verängstigung und Verunsicherung der Öffentlichkeit ist ein Bestandteil terroristischer Strategie. Daraus kann der Polizeiinstitution insofern ein Nachteil entstehen, als ein Großteil der Bevölkerung seine Angstgefühle auf die staatlichen Sicherheitsdienste projiziert und misstrauisch argwöhnt, Polizeibeamte würden den Verhältnismäßigkeitsgrundsatz nicht mehr wahren und die Präventionsmaßnahmen maßlos überziehen. Um solchen Entwicklungen entgegenzutreten, hat polizeiliche Öffentlichkeitsarbeit um Vertrauen und Verständnis bei den Bürgern durch Transparenz und Aufklärung ihrer Maßnahmen zu werben, ohne jedoch laufende Fahndungen zu gefährden.

Trittbrettfahrer erschweren polizeiliche Terrorismusbekämpfung. Da sich der Unterschied zu professionellen Terroristen nicht ohne weiteres feststellen lässt, wird von den ermittelnden Beamten Verantwortung, Sorgfalt und Wachsamkeit verlangt, um bei der Gefahrenanalyse und Vorgehensweise keine Fehler zu begehen, die sich nachteilig auf die Sicherheit der Bevölkerung auswirken.

Literaturhinweise:

Hirschmann, K./Leggemann, C. (Hg.): Der Kampf gegen den Terrorismus. Berlin 2003. – Reuter, C.: Selbstmordattentäter. München 2003. – Schmidbauer, W.: Der Mensch als Bombe. Reinbek 2003. – Croitoru, J.: Der Märtyrer als Waffe. München, Wien 2003. – Schwind, H.-D.: Kriminologie. Heidelberg [13]2003; S. 615 ff. – IP aktuell 11/2003: Staatszerfall und Nation-building. – Timm, K. J.: Bekämpfung des internationalen Terrorismus – eine Zwischenbilanz, in: Kriminalistik 10/2003; S. 571 ff. – Kaya, H.: Polizeieinsätze in der Moschee, in: Kompass 3/2003; S. 32 ff. – Frank, H./Hirschmann, K. (Hg.): Die weltweite Gefahr. Berlin 2002. – Raddatz, H.-P.: Von Allah zum Terror? München 2002. – Ooyen, R. C. v./Möllers, M. H. W.: Die Öffentliche Sicherheit auf dem Prüfstand. Frankfurt a. M. 2002. – Arnim, G. v. u. a. (Hg.): Jahrbuch Menschenrechte 2003. Schwerpunkt: Terrorismusbekämpfung und Menschenrechte. Frankfurt a. M. 2002. – Thamm, B. G.: Terrorismus. Hilden 2002. – Koch, H.-J. (Hg.): Terrorismus – Rechtsfragen der äußeren und inneren Sicherheit. Baden-Baden 2002. – Schrader, T.: Terrorismus und das Problem seiner Definition, in: Kriminalistik 10/2002; S. 570 ff. – PFA-SB „Politisch motivierte Kriminalität, Terrorismus“ (4.–6. 9. 2002). – DPolBl 6/2002: Religiöser Extremismus. – BKA (Hg.): Islamistischer Terrorismus – Eine Herausforderung für die internationale Staatengemeinschaft – BKA-Herbsttagung 2001 (BKA P + F Bd. 17). Neuwied 2002. – Danwitz, T. v.: Rechtsfragen terroristischer Angriffe auf Kernkraftwerke. Stuttgart u. a. 2002. – Die Entführung und Ermordung des Hans-Martin Schleyer. Eine dokumentarische Fiktion von Peter-Jürgen Boock. Frankfurt a. M. 2002. – Hoffmann, B.: Terrorismus – Der unerklärte Krieg. Frankfurt a. M. [2]2001. – BKA (Hg.): Rechtsextremismus, Antisemitismus und Fremdenfeindlichkeit. Wiesbaden 2001. – Fromm, R./Kernbach, B.: Rechtsextremismus im Internet. München 2001. – Walser, R. C./Glagow, R. (Hg.): Die islamische Herausforderung – eine kritische Bestandsaufnahme von Konfliktpotentialen (Hanns-Seidel-Stift.). München 2000. – „Der Himmel lächelt, mein Sohn“, in: Spiegel 40/2001; S. 36 ff. – Kasel, W.: Nichts ist mehr wie es war – zur Sicherheitsdiskussion nach dem Terror in den USA, in: PolSp 11/2001; S. 225. – Tibi, B.: Fundamentalismus im Islam. Darmstadt 2000. – Schubarth, W./Stöss, R. (Hg.): Rechtsextremismus in der BRD. Bonn 2000. – BfV (Hg.): Extremistisch-islamische Bestrebungen in der BRD. Köln 1999. – DP 6/1999: Extremismus; S. 161 ff. – Bachem, R.: Rechtsextreme Ideologien (BKA). Wiesbaden 1999. – Heuvel, G. v. d.: Art. „Terror“ in: HWPh Bd. 10; Sp. 1020 ff. – Waldmann, P.: Terrorismus. Provokation der Macht. München 1998. – Klink, M.: Hat die „RAF“ die Republik verändert?, in: BKA (Hg.): FS Herold; S. 149 ff. – Laqueur, W.: Die globale Bedrohung. Berlin 1998. – Aust, S.: Der Baader Meinhof Komplex. München 1998. – Robert, B.: Links- und Rechtsterrorismus in der BRD von 1970 bis heute. Bonn 1995. – Mischkowitz, R.: Fremdenfeindliche Gewalt und Skinheads (BKA-FR). Wiesbaden 1994. – Peters, B.: RAF-Terrorismus in Deutschland. Stuttgart 1991. – Janssen, H.: Sind die „Terroristen“ politisch motivierte Straftäter oder Terroristen?, in: Kriminalistik 1/1984; S. 17 ff. – Johnson, P.: Die sieben Todsünden des Terrorismus, in: DP 4/1981; S. 97 ff. – Analysen zum Terrorismus. Hg. v. BMI. 4 Bde. Opladen 1981 ff. – Hobe, K.: Zur ideologischen Begründung des Terrorismus. Bonn [2]1979. – Schwind,

H.-D. (Hg.): Ursachen des Terrorismus. Berlin, New York 1978. – Strohm, T.: Aspekte des Terrorismus in sozialethischer Sicht, in: ZEE 23/1979; S. 118 ff. – Lübbe, H.: Freiheit und Terror, in: Merkur 7/1977; S. 819 ff. – Tophoven, R.: Der internationale Terrorismus – Herausforderung und Abwehr, in: DP 8/1977; S. 237 ff.

41. Verdeckte Ermittlungen

Die Geschichte der Kriminalitätsbekämpfung kennt das Methodeninstrumentarium verdeckter Ermittlungen. In früheren Jahrhunderten pflegten staatliche Behörden sich der Vigilanten, Polizeiagenten und Spitzel – auch Konfidenten, Denunzianten und Achtgroschenjungen genannt – zu bedienen, um die Auswüchse schwerer Kriminalität zu beschneiden (Baron). In den Anfängen der Bundesrepublik Deutschland untersagten die Alliierten der Polizei, nachrichtendienstliche Mittel zu benutzen. Die Trennung zwischen Nachrichtendiensten und Polizeibehörden wurde obsolet, als sich die herkömmlichen offenen Ermittlungsmethoden zur Bekämpfung des RAF-Terrorismus und der Organisierten Kriminalität als ungeeignet erwiesen. Die im Jahre 1986 formulierten „Gemeinsamen Richtlinien der Justizminister/-senatoren und der Innenminister/-senatoren der Länder über die Inanspruchnahme von Informanten sowie über den Einsatz von Vertrauenspersonen (V-Personen) und Verdeckten Ermittlern im Rahmen der Strafverfolgung“ enthalten Verwaltungsvorschriften. Eine gesetzliche Grundlage erhielten die verdeckten Ermittlungsmethoden in den §§ 110 a ff. StPO i. d. F. des „Gesetzes zur Bekämpfung des illegalen Rauschgifthandels und anderer Erscheinungsformen der Organisierten Kriminalität“ (OrgKG) vom 15. 7. 1992. § 110 a Abs. 2 S. 1 StPO enthält folgende Legaldefinition: „Verdeckte Ermittler sind Beamte des Polizeidienstes, die unter einer ihnen verliehenen, auf Dauer angelegten, veränderten Identität (Legende) ermitteln.“ Nach § 110 b StPO ist der Einsatz eines Verdeckten Ermittlers erst nach Zustimmung der Staatsanwaltschaft zulässig, in bestimmten Fällen (§ 110 b Abs. 2 S. 2 StPO) muss der Richter zustimmen. Für Polizeibeamte, die nur gelegentlich verdeckt ermitteln im Rahmen eines Strafverfahrens, gelten die §§ 161 und 163 StPO (Krey 1993). Von dem Verdeckten Ermittler unterscheidet sich die V-Person bzw. der V-Mann (Vertrauensmann). Die V-Person hat nicht den Status eines Polizeibeamten, sondern den eines freien Mitarbeiters und erklärt sich bereit, der Polizei prozessrelevante Beweismittel auf längere Zeit vertraulich zu verschaffen und damit zur Aufklärung von Straftaten beizutragen. Auch der Informant gehört nicht der Polizei an. Im Einzelfall ist er bereit, gegen Zusicherung der Vertraulichkeit der Strafverfolgungsbehörde Informationen zu beschaffen. Dagegen verträgt sich die in den USA übliche Figur des under cover agent (UCA) nicht mit dem deutschen Strafprozessrecht, denn als Polizist kann er dort milieuangepasste Straftaten begehen, um Informationen über die führenden Köpfe krimineller Organisationen zu gewinnen. Der Agent provocateur (fr. Lockspitzel) veranlasst potenzielle Straftäter, ein Delikt zu begehen, um sie auf diese Weise überführen zu können. Allerdings werden die Rechtsfolgen seiner Tatprovokation in der deutschen Judikatur kontrovers beurteilt.

Ein rein pragmatischer Legitimationsversuch mit dem Hinweis, der Einsatz Verdeckter Ermittler sei zur Aufklärung besonders schwerer Kriminalität (z. B. Rauschgiftkriminalität) unverzichtbar, greift normativ zu kurz, da er zu viele Rechts- und Moralfragen offen lässt. Eine ethische Stellungnahme rückt die Ziel-Mittel-Relation stärker in den Vordergrund. Zu den Staatsaufgaben bzw. Staatszielen mit Verfassungsrang zählt die Gewährleistung der äußeren und inneren Sicherheit. Zweifellos bedürfen die hohen Wertgüter der freiheitlich demokratischen Grundrechtsordnung und die öffentliche Sicherheit des effektiven Schutzes. Wenn der Rechtsstaat seinen Sicherheitsauftrag mit den offenen Ermittlungsmethoden nicht mehr erfüllen kann aufgrund besonders gefährlicher Kriminalität, lässt sich aus ethischer Sicht der Einsatz verdeckter Ermittlungsmethoden grundsätzlich rechtfertigen, soweit sie dem Grundsatz der ultima ratio und der Verhältnismäßigkeit entsprechen. Allerdings wirft die praktische Handhabung nicht offener Ermittlungsinstrumentarien sowie die Befugnisse verdeckt ermittelnder Polizeibeamter eine Reihe klärungsbedürftiger Wertfragen auf.

- *Auf welche Werteinstellungen und Charaktereigenschaften soll beim Auswahlverfahren und Ausbildungslehrgang zum Verdeckten Ermittler geachtet werden?*
  Das Rollenverständnis des verdeckt ermittelnden Polizeibeamten setzt sich aus Verhaltenserwartungen zusammen, die sich nur schwer miteinander vereinbaren lassen. Als Beamter hat er seine Dienstpflichten gewissenhaft zu erfüllen und die Gesetze peinlichst genau einzuhalten, als Ehemann und Familienvater einer Beziehungsqualität zu genügen, die sich mit Liebe, Verlässlichkeit, Vertrauen und Wahrhaftigkeit umschreiben lässt, als Verdeckter Ermittler seine Legende täuschend echt zu spielen und in der kriminellen Szene trickreich, mutig zu operieren. Zu bedenken bleibt, inwieweit ein Polizeibeamter solch divergente Einstellungsweisen auf Dauer verkraften kann, ohne in eine Identitätskrise zu geraten oder sonstigen Schaden zu nehmen. Bedenken sind gegen die Praxis zu äußern, angesichts einer zu geringen Anzahl oder einer unzureichenden Qualifikation freiwilliger Bewerber das Anforderungsprofil zu senken, um wenigstens den nötigsten Nachwuchsbedarf zu sichern, ohne jedoch die Nachteile und Risiken für spätere Einsätze zu bedenken. Gegen Frauen als Verdeckte Ermittler lassen sich keine ethischen Einwände erheben, sofern sie die Voraussetzungen erfüllen.
- *Wer trägt die Verantwortung dafür, dass sich der Verdeckte Ermittler Gefahren und Risiken nur in einem vertretbaren Rahmen aussetzt?*
  Auf den verdeckt ermittelnden Polizeibeamten lauern vielfache Gefahren. So kann er durch Zufall Personen begegnen, die er vor einiger Zeit überprüft und als Straftäter überführt hat und die ihn nun wiedererkennen. Bei Straßenverkehrskontrollen und Personenüberprüfungen zerstören Streifenbeamte seine Legende aus Unkenntnis über seine Rolle als Verdeckter Ermittler. Die Organisierte Kriminalität observiert und kontrolliert ihrerseits den verdeckt operierenden Beamten, um seine wahre Identität festzustellen, und kennt keine Skrupel, ihn zu erpressen oder durch attraktive Angebote zur Arbeit für die Gegenseite zu verführen. Aufgrund von Organisationsmängeln der Behörde und Führungsschwächen des Vorgesetzten muss der Verdeckte Ermittler weitere Risiken in Kauf nehmen. Die operative Zusammenarbeit des Verdeckten Ermittlers mit einem V-Mann birgt zusätzliches Gefährdungspotenzial, denn der stammt in der Regel aus dem kriminellen Milieu, erlangt polizeiliche Insiderkenntnisse und nutzt sie zu seinen Gunsten aus. Sich selber gefährdet der verdeckt vorgehende Beamte, wenn er aus Leichtsinn bzw. Unvorsichtigkeit Fehler macht oder zunehmend Gefallen an Luxus, Glücksspiel und Sex findet und immer tiefer in die kriminelle Szene abgleitet. Sofern mit dem Zugriff die Legende zerstört wird, betrachtet die Organisierte Kriminalität den Verdeckten Ermittler als Verräter, weshalb er vor Lynchjustiz und Racheakten in Schutz zu nehmen ist.

Vorrang vor der Strafverfolgung hat aus ethischer Sicht eindeutig der Schutz des verdeckt operierenden Polizeibeamten. Daher ist die Fürsorgepflicht des Vorgesetzten gefordert, ebenso erscheint eine qualifizierte, jederzeit erreichbare Polizeidienststelle unverzichtbar, die Gefahrensituationen auswertet und Schutzmaßnahmen trifft. Für den Verdeckten Ermittler selber gilt der Grundsatz der Eigensicherung, Selbstverantwortung und Ehrlichkeit gegenüber dem VE-Führer. Ein kurzfristiges Herausnehmen aus dem Bereich verdeckter Ermittlungen kann aus Gründen der Fürsorgepflicht gerechtfertigt oder eine zwangsläufige Folge einer sich bedrohlich zuspitzenden Einsatzlage sein, darf also dem betreffenden Ermittler nicht pauschal als Leistungsdefizit oder Charakterschwäche angelastet werden.

– Darf sich ein verdeckt operierender Polizeibeamter an Straftaten beteiligen?
Nach den Gemeinsamen Richtlinien der Justiz- und Innenminister der Länder aus dem Jahre 1986 dürfen Verdeckte Ermittler keine Straftaten begehen, allerdings lässt sich in Ausnahmefällen ein abweichendes Verhalten unter den Voraussetzungen der §§ 34 und 35 StGB (rechtfertigender und entschuldigender Notstand) tolerieren. Die Befürworter milieugerechter Straftaten verweisen auf die Bedeutung für die Sicherheit des Verdeckten Ermittlers und für den Erfolg des Einsatzes. Die Gegner stellen die Frage, welche Straftaten denn konkret unter die Kategorie milieugerecht fallen bzw. welche nicht, und geben zu bedenken, dass die Promulgation der ausnahmsweise erlaubten Delikte auch die kriminellen Kreise erreichen würde, die prompt schwerere Straftaten im Rahmen der sog. Keuschheitsprobe verlangen würden. Ethisch verdient Zustimmung, dass die Gemeinsamen Richtlinien das Begehen von Straftaten durch Verdeckte Ermittler untersagen. Denn das Verbot verschont die Polizei davor, durch das Anpassen an kriminelles Verhalten und durch das Abweichen vom Recht einen Vertrauens- und Ansehensverlust in der Bevölkerung zu erleiden. Diese Normverdeutlichung kommt auch dem einzelnen Ermittlungsbeamten zugute. Denn die Einsicht, auf die Anwendung rechtsstaatlich einwandfreier Fahndungsmethoden besteht nicht nur ein fairer Gerichtsprozess, sondern auch unsere öffentliche Meinung, vermag den Verdeckten Ermittler in seinem Wertbewusstsein und in seiner Rechtsauffassung zu bestärken und ihn anzuspornen, den operativen Nachteil durch taktische Flexibilität auszugleichen. Allerdings darf nicht übersehen werden, dass die zunehmende Brutalisierung der Organisierten Kriminalität immer höhere Anforderungen an die Professionalität des Verdeckten Ermittlers und an die Führungsverantwortung des Vorgesetzten stellt.

– *Welche Methoden bzw. Mittel verdeckter Ermittlungen lassen sich ethisch vertreten?*
Nicht nur von einer milieuangepassten Legende, sondern auch von einer geeigneten Logistik hängen die Erfolgsaussichten der Fahndung und das Sicherheitsniveau des Verdeckten Ermittlers ab. Bei der Auswahl technisch-funktionaler Mittel sieht sich der Rechtsstaat vor die Aufgabe gestellt, zwischen einer effektiven Sicherheitsgewährleistung und einer Respektierung individueller Freiheitsrechte eine angemessene Relation herzustellen. So gilt zu wägen, wo die rechtsethischen Grenzen verdeckter Ermittlungsmethoden liegen. Technische Mittel, die ohne Wissen des Betroffenen dessen nicht öffentlich gesprochenes Wort akustisch und optisch über-

prüfen (Lauschangriff), kollidieren mit dem informationellen Selbstbestimmungsrecht. Art. 13 GG schützt die eigene Wohnung als räumliche Privatsphäre, die der freien eigenverantwortlichen Persönlichkeitsentfaltung vorbehalten bleibt. Wenn die Strafverfolgungsbehörden dennoch technische Ermittlungsmethoden im Wohnungsbereich verdeckt anwenden, bedarf es zu ihrer Legitimation einer klaren gesetzlichen Ermächtigungsgrundlage. Eine solche rechtfertigt nicht nur den Eingriff in die Grundrechte des einzelnen Bürgers, sondern wirkt sich auch auf das Strafverfahren aus. Denn in dem Maße, wie die eigentliche Beweiserhebung aus der gerichtlichen Hauptverhandlung in das polizeilich dominierte Vorverfahren verlagert wird, muss im Sinne eines fairen rechtsstaatlichen Verfahrens darauf Wert gelegt werden, dass die Grundsätze des kontradiktorischen Beweisverfahrens und rechtlichen Gehörs, der Waffengleichheit und Transparenz ungeschmälert zur Anwendung gelangen.

- *Welche Wertfragen wirft der Einsatz von V-Personen auf?*
  Da sich die Organisierte Kriminalität, insbesondere ethnische Gruppierungen, zunehmend abschottet, empfiehlt sich der Einsatz von V-Personen, die überwiegend aus der kriminellen Szene stammen und zu einem großen Teil bereits Vorstrafen erhalten haben. Deswegen bleibt zu bedenken, wie glaubwürdig und zuverlässig V-Männer sind. Zweifel scheinen angebracht, wenn die beschafften Informationen gar nicht oder nur teilweise der Wahrheit entsprechen, die Geldforderungen in keinem Verhältnis zum Wert der Hinweise oder zum Schwierigkeitsgrad der Informationsbeschaffung stehen, der V-Mann ohne triftigen Grund verbindliche Abmachungen nicht einhält und eigenmächtig Straftaten begeht. Aus Angst vor Rache und Vergeltung Schwerstkrimineller erklären sich verständlicher Weise viele V-Personen nur noch dann dazu bereit, die Polizei mit verdeckter Informationsbeschaffung zu unterstützen, wenn sie Vertraulichkeit und Geheimhaltung zusichert. Ihre Zusicherung hat die Polizeibehörde im Blick auf einen fairen Strafprozess und auf die persönlichen Schutzbedürfnisse des V-Mannes sorgfältig einzuhalten. Hinsichtlich der Ermittlungsakte ist die Polizei verpflichtet, den Einsatz der V-Personen wahrheitsgemäß zu schildern, um eine gerechte Urteilsfindung in der Hauptverhandlung vor Gericht nicht zu gefährden.

Literaturhinweise:

Aust, S.: Der Lockvogel – Die tödliche Geschichte eines V-Mannes zwischen Verfassungsschutz und Terrorismus. Reinbek 2002. – Krauß, K.: V-Leute im Strafprozeß und die Europäische Menschenrechtskonvention. Freiburg i. Br. 1999. – Breucker, M. u. a.: Die Kronzeugenregelung. Stuttgart u. a. 1999. – Krauß, M.: Das Anforderungsprofil verdeckter Ermittler und ihrer Führungsbeamten, in: DP 6/1999; S. 178 ff. – Nack, A.: Verdeckte Ermittlungen, in: Kriminalistik 3/1999; S. 171 ff. – Meyer, J.: Verdeckte Ermittlungen, in: Kriminalistik 1/1999; S. 49 ff. – Erfurth, C.: Verdeckte Ermittlungen. Frankfurt a. M. 1997. – Schmitz, M.: Rechtliche Probleme des Einsatzes Verdeckter Ermittler. Frankfurt a. M. 1996. – Velten, P.: Transparenz staatlichen Handelns und Demokratie. Pfaffenweiler 1996. – Koriath, G.: Verdeckte Ermittler – Ein europaweit taugliches Instrument?, in: Kriminalistik 8–9/1996; S. 535 ff. – Pütter, N./Diederichs, O.: V-Personen, verdeckte Ermittler, NoePs, qualifizierte Scheinaufkäufer und andere, in: BRP/C 3/1994; S. 24 ff. – Krey, V.: Rechtsprobleme des strafprozessualen Einsatzes Verdeckter Ermittler einschließlich des „Lauschangriffs“ zu seiner Sicherung und als Instrument der Verbrechensbekämpfung (BKA-FR/SB). Wiesbaden 1993. – Scherp, D.: Die polizeiliche Zusammenarbeit mit V-Personen. Heidelberg 1992. – Krumsiek, L.: Verdeckte Ermittler in der Polizei der BRD. München 1988. – Drywa, J.: Die materiellrechtlichen Probleme des V-Mann-Einsatzes. Pfaffenweiler 1987. – Haas, H. H.: V-Leute im Ermittlungs- und Hauptverfahren. Pfaffenweiler 1987. – Lüderssen, K. (Hg.): V-Leute. Die Falle im Rechtsstaat. Frankfurt a. M. 1985. – BDK (Hg.): Verdeckte Ermittler. Berlin 1985. – Freiberg, K.: Verdeckte Ermittlung: Rechtssicherheit notwendig, in: Deu Pol 4/1985; S. 21 ff. – DP 11/1984: Rechtsfragen im Zusammenhang mit verdeckten polizeilichen Maßnahmen.

42. Polizeibeamte als Zeugen und Sachverständige vor Gericht

Nach § 51 StPO sind nicht nur Zivilpersonen (deutsche Bürger, Staatenlose, Ausländer im Inland), sondern auch Polizeibeamte verpflichtet, als Zeugen vor Gericht zu erscheinen. Erfüllen sie ihre Anwesenheitspflicht nicht, können sie sich den fälligen Sanktionen nur durch das glaubwürdige Vorlegen triftiger Gründe entziehen. Des weiteren obliegen den Zeugen die Aussagepflicht, sofern sie sich nicht auf die in den §§ 52–55 StPO vorgesehenen Ausnahmeregelungen berufen können, und die Eidespflicht gem. § 59 StPO, die dem Gericht dazu dient, sich der Glaubwürdigkeit einer Zeugenaussage zu vergewissern. Als Zeuge vor Gericht gilt eine Person, die über einen Sachverhalt aufgrund eigener Wahrnehmungen (unmittelbarer Zeuge) oder Mitteilungen anderer (mittelbarer Zeuge oder Zeuge vom Hörensagen) Auskunft erteilt. Als sachverständiger Zeuge gem. § 85 StPO wird angesehen, wer über wahrgenommene Tatvorgänge aus der Sicht qualifizierter Sachkenntnisse berichtet. Im Unterschied zu den Zeugen fungiert der gerichtliche Sachverständige als Gehilfe des Richters, insoweit er als Experte durch Gutachtenerstattung, Auskünfte oder Beurteilung eines Sachverhaltes zur Aufklärung eines prozessrelevanten Geschehens beiträgt. Bei dem Gerichtsprozess nehmen die Zeugen und Sachverständigen die schwächste Rolle unter den Verfahrensbeteiligten (Gericht und Staatsanwaltschaft, Angeklagter und Verteidiger) ein, da sie über keine verfahrensrechtlichen Möglichkeiten verfügen, von sich aus durch Anträge in den Verlauf der Gerichtsverhandlung aktiv gestaltend einzugreifen. Vielmehr erschöpft sich ihre Funktion darin, persönliches Beweismittel zu sein.

Worauf müssen Polizeibeamte achten, um den Anforderungen eines Zeugen oder Sachverständigen in einer Hauptverhandlung gerecht zu werden? Neben hinreichenden strafprozessualrechtlichen Kenntnissen, insbesondere vom Ablauf der Hauptverhandlung, und einem erforderlichen Mindestmaß an Kommunikationsfähigkeiten kommt es auf eine moralische Grundeinstellung des Vollzugsbeamten an, der eine Ladung zu einem Strafprozess erhalten hat. Durch eine umfassende, zutreffende, unmissverständliche Aussage zu einer wahrheitsgemäßen, gerechten Urteilsbildung in einem rechtsstaatlich-fairen Gerichtsverfahren beizutragen, darin besteht die sittliche Verpflichtung und Bedeutung des polizeilichen Zeugen und Sachverständigen. In einen Widerspruch dazu würde der Exekutivbeamte geraten, der seine Sachstandsschilderung mit Vorurteilen, Vorverurteilungen oder Parteilichkeit verquicken würde. Ebenso bedenklich wäre es, wenn er seine Aussagen vor Gericht zu dem Zweck selektieren würde, sich in seiner Rolle unangreifbar zu machen und sich dem lästigen, aggressiven Verhör durch den Verteidiger zu entziehen. Mit der ethisch geforderten Grundeinstellung geht die Bereitschaft des Polizisten konform, eine Falschaussage, die ihm als Berufszeugen in einer Hauptverhandlung unterlaufen ist, schnellstmöglich zu korrigieren, um den Rechtsfindungsprozess nicht zu verfälschen.

Die strafprozessuale Aufklärungspflicht setzt aus Gründen der Rechtsstaatlichkeit den Strafverfolgungsbehörden Grenzen bei der Wahrheitsfindung, z. B. Beweisverfahrens- und Beweisverwertungsverbot. Kollidiert die Aufklärungspflicht des Gerichtes mit der Verschwiegenheitspflicht des Polizeibeamten, stellt sich die Frage der Ausnahmegenehmigung gem. § 54 StPO und den jeweiligen beamtenrechtlichen Bestimmungen. Sozialethisch rechtfertigen lässt sich eine Verweigerung oder Einschränkung der Ausnahmegenehmigung, wenn die Preisgabe des Dienstgeheimnisses polizeilichen Ermittlungen schweren Schaden zufügen würde. Die Amtsverschwiegenheit bezieht sich v. a. auf taktische Vorgehensweisen, technische Ausstattung, innerpolizeiliche Angelegenheiten, Personalien von Informanten, Verdeckten Ermittlern, V-Personen und auf datenschutzrechtliche Vorschriften. Ethisch verwerflich bleibt es, wenn die Schweigepflicht des Polizeibeamten dazu missbraucht wird, Straftaten zu vertuschen, abgesehen von dem Fall des rechtfertigenden Notstandes (§ 34 StGB).

Auch wenn der Polizeivollzugsbeamte berufsbedingt des öfteren zur Aussage vor Gericht geladen wird und daher leicht eine gewisse Routine entwickelt, entbindet ihn dieser Umstand keineswegs von der Sorgfaltspflicht, sich gründlich vorzubereiten. Denn er hat seinen Beitrag zu einer wahrheitsgemäßen, einwandfreien Beweisführung und damit zum Gelingen eines fairen Strafprozesses zu leisten. Seine Ausgangsposition als Zeuge ist gegenüber Zivilpersonen insofern häufig schlechter, als er über Tatvorgänge detailliert, substanziell aussagen soll, die infolge zeitintensiver Ermittlungen mehrere Monate, teils Jahre zurückliegen. Zwischenzeitlich hatte er eine Fülle unterschiedlichster Delikte – Verkehrsunfälle, Wohnungseinbrüche, Familienstreitigkeiten, Wirtshausschlägereien – zu bearbeiten, sodass bei ihm Erinnerungslücken, Verwechselungen und irrtümliche Annahmen nicht ausbleiben. Somit ist eine gute Vorbereitung angesagt, die den betreffenden Beamten veranlassen sollte, durch ein genaues Studium der Durchschrift der Ermittlungsakte und eigener früherer Aufzeichnungen sein Gedächtnis aufzufrischen. Ferner empfiehlt sich eine Rücksprache des polizeilichen Zeugen mit dem zuständigen Staatsanwalt, um sich über die problematischen Sachverhalte der Beweisführung und die zu erwartenden kritischen Fragen der Staatsanwaltschaft zu erkundigen und darauf einstellen zu können. Dagegen würden interessensgelenkte Absprachen unter Zeugen und vereinbarte Manipulationen in der Sachstandsschilderung den Rahmen des moralisch wie rechtlich Zulässigen sprengen. Die Vorbereitung auf ein sachgerechtes Auftreten als Zeuge oder Sachverständiger vor Gericht sollte nicht nur dem einzelnen Polizeibeamten überlassen bleiben, sondern auch ein Thema in der polizeilichen Aus- und Fortbildung sein. In diesem Rahmen erscheint es angebracht, folgende Aspekte theoretisch zu behandeln und praktisch einzuüben (Kube, E./Leineweber, H. 1980):

- präzise, überzeugende und realitätsgetreue Abgabe bei der Zeugenaussage/Darstellung des Gutachtens
- prägnante sprachliche Unterscheidung zwischen Tatsachenwahrnehmung und Schlussfolgerung bei der Aussage; Begründung notwendig erscheinender Schlussfolgerungen
- Offenlegung der Validität des Gutachtens durch den Behördenvertreter bzw. Sachverständigen (etwa Begründung der Methodenauswahl und des evtl. Einflusses auf das Gutachtenergebnis)
- Vermeidung schlussfolgernder Füllaussagen bei Auftreten von Gedächtnislücken
- Unterlassen von Sachverhaltsschilderungen in der Form teilweise vorweggenommener rechtlicher Wertung (z. B. die Bemerkung „A handelte rücksichtslos“ bei einem Fall nach § 315 c StGB)

- Vermeiden von allgemeinen Werturteilen; tatsachenbezogene Begründung von Werturteilen
- Rückfrage oder paraphrastische Antwortformulierung bei unklar erscheinenden Begriffen und Fragen von Gericht oder Verfahrensbeteiligten (z. B. Erbitten oder Verwendung von Definitionen)
- Erkennen der Gefahren von Suggestivsituationen
- Nichteinlassen auf Aushandlungsprozesse nach bereits erfolgter vollständiger Wiedergabe der noch erinnerlichen Tatsachen im Bericht und Verhör.

Gem. § 244 StPO dient die Beweisaufnahme in der Hauptverhandlung dazu, den strittigen Sachverhalt aufzuklären. Dabei geht es nicht nur um sachliche Informationen zur Rekonstruktion der prozessrelevanten Wirklichkeit, sondern auch um einen komplexen Kommunikationsprozess. Die Interaktionen nehmen für den polizeilichen Zeugen bzw. Sachverständigen den Charakter einer Zwangskommunikation in den Fällen an, in denen er dem aggressiven, stressigen, nervenaufreibenden Verhör der Verteidiger ausgesetzt ist und alles andere als eine ideale, repressionsfreie Sprechsituation unter gleichberechtigten Partnern – im Sinne von Habermas – erlebt. Unabhängig davon, dass diese vom Verfahrensrecht vorgegebene Kommunikationsstruktur in ethischer Hinsicht fragwürdig und korrekturbedürftig erscheint, sollte der Polizeibeamte seine eigenen Vorstellungen und Erwartungen an die Hauptverhandlung, insbesondere an den Vernehmungsvorgang, klären. So wird er nicht generell davon ausgehen können, als klassischer Zeuge, der die Prozessfrage mit umfassenden, akribischen, gesicherten Kenntnissen zu beantworten vermag, von den Verteidigern akzeptiert zu werden, v. a. dann nicht, wenn er für den Angeklagten belastendes Beweismaterial vorträgt. Von der Annahme, aufgrund seines Amtes als Polizeibeamter ein erhöhtes Maß an Vertrauens- und Glaubwürdigkeit beanspruchen zu dürfen, sollte er sich nicht zu sehr leiten lassen, um sich Kontrasterfahrungen zu ersparen. Zwar gehört es zum Berufsethos des Verteidigers, für die Rechte seines Mandanten in dem Strafverfahren zu kämpfen und zu diesem Zweck alle Möglichkeiten der Strafprozessordnung auszuschöpfen, aber zwischen einer solchen ethischen Maxime und dem faktischen Verhalten im Gerichtssaal besteht teilweise eine tiefe Kluft. Während in den meisten Strafprozessen die Solidität der Vorermittlungen den Gang der Hauptverhandlung maßgeblich beeinflusst, was einen professionellen, korrekten Umgang der Ermittlungsbeamten mit dem Täter, Opfer und Zeugen voraussetzt (Baumann 2003), nimmt in spektakulären Fällen vielfach eine aggressive, konfliktorientierte Verteidigungsstrategie gegenüber Zeugen und Sachverständigen überhand. Die Konfliktstrategie benutzt i. d. R. exzessive Verhörmethoden zu dem Zweck, die Professionalität und Legalität polizeilicher Ermittlungen und die Neutralität der Gutachtertätigkeit in Zweifel zu ziehen, auf diese Weise den betroffenen Beamten zu verunsichern und seine Glaubwürdigkeit als Zeuge oder Gutachter zu erschüttern. Ein weiteres Ziel der Konfliktverteidigung besteht darin, mit provozierenden Fragen, Suggestiv- oder Fangfragen, feindseligen Unterstellungen und hämischen, kränkenden Bemerkungen den ins Kreuzverhör genommenen Beamten in die peinliche Situation zu manövrieren, in der er die Selbstkontrolle verliert und als unqualifizierter, unbrauchbarer Zeuge vorgeführt wird. Hier stellt sich ethisch die Frage, inwieweit sich die Verteidigung mit ihrer extensiven Befragung auf die Aufklärungspflicht des Gerichts berufen darf, um die Wahrheit auf Kosten der Ehre und schutzwürdigen Interessen des Zeugen zu ermitteln. Im Blick auf die Frage-Antwort-Interaktionen in der Hauptverhandlung verdienen folgende ethische Aspekte eine Berücksichtigung:

- Im eigenen Interesse des polizeilichen Zeugen liegen das wahrheitsgemäße Berichten des beweiserheblichen Tatherganges, das offene Zugeben eigener Wahrnehmungsgrenzen und Erinnerungslücken und eine präzise, sachliche Sprechweise, da er auf diese Weise dem Verteidiger wenig Angriffsfläche bietet. Die Wahrheit kann allerdings für den Polizisten zum Problem werden, wenn er in der Personalunion von Ermittler und Zeuge auftritt und in einer öffentlichen Gerichtssitzung auf intensives Nachfragen des Verteidigers Fehler und Pannen im Zusammenhang mit seiner Ermittlungstätigkeit einräumen muss. Das wirft ein ungünstiges Licht auf die Professionalität und das Renommee des jeweiligen Ermittlungsbeamten, infolge von Verallgemeinerungen auch auf die gesamte Polizei.
- Der Richter als Vorsitzender der Hauptverhandlung hat eine Fürsorgepflicht gegenüber dem Zeugen. Die Fürsorgepflicht erstreckt sich auf eine angemessene, menschenwürdige Behandlung während der Gerichtssitzung. So darf der Richter keine Fragen des Verteidigers zulassen, die den Zeugen in seiner Menschenwürde verletzen würden. Aus dem Würdeanspruch leitet sich die Befugnis des Zeugen ab, entehrende, bloßstellende Fragen an ihn oder Fragen aus dem eigenen persönlichen Lebensbereich (Hücker 1998, Wetterich 1977) zu beanstanden und sich deswegen an den Richter zu wenden. Die verbindliche Entscheidung darüber, welche Frage als unangemessen und unzulässig zu gelten hat, obliegt gem. § 242 StPO dem Vorsitzenden. Ebenso verbietet der Schutz der Menschenwürde, dem Zeugen eine Aussage unter Zwang oder Drohung i. S. v. § 136 a StPO zu entwinden. Aus dem rechtsstaatlichen Grundsatz einer fairen Strafverfahrensgestaltung folgt der Rechtsanspruch des Zeugen auf einen Rechtsbeistand. Allerdings kann der Rechtsbeistand, i. d. R. ein Rechtsanwalt, nur in begrenztem Maße Hilfestellung leisten, da er zwar den Zeugen zur Wahrung seiner schutzwürdigen Belange und zur Vermeidung von Aussagefehlern fachlich beraten, aber selber während der Hauptverhandlung weder Anträge stellen noch den Zeugen vertreten darf. Offensichtlich schränkt die StPO die Persönlichkeitsrechte des Zeugen zu Gunsten der Aufklärungspflicht und Wahrheitsfindung des Gerichts ein. Inwieweit sich die ungünstige Stellung des Zeugen im Verfahrensrecht auf die Motivation zur Aussagebereitschaft auswirkt, mag dahingestellt sein. Wenn jedoch polizeiliche Prozessbeobachtung, Zeugenbetreuung und Rechtsbeistand in Verteidigerkreisen Argwohn, Misstrauen und Verdacht auf Mauschelei und illegales Taktieren auslösen, wirkt eine derartige Standardeinstellung genauso pauschal, unbegründet und ungerechtfertigt wie bei vielen Polizeibeamten das klischeehafte Feindbild von dem durchtriebenen Verteidiger. Einen Polizeibeamten als Prozessbeobachter in die Hauptverhandlung zu schicken, lässt sich ethisch mit der Zweckbestimmung rechtfertigen, Fehler im polizeilichen Ermittlungsverfahren festzustellen und in Zukunft möglichst zu vermeiden. Dagegen ist es nicht statthaft, wenn die Ergebnisse der Prozessbeobachtung dazu genutzt würden, um die Aussageinhalte oder Aussageabsicht des polizeilichen Zeugen zu beeinflussen und damit seine Unabhängigkeit und Neutralität infrage zu stellen.

Literaturhinweise:

Baumann, M.: Professionelles Verhalten von Polizeibeamten gegenüber Opfern und Zeugen. Wiesbaden 2003. – Jessnitzer, K./Ulrich, J.: Der gerichtliche Sachverständige. Köln u.a. [11]2001. – Hücker, F.: Der Polizeibeamte als Zeuge. Stuttgart u.a. [3]1998. – Janovsky, T.: Polizeibeamte als Zeugen, in: Kriminalistik 10/1997; S. 645 ff. – Gulzow, H.: Strategie und Taktik der modernen Konfliktverteidigung. Münster 1996. – Ritter, W.: Der Polizeibeamte als Zeuge vor Gericht, in: BP-h 12/1994; S. 21 ff. – Malmendier, B.: Konfliktverteidigung – ein neues Prozeßhindernis?, in: NJW 4/1997; S. 227 ff. – Verweigerung der Wohnortangabe durch Kriminalbeamte, in: NJW 43/1988; S. 2751 f. – Zoller, B.: Polizeibeamte vor Gericht, in: Kriminalistik 10/1987; S. 415 ff. – Franzheim, H.: Der Polizeibeamte als Zeuge vor Gericht, in: Kriminalistik 6/1984; S. 265 ff. – PFA-SB „Polizeibeamte vor Gericht“ (28. 2.–4. 3. 1983). – Knuf, J.: Polizeibeamte als Zeugen vor Gericht (BKA-FR/SB). Wiesbaden 1982. – BKA: Polizeibeamte als Zeugen vor Gericht (Kurzfassung des Sonderbandes BKA-FR). Wiesbaden (1982). – Thomann, E.: Der Polizeibeamte als Zeuge, in: Kriminalistik 3/1982; S. 156 ff. u. 2/1982; S. 110 ff. – Kube, E./Leineweber, H.: Polizeibeamte als Zeugen und Sachverständige. Köln u.a. [2]1980. – Wetterich, P.: Der Polizeibeamte als Zeuge. Stuttgart u.a. [2]1977.

43. Politik und Polizei

Etymologisch leitet sich das Wort Politik aus dem griechischen Adjektiv πολιτικός (= den Bürger betreffend) ab und drückt die in der klassischen Antike vorfindliche Identität zwischen Bürgern und Stadtstaat aus (Meier 1989). Die Bürgerschaft im damaligen Griechenland war sich ihrer Gemeinschaftsaufgabe bewusst, ihr Gemeinwesen zu ordnen. Die Normativität des politischen Entscheidens und Handelns bestand darin, für das Wohlergehen aller, für das öffentliche Interesse einzutreten. Im Laufe der Geschichte hat der Politikbegriff unterschiedliche Bedeutungen angenommen. So wurde er zwischen dem 16. und 19. Jh. entnormativiert, segmentiert und szientifiziert (Münkler 1997). Die neuzeitliche Politikwissenschaft bezeichnet die politischen Inhalte und Programme mit policy, die politischen Prozesse der Interessensgegensätze und Machtkämpfe mit politics und die Formalstrukturen des politischen Systems mit polity. In der Politologie wie in der politischen Praxis herrscht eine Pluralität divergierender Politikbegriffe. Gleichwohl lassen sich drei Begriffselemente benennen, die in einem wechselseitigen Verhältnis stehen. Dem normativen Politikverständnis geht es primär um eine Klärung, worin eine gerechte, menschenwürdige Staats- und Gesellschaftsordnung besteht, und um Legitimationsfragen staatlicher Macht und hoheitlichen Handelns. Die realistisch-pragmatische Politiksicht hebt auf die Durchsetzung von Interessen und Machtansprüchen, auf die Sicherung der eigenen Machtposition, auf die Partizipation an dem Herrschaftssystem durch Koalitions- und Rechtsverträge ab. Der kybernetische Politikansatz in Anlehnung an den Systemtheoretiker N. Luhmann zielt auf das Funktionieren komplexer Gesellschaftsprozesse, auf eine Ausdifferenzierung und Kompatibilität der Subsysteme. Angesichts der Subjektivität der Politikakteure und des gesellschaftlichen Wandlungsprozesses ist mit weiteren definitorischen Veränderungen zu rechnen.

Die politische Philosophie, der J. Rawls mit seiner Publikation „A Theory of Justice" neues Ansehen verschafft hat, sowie die politische Ethik als eine Form der angewandten Ethik fragt seit Platon und Aristoteles nach den geeigneten normativen Rahmenbedingungen des Staates und der Gesellschaft zum Gelingen des menschlichen Zusammenlebens, nach den Legitimationskriterien staatlicher Gewalt, nach den Zielen rechtsstaatlichen Handelns (Menschenwürde, Menschenrechte, Gerechtigkeit, Gemeinwohl, Frieden) und nach den Wertmaßstäben für politische Auseinandersetzungen. Idealtypisch betrachtet, hat das Verhältnis von Politik und Moral bzw. Ethik (vgl. 9.) in drei Modellen seinen Niederschlag gefunden:

- Die Gleichsetzung von Politik und Moral hat zur Folge, dass jede politische Streitfrage zu einem Wertproblem hochstilisiert und die sachliche Argumentation in eine moralisierende Beurteilung umgewandelt wird.
- Die völlige Trennung von Politik und Moral läuft auf die Position der Staatsräson (Machiavelli), auf die realpolitische Zweckrationalität des Erfolges, der Macht und Stärke hinaus.
- Die Reziprozität von Politik und Moral wahrt zwar deren jeweilige relative Eigenständigkeit, impliziert aber in Konfliktfällen, die Aspekte beider Seiten auszutarieren bzw. in eine erträgliche Beziehung zueinander zu setzen. Dabei lässt sich die Gefahr einer Instrumentalisierung der Moral durch die Politik und einer Morali-

sierung der Politik nicht übersehen. Ebenso kann eine moralisierende Kritik an politischem Handeln ein Indikator für mangelnde Urteilsfähigkeit über Sachprobleme, aber auch für ein differenziertes Wertbewusstsein und eine ethische Entscheidungskompetenz sein.

Das Grundgesetz der Bundesrepublik Deutschland steht dem letztgenannten Modell am nächsten. Denn in seinem Grundrechtsteil (Art. 1–19 GG) bezieht es sich mit seinen Wertvorgaben (Menschenwürde, Menschenrechte bzw. Grundrechte, Freiheit) auf die Moral. Diesen Grundrechtsabschnitt kennzeichnet das Bundesverfassungsgericht als Wertordnung (BVerfGE 7, 204) und erklärt ein Gesetz, das mit dem Grundrechtsteil nicht übereinstimmt, für verfassungswidrig und ungültig.

Das willkürliche Ausnutzen der Polizeikräfte durch die Machthaber im Dritten Reich hat die Väter des Grundgesetzes dazu veranlasst, das Verhältnis von Politik und Polizei grundsätzlich neu zu ordnen. Der Politik erteilt das Grundgesetz den Auftrag, das Zusammenleben der Bürger durch Gesetzgebung zu regeln und weiterzuentwickeln, eine Regierung zu bilden und die Verwaltung zu kontrollieren. Die Polizei erhält die grundgesetzliche Aufgabe, für die Aufrechterhaltung der öffentlichen Sicherheit zu sorgen, Gefahren abzuwehren und Straftaten zu verfolgen. Somit steht ethisch zur Klärung an, wie weit die politische Einflussnahme auf polizeiliches Handeln gehen darf, inwiefern auch eine Beeinflussung der Politik durch die Polizei vertretbar erscheint und welche Wertaspekte es dabei zu bedenken gilt. Den Rahmen für das ethische Räsonnement zu dem Verhältnis von Politik und Polizei stecken die rechtlichen Vorgaben, der Primat der Politik und die Beamtenpflichten zur Unparteilichkeit, Uneigennützigkeit und Verschwiegenheit, ab. Allerdings dürfen diese normativen Verbindlichkeiten nicht als Ersatz für eigenes Denken, nicht als Appell zum vorauseilenden Gehorsam, nicht als Aufforderung, in politischen Fragen den Standpunkt der Standpunktlosigkeit einzunehmen, missverstanden werden. Da die Polizei bei gesellschaftspolitischen Konflikten für die Aufrechterhaltung der Rechtsordnung und für die Rechtssicherheit Sorge trägt und das staatliche Gewaltmonopol ausübt, bleiben ihr politische Abstinenz, Apathie und Desinteresse verwehrt.

Veränderungsprozesse in Politik und Gesellschaft wirken sich auf die Organisationsstrukturen, Arbeitsbedingungen und Aufgabenstellungen der Polizei aus. Außenpolitische Entwicklungen wie z. B. die Vergrößerung der Europäischen Union durch östliche Länder, der Wegfall der Binnengrenzen in Europa, die Beteiligung der Bundesrepublik Deutschland an humanitären Einsätzen in Krisengebieten unter UN-Mandat und der Globalisierungstrend verlangen von der Polizei eine internationale Kooperation, die ein international funktionierendes Informationssystem, Fremdsprachenkompetenz und eine rechtliche Vertragsbasis bedingt. Innenpolitisch dürfte aller Voraussicht nach der Abbau des Sozialstaates zunehmend Spannungen zwischen Armen und Reichen, Einheimischen und Migranten (vgl. 35.) verursachen und ein Klima der Unzufriedenheit und der Anfälligkeit für populistische, teils auch extremistische Parolen schüren. Aus diesen veränderten Rahmenbedingungen ergibt sich als Konsequenz für die Polizei, sich auf ihre originären Aufgabenfelder der Strafverfolgung und Gefahrenabwehr zu konzentrieren und die fälligen Veränderungsmaßnahmen vorzunehmen, um – unter Berücksichtigung der begrenzten Ressourcen – den neuen Anforderungen gewachsen zu sein. Die erforderlichen Umstellungen erschöpfen sich nicht in formal organisatorischen und funktionalen Aspekten, sondern werfen auch die Normfrage auf. Denn ohne ein Mindestmaß an gemeinsamen Wertvorstellungen und Rechtsnormen, ohne ein tragfähiges Vertrauensverhältnis kann weder eine effiziente Kooperation mit Polizeien anderer Staaten gelingen, noch können einvernehmliche, sicherheitsrelevante Interaktionen zwischen der einheimischen Bevölkerung und ihrer Polizei entstehen.

Lässt sich das Verhältnis zwischen Politik und Polizei als kooperativ und konstruktiv bezeichnen oder erscheint es korrekturbedürftig? Erfahrungsgemäß erwarten Politiker v. a. optimale Leistungen im Bereich der Kriminalitätsbekämpfung und Verkehrssicherheit, korrektes und loyales Dienstverhalten und möglichst keinen Medienwirbel. Umgekehrt fordern Polizisten von politischen Entscheidungsträgern die personellen, finanziellen und technischen Mittel, auf die zwecks Erledigung der Dienstaufträge nicht verzichtet werden kann, und klare politische Vorgaben sowie eine angemessene Rückendeckung bei Einsätzen, die in der Öffentlichkeit heftige Diskussionen auslösen. Mit dem Lamentieren darüber, dass die Gegenseite den berechtigten Forderungen nicht bzw. unzureichend nachkommt, kann es nicht sein Bewenden haben. Aus dem polizeilichen Berufsethos folgt, dass jeder Polizeibeamte, in besonderer Weise der Polizeiführer, Verantwortung für die innere Sicherheit zu übernehmen und das Gemeinwohl über parteipolitische Einzelinteressen und Gruppenegoismus zu stellen hat. Eine Frage des beruflichen Selbstverständnis ist es, ob ein Polizeivollzugsbeamter lediglich die Dienstvorschriften vor Augen hat und verwaltungstechnokratisch bzw. bürokratisch funktioniert oder ob er sich darüber hinaus auch einen Blick für Sicherheitsmängel in unserer Gesellschaft bewahrt und Verbesserungsvorschläge unterbreitet.

Der Polizeibeamte steht in einem öffentlich-rechtlichen Dienst- und Treueverhältnis zum Staat. Aufgrund der föderativen Struktur ist der Innenminister des Bundes und der Länder der oberste weisungsbefugte Dienstherr. Zugleich trägt er Verantwortung für die Sicherheitspolitik des Bundes und der Länder sowie für die Anwendung der Sicherheitsgesetze in der Praxis. Diese Doppelrolle verleiht dem Innenminister ein beachtliches Maß an politischen Einflussmöglichkeiten auf die Polizei. Denn er kann infolge des durch den Gesetzestext begrenzten Ermessensspielraum veranlassen, ob die Einschreitschwelle der Polizei bei Großlagen mit politischem Hintergrund relativ hoch oder niedrig liegen soll. Er bestimmt, wer von der Polizei ihn berät. Dabei lässt sich die Gefahr der Selektion nicht verkennen, insofern das Parteibuch den Ausschlag für die Berufung in Spitzenpositionen gibt.

Der Primat der Politik bedarf der Bindung an das Recht, soll es nicht zu bedenklichen Praktiken wie in totalitären autoritären Staatsgebilden kommen. Im Zusammenhang mit Krisenzeiten und Interessenskämpfen in demokratischen Staaten meldet die Politik einen Führungs- und Gestaltungsanspruch an, ohne sich der Kontrolle des Parlaments, der Justiz und Öffentlichkeit entziehen zu können. Auf der Grundlage des Gesetzes üben in der Bundesrepublik Deutschland politische Entscheidungsträger Einfluss auf die Polizei aus. Ethisch gilt zu bedenken, welche Folgen eine zu intensive Einmischung der Politik in polizeiliches Handeln hat, und andererseits, wie sich der Mangel politischer Vorgaben bzw. das Aufschieben politischer Entscheidungen in virulenten Gesellschaftskonflikten auf die Polizei auswirkt. Mit zunehmender Regelungsdichte polizeilichen Einschreitens durch die Politik, z. T. veranlasst vom Standpunkt der Fürsorgepflicht und der Leistungseffizienz, verringern sich die Möglichkeiten der Vollzugsbeamten, eigenständig und selbstverantwortlich zu entscheiden und zu handeln. Wenn sich ressortfremde Minister oder Parlamentsabgeordnete in laufende Polizeieinsätze einmischen und den Polizisten Anweisungen erteilen, liegt eine rechtlich unzulässige Verquickung von Legislative und Exekutive vor, besteht ethisch für den Vollzugsbeamten keine Pflicht zum Gehorsam, sondern Anlass zur Remonstration. Dem Gemeinwohl abträglich ist es, wenn anstelle politischer Entscheidungen Polizeieinsätze wirtschafts- bzw. sozialpolitisch motivierte Protestmärsche oder riesige Demonstrationszüge auflösen sollen.

Ihre Verantwortung für die Sicherheit und Mobilität in unserem Land nimmt die Polizei beispielsweise in ihrer Eigenschaft als Fachberaterin wahr. Gelegenheit dazu bieten sich den Beamten, bei Anhörungen Gesetzesvorlagen mit fundiertem Expertenwissen und langjährigen Diensterfahrungen qualitativ zu verbessern und bei Entscheidungsfindungsprozessen auf Ministerebene fachkundig zu beraten. Allerdings bleibt zu beachten, dass die Übergänge von fachlichem Rat zu politisch gewünschten Aussagen fließend sind. Die moralische Qualität einer Beratung leidet, je mehr anderweitige Interessen und sachfremde Erwägungen eine Rolle spielen. Mit ihren Einsatzkonzepten und Vorgehensweisen üben Polizeibehörden ihrerseits eine politische Signalfunktion aus. In begrenztem Umfang – bei Wahrung aller geltenden Rechtsnormen und dienstlichen Weisungen und unter Berücksichtigung der begrenzten Ressourcen – kann die Polizei selber Ordnungs- und Kriminalpolitik betreiben. So liegt es im lokal beschränkten Kompetenzbereich einer Polizeibehörde, z. B. Akzente in der Drogenkriminalitätsbekämpfung zu setzen, den relativ geringen Ermessensspielraum nach eigenen Vorstellungen zu nutzen und selbstständig Einsatzstrategien und -taktiken zu entwickeln. Stimmt die ortsansässige Bevölkerung den polizeilichen Sicherheitsmaßnahmen zu, steigen in der Öffentlichkeit die Wertschätzung und das Ansehen der Polizei.

Wenn sich Polizeibeamte als Mitglieder in politischen Parteien oder Gremien wie Stadtrat oder Gemeindeverwaltung betätigen, stellt sich die Frage, inwieweit entgegen der Geheimhaltungs- und politischen Zurückhaltungspflicht Informationen aus dem Polizeidienst bei Gremiensitzungen die Grenze unerlaubterweise passieren, welche Signalfunktion ein auf Duzerei und Kumpanei beruhendes Kooperieren für das Binnenklima in der Polizei hat, inwiefern die soziale Verantwortung als das wirkliche Motiv für das politische Engagement erkennbar wird. Sofern Exekutivbeamte das Mitsprache- und Mitbestimmungsrecht des Personalrates (Franke 1997) nicht zu dem vom Gesetzgeber vorgesehenen Zweck, die Interessen aller Bediensteten zu vertreten, anwenden, sondern aus sachlich nicht gebotenen Gründen auf Konfrontationskurs mit der Behördenleitung gehen, lassen derartige Praktiken die Einstellung der Fairness und die Bereitschaft zur vertrauensvollen Zusammenarbeit vermissen.

Polizeiintern wird vielfach den Führungskräften Sprachlosigkeit vorgeworfen. Aus dem Vorwurf, die Polizeiführung vertrete die dienstlichen Belange den Politikern gegenüber nicht deutlich und entschieden genug, ergibt sich u. a. die Konsequenz, dass Politiker die Vielfalt der Polizeigewerkschaften als Gesprächspartner bevorzugen, wenn es um wichtige Fragen (z. B. Besoldung, Ausstattung, Reform, Aus- und Fortbildung) geht. Im Gegensatz zu den polizeilichen Spitzenbeamten befinden sich die Gewerkschaftsvertreter in der günstigen Lage, die Anliegen der Polizei in der Öffentlichkeit wirksamer darstellen, den Forderungen über ihre Mitglieder und die Medien stärkeren Nachdruck verleihen zu können und vom Dienstherrn keine Nachteile befürchten zu müssen. Nun mag man beklagen, dass die politischen Entscheidungsträger eher auf Macht- als auf Wahrheitsfragen ansprechen. Ob sich jedoch die Polizeiführer mit diesem Zustand abfinden und, wie der polizeiinterne Vorwurf impliziert, mit ihrer persönlichen Interessensvertretung begnügen, ist eine Frage ihres Führungsverständnisses und ihrer Verantwortungswahrnehmung für das Wohl der eigenen Mitarbeiter und der Bevölkerung.

Mit dem Grundsatz der Bestenauslese, dem die Kriterien der Eignung, Befähigung und fachlichen Leistung gem. Art. 33 Abs. 2 GG zu Grunde liegen, korrespondiert in der Personalauswahl das Prinzip der Chancengleichheit und der gerechten Leistungsbeurteilung. Der Praxis der Ämterpatronage und Parteibuchkarriere, der selbst durch Kontrolle nur schwer beizukommen ist, fehlt jedwede ethische Legitimation. Zurecht empfinden es viele Mitarbeiter als eine Zumutung, mit protegierten Vorgesetzten einvernehmlich zusammenarbeiten zu müssen und diese als Vorbild anerkennen zu sollen.

Wenn Mitarbeiter politisch extremistische Ansichten vertreten und raffinierterweise unterhalb der Gesetzesschwelle agieren, dürfte Polizeiführern eine angemessene Reaktion nicht leicht fallen. Denn die Streitfrage, ob bzw. inwieweit ein Beamter in einer zwar als grundgesetzwidrig eingestuften, aber noch nicht als grundgesetzwidrig verbotenen Partei tätig sein darf, harrt nach wie vor einer politischen und juristischen Lösung und weckt Erinnerung an den Radikalenerlass des Bundesverfassungsgerichts vom 22. 5. 1975 wach, der eine unterschiedliche Anwendungspraxis in Bund und Ländern gefunden hat. Wenn rechtsextremistische oder linksextremistische Mitarbeiter innerdienstliche Spannungen verursachen oder für Schlagzeilen in den öffentlichen Medien sorgen, kann die Polizeiführung nicht tatenlos zuschauen. Ein Abschieben in andere Behörden stellt keine Lösung des Problems dar. Die betreffenden Beamten – allein oder in Verbindung mit Kollegen – mit ihrer Beamtenpflicht zur Verfassungstreue vertraut zu machen und für eine grundgesetzkonforme Einstellung zu gewinnen, bleibt ein zeitintensiver und z. T. anstrengender, gleichwohl lohnenswerter Versuch mit offenem Ausgang, der die geringen Wirkmöglichkeiten der Polizeiführung in einer derartigen Situation verdeutlicht.

Ungerecht wäre es, an Polizeibeamte nur Forderungen zu richten, wie sie sich im Umgang mit der Politik zu verhalten haben, ohne sie im Rahmen der Aus- und Fortbildung dafür zu qualifizieren. Damit stellt sich die Frage nach dem Stellenwert und der Professionalität der politischen Bildung in der Polizei. Nicht parteipolitische Färbung, sondern wissenschaftlich begründete Einsichten in die Strukturen sowie das Funktionieren unseres demokratischen Rechtsstaates und die Vermittlung politischer Mündigkeit sind gefragt.

Literaturhinweise:

Berg-Schlosser, D./Stammen, T.: Einführung in die Politikwissenschaft. München [7]2003. – Schulte, W.: Politische Bildung in der Polizei. Frankfurt a. M. 2003. – Brenner, A.: Art. „Politische Ethik“, in: HbE; S. 273 ff. – Nitschke, P.: Politische Philosophie. Stuttgart, Weimar 2002. – Leidhold, W.: Politische Philosophie. Würzburg 2002. – Bull, H. P.: Politische Steuerung im Politikfeld Innere Sicherheit, in: Lange, H.-J. (Hg.): Staat, Demokratie und Innere Sicherheit. Opladen 2000; S. 401 ff. – Aden, H.: Polizeipolitik in Europa. Opladen, Wiesbaden 1998. – Winter, M.: Politikum Polizei. Münster 1998. – PFA-SR 4/1997 – 1/1998: Polizei und Politik. – Nusser, K.-H.: Politische Ethik, in: Pieper, A./Thurnherr, U.: Angewandte Ethik. München 1998; S. 176 ff. – Hösle, V.: Moral und Politik. München 1997. – Kymlicka, W.: Politische Philosophie heute. Frankfurt, New York 1997. – Reese-Schäfer, W.: Grenzgötter der Moral. Der neuere europäisch-amerikanische Diskurs zur politischen Ethik. Frankfurt a. M. 1997. – Sutor, B.: Kleine politische Ethik. Bonn 1997. – Münkler, H.: Art. „Politik/Politologie“, in: TRE Bd. 27; S. 1 ff. – Franke, S.: Polizeiführung und Ethik. Münster 1997; S. 72 ff. u. 202 ff. – Stümper, A.: Politisierung der Polizei?, in: dkri 3/1996; S. 113 ff. – Bayertz, K. (Hg.): Politik und Ethik. Stuttgart 1996. – Nida-Rümelin, J.: Politische Ethik I: Ethik der politischen Institutionen und der Bürgerschaft, in: Ders. (Hg.): Angewandte Ethik. Stuttgart 1996; S. 138 ff. – Sutor, B.: Politische Ethik. Paderborn [2]1992. – Möller, H.: Überlegungen zum schwierigen Verhältnis von Polizei und Politik, in: FE & BE 2/1992; S. 21 ff. – Wassermann, R.: Überlegungen zum schwierigen Verhältnis von Politik und Polizei, in: FE & BE 1/1992; S. 24 ff. – Tugendhat, E.: Ethik und Politik. Frankfurt a. M. 1992. – Meier, C. u. a.: Art. „Politik“, in: HWPh Bd. 7; Sp. 1038 ff. – Schnoor, H.: Die Bedeutung der Politik für eine Polizeikultur, in: PFA-SR 4/1989; S. 7 ff. – Vollrath, E.: Art. „Politische Ethik“, in: StL Bd. 4; Sp. 453 ff. – Becker, W./Oelmüller, W. (Hg.): Politik und Moral. München, Paderborn 1987. – Brusten, M.: Eine ‚politisch neutrale‘ Polizei? – Ergebnisse einer empirischen Untersuchung zum politischen Bewußtsein von Polizeibeamten, in: KrimJ 3/1985; S. 203 ff. – Baltzer, K.: Politik und Polizei. Lübeck 1984. – Schnoor, H.: Politische Aspekte bei der Beurteilung polizeilicher Lagen, in: DP 3/1982; S. 65 ff. – Vermander, E.: Politischer Einfluß auf polizeiliches Handeln?, in: DP 3/1982; S. 77 ff. – Fijnaut, C.: Die „Politische Funktion“ der Polizei, in: KrimJ 4/1980; S. 301 ff. – Höffe, O.: Ethik und Politik. Frankfurt a. M. 1979. – Fröhlich, H.: „Die Polizei ist eine ermöglichende Kraft im vielgestaltigen Ablauf unseres öffentlichen Lebens ...“, in: DP 2/1975; S. 42 ff. – Rawls, J.: A Theory of Justice. Cambridge. Mass. 1971. – Weiß, B.: Polizei und Politik. Berlin 1928.

44. Nebentätigkeiten

Das Beamtenrechtsrahmengesetz (BRRG), das Bundesbeamtengesetz (BBG), die Beamtengesetze der Länder und spezielle Verordnungen regeln die Nebentätigkeiten von Beamten. Die umfangreichen Gesetzesvorschriften enthalten keine Definition der Nebentätigkeit, verwenden sie jedoch als Oberbegriff für die Unterformen von Nebenamt und Nebenbeschäftigung (Bültmann u. a. 2001). Vom Nebenamt ist die Rede, wenn die Tätigkeit im Rahmen des öffentlichen Dienst- oder Amtsverhältnisses ausgeübt, und von Nebenbeschäftigung, wenn sie auf privatrechtlicher Grundlage verrichtet wird (Knoke 1998). Das Nebentätigkeitsrecht steht in dem Spannungsverhältnis zwischen den Beamtenpflichten, die sich aus dem öffentlich-rechtlichen Dienst- und Treueverhältnis ergeben, und den Grundrechten, die dem Beamten – wie jedem anderen Bürger auch – verfassungsmäßig zustehen. So kann sich der Beamte auf das Grundrecht der freien Entfaltung der Persönlichkeit gem. Art. 2 Abs. 1 GG berufen, das ihm den Rechtsanspruch auf Vergütung seiner Arbeitskraft zugesteht. Nach Art. 33 Abs. 5 GG erfährt dieses Recht eine Einschränkung durch die Grundsätze des Berufsbeamtentums, insofern den Rechtsansprüchen des Beamten eine Reihe von Dienstpflichten entgegenstehen. Das Nebentätigkeitsrecht verfolgt das Ziel, eine korrekte loyale Verwaltungsarbeit sicherzustellen und im Bereich der Nebentätigkeiten die dienstlichen Belange mit den persönlichen Interessen des Beamten unter Berücksichtigung des Verhältnismäßigkeitsgrundsatzes zu ordnen. Es unterscheidet zwei Formen von Nebentätigkeiten:

- Ein Beamter kann zu einer Nebentätigkeit im öffentlichen Dienst verpflichtet werden, wenn das seine Dienstbehörde von ihm verlangt und bestimmte Voraussetzungen vorliegen.
- Strebt ein Beamter freiwillig eine Nebentätigkeit, insbesondere gegen Vergütung, an, hat er grundsätzlich vorher die Genehmigung seines Dienstherren einzuholen.

Die folgenden Ausführungen beziehen sich auf bezahlte, genehmigungspflichtige Nebenbeschäftigungen eines Polizeibeamten. Den Genehmigungsantrag auf Nebenverdienst hat der Dienstherr laut Gesetz abschlägig zu bescheiden, wenn dienstliche Interessen beeinträchtigt werden. Die rechtlichen Voraussetzungen zur Ablehnung gelten in der Regel als gegeben, wenn

- die nach zeitlicher Dauer und Intensität übermäßige Beanspruchung durch Zusatzarbeit eine ordnungsgemäße Erfüllung der beruflichen Aufgaben fraglich erscheinen lässt
- die vergütete Nebentätigkeit den Beamten in einen Widerstreit mit seinen Dienstpflichten bringt (Verrichtung schlecht beleumundeter oder gesetzeswidriger Tätigkeiten)
- die Beamtenpflicht der Unparteilichkeit und Unbefangenheit eine Beeinträchtigung erfährt (z. B. Polizist als Warenhausdetektiv, Taxifahrer oder Kontrolleur der Rundfunk- und Fernsehgebühren)
- die künftige Verwendbarkeit des Beamten eingeschränkt wird.

Von ethischer Relevanz erweist sich die Frage, inwieweit die Regelungsdichte des Nebentätigkeitsrechts dem auf Verfassungstreue, volle Hingabe, Vertrauen und

Fürsorge beruhenden Dienstverhältnis eher Vorteile als Nachteile verschafft, ob die Genehmigungspraxis alle Polizisten über einen Kamm schert oder gezielt diejenigen Beamten maßregelt, die pflicht- und gesetzeswidrig finanzielle Zugewinne abschöpfen, inwiefern sich das reformierte Nebentätigkeitsrecht dazu eignet, zwischen den divergierenden Interessensrichtungen, den verfassungsrechtlich zustehenden Grundrechten des Polizeibeamten, den dienstlichen Belangen und der öffentlichen Meinung, eine sinnvolle gerechte Güterabwägung vorzunehmen. Dem Wohl der Allgemeinheit zu dienen, hat sich der Polizeibeamte eidlich verpflichtet. Diese Verpflichtung gilt auch im Blick auf die finanziell und materiell vergüteten Nebentätigkeiten in der Freizeit. Um einen anderen Sachverhalt, der eine abweichende moralische Beurteilung nach sich zieht, handelt es sich, wenn ein Polizist Schwarzarbeit in seinen freien Stunden macht oder mehr bzw. anderen Arten von bezahlten Nebenbeschäftigungen nachgeht, als er in seinem Genehmigungsantrag angegeben hat.

Die öffentliche Meinung sieht die Freizeitjobs der Vollzugsbeamten zurecht in einem Zusammenhang mit der Arbeitsmarktsituation und den Arbeitslosenzahlen. Aus sozial-ethischer Sicht erscheint plausibel, wenn ein Großteil der Bevölkerung mit Unverständnis und Kritik darauf reagiert, dass Exekutivbeamte, die aufgrund ihres finanziell abgesicherten Beamtenstatus keine Arbeitsplatzrisiken zu fürchten haben, zusätzliche Quellen zur persönlichen Bereicherung erschließen, während andere Bürger um ihre Arbeitsstelle bangen oder ohne persönliches Verschulden Einbußen an ihrem Lebensstandard in Form von Kurz- oder Teilzeitarbeit hinnehmen müssen. Für die Öffentlichkeit stellt sich die bezahlte Nebentätigkeit der Polizisten auch als eine Frage der Glaubwürdigkeit dar. Wer soll dem Klagen über den stressigen, kräftezehrenden Polizeidienst oder dem Stöhnen über die vielen dienstlich abzuleistenden Überstunden noch Glauben schenken, wenn immer mehr Beamte in ihren freien Stunden – selbst nachts noch – jobben? Sich bei seiner Dienststelle offiziell krank zu melden, um Zeit für lukrative Zweitjobs zu haben, entbehrt jeglicher moralischer Legitimationsgrundlage. Öffentliches Interesse erregt ferner, wenn Polizisten moralisch anrüchige Tätigkeiten in ihrer Freizeit verrichten. Mit dem Polizeiimage als Normanwender bzw. Gesetzeshüter verträgt es sich schlecht, wenn Beamte Bordelle betreiben oder als Kneipenwirte Ausländer bzw. Ausländerinnen illegal beschäftigen und mit einer Minimalvergütung abspeisen. Daher darf sich ein Dienstvorgesetzter, dem ein Genehmigungsantrag vorliegt, nicht einseitig von der Absicht leiten lassen, seinem Mitarbeiter einen Gefallen erweisen zu wollen und deshalb einen positiven Bescheid zu geben.

Angesichts der Tatsache, dass sich Polizisten selbst für einfachste Jobs nicht zu schade sind, stellt sich die Motivationsfrage. Nach eigenen Angaben (Lask 1991) jobben Vollzugsbeamte, weil sie mit ihrem Gehalt nicht auskommen, sich durch die Art ihrer dienstlichen Tätigkeiten nicht ausgefüllt, sondern frustriert fühlen, keine beruflichen Aufstiegschancen sehen und deshalb außerhalb des Polizeibereiches ein neues abwechselungsreiches Betätigungsfeld mit der Möglichkeit zur Weiterbildung suchen, es reizvoll finden, als fachkundiger Berater in Versicherungsfragen oder Kapitalgeschäften gefragt zu sein oder sich als Sporttrainer betätigen zu können und dadurch Anerkennung zu finden. Um nicht voreilig oder individuell verkürzt ein moralisches Urteil über Nebenbeschäftigungen von Polizeibeamten zu fällen, bleibt zu prüfen, inwieweit die Alimentierung des Dienstherren in einem sozial vertretbaren Verhältnis zu den heutigen Lebensunterhaltskosten steht bzw. sich der Dienstherr davon verabschiedet, seine Alimentationspflichten gegenüber der ganzen Familie eines Beamten zu erfüllen, inwiefern der Zeitgeist des Konsums den Polizisten – bewusst oder unbewusst – beeinflusst, in welchem Ausmaß der soziale Neid das Anspruchsdenken des Exekutivbeamten fördert und sich hemmungslos zusätzliche Einnahmequellen erschließt. Wenn dagegen ein vielseitig interessierter, aufgeschlossener Polizist entsprechende Nebentätigkeiten in seiner Freizeit verrichtet und davon positive Impulse für sein Verhalten im Dienst ausgehen, spricht das eher für eine positive Bewertung.

Aufgrund des Steuergeheimnisses erfährt nicht einmal die Polizeibehörde, dass ein Polizeibeamter Steuern für Einkünfte aus Nebentätigkeiten, die er seinem Dienstherren verschwiegen hat, bezahlt. Nach § 46 Einkommensteuergesetz (EStG) sind Erträge aus Nebenbeschäftigungen zu versteuern, sofern sie nicht unter dem steuerlichen Mindestsatz liegen. Wenn jedoch ein Polizist Arten von Nebentätigkeiten vortäuscht, die steuerrechtlich nicht relevant sind, z. B. Einkünfte aus Liebhabereien, und das Finanzamt hinter seine Schliche kommt, macht er sich steuerrechtlich strafbar.

Aus Gründen der Fürsorgepflicht sollte der Dienstvorgesetzte in einem Gespräch klären, ob der Mitarbeiter vor Beginn seiner Nebenbeschäftigung überhaupt weiß, worauf er sich da einlässt und welche moralischen Probleme und welche strafrechtlichen, steuerrechtlichen und disziplinarrechtlichen Konsequenzen mit der Form des Freizeitjobs und mit der Art der Durchführung verbunden sein können. Im Rahmen der Dienstaufsicht kann sich der Vorgesetzte veranlasst sehen, die erteilte Genehmigung zu widerrufen, wenn der Fall einer Pflichtenkollision eintritt oder die dienstlichen Leistungen spürbar nachlassen.

Literaturhinweise:

Bültmann, H. u. a.: Der Nebenverdienst. Bielefeld [6]2001. – Ossenbühl, F./Cornils, M.: Nebentätigkeit und Grundrechtsschutz. Köln 1999. – Zwehl, H. v.: Nebentätigkeitsrecht. Neuwied 1998. – Knoke, U.: Probleme des Nebentätigkeitsrechts und der Teilzeitbeschäftigung im Hinblick auf die aktuelle Reformgesetzgebung, in: PFA-SB „Aktuelle Probleme des Beamten- und Disziplinarrechts“ (18.–20. 5. 1998); S. 131 ff. – Lask, R.: Die Problematik von Nebentätigkeiten – Konflikte und Lösungsansätze, in: PFA-SB „Führung und Einsatz, ...“ (4.–6. 12. 1991); S. 77 ff. – Rohrmann, C.: Die Abgrenzung von Hauptamt und Nebentätigkeit (Diss.). Erlangen-Nürnberg 1988. – Köhler, M.: Rechtsprobleme bei Nebenbeschäftigungen von Polizeivollzugsbeamten, in: DP 7/1987; S. 190 ff. – Nebentätigkeit eines Polizeibeamten (o.V.), in: DDB 3/1984; S. 68 f. – Feindt, E.: Beamtenethos und Zeitgeist, in: DÖD 1–2/1981; S. 1 ff. – Wie seriös sind wir eigentlich? (o.V.), in: DP 7/1973; S. 200 f.

Abkürzungen der Literatur

AöR	Archiv des öffentlichen Rechts
AfKri	Archiv für Kriminologie unter besonderer Berücksichtigung der gerichtlichen Physik, Chemie und Medizin
APG	Archiv für Polizeigeschichte. Zeitschrift der Deutschen Gesellschaft für Polizeigeschichte
BAnz	Bundesanzeiger
BayPol	Bayerns Polizei
BKA-FR	Bundeskriminalamt-Forschungsreihe
BKA-FR/SB	Sonderband der Bundeskriminalamt-Forschungsreihe
BKA P + F	Polizei und Forschung, hg. v. Bundeskriminalamt Kriminalistisches Institut
BP-h	Bereitschaftspolizei – heute
BRP/C	Bürgerrechte & Polizei/CILIP. Hg. v. Institut für Bürgerrechte & öffentliche Sicherheit e.V.
BVerfGE	Entscheidungen des Bundesverfassungsgerichts
CD SM	Criminal Digest Sicherheits-Management. Ausgabe Deutschland
ChriPo	Christliche Polizeivereinigung
DaNa	Datenschutz Nachrichten. Hg. v. d. Deutschen Vereinigung für Datenschutz e.V.
dbr	der blaue reiter. Journal für Philosophie
DDB	Der Deutsche Beamte
dnp	die neue Polizei. Die aktuelle Fachzeitschrift für die Aus- und Fortbildung
Deu Pol	Deutsche Polizei. Zeitschrift der Gewerkschaft der Polizei
dkri	der kriminalist. Fachzeitschrift des Bundes Deutscher Kriminalbeamter
DKriPol	Die Kriminalpolizei
DKriPrä	Die Kriminalprävention. Europäische Beiträge zu Kriminalität und Prävention. Zeitschrift des Europäischen Zentrums für Kriminalprävention
dnp	die neue Polizei. Die aktuelle Fachzeitschrift für die Aus- und Fortbildung
DP	Die Polizei. Fachzeitschrift für die Öffentliche Sicherheit mit Beiträgen aus der Polizei-Führungsakademie
DPolBl	Deutsches Polizeiblatt für die Aus- und Fortbildung. Fachzeitschrift für die Polizei in Bund und Ländern
DP-ZBW	Die Polizei-Zeitung Baden Württemberg
DÖD	Der öffentliche Dienst
DriZ	Deutsche Richterzeitung
DSD	Der Sicherheitsdienst
DVLG	Deutsche Vierteljahresschrift für Literaturwissenschaft und Geistesgeschichte
DVW	Deutsches Verwaltungsblatt

DZPhil	Deutsche Zeitschrift für Philosophie
EPhW	Enzyklopädie Philosophie und Wissenschaftstheorie. 4 Bde. Hg. v. Mittelstraß, J. Mannheim 1980 ff.
ESL	Evangelisches Soziallexikon. Neuausgabe. Hg. v. Honecker, M./Dahlhaus,H./Hübner, J./Jähnichen, T./Tempel, H. Stuttgart u. a. 2001
FAZ	Frankfurter Allgemeine Zeitung für Deutschland
FE & BE	Forum Ethik & Berufsethik
FkS	Frankfurter kriminalwissenschaftliche Studien
FR	Frankfurter Rundschau
FS Herold	Festschrift für Horst Herold zum 75. Geburtstag. Hg. v. Bundeskriminalamt. Wiesbaden 1998
GeGr	Geschichtliche Grundbegriffe. Historisches Lexikon zur politisch-sozialen Sprache in Deutschland. 7 Bde. Hg. v. Brunner, O./Conze, W./Koselleck, R. Stuttgart 1972 ff.
GiKS	Gießener Kriminalwissenschaftliche Schriften
GWU	Geschichte in Wissenschaft und Unterricht
HbNaA	Handelsblatt News am Abend
HbE	Handbuch Ethik. Hg. v. Düwell, M./Hübenthal, C./Werner, M. H. Stuttgart, Weimar 2002
HchrE	Handbuch der Christlichen Ethik. 3 Bde. Hg. v. Hertz, A./Korff, W./Rendtorff, T./Ringeling, H. Freiburg, Gütersloh 1978 ff.
HdStR	Handbuch des Staatsrechts der Bundesrepublik Deutschland. Hg v. Isensee, J./Kirchhof, P. 9 Bde. Heidelberg 1987 ff.
HdWE	Handbuch der Wirtschaftsethik. 4 Bde. Hg. i. A. d. Görres-Gesellschaft v. Korff, W. u. a. Gütersloh 1999
HdPR	Handbuch des Polizeirechts. Hg. v. Lisken, H./Denninger, E. München [3]2001
HPJ	Hamburger Polizei Journal. Mitarbeiterzeitschrift der Polizei Hamburg
HPR	Hessische Polizeirundschau
HRG	Handwörterbuch zur deutschen Rechtsgeschichte. 5 Bde. Hrsg. v. Erler, A./Kaufmann, E./Werkmüller, D. Berlin 1971–1998
HWPh	Historisches Wörterbuch der Philosophie. Bd. 1–11. Hg. v. Ritter, J./Gründer, K. Basel 1971 ff.
HZ	Historische Zeitschrift
HzGD	Handwörterbuch zur Gesellschaft Deutschlands. Hg. v. Schäfers, B./Zapf, W. Opladen 1998
IP	Internationale Politik, Zeitschrift der Deutschen Gesellschaft für Auswärtige Politik
IPA aktuell	Die Zeitschrift der International Police Association – Deutsche Sektion
IpB	Informationen zur politischen Bildung. Hg.: Bundeszentrale für politische Bildung
IPOS	Schriftenreihe des Instituts für Polizei und Sicherheitsforschung der HfÖV Bremen
JA	Juristische Arbeitsblätter

JOB	Journal of Occupational Behavior
JRE	Jahrbuch für Recht und Ethik/Annual Review of Law and Ethics
JuS	Juristische Schulung
JZ	Juristen Zeitung
KF MPI	Kriminologische Forschungsberichte aus dem Max-Planck-Institut für ausländisches und internationales Strafrecht, Freiburg i. Br.
KKW	Kleines Kriminologisches Wörterbuch. Hg. v. Kaiser,G./Kerner, H.-J./ Sack, F./Schellhoss, H. Heidelberg [3]1993
KOMPASS	Fachinformationen für die Berliner Polizei
Kriminalistik	Unabhängige Zeitschrift für die kriminalistische Wissenschaft und Praxis
KrimArch	Kriminologisches Archiv
KrimJ	Kriminologisches Journal
KuP	Kriminologie und Praxis
KZfSS	Kölner Zeitschrift für Soziologie und Sozialpsychologie
LBE	Lexikon der Bioethik. 3 Bde. Hg. i. A. d. Görres-Gesellschaft v. Korff, W./Beck, L./Mikat, P. Gütersloh 1998
LMER	Lexikon Medizin Ethik Recht, hg. v. Eser, A./Lutterotti, M.v./Sporken, P. Freiburg i. Br. u. a. 1989
LWE	Lexikon der Wirtschaftsethik. Hg. v. Enderle, G./Homann, K./Honecker, M./Kerber, W./Steinmann, H. Freiburg i. Br. u. a. 1993
Merkur	Deutsche Zeitschrift für europäisches Denken
MFDP	Magazin für die Polizei
MschrKrim	Monatsschrift für Kriminologie und Strafrechtsreform
NKP	Neue Kriminalpolitik. Forum für Praxis, Politik und Wissenschaft
NJW	Neue Juristische Wochenschrift
NZZ	Neue Zürcher Zeitung
PDV	Polizeidienstvorschrift
P + F	Polizei und Forschung, hg. v. Bundeskriminalamt
PFA-SB	Schlussberichte über Seminare der Polizei-Führungsakademie, hg. v. d. Polizei-Führungsakademie
PFA-SR	Schriftenreihe der Polizei-Führungsakademie, hg. v. Kuratorium der Polizei-Führungsakademie
P-h	POLIZEI-heute. Führung – Technik – Ausbildung.
PN BHdP	Polizeinachrichten. Berufskundliche Hefte der Polizei
PM	Psychological Medicine
PolSp	Polizeispiegel. Fachorgan der Deutschen Polizeigewerkschaft im Deutschen Beamtenbund
PRPsy	Praxis der Rechtspsychologie. Organ der Sektion Rechtspsychologie im Berufsverband Deutscher Psychologinnen und Psychologen e.V.
PsyPr	Psychiatrische Praxis
PtM	Polizeitrainer Magazin
RB SRFHS	Rothenburger Beiträge. Schriftenreihe der Fachhochschule für Polizei Sachsen
PSa	Polizei Sachsen. Zeitschrift für die Sächsische Polizei
PsyP	Psychiatrische Praxis

pvt	Polizei, Verkehr & Technik. Fachzeitschrift für Polizei-, Verkehrs-, Kraftfahr- und Waffenwesen, Informations-, Sicherheits- und Kriminaltechnik, Umweltschutz
P & W	Polizei & Wissenschaft. Unabhängige interdisziplinäre Zeitschrift für Wissenschaft und Polizei
PZ	Politische Zeitung. Hg. v. d. Bundeszentrale für politische Bildung
RWB	Rechtswörterbuch, begr. v. C. Creifelds, hg. v. K. Weber. München [17]2002
SC	Sozialcourage. Das Magazin für soziales Handeln
SDZ	Süddeutsche Zeitung
Spiegel	Der Spiegel. Das Deutsche Nachrichten-Magazin
SRDGPG	Schriftenreihe der Deutschen Gesellschaft für Polizeigeschichte e.V.
SR FH BV	Schriftenreihe der Fachhochschule des Bundes für öffentliche Verwaltung
SR FH VS	Schriftenreihe der Fachhochschule Villingen-Schwenningen, Hochschule für Polizei
Streife	Streife Polizei NRW, hg. v. Innenministerium des Landes Nordrhein-Westfalen
Staat	Der Staat. Zeitschrift für Staatslehre, Öffentliches Recht und Verfassungsgeschichte
StL	Staatslexikon. Recht, Wirtschaft, Gesellschaft. 7 Bde. Hg. v. d. Görres-Gesellschaft. Freiburg i. Br. [7]1985 ff.
SIDASW	Schweizerischer Informations- und Daten-Archivdienst für die Sozialwissenschaften
Texte FH V-S	Texte der Fachhochschule Villingen-Schwenningen, Hochschule der Polizei
TRE	Theologische Realenzyklopädie. Hg. v. Krause, G./Müller, G. Berlin 1976 ff.
Unbequem	Zeitung Kritischer Polizistinnen und Polizisten
VSF	Vierteljahresschrift für Sicherheit und Frieden
WR-d	Weisser Ring – direkt
ZBJR	Zentralblatt für Jugendrecht
ZBR	Zeitschrift für Beamtenrecht
ZdBGS	Zeitschrift des Bundesgrenzschutzes. Polizei des Bundes
ZEE	Zeitschrift für evangelische Ethik
Zfbf	Schmalenbachs Zeitschrift für betriebswirtschaftliche Forschung
ZfG	Zeitschrift für Gerontologie
ZfMPsy	Zeitschrift für Medizinische Psychologie
ZfP	Zeitschrift für Politik
ZfSE	Zeitschrift für Sozialisationsforschung und Erziehungssoziologie
ZhF	Zeitschrift für historische Forschung
ZMR	Zeitschrift Menschenrechte
ZSPsy	Zeitschrift für Sozialpsychologie
ZVM	Zentralblatt für Verkehrsmedizin
ZVS	Zeitschrift für Verkehrssicherheit

Sonstige Abkürzungen

VS-NfD Verschlußsache – Nur für den Dienstgebrauch

Abkürzungen der Institutionen

AGKripo	Arbeitsgemeinschaft der Leiter der LKA mit dem BKA
BAA	Bundesanstalt für Arbeitsschutz und Arbeitsmedizin
BAG	Bundesarbeitsgemeinschaft für katholische Polizeiseelsorge
BDiszH	Bundesdisziplinarhof
BDK	Bund Deutscher Kriminalbeamter
BePo	Bereitschaftspolizei
BfV	Bundesamt für Verfassungsschutz, Köln
BGH	Bundesgerichtshof
BGS	Bundesgrenzschutz
BKA	Bundeskriminalamt Wiesbaden
BM	Bundesministerium
BMFSFJ	Bundesministerium für Familie, Senioren, Frauen und Jugend
BMI	Bundesministerium des Innern, Berlin
BND	Bundesnachrichtendienst, Berlin
BRIK	Bremer Institut für Kriminalpolitik
BSASFFG	Bayerisches Staatsministerium für Arbeit und Sozialordnung, Familie, Frauen und Gesundheit
BVerfG	Bundesverfassungsgericht
BVerwG	Bundesverwaltungsgericht
cpv	Christliche Polizeivereinigung e.V.
DBK	Deutsche Bischofskonferenz
DFK	Deutsches Forum für Kriminalprävention
DGfPG	Deutsche Gesellschaft für Polizeigeschichte e.V.
DPolG	Deutsche Polizeigewerkschaft im Deutschen Beamtenbund
DPSK	Deutsches Polizeisportkuratorium
EG	Europäische Gemeinschaft
EKD	Evangelische Kirche in Deutschland
EuGH	Europäischer Gerichtshof (Gerichtshof der EG)
EuGHMR	Europäischer Gerichtshof für Menschenrechte
EUROPOL	Europäische kriminalpolizeiliche Zentralstelle, Den Haag
FHÖV	Fachhochschule für Öffentliche Verwaltung
FHPol	Fachhochschule der Polizei
GdP	Gewerkschaft der Polizei
IGH	Internationaler Gerichtshof
IHK	Industrie und Handelskammer
ILEA	International Law Enforcement Academy, Budapest
IM	Innenministerium
IMK	Innenministerkonferenz
INTERPOL	Internationale kriminalpolizeiliche Organisation (IKPO), Lyon
IPA	International Police Association, Deutsche Sektion e.V.
JMK	Justizministerkonferenz
KEPP	Konferenz evangelischer Polizeipfarrer
LKA	Landeskriminalamt

LPR NS	Landespräventionsrat Niedersachsen
LWL	Landschaftsverband Westfalen-Lippe, Münster
MAD	Militärischer Abschirmdienst, Köln
MEPA	Mitteleuropäische Polizeiakademie
PFA	Polizei-Führungsakademie, Münster-Hiltrup
PFI	Polizeifortbildungsinstitut Neuss
PH	Pädagogische Hochschule
ProPK	Programm Polizeiliche Kriminalprävention der Länder und des Bundes, Zentrale Geschäftsstelle Stuttgart
SEK	Spezialeinsatzkommando
TH	Technische Hochschule
UNO	United Nations Organization
WWU	Westfälische Wilhelms-Universität zu Münster
ZPDBP	Zentraler Psychologischer Dienst der Bayerischen Polizei